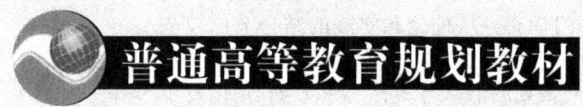

普通高等教育规划教材

企业策划
理论与实务

第3版

Enterprise Planning:
Theory and Practice

王光辉　朱培立　编著

机械工业出版社
CHINA MACHINE PRESS

这是一本将企业策划作为一门学科，从理论和实践的结合上比较全面、系统地介绍其基本知识和操作与运用的书。

本书共九章。第一章概论，对策划的沿革与发展、特点与作用以及步骤进行了论述；第二章至第八章，从企业战略、商业模式开发与创业、形象与广告、营销、品牌、连锁经营、公关等几个方面，对企业策划进行了详细阐释；第九章专论技术创新和专利技术开发策划。每一章都附有具体的策划案例实录。

本书既可作为高等院校的教材，是大学生创业必备的工具书，也适合企业经营管理人员阅读和参考。

图书在版编目（CIP）数据

企业策划理论与实务/王光辉，朱培立编著. —3 版.
—北京：机械工业出版社，2017.3（2025.8 重印）
普通高等教育规划教材
ISBN 978-7-111-56131-6

Ⅰ.①企… Ⅱ.①王…②朱… Ⅲ.①企业管理-经营决策-高等学校-教材 Ⅳ.①F272.31

中国版本图书馆 CIP 数据核字（2017）第 032678 号

机械工业出版社（北京市百万庄大街22号 邮政编码100037）
策划编辑：曹俊玲 责任编辑：曹俊玲 刘 静
封面设计：刘 科 责任校对：段凤敏 任秀丽
责任印制：张 博
北京机工印刷厂有限公司印刷
2025 年 8 月第 3 版·第 8 次印刷
184mm×260mm·23.75 印张·577 千字
标准书号：ISBN 978-7-111-56131-6
定价：59.80 元

电话服务 网络服务
客服电话：010-88361066 机 工 官 网：www.cmpbook.com
　　　　　010-88379833 机 工 官 博：weibo.com/cmp1952
　　　　　010-68326294 金 书 网：www.golden-book.com
封底无防伪标均为盗版 机工教育服务网：www.cmpedu.com

普通高等教育应用型人才培养规划教材
编审委员会名单

主　任：刘国荣　湖南工程学院

副主任：左健民　南京工程学院
　　　　陈力华　上海工程技术大学
　　　　鲍　泓　北京联合大学
　　　　王文斌　机械工业出版社

委　员：（按姓氏笔画排序）
　　　　刘向东　北华航天工业学院
　　　　任淑淳　上海应用技术大学
　　　　何一鸣　常州工学院
　　　　陈文哲　福建工程学院
　　　　陈　峻　扬州大学
　　　　苏　群　黑龙江工程学院
　　　　娄炳林　湖南工程学院
　　　　梁景凯　哈尔滨工业大学（威海）
　　　　童幸生　江汉大学

经济管理专业委员会名单

主　任： 娄炳林

副主任： 杨汉涛　曾亚强
　　　　　靳小钊　孙　军

秘　书： 易伟义

委　员：（按姓氏笔画排序）
　　　　　刘玉勋　任志宇
　　　　　应可福　吴　清
　　　　　单大明　易伟义
　　　　　徐　阳　高海晨
　　　　　梁敬贤

序

工程科学技术在推动人类文明的进步中一直起着发动机的作用。随着知识经济时代的到来，科学技术突飞猛进，国际竞争日趋激烈。有人认为，我国将成为世界的"制造中心"。有鉴于此，工程教育的发展也面临着新的机遇和挑战。

迄今为止，我国高等工程教育已培养了数百万专门人才，为经济的发展做出了巨大的贡献。但据洛桑国际管理发展学院（IMD）1998年的调查，我国"人才市场上是否有充足的合格工程师"指标排名世界第36位，与我国科技人员总数排名世界第一形成很大的反差。这说明符合企业需要的工程技术人员特别是工程应用型技术人才市场供给不足。在此形势下，教育部批准组建了一批以培养工程应用型本科人才为主的高等院校，并于2001年、2002年两次举办了"应用型本科人才培养模式研讨会"，对工程应用型本科教育的办学思想和发展定位做了初步探讨。普通高等教育应用型人才培养规划教材就是在这种形势下组织编写的，以适应经济、社会发展对工程教育的新要求，满足高素质、强能力的工程应用型本科人才培养的需要。

航天工程的先驱、美国加州理工学院的冯·卡门教授有句名言："科学家研究已有的世界，工程师创造未有的世界。"科学的任务在于探索客观世界中存在的客观规律，所以科学强调分析，强调结论的唯一性。工程是人们综合应用科学（包括自然科学、技术科学和社会科学）理论和技术手段去改造客观世界的实践活动，所以它强调综合，强调方案优缺点的比较并做出论证和判断。这就是科学与工程的主要不同之处。这也就要求我们对工程应用型人才的培养和对科学研究型人才的培养应实施不同的培养方案，采用不同的培养模式和具有不同特点的教材。然而，我国目前的工程教育没有注意到这一点，而是：①过分侧重工程科学（分析）方面，轻视了工程实际训练方面，重理论，轻实践，没有足够的工程实践训练，工程教育的"学术化"倾向形成了"课题训练"的偏软形象，导致学生动手能力差。②人才培养模式、规格比较单一，课程结构不合理，知识面过窄，导致知识结构单一，所学知识中有一些内容已陈旧，交叉学科、信息学科的内容知之甚少，人文社会科学知识薄弱，学生创新能力不强。③教材单一，注重工程的科学分析，轻视工程实践能力的培养；注重理论知识的传授，轻视学生个性特别是创新精神的培养；注重教材的系统性和完整性，造成课程之间的相互重复、脱节等现象；缺乏工程应用背景，存在内容陈旧的现象。④教师缺乏工程实践经验，自身缺乏"工程训练"。⑤工程教育在实践中与经济、产业的联系不密切。要使我国工程教育适应经济、社会的发展，培养更多优秀的工程技术人才，我们必须努力改革。

组织编写本套系列教材，目的在于改革传统的高等工程教育教材，建设一套富有特色、有利于应用型人才培养的本科教材，满足工程应用型人才培养的要求。

本套系列教材的建设原则是：

1. 保证基础，确保后劲

科技的发展要求工程技术人员必须具备终生学习的能力。为此，从内容安排上，保证学生有较厚实的基础，满足本科教学的基本要求，使学生日后具有较强的发展后劲。

2. 突出特色，强化应用

围绕培养目标，以工程应用为背景，通过理论与工程实际相结合，构建工程应用型本科教育系列教材特色。本套系列教材的内容、结构遵循如下九字方针：知识新、结构新、重应用。教材内容的要求概括为"精""新""广""用"。"精"是指在融会贯通教学内容的基础上，挑选出最基本的内容、方法及典型应用；"新"是指将本学科前沿的新进展和有关的技术进步新成果、新应用等纳入教学内容，以适应科学技术发展的需要，妥善处理好传统内容的继承与现代内容的引进，用现代的思想、观点和方法重新认识基础内容和引入现代科技的新内容，并将这些按新的教学系统重新组织；"广"是指在保持本学科基本体系的前提下，处理好与相邻以及交叉学科的关系；"用"是指注重理论与实际融会贯通，特别是注入工程意识，包括经济、质量、环境等诸多因素对工程的影响。

3. 抓住重点，合理配套

应用型本科教育教材的重点是专业课教材的建设，并做好与理论课教材建设同步的实践课教材的建设，力争做好与之配套的教学资源的建设。

4. 精选编者，确保质量

遴选一批既具有丰富的工程实践经验，又具有丰富的教学实践经验的教师担任编写任务，以确保教材质量。

我们相信，本套系列教材的出版，对我国工程应用型人才培养质量的提高必将产生积极作用，会为我国经济建设和社会发展做出一定的贡献。

机械工业出版社颇具魄力和眼光，高瞻远瞩，及时提出并组织编写这套系列教材，他们为编好这套系列教材做了认真细致的工作，并为该套系列教材的出版提供了许多有利的条件，在此深表衷心的感谢！

编委会主任　刘国荣教授
湖南工程学院院长

第3版前言

2015年5月,国务院办公厅印发《关于深化高等学校创新创业教育改革的实施意见》,提出要健全创新创业教育课程体系,开发开设创新创业教育必修课和选修课;改革教学方法和考核方式,开展启发式、讨论式、参与式教学,扩大小班化教学覆盖面;利用各种资源建设大学科技园、大学生创业园、创业孵化基地和小微企业创业基地。

2015年7月,国务院印发了《关于积极推进"互联网+"行动的指导意见》,"互联网+"这一颠覆传统商业模式的新思维,必将推动我国经济由要素驱动向创新驱动发展,为"大众创业,万众创新"提供新的引擎。

2016年3月,中共中央印发了《关于深化人才发展体制机制改革的意见》,提出创新人才教育培养模式要建立以创新创业为导向的人才培养机制,注重人才创新意识和创新能力培养。在强化人才创新创业的激励机制中,要加强创新成果知识产权保护,特别是在新经济形势下要研究制定商业模式、文化创意等创新成果保护的办法。

《企业策划理论与实务》自2004年出版以来(在2011年进行了一次修订),很好地契合了国家的政策走向及最新科技成果和社会发展的实际需要,成为面向企业的人才培养模式和紧跟教学改革最新趋势、实践性强、特色鲜明的教材。13年来,由于广大读者的支持和厚爱,共印刷了15次。

本书的特点在于以培养专业策划操作能力为主线,推行以调动学生积极性为核心的策划实践教学,改革课堂教学方法,将学生吸引到实际策划的情景之中。通过案例分析、模拟策划、团队合作等多种教学形式,有效地调动学生参与策划活动的积极性,强化他们的策划体验,激活他们的策划创新思维,从而拓展他们走向社会的创新创业能力。

第3版对第2版做了适当的调整和充实,在基本保留原来体系结构的前提下,增加了一些新的内容,把原来第三章"创业策划与商业计划"扩充为"商业模式开发与创业策划";本书涵盖了一个企业从构思创办到运营的全过程,操作性和实用性更强;增加了一些最新的经济与科技方面的内容,更新或精简了一些具有借鉴作用的案例供研讨;每章后增加了"创新训练"或"创业训练"或"创业实践"的内容,这些大多是编著者曾经做过的项目。

编著者来自企业和高校,自主创业20余年,至今既经营企业,又从事教学工作,是国内企业策划培训的先行者和践行者,对企业策划有着深刻体会,愿将经验与读者分享。

为方便教师教学和读者学习研讨,我们提供本书的教学课件及相关的创业知识,可登录机械工业出版社教育服务网(http://www.cmpedu.com)和东大教育网(http://www.gzdongda.com)下载。

衷心感谢有关高校教师、读者和网友对本书修订提出的宝贵意见,我们将与时俱进,增加新内容,回报广大读者。

编著者

第 2 版前言

《企业策划理论与实务》自 2004 年出版以来，得到了广大读者的支持和厚爱，近 8 年来，曾重印 9 次。我国社会经济建设的飞速发展，特别是互联网在各行各业的广泛应用，为企业策划提供了更加广阔的空间，原有的一些内容需要修改，有些新内容需要增加，所以在基本保留原来体系结构的前提下，增加了大量新内容，以满足读者的需要，特别是满足大学生创业的需要。

第 2 版对第 1 版的总体结构做了适当的调整和充实：全书由原来的八章增加为九章；把原来的第三章"企业形象策划"和第五章"广告策划"合并为第四章"CI 策划与广告策划"；把原来的第六章"公关策划"扩充为第八章"公关与专题活动策划"；原来的第四章"市场营销策划"变为第五章，并增加第六节"网络营销策划"；增加了"创业策划与商业计划"和"店铺与连锁经营策划"两章，操作性和实用性更强，更能满足大学生创业的需要；全书还增加了一些具有借鉴作用的案例供读者研讨。

为方便教师教学和学生学习，我们免费提供本书的教学课件，可登录机械工业出版社教育服务网（http：//www.cmpedu.com）、东大教育网（http：//www.gzdongda.com）和 e 考通网（http：//www.ekaotong.org）免费下载。

编著者

第1版前言

本书内容源于20世纪90年代中期的讲课稿。当时,因工作关系,我们先后在机关、厂矿企业、学校讲授有关企业策划方面的课程。出乎意料,听课者一致反映颇有收获。在此基础上,我们决定携手从事培养策划人才的研究工作,并共同着手撰写一本理论与实践相结合的企业策划教科书。此后,我们两人多次研讨编写提纲,又各自分工撰写。但由于工作繁忙,写稿时断时续,加上企业策划是一门新兴的应用学科,可供参考的案例书刊虽然很多,而能系统地上升到理论的却很少,给撰写工作带来了较大的困难。

20世纪90年代中后期,我国由计划经济转变为市场经济,沿海各地特别是珠江三角洲的某些企业,竞相高薪聘请策划人才,许多读者及出版社纷纷打电话、写信询问书稿的撰写情况,这给了我们很大鼓舞。因而,不得不挤出一切可利用的时间,尽快完成这一工作,为有志成为新世纪策划者的各界人士提供系统学习的资料。

本书撰写历时8年,数易其稿,不少专家、教授给予了热情的指导,提出了许多建设性的意见。1999年6月18日,由暨南大学管理学院副院长、博士生导师宋献中教授等海内外专家、教授和知名企业家组成的审定委员会,在广州对本书初稿进行了认真细致的审定。大家一致认为:本书率先将企业策划作为一门学科,系统、规范地总结出来,并进行综合提高,具有独创性;本书内容丰富,理论与实践相结合,通俗易懂,实用性强,特别是案例分析比较多,是满足社会培养急需的智囊型策划人才需求的好教材。

此后,我们根据审定委员会的修改意见,对本书的总体结构进行了调整,增加了一些新内容,使其不仅适合高等院校学生、企业管理人员使用,也能满足党政机关干部的需要。

本书在撰写过程中,参考和借鉴了不少书刊和研讨会资料,但由于成书时间较长,加上多次修改,很难一一注明出处。为了表达谢意,恳请有关作者与我们取得联系(网址:http://www.gzdongda.com)。另外,广东公众传播策划有限公司、广州东大企业策划培训学校、湖南大学远程教育广州东大教学中心对本书的撰写工作给予了大力支持。湖南工程学院刘国荣、钟子才、易伟义、秦祖泽、吴振顺、李轶敏、郝树平、尹启华、方志凌等领导、专家和朋友给本书提出了许多宝贵建议。特别是娄炳林教授为本书出谋划策、审稿把关,专利技术专家罗新志,编译经验丰富的曾艳琳、朱持恒、朱文明为本书采查资料,改文校稿。在此,对以上同志付出的辛勤劳动和无私帮助深表感谢!

由于水平有限,错误和不妥之处在所难免,恳请有关专家和广大读者批评指正,以便再版时修订。

编著者

目录

序
第3版前言
第2版前言
第1版前言

第一章　企业策划概论 ... 1
- 第一节　企业策划的历史背景与发展 ... 2
- 第二节　企业策划的特点与作用 ... 4
- 第三节　企业策划的步骤 ... 8
- 【案例】策划"博鳌"的新思维 ... 15
- 创业训练 ... 18
- 复习思考题 ... 18

第二章　企业战略策划 ... 19
- 第一节　企业战略及其分类 ... 19
- 第二节　企业战略策划概述 ... 22
- 第三节　企业战略策划的程序 ... 33
- 第四节　企业战略策划方案评价与决策 ... 36
- 【案例】华为、老干妈等不上市的企业战略 ... 37
- 创业训练 ... 40
- 复习思考题 ... 40

第三章　商业模式开发与创业策划 ... 41
- 第一节　商业模式的本质 ... 41
- 第二节　商业模式的设计 ... 48
- 第三节　互联网时代的商业模式 ... 58
- 第四节　创业策划 ... 70
- 第五节　创业企业经营策划 ... 79
- 第六节　高新企业融资与商业计划 ... 81
- 【案例】互联网＋制造，海尔的成功转型 ... 91
- 创业实践 ... 93
- 复习思考题 ... 93

第四章　CI策划与广告策划 ... 94
- 第一节　CI的起源与发展 ... 94
- 第二节　企业形象策划 ... 97

第三节　广告战略策划 ·· 110
　　第四节　广告创作策划 ·· 118
　【案例一】　台广经典广告策划案 ··· 129
　【案例二】　南都奶茶系列广告 ··· 131
　创业实践 ·· 132
　复习思考题 ·· 132

第五章　市场营销策划 ··· 134
　　第一节　市场研究 ··· 134
　　第二节　目标市场策划 ·· 140
　　第三节　产品组合与新产品开发策划 ·· 147
　　第四节　产品各阶段营销策划 ··· 156
　　第五节　竞争方略 ··· 163
　　第六节　网络营销策划 ·· 167
　【案例一】　《超级女声》背后的商业策划 ·· 180
　【案例二】　小米手机网络营销策划及案例分析 ··· 185
　创业实践 ·· 189
　复习思考题 ·· 189

第六章　品牌策划 ·· 190
　　第一节　品牌策划的程序 ·· 190
　　第二节　品牌的战略策划 ·· 199
　　第三节　品牌的推广策划 ·· 214
　【案例】　鸿海集团，不只是世界名牌的制造工厂 ··· 230
　创新训练 ·· 234
　复习思考题 ·· 234

第七章　店铺与连锁经营策划 ··· 235
　　第一节　店址选择 ··· 235
　　第二节　店铺定位与布局 ·· 242
　　第三节　店铺营销策划 ·· 253
　　第四节　网店策划 ··· 264
　　第五节　连锁店经营策划 ·· 271
　【案例】　世界连锁经营的经典：麦当劳 ·· 279
　创新训练 ·· 282
　复习思考题 ·· 283

第八章　公关与专题活动策划 ··· 284
　　第一节　公共关系的基本原理 ··· 284
　　第二节　公关策划的技巧与在市场营销中的应用 ·· 295
　　第三节　专题活动 ··· 304
　　第四节　专题活动策划的可操作性 ··· 309

第五节　专题活动的具体策划 ………………………………………… 316
　　【案例】　国美电器黄陈股权控制的公关之战 ………………………… 319
　　创业实践 ……………………………………………………………… 323
　　复习思考题 …………………………………………………………… 323

第九章　技术创新与专利技术开发策划 …………………………………… 324
　　第一节　技术创新的基本原理 ………………………………………… 324
　　第二节　技术创新战略 ………………………………………………… 334
　　第三节　知识产权与专利 ……………………………………………… 339
　　第四节　专利技术开发策划 …………………………………………… 351
　　【案例】　苹果与深圳唯冠 iPad 商标案 ……………………………… 363
　　创业训练 ……………………………………………………………… 365
　　复习思考题 …………………………………………………………… 365

参考文献 ………………………………………………………………………… 366

企业策划概论

1984年7月，第23届奥运会在美国洛杉矶举行，筹备工作出现危机。

人们记忆犹新：1976年在加拿大蒙特利尔举行的第21届奥运会亏损10亿美元，1980年在苏联莫斯科举行的第22届奥运会，耗资90亿美元，亏损更是空前。难怪洛杉矶拒绝承办。国际奥委会召开紧急会议，会议决定第23届奥运会的经费不由主办城市负责，采取商业化的方式筹集资金。第23届奥运会筹备小组经过反复筛选，最后选中了尤伯罗斯（Peter Ueberroth）负责筹备工作。

尤伯罗斯起初也有点犹豫，在多次盛情邀请下，他决定把他的"第一旅游公司"以1040万美元卖掉，冒险去干一下。

尤伯罗斯上任的第一天，办公室里空荡荡的，什么也没有。他拿出100美元，到银行为第23届奥运会立了个户头，作为筹集资金的开始。

他筹资的第一步，就是把第23届奥运会的电视转播权作为专利拍卖。助手们提出最高价是1.52亿美元，他亲自出马，到处游说，结果筹集到2.8亿美元。

他筹资的第二步，是让各大公司进行更多的赞助。他利用各大公司想通过赞助提高知名度的心理，规定本届奥运会正式赞助单位只接受30家，每家至少赞助400万美元，赞助者可取得本届奥运会某项商品的专卖权。这样，各大公司竞相赞助，又筹集到3.85亿美元。

在吸引胶卷公司赞助时，美国的柯达公司自恃是世界上最大的胶卷公司，讨价还价，不愿出400万美元。尤伯罗斯果断决定把赞助权和专卖权卖给愿出700万美元的日本富士公司。消息传出，柯达公司十分懊悔，结果花了1000万美元，买下了ABC电视台在本届奥运会期间的全部胶卷类广告时间，封锁了富士公司的电视广告。

奥运会开幕时，要从希腊的奥林匹亚村把圣火空运到纽约，再传至全美国的41个城市和近1000个镇，全程1.5万km。尤伯罗斯利用人们以能举奥运会火炬一跑为人生难得机会的心理，规定参加接力者每跑一公里，需交纳3000美元。仅这一项，又筹集到了3000万美元。

尤伯罗斯还想出了许多点子，如设立"赞助人计划票"、制作各种纪念品等。总之，他通过各种渠道，为本届奥运会筹集了一切能筹集到的资金。

尤伯罗斯终于胜利了。第23届奥运会闭幕时，他获得了9.3万名狂欢观众经久不息的掌声。他没有花政府一分钱，没有亏损，没有负债，反而盈余2.5亿美元。里根总统邀请他到白宫做客，许多民众写信要求他竞选下届总统。

一项十分危险的事业，尤伯罗斯策划成功了，实现了财富从零到亿万的飞跃。如今每届奥运会承办权都成为许多国家和城市争夺的"金娃娃"。

第一节　企业策划的历史背景与发展

东汉末年，诸雄混战，刘备"三顾茅庐"请诸葛亮出山做军师争夺天下。诸葛亮纵观全国的局势，站在战略的高度，为刘备勾画出创立基业的蓝图："今操已拥百万之众，挟天子而令诸侯，此诚不可与争锋。孙权据有江东，已历三世，国险而民附，贤能为之用，此可以为援而不可图也。荆州北据汉、沔，利尽南海，东连吴会，西通巴、蜀，此用武之国，而其主不能守，此殆天所以资将军，将军岂有意乎？益州险塞，沃野千里，天府之土，高祖因之以成帝业。刘璋暗弱，张鲁在北，民殷国富而不知存恤，智能之士思得明君。将军既帝室之胄，信义著于四海，总揽英雄，思贤如渴，若跨有荆、益，保其岩阻，西和诸戎，南抚夷越，外结好孙权，内修政理；天下有变，则命一上将将荆州之军以向宛、洛，将军身率益州之众出于秦川，百姓孰敢不箪食壶浆以迎将军者乎？诚如是，则霸业可成，汉室可兴矣。"——《隆中对》

在这里，诸葛亮根据天下大势确定了联吴抗曹的战略方针。在他看来，"荆州北据汉、沔，利尽南海，东连吴会，西通巴、蜀"，是一个发展势力的好地方，而荆州牧刘表又是个懦弱无能之人。若占有了荆州，就有了进可以攻、退可以守的根据地。益州"沃野千里"，号为"天府"，地势险要，便于攻守，而益州牧刘璋愚昧懦弱，北面的汉中太守张鲁也是无能之辈，那里的智能之士都希望能有一位明君。刘备不但名扬四海，而且是汉高祖的后代，正是众望所归的人物，若能据有荆、益两州，就可与曹、孙形成三足鼎立之势。若能再"西和诸戎，南抚夷越"，一则整顿内政，二则与孙权修好，待天下有变，则乘机出击，那样"霸业可成，汉室可兴"。

诸葛亮一席《隆中对》，对当时的天下大势分析得入木三分，突破口抓得异常准确，为刘备争夺天下进行了绝妙的策划，这就是"定三分隆中决策"。

中华民族在长期的社会实践中，创造了灿烂辉煌的中国文化，策划思想及其理论也被人们不断地总结归纳，逐步形成了一门综合性的学科。西周姜尚的《六韬》及其后的《孙子兵法》《战国策》《盐铁论》等古典著作中，都记载了我国古代卓越的策划思想和谋略，是祖先留给我们的宝贵文化遗产。

西周的姜尚是我国历史上最早的一位策划大师，周王朝的建立离不开他的正确策划。他的宽施仁政、励精图治、增强实力、结交四方、孤立商纣的战略策划，摧垮了商王朝，奠定了周王朝的统治。汉朝的张良，汉高祖刘邦称他在战功赫赫的韩信之上，是因为"夫运筹帷幄之中，决胜千里之外，吾不如子房"。张良为刘邦做的是事关全局的战略策划。毛泽东在大革命失败后，仍然坚信"星星之火，可以燎原"，做出了在湘赣边界从事革命斗争，二万五千里长征，红军战略大转移，第二次国共合作，共同对付日本帝国主义侵略等军事战略策划，为中华人民共和国的缔造立下了不可磨灭的功勋。

古代策划活动还体现在工程技术方面。举世闻名的四川都江堰水利工程兴建于春秋战国时期，集多种功能于一体，充分体现了我国人民策划构思的博大与精巧。尽管如此，由于受当时社会历史条件的局限，这些活动主要以个人策划的形式出现，以发挥个人才智和经验为特征，并且主要用于政治和军事上。

策划是人类社会的一项重要活动。今天它涉及人类生活的各个领域，政治抗衡，军事纷争，市场角逐，电视片的编导有"策划"，广告宣传有"策划"，就连大型的文体活动也有"策划"。凡此种种，难以枚举。

所谓"运筹帷幄之中，决胜千里之外"，说的就是策划的重要性，在相同的主客观条件下，策划的好坏决定着行动的胜负、事业的兴衰。

那么，策划具体是指什么呢？目前，理论界说法不一，尚无一个权威性的定义。

策划也叫策画，日本及我国台湾省称之为企划。其本义应为"出谋划策"，《现代汉语词典》释义为"筹划，谋划"，《辞海》中释义为"计划，打算"。翻译成英文，则一个是plot，另一个是design。笔者认为用《现代汉语词典》的释义及英文plot恰当些。

策划的一种定义为：策划是一种程序，在本质上是一种运用脑力的理性行为，是关于未来的事物、针对未来要发生的事情做当前的决策。也就是找出事物的因果关系，衡度未来可采取的途径，作为目前决策的依据。简而言之，策划是预先决定做什么，何时做，如何做，谁来做。

策划的另一种定义为：策划以假定目标为起点，然后定出策略、政策以及详细的内部作业计划，以求目标的达成，最后还要进行成效评估及反馈，然后再回到新的起点，开始策划的第二次循环。策划是一种螺旋式上升的循环。

这两种定义中，前者是以抽象的方法对"策划"进行定义，后者是以表述性的语言对"策划"进行定义。但是不论以何种方式对"策划"进行定义，策划的基本概念是由五个要素组成的，即策划者（策划人）、策划依据（信息和知识）、策划方法（手段）、策划对象（人或市场）、策划效果测定和评估（预先推知和判断）。

策划体系所包含的五个要素是一个相互依存、互为相关的有机体系。一个具体的策划活动，要经过策划人反复不断地构思、酝酿、分析和调整，再付诸实施。

随着科学技术的不断发展、社会的不断进步，人类社会活动日趋复杂，对策划的要求也越来越高。"智者千虑，必有一失"，古今中外，任何一个精明的策划者都懂得，单靠个人的经验和才智，没有理论和科学做指导是越来越行不通的。策划者向群体参与发展，策划的目标由一元转向多元，策划的内容、范围也从过去的以政治、军事为主扩展到政治、军事、经济、科技、文化等领域。

20世纪50年代，在经济发达国家开始出现了大批的"智囊团""思想库"。最著名的有美国的兰德公司和日本的野村综合研究所。兰德公司是1948年由美国空军创建的非营利性的策划机构，为美国政府策划了第一代军用卫星和洲际导弹的战略性决策计划，从而成为美国白宫和五角大楼进行决策的"思想库"。今日的兰德公司拥有十几个专门从事政治、军事、经济、社会发展等方面的策划部门，重点研究的是战略决策问题，在国际上颇引人注目。

日本的野村综合研究所建立于1965年，是日本最早成立的"智囊团"之一，它接受政府和企业委托的研究任务，专门从事具体政策课题和经营问题等方面的研究。

中华征信所是我国台湾省规模最大的市场资讯调查研究机构，在大部分国家和地区设立了分支机构，充分利用现代高科技，为各企业提供市场服务。

香港贸易发展局是我国香港特别行政区企业开拓市场的半官方策划咨询机构。我国的国务院发展研究中心是我国社会经济发展战略的策划机构，是国家的"智囊团"。

在互联网上，曾经有一些知名企业的域名被抢注，形成了反抢注的热潮。抢占市场制高点,与国际市场接轨,信息高速公路必须畅通。更理性、更科学地分析、策划市场,是现代企业家更加成熟的表现。

由此可以看出,现代策划具有如下特点:①策划活动是涉及多学科跨部门的理论研究;②策划活动的复杂性更突出,科学的理论、方法和现代高科技为策划提供了强有力的分析依据,使策划活动更加科学;③现代策划摆脱了传统的为统治者提供智慧为主的地位,使策划活动能够在各个领域里大显身手。

现代策划在经济领域中的运用越来越广泛。企业作为国民经济中的主体,毫无疑问离不开策划。随着我国改革开放政策的实施和由计划经济向市场经济的转变,企业不再是温室里的花朵,必须经受市场经济的风吹雨打。优胜劣汰的原则,迫使企业重新审视自己的位置,给自己重新定位,制定策略,去搏击风浪。我国的企业策划就是在这个时候应运而生的。

20 世纪 80 年代中期,我国南方的一些广告公司率先扛起了策划的大旗,为企业进行广告策划,进而是公关策划、企业形象策划及市场策划,但都只是以提供单方面的策划服务为主。

企业策划,既可包括对企业名称、企业标志、企业宗旨、企业宣传口号、企业经营理念等企业层次的设计和策划,又可包括对企业产品的包装、产品广告的形象、产品的市场定位等产品层次的设计和策划。如果说公共关系公司是通过策划一系列社会活动以协调和沟通企业与大众的关系的话,那么,企业策划公司则从企业内部的因素出发,以整个消费市场的态势分析为基础,全方位地为企业策划企业形象和产品形象,从而达到产品促销和市场推广的目的。它们会自行实施或调动市场研究公司、公共关系公司、广告公司共同完成一个完整的企业策划项目,从而达到最终目的,即使企业取得最佳的经济效益,获得竞争优势,增强企业的实力,使企业不断发展壮大。

第二节 企业策划的特点与作用

20 世纪 90 年代初,在南国边城,几个年轻人在计算机行业的激烈竞争中,准确地发现和抓住了中文文字处理和汉字输入两大空当,用赊账的方式在计算机类报刊上打出整版震撼人心的广告。他们高举振兴民族工业、发展高科技的大旗,用短短的几年时间创建了以计算机软件开发为主,并向生物工程、房地产开发等领域多元发展,拥有数亿元资产的高科技企业——巨人集团。党和国家的许多领导人纷纷前去视察,给予鼓励和支持。海内外各种传媒也纷纷予以报道。

然而,短短的几年后,形势发生了剧变。该公司新开发的口服液投入市场受阻,先是因为评奖而产生风波,继而一些专家教授在报刊上发表文章指出其所谓的营养,人体本身就可以在日常的饮食中取得,无须额外补充。不久,该公司又与一家口服液公司因不正当竞争打官司而败诉。原准备用三年时间建成的大厦,因种种原因而不能建成,集资者要求偿还,分公司经理携款或物潜逃,整个公司一时陷入困境。

教训是深刻的。巨人集团创业时正逢国家对高科技极其重视和扶持,他们抓住了我国计算机发展的空当,以其产品的新颖性、实用性,加上公关广告策划的紧密配合,企业飞速发展。可是仅仅几年时间,计算机行业发生了翻天覆地的变化,外国大公司纷纷开拓中国市场,国内大大小小的计算机公司相继产生,计算机市场竞争空前激烈。该公司决策者想走多元化发展的道路，在生物工程和房地产领域里开垦出一方天地，可是口服液市场的竞争已达到白热化程度，房地产市场正碰上国家银根紧缩。策划者没有充分考虑市场环境的变化，没有充分估计自己的承受能力，加上内部管理不善，而使前后两阶段的策划效果大相径庭。

从上面这个实例可以看出，企业策划与其他策划相比，有着自己鲜明的特点：

（1）超前性。策划者要善于使用各种方法和技术，使企业策划的各种方案具有超前性。策划者要对国内外宏观经济政策有深刻的体会，对微观经济环境能够站得高、看得清，把握住市场发展的脉搏，善于分析其发展趋势。策划者只有具有这种超前意识，才能使策划方案具有超前性。

（2）创新性。策划方案要不落俗套，不人云亦云，要富有新意，或者说要有创意。企业策划没有创新，企业就难以充满生机和活力，就难有大的发展。墨守成规，终究要被市场所淘汰。当然，创新并不是要求策划方案从形式到内容都是崭新的，某一点或某一个方面有新意，就可给人以全新的震撼感，从而激发员工的积极性。

（3）可行性。超前性和创新性是企业策划的两个基本特点，但是它们必须建立在可行性的基础上。如果脱离现实，超前性和创新性都会变成无源之水、无本之木，最终成为劳民伤财的空中楼阁。因此，进行企业策划时应用系统的观点和方法，全面分析、研究企业经营中的问题。当然，在某些条件还不太成熟时，要创造条件，使策划方案能够顺利实施。

（4）动态性。优化配置企业的各种经营要素，促使其向合理的、人们所预期的方向发展是策划的目的之一。由于企业的外部环境和内部环境在不断地发生变化，开始策划时，可能出现一些不可预见的因素，因此，企业策划的方案也应随着时间的推移、地点的改变、环境的变化而不断补充、完善，从而使策划朝着预期的目标发展。

（5）层次性。企业策划既有事关全局的总体策划，如经营策划或企业战略策划，也有针对企业某一经营层次的策划，如广告策划、企业形象策划。这些不同层次的策划对于企业经营的作用是有差别的，应根据企业本身的情况来确定先进行哪一层次的策划。

（6）功效性。正确的策划能够使企业准确把握发展机遇，迅速发展壮大；错误的策划则可能使企业蒙受损失，甚至倒闭。不同的策划方案，因为策划者策划水平的优劣和实施的程度不同，策划效果可能相差甚远。

在企业策划这六个特点中，超前性、创新性是根本，可行性是基础，功效性是目的。

《三国演义》中的诸葛亮是一个典型的策划大师。他隆中策划，高瞻远瞩；博望坡初用火攻，一举惊人；赤壁鏖战，表现出雄才大略；七擒孟获，显现出儒将风度；六出祁山，更是高招迭出。但是如此老谋深算的诸葛亮，竟也有失街亭之误。

当魏国大将司马懿引20万大军杀来之际，诸葛亮料定魏军要夺取街亭，于是派兵前往驻守，马谡自告奋勇立下军令状，结果因死背兵书而导致街亭失守，酿成一场悲剧。

诸葛亮知道"街亭虽小，干系甚重，倘街亭有失，吾大军皆休矣"，又知"此地奈无城郭，又无险阻，守之极难"，明知马谡不胜其力，为何不派一员文武双全的大将前去镇守而轻易答应马谡的要求？假如诸葛亮能够开个战前会议，多听听众将的意见，大家肯定不会同意马谡前去防守，何况能担当此任且又愿效力者大有人在。由此看出，任何高明的决策者都会出现失误，而减少失误的妙方是充分发挥群体的智慧。

商场如战场。现代企业的竞争，其激烈程度比战场更甚。这是因为我国经济体制改革，由计划经济转变为市场经济，企业不再按照国家的计划生产，生产什么、生产多少，完全根据市场的需求来决定，谁生产的产品质量好、功能齐全、价钱低，消费者就买谁的。这样，同一类生产企业就出现了有的产品供不应求，有的产品积压、经营亏损的情况。

市场就像小孩的脸，说变就变。面对复杂多变的市场，倘若没有细致周密的策划，企业经营就不能绕过激流暗礁，走向辉煌。因此，笔者认为企业策划的作用体现在以下三个方面：

一是能够集中专家的智慧，使策划方案具有超前性和创新性。现代社会化大生产条件下，经营管理的任务更加艰巨繁杂，不仅"家长制"的领导管理方式已不适应市场需要，就是精通一门专业技术的"硬专家"，也越来越不适应市场了，因此必须依靠"多种专家"、专家集团来为企业进行策划。

二是能够使企业朝着一个正确的方向发展。策划者通过调查、比较，系统地分析出企业的现状、本行业的现状以及未来的发展前景。策划者能够站在一个新的高度，从全局出发，用战略眼光来看待一个企业的发展方向，避免走弯路，避免"不识庐山真面目，只缘身在此山中"的现象出现。

三是能够加快企业的发展速度，使企业充满生机和活力。企业策划的创新性和超前性决定了企业能够不断地更新观念，使用先进的科学技术，从而加快了产品的更新换代。而系统的企业策划保证了这种发展速度。

企业策划在市场竞争中的作用是十分明显的。企业只有对这项工作予以充分的重视，并认真细致地做好这项工作，才能稳定地发展。当然，并不是所有的策划工作都能保证企业成功，这与策划者的水平和策划方案实施的程度有关。但好的策划可以充分挖掘企业的各种潜力，尽可能避免各种风险和潜在威胁，利用一切可以利用的机会，最大限度地使企业获得成功。

目前，我们许多企业中，本身没有策划机构和策划人员，但依然取得了成功，何故？

仔细对这些企业进行考察分析就会发现，这些企业经营业务比较简单，外部环境比较宽松，缺少竞争，处在有利的发展时机。企业内通常有一位或几位头脑灵活、经验丰富的领头人，他们自觉或不自觉地运用自己的才智和经验，对企业的经营活动进行策划。当然，这些策划工作一般不太复杂。

广东顺德的美的集团股份有限公司（以下简称"美的集团"），由一个乡镇小企业发展成为国内大型家电集团之一。在珠江三角洲这块土地上，与它旗鼓相当的同行还有科龙、万家乐、威力、格力、神州、万宝等品牌。为了在激烈的市场竞争中立于不败之地，美的集团曾在《羊城晚报》上招兵买马，将企业策划高级主管列在首要位置，要求有硕士以上学历或本科有五年以上工作经验，对国内外家电行业以及相关领域的现状及发展趋势有较深刻的认识，年龄38岁以下。美的集团能够发展到今天，占领中国家电市场的大片河山，其领导者可谓用心良苦，奇招迭出，管理和技术不可谓不先进，领导者不可谓不精明，然而要想在市场竞争中再多分一杯羹，却不是那般容易。因此，他们要寻找专门人才来策划美的集团未来的发展方向。"你的理想，你的创意将可以在这里得到实现"——美的人给了策划者一个广阔的发展空间。

不仅是美的集团，许多企业集团也专门设置了企业策划机构，招募了高级人才，从企业的经营战略、市场定位到产品生产、宣传广告、企业形象策划等方面，全方位地策划企业的现在和未来。在当今错综复杂的国际政治经济环境和竞争日趋激烈的情况下，企业要想在国内外市场上站稳脚跟，拥有一席之地，如果缺少准确、系统、高效的策划，就会像一只无舵的航船，在波涛汹涌的商海中疲于应付而最终沉没。

第二次世界大战（以下简称"二战"）之前，日本还处在资本主义发展的初级阶段；但二战之后，日本致力于发展经济，在四五十年的时间里，成为世界上敢与老牌资本主义国家——美国相抗衡的经济强国。这一神话般奇迹的出现，是由于一批锐意进取、实力雄厚的大型企业带动了日本经济的起步与腾飞。这些大型企业如今不仅控制着日本的国内市场和经济命脉，而且已将其业务渗透到许多国家和地区。在我们的生活中，到处都可以看到日本的产品。不仅如此，日本产品还打进了欧美国家老牌企业的大本营，使它们不得不分出一部分市场。毋庸置疑，策划在日本企业中受到了高度重视。日本企业在开拓市场时，通常要经过精心的研究策划，因而其制定出的策划方案能够突破常规，极具竞争力。其策划工作之严谨、考虑因素之多、市场信息把握之准，是值得我们学习的。

日本的野村综合研究所对日本企业开拓国际市场、向外发展进行了研究，认为其成功的诀窍表现在以下十个方面：

（1）企业负责人对向海外发展必须有明确的经营思想，不要因急于追赶竞争对手，就毫无目标地向海外扩展。

（2）在事前必须做细致的可行性调查，包括预测该产品未来市场需求大小和市场占有率，以及该国的政治经济风险与商业竞争风险。

（3）必须有国际性优秀生产技术并要将其转移到生产地，这样才能生产出与日本国内完全相同的产品，保证质量，保证声誉。

（4）在决定设厂前必须先有一定数量的产品出口实绩，而且已打出商品的知名度。

（5）必须有能胜任国际经营的人才。这种人才必须受当地员工的尊敬和亲近，能与当地员工融洽相处，并具有进行领导工作的足够能力。

（6）必须适当修正日本式经营方式并灵活运用，以适用于国际经营并发挥日本式经营方式的优点。

（7）在经营管理上要能够与当地融为一体。即在人员上要培育和有效地使用当地优秀人才，日本派去的重要领导在公私活动方面都不要形成"小集团"，还要尽可能采购当地生产的原材料或零部件。

（8）企业内部要建立国际分工体制。即在生产上要依据市场需求考虑在国外生产何种产品，在国内生产何种产品，要尽可能在出口与海外生产上取得平衡，以避免发生国内工厂空洞化。

（9）灵活运用在海外的生产优势。

（10）必须预防投资摩擦，也要避免"一窝蜂"式地向同一国家或同一地区投资。要宣传本企业对当地发展的贡献，还要能够与当地企业在竞争中建立共存共荣的关系。

日本企业在国际市场上的这些成功经验，对我们有很大的借鉴作用。从总体上看，我国许多企业尚不具备到国际市场上竞争的能力，但也有不少企业具备了这样的实力却没能有效地占领国际市场。原因是多方面的，但这些企业在打入国际市场的过程中，缺乏切实可行的周密策划，或不能根据国际市场的形势和发展动态进行及时调整，恐怕是重要原因之一。国际市场的竞争对企业策划工作提出了更高的要求。

第三节　企业策划的步骤

企业策划书通过实施而达到其目的，策划质量的优劣对企业经营将产生深远的影响。因此，在进行企业策划时，只有以科学的态度，遵循一定的策划程序，采用适用的方法和手段，才能形成高质量的策划书。

企业策划可以分为四大步骤十五个程序，如图1-1 所示。

第一步：把焦点对准策划的对象，也就是寻找策划的主题，进行切题的调查研究。

第二步：描绘出策划方案的大轮廓，设定策划方案可期待的目标，为构思具体创意寻找突破口，然后将创意酝酿成熟，再纳入策划方案之中。

第三步：将充满构思的策划方案整理成策划书，预测其结果，并不断修正其内容。

第四步：对企业正式推出策划书，付诸实施，观察结果，总结经验，作为下一次策划的参考。

这四个步骤实质上就是企业管理中 PDCA 循环[⊖]的具体运用，是一个策划书出台的全过程，灵活地掌握这些步骤，是成为一个杰出策划人所必须具备的能力。

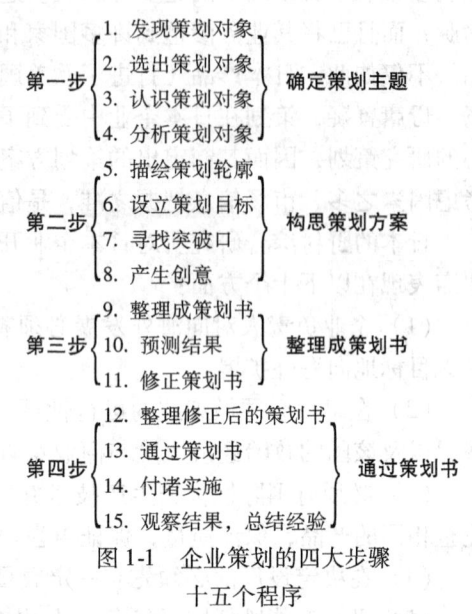

图1-1　企业策划的四大步骤十五个程序

一、确定策划主题

企业里到处都存在着策划对象，但并不是每个课题都需要策划，也无法一一实施。

课题的来源有两种：一是策划人接受上司的指令或者其他部门的委托，从事某一主题的策划；二是策划人自己发现策划对象，以此为主题进行策划思考。

策划人员应该具有自己发现策划对象的能力，自己找出策划主题，提出策划的必要性，再拟出相应的策划方案。

策划人员凭着敏锐的问题意识所发现的策划主题，有时候正是关键主题，有时候则是策划主题的某种暗示。例如访问经销商，与其探讨问题时得到以下现场信息：①经销商对公司的协调不关心；②其他厂商对经销商正积极活动；③经销商对本公司的商品组合大为不满等。这些现场信息成为寻找策划对象的线索，由此便可以产生以下策划主题：①提高本公司对经销商的协调程度的策划；②防止其他厂商侵入经销商的策划；③满足经销商需要的本公司商品组合的策划等。

策划对象很多，不过很难把所有的策划对象主题化，进行策划，也没有这个必要；必须将策划对象过滤，选出主要对象，将有限的智慧和时间投入其中，才能产生好的策划。因此，若要得

⊖　PDCA 是 Plan（计划）、Do（执行）、Check（检查）和 Act（行动）的简写。PDCA 循环是质量管理中的一个通用模型。

到好的策划，企业方面也要精选策划对象，把力量集中于必要的主题上。除了策划者对这方面有十足的理解之外，企业方面也要具有判断的能力，辨别什么样的主题是值得策划的。

经过某种会议或场合筛选出策划对象、设定策划主题之后，首先应该尽可能让策划主题明确化。

所谓明确化，就是明确事物的内涵和外延，通俗地说是明确事物的范围。对策划主题明确化的表述方法，一是数字，二是专有名词。

例如有以下策划主题：①提高营业额的策划；②提高营业额的促销策划；③为提高A产品营销额的促销策划；④为提高A产品营业额50%的促销策划；⑤为提高本年度A产品营业额50%的促销策划；⑥以提高东北、华南地区A产品营业额50%目标加强批发商营销渠道的促销策划。

由策划主题①至策划主题⑥，这些以促销为主题的策划，其主题越来越清晰，这就是策划主题的明确化。

如策划主题①，它不限于促销计划，同时也可以从广告宣传、降价、追加新产品等方面来考虑策划，同时产品也不限于A产品，其他产品都可能有，地区也可能面向全国。这种自由度很大的策划主题，似乎可以尽情发挥，但由于焦点不定，很可能做出和上司或委托者意图偏离的策划而难以成为精确满意的策划。如果能像策划主题⑥一样主题明确的话，对于主题的调查和分析则容易得多。

如果会议中决定的策划主题、上司下达的策划主题或委托者交给的策划主题，是像策划主题①一样的模糊主题时，最好不要立刻接下来；否则上司或委托者也许想的是A产品在东北地区的促销方案，而做出来的却是华南地区的策划方案，结果事倍功半。因此着手进行策划作业前，要先和决定策划对象、主题的人商谈，充分领会上司或委托者的意图，然后再进行策划作业。

例如，有一个市场调查机构，接受一家食品厂商的委托，该厂商要求该调查机构提出一个新产品上市前的竞争商品调查、所需的费用估价的调查策划。然而该调查机构由于未弄清楚该厂商的真正用意，将策划的要点放在了竞争产品的品牌、厂商、生产量、销售量、广告、促销法、营销渠道等对策上面，而该厂商在新产品开发阶段，对以上各点已大致了解清楚了，他们想从批发商、零售商、消费者及广告公司等方面，收集有关应运用什么营销渠道、什么方法、什么价格体系及公关活动打入市场的具体构思。可是该调查机构却被传统的调查项目所限，未能掌握委托者的真正意图，而被别家调查机构抢走了生意。

策划对象和主题明确以后，策划者应该对策划对象的以下情况进行充分的调查、分析和研究：

（1）新产品的内容、性能、成本、预定售价。
（2）新产品与既有销售渠道的关系，尤其要判断销售渠道的适合性。
（3）新产品的竞争厂商、竞争产品的状况。
（4）本策划以什么标准判断为必要。
（5）对本策划的期待是什么。
（6）关于本新产品是否有其他项目的策划。
（7）本策划可能动用的费用、人员、时间、场所等的最大限度。
（8）过去本公司或竞争厂商是否曾做过同类或类似的策划，其内容、结果与需要反省

(9) 本策划书的截止时间。
(10) 本策划可以获得什么单位或个人的协助。
(11) 上司或委托者对本策划有什么构思、希望。
(12) 本策划为什么指定自己来做。

作为策划人，在开始策划时必须从心里对以上12点有所准备，激发策划的灵感。

一个理想的策划书，是在有限的费用、资源、人力、时间范围内，达到最高效、取得最大成果的策划。要达到这个目的，就要充分调查、分析、研究策划对象，而调查、分析、研究的四大基本原则是：多听、多看、多问、多查。脱离现实、一厢情愿的看法和创意，终将无法实施而被废弃。

二、构思策划方案

构思策划方案是在充分调查、了解、分析策划对象的基础上进行的。前面所讲的12点，主要是就企业的内部环境、针对产品开拓市场而言的，如果是进行企业战略策划，仅仅了解这些是不够的，还必须对企业的相关环境进行分析研究。事实上，许多外部因素对企业经营的影响是有差异的，不同层次的外部环境对企业的作用也有区别。国家的宏观经济政策、国际环境对企业的影响可能稍间接些，而行业发展环境、市场环境和外部竞争者等对企业的影响就比较直接，企业可以明显感受这些外部力量对自己产生的影响。

在对企业相关环境进行分析研究之后，还必须对企业进行评估，也就是进行企业定位，企业必须明确自己处在同行业的什么位置，处在社会的哪个档次。企业定位包括明确企业的产品质量、技术水平、销售状况、人力资源、财务状况和筹资能力以及工作效率。正所谓量力而行，知己知彼，方可百战不殆。

构思策划方案是企业策划过程中最困难、最重要，也是最有意义的一个环节，它是策划者智慧和灵感的体现。所谓策划构思，就是策划者根据企业目标，综合各方面的信息，探寻企业自身未来的行动方案。

构思策划方案必须设定目标。企业目标是由一个总目标、多个分目标构成的多层次系统。有三种形态的分目标：一是时间形态上的分目标，即阶段目标；二是层次形态上的分目标，即子目标；三是专业领域形态上的分目标，即部门目标或专业目标。企业通常采取利润指标（国有企业用利税指标）作为自己的总目标，并用市场占有率、利润率、劳动生产率、销售总额和成本等指标作为阶段目标。

策划者根据企业的总目标、阶段目标并将其分解到策划对象，设立一个比较适宜的策划目标。设定的策划目标如果过高，则无法实现；过低，则失去策划的意义。因此设定策划目标时，要充分考虑企业的实际情况，以及其对策划的期望值。将目标值设定于既具有现实性又具有挑战性的数值上，是最适宜的。

发现外部环境中的机会与威胁，依据对企业自身条件的优劣分析，来确定企业的发展、改进方向，这是构思策划方案的基本原则。

从图1-2中可以看出：在第Ⅰ象限内，环境中存在机会，企业本身又具有优势；在第Ⅱ象限内，企业具有优势，但环境中存在威胁；在第Ⅲ象限内，企业在此方面处于劣势，环境中存在威胁；在第Ⅳ象限内，环境中存在机会，但企业在此方面处于劣势。

以上四个区域，决定了企业大的发展方向。显然，第Ⅰ象限对企业而言最为有利，企业既有优势，环境中又存在机会，应作为策划的重点；在第Ⅱ象限，企业策划应重点克服环境中的威胁，创造发展良机；在第Ⅲ象限，企业策划应尽力避免，难以有所作为；在第Ⅳ象限，企业策划应着重于内部力量的提高，增强竞争力。

策划主题、策划目标、策划构思原则已经清楚地摆在我们面前，如何来构思策划方案呢？

构思策划方案的关键之处是创意，寻找突破口。好的创意是由灵感产生的，而灵感来自生活中的积累。

按资讯理论来说，所谓策划，就是各种资讯的有机组合。而构成其组合要素的各种创意，也都是由某种资讯或几种资讯予以加工、变形、组合而产生的一种资讯。此外，激发创意灵感的线

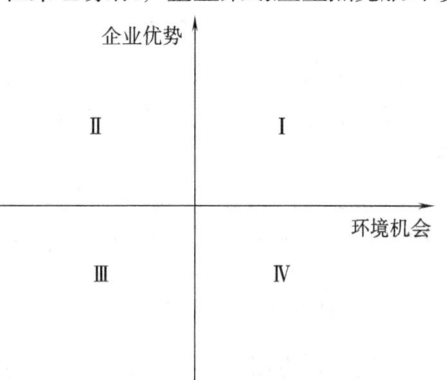

图1-2　企业优势、环境机会对企业发展方向的影响

索或暗示，也是一种资讯。一个好的创意或特别的策划，和一般的策划比起来，总有它独特的差异性存在。也就是说，策划是由具有差异性的资讯经过加工、变形、组合而成的。因此，探寻灵感线索、化为创意、形成策划的一连串作业，也就是资讯的探索、变形、加工、组合的作业。每个阶段，资讯的探求方法及变形、加工、组合、整理方法的巧拙，就成为决定其能否成为一个杰出创意的条件。

从这层意义来看，构成策划的创意构想，构成创意的灵感的启示，以及突破口的探求方法的巧拙，对策划者来说是非常重要的因素。无论采用什么方法，作为一个杰出的策划者，需要不断训练自己，学习寻找有价值的资讯，以触发具有新意的灵感和高品质的创意，并将其形成策划书。

寻找策划构想或创意灵感的方法可以大致分为两种：①从已知的知识、信息中探求；②通过个人或集团的智慧产生。

所谓已知的知识、信息，是指发表于书刊的知识和资讯等。寻找过去的知识、信息，获得能用于目前正在思考的策划方案的创意或暗示，是最常用的方法。另外一种通过智慧而产生策划构想或创意灵感的方法是指将存在头脑中的资讯，以及由外部收集所得的信息，加以选择、加工、变形、组合，从而整理出具有异质性的资讯。这种方法由于策划者能力不同和手法的优劣，结果将产生极大的差异。

当然，由智慧出发的方法，也会因学习和训练而有某种程度的提高。如果大脑里原来就没有储存该方面的信息，或未能由外部收集相关的信息，绝对无法凭空加工、变形信息。也就是说，只有聪明的头脑，而没有知识的积累，也无法产生智慧的结果。

因此，要想寻找、产生灵感与创意，首先要努力学习运用既存知识与信息来探求灵感与创意的方法。如要拟定一个新产品市场开发的策划方案时，可以从下面六个方面寻找既存知识与信息：

（1）市面上所卖的专门图书、过期专业杂志、行业刊物和剪报等。

（2）本企业或关系企业过去所进行过的有关市场开发方面的策划方案、活动方案、建议等记录。

(3）有关方面的专家、研究者所拥有的关于市场开发方面的策划书及信息等。

（4）本企业及同行业其他企业或比较容易获得资讯的其他同行业人士所拥有的关于市场开发方面的策划和信息等。

（5）海外企业有关市场开发的信息。

（6）在学会、研究会等学术性会议上学者们发表的市场开发方面的相关知识、创意和信息等。

除此之外，只要开动脑筋，还有许多其他既存的知识和信息的获得来源。在收集这些信息和资料的过程中，灵感和创意就在不经意中产生了。

三、整理成策划书

无论策划方案的突破口选得多么巧妙，创意多么独特，只有策划者自己清楚，如果它无法得到上司及委托者的认可，也就无法被付诸实施。

因此，作为策划者，不仅需要具备产生杰出创意的能力，还必须能将创意整理成为策划书，经审议通过，以便在实施时得到强有力的支持。为了达到这个目的，策划者必须努力提高写作策划书的能力。

首先，必须了解一般策划方案所具备的项目和条件，策划书立案的技巧及策划内容的表现技巧等。

一般策划方案在整理成策划书的形式时，包含以下项目：

（1）策划的名称。

（2）策划者的姓名。

（3）策划完成时间。

（4）策划的目的及策划内容的概要说明。

（5）策划内容的详细说明。

（6）为实施策划方案的程序和计划。

（7）策划的期待效果和预测效果。

（8）策划立案的缘由。

（9）对本策划问题的看法。

（10）参考资料。

（11）第二、第三策划方案概要。

（12）策划书实施时要求注意的事项。

如果是简单的策划书，有前五项就够了；但为便于实施，应尽可能包含第六、第七两项；如有必要详细说明策划方案时，则需加上最后五项。为什么要包含这些项目呢？因为策划书是为了向别人说明策划方案，说服别人以获得认可与支持而做的。

事实上，将策划方案像前面这样整理成策划书时，策划者常会意外地发现：以为别人会懂的部分别人却不懂；而自己以为不很重要的条件却是相当重要的条件；有些部分自己明白，却很难向对方说明；有些部分是单凭文字难以表现的内容；有些部分若没有考虑实施者的立场很难实施等。

也就是说，要向别人展示策划书，就必须站在别人的立场来考虑，如果不能向对方传达自己的意志，则很难获得对方的赞同和支持。单是自己了解是行不通的。

如何写好策划书，简洁具体地表现策划的内容呢？现就策划书必要项目的写法进行简要说明。

（1）策划的名称。策划的名称实质上是策划的主题，要尽可能具体。例如"新产品的销售策划书"便不充分。"新产品×××年1~6月××地区以经销商为对象的促销策划书"，像这样明确的名称是很重要的。也可以采用大标题是"新产品×××年的促销策划书"，而副标题加注"1~6月××地区，对象经销商"为补充的写法。

（2）策划者的姓名。包括策划者所属单位、职称、姓名；如果是小组的情况，可以写出小组名、负责人姓名、成员姓名。此外如有外部人士参与策划，更应注明。

（3）策划完成时间。这是策划书完成的年月日，但为方便起见，可注为开会日期或前一天；如果是旧案重提，可附注×月×日做成，×月×日修正，以接近开会日期为宜，这样给人的印象会较深刻。

（4）策划的目的及策划内容的概要说明。例如，策划目的为"对新产品1~6月，达成××台或××万元营业额的促销策划"，策划内容的重点为"预算×万元，以该地区五个经销商为对象，举行该产品经销商的销售竞赛，对获得第一名的经销店赠送×万元奖金之策划"。以数行文字，提纲挈领地指出目的和重点。这时候就有必要将策划核心的创意或策划的销售点明确地写出来，如"将对象经销商，以联盟的方式予以组合，根据销售绝对额及增长率，决定冠亚军"。

（5）策划内容的详细说明。这是策划书的重点部分。以决策者读起来容易理解为原则，简明扼要地表现，层次分明地整理。不仅可以用文字，还可以适度插入照片、图、表。如果需要，还可以准备投影仪或大挂图在审议会中使用。

（6）为实施策划方案的程序和计划。策划方案要付诸实施，有必要先做好实施的计划，如时间、人员、费用、场所、道具的安排，并制定安排表，具体到位。

（7）策划的期待效果和预测效果。本策划将可获得的效果要尽可能以令人信赖及有依据的方式提示出来。此外，策划所显示的效果以及对企业内外部可能产生的无形效果等也一并写入。期待效果及预测效果的真实性、准确性及说明方式的魄力，是策划方案能否被采纳的关键因素。

（8）策划立案的缘由。就是对为什么提出本策划主题，为什么实施本策划立案，本立案是以什么架构进行的等做出一一说明。

（9）对本策划问题的看法。任何策划都不可能十全十美。做完策划书后，要在策划小组会上讨论本策划的优点、缺点、可能出现的问题及其解决办法等。如果由于时间、人员、费用等受到限制，策划无法完全达到理想效果，也可稍做辩解，但不宜太多。

（10）参考资料。这是指文献、策划案例及过去的事例等。策划如果具有独特性且没有类似的方案，在实施时极易成功。针对某企业的策划方案如果参考过该企业或其他企业的事例或文献上刊载过的事例，在审议会上往往较易通过。此外，策划由某种前例获得暗示，或参考前例的情况相当常见，将这些实例简单附注是提高说服力的好办法。

（11）第二、第三策划方案概要。策划往往不只做出一个方案，而有A、B、C等代替方案。当有第二、第三个方案时，在策划书上可注明主旨，并做概要说明。

（12）策划书实施时要求注意的事项。策划书是实施之前做出来的，因此在立案过程中及立案后，会出现各种应注意事项和期望事项，应将其整理附于策划书后。

四、通过策划书

策划书做成后，策划者要向审议会或指导策划的上司提出报告，其目的是使策划书能在审议会上通过，或者被决策单位采纳。不然的话，费尽苦心的策划书被搁置，一切努力皆白费。因此，策划者必须在提交策划书之前，对审议会上可能出现的质询和疑问做好充分的应答准备，以提高策划书被采纳的概率。

我们曾经听到策划人员抱怨：我们公司老板也不问青红皂白，只知道苦干。辛辛苦苦做出来的策划书，他都不大看，甚至不了解策划者的立场和想法，每次只会问："你这策划到底能赚多少钱？"真让人生气。

这位策划者为了说服那位想知道"到底能赚多少钱"的老板，费尽了口舌，当老板终于决定"好吧！"时，策划者已精疲力尽，丧失了把策划书付诸实施的雄心壮志。

这种现象其实在任何企业都是家常便饭，但却少有这样不问青红皂白的老板。只不过策划者没有想办法说服企业，无法获得上司的认可，则是极为普遍的现象。如果策划者连上司都不能说服，那么这个策划书大概也不怎么高明。

"能赚多少钱"的质问，对决策者来说是理所当然的。策划本来就是一种赚钱的手段，策划者回答不上来，倒让人觉得他的策划目标不明确。策划书也是一种商品，是一种出售智慧的商品。既然是商品，那么就应该有商品的销售点，销售点越鲜明、越生动，就越容易向最高决策者推销成功。如果本策划书有可使商品 A 的销售额提高两倍、利润增加三倍的销售点，那么经营者自然会注意到这个策划书。假如本策划方案也许可以提高销售额，也可能降低销售额，那么本来兴致勃勃的主管，也会退缩回去。

策划者如果对自己的策划书都不能说出好处一二三来，别人又怎么会欣赏？一个杰出的策划者，能够将策划书的好处尽可能具体化、数字化。因为营业额、利润率、知名度、市场占有率等销售点，是最高决策者所关心的，至于中间的策划过程倒在其次了。

为了向决策单位乃至决策者推销、说明策划书，有必要制作一些说明和说服的工具，以增加策划书的说服力。策划人员要把自己的策划书当作商品，像推销商品一样，准备一些工具或道具，向最高决策者推销自己的策划书。这些工具或道具通常有图表板、幻灯片、录音带、录像带和多媒体光盘，可以通过这些形象、直观的东西，增强策划书可行性的说服力。

无论多么巧妙的说明，也可能没有说服力；相反，非常朴实的说明，却有可能说服别人。策划者需要的不是雄辩的口才，而是说服能力和应答能力。要想说服对方，与其单从理论构成来说明，不如以自己的想法和自信引起对方共鸣，把对方引入自己的想法中。因此说服能力强的人，不必详细说明策划细节，便能获得对方同意。

策划者要想提高自己的说服力，可以从下面五个方面努力：①对策划书要有自信心；②尤其对策划书的成果要充满信心；③将显示自信的个性融入策划书中；④说明策划书时，要让企业相信，这样策划是必要且有用的；⑤要以充满信心的态度回答质疑。

企业策划书通过之后，必须付诸实施，否则再好的策划也只不过是空中楼阁。当企业执行实施策划书之后，就应该对策划实施的效果进行评估，并把结果反馈给策划者，以便对策划方案进行修正，这样才能保证企业策划的科学性和实用性，才能对企业的经营活动真正起到指导作用。

【案例】

策划"博鳌"的新思维

2001年2月,"博鳌亚洲论坛"成立大会在中国海南博鳌召开并引起轰动,大会的组织者辛格先生在致辞中说:"我们深为岛屿的美景所动……我们向蒋晓松先生表示祝贺,他的先见之明和魄力使得将这个小渔村变为风景优美的旅游胜地成为可能。"蒋晓松,这个博鳌论坛背后的一个重要人物才逐渐为世人所知。

博鳌镇,位于万泉河入海口的海南省琼海市。原来只有一条街道、1万多人口,这个从前连海南人都不一定知道的小镇,从2001年2月27日开始,为世人所知晓。这一天,第一个常驻我国的非官方、定期、定址的国际会议组织——博鳌亚洲论坛正式成立,并永久性定址在博鳌——这个被称为中国"黄金海岸"的地方。这一天,20多个国家的政要、前政要出席,更让博鳌小镇几乎一夜成名,成为世界瞩目的中心。不仅如此,博鳌亚洲论坛的成功举办,还创造了中国民间外交的奇迹,以及房地产业和会展业的第一"经典案例"。

突破常规,资源整合

当1992年蒋晓松把博鳌 $41.8km^2$ 的土地拿下的时候,海南房地产热也开始急剧降温,聪明一点的房地产开发商开始收缩战线,谨慎投资。而到紧缩银根"软着陆"的政策出台后,海南地产业则真正迎来了漫长的寒冬。特别是在转向亚洲论坛开发思路之后,即使是蒋晓松的手下人也不时有这样的疑虑:亚洲论坛是我们这些商人能够搞的吗?

蒋晓松认为自己这些年做得最好的事情,就是在最困难的时候也没有把土地随便卖掉。"博鳌就像一块很好的衣料,在没有完全设计好之前不能轻易下刀裁剪,必须先保存起来。"

一开始,博鳌是按照一个旅游度假区的理念设计的,这在当时并不鲜见。鲜见的是,蒋晓松对博鳌进行了整整四年的规划与准备。蒋晓松贯穿始终的想法是,把博鳌打造成一个理想的"艺术品"。由于博鳌地处海滨,距离琼海市中心有将近 $13km$ 的路程,基础设施建设几乎从零开始,开发面临庞大的配套工程问题。即使在这种条件下,蒋晓松还是在1996年1月正式启动了博鳌开发的第一期工程,先后建设和完成了高尔夫球场、起步区市政道路设施、酒店建设、温泉钻探,以及一系列办公、生活配套等设施。

这个时候,关于博鳌的定义还是一个单纯旅游度假区的概念,而之后概念的改变也直接改变了博鳌的发展路径。

1997年的金融危机,引发了人们对亚洲经济发展模式和前景的重新思考。如何通过互通信息,共同应对危机成了最为现实的问题。另外,越来越多的亚洲国家从欧洲经济一体化、北美自由贸易区不断发展的形势中,认识到亚洲地区加强对话、协调合作、提高地区竞争力的必要性。而中国经济的走势以及中国政府在亚洲金融危机期间的态度,也为之后亚洲论坛落户博鳌做了铺垫。

1997年7月,晓奥公司建成了亚洲首个全岛型林克斯(Links)高尔夫球场,蒋晓松以个人名义请来其私人朋友日本前首相细川护熙夫妇和澳大利亚前总理霍克作为首批贵宾为球场开杆。"博鳌可以借鉴瑞士达沃斯论坛,搞一个博鳌亚洲论坛!"蒋晓松向日本前首相细川护熙请教博鳌的开发思路时,细川首相的这句话,让蒋晓松豁然开朗。就在这一年,细川与澳大利亚前总理霍克、菲律宾前总统拉莫斯也谈及了这一想法,立即得到了他们的认同和赞赏。"那一次，两位前政要与我谈起了亚太经合组织和达沃斯论坛。而这一夜长谈成了点燃亚洲论坛创建与选址博鳌的火种。"蒋晓松说，"建立一个泛亚洲的国际组织，不但是我们三人深夜长谈的成果所在，而且符合亚洲各国的愿望与想法。"

霍克等发起人就亚洲论坛的设想写信给中国领导人，经多方征求意见，得到了中国政府的响应和强有力的支持。有了中国政府的明确支持，亚洲论坛的创建就等于吃了定心丸。但这么宏伟的事业，光有姿态还是不够的。由于涉及众多的亚洲国家以及特殊的国际关系，这在中国是前所未有并且极为微妙的事业，在一切没有完全明朗之前，各方显然都还在忐忑不安之中。

在一个区域化和全球化同时进行的时代，亚洲历史政治文化本身的多样性，使得区域性的有效合作姗姗来迟。对于亚洲来说，首先必须解决的是以何种形式对话的问题。博鳌亚洲论坛的本意是"为亚"（for Asia）、"泛亚"的概念，属于民间论坛性质，不包含国家政治和国家安全层面的探讨，这显然合乎各国的需要。而中国官方又应该如何从中推动又避免充当领袖之嫌，这需要更高的政治智慧。蒋晓松的资源整合能力在一种整体的需求之下开始延伸。

在得到明确的支持态度之后，战略合作方也看到了合作的前景。1999年8月，蒋晓松的晓奥公司与中远置业集团、海南黄金海岸集团组建海南博鳌投资控股有限公司，共同负责博鳌亚洲论坛会址"博鳌水城"41.8km^{2}的规划开发建设工作。此举一并解决了一直制约博鳌发展的资金瓶颈问题，蒋晓松增加了有实力的战略合作伙伴，同时也为博鳌的发展打造了一个多赢的平台。

之后，公司的总体发展战略就是紧紧围绕博鳌亚洲论坛项目的推进和实施，进行博鳌水城的总体规划、一体管理、广泛招商、分期分区开发，搭建规模性开发建设的平台。他们首先聘请了中国城市规划设计研究院、澳大利亚DBI规划设计院和著名的"日本设计"等规划单位，以水为魂，制订出"博鳌水城"设计规划；而后，在前八年投资开发的基础上，从2000年5月至2001年2月，蒋晓松在海南政府的大力支持下，仅用半年多时间，就开发建成了五星级的博鳌金海岸温泉大酒店、海南锦江温泉大酒店、13km输水管道及钢膜结构博鳌广场等15项工程，为2001年2月底论坛筹委会的召开和论坛的创立创造了条件。

博鳌的成功除了常规意义上商业项目的成功，以及作为亚洲论坛政治意义上的突破之外，蒋晓松个人的微妙身份和资源整合能力无疑也给人许多启发。

把博鳌复制成达沃斯

作为官学商合一的论坛，博鳌亚洲论坛在强调民间立场和不营利原则的同时，存在着巨大的商业腾挪空间。

每年年初在瑞士达沃斯召开"世界经济论坛年会"（达沃斯会议）无疑给蒋晓松提供了现成的样板。达沃斯论坛是世界上最著名的非官方的国际会议组织，除了声势浩大的达沃斯世界经济论坛年会外，还有400多个大小会议在达沃斯召开，论坛每年的盈利达7000万美元。全体大会与各种专题讨论会丰富多彩，涉及经济、技术、管理、社会、文化等各方面的最新动态及各种观点。达沃斯论坛与会者都是来自全球政商学各个领域的领袖人物，在西方被称为"非官方的国际经济最高级会议"。

自然景观好、环境保护好、配套设施好、软件服务好四个因素支撑着达沃斯的成功。达沃斯论坛另一成功之处在于，其创始人施瓦布（Klaus Schwab）成功地把达沃斯年会及其在全球举行的区域会议的全体会议和小组讨论会变成了最先进的思想论坛和全球政要、企业界、学术界人士研讨世界经济问题的最主要的非官方聚会和进行私人会晤、商务谈判的最重要场所。另外,达沃斯的成功和权威还要依赖其研究力量的强大。达沃斯论坛不仅是一个会议组织,它还拥有自己的刊物和研究力量。达沃斯发表的《年度全球竞争力报告》作为最具权威的排行体系,被全世界的政府作为自己工作业绩的衡量基准,成为反映国家竞争力的重要标志。

博鳌亚洲论坛从名称、议题范围、机构架设、会议运作上全面参照达沃斯,"按照最国际化的思路,全面和国际接轨"。

在当时,瞄准会议经济这个模式的不仅仅有博鳌。2001年年初更早的"亚布力中国企业高峰论坛"也曾经热闹一时,盛况也一度空前,并立志成为中国的达沃斯。而亚布力本身同达沃斯之间自然环境的类似及当地政府的高度支持也加大了其砝码。显然,关于会议经济的说法,大家都还在起步的阶段。

现在,博鳌同达沃斯的相近之处更多只是自然景观以及人口规模。如何发展会议经济,会员的招募就成了一个关键的环节,会议参与者的影响力和经济实力决定了主办机构能够实现多大的规模。达沃斯论坛的核心资源在于其拥有1000多位世界上最著名的公司会员,这些会员基本上控制着世界经济的走势。会员的数量和质量成了论坛本身的根基。

从2001年9月1日开始,博鳌亚洲论坛秘书处开始公开招募200名正式会员。任何从事与论坛宗旨相关的个人、公司、组织都有资格竞争会员资格。会员以亚洲为主,其他区域会员总数不超过20%,一个国家的会员数不超过总数的20%。正式会员的入会费用是200万美元。博鳌亚洲论坛就是通过会员交来的3000万美元的利息维持日常运转的。据透露,目前国内已经有中远、中石、宝钢、海航等企业取得博鳌亚洲论坛的会员资格,招募工作现在依然在进行之中。如何保证会员的质量以及普及面,是博鳌亚洲论坛公信力的根本。

关于博鳌的未来,在想象其商业平台、盈利计算的同时,必须面对这样一个问题:支撑博鳌亚洲论坛最大的魅力除了公关交往之外,博鳌亚洲论坛本身的智囊作用能否发挥?在博鳌亚洲论坛的结构设置中,有博鳌亚洲论坛研究院的规划,如何凝聚最优秀的脑力资源为亚洲的未来献策献计,是一个不能忽略的问题。而博鳌真正成为亚洲政府的咨询机构,也绝非一日之功。

博鳌商业模式的再造

一个空前的大平台已经建立。"博鳌、亚洲、定期、定址"这八个大字给人的想象空间是如此巨大,让人不能不对蒋晓松可能的把握能力生出怀疑。

但对博鳌来说,真正的挑战还只是刚刚开始。如果说亚洲论坛为博鳌提供了一个美好的起点的话,这块"亚洲最肥沃、最有价值的土地"能否按照蒋晓松的计划,把经济、政治、商业、文化、体育等因素融合在一起,让后天的博鳌同天生的地形那样丰富?这才是博鳌未来发展的关键所在。

按照规划,会议经济是博鳌发展的一条主线。亚洲论坛除了一年有一次年会外,还将组织诸多的分会,围绕不同的亚洲发展主题进行不定期的研讨。除了年会之外,如何开发分会的资源就成了现实的问题。

在会议经济这条主线上,博鳌正考虑进行一些二线会议的开发。"中国市长论坛"就有部分会场设置在博鳌。2001年8月召开的"博鳌21世纪房地产论坛"也给了博鳌会议经济一个现实的注释。诸如此类多样化的会议资源，是博鳌发展的重要选择。

蒋晓松说，博鳌最终要成为一个百草园，除了房地产论坛外，还要有教育基地、影视制作基地、体育基地等项目。蒋晓松还同中国足协接触，希望把中国国家队的训练基地从海埂搬到风光旖旎的博鳌，让他们真正享受"快乐足球"。

从纯粹经营的角度看，博鳌的发展还取决于"博鳌水城"旅游度假区的建设。作为"亚洲乃至世界最大最好的旅游休闲度假区"，如何走出旅游度假区的惯性误区，挑战不小。蒋晓松如何理解博鳌发展的方向，如何引来好的投资者，并在总量上控制好，也成了博鳌下一步的关键。

蒋晓松说："在博鳌水城发展的项目，必须是我们这个时代的顶级产品，但房地产不会是博鳌水城的主要产业，而只是与博鳌水城总体发展有机结合的一个部分。如果说博鳌水城是一片沃土，我就是在这片沃土中耕耘的一个园丁，博鳌亚洲论坛则是在这片沃土中茁壮成长的一棵大树。"蒋晓松言下的其他"树木"还有可与好莱坞媲美的中国最大的影视娱乐城、最大的歌舞剧院、中国最具规模的服饰文化节、亚洲最具特色的生态旅游区和最具品位的度假胜地等。

"如果这些最终真能成功的话，博鳌就将不再是一个城市的概念。从以前的一个小镇发展到今天成为一个国际对话的平台，博鳌的今天来自大自然的馈赠以及一个美妙的想法。"

宏大的眼光、精密的策划、不断创新的商业模式……但愿我们今天能从蒋晓松策划博鳌的案例中领会到一些什么。

创业训练

比较京东和淘宝网的商业模式，自己策划一个网站。（提示：它们是电商平台网，我们没办法去竞争）

复习思考题

1. 企业策划与其他策划相比有何特点？
2. 企业策划在市场竞争中起着举足轻重的作用，甚至关系到企业的生死存亡，有些企业本身没有策划机构和策划人员，依然取得了成功，为什么？
3. 日本企业开拓国际市场有什么成功的诀窍？对我们有什么借鉴意义？
4. 企业策划有哪几大步骤？一般策划书需包含哪些内容？
5. 假如让你策划一个大型书画展，你能从案例尤伯罗斯承办第23届奥运会中得到哪些启发？试着写一个策划书。
6. 蒋晓松策划博鳌的成功给我们哪些启示？

企业战略策划

第一节 企业战略及其分类

　　1981年，罗杰·史密斯（Roger Smith）接任美国通用汽车公司总裁，这正是该公司冲破困境走向发展的时期。有关资料表明，1984年通用汽车公司在美国500家最大工业公司的名单中名列第二，仅次于埃克森石油公司。这一年，该公司售出各类汽车830万辆，总销售额为839亿美元，获利润45亿美元。同时，由于20世纪80年代以来石油价格不断下跌，美国人似乎又可以大手大脚地使用汽油了，于是"美国式"舒适豪华的大轿车又时兴起来。在这种大好形势下，公司的决策者们应该可以舒一口气了，可罗杰·史密斯深知"通用"这样的大公司如果满足于现状，不从长远考虑，是很难稳坐世界第一宝座的。于是他做出了两项重大决策。

　　第一，罗杰·史密斯不惜投入几十亿美元的巨额资金，成立了一家全新的汽车公司——农神公司。农神公司的第一批产品在1987年秋推出。投产后的农神公司每年可生产40万至50万辆小轿车。农神公司的设备是经过改进的自动化设备，生产出的小型车的车型、成本和质量等均可和日本车一争高低。

　　在"农神计划"未实现之前，为了对付进口日本轿车，罗杰·史密斯采取了美国企业界通常采用的策略，即"如果你不能战胜他们，你就加入到他们之中去"，与日本丰田公司签订了协议，在加利福尼亚的佛垒芒装配厂生产25万辆日本丰田公司设计的轿车，以"通用"的"雪佛兰"品牌在美国市场出售。除了"丰田"以外，"通用"还与日本的"铃木"、韩国的"大宇"和"现代"等汽车公司签订协议，用"通用"的牌子出售这些厂家的汽车。罗杰·史密斯之所以采用这种方式，其目的是避免在"农神计划"之前，缺少替代产品，使"通用"被挤出传统的汽车市场。

　　第二，罗杰·史密斯决定用25亿美元的巨资买下达拉斯电子资料系统公司。其目的是利用电子资料系统的计算机技术，推进"农神计划"，使咨询部门作业流水化，避免使用大量的文卷和报表，使公司的决策迅速而准确。收购电子资料系统公司后，通用汽车公司生产的计算机化发展很快，已用机器人武装了汽车装配线。

　　罗杰·史密斯在通用汽车公司顺利发展时期，充分调整企业人、财、物到较佳状态，进行战略决策并付诸实施。

　　企业高层管理人员的主要任务是进行宏观决策，也就是从企业的长远利益出发进行企业战略策划。

　　在西方企业中，有战略—经营两分法之说。按照这一说法，企业的管理运作有两极：一极立足于当前的资源和产品，追求效率和现在的利益，主要由企业中低层次的管理者负责；一极着眼于未来的生存、发展和未来的资源和产品，建立创新和长久的成功，由企业高层次的管理者掌握。前者叫经营管理，后者叫战略管理。战略与经营两种管理很难截然分开。当然，对于为数众多的中、小企业负责人而言，应以战略管理为主，也要适当兼顾经营管理。

按照美国《商业周刊》的说法，战略管理已成为美国企业当前强调的重点，被认为是企业发展的根本力量。许多企业将大部分经营权力下放给较低层次的管理者，而让高级管理人员关注环境的变迁，把握自己拥有的力量，将全部精力及其能支配的资源用于战略管理。

安索夫（H. I. Ansoff）是广泛使用企业战略理论的美国学者。他在1965年出版的《企业战略》一书中，把"经营决策结构"和"战略决策模式"摆在首位，以确定企业目标作为决策的出发点，建立了自己的企业战略计划理论。1979年，他又推出了力作《战略经营》。根据安索夫的理论，企业战略具有以下特点：

（1）全局性。企业战略的着眼点是企业全局。企业战略是影响企业总体性生存和发展的策略，仅涉及和关系到局部的事不属于战略问题。局部要服从全局，如果某项战略只对一个企业的局部有利而不利于整个企业的发展，则不宜采用。

原联邦德国某一企业，为了击败竞争对手，总公司指令各分公司的产品一律以低于对手产品价格10%的价格销售。如果对方降价，自己也降。总之，要不惜血本击败对方，赚钱留待以后。其他分公司都不折不扣地执行了总公司的命令，唯独一家分公司在与对手进行了两番降价之后，觉得亏损太严重，于是就停止了降价。结果，对手在其他地方都被摧毁，只有一处保存下来。正是保存下来的这一处，为其后来的复兴创造了条件。这一分公司为了局部利益，破坏了企业的整体利益。

（2）长远性。企业战略是为了谋求企业的长远发展，在科学预测的基础上，开拓未来的前景。有时它的效果在短期内看不出来，具有长远性。

（3）应变性。企业战略不是一成不变的，它应根据企业外部环境和内部条件的变化，及时加以调整，以适应变化了的情况，这就是企业战略的应变性。

一、企业战略体系

企业战略体系主要由企业战略思想、战略方针、战略目标、战略措施及战略规划等内容构成。

（1）企业战略思想。企业战略思想是企业战略理论的基本点，是指导企业进行战略决策的行动准则。其基本特征集中到一点，是企业领导者能从企业长远利益出发，以变革、创造、发展的头脑，引导企业敏捷地抓住外部环境变化的动向，迅速地调整企业发展思路以适应这些变化的行动观念。它引导企业不断向前迈步，取得良好的效益。

（2）企业战略方针。它反映了企业的战略思想，是对企业战略思想的高度概括和总结。不同类型企业的特点与要达到的目的不同，因此制定出的战略方针也不同。

（3）企业战略目标。它是企业战略思想、战略方针的具体化，是企业经营所要达到的成果。企业确定了战略目标，也就决定了企业的发展方向、经营领域、经营规模和经营成果等。

（4）企业战略措施。它是企业为实现战略方针和目标而采取的影响企业全局和未来发展的长期性政策和策略。

（5）企业战略规划。它是企业战略方针、战略目标与为实现该方针、目标而采取的战略措施加以综合形成的企业发展蓝图，也称为企业战略策划书。

二、企业战略的分类

现代企业战略作为一门新兴的管理科学，可以从不同的角度分为不同的类型。

（一）从战略适用的不同层次分

（1）公司战略（即企业战略）。

（2）事业部战略。

（3）职能部门战略。

（4）集团战略。

（二）从战略态势上分

（1）发展战略，也叫成长战略、进攻战略。它是指通过增加投资、扩大销售渠道、提高产品市场的占有率，保持和发展企业的竞争优势的一种战略。当市场需要增长，企业势力较强时可采取这种战略。

（2）维持战略，也叫稳健战略。当市场需求增长，但企业实力较差，或者企业实力虽较强，但市场处于饱和甚至萎缩状态时，企业就要以坚守阵地、维持现状为主要战略，这就叫维持战略。

（3）转移战略。当市场需求下降，企业实力又较强时，就要采取转移战略，即分出一部分人力、物力、财力发展新产品，开辟新市场。

（4）紧缩战略，又叫撤退战略。当市场需求下降，企业实力又较差时，企业在原有经营领域内已处于不利地位，自己又无回天之力，应主动退出这一市场，尽可能减少损失，另做计划。

（三）从战略的策划领域分

（1）市场销售战略。

（2）科技开发战略。

（3）自制、外购战略。

（4）财务战略。

（5）海外发展战略。

（6）企业组织改革战略。

（四）从产品和市场的结合关系分

（1）市场渗透战略。

（2）市场开拓战略。

（3）产品开发战略。

（4）名牌战略。

（5）多元化战略。多元化战略是指企业的产品、市场或服务类型在保持原有经营领域的同时，进入新的经营领域，使企业同时涉及多个经营领域的一种企业战略。

（五）从战略职能角度分

（1）总体战略和局部战略。

（2）机能战略。

（3）进攻战略和撤退战略。

（4）方法、手段战略。

第二节 企业战略策划概述

企业战略策划是企业通过对外部环境的分析和企业能力的估量，从全局的高度对企业在一个较长时期内战略取向的谋划。上一节对企业战略从各个不同的角度进行了分类，如果从态势上划分，企业战略可分为四种：发展战略、维持战略、转移战略、紧缩战略。本节重点阐述与发展战略有关的内容：三种发展战略、企业进入方式、企业兼并战略和中小企业发展战略的选择。

一、发展战略的主要类型

企业发展战略强调充分利用外部环境所给予的机会，大量投资以求得企业在现有规模基础上向更高一级的期望目标发展。从企业选择发展的经营业务内容和范围来看，可以把企业发展战略主要归纳为三种类型：专一化发展战略、一体化发展战略、多样化发展战略。

（一）专一化发展战略

专一化发展战略是一种企业以某个特殊的顾客群、某产品线的一个细分区段或某一个地区市场为主攻目标的战略思想。这一发展战略整体是围绕着为某一特殊目标服务，通过满足特殊对象的需要而实现差别化或者低成本。专一化发展战略是以高效率、更好的效果为某一特殊对象服务，从而超过面对广泛市场的竞争对手，或实现差别化，或实现低成本，或二者兼得。例如，专为石油开采油井提供钢棒扳手的企业，就是通过钢棒的充足库存，广泛分布的服务网点，甚至提供直升机送货服务而成功地实行了专一化发展战略。

1. 专一化发展战略的条件

专一化发展战略一般是集中一点进攻对手的弱点，或是通过专有的业务活动方式以低成本形成对竞争对手的优势，要获得这方面的优势需要具备以下某些条件：

（1）拥有特殊的受欢迎的产品，如可口可乐、王朝干白葡萄酒。

（2）开发了专有技术。例如专有的胶粘接技术形成了稳定的车辆减震器市场，瑞士手表以其高质量的生产技术始终控制着名贵手表市场。

（3）不易渗透的市场结构。由于地理位置、收入水平、消费习惯和社会习俗等因素的不同，将形成专门化市场，这些市场之间的隔离性越强，越有利于专一化发展战略的实施。例如，专为大型建筑物提供中央空调系统的远大中央空调集团就形成了专一化发展战略优势。

（4）不易模仿的生产、服务以及消费活动链。例如为顾客开辟服装专门设计、定制服务的服装企业将拥有自己的专门化市场。

当然，上述构成专一化的战略条件需要企业去寻找和创造，已具备专一化发展战略优势的企业仍需不断改善自身的地位或巩固已有的市场。

2. 专一化发展战略的优势

（1）以特殊的服务范围来抵御竞争压力。专一化发展战略往往利用地点、时间、对象等多种特殊性来形成企业的专门服务范围，以更高的专业化程度构成强于竞争对手的优势。例如，位于交通要道或人口密集地区的超级商场具有销售优势；口腔医院因其专门的口腔保健服务而比普通医院更能吸引口腔病患者，特别是牙病患者等。企业选择适当的产品线或专门市场是专一化发展战略成功的基础。如果选择广泛市场的产品或服务而进行专门化经营，反而可能导致企业失败。例如肯德基、麦当劳满足了工作节奏快、休息时间短的职员或家庭以及旅游者的饮食需要，从而迅速发展了这一专门市场。

（2）以低成本的特殊产品形成优势。例如可口可乐就是利用其特殊配方构成的低成本，在饮料市场长期保持竞争优势。这一优势的实质是差别化优势，能同时拥有产品差别化和低成本优势，则一定可以获得超出产业平均水平的高额利润。

（3）以攻代守。当企业受到强大的竞争对手的全面压迫时，采取专一化发展战略以攻代守，往往能形成一种竞争优势，特别是对于抵抗拥有系列化产品或广泛市场的竞争对手有明显效果。例如挪威的造船业难以在整体上与欧、美、日等地区和国家实力强大的造船企业匹敌，它们则集中选择制造破冰船而大获成功；针对多品种糕点企业，专营的蛋糕店常能成功占有一席之地。

3. 专一化发展战略的局限性

（1）限制获取整体市场份额。专一化发展战略目标市场总具有一定的特殊性，目标市场独立性越强，与整体市场份额的差距就越大。实行专一化发展战略的企业总是处于独特性与市场份额的矛盾之中，选择不恰当就可能造成专一化发展战略的失败。与这一对矛盾相对应的是企业利润率与销售额互为代价。例如，为愿意支付高价的顾客而进行专门设计加工服装的企业，将失去中低档服装市场。有很多企业在试图获得专一化优势的同时又进入了广泛市场，这种矛盾的战略最终会使企业丢失其专有的市场。

（2）企业对环境变化适应能力差。实行专一化发展战略的企业往往是依赖于特殊市场而生存和发展的，一旦出现有极强替代能力的产品或者市场发生变化时，这些企业容易遭受巨大损失。例如滑板的问世对旱冰鞋的市场构成了极大的威胁。

（3）成本差增大而使专一化优势被抵消。当为大范围市场服务的竞争对手与专一化企业之间的成本差变大时，会使针对某一狭窄目标市场服务的企业丧失成本优势，或者使专一化发展战略产生的差别化优势被抵消。因为这种成本差的增大将降低买方效益或者降低买方使用替代品的转移成本，而使专一化市场与广泛市场之间的渗透增大，专一化发展战略所构成的成本优势或差别化优势则会逐渐消失。

（二）一体化发展战略

一体化发展战略也称纵向一体化发展战略或垂直一体化发展战略。它是一种旨在两个可能的方向上扩大企业现有经营业务的发展战略。根据经营业务的扩展方向，它又可分为后向一体化发展战略和前向一体化发展战略。

后向一体化发展战略是指企业的经营业务向供应方向扩大。例如，汽车制造公司拥有自己的钢铁厂和轮胎橡胶厂，肉类加工企业拥有自己的畜牧场。

前向一体化发展战略是指企业的经营业务向销售方向扩大。例如，自行车公司拥有自己的销售子公司，某印染企业出资新建或收购服装厂。

此外，还有水平一体化发展战略或横向一体化发展战略。这种一体化发展战略是指与同行业的竞争者进行联合或合并。

1. 一体化发展战略的优势

（1）将关键的生产过程或阶段纳入本企业，可减少前后向环节对该企业的制约或增加获利的可能性。后向一体化发展战略可以使企业摆脱供应商压力，减少供应商利用市场机会而给企业造成原材料供应的不稳定性；前向一体化发展战略则可使企业向高附加值创造阶段推进，以求高获利性。但从控制成本的角度来讲，后向一体化发展战略要比前向一体化更易改善投资收益状况。

（2）经营技术前后转移，形成合理生产，并可加强成本和质量控制。由于零部件、成品的制造与成品销售归并成一个系统，因而在内部价值创造的前后环节上能形成技术共享，在设计、生产、营销方面能更好地协调，并可减少包装、储运等费用。后向一体化发展战略能控制原材料的成本和质量，进而能控制生产成品的成本和质量；前向一体化发展战略则能控制销售环节和销售渠道，有助于改善产品库存积压和生产率下降的局面。

（3）发展规模经济和降低交易费用。后向一体化发展战略使产品生产有原材料供应做保证，而前向一体化发展战略则使生产出来的产品具有顾客基础，因而为企业扩大生产规模、提高规模经济效益创造了条件。而且这种以内部计划、组织、控制为基础的管理协调机制的改善能减少对市场交易活动的依赖性，因而能使企业在获取市场信息、谈判、履约等方面的交易费用下降。

（4）整体创新。由于从原材料到产品生产再到产品销售已形成一个整体，因此，任何一个生产过程或环节的创新都会要求前后生产过程或环节进行与之相适应的变革和创新，从而形成整体创新。这种创新的意义是难以估量的，它完全有可能改变一个产业领域的面貌。

（5）提高进入壁垒，防止竞争对手渗透。正是由于以上优势，一体化程度高的企业具有很高的进入壁垒，特别是横向一体化企业，往往以它特有的规模优势阻止了竞争对手的渗透，使行业内的竞争激烈程度趋缓。

2. 一体化发展战略的局限性

（1）管理的复杂性增加，可能会导致管理的效率下降和管理费用的增加。虽然一体化程度高的企业可以减少对交易活动的依赖性，但由于其组织规模庞大、层次繁多，因而也会产生人浮于事、缺乏创新精神、信息沟通困难、控制失灵和对市场反应迟缓等问题，这一切都会导致管理效率的下降和组织管理费用的增加。

（2）风险集中且灵活性下降。纵向一体化发展战略是一种注重前后经营活动为一体的集中经营战略。当外部环境发生较大变化，特别是当所处行业不景气时，一体化企业由于难以平衡生产能力或转向，所以其承担的风险和压力是很大的。而且在原材料、零部件的外购还是自制的选择上，一体化企业的灵活性很低。

（3）不符合市场竞争原则，因而有可能会受到政府限制。在许多国家，政府为了保护中小企业的利益，制定了许多反托拉斯垄断的法律条款，以防公平竞争的市场环境遭到破坏，同时也是为了抑制国外大企业或跨国公司在国内实行行业垄断和扩张。在这种情况下，对市场竞争有强烈削弱作用的企业扩张行为（如横向一体化）显然会受到政府的限制。不过，近年来美国等发达国家为了增强国家竞争能力，已放松了对横向一体化的控制。

（三）多样化发展战略

多样化发展战略是指一个企业的经营业务已超出一个行业的范围，并且生产经营多种不同经济用途的产品和劳务的一种经营发展战略。多样化发展战略有如下两种形式：

相关多样化——以充分利用现有的生产技术、销售渠道、营销技能、顾客基础和品牌等资源为基础,增加同企业现有产品或劳务在经济用途上不相类似的新产品或劳务。例如,制笔公司利用一次注塑成型技术生产一次性剃须刀。

不相关多样化——增加与企业现有产品或劳务大不相同的新产品或劳务。这种战略可通过企业内部的创新来实现,但更多的是通过外部即对其他企业的合并、收买及合资来进行的。例如,以生产空调闻名的春兰集团,如今已经拥有家电、自动车、电子信息、国内贸易和海外投资公司五大集群,又由下属的自动车公司兼并了南京专用车制造总厂,从而进入了汽车制造业。

1. 实行多样化发展战略的原因和优势

(1) 寻求新的经济增长点。技术进步的影响,导致一批以新材料、新能源、新技术、新工艺为特征的新兴产业出现,这既为企业向新的产业领域发展提供了机会,也为企业实行多样化经营提供了丰富的物质基础。企业可以通过多样化发展战略进入高增长、高收益、高附加值的新兴产业,以减轻在现有产品市场上的竞争压力。

(2) 资源共享,发挥资源的协同效益。这在相关多样化发展战略的采用上更为明显。企业可以利用研究开发能力的相似性、原材料的共同性、生产技术设备及工艺等方面的关联性,充分发挥技术协同作用,生产跨行业的新产品;也可以利用现有销售渠道、营销技能、顾客基础和品牌声誉,充分发挥销售协同作用,经销不同经济用途的跨行业产品;也可以雄厚的资本实力,从事跨行业的多元投资活动,以谋取高额风险收益。

(3) 能使企业的生命周期与产品的生产周期相分离,从而分散企业的经营风险,提高企业的应变能力。由于企业生产的产品的经济用途不相同,因而产品的生命周期也不同,这样,企业的盛衰就不受个别产品的生命周期所左右,也可以规避行业不景气所带来的风险和竞争压力,甚至可以使企业保持长期稳定的发展。

但是,实行多样化发展战略并不总是成功的。例如,20世纪80年代末,美国的可口可乐公司握有哥伦比亚电影公司49%的股票,但因该电影公司经营不善,可口可乐公司只好将其出让给日本的索尼公司。但索尼公司花了高达46亿美元(34亿美元收购金额加12亿美元负债)收购哥伦比亚电影公司后,情况也一直不妙。由此可见,实行多样化发展战略也有其局限性。

2. 实行多样化发展战略的局限性

(1) 开发、创新的代价可能会增大。对于一个意欲实行多样化经营的企业来讲,进入一个新的经营领域,需要开发技术、开发市场、建立品牌,并且有可能需要通过兼并或新建的形式以建立自己的生产基地。这一切都需要有强大的资本实力做后盾,一旦不成功,企业将蒙受重大损失。

(2) 对管理人员和技术开发人员的要求很高。这是多样化经营成功的关键。但在竞争激烈的时代,高素质、多技能的人才总是短缺的,这就必然制约着多样化经营发展的广度和深度,预期的目标也难以实现。如果企业要对现有员工进行培养和提高,又会大量增加企业的培训费用。

(3) 管理复杂性增加。多样化经营导致管理复杂性上升,如组织结构需要调整,管理要求也会随不同产品的变化而有所不同。当多样化经营的发展超出企业能够控制的限度时,管理的效率就会下降,管理协调的代价就会急剧上升。

选择何种发展战略关系到企业的生存与发展，因此企业可根据自己的实力、市场机会和在对竞争者的优劣势进行分析的基础上做出选择。

在做出选择前，至少应回答如下几个基本问题：

（1）企业的财力资源是否充裕。

（2）如果由于某种原因，企业在短期内中止该战略，那么其竞争地位是否还能维持。

（3）政府有关部门是否允许企业实行它所选择的战略。

二、企业进入方式的选择

企业发展战略的选择总是和其进入方式的选择结合在一起的。当企业采取发展态势时，经常需要对以何种方式进入一种新的行业或进入一个新的发展领域进行决策，这就是企业进入方式的选择问题。下面介绍几种主要的企业进入方式。

1. 内部投资新建

企业通过内部投资新建进入一个行业是指企业在该行业中开展一个新的业务，包括建造基础设施、购买机器设备、雇用新的员工、开设新的销售渠道等。

2. 合资经营

合资企业是指由两家或更多的企业或经济组织共同投资、共同管理、共同承担风险和共享利润的企业。

合资企业的资源来自不同的企业，存在很强的互补性。合资经营可以分散经营风险和由于技术进步带来的成本上升，可以增强同第三者相抗衡的竞争能力。此外，合资经营特别适合跨国公司在全球范围内的发展。但是，合资经营分散了企业的权力和控制，管理者之间存在矛盾和文化冲突，而利益分配和权力协调会浪费双方的大量精力。实际上，尽管每一个参与合资经营的企业都可能比不参与合资经营获得更多的收益，然而，正是大家共同分享收益的事实常常使合资企业举步维艰。

合资经营有多种形式。最常见的形式是两家或更多企业共同提供资源，成立一家新企业来开发新技术，使成熟技术商品化或开拓新市场；第二种形式是两家或更多企业将现有的下属企业或业务合并组成一家新企业，从而增强市场竞争力；第三种形式是合资经营，是指一家企业将其下属业务或企业的部分股权出售给其他企业；最后一种形式是两家或更多企业联合收购一家现有企业，这样可以分散收购成本，而且还有利于在将来把共同拥有的企业分解，有关资产则分配给需要的企业。不论哪一种形式的合资经营，成功的关键均在于签订尽可能完善的合资协议，确保友好的合作机制，避免潜在冲突，并使合资企业拥有自由灵活的决策权力。

3. 战略联盟

除了至少涉及两家企业外，很难对战略联盟给出确切的定义，因为这种发展战略具有众多形式，而且可以采用许多种不同手段。它为联盟者提供了一种保障长期业务使用关系的纽带。战略联盟可能会衍生出合资经营、技术共享、市场与销售协议等发展战略。

当然，战略联盟有其自己的特征，这一点突出表现在合作者之间通常会交叉换股。一定程度上的交叉换股为进一步合作奠定了良好的基础。例如，法国的雷诺公司和瑞典的沃尔沃公司通过购买对方载重汽车业务的股权建立了战略联盟。从世界范围来看，大型支柱型产业的日益全球化有力地推动了战略联盟的发展。

4. 少数股权投资和风险资本投资

少数股权投资是指一些企业购买其他企业的不超过50%的股份,在一定程度上参与经营管理,并谋取投资回报。

许多小型企业具有生产技术领先的边缘性产品,但缺乏资金来开拓业务,于是一些大企业便会通过购买少量股权为其提供资金,以换取董事会席位和利润回报。但是,这些大企业很少对它们采取兼并行动,这是因为:一方面被投资企业处于发展阶段,前景难料,少量参股可以降低风险;另一方面,被投资企业一旦与大企业合并,很可能会失去其原有的经营活力和竞争动力。

风险资本投资是指企业将一部分资金投资于获利高、风险大的企业或购买证券。风险资本的投资对象既有高收益,又有很大的不确定性。因此,企业通常把实施风险资本战略的部门单独划分出来,并聘用熟悉有关业务的资深管理人员来运作。当企业拥有无法找到适宜投资渠道的富余资金,并为获得一般性投资无法获得的高额回报而甘冒风险时,风险资本投资战略是一种常用的辅助发展战略。

5. 技术共享

技术共享是指技术密集型企业或这些企业的研究开发部门之间按一定协议共同开发新技术、研制新产品,共享利润的一种战略。

这种战略的产生是因为研究开发成本的不断上升。越来越多的企业难以负担大量的技术开发投资,企业之间开展相关研究领域的合作可以明显节约重复性工作和投资,对没有直接利害冲突的双方来讲,这是一种很好的合作方式。而且双方可以在此基础上,进一步开展市场与营销协议、许可证业务等战略合作。

6. 市场与营销协议

市场与营销协议是指两家或更多的企业,根据一定协议相互使用对方的营销渠道销售自己的产品,从而开拓各自的新市场。

这种发展战略可以使协议企业以最低的成本扩展自己产品的分销渠道。协议各方在自己的核心市场中有独特的营销经验,可以相互提供最有效的帮助。此外,缺乏营销技能或分销网络的企业可以借助与营销力量强的企业联合,弥补自身的不足。市场与营销协议通常发生在不同国家的企业之间。

7. 许可证业务和特许经营

许可证业务是指一个企业购买生产另一个企业受保护的产品的权利进行生产经营。颁发许可证的企业称为技术输出方或售证企业,购买许可证的企业称为技术输入方或购证企业。

许可证业务的主要运作方式有:①专利使用权的转让;②专有技术使用权的转让;③商标使用权的转让;④其他知识产权的转让。

这种战略常用于企业资产增值或增加营运现金流。它可以加速研究开发费用的回收,以很低甚至没有成本的代价在远距离市场拓展分销渠道,使成长中的企业将其特别有优势的生产过程和技术扩展成为所在行业的规范与标准,从而巩固和提高其市场竞争地位。此外,商品的使用权可以授予不与自身核心业务相冲突的其他企业,以扩大企业的知名度。但是,作为交换,售证企业必须把扩展技术或商标使用范围而增加的部分收益出让给购证企业。

特许经营与许可证业务在许多方面都很相似,只不过许可证业务主要用于生产性企业,而特许经营则用于服务性企业。例如，美国快餐巨头麦当劳公司和希尔顿酒店都是利用这种方式进行全球扩张的。

这种发展战略具有很强的传统性，没有特许经营历史的企业较难实施这种战略。特许经营有利于建立起生产企业同销售企业之间长期稳定的合作关系，有利于树立产品的品牌形象或激发销售企业的积极性。但是，特许企业与承许企业之间的关系很复杂，需要具有特别经营头脑和经验的管理人员进行管理。

通过特许经营，特许企业一方将其商标的有限使用权出售给承许企业一方，并获得巨额支付和利润分享的好处。与许可证业务不同，承许企业一方必须同意接受严格的规定以规范其经营。当麦当劳公司特许某一公司经营时，它会要求该公司同全世界各地的麦当劳特许经营者采用同样的经营方式。

上面介绍的各种企业进入方式，尽管有些更适合大企业应用，但中小企业同样可以根据自己的实力、行业状况和市场机会做出灵活的选择。

三、企业兼并战略

企业兼并战略也是企业进入方式的一种，在目前经济发展中，这种方式有其特殊的重要性。

企业兼并战略是指在市场竞争机制作用下，兼并方为获取被兼并方的经营控制权，有偿地购买对方的全部或部分产权，以实现资产一体化的经营战略。

按照被兼并方所在的行业来分，企业兼并的方式有横向兼并、纵向兼并、混合兼并三种类型。凡兼并双方属同一产业部门，其产品属同一产品市场，这种兼并就称为横向兼并；凡兼并方与被兼并方是前后向生产工序、销售与生产厂方之间的关系，则此种兼并就称为纵向兼并；凡兼并方与被兼并方分属不同产业领域，且产业部门并无特别生产技术联系，这样的兼并称为混合兼并。一个优秀的企业往往是先通过横向兼并以占领市场，立稳脚跟；然后通过纵向兼并以稳定供货和降低销售费用；最后通过混合兼并在激烈竞争的环境变动中分散风险，从而实现经营战略的一体化和多元化。

1. 企业兼并在企业发展战略中的地位

自1994年以来，以美国为代表的西方国家爆发了历史上最大的并购浪潮，专家们称之为"西方企业并购史上的第五次浪潮"。对于企业而言，只要有运营和追求利润的动机存在，扩张性的企业兼并活动就不会停止。

企业兼并是企业寻求竞争优势、向外扩张的一个重要方面。它主要是利用社会现有的、但未充分发挥作用的现存资源来扩大企业的整体经营规模或生产规模。因此，成功的企业兼并战略能使企业的经济实力迅速扩张，战略协同能力充分发挥，市场竞争地位不断加强。概括企业兼并在企业发展中的战略地位，主要有：①兼并是企业重要的经营战略决策；②兼并是企业实现战略目标的必要手段；③兼并是企业提高国际竞争实力的主要途径之一；④兼并为企业发展创造了有利条件。

1997年，地处南京而分别隶属于中央三部委和江苏省的扬子石化公司、仪征化纤公司、南化公司和金陵石化公司的合并，揭开了我国国有企业兼并的新篇章。众多兼并案的实施，也为国有企业的发展创造了有利条件。

2. 企业扩张：投资新建还是企业兼并

在没有找到理想的合作伙伴的前提下，投资新建或兼并往往是企业最先考虑也是最常采用的两种扩张方式。前者侧重于内部扩张，后者侧重于外部扩张。

影响企业在投资新建和兼并两种进入战略之间进行选择的因素有许多，主要有：

（1）进入壁垒。进入壁垒起因于产品差异（如商标优势）、绝对成本优势和规模经济等因素。当进入壁垒很高时，企业会发现通过投资新建战略进入一个行业是很艰难的。在这种情况下，企业需建造高效率并达到规模经济水平的生产工厂，投入大量广告费用以打破现存的市场划分格局和商标信誉，并快速建立通畅的销售渠道。所有这些都是很难实现的，而且需要大量投资。若采用兼并战略，企业则可以设法避免大多数进入壁垒，企业可以收购一个规模经济和商标信誉获得了相当高收益的市场领先企业。因此，进入壁垒越高，兼并就越是一种理想的进入方式。

（2）相关性。企业所要进入的行业与企业已有的业务越是相关，进入壁垒就越低，而且企业已积累的经验对这一行业就越可能实用。这些因素增加了投资新建进入方式的吸引力。例如 IBM 公司在 1981 年进入个人计算机市场时，就是通过投资新建战略完成的。这是一个非常成功的进入战略，并使 IBM 公司在两年内获得了全世界最大的市场份额。IBM 公司能够成功地采用这种进入战略，是因为当时的个人计算机市场与其所拥有的计算机系列制造技术具有高度相关性。IBM 公司当时已拥有了很强的销售实力和商标信誉，而且已在计算机行业积累了相当多的专门技术。另外，像杜邦公司、陶氏（Dow）化学公司等企业，也都有通过投资新建战略进入密切相关的化学行业的成功例子。相比而言，一个行业与企业已有的业务越是无关，进入壁垒就越高。企业选择投资新建战略进入这个行业时，需开发在该行业中能够获得竞争优势的专有技术。在全面了解一个新行业之前，企业有一个相当长的认识过程，而且会遇到很多波折。然而，若选择兼并战略进入，被收购企业可能已具备了在这一行业中参与竞争的经验丰富的管理队伍和专门技术。在兼并时，企业同时也获得了对方的知识经验。因此企业在向无关领域进行多角化混合扩张时，兼并是一种较好的进入战略。

（3）速度与开发成本。投资新建战略需要在若干年后才能开始获得大量收益。新建一个具有竞争优势的业务，代价昂贵而且费时。美国弗吉尼亚大学的拉夫·比格戴克（Ralph Biggadike）博士在一项公司投资新建战略的研究中发现，一个大型的新建业务平均大约需要 8 年才能开始大量获利，10~12 年才能使投资新建业务的平均收益达到成熟业务的水平。他同时发现，一个大型的新建业务至少在开始的 8 年里会保持负的净现金流。相比之下，兼并则是一个快速获取市场竞争优势和投资收益的方法。企业可以在一夜之间购买一个在所要进入的行业中具有最强竞争力的市场领先企业，而无须花费巨资通过投资新建在若干年后才可能成为这样一个企业。因此，对企业来讲，当速度较为重要时，兼并被认为是一个更好的进入方式。

（4）进入风险。投资新建战略进入面临一个具有高不确定性的过程，且成功的可能性较低。美国宾夕法尼亚大学的 Edwin Mansfield 博士在他的研究中发现，只有 12%~20% 以投资新建战略进入基于高科技的行业的企业是成功的。

企业在实施兼并战略时，同时还获得了被兼并方的已知利润、收入和市场份额，这在一定程度上避免了进入的不确定性。从根本上来讲，企业投资新建战略涉及创建一个将来既可能会盈利也可能会亏损的"问号"业务，而兼并进入则允许企业购买一个盈利的业务。基于此，西方国家的许多大公司在制定进入战略时往往喜欢选择兼并。

(5) 行业的生命周期因素。行业的生命周期因素在一定程度上影响企业在兼并战略和投资新建战略之间的选择。处于投入或成长期行业的进入壁垒比处于成熟期行业的进入壁垒要低，因为处于投入或成长期行业的企业仍处于一个持续的学习和认识过程，这些企业并不像成熟行业中的企业那样拥有丰富的经验和优势。与进入成熟行业相比，通过投资新建进入一个处于生命周期初期的行业意味着较低的风险和开始成本，而且就扩张速度来讲也是较快的。因此，在向处于投入或成长期的行业扩张时，内部投资新建是一种较好的进入方式；进入处于成熟期行业则通过兼并扩张战略较好。事实上，许多成功的新建企业都是与进入刚诞生的行业相联系的，如IBM公司进入个人计算机行业，迪尔（John Deere）公司进入拖拉机行业等。

通过上述分析，可以得出下面的结论：

（1）投资新建在具备下述条件时是较好的战略选择：①要进入的行业处于投入和成长期；②进入壁垒较低；③要进入的行业与企业现有的业务密切相关；④企业能承受时间、开发成本及风险。

（2）兼并在具备下述条件时是较好的战略选择：①要进入的行业处于成熟期；②进入壁垒较高；③要进入的行业与企业现有的业务无关或关系不密切；④企业不能承受投资新建所需要的时间、开发成本及风险。

在企业的发展过程中，需要不断地对其组合投资模式进行调整。当企业需要在一个处于投入和成长期的行业中开展"问号"业务，或需要在一个成熟的行业中建立"现金牛"业务时，兼并则是一个较好的战略选择。

3. 企业兼并的战略选择

（1）企业兼并的形式。从我国实际情况来看，典型的企业兼并形式主要有：

1）投资转移式。被兼并方的所有者将全部资产以投资入股的方式纳入兼并企业的体系，成为兼并企业的股东，并按股份比例进行利润分配。

2）控股接办式。兼并方购买被兼并方所有股票或部分股票，并据其所占有股份控制董事会，将该企业纳入自己的经营体系，使之成为兼并企业的子公司。

3）产权合并式。两个或两个以上的企业通过产权合并，各自放弃法人地位而形成新的企业。

4）承担债务式。兼并方以承担被兼并方所欠的债务为代价集中经营权，取得被兼并方资产所有权并取消其法人地位。

5）出资购买式。兼并方根据被兼并者清产核资的结果支付产权转让费，实行产权有偿转让，被兼并方一般取消法人资格。

上海纺织系统著名经营者苏寿南为了发展"三枪"品牌，连续兼并了7家亏损企业，承担了这些企业3.58亿元债务，并消化了1.5亿元亏损，使"三枪"的资产经营规模扩张了10倍，年销售额猛增几十倍。

（2）战略选择所需考虑的主要因素及应遵循的原则。成功的兼并战略选择，首先可考虑企业的总体战略及企业的战略目标，兼并方必须拥有很强的核心业务，具备现金流量、经营能力和改善被兼并方业务绩效所需的各类人员。

兼并方要根据自身的条件，对兼并对象及兼并形式的优缺点进行分析，并制定出几套可行的行动方案。企业需要认真考虑以下问题：按照什么程度来进行收购？先收购实力较弱的企业，还是先收购主要竞争对手？采取哪些能降低收购价格的行动？是否应在竞争对手的核心市场展开价格战？等等。

成功的兼并与时机的选择有很大的关系，要善于等待机会。机会包括宽松的政策环境和对方处境的恶化等。但要注意，在等待机会的过程中，严防兼并方案的泄露。

企业兼并的运作，必须遵循一些基本原则。首先是优势利用原则：兼并方应认真考虑，通过兼并在扩大规模、提高技术水平、分散风险、扩大销售渠道、增加优势品牌等方面，利用了哪些优势？其次，要对经济利益进行分析：在利用优势的同时，自己花费了多大的代价？二者相比，经济利益有多大？最后，在兼并战略的实施中，要对诸多关键问题制定具有法律效力的文件，务必不要留下后患。

（3）企业兼并后的一体化建设。企业兼并不是目的，它只是企业谋求外部发展的一种手段。因此，企业所选择的对象不仅要有发展潜力，而且要符合公司发展的战略方向。更重要的是，兼并以后，企业要将购并进来的资产进行重组，并在组织结构上进行衔接，与原有企业有机地融为一体，即一体化建设。它包括如下方面：决策体制一体化、发展战略一体化、管理组织与职能一体化、会计核算一体化、信息系统一体化、质量监控一体化、人力资源管理一体化和企业文化一体化等。

在企业兼并过程中，应认真考虑兼并之后企业文化的相容性，因为这将深刻影响兼并后的管理问题，甚至影响兼并本身是否成功。企业兼并后管理组织的整合也是一个关键问题，企业兼并后必须根据企业兼并战略、兼并的类型和特点，解决好管理中的集权和分权问题，设计好合适的管理层次及相应的控制范围，还应认真考虑职能部门及基层单位的横向协调问题。

四、中小企业发展战略类型的选择

（一）中小企业的特点和战略观

一般来讲，各行各业都有中小企业，但大多中小企业都处在分散行业之中。所谓分散行业，是指一个行业由众多中小企业所组成，其中任何一个企业都不具有市场占有率上的绝对优势。因而，分散行业的市场结构，从微观经济学的角度来看，属于垄断竞争型，但更接近完全竞争型，其基本特点是缺乏有影响力的行业领袖企业，如食品加工、零部件或机械加工、服装、文教体育用品制造、餐饮服务等行业。因此，中小企业要制定有效的战略，首先必须了解自己所处行业和自身的特点。只有把握这些特点，才能确定正确的战略思想，制定出正确的经营发展战略。分散行业和中小企业的特点主要有以下几个方面：

（1）分散行业的一个重要特点是市场需求多样化和分散化。例如，在服装行业，顾客往往不愿接受标准产品，而希望产品有不同的式样，他们也愿意为之付出更高的价格。在这种情况下，为满足不同顾客的不同需要，大批量生产标准服装显然是不行的，而注重服装的档次和时髦的样式，对企业来讲则更为重要。

（2）分散行业的另一个特点是进入壁垒低。这一特点使得许多企业都可以较低的进入成本自由地进入该行业。特别是当一个有相当强经济实力的企业为规避其经营风险而采取多样化战略时，这会对分散行业中的现有中小企业产生很大的威胁。在这种情况下，中小企业以各种方式进行联合，可能是一种有效的战略。

（3）中小企业的规模小，规模效益不高；而且由于其原材料的供应和产成品的销路受市场供求变化的影响较大，因而中小企业依靠市场协调的代价，即交易费用也较高。但也正是由于企业规模小，组织结构简单，因而中小企业的灵活性大，也易于决策和管理。

（4）中小企业由于生产经营的产品品种较少，市场范围也相对集中，因而更容易接近顾客。这一特点在诸如美容美发、餐饮、信息、咨询等服务行业表现得较为明显。这使得中小企业可以根据顾客的特点，制定针对性较强的经营战略。

（5）资金相对不足，筹措较为困难，是中小企业在财务上碰到的普遍问题。对此，中小企业在其战略选择过程中，更要注重资金的使用效率和收益率，而不要一味追求市场占有率的领先地位。这对于处在分散行业的中小企业来讲尤其重要。

因此，中小企业的战略思想应体现其"小、快、灵"的特点，充分发挥其资源产地、经营特色、"船小好掉头"等方面的经营优势，做大企业想不到或不想做的事，并以此来壮大自己，确立自己在市场竞争中的地位。

（二）中小企业发展战略类型

1. 资源导向型战略

这是一种把企业发展的基点置于可供利用和开发的资源条件之上的发展战略。采用这种战略能够使企业的发展建立在本地区富有或特有的资源基础上，从而可以保证原料的供应和较为低廉的成本价格，节省储运费用，依靠资源优势来形成产品优势和企业的优势。

2. "小而专、小而精"战略

这是根据中小企业规模小、资源有限等特点而制定的一种发展战略。中小企业实力较弱，往往无法经营多种产品以分散风险，但是可以集中企业的现有资源，通过选择能使其发挥自身优势的细分市场来进行专业化经营。

中小企业采用这种战略的好处是可以通过扩大生产批量、提高专业化程度和产品质量来提高规模效益，逐步建立自己的市场竞争优势。但是，也应看到采用这种战略的风险面，因为这种战略往往过于依赖某种产品或技术，一旦市场变化、需求下降，就会给企业带来生存威胁。因此，采用这种战略的关键在于：选准目标市场、提高产品的更新和开发能力、拓展销售渠道和寻求新的顾客，也可考虑采用适当的价格策略。

3. "钻空隙"战略

这是根据中小企业机动灵活、适应性强的特点而制定的一种发展战略。中小企业可根据"人无我有、人有我转"的原则，寻找市场上的各种空隙，凭借自己快速灵活的优势，进入空隙市场，以求成功。采用这种战略能充分发挥中小企业的灵活性。进，可以扩大空隙，向专业化方向发展；退，可以在别的企业进入后迅速退出，寻求新的空隙。

4. 经营特色战略

这是根据中小企业比较易于接近顾客而制定的一种经营发展战略。中小企业，特别是小企业，由于规模小，因而在市场竞争中往往缺乏低成本竞争优势，但却具有比较容易接近顾客的特点，并可据此向某类顾客提供与众不同的产品和服务来吸引顾客，从而获得差异性竞争优势。

采用这种战略的好处在于，这种经营特色一旦建立起来，往往具有很强的竞争力，因为独到的产品和服务不易被其他企业的产品和服务所替代，也与企业大小没有直接关系。但是，企业应该注意到，经营特色（包括材料、技术、产品功能及服务等）在无法获得独家经营或生产专利的情况下，容易被竞争对手所模仿。因此，对于中小企业来讲，要保持经营特色的长期竞争优势，建立不断创新的机制与能力是企业生存和发展的根本。

5. 联合竞争战略

这是根据中小企业资金薄弱、生产技术水平不高等特点而制定的一种发展战略。中小企业在平等互利的基础上，可以通过企业外部的组织化或建立协作关系，相互弥补人、财、物、技术等方面的不足之处，共同开发市场和产品，以形成群体优势，提高市场竞争能力。

中小企业之间可以采取松散联合的方式，如签订建立生产协作或专业化分工的生产经营合作协议；也可以采取紧密联合的方式，如相互持股或共同出资组建一支销售队伍等。可以建立企业之间的联合，也可以由企业与科研机构、高等院校联合，甚至可以建立由众多中小企业组成的企业群体或企业集团。

6. 依附型战略

所谓依附，就是把本企业的生产经营与发展相对固定地纳入或嫁接在某个大企业上，成为大企业系列生产中的一个组成部分，进行专业化的生产和开发。这是根据中小企业力量单薄、产品单一的特点而制定的一种经营发展战略。其好处在于为企业长期的生存和发展提供了一个可靠的基础。尤其是对实力较弱、创办时间不长的小企业来讲，采用这种战略可以大大减少经营风险。

第三节　企业战略策划的程序

策划企业战略的传统方法是系统分析的方法。这种方法是通过周密的调查和预测，合理地设计企业未来的目标和行动计划，进而通过对计划的控制来适应未来环境的变化。

根据系统分析的方法，策划企业战略的一般程序大体可分为三个阶段：一是基础条件分析，二是战略方案策划，三是整理战略策划方案，如图2-1所示。

一、基础条件分析

在基础条件分析阶段，主要进行四项工作：企业环境分析、企业能力分析、企业业绩分析、战略问题点汇总。

（一）企业环境分析

企业环境分析的目的，在于预测未来环境的变化并明确环境对企业的影响，以便从中发现企业战略的问题点。

在企业环境分析时，首先要对影响企业经营活动的各种因素进行分析，进而通过预测来掌握这些因素未来变化的趋势。在分析时值得注意的是，由于企业和环境之间的作用日趋复杂和强化，因此不仅要重视直接影响因素，也要重视间接影响因素。其次是在根据过去趋势的延伸进行预测时，要注意可能发生的不连续性变化和突然事态。最后是要分析未来环境变化将给企业带来怎样的影响，判断这种变化对企业是生存的威胁，还是成长的机会。对于威胁要考虑防卫的对策，对于机会要充分利用。

（二）企业能力分析

企业能力是企业所拥有的资源结构及其运用效率的体现，是企业适应环境变化、实现战略目标的基本条件。进行企业能力分析的目的是通过对企业能力的分析和评价，明确企业具备哪些优势和弱点，以便进一步研究在未来环境中企业如何发挥优势、克服弱点的战略课题。

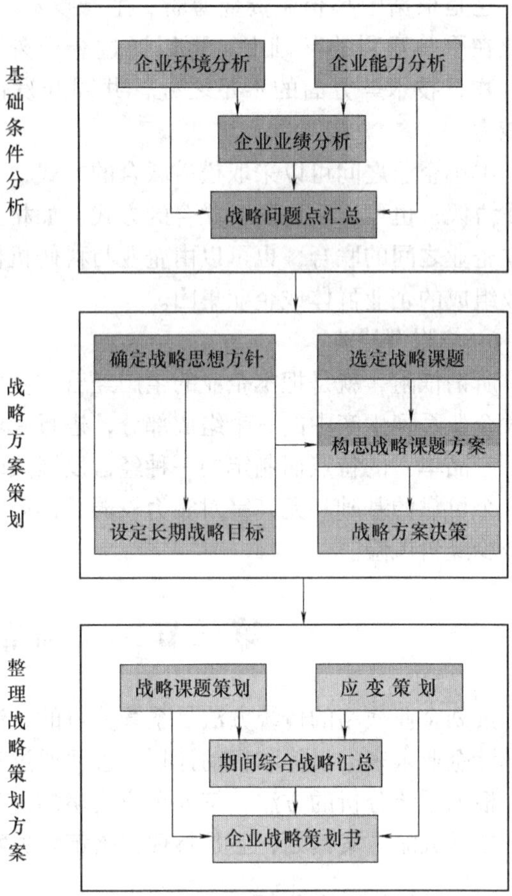

企业能力是在特定条件下的相对概念，它将随着环境的变化而变化。因此，企业能力分析要与环境分析相结合，从动态的角度进行分析。在分析时要特别注意的是：①对于突发性的、未能预料到的环境变化，企业具有怎样的承受能力；②在激烈的竞争中，企业具有多大优势与竞争企业相抗衡。

企业战略的实施以企业能力为基础。企业能力分析的结果，将是检验企业战略策划方案可行性的重要依据。

（三）企业业绩分析

企业业绩分析是在假定现有经营结构不变的条件下，预测企业在未来将会取得怎样的效果。这种预测无须十分精确，只要抓住企业最重要的经营指标即可。分析的目的在于强调未来环境变化对企业的不利影响以及现有经营结构存在的问题。通过业绩分析还可以增强企业领导及有关人员的危机感和紧迫感，从而使他们积极地支持和参与企业战略的策划工作。

（四）战略问题点汇总

通过企业能力分析，可以提出发挥企业优势、克服企业弱点的大量设想；通过企业环境分析，制定克服环境制约、利用环境机会的各种对策；通过企业业绩分析，能提高企业全员的危机意识并坚定领导及有关人员进行企业战略策划的决心。在以上分析的基础上，认真归纳企业在战略上应解决的一系列问题点，可为下一阶段确定企业战略课题提供基本素材。

图 2-1 企业战略策划程序图

二、战略方案策划

战略方案策划是企业战略形成的核心阶段。在这一阶段中，对企业适应未来环境的战略方案进行构思与决策。战略方案策划一般包括以下几个步骤：确定战略思想方针、设定长期战略目标、选定战略课题、构思战略课题方案、战略方案决策。

（一）确定战略思想方针

企业战略思想方针是对企业在社会中起什么作用和如何起作用的具体说明，是企业现在和将来应从事什么事业，应该成为什么样的企业的明确表述，体现着企业的价值观。

（二）设定长期战略目标

长期战略目标是在未来环境中企业形象的体现，它规定了在战略期间企业所应取得的经营成果。设定长期战略目标是企业战略方案策划的出发点，企业战略将为实现这一战略目标而展开。战略目标分为定量指标和定性指标两大类，具体内容包括：①企业在未来环境中的市场地位和作用；②事业经营活动领域；③对消费者和社会的贡献等。

在设定战略目标时，要求企业领导具有明确的经营思想和勇于向未来挑战的气魄，同时也要求以企业环境分析和企业能力分析的结果为依据。只有这样，才能在切实可行的基础上设定出富有革新性的高水平的战略目标。

（三）选定战略课题

战略课题是关系企业未来生存和发展的关键问题，也是实现企业长期战略目标的基本手段。为了选定战略课题，首先要归纳和整理在基础条件分析阶段所提出的战略问题点，然后从各个战略问题点的重要性、解决的可能性以及与企业整体战略的关联性等角度认真分析和评价，从中选择最为重要的战略问题点作为战略课题。

（四）构思战略课题方案

战略课题选定之后，要进一步构思解决战略课题的基本方针和方法，制定战略课题的实施方案。一般每个战略课题应制定若干个方案，以便从中选择最优的方案，作为战略课题的最终决策。在构思战略课题时，必须充分发挥策划者的创造性，利用各种创新构思的技法，冲破固定观念的束缚。

（五）战略方案决策

企业的整体战略方案决策包括两个方面：一是各个战略课题方案的优选；二是各个战略课题之间的平衡。前者主要是从实施的可能性、预期的收益性和承担的风险性等几个方面进行评价，从中选择最优方案；后者则是从长期战略目标的要求和企业的资源能力出发，对各个战略课题进行调整，明确相互之间的关系。

三、整理战略策划方案

战略策划方案是企业战略的具体展开，它将指导企业在战略策划期间的各项经营活动。它包括四个部分：战略课题策划、期间综合战略汇总、应变策划、企业战略策划书。

（一）战略课题策划

战略课题策划一般由专门的课题小组完成。课题小组根据课题方案的要求，通过深入的调查研究，制定若干个实施方案，然后根据优选的实施方案策划具体的行动计划。战略课题的内容包括：课题的目标和方针、预定的行动内容和进度安排、战略资源的投入和实施组织等。

（二）期间综合战略汇总

战略课题策划是单项行动策划，它涉及企业的各个部门，而且各个课题策划的时间长短不一，因此有必要将各个课题在一定的策划期间汇总，编制期间综合经营计划。

期间综合经营计划主要包括销售目标计划、资源分配计划和资金计划。在这些计划中，确定该策划期间的销售目标，调整各课题项目实施的先后顺序，合理分配企业的资源，平衡各个部门所需的资金。通过这些计划，使企业各个部门能够在长期战略目标的指导下，协调地开展各项经营活动。

（三）应变策划

由于企业环境变化的不确定性，常常会发生意想不到的事情，从而使制定的基本战略计划，即战略课题策划和期间综合战略汇总无法实现，以致给企业带来损失。为此，根据环境变化的多种可能性，制定不测事态应变计划是十分必要的。

不测事态应变计划是根据最坏的估计所制订的预备性计划。当不测事态发生而迫使基本计划停止时，企业可以有备无患地立即转向应变计划，从而灵活地适应环境的变化，保证企业的健康发展。

（四）企业战略策划书

在以上各项工作结束之后，还应该以企业战略策划书的形式对战略策划进行表述。在企业战略策划书中，应当简要记述制定经营战略的过程、选定战略课题的原则和条件、战略策划方案的可行性分析、各项具体行动策划以及各种分析资料。编写好的企业战略策划书，将作为企业战略的指导性文件而付诸实施。

第四节　企业战略策划方案评价与决策

一、企业战略策划方案的评价

企业战略策划方案评价的实质，是对各个战略课题方案实施的难易程度和实施的效果进行预测。评价的标准主要有以下三个方面：

（一）实施的可能性

各种战略方案的实施，一般都需要一定的资源条件来保证，如必要的技术、原材料和资金等；同时也会受到环境条件的制约，如市场需要、法律规则等。如果所需的资源条件无法获得，或者制约条件不能克服，那么该方案付诸实施的可能性就很小，是不可取的。不过在评价时要注意的是，必须充分地估计企业的能动作用，因此企业通过自身的积极努力，可以使资源条件乃至环境条件发生转化。

（二）预期的收益性

获取利润是企业生存和发展的基本保证，因此对战略方案的收益性评价十分重要。通常，收益性用预期的资金利润率，即方案预期获得的利润与需要投入的资金之比来表示。

在评价方案的收益性时，要注意收益的时间性问题。如果一个方案在实施初期有短期的高收益，而在以后其收益迅速下降的话，那么这样的方案是不可取的。相反，在实施初期虽然收益低，甚至可能出现亏损，但在以后却可以获得长期的高效益的方案，则是较好的方案。

（三）承担的风险性

未来环境的不确定性使战略方案具有一定的风险性。也就是说，环境的意外变化会导致方案的失败，使企业遭受重大损失。一般来说，方案的收益性越大，其风险性也越大，收益性大而无风险的方案是极少的。战略决策者如果害怕冒风险，只求稳妥、安全的话，常常会舍去高收益的方案，以致造成巨大的机会损失。因此在评价战略方案时，既要敢于向风险挑战，又要科学地预测风险，考虑应变的对策。

这里需要强调的是，在评价战略方案时，企业高层领导的价值观念会产生重要影响。持有保守的价值观念或革新的价值观念的企业领导将会对战略方案做出不同的选择。无论多么优秀的战略方案，如果违背了企业的基本行动规范，是绝对不会被采纳的。

二、战略决策的基本要求

企业战略是为了使企业获得长期发展而对经营结构进行的变革。企业战略的性质使战略决策不同于一般的战术性或业务性的决策，有其自身的特点和要求。战略决策的基本要求有以下几个方面：

（一）积极地向风险挑战

战略决策是现在为企业的未来而进行的决策。由于影响战略决策的环境因素很多且不能为企业所控制，各个环境因素之间的关系又十分复杂，这就使战略决策在信息不充分和环境变化不确定的条件下进行。因此，如何正确对待风险问题就成为战略决策的重要特点。战略决策者在进行决策时，不能因为害怕风险而一味谋求稳妥的保守方案，甚至等待环境的明朗化。在充分估计可能发生风险的同时，积极地向风险挑战，才是决策者应当采取的态度。

（二）努力减少机会损失

在战略决策时，由于从多种方案中选择了一个方案，就会舍弃其他方案。被选定的方案所获得的利润是以牺牲其他方案所能获得的利润为代价的。两种方案的利润之差称为机会损失，被舍弃方案所获得的利润称为机会成本。战略决策的基本目的，就是极力减少机会损失，以使企业能够充分利用未来的环境机会，获取最大的经济效益。因此在战略决策时，不仅要提出优质的战略方案，而且要正确地对各个战略方案进行评价，努力把机会损失减少到最小的程度。

（三）正确使用决策方法

战略决策与例行业务的决策不同，是非程序决策，没有固定的模式，要根据未来环境的变化特点和企业的具体情况选择合理的决策方法。决策方法有很多种，但大致可以分为定量分析和定性分析两大类。定量分析是通过建立数学模型来进行决策的，定性分析则是依靠决策者的知识、经验和判断能力来进行决策的。两类方法各有优缺点。因此不能过分夸大某一类方法的作用，而应该综合运用多种方法进行比较和论证，从而做出合理的决策。

【案例】

华为、老干妈等不上市的企业战略

2014年，阿里巴巴在美国成功上市，马云以1500亿元身家登顶中国首富，造就了合伙人、员工等亿万、千万富翁，同时也掀起了一股令人瞩目的上市风潮……在许多企业和企业家看来，上市能够拓宽融资渠道、提升企业及产品的知名度，是一个企业雄厚实力的体现，也是企业走向大资本市场的重要途径。将上市作为终极发展目标的企业数不胜数，但是为什么有些企业却对上市并不感兴趣，甚至誓死也不让企业步入上市这条"星光大道"呢？比如华为、老干妈等。投资者需要有效率而诚信的公司，任正非与陶华碧两者兼备，迄今为止他们没有因为产品质量问题、高管不诚信等信息曝光。但他们并没有选择上市。

两家企业是中国制造业的典型，也是市场化的典型。即使是离开了华为的高管，也赞誉华为是中国最具有国际市场色彩的公司,一切以前线销售为指针。中国有众多国际化公司,但国际化到真正与当地水乳交融,如麦当劳、丰田一样融入当地体制与文化,华为是第一家。

1987年华为创立时,初始投资仅为2.1万元,2013年,华为营收超越瑞典公司爱立信,跃居全球最大电信设备制造商。当年利润同比跳增34%,达到210亿元。华为希望2018年营收达到700亿美元,实现年均增幅15%~18%。这是个艰难的目标,取决于国内的4G投资与华为移动终端能否占领市场。

华为有正确的激励机制,公司员工利益共享、风险共担,据《金融时报》披露,华为15万名员工中,有8万多人加入了持股计划,该计划当前对于公司股票的定价为每股5.42元。自该计划于1997年引入以来,华为股票价格的上涨幅度已经超过了5倍。

华为还有准金股制度,任正非仅持有华为约1.4%的股份,但他享有公司一票否决权,以保证决策效率。这与英国撒切尔夫人时代的国企改革异曲同工,最大限度地激发动力,同时保持决策效率与公平,准金股制度是最好的办法。

华为不上市是因为不缺钱。毋庸置疑,对许多企业来说,上市的重要目的是拓宽融资渠道、提升品牌知名度、整合资源资本。对全球知名品牌华为来说,上市的"利"在这一层面上并不突出。更重要的是,华为的股权是由8万多名员工共同持有的,这种股权结构不符合我国关于上市公司的规定,恰恰是这种全员持股的结构,构成了华为凝聚力的重要根基——员工是股东,能众志成城。这也就解释了任正非说的上市对华为"不适合"。目前华为的这种股权结构是适应公司发展理念的。

正如一位在华为工作十余年的老员工所说:"如果公司上市,我当然很乐意接受此厚礼,但这对华为未必是好事。"一旦企业上市,公司的股权结构如何妥善处理?处理不好就会导致人心涣散。而对于一些持股比例较高的中高层来说,又将如何遏制追逐短期利益的现象?

华为的董事会坚持以客户利益为核心的价值观,主张不以股东利益最大化为目标,也不以相关者利益最大化为原则。如果华为上市了,就要对每季度的业绩负责,就要考虑更多的中短期诉求。以国际市场为例,华为在巴西市场曾连续8年亏损,后来才有了良好业绩。如果华为是上市公司,能"任性"这么久吗?

与此相比,陶华碧领导下的贵阳南明老干妈风味食品有限责任公司,更是"执拗"地坚持着"有多少钱办多少事",对上市不屑一顾,并以另一种方式闯进国际市场,这家公司符合巴菲特喜欢的公司类型。

处于四面丛林的传统制造业,老干妈坚守现金为王、现货现款原则,绝不玩提前确认收入、赊销那一套,其增长都是真金白银实打实的增长。老干妈凭借口碑式的营销方式,一直保持着令人惊羡的发展速度,1998年产值5014万元,2013年产值37.2亿元,15年产值增长了73倍。1998年上缴税收329万元,2013年上缴税收5.1亿元,15年间增长了154倍。与其财务原则对应,是其不上市、不贷款、不融资和现款现货的经营原则,固执到近乎偏执的理念,一分钱一分货,没有大经销商拥有特权。同时,坚持绝不涉足自己不熟悉的行业。陶华碧不贷款、不融资的底气,很大程度上来源于公司数十亿元的现金流。从艰辛起家时几十元的零散采购,到如今超过千万元的采购额,老干妈坚持现款现货的原则,就连收购农民的辣椒也不例外。陶华碧说过:"我从不欠别人一分钱,别人也不能欠我一分钱。"还有陶华碧提出的"上市圈钱论",也曾经一度引来大家的议论。

这家传统企业没有向海外并购,而是保持产品风味俘获了顾客的舌尖,不需借助资本的纽带,仅靠自己强大的现金流,老干妈的市场越做越大,北美、欧洲、东南亚、日本、韩国、中国香港、中国台湾……"可以说,只要有华人的地方,就有老干妈。"随着华人走遍全球,老干妈自然而然地走向了国际。老干妈固执并不保守,为了保护品牌,公司注册商标达114个,一年花2000万元以上打假,有公司官网,在网上行销全球。

不贷款、不融资、不上市,不让别人入股,也不去参股、控股别人。老干妈就是这样一个特别的存在。老干妈现有的股权形式简约高效,如果上市反而难以处理。工商资料显示,这家年销售额数十亿元的贵阳南明老干妈风味食品有限责任公司,注册资本仅1000万元。与华为全员持股不同,目前陶华碧将仅占1%比例的股份也转让给了小儿子李辉(李妙行的曾用名),只掌握企业大方向;大儿子李贵山占49%,主管市场;小儿子李辉则持有51%,主要负责生产。

这是陶华碧始终坚持的东西:用自己的钱,做自己的辣椒。老干妈是一家非常纯粹和质朴的公司,有一个最简单的商业模式。真金白银不糊弄消费者与投资者,当一家企业吝惜向公众出售股权而宁愿自持,一家公司宁愿拒绝领导建议上市的关怀,谁都知道,这意味着最了解公司的内部人士给予公司高估值。这一传统诚信理念,与目前上市成风文化相映成趣,激发出公众发自心底的追捧。

由此,也就不难理解陶华碧对"上市圈钱"的强烈排斥了。在她看来,在自己的一亩三分地里踏踏实实做企业,无须理会资本市场的风云际会,反而能更有效、更顺畅地推进企业的战略实施和日常管理。此外,在国际市场中创出了中国品牌的强力效益,也是其承担企业责任、回馈社会的方式。

市场上赞扬之声颇多。有观点认为陶华碧的"上市圈钱论"体现了一个企业家的责任感。的确,纵观我国资本市场,粉饰、造假上市、圈钱骗人的案例时有发生,一些企业不择手段,把上市作为圈钱的工具,而上市也成了部分企业家快速致富的手段,这就造成了中国的资本市场"重融资、轻回报"的格局,尽管多年来监管层一直出招治理,但我国A股市场新股"三高"等顽疾仍然未能得到彻底解决。

这也就不难理解,为什么对于老干妈不上市的态度,市场赞美声多过反对声。其实,"另类"的并不只是陶华碧一人,在国内不愿意上市的名单里,还有娃哈哈、立白、方太等"牛气"企业。

可见,对于华为、老干妈这类已经成为本行业龙头甚至是在全球范围内有相当大品牌影响力的巨头,不上市背后更深层的原因,不是"不差钱",而是对于上市利弊的权衡:上市究竟适不适合自己?上市并不是衡量企业的标杆和企业做大做强的必经之路。上市后内外部环境的变化,会给企业战略实施、业务发展、管理模式、企业文化、员工心态等方面,带来相当大的冲击和风险,这才是一些企业不愿上市、不能上市的深层因由。

以华为、老干妈等为代表的公司坚持不上市,反映了它们对于自身发展模式的自信,也反映了它们对上市环境、机构投资动机、首次公开募股(IPO)制度的观望态度,希望自身像欧洲许多古老的公司一样,做好产品,专心耕耘自己的一亩三分地,能够更长远地控制企业。充裕的现金流和强大的品牌效应,便可以支撑企业继续往前走很远。

当然,客观地说,一家公司上市有利有弊,对这种利弊的权衡不同,最终决定了企业的选择不同,"上市"与否并不是衡量企业的终极标准。

　　企业是千姿百态的,不是每一家公司都适合上市,也不是每一家公司都必须依靠资本才能做强做大。可见,成功的企业无论上市与否,它们基于自身的主动选择,坚持走自己的路,在衡量现实与理想、变化与传承,公司、员工、客户之间关系方面,敏锐地把握着外部环境与内部环境之间的张力,保持着自己的初心——无论是专注一个产品、专注一个品牌,还是专注长期发展,甚至聚焦于最基本的"活下来"。它们没有雄心勃勃地"扩张",而是"耐得住寂寞、挡得住诱惑",知道什么时候停下来,而非贪大求全。作为企业来说,对市场环境的感知也好,对产业发展的终极判断也好,知道终点,也就知道未来的路该如何走。看清楚了,前瞻性有了,也就更容易有定力,不为外界所惑,从而更好地形成适合自身的价值判断、商业模式、企业战略。

创业训练

讨论柯达公司从辉煌到落寞的原因。(提示:从企业战略上分析,可上网搜索柯达公司资料)

复习思考题

1. 企业战略具有哪些特点?发展战略有几种类型?
2. 中小企业如何选择发展战略?
3. 某策划公司在市场上打拼了十余年,积累了一定的市场运作经验,现公司意欲进入高等教育行业,你认为该公司应选择怎样的进入方式?谈谈你的做法。
4. 从案例《华为、老干妈等不上市的企业战略》中,试分析华为不上市的原因。

第三章

商业模式开发与创业策划

第一节 商业模式的本质

有一天,麦当劳的总裁雷·克洛克(Ray Kroc)到哈佛商学院讲课时问:"同学们,我是做什么的?"大家冲他笑,"你不就是做快餐的吗?"但是没说出来。他说:"同学们,你们说我究竟是干什么的?"一个同学说,"你不就是做快餐的吗?"他说,"错了,我是做房地产的。"

他说:"如果我不做房地产,仅仅做快餐,我早就关门倒闭了。"

我们来看看麦当劳公司的收入来源有哪些。

麦当劳的主打产品也是吸引消费者走进麦当劳的无疑是它的汉堡包,麦当劳的汉堡包其实并不赚钱,但汉堡包恰恰是吸引众多消费者去麦当劳的一个主要原因。麦当劳靠什么赚钱?是那些小小的不被人注意的可乐、薯条等产品,这就是它赚"小钱"的方法。

麦当劳怎么赚取"中钱"呢?就是供应链,但并不是单纯依靠集中采购,而是同时积极而深入地参与到供应链改造之中,通过改造供应链,使得整个价值链的整体收益大幅度提高,而它获得其中最大的一部分。

如果只有供应链的"中钱",麦当劳公司还是走不了那么远,还无法形成今天如此明显的竞争优势。麦当劳靠什么赚"大钱"呢?答案是麦当劳公司的房地产。麦当劳的主要利润来自房地产,很多读者的第一反应是麦当劳专业的选址能力,麦当劳看中的地段房价往往都会涨,所以麦当劳靠房地产来盈利。如果麦当劳只是像普通的企业或者普通的投资者那样,通过专业选址能力获取房产增值,这还不是麦当劳这样的高手所为,还只是普通投资者的做法。麦当劳的独特之处或者高明之处,体现在它不仅有专业的选址能力,还通过卖汉堡包,打造麦当劳的餐饮文化,建立起麦当劳商圈,通过麦当劳商圈不断拉动海量的人流来到麦当劳以及附近的商圈。这种做法就会主动、直接地推动房地产价格的提高,这就是麦当劳之所以成为"史上最牛的房地产公司"的秘密所在,它不是被动地等待房产升值,也不是单纯依靠所谓的专业选址能力,而是积极主动地长期拉动房地产价格的增长。

麦当劳靠好的商业模式在激烈的市场竞争中始终处于不败之地。

2012年9月,柯达正式宣布提交破产保护申请,这一决定也宣告了"柯达时代"的结束,曾经的数码技术先驱最终被新兴的数码时代抛弃了。

2007年,占据手机市场50%份额的诺基亚,因为苹果iPhone的出现受到重创。

在这个风起云涌、变幻莫测的时代,企业如果没有自己的核心竞争力,没有好的商业模式,被淘汰是迟早的事。

现代管理学之父彼得·德鲁克(Peter Drucker)说:当今企业之间的竞争,不是产品之间的竞争,而是商业模式之间的竞争。

那么什么是商业模式呢?

一、商业模式、盈利模式与企业战略

商业模式（Business Model）尽管20世纪50年代就已提出，但直至90年代电子商务浪潮兴起后才备受关注。互联网的出现更是改变了基本的商业竞争环境和经济规则，新涌现的一些企业，如雅虎（Yahoo）、亚马逊（Amazon）及eBay等，在短短几年时间，就获得巨大发展，产生了强大的示范效应。它们的赚钱方式明显有别于传统企业，商业模式被用于描述这些企业是如何获取收益的。基于互联网新型企业的出现，新型商业模式显示出强大的生命力与竞争力。

现在，商业模式的应用已不仅仅局限于互联网产业领域，已被扩展到了其他产业领域。在全球化浪潮冲击、技术变革加快及商业环境变得更加不确定的时代，决定企业成败最重要的因素，不是技术，而是它的商业模式。设计并创新出好的商业模式，被认为能带来战略性的竞争优势，是新时期企业应该具备的关键能力。

商业模式是一个非常宽泛的概念，通常所说的与商业模式有关的说法很多，包括运营模式、盈利模式、B2B模式、B2C模式、O2O模式等，不一而足。

商业模式最通俗的定义，就是描述企业如何通过运作来实现其生存与发展的"故事"。在网络热潮时期，硅谷的许多创业者曾通过给投资者讲一个好的"故事"而获得了巨额融资。

哈佛商学院将商业模式定义为"企业盈利所需采用的核心业务决策与平衡"。例如，谷歌（Google）让普通用户免费使用其搜索引擎，而通过定向广告从企业客户那里获取利益。

泰莫斯的定义为：商业模式是指一个完整的产品、服务和信息流体系，包括每一个参与者及其在其中起到的作用，以及每一个参与者的潜在利益和相应的收益来源和方式。

根据Wikipedia（维基百科）的具有权威性的解释，商业模式是指一种企业创造营业收入与利润的手段与方法。Wikipedia将商业模式的组成要素归结为员工与顾客的选择、产品与服务的提供、将产品与服务推到市场、为员工与顾客提供效用、吸收与留住员工与顾客、定义工作内容、响应环境与社会的持续发展、资源配置以及获取利润等。

总之，商业模式是为了实现客户价值最大化，把能使企业运行的内外各要素整合起来，形成高效率的具有独特核心竞争力的运行系统，并通过提供产品或服务，达成持续盈利目标的组织设计的整体解决方案。

一句话，商业模式是企业能提供什么样的产品或服务，给什么样的用户创造什么样的价值，在创造用户价值的过程中，用什么样的方法获得商业价值。通俗地说：商业模式就是企业通过什么途径或方式来赚钱。例如，饮料公司通过卖饮料赚钱，快递公司通过送快递赚钱，网络公司通过点击率赚钱，通信公司通过收取话费赚钱，超市通过平台和仓储赚钱等。只要能赚钱的地方，就有商业模式存在。

其实，商业模式不只是赚钱模式，它至少包含了四方面内容：产品或服务模式、用户模式、推广模式，最后才是收入模式，即怎么去赚钱。

首先是产品或服务模式，也就是企业提供了一个什么样的产品或服务。

真正能在互联网里做大的企业，都是产品驱动型的企业。所有的商业模式都要建立在产品模式的基础之上。没有了产品和对用户的思考，企业不可能做大，走不了多远。

所以，企业提供的产品是什么？能为用户创造什么样的价值？产品解决了哪一类用户的什么问题？产品能不能把贵的变成便宜的，甚至是免费的？能不能把复杂的变成简单的？这是任何一个创业者在回答商业模式的时候，首先要去考虑的问题。

第二，在产品模式之上，还要讲用户模式，这就是说，作为创业企业，一定要找到对产品需求最强烈的目标用户。

第三是推广模式，这就是说要找到合适的方式使产品能够到达目标用户群。

在信息高度发达的今天，永远不要相信酒香不怕巷子深。如果只靠自然的口碑，即使产品做得最好，还没等接触到大多数目标用户，就可能先被互联网巨头盯上了，它们一模仿一捆绑，自己多年的心血就算白费了。

然而，很多人一提到推广就想到要花钱，但花很多钱的推广未必是好的模式。产品好，但是没有钱去推广，可能就逼着自己根据用户群和产品去设计相应的推广方法，很多企业在推广模式上的创新都是被"逼"出来的。

最后一步才是收入模式，就是通过产品获得巨大用户基数，在此前提下考虑怎么样来获取收入。

其实，商业计划书里的收入模式基本不靠谱，一个创业企业真正做起来，就会发现企业的收入模式往往与商业计划书的设计大相径庭。在企业发展过程中，收入模式需要不断调整。

1. 商业模式与盈利模式的区别

有人对创业企业案例中的数百家企业进行统计，得到了这样一组数据：在创业企业中，因为战略原因而失败的只有23%，因为执行原因而夭折的也不过28%，但因为没有找到正确的商业模式而走上绝路的却高达49%。

对于商业模式和盈利模式，很多创业者在创业初期都是模糊不清的。它们是两个概念。

盈利模式是指企业获得收入、分配成本、赚取利润的方式。盈利模式是在给定业务系统中各价值链所有权和价值链结构的前提下，企业利益相关者之间利益分配格局中企业利益的表现。

商业模式远远大于并包含盈利模式，盈利模式只是商业模式中的一小部分，怎么实现与众不同的盈利模式，更重要的是盈利模式本身就是阻碍竞争对手与自己竞争的一个门槛，这是传统盈利模式不涉及的地方。

商业模式的本质是通过产品或服务为用户创造价值。商业模式还包括定位、寻找需求最强烈的用户群，用聪明的推广方法接触到这些用户，在接触过程中不断把产品打磨好，等自己有了巨大的用户基础，是一定能赚到钱的。这就是京东至今还在亏损，投资者依然看好的原因。

盈利模式需要关注以下问题：

（1）从何处获取收益？

（2）谁可以分担或支付成本？

（3）今后收益来源是否可以扩展？

好的盈利模式不仅能够为企业带来收益，更能为企业编制一张稳定共赢的价值网，其本身就是重要的竞争优势。

2. 商业模式与企业战略的关系

商业模式与企业战略既有联系又有区别。商业模式是企业战略生成的基础，企业战略是在商业模式基础上的行为选择；商业模式从为客户创造价值出发，围绕如何提供这种价值展开，涉及从所创造的价值中获取利益，企业战略更重视当前和潜在的威胁，关注竞争优势；商业模式强调获取利益及可持续性，企业战略则是企业适应环境所带来的机遇与挑战，实现长期目标的有意识的计划；商业模式解决企业的生存问题，企业战略解决企业的发展问题。

在一些情况下，企业战略更为短期、显性，商业模式更为长期与隐性；企业战略重目标，商业模式重路径、重布局。企业战略是个长期的过程，但是相比于商业模式来讲，是短期的、显性的，而商业模式是一个更加长期的、隐性的内容。至于二者谁包含谁，不同类型的企业有不同的回答，尤其是在日新月异的移动互联网时代。

比如麦当劳公司2009年在中国的企业战略是门店数要达到1500家，要进入更多的三线城市，同时要推出咖啡这个新的产品挑战星巴克，这就是它的企业战略。

麦当劳的商业模式，在过去的20年，或在未来的20年，基本保持稳定不动，变化很小。如果不是花很多的时间、精力去研究，是无法洞悉麦当劳的商业模式的，至少它不希望别人彻底把它的商业模式看透。

其实，企业战略相比于战术来讲，是长期的，但是战略相比于商业模式来讲，是短期的、显性的，而商业模式更加长期、更加隐性，其终极目标就是要获得企业长期的竞争优势。因此，从这个角度来讲，如果形象地理解商业模式就是"企业战略的战略"，那么，中国企业应先进行商业模式的创新与设计，然后再制定企业的战略方向和目标，这才是企业经营的合理顺序。企业家自然应成为自身企业商业模式的总设计师和架构师，应该洞悉行业本质和商业运行规则，重新确定企业的边界，发现新的客户要求，重新定义客户，进而挖掘巨大的增长空间，成为企业持续发展的总舵手与商业模式的总设计师，这便是商业模式"战略的战略"的本质含义。

完整的商业模式概念包含企业的运营逻辑、经济逻辑、战略方向，其本质是对具有竞争优势的价值创造活动的描述或设计；战略的本质是为创建竞争优势而对价值创造活动的规划。可见，两者本质相同。商业模式通过可视的价值活动方式实现了对战略内容的解读，无论基于构成要素还是基于逻辑结构的对比分析，商业模式与战略高度一致。战略理论侧重于对战略制定方法及战略形成过程的研究，而商业模式理论侧重于对具体的战略措施体系所具有的内在联系的研究。

二、商业模式的分类

商业模式可以从不同的角度进行分类，而且都有相互交叉重复的地方，这正说明了经济领域里的多样性和复杂性，也正因为企业采用了多种模式，才有了企业商业模式的独特性、个性化的实现。

人们对商业模式的分类有很多。就多年来对网上的观察，本书尝试综合出八类基本的商业模式。

（1）代理模式。代理商是市场的缔造者。代理商把买方和卖方撮合在一起，并且推动交易行为。交易的双方可以是企业—企业、企业—消费者或消费者—消费者市场。代理商从其撮合成功的每项交易中收取一定的费用，佣金的计算方式因人而异。

（2）广告模式。网络广告模式拓展了传统的广告媒体。此刻的传播商通常是一个网站，在提供内容（常常但并非必须是免费的）和服务（像邮件、即时通信、微信）时，常加入些条幅广告信息。这些条幅广告可能是这个传播商的主要或者唯一的收入来源。传播商可能是内容的创建者或者内容的发行人。只有当浏览量非常大或者高度专业化时，广告模式才能正常运作。

（3）信息中介。消费者的个人信息和消费习惯的数据是很有价值的，尤其是那些经过细致分析的并用于目标市场营销的信息。在消费者考虑一次采购的时候，独立收集的关于生产商及其产品的数据，对于他们是非常有用的。有些企业定位就类似信息中介（信息媒介），辅助买家或者卖家了解当前的市场状况，以辅助分析市场营销的效果。

（4）商户模式。该模式为批发和零售商家提供产品和服务的平台。一个仅通过互联网进行操作的虚拟商户，提供传统的或网上的产品或服务。苹果的 FaceTime 就是一个服务商，它称自己为一个"应用服务提供者"，它为电子商务站点提供客户支持。亚马逊允许第三方在其网站开店，利用亚马逊的流量及用户优势，提升第三方卖家的销售量。

（5）厂家模式。这种模式使厂商直接接触消费者，因此压缩了分销渠道（省去了批发商和零售商）。厂家模式是基于效率的（节约成本，从而可以降低消费者的负担，当然也可以不降低），能提高客户服务水平，使厂家更好地了解客户喜好。

（6）会员模式。这是和一般化的门户入口模式相反的模式。会员制是指消费者只需一次性消费，就可以有机会参与利润分配，就是在消费的同时消费者能够拥有创业的机会，让"消费者"变成"消费商"。比如，超市为锁定客户，购买一定数额产品的客户即可成为超市的会员，以后再消费时会打9折，或达到一定积分送一些生活用品；有些餐厅，在消费时扫一下二维码就可以打8折，如果再帮餐厅介绍一些朋友来消费，餐厅就会再给客户积分或下次来消费时再打更低的折扣。会员模式通过口碑相传，传播速度快，这对于互联网来说是相当便利，这也是它流行的原因。

（7）社区模式。社区模式的发展主要依赖用户忠诚。用户投入了较多的时间和情感在里面。收益则往往来自副产品和服务的销售或者无偿的捐助，或者来自绑定文字广告或者订阅者的付费服务。例如开源软件就是采用社区模式，通过全球性的程序员社区，彼此开放并共享源码，协作开发软件。

（8）效用模式。效用模式又称需求模式，采用的是定量使用或者随用随付的方式。与订阅服务不同，定量服务基于实际的使用率付费。通常来说，定量付费一直应用在必需的服务（例如水电、长途电话服务）。世界上某些地方的网络服务商（ISP）即基于效用运作，向客户收取每分钟的接入费用，这和美国常见的订阅模式大不相同。定量使用——测算用户使用服务的情况，再发账单定量订阅——允许订阅者购买一定量的内容访问权（如页面访问数）。百度文库采用的也是类似模式。

三、常用的几种商业模式

自从谷歌开始在搜索结果旁边放广告以来，广告已经成了互联网行业默认的首选变现方式。但实际上，广告本来是平面媒体的主要商业模式，现在互联网行业已经彻底抢走了广告领域的风头。

所谓互联网思维，与传统行业最迥异的，应该就是商业模式问题。传统行业思考的只是产品创新，而互联网行业似乎还得思考商业模式创新。例如谷歌，1999年时，大家为谷歌没有商业模式而担忧，Facebook 上市之后仍旧没有牢靠的商业模式，但是谷歌和 Facebook

现在都不怎么为收入发愁。所以是不是能直接从用户身上赚钱无所谓，只有用户数量积累到一定程度，自然有赚钱的门道"涌现"出来。所以，只要产品能够吸引到足够多的用户，就能看到商业模式了。

互联网行业经历了这些年来各路人马的尝试之后，人们已经基本上摸索出了所谓互联网思维下的商业模式套路。在产品积累到足够的用户后，这些现成的商业模式都可以拿来为我所用。当然，很多聪明绝顶的企业还在不断开拓新的商业模式。

下面为大家介绍互联网+时代的24种商业模式。

实物商品：

（1）自己生产、自己销售。自己直接生产、直接销售给用户，这是大多数传统企业的商业模式。

（2）外包生产、自己销售。把生产环节外包出去，自己负责直接销售给用户，如小米手机。

（3）只生产、不销售。自己负责生产，交给销售商销售，如富士康为苹果公司生产手机。

（4）只销售、不生产。自己作为分销商，或者提供销售商品的交易市场；如天猫。

现在很多电子商务网站，就是第4种商业模式。但是随着互联网的发展，实物商品的模式往往是混合的，不是单一的。当然混合的模式有好处也有坏处，如京东商城。

广告：

自从谷歌开创了在搜索结果旁边放广告的模式以来，广告也变成了大多数盈利模式的首选。

（5）展示广告。展示广告一般形式是文字、旗帜（banner）图片、通栏横幅、文本链接、弹窗等，通常按展示的位置和时间收费，也就是包月广告或包天、包周广告。这是目前最常见的模式。

（6）广告联盟。广告联盟相当于互联网形式的广告代理商，广告主在广告联盟上发布广告，广告联盟再把广告推送到各个网站或应用程序（App）里去。百度联盟、谷歌广告联盟（Google AdSense）是最大的两个广告联盟。基本上网站流量还没有到一定程度时，都会选择与广告联盟合作，只有做到一定流量后，才会与确定的广告主直接建立合作关系。广告联盟一般按广告的点击次数收费。

（7）电商广告。最常见的就是淘宝、天猫了，京东、亚马逊、当当都有自己的电商广告，凡客当年也是靠这个突然蹿红的。这些广告一般按销售额提成付费。很多导购网站，是完全靠这种收入的，特别是海淘导购网站，会接入各个海外购物网站的广告。

（8）软文。软文是指把广告内容和文章内容完美结合在一起，让用户在阅读文章时，既得到了他需要的内容，也了解了广告的内容。很多媒体网站或者微博、微信大号，都是靠软文赚钱的。

（9）虚拟产品换广告效果。还可以为用户提供免费虚拟产品，但是代价是用户必须接受一定的广告。例如看完一段广告、注册成为网站的用户、下载某个App，如土豆网。

（10）用户行为数据。通过分析用户在网站或App上的操作方式，可以分析用户的习惯和心理，从而有利于在产品设计和商业规划上做出正确的决策。很多企业都需要这样的用户使用习惯的数据，所以可以卖这样的数据。淘宝数据魔方就提供这样的服务，比如告诉商家、什么商品、什么风格、什么尺码最受用户欢迎。

交易平台：

（11）实物交易平台。用户在平台上进行商品交易，通过平台支付，平台方从中收取佣金。天猫就是最大的实物交易平台，天猫的佣金是其主要的收入来源。

（12）服务交易平台。用户在平台上提供和接受服务，通过平台支付，平台方从中收取佣金。威客平台猪八戒就是这样收取佣金的。优步（Uber）的盈利模式也是收取驾驶员车费的佣金。

（13）沉淀资金模式。用户在平台上留存有资金，平台方可以用这些沉淀的资金赚取投资收益回报。传统零售业用账期压供应商的货款，就是为了用沉淀资金赚钱。现在这个套路也用到互联网行业了，如支付宝、微信支付。很多互联网金融企业、O2O企业，也是寄希望于这种模式。

直接收费：

（14）定期付费模式。这种商业模式类似于手机话费的月套餐，定期付钱获得一定期限内的服务。相对于一次性付费直接买软件，定期付费的单笔付费金额比较小，所以用户付费的门槛相对较低。例如QQ会员，就是按月或按年付费的模式，现在的价格差不多是每个月10Q币。

（15）按需付费。按需付费是用户实际购买服务时，才需要支付相应的费用。例如，在爱奇艺里看到想看的某一部电影，花5元钱，只看这一部，这是按需付费。如果成了爱奇艺的VIP用户，在一段时间内所有会员免费的电影都可以看，这就是定期付费模式。又如，在道客巴巴找到了最需要的文档，下载要5元钱，用微信支付后就可以下载这个文件了。

（16）打印机模式。打印机的商业模式是指先以很便宜的价格卖给消费者一个基础性设备，如打印机，用户要使用这个设备，就必须以相对较高的价格继续购买其他配件，如耗材。剃须刀采用的就是类似的商业模式，刀架的价格近乎白送，然后通过卖刀片赚钱。家用游戏机也是如此，索尼和任天堂以低于成本的价格卖游戏机，然后用很高的价格卖游戏光盘。因为日本打印机公司爱普生首先采用这种商业模式，所以把它叫作打印机模式。

免费增值：

免费增值商业模式就是让一部分用户免费使用产品，而另外一部分用户购买增值服务，通过付费增值服务赚回成本和利润。不过通常一般采取免费增值模式的产品，可能只有0.5%～1%的免费用户会转化为付费用户。

（17）限定次数免费使用。这种模式是在一定次数之内，用户可以免费使用，超出这个次数的就需要付费了。

（18）限定人数免费使用。这种模式是指用户数量在一定人数之内，就是免费的，如果用户数量超出这个限定额，就要收费了。比如很多企业邮箱服务，如果公司注册了某个域名，打算用这个域名做企业邮箱；企业邮箱服务商可以要求，五个以内邮箱地址免费，超过五个邮箱地址就要购买。

（19）限定免费用户可使用的功能。免费用户只能使用少数几种功能，如果想使用所有功能，就得付费。比如笔者用的东大教育微信公众号，经常提醒要开通验证，每年交300元可以使用更多功能。

（20）应用内购买。应用的下载和使用是免费的，但是在使用的过程中，可以为特定的功能付费。最常见的就是游戏了，购买虚拟装备或者道具之类的。又如在微信内购买付费的标签。

（21）试用期免费。让用户在最初一定的期限内免费使用，超过试用期之后就要付费。例如 Office 会提醒免费版试用期还有 XX 天就要到期了，让使用者抓紧激活，激活就是要花钱买正版的激活码。

（22）核心功能免费，其他功能收费。应用商店（App Store）里的 App 有不少都是这种模式。一个产品分为免费版和收费版。免费版里基本功能都有了，但是要获得更多的功能，就要收费。例如照片处理应用，免费版有几个基本的滤镜效果，差不多够用，但是如果要更炫更酷的滤镜，就要下载付费版。

（23）核心功能免费，同时导流到其他付费服务。比如微信，微信聊天是免费的，但是微信内置了很多其他服务，游戏、支付、京东、滴滴打车，这些服务都有可能是收费的。

（24）组织活动：通过免费服务聚齐人气，然后组织各种线下活动，这些活动可以获得广告或赞助，或者在活动中销售产品或服务。例如，很多媒体通过组织线下行业峰会赚钱。还有的地方社区会组织线下展销会、推荐会，如装修展销会、婚纱摄影秀等，通过展销会、推荐会销售产品或服务。

好的商业模式一般都非常简单，即便外行也能一眼看清。所以创业者该做的应该是回归本质，做好产品或服务，获取用户的口碑；多样化的商业模式无疑有巨大的优势，但往往也意味着不够清晰，和产品的核心价值一样，如何把最关键的做大做强，才是成功的关键。

第二节　商业模式的设计

一、商业模式设计的原则

关于商业模式的构成要素，不同的学者有不同的看法。

商业模式的核心要素有三个：顾客、价值和利润。一个好的商业模式，必须回答以下三个基本问题：

（1）企业的顾客在哪里？

（2）企业能为顾客提供怎样独特的价值和服务？

（3）企业如何以合理的价格为顾客提供这些价值，并从中获得企业的合理利润？

这三个基本问题就是：如何为顾客创造价值，如何为企业创造价值，如何将价值在企业和客户之间进行传递。

商业模式的核心是指商业模式的内涵、特性，是对商业模式定义的延伸和丰富，是商业模式设计是否成功必须具备的属性。它包括：客户价值最大化原则、持续盈利原则、核心资源整合原则、创新原则、自由现金流结构原则、企业价值原则。其中企业能否持续盈利是判断其商业模式是否成功的唯一外在标准，盈利模式越隐蔽，越有出人意料的好效果。

1. 客户价值最大化原则

这里的客户包含消费者、股东、合作伙伴、员工和社会，其中消费者占主导地位，只有消费者的价值实现了，后四者的价值才能实现。一个商业模式能否持续盈利，是与该模式能否使客户价值最大化有必然关系的。一个不能满足客户价值的商业模式，即使盈利也一定是暂时的、偶然的，不会持久。反之，一个能使客户价值最大化的商业模式，即使暂时不盈利，但终究会走向盈利。所以要把对客户价值的实现再实现、满足再满足当作企业应该始终追求的主观目标。

2. 持续盈利原则

一个企业可以使用多种收益和成本分配机制，而好的盈利模式往往有多种收入来源。传统的盈利模式往往是企业提供什么样的产品和服务就针对这种产品和服务向客户收费，现代企业的盈利模式则变化极大，经常出现的盈利模式是企业提供的产品和服务不收费（甚至是永远不收费），吸引来顾客产生价值后，则由其他利益相关者支付费用。例如，客户使用互联网上的搜索引擎不需要支付费用，但被搜索到的产品和服务的提供商却需要支付费用。

企业能否持续盈利是判断其商业模式是否成功的唯一的外在标准。因此，在设计商业模式时，盈利和如何盈利也就自然成为重要的原则。当然，这里指的是在"阳光"下的持续盈利。持续盈利是指既要盈利，又要能有发展后劲，具有可持续性，而不是一时的偶然盈利。

3. 核心资源整合原则

企业需要掌握和使用一整套复杂的有形和无形资产、技术和能力，就是常说的"核心资源和能力"。核心资源和能力是企业运转所需要的重要资源和能力。任何一种商业模式构建的重点工作之一就是了解企业所需要的重要的资源和能力有哪些、它们是如何分布的以及如何才能获取和建立这些资源和能力。

整合就是要优化资源配置，就是要有进有退、有取有舍，就是要获得整体的最优。

在战略思维层面上，资源整合是系统论的思维方式，是通过组织协调，把企业内部彼此相关但却彼此分离的职能，把企业外部既参与共同的使命又拥有独立经济利益的合作伙伴整合成一个为客户服务的系统，收到 $1+1>2$ 的效果。

在战术选择层面上，资源整合是优化配置的决策，是根据企业的发展战略和市场需求对有关的资源进行重新配置，以凸显企业的核心竞争力，并寻求资源配置与客户需求的最佳结合点，目的是通过组织制度安排和管理运作协调来增强企业的竞争优势，提高客户服务水平。

4. 创新原则

一个成功的商业模式不一定是在技术上的突破，而是对某一个环节的改造，或是对原有模式的重组、创新，甚至是对整个游戏规则的颠覆。商业模式的创新形式贯穿于企业经营的整个过程，贯穿于企业资源开发模式、制造方式、营销体系、市场流通等各个环节，也就是说，在企业经营的每一个环节上的创新都可能变成一种成功的商业模式。

5. 自由现金流结构原则

自由现金流结构是企业经营过程中产生的现金收入扣除现金投资后的状况，其贴现值反映了采用该商业模式的企业的投资价值。不同的现金流结构反映了企业在核心资源能力以及盈利模式等方面的差异，体现了企业商业模式的不同特征，并影响企业成长速度的快慢，决定了企业投资价值的高低、投资价值递增的速度以及受资本市场青睐的程度。

自由现金流结构对企业有着特殊的意义，尤其是对广大的中小企业来说更是如此，企业生存需要资金，企业发展需要资金，企业快速成长更是需要资金。资金已经成为所有企业发展中绕不过的障碍和很难突破的瓶颈。谁能解决资金问题，谁就能赢得企业发展的先机，也就掌握了市场的主动权。

从一些成功企业的发展过程来看，无论它们表面上对外阐述的成功理由是什么，都不能回避和掩盖资金对其成功的重要作用，许多企业就是没有建立有效的融资模式而失败的。例如巨人集团，仅仅为近千万元的资金缺口而轰然倒下。所以说，商业模式的设计很重要的一环就是要考虑自由现金流结构。

6. 企业价值原则

企业价值即企业的投资价值，是企业预期未来可以产生的自由现金流的贴现值。企业的投资价值是评判商业模式优劣的标准。好的商业模式可以做到事半功倍，即投入产出效率高、效果好，包括投资少、运营成本低、收入的持续成长能力强等。

总之，商业模式的这六个要素是互相作用、互相决定的。商业模式的构成要素中只要有一个要素不同，就意味着商业模式不同。一个能对企业各个利益相关者有贡献的商业模式需要企业家反复推敲、实验、调整和实践这六个方面才能产生。

二、商业模式设计的步骤和关键点

一个成功的商业模式自己可以复制自己，但别人很难复制，特别是在个性化张扬的今天，企业为了生存发展，都要设计出自己独特的商业模式，才能在竞争中立于不败之地。因此在设计商业模式时，要根据自身的实际情况量身打造，它不一定是在技术上的突破，而可能是对某一个环节的改造，或是对原有模式的重组创新，也可能是颠覆性的创新。

（一）商业模式设计的步骤

商业模式设计关乎企业成败，企业应按发现和验证市场机会、系统思考、提炼产品概念、产品定义、财务分析和提供组织保障六个步骤设计适合自己的商业模式。

在这个模式制胜的时代，企业该如何设计自己的商业模式呢？

1. 发现和验证市场机会

首先，企业必须明确为哪部分人服务，锁定一个相对狭窄的市场，进行市场调研和客户消费心理研究，把有限的资源用在刀刃上；其次，企业要花时间去研究这部分目标客户目前存在什么问题；再次，必须把客户需求分层：既重要又迫切、重要但不迫切、迫切但不重要、既不重要也不迫切。如果能把握住客户既重要又迫切的需求，就容易成功。

企业还需考虑客户的购买动机。通常说来，温饱型客户最关心经济因素（价格），小康型客户最关心功能因素（实用价值），而富裕型客户最关心心理因素（面子）。因此，小众化群体所处的社会阶层会影响他们对各种解决方案的价值评估。

如何给客户提供独到的价值呢？企业可以从四个方面考虑：①强化了什么要素？即那些比现有解决方案更好的方面；②弱化了什么要素？即把那些客户并不在意的、费力不讨好的东西尽量减少，或降低标准；③去掉了什么要素？即把那些客户用不到的功能去掉；④创新了什么要素？即那些独创的方面。

有了初步的产品创新设想后，企业必须与目标客户沟通，检验自己的想法是否有实际意义。同时，还必须了解客户是否愿意支付一定的费用来消费这个产品，他们的切换成本有多高，这是市场调研时最容易忽视的一点。

2. 系统思考

中小企业要能用最简单的语言把自己要干的事说清楚，把客户、供应商、合作伙伴等相关者的关系描述出来。最好的办法就是画图，把自己的想法用一张图表现出来，这就是图形化思考和沟通。之后，企业必须整合相应的外部资源，把商业模式图上涉及的核心单元、上下游企业、各种合作伙伴、各种外围资源都考虑进来。接下来要考虑价值链上各个利益相关者如何受益，这是每个参与者一定会考虑的问题。

商业模式的设计有三条途径：①借鉴国外已经成功的商业模式；②借鉴国外的成功模式并根据中国国情和行业特征加以改进和创新；③自己发明一套商业模式，根据市场调研的结果及寻找到的产品创新的源泉，用全新的思维去改变目前市场上的游戏规则，甚至颠覆行业多年来形成的游戏规则。企业要根据自身实力与行业竞争状况，选择适合自己的商业模式设计方法。

系统思考这一环节还要求企业分析竞争的状况，包括对竞争对手和潜在竞争对手的分析。中小企业一般都缺少资本积累，直接向大企业、大品牌发起进攻是不可取的，可以运用迂回包抄战术：不与任何企业发生正面冲突，采用错位竞争，用有独到价值的产品去开辟新市场；同时，要想推出畅销产品，一定要把握好时机，寻找触发点——机会往往出现在经济转折点上，出现在社会急剧变化时期，在一个相对稳定的市场中很难发现好机会。

3. 提炼产品概念

产品概念最好可以总结成一句话，即在 30s 内能将产品的价值定位说清楚，让人听了以后产生共鸣、引起兴奋。有了完整的产品创意思路，就要走出去与客户沟通创意，听取客户对创意的反馈，以便掌握客户的态度和反应。要想让目标客户理解产品的价值和作用，最好的办法就是做一个样品，可以是电子版的模拟样品（通过幻灯片来演示），也可以是真正的样品（3D 打印为我们提供了新的途径）。总之要让客户看得见、摸得着，这比文字或口头说明要好得多。

不同层次的消费者在选择产品时关注的重点不同，任何产品都很难在价格、实用价值和面子三个方面同时实现突破。企业要根据目标客户群的层次，确定自己的产品在哪个方面必须超越竞争对手，这样才能给客户一个选择自己的理由。

4. 产品定义

到了产品定义阶段就需要考虑完整产品的概念。完整的产品由三个层次组成：最里层是核心层，主要包括性能、指标、功能、品质等，是产品发挥作用的关键因素；第二层是外围层，主要是增值服务，目的是让客户更好地发挥核心产品的功效，比如售前售后服务、电话咨询服务等；第三层是外延层，主要是客户体验与感觉。中小企业最好靠外围产品和外延产品的差异化吸引客户。产品定义完成之后，就要把第二版的样品做出来，接下来就要进行 Focus Group（焦点小组座谈）测试，其中一个重要的测试参数就是"哇"效应，即当客户第一眼看到这个产品时，有多少人感到惊讶。

产品定义中一项重要的工作就是定价，因为定价的背后是产品的定位。定价方法可以分成优质优价、优质同价、同质低价、低质低价四种，企业应根据自己的客户层次选择合适的定价方法。产品制作出来后通过什么渠道走向市场，也是在产品定义阶段必须完成的一项工作，即明确从厂家到客户需要经过哪些中间环节。最好能以关系图的形式表示，让人简洁明了地看清楚各个渠道之间的关系。

为了提高销售环节的效率和成功率，给目标客户留下良好的印象，企业应先做市场，再做销售，即先设计好产品的统一说辞，明确产品的价值定位，给销售人员准备好"枪炮弹药"。统一说辞从何而来？它基于产品概念和定义阶段完成的FAB（产品特点或属性、产品优势、客户利益与价值）分析。

5. 财务分析

有了一个好的产品，还需要做出精密的销售计划，要按照不同的销售渠道、不同的地域进行划分。销售指标分解到人以后，就要求每个销售人员制订销售计划。除此之外，还要考虑销售人员和渠道人员的培训，教会他们如何销售、与客户沟通，甚至如何"卖思想"，目的是提高销售人员的成功率，进而提升士气。

接下来，企业要根据销售指标确定未来一年的资源分配计划，落实人、财、物三方面的资源。指标高的部门配套资源就多，反之则少，管理层运用利益驱动的办法来激励员工是一条非常有效的途径。将人、财、物这些固定成本落实，剩下的就是运营费用等可变成本。有了销售指标、固定成本和可变成本的预算，一年的财务分析就出来了，衡量企业管理水平的运营利润也就可以算出，所有的参数都可以量化。

对于风险投资者来说，在审核一个创业项目时，最关心的问题是如何实现销量倍增，也就是关注这样的产品、商业模式是否存在倍增的机制。对于那些希望得到风险投资的新项目来说，必须把产品和商业模式的倍增机制表达清楚。

6. 提供组织保障

仅有好的产品、商业模式和财务分析还不够，企业的组织设计也要合理，这是实现企业目标的组织保障。对于创业项目来说，一定要说清楚发起人和核心团队成员的优势，让投资者看后感到放心。此外，企业要向投资者展示未来的组织架构是怎么设计的，最好能用一张图来描述；同时，还要把股权结构展示给投资者看。

对风险投资者来说，如何退出是优先考虑的一个问题，他们需要一种机制来得到收益，而不是作为长期的股东持有股份。凡是想通过吸引风险投资来发展的创业者，必须有思想准备：公司做大了就不是自己的了，要么上市成为公众公司，要么被其他企业收购。当然，为了防止投资者、发起人或其他创业股东过早退出，可以事先商定投资者退出的时间表和基本原则。

遵循上述六个步骤，企业才有可能设计出能提供独特价值、难以复制、脚踏实地的商业模式。

（二）商业模式设计的关键点

一个企业成功，是因为它打破了以往的传统老规则。所以商业模式设计的重点就是全部架构必须击中"顾客价值"，并以最佳路径、最快速度最终让企业价值得以增长。

下面来分析一下商业模式的金字塔：

最底层是定位，即选择能提供长期利润增长的顾客群，并为他们提供独特的价值。

第二层是盈利模式，即如何从为客户提供的价值中获得利润。

第三层是关键资源和能力，即建立一种控制性能力，保护自己的利润流，让顾客必须到自己这里购买。

第四层是业务系统，即处理好内、外部利益分配，以完成前三层的任务。对外，要界定企业活动范围，确定提供何种产品或服务，才能抓住消费者、创造高利润、保护利润流；对内，要建立组织系统，确保内部有能力完成以上任务。

最顶层是自由现金流结构，通过各种金融策略，最终提升企业价值。

在设计过程中要注意两点：①金字塔顶层不管怎样变化，底层的基础都不能断裂；②商业模式并非一步到位，也非一成不变，当市场发生变化，商业模式也要重新设计。

网络时代的商业模式设计关键是要以价值创新为灵魂，以占领客户为中心，以经济联盟为载体，以应变能力为核心，以信息网络为平台。

（1）以价值创新为灵魂。商业模式的灵魂在于价值创新。企业经营的核心是市场价值的实现，必须借助商业模式进行价值创造、价值营销和价值提供，从而实现企业价值最大化。商业模式应该回答一系列的问题：向什么顾客提供价值，向顾客提供什么样的价值，怎么样为顾客提供价值等。所谓轻资产经营，是在资源有限的基础上科学配置各种资源，以最少投入的商业模式实现企业价值最大化。

（2）以占领客户为中心。商业模式创新必须以客户为中心，由企业本位转向客户本位，由占领市场转向占领客户，必须立足以客户为中心，为客户创造价值。从客户的角度出发，认真考虑客户所期望获得的利益，只有把竞争的视角深入到为用户创造价值的层面上来，才能在激烈的市场竞争中游刃有余。

（3）以经济联盟为载体。当今科技的高速发展和产品的日益复杂化，无论企业实力多么雄厚，单独控制所有产品和所有技术的时代都已一去不复返。而传统的价值链中可挖掘的潜力已越来越少，在组织内部寻找有效的生产力提高的来源也越来越难，因此要对非核心业务进行外包，努力打造企业核心竞争力（专利、品牌、排他性的销售渠道协议、商业秘密等）。

（4）以应变能力为核心。如果说商业模式决定了企业的成败，应变能力则是商业模式成败的核心。应变能力是企业面对复杂多变市场的适应能力和应变策略，是竞争力的基础。个性化定制是未来发展的趋势。

（5）以信息网络为平台。随着互联网的迅速崛起，全球经济网络化、数字化已成为时代主旋律，网络经济正以经济全球化为背景，以现代信息技术为手段，深刻地影响着人类经济和社会的发展。新的商业模式必须重视信息网络的力量，脱离了信息网络平台，企业将无竞争力可言。

构造虚拟经济的竞争力，以"虚拟+现实"的商业模式，在网络时代实现了"真实生活"与"虚拟生活"的对接，这就是今天的"互联网+"。

三、商业模式的创新

牛奶已经成为很多人每天的生活必需品，特别是最近十几年，牛奶的需求呈现井喷式增长，伊利、光明和蒙牛等奶企牢牢地控制了我国绝大部分市场份额。无论是我国牛奶市场需求最近十几年来快速的增长，还是奶业巨头企业斗得热火朝天，最高兴的却是另一家国际企业——利乐。消费者每消费一罐利乐包装的牛奶，利乐就从中抽成，大约20%或以上的钱都给了利乐。伊利公司的财务分析报告就曾提及，其包装成本占到总成本的40%。这是一家什么样的企业？对于很多消费者来说，利乐充满神秘色彩，然而鲜为人知的它竟然是世界500强企业，是一家来自瑞典的生产销售包装材料、饮料加工设备和灌装设备的企业。作为全球最大的软包装供应商，它掌控着全球75%左右的市场份额，并在十年前就控制了中国

95%的无菌纸包装市场,至今利乐在中国常温奶包装市场的份额仍然高达75%。在中国消费者每喝的10罐液态奶、软饮料的纸质包装中,至少有8罐是由利乐提供的生产线和包装材料生产的。伊利、蒙牛、三元、光明、汇源、娃哈哈、旺旺、银鹭等中国乳业和饮料行业中的龙头企业都是利乐的客户。

利乐1979年进入中国市场,当时中国牛奶市场还非常初级。市场需求非常有限,国人似乎还没有喝奶的习惯。生产加工牛奶的企业也不多,而且规模都较小。利乐进到这个如此初级但是未来有无限发展空间的中国市场,它做的第一件事,并不是策划如何开拓市场,如何提高市场占有率,而是让中国人喝牛奶。

利乐在1961年发明了超高温无菌灌装技术,这个技术彻底改变了牛奶的储运和销售半径。2000年以后,中国乳业迎来高速发展期,此时国内的包装市场几乎是一片空白,只有利乐、国际纸业、康美包等少数国外企业在竞争。当时,中国当今的几大乳业巨头,都处于初创期,对于资金、技术和工艺需求强烈。最开始的时候,利乐采取的是传统的一次性买卖的方式,即卖给乳制品厂灌装设备和售后服务。但是利乐发现,动辄几百万元到上千万元的灌装设备,让很多乳制品厂望而却步,这极大地限制了利乐灌装设备的销售。为了抢占先机,利乐采用了一个创新的销售模式,即将设备与包材捆绑,利乐公司在付款方式上面进行创新,乳制品厂不必一次性买断灌装设备,而只需要在一开始支付20%的钱,这极大地降低了购买的门槛,刺激了利乐灌装设备的销售。另外80%的钱怎么办?利乐并不需要乳制品厂后续还清,而是把它用作购买灌装耗材比如利乐纸的费用。随着这种付款模式初步尝试的成功,利乐甚至采用买纸送机的模式,给乳制品厂免费使用价值千万元的灌装机,然后让它们买利乐的包装耗材。

利乐在采用这种捆绑销售模式时,会和客户签订一份协议,要求客户不得在未来多少年内购买第三方耗材。此外利乐的设备不兼容第三方的包装纸等耗材。利乐在自己的包装纸等耗材上都印有标示密码,使用利乐灌装机的生产线,只有识别到利乐的这个密码,才能顺利生产,而一旦客户采用第三方的包装纸等耗材,生产线则停止运转。

利乐通过这种付款模式的突破创新和绑定,直接带来的效果就是,快速占据了市场份额,各个乳制品厂都采用了利乐的灌装设备。这些乳制品厂必须单独从利乐购进包装纸等耗材,通过包装纸等耗材,利乐稳定地赚取源源不断的利润。对于厂家而言,在前期不用付出较多的现金购买设备,就可立即投入生产,而且可以利用生产线节省下来的资金全力开拓市场,可谓是两全其美。

利乐的成功告诉我们:企业的创新不仅包括产品和服务的创新,也包括商业模式的创新。

那么什么是商业模式创新?

商业模式创新作为一种新的创新形态,其重要性已经不亚于技术创新。近几年,商业模式创新在我国企业界也成为流行词汇。2016年3月,中共中央印发了《关于深化人才发展体制机制改革的意见》,提出要加强创新成果知识产权保护,特别是在新经济形势下要研究制定商业模式、文化创意等创新成果保护的办法,为人才创新创业提供支持。

商业模式创新是指企业价值创造提供基本逻辑的创新变化,它既可包括多个商业模式构成要素的变化,也可包括要素间关系或者动力机制的变化。通俗地说,商业模式创新就是指企业以新的有效方式赚钱。

当电器零售巨头苏宁提出要做"沃尔玛＋亚马逊",变身为同时拥有线上、线下两个渠道,销售包括家电、日化、百货等全品类产品的无边界零售商时,几乎无人相信传统和线上这两种文化气质迥异的业务模式能够在一家公司身上兼容。

但在苏宁看来,传统零售业早已有无店铺销售的直邮和电视购物形态,电子商务作为一种成本更低、信息沟通更为高效的无店铺销售渠道,能够提升客户的购买和服务体验,在此基础上的任何大胆"跨界",本质上都是围绕"以服务为唯一产品"这一理念的"分内之举"。

优秀的跨界型商业模式创新,最终目的并非简单的"旧市场＋新市场"式吞并。跨界型商业模式创新的生命力,在于这些"打破"和"颠覆"行为中,是否能够根据客户自身的需求的细微变化,对它进行还原。衣服、手机、汽车、电影,这些都是从供应者角度,对一个人所需的种种商品和服务进行划分。当我们身处跨界和融合的时代,任何传统产业逻辑下的商业模式设计,面对着一个完整而且不断扩张的消费者需求时,都未免捉襟见肘。

因此,在设计一个商业模式的时候,是否从客户需求环节还原到客户需求链,通过跨界和融合再造一个方案,来更为完整、周详地满足客户的需求链,就形成了跨界和融合能力的高下之分,更决定了创新商业模式的竞争力。

(一) 商业模式创新的特点

创新概念可追溯到熊彼特(Joseph Schumpeter),他提出创新是指把一种新的生产要素和生产条件的"新结合"引入生产体系。具体有五种形态:开发出新产品、推出新的生产方法、开辟新市场、获得新原料来源、采用新的产业组织形态。相对于这些传统的创新类型,商业模式创新有几个明显的特点:

(1) 商业模式创新更注重从客户的角度,从根本上思考设计企业的行为,视角更为外向和开放,更多注重和涉及企业经济方面的因素。商业模式创新的出发点,是如何从根本上为客户创造增加的价值。因此,它逻辑思考的起点是客户的需求,根据客户需求考虑如何有效满足它,这点明显不同于许多技术创新。一种技术可能有多种用途,技术创新的视角常是从技术特性与功能出发,看它能用来干什么,去找它潜在的市场用途。商业模式创新即使涉及技术,也多是和技术的经济方面因素、技术所蕴含的经济价值及经济可行性有关,而不是纯粹的技术特性。

(2) 商业模式创新表现得更为系统和根本,它不是单一因素的变化。它常常涉及商业模式多个要素同时的大的变化,需要企业组织的较大战略调整,是一种集成创新。商业模式创新往往伴随产品、工艺或者组织的创新;反之,则未必足以构成商业模式创新。例如,开发出新产品或者新的生产工艺,就是通常认为的技术创新。技术创新通常是对有形实物产品的生产来说的,但如今是以服务为主导的时代,因此,商业模式创新也常体现为服务创新,表现为服务内容、方式及组织形态等多方面的创新变化。

(3) 从绩效表现看,商业模式创新如果提供全新的产品或服务,那么它可能就会开创一个全新的可盈利产业领域,即便提供已有的产品或服务,也能给企业带来更持久的盈利能力与更大的竞争优势。传统的创新形态能带来企业内部效率的提高和成本的降低,而且它容易被其他企业在较短时期内模仿。商业模式创新虽然也表现为企业效率提高、成本降低,由于它更为系统和根本,涉及多个要素的同时变化,因此,它也更难以被竞争者模仿,常给企业带来战略性的竞争优势,而且优势常可以持续数年。

(二) 商业模式创新的构成条件

由于商业模式构成要素的具体形态表现、相互间关系及作用机制的组合几乎是无限的，因此商业模式创新企业也有无数种。但可以通过对典型商业模式创新企业的案例分析，看出商业模式创新的三个构成条件。

商业模式创新企业的几个共同特征，或者说构成商业模式创新的必要条件如下：

（1）提供全新的产品或服务，开创新的产业领域，或以前所未有的方式提供已有的产品或服务。例如，亚马逊卖的书和其他零售书店没什么不同，但它卖的方式全然不同；美国西南航空提供的也是航空服务，但它提供的方式也不同已有的全服务航空公司。

（2）商业模式至少有多个要素明显不同于其他企业，而非少量的差异。例如亚马逊相比于传统书店，其产品选择范围广、通过网络销售、在仓库配货运送等；美国西南航空也在多方面，如提供点对点基本航空服务、不设头等舱、只使用一种机型、利用大城市不拥挤机场等，不同于其他航空公司。

（3）有良好的业绩表现，体现在成本、盈利能力、独特竞争优势等方面。例如，亚马逊在一些传统绩效指标方面良好的表现，也表明了它商业模式的优势，如短短几年就成为世界上最大的书店。数倍于竞争对手的存货周转速度给它带来独特的优势，消费者购物用信用卡支付时，通常在24h内到账，而亚马逊付给供货商的时间通常是收货后的45天，这意味它可以利用客户的钱长达一个半月。美国西南航空的利润率连续多年高于其全服务模式的同行，如今美国、欧洲国家、加拿大等国内中短途民用航空市场，一半已逐步为像美国西南航空那样采用低成本商业模式的航空公司占据。

(三) 商业模式创新的几种方法

商业模式创新是当今企业获得核心竞争力的关键。沃尔玛、亚马逊等企业都是因为它们独特而具有竞争力的商业模式而异军突起，在各自竞争激烈的行业成为领袖。

虽然商业模式创新很重要，但挑战也很大。首先，商业模式是无形的，远不如产品创新那么具体，而且它也是一个相对较新的概念。所以，围绕商业模式的讨论缺乏统一性和准确性，造成了很多认识上的误区。例如，有人认为它就是轻资产和取代产品创新的便利方法。事实上，很多人对本企业的商业模式都缺乏充分的理解，更谈不上创新。

按照IBM商业价值研究院和哈佛商学院克利斯坦森（Clayton Christensen）教授的观点，商业模式就是一个企业的基本经营方法。它包含四部分：用户价值定义、利润方程、产业定位、关键流程和资源。

用户价值定义是为目标用户群提供的价值，其具体表现是给用户提供的产品、服务及销售渠道等价值要素的某种组合。利润方程包括收入来源、成本结构、利润额度等。产业定位是企业在产业链中的位置和充当的角色。关键流程包括企业的生产和管理流程，而关键资源则是企业所需的各类有形和无形的资源。

商业模式创新就是对企业的基本经营方法进行变革。一般而言，有四种方法：改变收入模式、改变企业模式、改变产业模式和改变技术模式。

1. 改变收入模式

改变收入模式就是改变一个企业的用户价值定义和相应的利润方程或收入模型。这就需要企业从确定用户的新需求入手。这并不是市场营销范畴中的寻找用户新需求，而是从更宏观的层面重新定义用户需求，即去深刻理解用户购买企业的产品需要完成的任务或要实现的目标是什么。其实，用户要完成一项任务需要的不仅是产品，而是一个解决方案。一旦确认了此解决方案，也就确定了新的用户价值定义，并可依次进行商业模式创新。

国际知名电钻企业喜利得公司就从此角度找到了用户新需求，并重新确认用户价值定义。喜利得一直以向建筑行业提供各类高端工业电钻著称，但近年来，全球激烈竞争使电钻成为低利标准产品。于是，喜利得通过专注于用户所需要完成的工作，意识到它们真正需要的不是电钻，而是在正确的时间和地点获得处于最佳状态的电钻。然而，用户缺乏对大量复杂电钻的综合管理能力，经常造成工期延误。因此，喜利得随即改动它的用户价值定义，不再出售电钻，而是出租电钻，并向用户提供电钻的库存、维修和保养等综合管理服务。为提供此用户价值定义，喜利得公司变革其商业模式，从硬件制造商变为服务提供商，并把制造向第三方转移，同时改变盈利模式。戴尔、沃尔玛等都是这样进行商业模式创新的。

2. 改变企业模式

改变企业模式就是改变一个企业在产业链的位置和充当的角色，也就是说，改变其价值定义中"造"和"买"的搭配，一部分由自身创造，其他由合作者提供。一般而言，企业的这种变化是通过垂直整合策略或出售及外包来实现的。例如谷歌在意识到大众对信息的获得已从桌面平台向移动平台转移，自身仅作为桌面平台搜索引擎会逐渐丧失竞争力，就实施垂直整合，大手笔收购摩托罗拉手机和安卓移动平台操作系统，进入移动平台领域，从而改变了自己在产业链中的位置及商业模式，由软变硬。IBM 也是如此，它在 20 世纪 90 年代初期意识到个人计算机产业无利可寻，即出售此业务，并进入信息技术（IT）服务和咨询业，同时扩展它的软件部门，一举改变了它在产业链中的位置和它原有的商业模式，由硬变软。

3. 改变产业模式

这是最激进的一种商业模式创新，它要求一个企业重新定义本产业，进入或创造一个新产业。例如 IBM 通过推动智能星球计划和云计算，重新整合资源，进入新领域并创造新产业，如商业运营外包服务和综合商业变革服务等，力求成为企业总体商务运作的大管家。亚马逊也是如此，它正在进行的商业模式创新向产业链后方延伸，为各类商业用户提供如物流和信息技术管理的商务运作支持服务，并向它们开放自身的 20 个全球货物配发中心，并大力进入云计算领域，成为提供相关平台、软件和服务的领袖。其他如高盛、富士和印度大企业集团 Bharti Airtel 等都在进行这类商业模式创新。

4. 改变技术模式

正如产品创新往往是商业模式创新的最主要驱动力，技术变革也是如此。企业可以通过引进激进型技术来主导自身的商业模式创新，如当年众多企业利用互联网进行商业模式创新。当今，最具潜力的技术是云计算，它能提供诸多崭新的用户价值，从而提供企业进行商业模式创新的契机。另一项重大的技术革新是 3D 打印技术。一旦技术成熟并能商业化，它将帮助诸多企业进行深度商业模式创新。例如汽车企业可用此技术替代传统生产线来打印零件，甚至可采用戴尔的直销模式，让用户在网上订货，并在靠近用户的场所将所需汽车打印出来。

当然，无论采取何种方式，商业模式创新需要企业对自身的经营方式、用户需求、产业特征及宏观技术环境具有深刻的理解和洞察力。这是成功进行商业模式创新的前提条件，也是最困难之处。

第三节 互联网时代的商业模式

一、互联网时代商业模式的本质

互联网商业模式就是指以互联网为媒介，整合传统商业类型，链接各种商业渠道，具有高创新、高价值、高盈利、高风险的全新商业运作和组织构架模式，包括传统互联网商业模式和新型互联网商业模式。

1. 互联网时代商业模式的特征

互联网时代商业模式特征均表现出以下几个方面：

（1）从事物本身赚钱，更要从事物链接上赚钱。有一句话叫"羊毛出在猪身上"，形象概括了互联网模式的这一特征。农业时代和工业时代基于事物，靠毛利率生存；而互联网时代基于关系，事物将变成零毛利率。互联网不能改变那10%的事物成本，但有可能把那90%的中间成本变为零。所谓中间成本，就是事物之间的链接成本。以"小米"为例，"小米"模式的一个核心要点是BOM[①]成本价，通过商业模式创新，率先实现了降维化，在毛利率为零的情况下，即边际成本趋零，零库存，零渠道费，零营销费，依然能够盈利，击败那些为数众多的依靠毛利率生存的企业。

（2）以用户为中心，是最重要的资产和变现基础。对商家来讲，过去是经营实物，现在是经营用户，实物是手段，用户才是资产。

（3）社群商业模式是互联网时代的生存方式。产品的本质是链接的中介，过去承载具体功能，现在承载趣味与情感。相似的文化、频繁的互动、共同的利益，激励社群的成员们互动并建立友谊，融入品牌并成为左右品牌发展的有生力量。依托于互联网的社群将是未来商业的核心，也是一个巨大的机会。

产品是1，社群是0，社群能够加上倍数来变现企业的商业价值，基于产品和用户建立链接，这个链接给企业带来的回报远超产品本身。"小米"2014年卖了440万个耳机，卖了199万个手机充电器，卖了53万个米兔，卖掉了21.1万件衣服。雷军早在2012年就说，"小米"不是手机公司，也不是移动互联网公司，而是品牌公司，是文化公司。最可怕的是其操作系统MIUI下载量2015年年底已经到了1亿次，"小米"MIUI流量入口已占中国移动互联网流量的20%了。MIUI是用户识别码（ID），如果用了MIUI，所有的消费数据"小米"全都知道，未来二三十年最重要的商业模式就是大数据，掌握了一亿人的ID，"小米"已经占先机了。

（4）整体大于部分之和。基于事物的思维和基于关系的思维的区别在于：基于事物的思维模式整体等于部分之和，假如你开一个学校，你的收入等于学生的数量×学费，假如想增加收入，投入更多的教师，更多的资源，就会有更多的学生。而基于关系和链接的思维，有一个很重大的变化叫整体大于部分之和。全球最大的出租车公司Uber没有一辆出租车，全球最热门的媒体Facebook没有一个内容制作人，全球市值最高的零售商阿里巴巴没有一件库存商品。基于关系的商业模式是时间的朋友，这个附加值增加的部分来自事物之间的相

[①] BOM 为 Bill of Material 的简称，即物料清单。

互作用。未来将不是单纯的互联网，而是互联网加上能源互联网，再加上物流互联网。

（5）事物的使用权大于拥有权。共享经济的时代，不需要拥有对这个事物的所有权，只需要分享这个事物的使用权就可以了。

（6）赢家通吃。工业时代基于事物的模式是线性思维，其模型分布是正态分布，而互联网时代，其模型分布将是幂律分布。幂律分布的极端叫赢家通吃模型。该模型里边适应度最大的节点占有所有链接，而其他所有节点几乎没有链接。美国的Facebook、Google赢家通吃，中国淘宝网赢家通吃，支付宝在网银支付里边赢家通吃，微信在移动即时通信（IM）里边赢家通吃。

2. 互联网商业模式的本质

商业的本质首先考虑的应该是如何赚钱。免费模式也是为了赚钱，商业实现的过程是组织与客户之间的交易，交易是什么？是信息链接；组织是什么？是网，也是链接。所以互联网对商业的改变，主要是改变商业环节的信息链接。互联网影响商业的核心就是信息链接的革命，从而实现商业形态发生革命。互联网是通过变革信息链接方式来改变商业模式的。

移动互联网的商业模式精髓，是传播信息的工具，是由传播信息的工具带来用户，进而通过营销赚钱的一些互联网的模式。比如QQ、微信，是个人与个人之间传递信息的工具，但因为传递了信息，所以进而能够传递其他的商业信息，可以搭载在一起，形成它的盈利模式。

互联网本质上是一种链接，包括用户与用户的链接、用户与企业的链接、企业与企业的链接，链接的直接结果就是消解了权力。用户之间相互链接使传统用户间的孤立性被打破。可以说，"链接"消除了消费者在传统媒体时代的信息不对称，使得用户与企业的关系发生了变化，地位发生了反转。企业单向主导的营销模式已难以立足，用户宁愿相信那些陌生人的评论，也不愿理会企业狂轰滥炸式的广告。而用户之间的深层次链接正在改变消费方式。一些对商业机会具有灵敏嗅觉的企业开始更多地注重用户与企业的链接，这也是C2B、C2M越来越受到商家和制造商欢迎的缘由。

互联网本质上不仅仅是一个工具，更是一种对传统模式的颠覆。互联网的真正威力超乎你的想象，包括：对商业生态的巨大颠覆、对企业战略的巨大影响、对组织架构的挑战、对企业内部管理的冲击、对市场营销的革命……这一切都在改变未来的商业形态。

互联网从本质上消除了信息不对称。互联网经济的本质是消除信息不对称，因而人们可以在线上以尽可能低的价格找到所需要的商品，互联网使得信息更加透明，同时也意味着用户主权时代的到来。

马云说："没有传统的企业，只有传统的思维，传统思维只有一条，就是捍卫信息不对称带来的既得利益。"互联网的本质就是链接一切，消除距离，并由此冲击一切基于信息不对称的商业模式，消除一切基于信息不对称的既得利益，把选择权真正交到用户手中。每一次信息革命，都会加快信息传播的速度。同时，每一次革命也会让信息的控制权发生转移。也正是信息控制权转移的过程，引发了价值链的重新组合。当距离被互联网消除后，传递价值这一环节已经被重构，互联网将真正地进军传统产业，重构商业的源头，创造价值。

传统经济曾经利用信息不对称，造就自身比较优势。在互联网时代，传统经济的这种优势不再，最主要的原因就是互联网消除了信息不对称。因此，对于传统行业来说，要研究信息完全对称后如何找到新的盈利模式。

互联网的本质是实现客户与企业的零距离。移动互联网时代的一个最大特征就是移动互联网能够实现企业与客户零距离，就是说客户的消费行为、消费特征、位置信息通过其使用手机而留下，企业通过对这些行为轨迹和大数据进行挖掘和分析，可以对客户的个人特征、喜好、消费时间等一览无遗，这可帮助企业准确地把握客户需求，不断优化产品，提升客户体验，同时可以开展精准营销，为客户提供一对一的精准服务，提高营销效率。

如今越来越多的互联网公司就是利用企业与客户零距离来使产品开发人员、市场营销人员能直接接触到顾客的真实想法，实现产品快速敏捷开发，真正实现产品开发运营一体化。"小米"公司用互联网化方式做手机，通过与"小米"论坛上的粉丝互动收集客户意见，每周快速更新版本，持续改进产品。腾讯也是基于互联网平台了解客户需求，利用产品论坛和用户投诉热线收集用户意见。产品论坛不仅是收集用户意见的途径，也为用户提供了交流的平台；通过内网的交流，公司的所有员工都可以对产品提出改进意见，高层领导带头监督产品论坛和用户投诉热线对用户意见的反馈情况，并亲自对内网中员工提出的意见进行回复，从而不断改进和完善产品，实现超越。

互联网不仅是一个工具，一种链接，更是一种文明形态。人类从农业文明演进到工业文明，现在进入了互联网文明。互联网从本质上带来了整个人类文明的大进步，从信息传递方式，到社会组织架构，以及人的思维方式都在发生巨大的变化。工业文明时代的特点是中心化、集中化、标准化，效率大幅度提升，但是这也产生了一个巨大问题，消费者没有能力发出声音，媒体被财团所掌握，消费者是市场的被动接受者。而在互联网时代，信息变得高度对称了，即去中心化、碎片化、多元化、扁平化、人性化。去中心化意味着人人都可以成为中心，碎片化意味着赢家通吃越来越难，多元化意味着用户需求更加趋向个性化，扁平化意味着通过互联网可以实现企业对市场的快速反应，人性化意味着利用互联网可以大大提高人们工作和生活的品质。

二、互联网时代商业模式的新思维

最早提出互联网思维的是百度公司创始人李彦宏。在百度的一个大型活动上，李彦宏与传统产业的老板探讨发展问题时，首次提到"互联网思维"这个词。他说，"我们这些企业家今后要有互联网思维，可能你做的事情不是互联网，但你的思维方式要逐渐像互联网的方式去想问题。"现在几年过去了，这种观念已经逐步被越来越多的企业家，甚至企业以外各个领域里的人所认可。但"互联网思维"这个词也演变成多个不同的解释。

随着互联网技术作为工具的逐步发展，越来越多的商业形态不断受到互联网的冲击。当这种冲击不断加深、变革和不断加剧的时候，互联网就不再仅仅是一种技术，而是逐渐演变成为一种思维方式，也就是当前各行业热衷探讨的"互联网思维"。

互联网思维是指在互联网、大数据、云计算等科技不断发展的背景下，对市场、用户、产品、企业价值链乃至对整个商业生态进行重新审视的思考方式。互联网思维就是互联网时代的思考方式，不局限在互联网产品，也不局限于互联网企业。当然，这里的互联网也不单指桌面互联网或者移动互联网，而是泛互联网，因为未来的网络形态一定是跨越各种终端设备的，台式机、笔记本、平板、手机、手表、眼镜、家用设备、安防设施等。这个时代叫作"大互联"时代，将会给企业带来巨大的产业升级机会。

2013年"互联网思维"一词频频出现，先是雷军曾多次在公开场合称"小米"是在用互联网思维颠覆传统商业，从而取得成功，而后又有雷军与董明珠10亿赌局，有人称之为互联网思维与传统思维的撞击。在媒体的推波助澜下，互联网思维这个概念炒得非常热，受到了众多传统企业的追捧，传统企业突如一夜醒悟，企业转型原来首先要具有互联网思维。"建立在互联网思维下的传统企业转型"已成为当前社会最时髦的一句口号，新一波"互联网化浪潮"已向中国传统企业袭来。

企业的发展和经营思维经历过四个时代。农业时代，大部分企业家都处于这个阶段。他们的做事方式是土地思维，把事做到极致，也就是常说的匠人做法。他们钻研的每件事情都是看得见摸得着的，把看得见的东西做到极致，成本、利润基本上大家都知道了，这个时候，企业家会被不断模仿和超越，而他的利润就越来越薄。这个其实就是实业家思维。

工业时代的企业家思维，典型的做法就是把产品做到极致，同时加入品牌。这个时候的企业拥有品牌和议价权，一旦风潮来了，这种拥有品牌的企业往往受到的冲击是最小的。这里包含两种思维：一是做实，二是学会包装。所以，企业的第二阶段就是实业家思维的第二阶段，就是品牌做法。

为什么现在"互联网思维"这么受追捧呢？原因主要有四点：一是如今互联网和移动互联网迅猛发展，已经渗透人们生活的各个方面，尤其是互联网正加快向传统行业渗透并与之融合，对传统行业提出了严峻的挑战；二是以百度、阿里巴巴、腾讯为代表的互联网公司成功证明了运用互联网思维能够为企业发展注入了更大的活力和更强的竞争力；三是互联网思维是对传统思维模式的颠覆，面对环境不确定性的日益增加，互联网思维更有生命力；四是传统企业发展面临瓶颈，急需寻找风口，互联网思维必然受到越来越多的传统企业的追捧。

如今我们正迈向"互联网+"时代，"互联网+"呼唤思维方式的深刻变革，从互联网思维到"互联网+"思维，本质没有发生变化，就是摒弃传统思维的定式，具有与时俱进的互联网思维。"互联网+"思维也是一种对传统思维模式的颠覆，是一种全新的思维模式。俗话说"思路决定出路"，了解和把握"互联网+"思维的主要特征，对全面实施互联网转型的传统企业具有重要的实践意义。

"互联网+"战略的实施离不开思维方式的深刻变革，应做到思维先行。我们在对"互联网+"深刻认识以及在总结众多互联网转型成功企业经验的基础上，概括和总结出"互联网+"的十大思维，即用户思维、平台思维、跨界思维、大数据思维、流量思维、创新思维、简约思维、极致思维、迭代思维、社会化思维。

（1）用户思维。运用互联网思维的企业，无不奉行用户至上、以客户为中心的理念。用户思维贯穿企业运营的始终，用户思维也是互联网思维的核心，没有用户思维也就不可能领悟好其他思维。为什么在互联网蓬勃发展的今天，用户思维格外重要？因为互联网消除了信息不对称，使得消费者掌握了更多的产品、价格、品牌方面的信息，互联网的存在使得市场竞争更为充分，市场由厂商主导转变为消费者主导，消费者"用脚投票"的作用更为明显，消费者主权时代真正到来。作为厂商，必须从市场定位、产品研发、生产销售乃至售后服务整个价值链的各个环节，建立起"以用户为中心"的企业文化，想尽一切办法，利用新媒体与客户保持零距离，拉近与客户的距离，挖掘客户的潜在需求和消费行为特征，并且让用户参与产品的设计、商业模式的策划，用户真正成为企业运营管理的核心。

（2）平台思维。经济发展的最高境界，不是做产品，也不是搞标准，而是打造平台。

近几年来，平台型企业发展很快，从门户网站、网络游戏、各种电子商务网站到社交网络、第三方支付、网络视频、互联网金融，再到孵化企业、各种交易市场、上海自贸区等，涌现出阿里巴巴、腾讯、百度、苹果等众多成功的平台型企业。运用互联网思维最大的特征是必须运用平台的思想，通过平台规则、平台运营机制的创新，聚合双边或多边市场规模，打造有关利益方共赢的商业生态圈，实现平台模式的变革。

（3）跨界思维。这里指的是对产业边界、创新的理解。互联网和新科技的发展，纯物理经济与纯虚拟经济开始融合，很多产业的边界变得模糊，互联网企业的触角已经无孔不入，掌握了用户和数据资产，将可以参与到跨界竞争中。"互联网＋"中的"＋"隐含的意义就是跨界合作。

（4）大数据思维。这里指的是对企业资产、核心竞争力的理解。大数据成为企业的核心资产，数据挖掘与分析成了企业的关键竞争力乃至核心竞争力。大数据思维同样贯穿在企业经营的整个价值链条。

（5）流量思维。互联网企业都有很典型的流量思维，"流量即入口""流量就是金钱"等理念，它首先强调的不是收入，而是用户规模和用户流量，没有规模和流量商业模式难以成功。因为互联网应用若要收费，用户都可以找到同质化的免费产品，可以说免费模式是众多互联网公司成功的关键。腾讯的微信、百度的搜索、360的杀毒软件等都是采取免费模式而取得了巨大的成功。进入互联网的企业一开始就想着怎么赚钱，那一定会导致失败。

（6）创新思维。创新是互联网的精髓、灵魂与精神，也是企业持续发展的核心动力，创新也是互联网思维的重要内容。创新思维不仅仅是产品创新、技术创新，更多地还包括商业模式创新、平台模式创新、服务模式创新、盈利模式创新、机制创新、文化创新和运营模式创新，更重要的是观念创新。正如 Groupon 创始人安德鲁·梅森（Andrew Mason）所说："创新的一大挑战在于找到一种方法，将头脑中的僵化思维清理出去，任何情况下都不要盲从于固有经验。"

（7）简约思维。这里指的是对品牌和产品规划的理解。在用户思维的指导下，品牌和产品该如何规划？以往品牌厂商多习惯大而全，产品线显得冗长，产品包装也恨不得列上全部产品卖点。而"苹果""小米"这类互联网思维下的企业给人的感受往往是极简元素。简约思维就是指在产品规划和品牌定位上力求专注、简单，在产品设计上力求简洁、简约。

（8）极致思维。这即追求极致的客户体验。在互联网时代，用户在供求关系中成为主导者，成功运用互联网思维的企业，无不是为客户提供超过客户期望的产品或服务，无不是为客户提供完美的客户体验，追求简单极致，客户体验成为企业市场制胜的决定性因素。星巴克就是通过为客户提供良好体验从而将竞争对手远远抛在身后。

（9）迭代思维。这里指的是对创新流程的理解。传统企业推出新品多有一个长达 2~3 年的新品上市周期，而互联网企业的产品开发采用迭代方式，在与用户不断地碰撞中把握用户需求，进而完善产品，让产品在用户参与中得以完善。

（10）社会化思维。这里指的是对传播链、关系链的理解。社会化商业时代已经到来，企业面对的员工和用户都是以"网"的形式存在，所以企业经营必须要融入社会化思维。除了营销环节的社会化媒体营销，还有众包、众筹、社会化招聘等很多方式值得探索。

互联网思维不仅仅是对传统营销和产品开发方式的改造,更是对传统组织和商业模式的改造,它将对传统企业价值链做一个系统的重构。

互联网时代商业模式创新要有新思维,是不是过去的理论不管用了呢?

本书认为"基本元素没有变,只是里面的内容发生了改变"。比如SWOT分析[注]没有变,只是SWOT分析的内容发生了改变。确实,在互联网新经济时代下,过去的思维方式很多不适用了,但其基本元素都没有变——用户、需求、价值、产品、渠道、量本利等基本元素并没有变化。

新互联网商业模式的核心依然是盈利模式。

那么如何定义企业增长的机会呢?一般有三个来源:影响企业业务的驱动性变化是什么;行业是怎么做的;企业有什么资源能力。

(1) 如何将新互联网时代作为驱动性变化来分析商业模式创新?

如果要理解新互联网时代能否给企业的商业模式带来创新,就是要将新互联网时代作为驱动性变化,来分析对企业业务的影响。

那么又如何分析新互联网时代对企业业务的影响呢?

商业链无非是产品链和客户链,如:产品、产品组合、产品价值链(设计、采购、生产、物流、渠道、促销、品牌等)、产业系统(产业链或产业生态圈);客户、客户组合、客户价值链(决策、购买、使用、维修、报废等)。

要分析新互联网时代可能给企业带来商业模式的创新,无非是从这些环节的信息链接革命进行分析。

例如房地产,先不建楼盘,而是先召集用户,对房子进行定义,再去找地,再去设计产品。现在有公司就这么做了。

又如,如何颠覆ZARA的模式?ZARA的竞争优势无非是它有众多设计师,线下有6万多家门店,中间有快捷的供应链。互联网时代为我们提供了与之抗争的条件——可以通过互联网整合众多设计师;另外将门店搬到互联网上,颠覆ZARA原有的终端优势;供应链可以外包。更颠覆性的是,在新互联网时代,可以通过消费者社区进行需求链管理,如果配上柔性生产系统就完全可以实现了。总之,ZARA还是偏向于产品链和供应链管理。

再如整个产业系统,比如收垃圾的清洁工,所有的城市都有,遍布每个城市的角落,怎么去碎片整合;比如城市的发电机,每一栋大楼为了做备用电源都采用发电机,但每栋大楼的发电机基本都是闲置的,又怎么去整合;电力行业、银行行业、通信行业都是大行业大系统,能否通过云计算、大数据的方式优化系统的效率?

(2) 分析新互联网时代对商业模式创新的影响,要回归到这个行业是怎么做的,以及如何改变行业规则。

例如,273公司是一个二手车交易的网上平台。原来二手车交易的场景是这样的——你卖二手车给交易公司,交易公司再定价卖给他。交易公司为了赚钱,一般情况会隐瞒坏的车况,以卖出一个好价钱。而买车的一般害怕有猫腻,会找内行陪自己来看车,看完了又不放心,很是纠结。最终可能导致劣币驱逐良币,整个市场交易效率极低。273公司老板发现这

[注] S即Strengths(优势), W即Weaknesses(劣势), O即Opportunities(机会), T即Threats(威胁)。SWOT分析即通过确定企业的竞争优势、竞争劣势、机会和威胁,将企业战略与企业内外部环境有机结合的一种方法。

个规律之后，他改变了这个行业的规律——将二手车交易透明化。即他不做交易者，而是搭建一个交易平台，买卖双方直接交易。他做三件事：第一件事是打造一个交易的平台；第二件事是设计一个"车况宝"，作为第三方进行车况鉴定，比如，车撞过的地方油漆的厚度与其他地方是不一样的，并在检测的基础上给出定价；第三件事是资金托管，解决"钱给了车主，车不过户怎么办"或者"车过户了，钱不给怎么办"的问题。

（3）自身的资源与能力有哪些可以利用？

比如花样年集团的"彩生活"公司，它是一个物业公司，但它利用了旗下许多社区的资源，将一个通常亏损的物业公司变成了"生活服务公司"，提供维修、团购电商、小额贷款等服务。

总而言之，互联网时代会产生很大的变化，商业模式创新会层出不穷，许多方式方法会有颠覆性变化，但是企业既要有互联网思维，也不要被互联网思维所迷惑，要回归其本质。

三、"互联网+"是商业模式的创新

1. "互联网+"是什么？

通俗来说，"互联网+"就是"互联网+各个传统行业"，但这并不是简单的两者相加，而是指利用互联网平台、信息通信技术，让互联网与传统行业进行深度融合，从而创造新的发展生态。

比如第二次工业革命，电力让很多行业发生了翻天覆地的变化，未来互联网也会像电力一样，作为一种生产力工具，给每个行业带来效率的大幅提升。

2015年7月，印发了《国务院关于积极推进"互联网+"行动的指导意见》，这是推动互联网由消费领域向生产领域拓展、加速提升产业发展水平、增强各行业创新能力、构筑经济社会发展新优势和新动能的重要举措。

2. "互联网+"的六大特征

（1）跨界融合。"+"就是跨界，就是变革，就是开放，就是重塑融合。敢于跨界了，创新的基础就更坚实；融合协同了，群体智能才会实现，从研发到产业化的路径才会更垂直。融合本身也指代身份的融合，客户消费转化为投资，伙伴参与创新等，不一而足。

（2）创新驱动。中国粗放的资源驱动型增长方式早就难以为继，必须转变到创新驱动发展这条正确的道路上来。这正是互联网的特质，用所谓的互联网思维来求变、自我革命，也更能发挥创新的力量。

（3）重塑结构。信息革命、全球化、互联网已打破了原有的社会结构、经济结构、地缘结构、文化结构。权力、议事规则、话语权不断在发生变化。互联网+社会治理、虚拟社会治理会有很大的不同。

（4）尊重人性。人性的光辉是推动科技进步、经济增长、社会进步、文化繁荣的最根本的力量，互联网的力量之所以强大，源自其对人性最大限度的尊重、对人的创造性发挥的重视。例如UGC（User Generated Content，用户原创内容）、卷入式营销、分享经济。

（5）开放生态。关于"互联网+"，生态是非常重要的特征，而生态本身就是开放的。推进"互联网+"，其中一个重要的方向就是把过去制约创新的环节化解掉，把孤岛式创新链接起来，让研发由人性决定的市场驱动，让创业者有机会实现价值。

（6）链接一切。链接是有层次的，可链接性是有差异的，链接的价值差距会很大，但

是链接一切是"互联网+"的目标。

3. "互联网+"商业模式需要创新

商业模式上的创新,从原先"羊毛出在羊身上",到现在"羊毛出在狗身上猪来买单",从营销角度来说就是交叉补贴。但是这在互联网看来很简单,互联网是没有边界的,这些资源可以整合起来。这可以将资源极大地被激发出来,这也是互联网数据化带来的思考。商业模式必须走向跨界融合。

在互联网行业,我国目前做到了"六个全球第一":网民数量、宽带网接入数、国家顶级域名注册量、手机用户、手机上网人数、互联网交易额;2014年年底评出的世界十大互联网公司,几乎全被中美企业瓜分,中国占了四家。这些记录足以说明我国已然成了一个网络大国。2015年在中国乌镇举办的世界互联网大会上,十大互联网公司悉数登场。

有意思的是,上榜的中国三家互联网企业巨头阿里巴巴、百度和京东,均可从中找到自己的"老大哥",其崛起均不同程度归因于对"老大哥"商业模式的成功模仿。例如阿里巴巴对 eBay C2C 模式、百度对谷歌搜索模式、京东对亚马逊电商自营模式的模仿,还有腾讯的 QQ,当初也模仿了以色列的 ICQ。另外还有例子,如新浪微博之于 Twitter,携程之于 Priceline,优酷土豆之于 YouTube,美团之于 Groupon,都多少带有这种痕迹。

虽然创新可分为原始创新和跟随创新,通过模仿和学习,将成功的商业模式移植到中国,改进后取得成功,同样也要付出难以想象的艰辛,但坦率地讲,不论在研发和技术上,还是在企业管理和品牌营销上,缺少原创性的创新,是我国互联网企业的短板。

有的创新可以模仿,有的就很难,因为在赢者通吃的互联网规则下,有的领域根本就没有了模仿的空间。比如互联网所用的核心技术:①操作系统,个人计算机(PC)基本被微软 Windows 系统垄断,移动设备基本被苹果 iOS 和谷歌的安卓系统霸占;②芯片,PC 主要由英特尔和 AMD 控制,移动终端主要由 ARM 设计,高通等提供。而链接国际互联网的 13 台根服务器,美国占了 10 台,中国 1 台也没有。在很多领域,我们都不能做到自主控制,不能不受制于人。

我国互联网企业大多在美国上市,原因也很简单:创始人大多有留洋经历,在美国耳濡目染,将已成功的模式移植到中国,有成功模式在先,就能取得当地资本市场的认可,上市成功率高。于是,我国互联网企业扎堆在美国上市也就顺理成章了。A股市场互联网公司主要集中在创业板,以与现有行业相融相合的"互联网+"企业为主。最有代表性的是目前创业板市值龙头——乐视网。

乐视网最为鲜明的标签就是"生态":笼统地讲,乐视生态系统中最基础的是互联网生态,以互联网为基础来链接内容生态、大屏生态、手机生态、汽车生态、体育生态和互联网金融生态,并以此递进发展成生态圈、生态链和生态系统。说起来有点眼花缭乱,有讲故事之嫌,能成功落地才是王道。进一步深究,乐视的做法是先从内容入手,以此为根基:八九年前,各主流视频网站利用免费分享的 UGC,无暇购买版权,只有乐视大批低价购入,当版权凸显价值时,乐视已聚集了我国最大的内容库。之后,乐视影业又开创了互联网 IP(知识产权)购买转换模式,通过网络小说、话剧等 IP 制作内容,推出了《小时代》系列、《九层妖塔》等多部 IP 电影。如果说 2013 年是互联网教育元年,2014 年是互联网医疗元年,那么,2015 年就是互联网体育元年。据统计,乐视已将 200 多项体育赛事版权收入囊中,辅之以自主体育赛事 IP 的运营,已成功地在互联网体育领域实现了先期卡位布局。正是有了内容这块王牌，乐视硬件产品如乐视盒子、乐视手机、互联网电视等才有机会"接地气"，两者形成共生系统，并进一步通过衍生和增值手段，推出满足不同细分市场的独创性和差异化产品，最终将生态系统的概念由空中落地，以实现企业跨越式发展。

需要提醒的是，乐视独创的这套本土化生态系统商业模式，在世界范围还没有成功的先例可供模仿，风险性不比中国第一代互联网企业小，在肯定乐视创新精神的同时，投资者还需结合估值等因素来综合进行价值自主判断。可喜的是，包括百度、阿里巴巴、腾讯在内的我国互联网企业并没有安于现状，大家都在努力将创新进行到底。例如，腾讯在原创微信产品的基础上，把自己的"半条命"捆绑在与其他互联网企业的同生共荣上；百度投巨资于O2O创新业务，尽管这一业务不被华尔街所理解；在我国，交通设施条件相对欠缺，但京东自建的物流体系连亚马逊也自叹不如；阿里巴巴也在酝酿转型，未来阿里巴巴提供的服务会是企业继水、电、土地以外的第四种不可缺失的商务基础设施资源。

4. "互联网+"商业模式创新的特点、内容和方向

企业的根本属性在于降低交易成本。商业模式正是通过解决企业的资源配置和交易结构，来达到降低交易成本，实现企业价值的。

那么，在"互联网+"时代，企业的商业模式各个要素有什么新的特点？又在哪些方面出现了创新呢？

商业模式创新覆盖各环节。"互联网+"时代的定位需要对利基（Niche）变化保持敏感，从用户出发树立更加独特的品牌形象。首先，在产业定位上要对"互联网+"带来的利基变化有足够的敏感度。在"互联网+"时代，产生了许多新的需求，即利基市场也会发生变化。例如数据分析模型建立服务，这是当互联网与大数据发展到一定程度后，企业广泛意识到数据价值时才会产生的需求。此类需求的产生往往呈现爆炸式发展，对于后知后觉的企业来说，想抓住这一类市场机会的难度非常大。反之，"互联网+"也使得一些行业面临极大的压力，包括传统的百货商场、渠道商等，此类企业的定位尤其需要对利基变化保持敏感，及时调整定位。

其次，品牌定位越来越需要在细分市场获得头把交椅。互联网行业"只有第一，没有第二"的特点使品牌定位首先需要在某个市场中占领消费者心中第一名的位置，而大多数企业并不具备在一个大行业内的各项指标中都占据头名位置的能力，因此，需要首先选择某个细分市场占据第一。这种趋势在电商领域体现得尤其明显。从总体市场份额上来说，第一名阿里巴巴远超其他竞争对手，但从各个细分市场来说，京东、1号店、唯品会则分别占据了3C（Computer，Communication，Consumer Electronic）产品、日用小商品和品牌折扣商品这三个细分市场的第一名，在这些细分市场中，它们各自的份额也均是远超竞争对手。这些电商平台在大行业内暂时还不能对阿里巴巴构成威胁，但在各自的细分市场都已经成为第一，做得风生水起，这在很大程度上得益于准确的品牌定位。

最后，价值定位要从产品思维转换为用户思维，重点关注低价和个性化。如果通过互联网提供的产品和服务在价格上与线下相比没有优势，那么消费者就会选择去线下体验后直接交易，以降低试错成本。同时，随着互联网帮助消费者与生产者之间更好地互动，加之消费人群本身的消费习惯也在发生变化，消费者对定制化的要求也日益增高。目前，低价和定制化是消费者最关注的亮点价值。

"互联网+"时代的交易结构体现去中心化，需要积极突破过往经验的束缚。在"互联

网+"时代，每个人都是中心，一个企业需要提供的往往只是场所，或者称之为"平台"。"罗辑思维"的成功就是媒体行业去中心化的里程碑：每个人都可以成为内容的生产者，而非依赖过去某些特定的个人或机构。事实上，"罗辑思维"的许多内容都是采用分布式管理，通过集合多方的能力而产生出来的，大家不必聚在一起，只需要通过网络交换意见即可。"罗辑思维"具有两种性质：一种性质是它是普通的内容生产者，另一种性质就是它是大家发布内容的平台。

交易结构设计创新的另一方面来自对过往经验的突破和颠覆。"互联网+"时代带来的变化之一就是使原本不可行的事变得可行，交易结构也是一样。以车辆的定制化生产为例，过去，如果这种交易使消费者获得利益（自己定制的车），那么生产商由于生产柔性等因素的限制，其生产成本将大大高于流水线大规模生产的成本，这就需要消费者付出更高的价格，否则生产商就不能从交易中获得利益。如果消费者付出不高的价格，那么相比之下他获得的利益就变少了。因此，由于交易双方总会有一方无法获得适当的利益，这个交易结构难以稳定下来。

在"互联网+"时代，生产者收集消费者反馈变得非常方便，因此可以覆盖比过去多得多的消费者，这使得生产者能够获得大量的具有同一或者相似定制化需求的消费者，而消费者数量的增加则使得生产柔性等因素对生产商的限制大大降低，也就降低了生产成本，因此生产商也能够获得适当的利益了。此时，即使不提高价格，生产者也可以为消费者提供定制化产品和服务，而双方都能够获得适当的利益（消费者得到定制化的车，生产商得到利润），这样交易结构就能够稳定下来，使交易不断地进行下去。

"互联网+"时代的金融模式体现出资产轻质化、指标多元化的趋势。资产轻质化是"互联网+"时代首先表现出的趋势。互联网作为一种低成本的基础设施，越来越多地参与到企业的经营活动中，代替了企业的一部分重资产，如线下渠道和销售团队，同时优化了企业的一部分重资产，如客户反馈收集系统、产品设计系统等，资产轻质化就成为一个不可避免的趋势。

在这方面，京东是一个典型案例。从传统的财务指标来看，京东2015年上半年亏损8027万美元，市值为406亿美元，股价较发行价上涨约50%。相比之下，聚美优品2015年上半年盈利1700万美元，并且自上市后持续盈利，可是市值仅为14.5亿美元，约为京东的1/28，股价也受到当时一些风波的影响处于低点，约为发行价的40%。

为何一家持续盈利的企业在成熟开放的资本市场上的表现却低于一家持续亏损的企业呢？其背后的原因正是用户价值在过去的指标体系中难以得到体现，而用户数量等指标则恰恰是处于"互联网+"时代的企业的核心指标之一。因此，在"互联网+"时代，企业价值的判断不能再完全依赖于过去一直使用的指标体系，用来展示企业价值的指标体系将越来越多元化，这是商业模式评估中不可忽视的趋势。

"互联网+"时代的资源能力在重要性和利用方式两方面都发生了变化。有的资源能力重要性在下降，需要找到新的利用方式继续创造价值。在商业模式创新的过程中，往往是这一类的被动创新。例如企业的线下渠道，过去，无论是格力、海尔这类生产型企业，还是苏宁、国美这类本身就作为渠道商的企业，拥有一个强大的分销网络，并且对各级渠道商都具备掌控力是它们成功的重要支柱。但在"互联网+"时代，尤其是移动互联网日益发展的今天，传统线下渠道正在被网络+物流替代。那么线下渠道应当如行转型？如何利用？有待我们去尝试。

与此同时，有的资源能力重要性在上升，需要找到新的利用方式释放新的价值。例如行业影响力，由于客户由被动接受转换为能够主动在行业内挑选产品和服务，因此行业内具有最大影响力的企业将首先获得客户的关注，而且企业在行业内长期树立起来的影响力可以帮助它们轻松地解决网上交易的"信任"问题，这样就可以将客户的关注整合起来，建立行业内的垂直互联网交易平台。

这方面的另一个典型案例是数据资源和流量资源。过去，数据和流量的获取难度大、成本高，因此企业的数据和流量不会很大，价值也比较有限，因此不被看作重要的资源。而随着互联网的发展，企业获取数据和流量的难度大大降低，开始具备了大量获取这些资源的能力，产生了大数据和流量入口的概念，数据和流量背后的价值开始显现出来。从"互联网＋"时代开始，数据和流量开始被作为重要的资源看待，在商业模式的设计过程中，这类资源能力也是产生创新的重要环节。

创新会推动时代进步，时代进步也会推动创新，过去不可行的今天也许变得可行，过去依赖的今天也许需要被改造，甚至被放弃。商业模式正在经历着时代的变迁，不断面对旧事物的变化、新事物的产生，进行全方位的创新。无论从哪一个要素入手，商业模式都是可以进行创新的，所需的只是各要素之间要保持平衡，方能形成一个稳定的、运行良好的商业模式。商业模式作为企业重要的创新领域，通过不断的升级与创新，将推动企业在"互联网＋"的时代实现更大的价值。

"大众创业，万众创新"让中国的创业者热情高涨，或会带来一场商业革命。"互联网＋"行动计划更是把创业创新推向了高潮。要说大众创业容易，但是万众创新可能会有些困难。因为创新不是一蹴而就的，但凡能做到创新的多是长期耕耘于某一个领域。互联网＋的商业模式拿过来应用到我们具体的某一行业成为可能，从而带动整个行业实现基于"互联网＋"的升级与转型。互联工厂、机器人、3D打印等更高级的生产力会代替落后的生产力，大数据、云计算、物联网等先进的生产技术会取代过去的生产技术。

现在人们已经发现，原来互联网企业做来做去都是为实体企业服务的，无论是早期的"信息时代"还是当前的"服务时代"，互联网所扮演的无非就是链接的角色。不管是搜索、电商、游戏、广告等哪个互联网细分领域，所做的都是为实体企业服务，事实上，实体产业与互联网产业最大的区别在于信息化，一旦实体企业具备了信息化及单品电商化能力，工业4.0时代就到来了。

四、工业4.0成就新的智能商业模式

工业4.0直接将人、设备与产品实时联通，工厂接受消费者的订单直接备料生产，省却了销售和流通环节，整体成本比过去下降近40%。工业4.0究竟是什么？

工业4.0是德国首先提出的概念，它从1.0到4.0经历了几个阶段，当前已进入了4.0即第四次工业革命时代，这次工业革命是通过互联网、移动、社交、物联网、云计算、大数据等新一代信息技术在工业领域的深化应用，利用信息通信技术和网络空间虚拟系统——信息物理系统（CPS）相结合的手段带来的工业革命，将制造业向智能化转型。它要解决的是传统工业在产品创新速度、物流供应、销售渠道、质量管理和生产规模上的瓶颈问题，通过新一代信息技术所带来的便捷和智慧，解决互联网经济时代的工业大规模定制的问题。

大规模要求的是标准化，这是传统工业已经解决的问题。定制要求的是个性化，这是新工业时代提出的新需求，大规模化和定制化本身是矛盾的，如何实现矛盾的对立统一？这需要用智慧来进行平衡，这正是新一代信息技术应用所要解决的核心问题。

互联网、物联网、社交网络等技术能整合线上线下各类合作资源，甚至是客户资源，实现在产品创新、生产制造、销售等环节的规模化与个性化的统一。这需要解决好以下四个问题：

第一是产品创新的革新。工业4.0中的产品创新，是面向产品生命周期的产品创新，是以用户为中心的产品创新，是用户积极参与到创新过程的快速迭代式创新，是用户和上下游合作伙伴共同参与的开放式、协同式的众包、众筹的创新。

"小米"手机的开发就是一个典型例子，用户讨论产品的功能、外观，产品测试版供用户试用和点评，以此快速迭代创新，最终完成产品的快速创新。

第二是生产制造的革新。工业4.0的生产制造，是以智能制造、大数据分析、3D打印等为特征的制造过程。制造过程中，通过3D原型设计、制造仿真、3D打印的虚拟原型等，来分析和优化加工过程；通过收集和分析以往产品的使用数据来发现缺陷，优化设计和制造工艺；通过数控机床的智能控制来实现精益的制造。例如，在通用电气（GE）公司，通过收集发动机运行状况的数据，来改进产品工艺和提高产品质量。

第三是供应链的革新。工业4.0的供应链管理是以供应链联盟、动态优化和大数据分析为特征的供应链管理。例如，京东商城能保证货物当日或次日到达，这是依靠其智能化的供应链体系完成的。通过供应链数据的预测分析，京东能够预测各个配送店的货物需求，提前备货，保证客户当日或次日收到货物。

第四是营销的革新。工业4.0中的营销，是以互联网、移动、社交、大数据精准营销、O2O营销为主导的网络营销。营销的主要过程在网上完成。"小米"公司是典型示例，产品的营销就是通过口碑营销在互联网上进行传播，在互联网上开展活动，在互联网上形成饥饿营销，最终取代了传统的分销渠道，实现互联网直销。

因此，工业4.0时代，革新发生在每个环节。工业4.0时代，将带来工业企业生产、经营、管理模式的变革，尤其是直接改变工业企业的商业模式。今天，大部分工业企业是在销售产品，明天，很多工业企业可能是在卖服务。

例如，一汽集团，今天是在销售汽车，随着车联网的发展，也许有一天，增值收入远超过产品收入，一汽集团可能要给大家送汽车，通过各类车联网增值服务来弥补送汽车的成本。这就是商业模式的重大变革。乐视模式、话费换手机等已经佐证了这一点。

从消费意义上来说，工业4.0就是一个将生产原料、智能工厂、物流配送、消费者全部编织在一起的大网，消费者只需用手机下单，网络就会自动将订单和个性化要求发送给智能工厂，由其采购原材料、设计并生产，再通过网络配送直接交付给消费者。

工业4.0，是以智能制造为主导的第四次工业革命。与工业3.0的流水线只能大批量生产不同，工业4.0流水线可实现小批量、多批次生产，最小批量可达到一件。也就是说，为消费者度身定做的个性化商品，也可以上流水线生产出来。

淘宝链接的只是网店卖家和消费者，扮演的只是网络销售渠道商的角色，而在工业4.0时代，当消费者可以直接向智能工厂定制商品且价格更低时，淘宝这样的电子商城也将会被工业4.0淘汰出局。

第四节　创 业 策 划

一、创业过程

创业者要实现自己的梦想，并成为一个成功的企业家，必会经历一个艰苦的过程。一般说来，成功创业的过程分为五个阶段：准备期、策划期、创建期、成长期和成熟期。创业者必须明确认识不同阶段的特点、实质和重点，才能避免和减少创业的风险，为自己的事业成功打下坚实的基础。

1. 准备期

在这个阶段，创业者要为创办企业做好各种准备。要想成为一个成功的创业者，要有意识地从以下几个方面进行准备：

（1）培养"企业家"的思想和心理素质，使自己从本质上完成由员工到"企业家"的转变。

（2）学习经营管理知识，提高自己的业务水平和工作能力。

（3）进行角色模拟与情景演练，尝试从经营者的角度处理业务，以提高自己的实际操作能力。

（4）筹集一笔创业资金，包括自有资金、向亲友和其他渠道的借贷。

（5）建立有意义的社会关系，为今后创业创造便利的条件。

在这个时期，创业者应积极主动地寻找各种可能的创业机会，决不可守株待兔，坐失良机。

2. 策划期

当创业者认为时机已经成熟，将自己的创业构想提到议事日程上时，就进入了创业策划期。

在许多失败的创业个案中，最主要的失败原因就是这些企业本来就不应该创建。科学和务实的创业策划是创业实践的纸上预演，一方面检验创业构想的真实性、正确性和可操作性，另一方面为创业拟订各种计划，增加创业实践的可操作性，减少创业风险。因此，创业策划对创业者开创自己的事业具有重要意义。

创业策划主要分为以下两方面的内容：

（1）创业构想的明确化，即明确自己的事业是什么，通过什么方式获得竞争优势和盈利。

（2）如何创建自己的事业，将自己的构想变为现实。

通常情况下，创业者在真正创业之前，会涉及许多不同创业构想的策划工作，直到一个真正适合自己的机会出现在面前。

3. 创建期

创业策划完成后，经过反复论证，确认创业策划是切实可行的，创业者也下定决心将创业构想付诸实施，这就进入了创建期。对于创业者来说，创建期是一个播种希望的阶段。一般来说，在这一时期创业者必须处理好以下几项工作：

（1）落实创办企业所需资金，使创建企业能够正常运作。

（2）组建管理团队，任用责任心强和办事能力强的人开展工作。

（3）集中业务焦点，寻找关键客户，建立稳固关系，以确保立于不败之地。

（4）找出企业的成功关键，并将资源集中于此，形成战略焦点，力求在竞争中突围。

此外，在创建阶段会发生许多意想不到的问题和困难，创业者必须要有足够的心理准备，并及时、妥善地予以解决。

4. 成长期

中小企业经过前期的奋斗，并且取得一定的成果之后，企业经营基本稳定下来，业绩也能维持相当的水平，这时就进入了创业的成长期。成长期的企业在历经千辛万苦之后，取得了成就，信心十足，自我感觉特别好，又积累了一定的资金，很容易头脑发热，有时会一下子扩充过多的业务项目，从而导致危机与失败。因此，这一阶段创业者应注意做好以下两方面的工作：

（1）审慎评估各项投资。

（2）在本行业中尚未具有更强的竞争力之前，切勿随意进入其他弱势领域。

5. 成熟期

中小企业顺利度过生存期之后，便进入了创业的成熟期。在这个阶段，企业各方面都步入正轨，规模也逐渐扩大。企业在稳定与速度间取得平衡，业绩上的质量与数量也能并重，管理开始上升到一个更高的层次。这时，企业应采取相应的、合适的竞争策略，以寻求更大的发展，进入二次创业阶段。

在成熟阶段的市场竞争中，中小企业可以采取如下竞争策略：

（1）市场填补策略。寻找被同行忽略的空白市场。

（2）市场追随策略。学习先进企业的技术和管理，模仿或改善其产品和营销策划，以求后发制人。

（3）市场进攻策略。找准方向，集中火力，主动出击，改变自己在行业中的地位，赢得更大的市场份额。

创业过程的五个阶段，对白手起家的创业者具有重要的意义。需要指出的是，由于创业是一个高风险的过程，因此，特定的创业实践可能在任何一个阶段夭折，尤其是在策划阶段，许多创业构想由于不具备切实的实施性，在评估过程中就会被淘汰。

二、创业行业选择

创业者创业，需要选对自己所投资的行业。好的行业是创业成功的前提，它为企业今后的生存、发展与壮大提供了可能，铺平了道路。当然，世上没有绝对的热门行业，选定合适的创业行业，对创业者来说是一个较难的课题。

创业行业选择包括创业行业可行性分析和创业决策两个阶段。

（一）创业行业可行性分析

创业行业的可行性分析主要从以下六个方面来进行：

1. 创业者的兴趣爱好

在选择自己所要从事的项目时，不管这一领域从客观上看多么具有吸引力，创业者都不能忽视自己的喜好。一个人不仅是为挣钱而工作，他还要追求工作的趣味和个人成就。每一项工作对于不同的人而言有着不同的吸引力，究竟哪种事业对自己最具有魅力，每个人自己必须做出选择。

创业者在创业时要仔细考虑影响创业成功的有利或不利条件。通常，喜欢做的事情就容易把它做得最好，因此，甚至可以说一个人在某项事业上能否获得成功，取决于创业者本人是否真正喜欢它。当然，这只是其中一方面的因素，但不管怎样，这个问题至少和其他问题同等重要。

2. 行业进入壁垒与管制程度

在某一行业中成功或失败的概率在很大程度上取决于进入该领域的难易程度。进入某一行业越容易，竞争就会越激烈，失败的可能性也越大。有些行业政府实行管制，需前置审批。如果不熟悉该行业或没有可利用的资源，应避免进入该行业，如通信业、传媒业、教育业、广告业、制药业、化妆品制造业、食品制造业、金融证券业、保险业等。

创业者常常面临着一种两难的境地。一方面，某些行业虽富有吸引力，但难以进入，在这些领域里，竞争会稍缓和一些；还有许多行业非常容易进入，但如果大家都能够毫不费力地进入这一领域，都将无利可图。即使这一行业曾经利润丰厚，当人满为患时，僧多粥少是不能保证未来的利润像过去一样诱人的。

影响进入行业的障碍因素有：

（1）资金。用于购买（或租用）企业经营的场所和设备，用做运营资本和开业费。

（2）专有技术及诀窍。包括技术、营销、管理方面。

（3）法律事项。包括许可证、专卖证、排他性合同、版权。

（4）地理位置因素。包括战略位置。

（5）营销。包括品牌名称、有效沟通、已有的消费者基础、分销渠道。

（6）对关键原材料的控制。

（7）低成本生产设施。

如果不具备以上一项或几项战略优势的话，企业则将直面激烈的竞争和微薄的利润。其中的一些因素和资本，对小企业来说难以构成保护，而另外一些因素则为小企业把握自己的命运提供了难得的机遇。例如，对专利、商标和版权的保护能够使其所有者减少竞争。无论所有者是否参与了对该商品的生产，由于他所处的这种"收费站"的位置，都能从被保护对象的收入中获得分成。

3. 盈利能力

盈利能力是衡量企业成败的另一个标准。获得成功的企业都有一个共同的特征，就是它们都有平均水平以上的盈利能力，这一点保证了它们的高增长率。

高利润率还具有防御功能。一家具有平均水平以上盈利能力的企业较容易筹措资金，这使得它在经济低潮时期的脆弱性得以降低。另外，盈利能力强的企业还有能力引进降低成本的设备。当整个行业面临严峻的经济形势时，资金能力强的企业能够从较弱的企业那里获得额外的市场份额，这将弥补可能产生的利润降低。

创新是影响企业利润的另一个因素。如果一家企业引入了盈利能力更高的生产方式，在其他竞争者也效仿采用这种方式之前，该企业有望获得高于平均水平的利润。利润是经济进步的必要因素。因此在选择自己的事业时，创业者应该选择那些因拥有优质的产品和服务而具有较高盈利水平的行业。而实际上，太多的创业者被那些盈利性虽好但风险也高的领域所吸引，如国际互联网经营。

4. 技术变革中的受益

不可否认，许多诱人的商机来自技术变革。与人口结构、政治上的变动相比较，技术创新所创造的商机更为广阔。当技术创新发生时，似乎每个人都想一试身手。铺天盖地而来的广告宣传和产品展示使潜在的消费者异常兴奋，他们的兴趣鼓舞了生产者的积极性。有些企业会成为赢家，有些会被排挤出局，还有一些则从来也不曾开张，网络经济现象就是最好的例子。

对于一家新企业来说，最好不要参与追逐新事物的潮流。这些新事物可能超出了企业的能力，不会给企业带来最佳利益。它可能需要巨额投资，也许只不过是过眼烟云。时机的把握也特别重要，如果企业过于匆忙地投入潮流，就有可能错过那些对于赢得市场有重要意义的改进，而行动过迟又会掉队。假如企业对自己把握时机的能力和自己的实力没有信心，最好不要去凑这个热闹。

除了将技术创新成果转化为某种企业所经营的产品以外，创业者还可以换个角度来考虑问题——能否将这种新技术运用到企业的运营中，使其更为实用？因为我们探讨的是致力于创办新企业，因此首先想到的必然是小企业。小企业通常大多是零售业和服务性企业，这些企业便是我们要运用技术创新来改进服务的对象。

打算自主创业的人，应该密切关注那些公布技术进展的产业新闻。要对每一种进展进行分析，判断从哪种行业中能够获益。对于创业者而言，最明显的机会并不一定是最好的机会，因为容易招来过多的竞争者，进一步的分析通常会揭示出不为一般人所注意的不明显的机会。

5. 行业的成长性与竞争的规避

这项因素对于那些关注投资安全的创业者具有非同寻常的重要性。一般来说，一个行业要么成长要么萧条，很少有中间状态。不景气的企业很难盈利。成长性对于留住高素质的员工也很重要。

当评估某一行业的成长性时，销售额的高低并非一个绝对的衡量尺度。销售额的增长可能是由于商品销售数量的增加，也可能是由于涨价，还可能是两者共同作用的结果。那些仅靠提价来实现销售额和利润增长的企业，当其提价幅度超过经济总体通货膨胀幅度时，就可能由于价格过高而被逐出市场。曾几何时，由于我国造纸企业能够通过提价来保持盈利，因此成为投资者追逐的热点。但是，纸张价格的持续上涨严重损害了整个行业的竞争优势，市场上国产纸张的份额被进口纸张所占领，同时纸张本身也因出版物向电子化、网络化转移而不得不一再压缩产量。

创业者在寻找成长性行业时应当谨慎行事。处于成长阶段的产业能够为那些成活在该领域中的企业提供很好的发展前景，但企业成活率是微乎其微的。在改革开放后的一段时间里，彩电行业的飞速增长使许多大企业纷纷跨入了这一领域，不到十年时间，只有屈指可数的几家站稳了脚跟，绝大多数竞争者都退出了角逐。在其他领域中也重复着这一过程。因此，创业者应尽力避免进入这种处于早期成长阶段的产业。即使一家新企业能够快速增长，这种扩张也会带来诸如融资困难以及难以对企业保持有效控制等问题。

当一家企业的规模在整个产业中相对较小，同时拥有特别的竞争优势时，即便在低成长产业中也有迅速成长的可能。获取高额利润的企业有一个共同的特点，就是它们都拥有可以使自己免受竞争冲击的保护性措施。有时它们控制着主要原材料，或者拥有地域上的优势，而有时则仅仅是由于它们是行业中规模最大的企业，具有成本上的优势。掌握着某种特殊技术也是在行业中称雄的重要因素之一。小企业很少能具备上述优势，但仍然能够在竞争中表现得与众不同。对于小企业来说，在质量、可靠性以及与顾客建立和谐关系等方面有良好的声誉是非常重要的。由于规模的原因，小企业更容易了解顾客的需要，也能够更灵活地满足这些需要，这种优势在某些特定的行业中尤为明显。创业者应当选择那些存在着某种免受竞争冲击的保护因素的领域发展。

6. 销售的季节性

大多数行业中的销售和利润都存在着季节性变化。在受季节影响非常大的行业，创业者必须为抵消这种影响而进行某些调整。一种通常的做法是从事季节特征各有不同的多种业务。例如，防风门窗的制造商在夏季的几个月里可以增加一条遮阳篷生产线，专营供暖产品的企业可以兼营空调设备。第二种调整措施就是保持一支规模较小的相对稳定的员工队伍，在旺季时则通过招募临时员工来满足工作需要。第三种调整措施是在全年度里均衡生产，为旺季进行大量储备。

以上所提到的调整措施以及其他一些办法能够保证创业者能以合理的效率进行经营。这就要求创业者有很高的经营技巧，而有些调整措施（如建立储备）可能伴随着很高的风险。因此，季节性过强在经营中也是一个负面因素。这种负面因素是客观存在的，作为一个创业者，只能努力去适应它。

（二）创业决策

创业者选择创业行业时应评估以上六大因素。当然，没有一个行业能够在这六个方面都得满分，否则大家就会做出相同的选择了。不同的人对于同一个行业也会做出不同的评价，因为这些因素对不同的人重要程度不同。例如，一个雄心勃勃的年轻人可能会偏爱一个竞争激烈的行业，因为这样的行业有很强的增长潜力以及很高的利润；而一个行将退休的人则更容易选择那些竞争不太激烈的行业。

1. 决策之前的准备

创业决策是指创业者对未来创业实践的方向、目标、原则和方法所做出的慎重选择和决定。正确的创业决策是在创业实践中得到验证的，它能指导实践，少走弯路，促进创业进程。创业决策一旦付诸实践，其正确与否以及正确的程度将直接影响创业成果的取得。因此，在创业决策之前，应做如下方面的准备：

（1）拟定决策目标。当意向性的创业目标选定之后，就要进入决策阶段，决策过程中的首要任务是拟定决策目标。创业目标与决策目标的内容大致相同，但要求又有所区别。创业目标在意向性阶段有许多方面的问题还不够确定和清晰；但是，当进入决策阶段后，凡不确定和不清晰的方面要通过思考和分析使之变得确定和清晰，凡不够详细的方面应使之详细。就决策过程而言，决策目标是创业决策的前提。

（2）决策时机的选择与确定。什么时间进行决策，主要是看创业条件的具备情况。条件不成熟时就匆忙做决定是冒险的行为，容易造成不好的后果；条件成熟了却拖延不决，则会贻误战机，有时优势还会转化为劣势。因此，确定决策时间的过程，也就是把握时机的过程。当断即断，不当断则不能乱断，是创业成功之本。

同时，决策前的准备工作还包括检查供决策的第一手材料的占有情况。第一手材料是指创业者自己直接掌握的信息、经验和对创业活动的分析结果等。第一手材料是决策的基础，谁拥有了第一手材料,谁就拥有了发言权。总之,决策前需要做的准备工作很多,要尽量使这些工作做得充分,以保证决策能有一个好的结果。

2. 决策方案选取的标准

既然决策是一个"慎重选择和决定"的过程,那么决策时就不能仅有一种实施创业目标的方案,而应当有多个决策方案,在几个有价值的决策方案中进行比较和优选。如果没有多个有价值的决策方案进行比较和优选,就谈不上决策,也不可能实现决策的最优化。

为了使创业决策达到最优化目的,还有必要弄清楚创业者与决策方案之间的关系。在创业决策过程中,创业者与决策方案有着密切的联系。决策方案是决策的前提和基础,决策是依据决策方案而进行的有计划、有目的的选择活动。没有方案就无从决策。决策和决策方案的区别是,决策是创业者的活动,决策方案则是一种意念上的系统打算。决策是主观见之于客观的行动,而决策方案则是主观和客观结合的产物。为了使创业决策具有最理想的结果,创业者要对拟定好的各种方案进行全面的分析和比较,权衡各种方案的利弊,选取其中一种方案或将各种方案综合成一种方案,也可以排列出第一方案、第二方案、第三方案等。

在决策过程中,对决策方案进行选择或取舍是根据其价值大小决定的。具体来说,对决策方案进行价值判断可依据下列标准:

(1)经济效益标准。创业的过程首先是一个创造物质财富的过程。在对决策方案进行选择时,应该用经济效益标准进行衡量。凡经济效益显著或较为显著的决策方案,应纳入选择和采纳的范围;反之,则可以筛选掉。

(2)社会效益标准。社会的健康发展是每一位创业者共同努力的结果。因此,一定要坚持用社会效益这把"尺子"对所有决策方案进行衡量。凡对社会发展有直接或间接积极影响的,就应纳入选择和采纳的范围;反之,则应该坚决筛选掉。

(3)优化标准。优中取优,或集中多个决策方案的优点,是决策活动最为显著的特征。这主要是由任何问题都存在多种可能的解决方法所决定的。因此,应该在多种可能的解决方法中,找出最适合自己的一种或寻找最有利于自身创业的因素,唯有如此,才能获得创业的成功。

3. 最终决定应该果断

现实生活中,在创业决策的最终"拍板"环节上常常会出现两种情况。一种情况是有些年轻的创业者因社会阅历浅,分析问题的方法较为简单,再加上容易感情用事,所以在对创业目标做决定时往往显得十分轻率,由此遭受的损失也较为惨重;另一种情况是有些创业者在创业决策"拍板"时,"怕"字当头,担心吃亏或失败,甚至不知所措,不敢"拍板",导致错失一个又一个创业良机。

由此看出,在创业决策上能否有勇气"拍板",确实是一个十分重要的问题,应该认真对待。一方面在创业决策上不能草率从事,另一方面也不能左顾右盼、当断不断。无数事实告诉我们,在创业过程中绝对有把握、不承担风险的事极少,往往是成功因素与失败因素交织在一起。真正聪明的创业者,通过全面分析,只要认为利大于弊,成功的可能性大于失败的可能性,就应该果断"拍板",争取在最短的时间内将创业设想变为行动。

三、捕捉进入时机

创业者必须要有敏锐的商业触觉,善于把握稍纵即逝的机会,并以此作为创业的切入点。

(一) 分析市场机会

所谓市场机会，就是市场中未满足的需要。哪里有未满足的需要，哪里就有盈利的机会。市场机会又可分为"环境机会"和"企业机会"。市场上一切未满足的需要都是环境机会，但不是任何环境机会都能成为某一企业的营销机会。因为对某一企业来说，不是任何环境机会都适合企业去开拓，还要看它是否符合企业的目标和资源条件。

所以，创业者不但要善于发掘市场机会，还要善于分析、评估市场机会，看它是否符合本企业的经营目标，是否有利可图。企业的市场营销管理者必须不间断地进行市场营销调研，了解市场上需要些什么，需要多少，谁需要；预测需求的发展趋势；调查研究哪些因素影响市场需求和企业的营销活动，是有利影响还是不利影响等。这就是说，不仅要发掘市场机会，还要注意环境威胁（即不利因素）对企业营销的挑战。机会和挑战往往是并存的，如果不能及时发现，就会带来灾难。可利用的机遇没有及时利用，会造成机会损失；而市场上的各种挑战如不及时发现并及时采取应急措施，就可能造成更大的损失。因此，创业者对可能的各种机会和风险要灵敏地做出反应。

(二) 捕捉市场商机

捕捉市场商机，需要关注和研究以下几个问题：

1. 关注市场供求差异

在市场经济条件下，宏观供求总是有一定偏差的，这些偏差就是企业的商机。

(1) 市场需求总量与供应总量差距是企业可以捕捉的商机。假如城市家庭中洗衣机的市场需求总量为100%，而市场供应量只有70%，那么对企业来说就有30%的市场机会可供选择和开拓。

(2) 市场供应产品结构和市场需求结构的差异是企业可以捕捉的商机。产品的结构包括品种、规格、款式、花色等。有时市场需求总量平衡，但结构不平衡，仍然有需求空隙，企业如果能分析供需结构差异，便可捕捉到商机。例如，海尔人就善于巧妙地填补供需结构空间的需求空隙。海尔总裁张瑞敏曾到四川出差，听说洗衣机在四川销售不畅，原因是农民常用洗衣机洗地瓜，排水口常堵，因此农民就不愿用了。于是，海尔就根据农民的需求，开发出一种出水管子粗大，既可洗衣服又可洗地瓜的洗衣机。这种洗衣机生产出来以后，在西南农村市场很受欢迎。

(3) 消费者的不同层次需求差异是企业可以捕捉的商机。消费者的需求层次是不同的，不同层次消费者的总需求中总有尚未满足的部分。一部分消费者收入极高，而社会上却没有可供其消费的高档商品或服务；有的则由于消费水平过低，社会放弃了他们需求的低档商品。这些就成为企业可以开拓的市场机会。

2. 研究市场的地区性差异

不同的地区需要不同的产品和市场，地理因素的限制会带来不同地区之间的市场差异。比如外地有好的产品和服务项目，在本地还没有推广，这就是商机。兰州的牛肉面、新疆的烤羊肉串这些地方特色小吃走出了大西北，如今已遍布全国，产生了良好的经济效益。又如，在城市里过时的商品在农村也许刚刚开始流行；在发达地区过时的商品，也许在边远地区仍然畅销；农村里的土特产品，也许在城市有广阔的市场。由此可知，市场的地区性差异是永远存在的，关键在于创业者能不能发现。发现差异并致力于缩小这些差异，就是在满足市场需求，就是挣钱之道。

3. 重视市场的"边边角角"

市场的边边角角往往被人忽视，而这也正是企业可以大加利用的空隙。小型企业要充分发挥灵活多样、更新更快的特点，瞄准边角，科学地运用边角，另辟蹊径，做到人无我有，人有我新，通过合法的经营，增强自己的竞争实力，最终实现占领目标市场的目的。日本东京有家面积仅为43m²的不动产公司。一次，有人向不动产者推销一块面积约为百万余平方米的山间土地，其他不动产者都对这块土地不感兴趣，因为它人迹罕至，无任何公共设施，不动产价值被认为等于零。然而，这家公司的老板渡边却认为，城市现在已经人满为患，回归大自然是不可逆转的潮流。因此，他毫不犹豫地拿出全部资产，又大量借债将此地买了下来，并将其细分为农园用地和别墅用地；而后大做广告，其广告醒目、动人，充分抓住青山绿水、白云果树的特色，适应了都市人向往大自然的心理。结果不到一年，土地就卖出了4/5，净赚了50亿日元。渡边的成功正是因为他抓住了别人不屑做的"边角"生意。这也正如他所说："别人认为千万做不得的生意，或是不屑做的生意中，往往隐藏着极大的机会。因为没有人跟你竞争，所以做起来就稳如泰山，钞票会滚滚而来，重要的是要捕捉住机会。"

在每个缝隙市场的背后都隐藏着创业者的才能和特殊爱好。专业人士选择自己热衷的行业提供专门化服务绝非偶然。比如，有一位专门承接体育界业务的律师，他本人就是一个不折不扣的体育迷，他选择的缝隙市场便成了他的第二爱好。

选择缝隙市场的另一大优势是可以减少竞争。一旦找到一个壁垒分明的市场位置，就可以将自己定位在市场上，并且巩固自己的地位。这也是判断企业的战略是否成功的另一方式。

（三）寻找市场缝隙

1. 善于寻找市场潮流引导者的缝隙

对许多初创中小企业的创业者来说，能否与大公司进行竞争，或怎样与大公司进行竞争，是经常会遇到的一个问题。对此一定要找出合理的答案，并且在做出决策之后才能开张营业，否则难逃失败。

有些人认为凡与大公司进行竞争，结果只能是鸡蛋碰石头——自取灭亡，但大量事例表明结果并不一定如此。IBM是实力相当雄厚的经营电子计算机的企业，美国无线电公司和通用电气公司曾试图与之进行直接竞争，但没有经过几个回合的较量便偃旗息鼓，损失惨重。可是，仍然有一些向来就经营电子计算机的企业（如信息管理类公司等）没有破产倒闭。它们之所以能在竞争中站稳脚跟，主要原因是这些公司的老板能够清醒地采取市场细分法，对各种不同类型顾客的特征详细分析，从中发现IBM公司显而易见的某些特点，以及某些该公司并不热心经营的项目，因而在确定经营范围的时候，也就可以找出IBM的空当进行竞争。专营苹果牌微型计算机设备的厂家和商家们正是采用这一方法，成功地找到了促使业务持续发展的机会与途径。

事实上，任何一家企业，即使是超级大型企业，也做不到处处无懈可击，因此与大公司进行竞争并非绝对不可能之事。倘若发现市场上正萌发着某种从未引起人们注意的需要，而且只要能满足这一需要就可以成功地占领市场的话，那就无须为竞争而感到惶恐和不安，只要竭尽全力并且想方设法把这项业务做好就行了。至少大公司已经为你开辟了产品的销售市场,同时,还通过一系列的宣传广告和促销活动,为你开发了市场上对产品的各种需求。苹果牌微型计算机设备的厂家和商家们之所以获得了巨大的成功,正是利用IBM这样庞大的企业打开了产品的销售市场,通过各种宣传广告和促销活动最大限度地开发了市场上对计算机设备的需求,并赢得了广大用户的普遍接受,为其他微型计算机设备随后进入市场消除了阻力,迅速地打开了销路。

有时候,一些小企业经营者可以在大公司漏掉的生意中获取丰厚的盈利。作为顾客未必都能忍受大公司那种缺乏人情味的方式,或者为求方便、避免浪费太多时间,于是就会惠顾殷勤待客的小店铺。类似情况到处可见。例如,在经营计算机设备或大型机构设备的行业中,某家公司即使是小规模的企业,倘若能做到按时交货,及时满足顾客的需要,同样可以从强大的竞争对手那里获得相当高的市场份额。类似这样的情况,在评估市场潜力、分析竞争形势的时候需要充分考虑。

2. 进行市场细分

市场可以细分为多个小市场,企业通过对市场的细分,可以从中发现未被满足的市场,从而也就找到了企业的生存空间。麦当劳快餐公司被人称为"最能够着眼未来的速食企业",它的成功就在于能够不断从细分市场中发现商机。例如,在美国,麦当劳最早针对单身贵族和双薪家庭这一细分市场,为越来越多的单身贵族和双薪家庭提供早餐;在中国,麦当劳针对儿童这一细分市场,充分抓住中国独生子女的特点,搞起了"麦当劳儿童生日晚会"等促销活动,并取得了成功。

在市场中,不同的消费者有不同的欲望和需求,因而不同的消费者有不同的购买习惯和行为。正因为如此,可以把整个市场细分为若干个不同的子市场,每一个子市场都有一个有相似需求的消费者群。企业针对不同类型的消费者,制定切实可行的销售策略,便可取得经营的成功。

3. 研究竞争对手的弱点

研究竞争对手,从中找出其产品的弱点及营销的薄弱环节,也是企业开拓市场的有效方法之一。美国的罗伯梅德塑料用品公司自1980年高特任总裁起,其业绩增长了5倍,净利增长了6倍。罗伯梅德塑料用品公司成功的秘诀之一就在于采取了积极参与市场竞争,"取竞争者之长,补竞争者之短"的方式,在竞争对手塔普公司开发出储存食物的塑料容器后,罗伯梅德塑料用品公司对其进行了认真的分析研究,认为塔普公司的产品质量虽然高,却都是碗状,放在冰箱里会浪费许多小空间。于是对其加以改进,开发出了性能更好、价格更低、又能节省存放空间的塑料容器。就这样,在塔普公司及其他公司还未看清产品问题的时候,罗伯梅德塑料用品公司却已将之转化为极重要的竞争优势了。

4. 寻找边缘市场机会

每个企业都有它特定的经营范围。比如木材加工公司所面对的就是家具及其他木制品经营区域,广告策划公司所面对的是广告经营区域。对于出现在本企业经营区域内的市场机会,我们称为行业市场机会;对于在不同企业之间的交叉与结合部分出现的市场机会,称为边缘市场机会。

一般来说,企业对行业市场机会比较重视,因为它能充分利用自身的优势和经验,发现、寻找和识别都比较容易,但是会遭到同行业的激烈竞争而失去或降低成功的机会。由于各行业都比较重视行业的主要领域,因而在行业与行业之间有时会出现缝隙和真空地带,无人问津。它比较隐蔽，难以发现，需要创业者有丰富的想象力和大胆的开拓精神，这样才能被发现和开拓。例如，美国由于航天技术的发展出现了许多边缘机会，有人把传统的殡葬业同新兴的航天工业结合起来，产生了太空殡葬业，生意非常火爆。再如中国铁画就是把冶金和绘画结合起来产生的，药膳食品是把医疗同食品结合起来产生的。

（四）快速占领市场

"时间就是金钱"，这是对现代竞争经验的总结。时间之所以等于金钱，是因为时间可以直接影响资金的价值。在现代经济生活中，同样数量的货币，随着时间的变迁，其价值会发生变化。而且，时间也会影响资金的占用和周转速度。企业的生产资金处在不断的运动之中，这种运动能带来价值的增值。这种周而复始的运动，就是资金的周转。资金周转一次的时间越短，在一定时间内周转次数就越多，占用的资金总量就越少，等量资金带来的增值就越多，经济效益就越好。

时间还影响对机遇的捕捉。对于一个企业来说，机遇常常是腾飞的转折点，是开启成功的钥匙。只有抓住机遇，企业的经营战略才能奏效。而机遇常常是昙花一现、稍纵即逝、永不复回的。如果不能迅速地看准和抓住市场闪现的这些机遇，就会被他人捷足先登。

（五）出奇才能制胜

现代经营者必须要高瞻远瞩，不断创造新的经营方式。

在一切都在变化的当今社会，如果始终保持固有的模式，就会落后。具有先见之明尤为重要。先见之明指的是具有准确的预见力，能够预测社会大众将需要什么产品。例如，有经验的老人能够判断来年的风雨，他们可以准确地预料该年是多雨或是干旱，聪明的经营者则可据此生产出适合大众的产品。如多雨，则雨具必然畅销；干旱，则水桶必然家家都预备，以免无容器盛水。

这是最简单的联想。如果你是位大企业的老板，将之用在企业经营上，同样会产生相同的效果。一个地区的人口增加，地产市场就会升温，建筑材料需求增多，建筑所需的劳动力也随之增多。如果你有一套宏伟的计划，必然会产生你自己的一套新的经营方式，以站在时代的前沿。

当然，你仍需随时以率直的态度，虚心地观察事物，一步一步踏实地去做。在今天这种激烈竞争的时代，不可缺乏开拓创新的积极态度。创新对企业经营的意义如同新鲜的空气对生命的意义。经营者应该不断地在管理上创新、产品上创新、技术上创新、企业形象上创新，以确保企业经久不衰。

第五节　创业企业经营策划

创业企业主要是中小企业，其规模大多较小，所以创业企业的经营策划有别于大企业的经营策划。在选择自己的经营策划时，必须从企业内部和外部环境的具体条件出发，采用能够发挥优势、避免弱点的战略，以求得生存与发展。

条条大路通罗马，创业企业的经营策划也是多种多样的。

1. 独立经营策划

独立经营策划是指企业在生产经营与发展中，不依附于其他企业，不受其他企业经营活动的制约，主要从企业自身条件出发，独立自主地选择产品、服务项目和目标市场，以满足市场的需要。采用独立经营策划的特点是强调自主经营，有利于发挥企业内部员工的创造性和主动性，充分利用企业的内部资源，发挥自己的专长。独立经营策划是从自我出发的，对于创业企业来说，具有一定的风险。首先，它可能在市场上遇到大企业强大的竞争压力；其次，它可能受到市场波动的影响；最后，它可能受到创业企业自身发展潜力的限制。因此，只有那些在设备、技术、人力、经营管理经验、产品或服务项目、市场等方面确实具有优势的创业企业，才能够较好地运用独立经营策划，真正实现自主经营、独立发展。

2. 依附合作经营策划

依附合作经营策划是指创业企业将自己的生产经营和发展与某一个大企业联系起来，为大企业提供配套服务，成为大企业整个生产经营体系中的一个专业化的组成部分，依附于大企业进行专业化分工与协作基础上的经营与发展。在一定意义上，依附合作经营策划的实质是积极参与生产经营的社会化分工与协作，这是现代市场经济发展的客观需要。但采用依附合作经营策划的创业企业必须妥善处理好依附性与相对独立性的关系，通过依附合作来借船下海，逐步提高自己独立自主经营的能力。这样，既不失去自主经营与发展的主动权，又可以不断增强自身的实力，以求在将来凭借新的实力建立新的协作关系，直至实现完全独立。改革开放之初，广东珠江三角洲许多乡镇企业、私营企业都是从为其他企业当配角起家的。

3. 拾遗补阙经营策划

拾遗补阙经营策划是指创业企业避开大企业竞争的锋芒，不在市场上就同类产品与大型企业展开直接的正面竞争，而是选择大企业不愿涉足的边缘市场或市场结合部分，在大企业竞争的市场夹缝中求生存、求发展。消费者对产品与服务的需求是多种多样的，市场也是丰富多彩的，在大企业的激烈竞争中，难免有一些业务领域的市场规模较小，难以实现大企业所追求的规模经营，这就为创业企业发挥拾遗补阙的作用提供了宝贵的市场机会。

市场和产品的开发是没有止境的，拾遗补阙不见得就是小打小闹。随着市场需求和企业生产技术的发展，新的市场机遇将不断出现，这就为创业企业采取拾遗补阙的经营策划提供了可能性。拾遗补阙开发出来的产品往往是新产品，而这些新产品说不定就能开辟一个新的市场领域，激发新的市场需求，最终发展成为一个新的市场、新的产业。因此，采用拾遗补阙经营策划的创业企业必须对市场机会特别敏感，善于在小产品上做大文章，抓住一切机会使企业发展起来。

4. 联合竞争经营策划

一般而言，创业企业受到自身资源与能力的制约，无法与大企业开展正面的市场竞争。虽然创业企业可以采取各种不同的经营策划，以避免与大企业直接竞争，但以市场竞争的普遍性，要完全回避这种竞争几乎是不可能的。创业企业要想在激烈的市场竞争中站稳脚跟，除了努力提高自身的竞争能力和抗御风险的能力之外，还可以通过联合的方式，有效地克服单个创业企业在市场竞争中的弱点与不足，以联合所形成的合力来与大企业在市场竞争中抗衡。中小企业的联合竞争发展战略，是指若干家中小企业根据市场的需要与各自企业的具体情况，以一定的方式组织起来，形成或松散或紧密的协作联合体，以求发挥不同企业的优势，弥补单个中小企业资源不足的劣势，改变中小企业在市场竞争中的不利地位。联合竞争经营策划有利于创业企业突破自身发展条件的限制，改善创业企业的发展条件，而且还可以促进社会资源的优化配置。

从企业各自的需要和共同的利益出发，创业企业实施联合竞争经营策划可以采用不同的形式。为了协调和规范不同企业的利益与经营活动，可以形成以共同利益和目标为基础的实质性的联合。在实施联合竞争经营策划时，一方面必须兼顾各个企业的利益，真正做到公正、平等、自主；另一方面必然需要借助于一定的企业联合组织形式作为共同发展的组织保证。

5. 灵活经营策划

创业企业的一个突出的优点，是其经营与发展的灵活性。但是，有意识地选择灵活经营策划，仍然是摆在创业企业管理者面前的一项重要任务。创业企业的灵活经营策划是指企业从自身条件与客观可能出发，根据各种因素的变化，及时调整经营目标与方向，以实现企业效益的最大化。

创业企业采用灵活经营策划时需要考虑的第一个因素是企业的自身条件，即企业的内部资源。将企业的经营策划与发展目标建立在企业可以利用开发的资源的基础之上，无疑是一个明智的选择。以企业的资源作为经营策划的出发点，可以依托企业的资源优势来形成企业的产品优势与市场优势，争取在市场竞争中居于领先的地位。

创业企业在发展中利用资源优势可以表现在以下方面：

1）以企业拥有的人力资源或特殊人才资源为基础，选择企业的经营发展方向。
2）以企业所在地拥有的特殊的原材料资源为基础，确定企业的经营发展方向。
3）以企业所在地拥有的人文或自然景观资源为基础，确定企业的经营发展方向。
4）以企业所在地的市场条件为基础，确定企业的经营发展方向。

创业企业采用灵活经营策划时需要考虑的第二个因素是客观环境因素，包括社会经济发展趋势、产业结构的变化及国家政策导向等。

创业企业在选择加入某一个行业时，需要全面考虑自身的条件和行业的特点，慎重进行决策。首先，要判明哪些行业正处于上升期，哪些行业已进入衰退期。创业企业必须在发展较快的行业中切实把握自己的位置，找到适合自己发展的业务经营领域。其次，要善于利用和依托本地区具有发展优势与潜力的产业部门和企业，借助其在技术开发、产品开发和市场开发等方面的有利条件，为我所用地促进企业的发展。再次，在进入新兴产业时要善于抓住市场机遇，力争走在本产业发展的前沿，保证产品开发和市场推广方面的优势。最后，创业企业需要密切注意国家产业政策的调整与变化，借助于国家的产业政策来加强自己的经营发展优势。国家的产业政策往往能够为某些行业的企业生产经营发展提供一定的有利条件，如税负的减免、资金信贷方面的优先与优惠、对外经济技术合作方面的鼓励措施等。如果创业企业能够充分利用这些国家政策方面的有利条件，就可以获得更多的竞争优势。

第六节　高新企业融资与商业计划

一、高新企业融资

创业一定要有适度的资金，如果没有资金，创业将只能是无源之水、无本之木。但创业之前以及创业时的资金筹集，往往是特别艰辛与困难的。除了创业者个人经验不足外，在建或将建的企业尚没有任何经营成果来证明它的可行性与前景，也是一个重要的原因。

1. 商业信用筹资

商业信用筹资是已开办企业的创业者常用的一种筹资手段。

创业者的人格是金字招牌。关键时刻，创业者可以利用个人信誉，并以企业实力为后盾进行商业筹资。在市场经济发达的今天，利用商业信用筹资已逐渐成为小公司筹集短期资金的重要方式。其主要形式有以下几种：

（1）赊购商品，延期付款。在此种形式下，买卖双方发生商品交易，买方收到商品后不立即支付现金，可延期一定时间以后付款。

（2）推迟应计负债支付。应计负债支付是指企业应付未付的负债，如税收、工资和利息的推迟支付。在企业未支付这些费用之前，应计负债可成为企业的另一种短期筹资来源。

（3）汇票。企业利用汇票，可以不立即支付银行存款，实际上是一种延期付款，也可以筹集一部分短期资金。

（4）预收货款。它等于客户先向企业投入一笔资金。通常，企业对紧俏商品乐于采用这种方式，以便取得期货。另外对于生产周期长、定价高的商品，也经常向订货者分次预收货款，以缓解资金占用过多带来的压力。事实上，这部分预收货款就成为短期筹资的来源。

如有条件，资金不足时，还可以从银行贷款。通常贷款要满足三个方面的条件：一是有不动产做抵押，二是项目要有吸引力，三是与银行要保持良好的关系。如果有不动产如房子、汽车等做抵押，贷款就会容易得多。不过即使没有不动产做抵押，也不是绝对贷不到款，项目的投资前景和效益是影响贷款决策的首要因素。银行要对贷款项目进行技术、经济等方面的可行性论证。因此，须谨慎选择项目，大量收集信息，考虑各种可能性，选择最优或最满意的投资方案，增加银行贷款的成功率。越了解、越熟悉的人之间，信任度越高，也就更容易借贷。贷款数额不宜过大，否则很难成功。从小笔贷款入手，每次到期按时还贷，逐渐取得银行的信任，这样才能获得较大数额的贷款。

贷款本身不是目的，重要的是项目投资收益，能保证按时还本付息。贷款不能延期更不能欠息，否则就会失去信用。而商业信用是企业的生命。

2. 外部筹资渠道

当创业者的内部资源不足以缓解资金需求矛盾时，需要适时寻求筹资帮助，寻找合作伙伴。

小企业可以广泛吸纳民间资本。这主要包括利用企业内部的各种关系，老板或员工与放贷者要有良好的感情基础，并且订立借贷协议，给放贷者订立固定的还款日期和丰厚的投资回报。

小企业还可以与具有稳定的业务关系的公司联营，也可以利用创业者的私人关系与其他机构如信用社、商社等单位合伙，以筹集资本。联营、合伙公司的投资，可以用现金、银行存款，也可以用厂房、设备进行实物投资。企业以合作方式筹资，关键是要与合作者签订合作协议，对双方的责权利予以明确规定。合作方要承担以某种方式向创业企业提供资金或某种帮助的义务，同时也有分享创业企业利润的权利。

补偿贸易对于资金缺乏的小企业而言，是最好不过的。小企业只抓生产，而不管购买原料和销售，做到两头在外，生产在内，有利于提高生产率。同时，由于在不投入任何资金的情况下扩大了生产规模，实际上也达到了集资的效果。

另外，寻找事业合伙人，众筹也是十分可行的筹资方法，但通过互联网方式发布筹款项目并募集资金的众筹方式，目前尚未得到政府的许可，有一定的法律风险。

3. 风险投资融资

风险投资是指由职业金融家将风险资本投向新兴的、迅速成长的、有巨大竞争潜力的未上市公司（主要是高科技公司），在承担很大风险的基础上为融资人提供长期股权资本和增值服务，培育企业快速成长，数年后通过上市、并购或其他股权转让方式撤出投资，并取得高额投资回报的一种投资方式。

（1）风险投资的产品是企业。风险投资和其他投资形式在获取回报的方式上存在很大差异。从某种程度上说，风险投资投资的不是产品，而是企业本身。也就是说，企业就是风险投资商的"产品"。风险投资支持科技成果转化为企业，又把企业培育成熟并变得强大，最后通过把这个企业卖掉来获取回报。组成产品的部件是静态的，而组成企业的"部件"却是动态的。相比来说，卖企业比卖一般产品更复杂，风险也更大，因为企业是一个系统，涉及人、财、物的合理配置，产、供、销的协调配合。只有这些方面做得好的企业，才能够盈利，才是一个高质量的"产品"，买主才愿意出高价。要做到以上这些，人才和管理是最重要的，一个高素质的管理团队是企业成功的保证，同时也是出售企业时最好的包装。所以，风险投资商在选择对象时，会进行方方面面的考察，尤其是管理团队。

（2）风险投资是一种高风险的投资。风险投资主要投资于刚刚起步的高技术企业，在企业成长的过程中，会面临方方面面的风险。即使在发达国家，高技术企业的成功率也只有20%～30%，但由于成功的项目回报率很高，故仍能吸引一批投资商。风险投资的主要风险有技术风险、市场风险、财务风险和管理风险等。

（3）风险投资的目的是高回报。风险投资不是免费午餐，它是一种股权投资，也是一种追求超额回报的投资行为。但是，风险投资的着眼点不在于投资对象当前的盈亏，而在于它们的发展前景和资产的增值潜力，以便通过上市或出售达到退资并取得高额回报的目的。明确了这一点，创业企业在寻找风险投资的时候就应该首先给自己定位：企业的创业必须满足风险投资商的目的和要求。只有这样，资本供求双方才有更进一步接触的基础和必要。

（4）风险投资是一种流动性较小的中长期投资。风险投资往往在创业企业初创时就投入资金，一般需经3～8年才能通过退资取得收益，而且在此期间还要不断地对有成功希望的企业进行增资。

（5）风险投资是一种高专业化和程序化的组合投资。由于风险投资主要投向高新技术产业，投资风险较大，要求风险资本管理者具有很高的专业水准。在项目选择上要求高度专业化和程序化，精心组织、安排和挑选，尽可能地减少投资风险。为了分散风险，风险投资通常投资于一个包含10个项目以上的项目群，利用成功项目所取得的高回报来弥补失败项目的损失并获得收益。

（6）风险投资是一种投资商参与管理的投资。风险资金与高新技术两要素构成推动风险投资事业前进的两大车轮，二者缺一不可。风险投资商（公司）在向创业企业注入资金的同时，为降低投资风险，必然介入该企业的经营管理，提供咨询，参与重大问题的决策。必要时甚至会解雇公司经理，亲自接管公司，尽力帮助该企业取得成功。

（7）风险投资是投资和融资的结合。风险投资是以融资为首的投资和融资的有机结合。其利润主要来自资产买卖的差价。在融资时，风险投资商购买的是资本，出售的则是自己的信誉、吸引人的投资计划和对未来收益的预期。投资时，他们购买的是企业的股份，出售的是资本金。退出时，他们出售企业的股份，买入资本，外加丰厚的利润、辉煌的业绩和成功的口碑。将资本撤出后，他们会进行下一轮的融资和投资。融资中有投资，投资中又有融资，二者构成了不可分割的有机整体。

风险投资不需要担保或抵押，它投资到新兴的、有巨大潜力的企业和项目之中。因此，在高新技术领域里的创业者，可以争取风险投资融资。

二、商业计划书及其作用

商业计划书（Business Plan）是一份全方位的项目计划，它从企业内部的人员、制度、管理，以及企业的产品、技术、营销和市场等各个方面对即将展开的商业项目进行可行性分析。商业计划书是企业融资成功的重要因素之一。商业计划书还可以使企业有计划地开展商业活动，增加成功的概率。特别是对于高新科技创业者来说，商业计划书是不可缺少的。

商业计划书是对企业或者拟建立企业进行宣传和包装的文件，它向风险投资商、银行、客户和供应商宣传企业及其经营方式；同时，又为企业未来的经营管理提供必要的分析基础和衡量标准。商业计划书是包括企业筹资、融资等活动在内的企业战略谋划与执行等一切经营活动的蓝图与指南，是行动纲领和执行方案，也是企业管理团队和企业本身给风险投资商的第一印象。在实际操作中，其主要意图是递交给投资商，以便于他们能对企业或项目做出评判，从而使企业获得融资。

概括地说，商业计划书有以下三方面的作用：

（1）它是获得风险投资的敲门砖。要顺利获得风险资本的投入，避免在形式审查时就被筛选出局，一份规范、完整的商业计划书是必不可少的。这是获得风险投资的敲门砖，仅凭专利证书或科技成果鉴定证书是不可能获得风险投资的。

风险投资行业是个十分严谨的行业，风险投资公司审查评估申请项目程序的第一关就是审阅商业计划书，在审阅完商业计划书之后，觉得有必要进一步了解企业的情况时才会与企业人员见面。因为只有在了解了企业的产品、管理策略、市场规划、盈利预测等之后，投资商才知道产品是否符合他们的兴趣，从而决定是否有必要再进一步商讨合作的可能性。而且，风险投资商看过计划书后面谈更有针对性，避免浪费时间。所以说，商业计划书是融资的试金石，计划书写得好，企业有吸引力，融资才会有希望。

（2）它是不断完善创业项目的蓝图。对刚创立的创业企业来说，提交商业计划书的重要性不仅体现在它是决定能否与风险投资商面谈的通行证，而且还是创业企业对自己再认识的过程。一个酝酿中的项目往往很模糊，通过制定商业计划书，把正反理由都书写下来，然后再逐条推敲，创业企业家就能对这一项目有更清晰的认识。在写商业计划书的过程中，企业家会对产品、市场、财务、管理团队等进行进一步的分析和调研，能及早发现问题，进行事前控制，去掉不可行的项目，进一步完善可行的项目，增大创业成功率。可以说，商业计划书首先是把计划中要创立的企业推销给创业企业家自己。

商业计划书对已建的创业企业来说，可以为企业的发展定下比较具体的方向和重点，从而使员工了解企业的经营目标，并激励他们为共同的目标而努力。

（3）它是评价创业项目的依据。对于投资商来说，一份商业计划书是一个信息载体。通过计划书中的信息，风险投资商可以评价一个企业是否真正有投资或者经营的价值。他们以它为依据来考察创业者是否能够清晰地分析和把握创业所将面临的方方面面。一旦通过了这种考察，风险投资商就会对这家企业的未来持乐观态度，即认定能够获得他们预期的回报。另外，通过商业计划书，还可以初步判断创业企业融资人的基本素质和办事风格。所以，商业计划书是风险投资商决定是否投资的重要依据之一。

从法律上说，投资商也希望能准备一份完整的计划书。因为，如果投资失败，风险投资商可以根据创业企业提交的信息起诉融资者，尽可能地减少损失。众所周知，风险投资商是很有经验的，他们有能力阅读、分析商业计划书，并对其进行职业性的严格审查。如果投资项目失败，且创业企业隐瞒了有关公司的机密信息或机密信息失实，则对方有权要求退还投资，甚至对责任人提出法律诉讼。这时候，商业计划书会起到法律证据的作用。

三、商业计划书的策划

风险投资公司每月都要收到许多各式各样的商业计划书，为了确保商业计划书能够引起风险投资商足够的注意，必须事前进行周密的策划。

1. 基本要求

（1）简洁。一份商业计划书最长不要超过50页，最好在30页左右。写商业计划书的目的是获取风险投资商的投资，而非与风险投资商闲聊。因此，在写作商业计划书时，应该避免与主题无关的内容，要开门见山地直接切入主题。风险投资商没有很多时间来阅读一些对他来说没有意义的东西，这一点对于很多初次创业者来说，在写商业计划书时应当格外注意。

（2）完整。要全面披露与投资有关的信息。因为按照相关法律，创业企业必须以书面形式披露与企业业务有关的全部重要信息。如果披露不完全，当投资失败时，风险投资商就有权收回其全部投资并起诉融资者。

（3）条理清晰，语言通畅易懂，意思表述精确。硅谷企业家们的成功有目共睹，而他们经常挂在嘴边的问题，其实和自己想弄个小买卖、做做小生意的人的问题是一样的：产品是什么？消费对象是谁？成本是多少？而看似复杂的商业计划书，只要把握住脉络，其中包括的无非还是企业（不论是传统企业还是高科技企业）经营中要回答的几个关键问题，即产品是什么？消费对象是谁？经销渠道在哪里？谁来买？顾客群有多大？设计与制作成本是多少？售价多少？何时可损益平衡？在撰写商业计划书之前，若无法扼要地就这几个问题说出你的想法，要向别人解释清楚恐怕很困难。

因此，一份好的商业计划书，要使人读后对下列问题非常清楚：公司的商业机会、创立公司所需要的资源、把握这一机会的进程、风险和预期回报。商业计划书不是学术论文，它可能面对的是不具备技术背景但对计划书有兴趣的人，比如可能的团队成员，可能的投资人和合作伙伴、供应商、顾客和政府机构等。因此，一份好的商业计划书应该写得让人明白，避免使用过多的专业词汇，而要聚焦于特定的策略、目标、计划和行动。商业计划书的篇幅也要适当：太短，容易让人不相信项目会成功；太长，则会被认为太啰唆，表达不清楚。

（4）呈现竞争优势与投资利益。商业计划书不仅要将资料完整地陈列出来，更重要的是整份计划书要呈现出具体的竞争优势，并明确指出投资者的利益所在。而且要显示经营者创造利润的强烈愿望，而不仅是谋求企业发展而已。

（5）呈现经营能力。要尽量展现经营团队的事业经营能力与丰富的经验背景，并显示对于该产业、市场、产品、技术以及未来营运策略已有完全的准备。

（6）市场导向。利润来自于市场的需求。没有依据明确的市场分析所撰写的商业计划书将会是空泛的。因此,商业计划书应以市场导向的观点来撰写。

(7) 一致性。整个商业计划书前后基本假设或预测要相互呼应,也就是前后逻辑合理。例如,财务预测必须根据市场分析与技术分析所得结果,进行各种报表的规划。

(8) 切合实际。商业计划书中的一切数据要客观、实际,切勿凭主观意愿估计。通常,创业者容易高估市场潜力或报酬,而低估经营成本。在商业计划书中,创业者应尽量列出客观的可供参考的数据与文献资料。

2. 基本内容

商业计划书应包括以下部分(有些部分可根据情况合并、增减和调整):

(1) 摘要。
(2) 公司背景与历史。
(3) 法律协议与诉讼。
(4) 公司发展计划(目标)。
(5) 企业组织与管理。
(6) 产品、服务与行业介绍。
(7) 研究与开发。
(8) 市场与营销。
(9) 生产与经营。
(10) 基本经营模式。
(11) 竞争与风险。
(12) 财务。
(13) 投资建议。
(14) 附录。

3. 重点内容

商业计划书主要是给风险投资商看的,那些不能给予投资商充分的信息,也不能使投资商激动起来的商业计划书,最终结果只能是被扔进垃圾箱。风险投资商关注的要点,也就是创业者写计划书时应该把握的重点。

(1) 关注产品。在商业计划书中,应提供所有与企业的产品或服务有关的细节,包括企业所实施的所有调查。这些问题包括:产品正处于什么样的发展阶段?它的独特性怎样?企业分销产品的方法是什么?谁会使用企业的产品?原因是什么?产品的生产成本是多少?售价是多少?企业发展新的现代化产品的计划是什么?把投资商拉到企业的产品或服务中来,这样投资商就会和创业者一样对产品有兴趣。在商业计划书中,创业者应尽量用简单的词语来描述每件事——商品及其属性的定义对创业者来说是非常明确的,但其他人却不一定清楚它们的含义。制定商业计划书的目的是不仅要让投资商相信企业的产品会在世界上产生革命性的影响,同时也要使他们相信企业有证明它的论据。商业计划书对产品的阐述,要让投资商感到:"这种产品是多么美妙,多么令人鼓舞啊!"

(2) 敢于竞争。在商业计划书中,创业者应细致地分析竞争对手的情况。竞争对手都是谁?他们的产品是如何工作的?竞争对手的产品与本企业的产品相比有哪些相同点和不同点?竞争对手所采用的营销策略是什么?要明确每个竞争者的销售额、毛利润、收入以及市场份额,然后再讨论本企业相对于每个竞争者所具有的竞争优势。要向投资商展示顾客偏爱本企业的原因是本企业的产品质量好、送货迅速、定位适中、价格合适等。商业计划书要使它的读者相信，本企业不仅是行业中的有力竞争者，而且将来还会是确定行业标准的领先者。在商业计划书中，创业者还应阐明竞争者给本企业带来的风险以及本企业所采取的对策。

（3）了解市场。商业计划书要向投资商提供企业对目标市场的深入分析和理解。要细致分析经济、地理、职业以及心理等因素对消费者选择购买本企业产品这一行为的影响，以及各个因素所起的作用。商业计划书中还应包括一个主要的营销计划。计划中应列出本企业打算开展广告、促销以及公共关系活动的地区，明确每一项活动的预算和收益。商业计划书中还应阐述企业的销售战略：企业使用外面的销售代表还是使用内部职员？企业使用的销售方式是专卖、分销商还是特许经销商？企业将提供何种类型的销售培训？此外，商业计划书中还应特别关注一下销售中的细节问题。

（4）实施计划。企业的行动计划应该是无懈可击的。商业计划书中应该明确下列问题：企业如何把产品推向市场？如何设计生产线？如何组装产品？企业生产需要哪些原料？企业拥有哪些生产资源，还需要什么生产资源？生产和设备的成本是多少？企业是买设备还是租设备？商业计划书中还应介绍与产品组装、储存以及运输有关的固定成本和变动成本的情况。

（5）管理团队。把一个思想转化为一个成功的创业企业，其关键的因素就是要有一支强有力的管理队伍。这支队伍的成员必须有较高的专业技术知识、管理才能和多年的工作经验，管理者的职能就是计划、组织、控制和指导公司实现目标的行动。在商业计划书中，应首先描述整个管理队伍及其职责，然后再分别介绍每位管理人员的特殊才能、特点和造诣，细致描述每个管理者将对公司所做的贡献。商业计划书中还应明确管理目标以及组织机构图。

（6）摘要简明。商业计划书中的摘要也十分重要。它必须能让读者有兴趣并渴望得到更多的信息，它将给读者留下长久的印象。摘要将是创业者所写的最后一部分内容，但却是投资商首先会看到的内容，它将从商业计划书中摘录出与筹集资金最相干的细节，包括对企业内部的基本情况、企业的能力以及局限性、企业的竞争对手、企业的营销和财务战略以及企业的管理队伍等情况简明而生动的概括。如果企业是一本书，它就像是这本书的封面，只有做得好才能把投资商吸引住。

4. 商业计划书的写作过程

写作商业计划书应该组织一个得力的写作智囊团。因为在写作商业计划书的过程中，仅仅依靠创业者个人的力量是很难做到尽善尽美的，需要一个强有力的智囊团来弥补个人的不足。寻求有丰富经验的律师、会计师、专业咨询家的帮助是非常必要的。他们的建议有时能让商业计划书看上去更加完美。

商业计划书的最终目的是获得投资，因此，计划的设计应当从投资商的角度来考虑，但很多时候却并非如此。很多公司会不自觉地偏向产品观念。创业者需要做的是把计划做给可能的读者——投资商看，而不是创业者自己。从重要性程度来看，投资商最重视的是创业企业本身及其管理队伍，其次是企业如何打开市场。而当企业的样品或产品还在研制之中时，产品本身并不是多么重要。

时间是最为关键的。创业者应该有一个合适的时间表来安排和完成计划与计划附录。商业计划书的完成需要的时间较多，而且对于大多数创业者来说，还会涉及艰难的学习过程。下面介绍完成商业计划书的具体步骤，大致而言可以从以下几个方面来循序渐进地进行。

（1）商业计划构想细化。对自己将要开创的事业进行细致的思考，并制定细化的构思，确定明确的时间进度表和工作进程。

（2）客户调查。与至少三个本产品或服务的潜在客户建立联系。其中至少有一个是你将选做自己销售渠道的客户。准备一份1~2页的客户调查纲要。

提供一份调查和调查方法的描述。保证获取了足够大量的信息，包括潜在客户的数量、他们愿意支付的价钱、产品或服务。还应当收集定性的信息，如购买周期，对于购买决策者来说可能导致他们拒绝本产品或服务的可能障碍，你的产品为什么能够在你的目标客户的应用环境之中起作用。

（3）文档制作。印刷或用高质量的打印机彩色打印商业计划书，并装订成册。

（4）答辩陈词和反馈。准备15min的答辩以推销企业的商业计划。这是为了提供第一次（也许是最后一次）机会来向投资商推销你的企业。陈词应当强调企业的关键因素，但这并不是要把你的商业计划执行总结用口头方式表达出来，不要用看得见的东西来让你的听众眼花缭乱，要用简洁的市场分析和可靠的数据来给投资商留下深刻的印象，并准备应付听众对计划显著特性的提问。

四、商业计划书的评估与推广

在写作商业计划书的过程中，创业者应该站在风险投资商的角度（或立场）对自己的商业计划进行一番评估，并审视以下七个问题：

（1）我能获得多少回报？

（2）我会损失什么（可能遇到的风险，如所有的投资、贷款担保、法律诉讼和时间）？

（3）谁认为这个计划可行（对商业计划各项内容的第三方验证）？

（4）交易当中还有谁发挥作用（管理团队和投资群体以及他们在各自领域中的地位）？

（5）这个市场有多大？

（6）企业如何争取到潜在的顾客（对市场开拓能力的验证）？

（7）我的投资何时和怎样撤出（公开上市或并购的退出战略）？

每个风险投资商都会问到这些关键问题，检查它们是否在你的商业计划书中有明确的答案。

现在已经有很多专业的风险投资公司和非专业的投资个人和机构，它们都在努力地寻找有利可图的项目。同时，也有太多太多的创业者，他们有着天才般的创业能力，拥有或即将拥有创造巨额利润，甚至改变世界的新的事业构想，但是，他们缺乏把构想变成现实所必需的资金。这是风险投资存在的理由，也是风险投资能够得以获得高收益的根本原因。

有许多创业者的天才计划找不到投资商，也有投资商难以将自己手中的资金投入到高产出的项目中去。原因何在呢？这可能是因为沟通的困难，使得双方难以认识相互的价值；也可能是因为某一方开出了不合理的条件，破坏了交易的成立；有时候却仅仅是因为信息的障碍，双方没有交流的机会。因此，对于创业者而言，需要充分了解关于风险投资公司的信息，既可以广泛联络，也可以有的放矢，提高成功的概率。

寻找风险投资商，有时候需要创造性地闯出一条新路，用一些他人没有想到，或者是没有勇气去做的方法和方式去向风险投资商兜售自己的创意。创造性的解决方案有赖于创业者发挥自己的特殊天赋去发现。事实上，除了少数机缘良好的创业者和投资商之间能够做到一见面就有合作的意向外，大多数创业者需要经过曲折的道路，通过各种途径，找到风险投资机构，这样才能找到愿意投资的风险投资商。许多奇迹般的成功案例，在开始时都很难得到投资商的青睐。所谓"曲高和寡"，任何人都可以从中看出商机的话，这个商业计划通常只是资质平平，许多后来取得重大成功的风险投资项目，都是创业者走过了曲折的融资之路才获得的。

一般来说，联系风险投资商的方法有以下几种：高层接触、网上搜索、会议接触、图书资料寻找、中间人介绍。

（1）高层接触。为获得风险投资，直接和国内外一些在风险投资领域有影响力的人士接触是一条重要途径。例如，创业者可以和自身所处行业内的风险投资权威接触，将自己的设想与之探讨，从而引起他们的兴趣或经其介绍以获得其他风险投资商的关注。

（2）网上搜索。互联网的发展在风险投资领域得到了最为广泛和有效的应用。在网络上，有着成千上万、各种各样的风险投资网站，有些是风险投资公司直接建立的宣传、联络甚至推销风险投资的网站，也有些是由行业协会、学术机构或者中介机构建立的服务性网站。对于网络的使用者而言，寻找风险投资的网络资源十分简单方便。只要在网络搜索引擎中输入"风险投资（Venture Capital）"，就可以获得足够多的网络地址，还有一些服务性的网站会提供丰富的风险投资公司目录或者在线中介服务。

在线申请风险投资时，需要申请者填写一些项目的情况，某些网站甚至要求创业者在线提供商业计划书的摘要或全文。必须注意的是，创业者在提交商业计划书时要考虑到保密性的问题。

（3）会议接触。会议是风险投资商和创业者见面接触的一条重要途径。搜狐融资案例中，张朝阳就是通过参加会议获得风险投资商的青睐的。

有关风险投资的会议有多种类型。一类是专门为增加风险投资商同创业者的联系而举办的会议，这类会议的商业性质非常浓厚，往往有较高的会务收费。通常，这类会议有一定的主题，例如生物医药类投资洽谈会、网络经济投资会等。每年在深圳举行的中国国际高新技术成果交易会（高交会），就属于这种类型。还有一类不是专门的投资交易会，而是一些带有学术性质、行业性质或聚会性质的研讨会，例如每年都召开的亚太地区风险投资研讨会、风险资本协会年会等。如果获得了有关会议的信息，创业者可以参加这些会议，以便取得直接和风险投资商接触的机会。而且由于这类会议的气氛比较轻松，往往能够更深入地和风险投资商探讨合作的可能性。

（4）图书资料寻找。在国外，有专门的机构收集风险投资公司的信息，编制和出版专业的风险投资公司名录供需要风险投资的创业者参考。这样的机构很多，有的是专业出版社，但更多的是一些风险投资行业协会，如 NVCA（美国全美风险投资协会）、BVCA（英国风险投资协会）、EVCA（欧洲风险投资协会）等，它们每年都例行地编制和出版本协会的会员名单，包括地址、通信方法等。

目前中国国内很少有人编制这样的信息，但随着国内风险投资机构的发展和相关服务机构的建立，相信这类手册将会很快出现。

（5）中间人介绍。对于那些有一定经济基础的中小企业或者创业者而言，利用专业化的风险投资咨询机构的帮助最为有效和简便。在国内外，有大量专门从事风险投资专业中介服务的机构，它们提供从写作商业计划书，到简单的信息服务和咨询，甚至直接牵线搭桥代办融资的广泛的中介业务。中间人介绍的成功率高，但费用较高。

对创业者来说，有了商业计划书，找到了风险投资商，并非万事大吉，还需把它作为商品推销给风险投资商，这样才能达到创业融资的目的。

演示商业计划是推销商业计划书极其重要的一环，也是决定性的一步。如果你的项目或者企业非常好，当然可以相信即便你的演示过程平淡无奇，甚至有些差，也足以吸引风险投资商拿出大把的钞票。但是，绝大多数的商业计划并不能达到这样的高度。更何况风险投资商投资的时候，除了考察项目本身的优劣外，更重要的是考察创业者的能力和个人魅力，而向风险投资商推销商业计划正是创业者展示自己能力的难得机会。

演示商业计划往往涉及创业者在无数个会议或展示活动中的连续作战，对此需要做好充分的心理准备，而且要有一个基本的演示战略。

（1）准备充分。当创业者奔波于多个演示会时，在前一轮会议结束后管理层的协商应该是具有重要意义的"总结和准备大会"，而不仅仅是一次例行小结。事先推测对方可能会提一些什么问题，展示的重点何在，还要准备回答在会议期间出现的其他问题，对此千万敷衍不得。

（2）演示时不要只顾自说自演，应努力创造机会让到场的投资商也参与发言或演示，实现相互间的交流和互动。演示应保持条理清晰，突出市场前景，刺激投资商的兴奋点。演示一开始，就要声明演示过程允许双向参与，任何时候都可以被提问或被打断。如果在最初的五分钟内无人提问，本方成员应主动提问，有意地打断演示过程。这样做的意图是活跃现场气氛，带动投资商参与的积极性。

（3）不要过分强调技术因素或使技术环节复杂化。关于技术问题，可以准备一份专门介绍的活页，在需要的时候可以适时插入。演示技术类图表的出发点应该是为支持市场与产品定位预测服务，没有特殊要求的话不必画蛇添足地多做解释。

（4）分别做两份完整的计算表，一份面向技术背景有限的私人投资部门，另一份则面向熟知专业技术的精明投资商。演示应针对投资商的技术基础和专业背景。比如说，如果投资商的背景是财会专业，则有侧重地应用账务举例。

（5）引用业内专家或行业期刊观点明显支持产品和市场定位的评论。如有必要，在演示前应先签一份保密协议。通常，第一次演示不要披露太多的专业信息。所以除非不得已，不要强求对方签订这种协议，不要在与项目无关紧要的地方滋生不必要的矛盾。

（6）执行演示的人员应具备突出的沟通表达能力。演示者不一定是经理，这样安排的效果可能更好。因为此时经理可以观察听众的反应，当注意到听者出现困惑或茫然的表情时，或发现投资商的参与热情有所减退，应及时打断演示，再次强调一些能激起兴趣和参与热情的方面，增加内容的可信性。

（7）在演示前或演示过程中，不要发放有关管理经营费用的材料。保持团队合作精神，切忌和本方的其他成员发生意见上的分歧或争执。如果演示者没有妥善处理某个问题，可以这样打断："另外，需要补充的是……"

（8）在演示即将结束时，插入一页表格说明五年内的财务状况，包含市场规模以及本行业的公司平均价格收益比率（PE比率）和管理费。PE比率有助于增强基于最终管理费用的计算结果的信服力，表明投资机遇的绝佳性。

【案例】

互联网+制造，海尔的成功转型

在浩浩荡荡的传统企业互联网转型升级浪潮之下，海尔集团无疑是一个典范。高新技术、新商业模式、新思维正在重构着这个庞大的传统企业，其很多探索都值得我们思考。海尔30多年来经历了五个战略发展阶段，分别是名牌战略阶段（1984—1991年）、多元化战略阶段（1991—1998年）、国际化战略阶段（1998—2005年）、全球化品牌战略阶段（2005—2012年），以及从2012年至今的网络化战略阶段。在网络化战略阶段，作为家电巨头的海尔掀起了互联网转型升级热潮，鼓励内部员工和外部人员在海尔平台上创业。这令海尔小微企业的"试验"备受外界关注。现在海尔搭建的互联工厂已不是一个工厂的概念，而是一个生态系统，整个企业全系统、全流程都进行了颠覆，开创了工业4.0智能制造的新时代。

面对新经济形势下的全球传统制造业，都在努力去转型，这就是互联网+制造，像德国提出的工业4.0、美国随后提出的先进制造业、中国提出的《中国制造2025》，所有这一切都说明了，如果制造业不能互联网化，制造业就没有出路。海尔把"互联网+制造"具体化，海尔内部就叫作互联工厂，它最重要的是全系统的颠覆，第一是对企业的颠覆，第二是对顾客概念的颠覆，第三是对员工的颠覆。

（1）对企业的颠覆。全世界的所有企业都是金字塔形的，这是工业革命开始的时候德国人马克斯·韦伯（Max Weber）提出来的科层制，一层一层下来，也叫作官僚制，到今天全世界企业还适用。今天互联网时代海尔首先要颠覆它，把企业平台化。

（2）对顾客概念的颠覆。所有企业原来面对的就是顾客，有多少产品，有多少顾客，但是现在要把顾客颠覆成用户。为什么呢？他有个性化的需求。所以说就是用户的个性化。

（3）对员工的颠覆。原来这个企业的员工就是执行者，让他干什么他就干什么。例如日本企业执行力非常强，因此日本企业全世界竞争力很强，但是现在海尔要把员工要变成创客。

所以海尔现在聚焦颠覆的就是三化：企业平台化，用户个性化，员工创客化。

1. 企业平台化

在这三化当中，第一个就是企业平台化。互联网时代的企业，不仅要打破传统的科层制，更重要的是要变成平台，并不是企业想不想变，而是互联网一定要让企业变。因为传统时代全是单边市场，互联网时代是双边市场。单边市场是企业出产品有人买，买走回了款就结束了。现在是双边市场，不是顾客给企业付钱而是要用户流量，有了用户流量就可以赚钱。用户免费上企业的平台，上的人多了就有地方收钱。现在总结出来的全世界平台有三类。

第一类是聚合平台，就是交易平台。例如淘宝就是聚合平台。第二类平台叫作社交平台。像美国的Facebook、中国的腾讯。淘宝不向用户直接收钱，用户非常多。为什么？因为这里销售的价格低。淘宝可以从广告商那里收钱。Facebook、腾讯都可以从其他地方收钱。第三类是移动平台。当然现在全世界期待会有第四种平台、第五种平台出来，三种平台不可能满足，但是不管怎么说，你要么是平台的创立者，要么就只能在平台上运行。所以这对于企业来说是挑战，把过去都要颠覆掉，首先要做的就是把内部结构先颠覆成适应这个平台时代要求的结构。

怎么颠覆呢？像海尔就把这个科层制压扁了。第一去中心化，第二去中介化。所谓去中心化，就是没有中心，原来的企业有很多中心，所有的领导都是中心，每个员工都有他的上级，上级就是中心，甚至多中心，因为有很多的上级。去中介化中的中介，不仅仅是社会的中介，还有企业内部的中介，过去企业有专门的机构评价内部员工做得怎么样，现在不需要了，让用户直接评价。

2. 用户的个性化

去两化之后，现在变成了只有三种人。这三种人互相不是领导与被领导的关系，而是创业范围不同的关系。第一种人叫平台主。你本来管了很多很多的工厂和车间，但是你现在是一个平台主，不是管理工厂和车间，而是在你的平台当中产生了很多创业团队。第二种人叫小微主，就是一个创业团队。第三种是普通员工，要变成创客。每个人都是创业者，要创造的是价值。企业平台化的目的是让每个人都来创业，每个人都来体现自身价值。当然这里出现了一个问题，到底能不能发现用户需求，所以用户非常重要，这就是用户的个性化。

用户的个性化，首先要改变一个观念。原来是要有很多顾客，但是顾客和用户是不一样的。用户不是买你的东西，而是参与你的前端设计，要做到这一点，工厂就需要改变，变成互联工厂，工厂要满足用户的个性化需求。社会个性化需求来了之后，就需要虚拟设计，加上智能化制造，而不是在车间里来导入这些事情。

海尔收购了新西兰的斐雪派克，它在青岛建立了一个电机厂，完全是全自动的。但是它的设计在新西兰，设计通过网络传过来，生产线接收它的设计然后制造。海尔现在针对很多的用户个性化需求，把制造全过程，从设计制造到包装，发到用户的手机上，通俗地讲，这是透明工厂。

3. 员工创客化

海尔把员工从被雇佣者、执行者，转变成创业者、合伙人。以前每一个员工是被雇佣者，做好了就可以得到薪酬，但是现在变成了创业者，员工自己来创业，能够做到多么好就可以得到多么高的价值，而且要成为合伙人。例如开发家庭投影仪，风投之后，员工自己也跟投，把自己的身家利益也搭到里面去。过去是企业付酬，现在用户付酬，给用户创造多大价值可以得到多大的利益。这样很多人就感到不适应，因为也许全部身家就搭到里面去了。每个人创业都是这样，一定是利益和风险共担，但如果不能把利益和风险共担，其实所谓创业就是一句空话。

当海尔逐渐向平台型企业转变，小微企业、员工逐渐变为网络上的节点，不断寻找创业机会；同时，顾客也变为用户，作为利益相关方，可以参与价值的共创、共享。海尔模式转型成果已在样板小微企业上得到验证。高端品牌卡萨帝的市场份额在2015年已提升165%，达到6.1%；一批海尔小微企业实现了从自闭系统走向互联互通节点，从科层制管理架构转变为去中心化、去中介化，从串联组织到并联生态圈，从岗位薪酬到用户付薪，从正三角管理到自演进、自驱动、自创业等转变。

在人数上，海尔在册员工已从8.5万人减少到不足6万人，但为全社会提供的就业机会超过100万人次，已成为大众创业、万众创新的后电商时代平台。目前，海尔平台上已聚集了 4700 多家外部一流资源，30 亿元创投基金，1330 家风险投资机构，103 家园区孵化器资源，诞生了 1160 多个项目。同时，海尔平台上近 3800 多个节点小微和上百万家微店正在不断努力推进资本和人力的社会化。

海尔的互联网成功转型是海尔继续保持企业持续发展的主要力量。2016 年 1 月在 "2016 年海尔生态圈共创共赢模式创新交互大会"上，海尔晒出了 2015 年的成绩单：2015 年海尔集团全球营业额实现 1887 亿元；实现利润约为 180 亿元，同比增长 20%。目前，海尔已有 100 多个小微企业的年营业收入超过 1 亿元，22 个小微企业引入风投，有 12 个小微企业估值过亿元。

创业实践

根据你就读学校所在地区高校分布的情况，策划一个"大学生创业辅导中心"。（提示：参考高科技产业园孵化基地的模式）

复习思考题

1. 什么是商业模式？它与盈利模式有什么区别？
2. 试述商业模式设计的原则。
3. 互联网时代，如何改造传统企业的商业模式？试举例说明。
4. 成功创业的过程一般分为哪几个阶段？要想成为一个成功创业者，要有意识地从哪几个方面进行准备？
5. 如何捕捉市场商机？
6. 什么是风险投资融资？
7. 什么是商业计划书？它有哪些作用？
8. 商业计划书的哪些内容是不可缺少的？

CI 策划与广告策划

第一节　CI 的起源与发展

20 世纪 30 年代的上海,南来北往的旅客一下火车,那烽火台般的水泥石墩上"40000"的字样便跃入眼帘。再看车站月台边停着清一色的墨绿色出租汽车,每辆车尾部喷涂的也都是"40000"这个同样的号码。不仅如此,走在街上,翻开报纸,打开收音机,无处不出现这个号码。这就是上海祥生出租汽车有限公司的电话号码。这个号码得天独厚,名扬浦江。特别是在上海掀起抵制洋货的热潮时,公司又打出了"四万万同胞请打四万号电话""中国人坐中国车"的口号,更让上海出租汽车业的同行们望尘莫及、自叹不如。

祥生公司将造型单纯、书写统一标准的视觉符号——"40000",通过各种传播媒介告诉社会大众,并且每一部出租车都是墨绿色,构成了企业的标准色,具有强烈的视觉识别效果。这就是我国早期企业识别系统的萌芽。

视觉识别符号在我国很早就开始应用,像官服、旗帜、招牌、字号等,就是区别官与民、官大官小、一国与另一国、此店与彼店的特征,只是没有人对这种现象进行总结归纳,提升为一种理论来指导工作。

早期演进以至完善地运用在企业功能上的企业形象系统出现在 1940—1950 年。第一个实例是美国的 CBS 公司,由威廉·哥顿(William Golden)设计。第二例是象征"前卫、科技、智慧"的 IBM 公司,由保罗·兰德(Paul Rand)设计。第三例是乔治·威斯汀豪斯(Geroge Westinghouse)所创的西屋电气,同样由保罗·兰德设计。

企业形象识别(CI)作为企业经营的一种策略,是在 20 世纪 50 年代由 IBM 公司首先提出来的。当时,IBM 公司已经取得较大的发展,不仅生产技术有了显著提高,经营思想也发生了巨大的变化。公司原有的标志、商标等视觉形象要素已经显得陈旧、缺乏统一性,不能很好地反映企业的特点。当时的市场状况,一是竞争产品增多,企业之间的竞争加剧;二是消费者对产品的追求也发生了很大的变化,他们不仅追求产品的质量、性能,而且追求能在信任、荣誉、性格、感情等方面得到满足的"第二价值"。在这样的背景下,IBM 公司提出了改革并统一企业的视觉形象的 CI 新策略。这一策略的主要内容是:通过对商标、标志及其他视觉形象的改革,使企业的特点在色彩、线条、造型设计等方面得到体现,并且实现系列化、标准化,从而使企业形象既有鲜明的个性,又能保持统一性和一贯性。IBM 公司认为,这样的视觉形象才能得到企业内外的认同,便于识别,能起到对内增强员工的向心力,对外显示公司个性、塑造产品形象的作用。

IBM 公司的新策略收到了显著效果。到了 20 世纪 60 年代,CI 策略很快在其他企业中普及开来。例如美国的家电、电子业的 RCA,泛美航空,东方航空,美孚石油公司。在欧洲,意大利以生产打字机和电子计算机而著名的 Olivetti、意大利汽车工业的菲亚特(FIAT)和在英国的 LUCAS 等企业也开始建立 CI。

在日本，TDK 东电化（原东京电气化学工业公司）在 20 世纪 60 年代末建立了 CI。著名的马自达（MAZDA）（原东洋工业）、大荣（Daiei）超市也在 1971 年建立了 CI。

在中国台湾，最早引入 CI 的是台塑企业，1967 年由当时的设计家郭叔雄策划设计，配合台塑企业的经营要求而进行。他采用波浪形的外框，将台塑旗下的关系企业结合起来，象征企业体系将绵延不断地蓬勃发展。

在中国大陆，从 20 世纪 50 年代开始，民航、铁路都使用统一专用标志和规范字体，只是没有得到深化。现在航空、铁路都实行了 CI 计划，在机场、车站、售票处，以及车票、机票、信纸、信封、服装上都印有醒目的供识别的视觉符号。最早且成功地导入 CI 战略的是广东的太阳神集团。1988 年，中国大陆对 CI 战略可以说知之甚少，CI 操作还停留在初始阶段。太阳神集团借鉴国外先进的经验，毅然决定导入 CI，并且在导入 CI 战略中，将企业名称、商品标志与产品品牌三者巧妙地结合在一起，率先进行企业形象广告宣传，帮助企业树立形象。

太阳神集团导入 CI，为中国大陆，特别是珠江三角洲企业导入 CI 战略树立了成功的典范。20 世纪 90 年代初，许多卓有远见的企业纷纷以巨资导入 CI 战略，如科龙集团、健力宝集团、康佳集团等。

这些企业的成功，得益于导入 CI 战略，那么什么是 CI 呢？

CI 是英文 Corporate Identify 的字头缩写，严格地说，应为企业形象识别。美国企业就比较偏重于这方面，即视觉识别的设计。而真正意义的 CI 应该是英文 Corporate Imagine 的字头缩写。日本企业在实践中不断丰富和完善了 CI 策划的内容，即在原来的企业视觉识别基础上，又加上企业的理念识别和企业的活动识别，这三者有机地构成了 CIS（Corporate Identity System）。

到底什么是企业形象呢？有人称之为企业的"脸"、企业的气质、企业意象、企业风格或是企业的身份证明书。概括地说，企业形象是企业将其创业精神、经营理念和有效的管理方法，通过提供给消费群的产品、服务点、服务品质和活动空间等，配合产销策略、广告运作，以其最具代表性、区别性、系统性和统一性的法则完成各项视觉化符号体系的工程。

另一种企业形象的概义表述为：它是指企业文化的综合反映和外部表现，是企业通过自己的行为、产品和服务在社会公众心目中绘制的图景和造型，是公众以其直观感受对企业做出的全部看法和评价。

一个企业在公众心目中的形象可以从产品形象、环境形象、服务形象和员工形象四个方面表现出来：

（1）产品形象。产品形象是指产品的质量、性能、商标、造型、包装和名称等在消费者和社会公众心目中的形象，它是企业形象的基础。产品形象的好坏直接决定企业形象乃至整个企业的命运。产品不仅仅是企业盈利的媒体，而且是企业输出信息、显示对顾客责任感的载体。

（2）环境形象。环境形象是指企业组织机构的工作、生产和生活给员工和社会公众留下的印象。

（3）服务形象。优质的服务是树立良好企业形象的保证。现代的市场已由卖方市场转变为买方市场，在吸引顾客、超过同行业的竞争中，服务越来越重要。

（4）员工形象。企业经营的好坏与经营管理者（特别是最高层领导者）的能力、素质、魄力、气度和经营业绩给企业员工、同行和社会公众留下的印象关系极大。良好的管理者形象能增加企业的凝聚力，调动员工的积极性。而员工的技术素质、文化水平、职业道德和仪表装束等构成了员工形象，员工是企业的主体，员工形象直接决定商品形象，从而决定企业形象。

企业为什么要导入CI战略呢？结合国外CI发展的经验，可以发现主要有以下七大原因：

（1）企业追求差异化。为与同性质企业彼此竞争和避免企业形象的混淆，要想在竞争中脱颖而出，建立新形象、建立一套合适的CI视觉系统是必要的。

（2）企业形象老旧，为使企业产品营销渠道扩大。老字号、老招牌的企业虽然在品质、信誉等方面已具代表性，但为追求产品在营销上有更广阔的空间，有时须重整企业形象，甚至改变商标或为企业重新命名。例如广州的金福米业公司就是国营粮店重树形象的例子，以连锁经营金福米的方式，向人们展现了全新的企业形象。

（3）企业转型合并投资。例如中国台湾东帝士企业为改变消费者对其原有企业的印象，建立汽车、化纤、纺织、成衣、建设、零售、旅游等关联企业，实行多元化经营，对企业形象重新进行定位。

（4）企业国际化。大中型企业因资金充裕，可在国外市场一展身手，投资设厂、购置产业，进行跨国经营。为增强其在国际市场的竞争能力，需要一个完整的企业形象。

（5）多元化投资经营。企业刚成立时，常常仅以某种产品和服务点的推广为其经营点，其产品名、字体和标志符号的表达也仅以其服务内容为基点。经过一段时间的发展，相关的或附属于主要产品服务的内容增加了，为配合整体营销，扩大并提供给消费者更多的选择，企业可以导入CI战略，以多样产品销售为主导，建立各类符号标志并为关联企业命名，很有成效。

（6）品牌多样化的统一。例如广州市浪奇实业股份有限公司，其前身为广州油脂化工厂，有十几个品牌共百余种产品，如海韵、亚美亚、浪臣等品牌名，却没有一个牌子可以代表企业形象，在市场上很难让消费者了解其为同一企业所生产的产品，若能拥有完整的企业识别系统，则在营销和广告上很容易定位和发挥。该公司导入CI战略，确立了以浪奇统领下的浪奇高富力、浪奇天丽和浪奇万丽三大系列的关系，将产品形象和企业形象联系起来。

（7）企业的合并和体制改革。企业兼并、更名、股份制改造、产品品种增多或多元化经营，都需要研究一个完整的CI系统，以便树立新的企业形象。

在市场经济日益繁荣、企业之间的竞争日趋激烈的今天，企业科学合理地导入CI战略，对内可以增强企业员工的向心力，调动全体员工的工作积极性，使企业充满生机；对外则会使企业形象更加鲜明、充实、可信，获得社会大众的支持，为企业发展创造一个良好的竞争环境。

进入20世纪80年代后，由于企业文化、企业战略、公共关系等理论和方法的发展，人们认识到企业形象不仅是由多种因素组成的系统，而且企业形象的确立也是把上述三个方面结合起来的系统工程。因此，人们对CI有了新的认识，并将其扩展为企业形象系统（CIS），认为这是新时代有效的管理理论与方法。

CIS理论认为，企业形象是一个系统，包括VI（静态的视觉形象）、BI（动态的行为形象）、PI（产品形象）、SI（企业系统的其他要素形象）、MI（企业精神、理念形象）。这些要素综合而成 CIS。CIS 对内有团结员工及树立统一的企业价值观念、思维方法的作用，可以加强企业组织的凝聚力和活力；对外可以树立企业独特而良好的形象，从而使企业得到社会公众的认同、理解和支持。因此，CIS 是企业战略的重要组成部分。

CIS 的核心是企业文化中的 MI，它体现在企业的经营理念和经营方针等方面。重新设计并构筑企业的 MI 并使其得到企业内、外的认同，对于实施 CIS 战略有重要的意义。

CIS 中的 PI 应包括产品的质量、性能、商标、包装、造型和名称等内容。其中商标、包装两项内容放在"视觉识别"中介绍，其他大部分内容属于工业设计，将在其他书中介绍；SI 如专业识别、品牌识别等，本书不做介绍。

本章将重点介绍 CIS 战略中的三大要素：理念识别（MI）、视觉识别（VI）、活动识别（BI）。

第二节　企业形象策划

一、企业理念形象策划

理念识别（Mind Identify，MI）是 CIS 战略运作的原动力和实施的基础，是企业经营的精神主导。完整的企业形象系统的建立，有赖于企业经营理念的确定。其内容包括企业对社会的使命，及企业的经营策略、企业文化、方针和座右铭等。

现代产业形态的转变和其 MI 主导的改变、演进有着密切的关系。早期人类的经济行为是物物交换，后来由于货币的出现，经营形态也因而发生改变，个体户渐渐形成了合作式的商店。随着社会经济的不断发展，企业集团垄断市场，最容易显现的还是其经营和管理的理念。例如 1850 年法国的百货店，1870 年美国的邮购式经营，1920 年改为自助式的服务和连锁商店的经营，到了 1930 年超级市场兴起。今天，这几种经营形态并存，使我们的生活多姿多彩。

由于产业经营形态的改革，MI 也不得不诉求于企业组织内部的改革，如人才的培训、组织功能的发挥、员工上下建立共识等，最后达成企业对社会的功能实现。

我们看看下列国内外企业理念识别实例：

1. 资生堂（日本）

该企业以化妆品制造业为内容，以"美化人生、至真、至善、至美，取之于社会，用之于社会"为其经营理念。

2. 大公证券（中国台湾）

中国台湾开放证券业后，证券商如雨后春笋般出现。大公证券以公正、公平、公开之作风，取名为大公，构想源自"大道之行也，天下为公"这句名言，又取英文名"Tycon"，为"大亨"之意。此意为他们的服务带给投资者财运亨通，来大公就有希望变大亨。其经营理念为：生财有道，大公无私。

3. 统一企业（中国台湾）

统一企业是以经营食品业著称的企业。其 MI 的精神指标为"开创健康快乐的明天"，并秉承"三好一公道"（品质好、信用好、服务好、价格公道）的经营理念，塑造出值得信赖、正派经营的企业形象。

4. 养乐多（日本）

养乐多 CI 的重点在 MI 与 BI，养乐多追求的经营理念是"健康、安全、卫生"。在营销上采取"亲切"的路线：一位经常面带笑容、身着"养乐多"制服的邻家妈妈骑着自行车，配合蓝天、绿地和清早活动的场景，画面充满温馨。再加上"养乐多"妈妈的一声"早安，养乐多"，使此健康饮料为一般家庭所接受。

5. 麦当劳（美国）

麦当劳是率先登陆中国的西式速食店之一，而且发展迅速。其成功的主要因素在于完整的经营手册。它以 MI、BI 和 VI 为主导，尤其是它的注重 QSCV 的经营理念，即品质（Quality）、服务（Service）、清洁（Cleanness）、价值（Value），为很多人所喜欢。

企业理念作为企业经营的精神主导，其作用越来越受到现代企业的认同和重视。我们将从下面三个方面阐述如何进行企业理念策划。

（一）企业价值观的确立

企业价值观是企业员工对本企业追求的战略方针和目标的认同感。不同的企业因其战略方针、目标及员工的素质不同而有不同的价值观。尽管如此，正确的企业价值观应该激励员工斗志和取信于公众。下面八种价值观可供参考：

（1）人的价值高于一切。"有了人，什么奇迹都可以创造出来。"企业的成功，最有价值的因素不是物，而是人，因为有了人，才能够创造物。这种价值观重视的是对消费者的负责和对企业员工的培育，重视人本管理。

（2）为社会服务的价值高于利润的价值。一方面，企业的目的、使命和价值，在于向社会提供物美价廉的产品和优质的服务，利润只不过是社会对企业的一种报酬；另一方面，调动企业员工积极性最有效的指标，也不是利润指标，而是为社会做贡献的使命感。

（3）企业知名度的价值高于利润的价值。企业知名度实质上是一种无形资产，用一部分利润来提高企业的知名度，最终会带来更多的利润；有损于企业知名度而获得的利润，永远不会带来企业的辉煌。

（4）维持员工队伍基本稳定的价值高于赚钱的价值。一个繁荣时招聘员工、萧条时解雇员工的企业，不能保住人才，也不能形成企业共识。维持员工队伍的基本稳定，才能使企业东山再起。

（5）用户的价值高于技术的价值。用户是企业的衣食父母。企业生产的目的是最大限度地满足用户的需求。企业生产的产品如果不被用户所接受，那么无论技术多么先进，功能多么齐全，终是一堆废物。

（6）共同协作的价值高于单干的价值。现代企业大生产的社会性，要求走共同协作的路线，小而全的单干，终会因什么也干不好而在市场竞争中被淘汰。

（7）保证质量的价值高于推出新产品的价值。不急于将新产品投入市场，而是持观望态度，将他人的失误作为前车之鉴，不久便推出质量更好的产品。

（8）顾客第一、员工第二、股东第三的价值。这一层次符合人的本性和社会整体利益。

上述八种企业价值观具有一定的代表性。企业可以根据实际情况进行变通，创造出具有自己鲜明个性的价值观，并付诸实施。

（二）精神标语策划

企业理念、企业价值观和企业精神怎样用简单明了、形象生动、个性独特和富有感召性的语言来表达呢？精神标语或叫企业座右铭，就是上面几条的高度概括，它通过各种传播媒体向公众辐射。在企业形象广告中，它是广告的主题；在产品广告中，它是广告口号。这里列举几家知名企业有代表性的口号：

（1）太阳神集团：专业保健，至精至诚。
（2）海尔集团：真诚到永远。
（3）波音公司：我们每一个人都代表公司。
（4）IBM 公司：IBM 就是服务。
（5）日产公司：品不良在于心不正。

怎样才能使精神标语独具特色、形象生动呢？下面介绍几种表达方式供读者参考。

（1）人名式表达。当企业出了英雄模范人物，而且事迹又广为传播时，那么用他的名字来表达企业精神，往往能收到体现个性、形象生动的效果。例如用"铁人精神"来表达大庆石油工人艰苦创业的精神，就很具特色，富于感染力。

（2）品名式表达。这是用企业产品的商标名称来表达企业精神的方式。用产品商标来表达企业精神，必须符合两个条件：①该产品是名牌，在社会上有一定的知名度和美誉度，用它来表达企业精神能使员工产生自豪感；②该产品商标的名称和企业精神的内容能满足相似、契合等条件，从而能形象生动地将企业精神个性化。例如上海自行车厂生产的"永久"牌自行车，在国内外享有较高的知名度和美誉度，"永久"一词又和该厂的企业精神"永久为民"的内容相契合。如果把该厂的企业精神表示为"永久精神"，就属于品名式表达。

（3）比喻式表达。同样是开拓创新，日本的索尼公司表述为"豚鼠精神"（豚鼠在茫茫的黑夜里总是不停地挖掘），美国的玫琳凯化妆品公司则表述为"大黄蜂精神"（大黄蜂不理会自己的翅膀太软、身体太重而仍然不停地飞）。这两种比喻式表达都很生动，富有个性。索尼公司的开拓创新是要"干别人不敢干的事"，这需要暗地里持续不断地使劲的"豚鼠精神"；而玫琳凯公司所说的开拓创新是销售方面的，若展销会失败则需要有敢于用软弱的翅膀载着笨重的身体去飞翔的"大黄蜂精神"。

（4）故事式表达。例如给企业精神取一个富有个性的名称，通过讲厂史中的一个故事来阐明其根据，并进一步展示它的内容，这就是故事式的表达。

（5）主要式表达。不追求全面，而是把企业精神最主要的点特别表达出来，这就是主要式表达。例如上海第一钢铁厂的"一厘钱精神"，就把该厂少花钱多办事的艰苦奋斗精神提到了首位。

（三）树立信誉的策划

企业理念的外在表现，主要体现在企业的信誉上。良好的信誉是企业最有价值的无形资产，就如前面所说的企业知名度一样，它所产生的效益是无法用价值来衡量的。

树立信誉，主要从质量、价格、合同、计量和服务等方面体现。"窗口"行业实行承诺服务，实质上就是树立企业的信誉。

总之，从上面企业价值观、精神标语和树立信誉三个方面的内容策划企业理念形象，是比较有效的。企业可以参照上述内容，结合自己的实际情况，确定本企业的理念形象并加以实施。

二、企业视觉形象策划

视觉识别（Visual Identify，VI）是理念识别的具体化和视觉化。视觉识别的内容较多，涉及面广，效果也最直接。它的基本要素有企业名称，企业标志，企业、品牌标准字体及专用印刷字体，企业标准色，企业象征造型图案等，应用要素有十部分：产品、事务用品、办公室器具设备、招牌旗帜标志牌、制服、建筑外貌橱窗、交通工具、包装用品、广告传播和陈列展示等。

（一）基本设计系统

1. 企业名称

SONY 的成功要归功于它"改名换姓"和独特的企业识别系统。

创立于 1946 年的"东京通信工业"才是 SONY 的真正"乳名"。当时，该公司的电子管收音机销路实在不理想，老是受到品质上的批判。不论怎么检讨、改进，还是老样子。后来公司发现：取了个这么土的公司名字，怎能让产品畅销呢？于是决定换名。

事实上，目前的"SONY"一开始是经由"SOUND"（意为"声音"），经过数次加工、转换而成的"SONNY"。到了 1955 年元旦，SONNY 公司才正式将 5 个字母浓缩成现在的 SONY。SONY 名称定案后，这个好读好记的响亮名字也开始走红海内外。

在企业即将组成或产品即将推向市场时，确定企业名称是很重要的。这里的企业名称不单指企业名，也包括品牌名、企业字体商标名和产品名。好的命名是企业迈向成功的第一步。

面对今天多样化的社会形态和更多同类企业的竞争者，在命名策略上，企业也需要进行更客观、更理性的市场分析，了解消费者的心理认同因素。企业名在市场的区别和定位，更是为了建立企业的个性，因此要求企业在命名的字意和字音上要深思熟虑。首先要研究企业本身，明白"你是谁"；第二步弄明白你想要告诉别人（消费者）什么，要消费者对企业有怎样的形象认知；第三步弄清楚你将做什么、提供什么（产品或服务），并说明和竞争企业有何不同之处；最后要说明企业未来成长的形态结构。有了以上认识，我们就可深入研拟企业命名策略了。

在产品品牌的命名作业中也是如此，为探寻市场消费群对产品及品牌的认知，对市场进行调查分析十分重要。调查作业的内容有：①产品品牌知名度；②曾经使用过或食用过同类型的产品品牌有哪些；③消费层的分析；④购买的频率；⑤购买的数量；⑥购买的目的与作用；⑦对产品价值的认知分析；⑧消费时机；⑨购买地点；⑩造成购买产品的主要因素；⑪经常使用或食用竞争品牌产品的主要原因；⑫对未来产品内容或特色的建议。有了以上评估数据分析，再针对竞争产品的广告表现和策略，就不难拟出一套完整的命名策略了。然后在命名作业中，再考虑语音和语意的命名创意工作。

至于命名的要诀，在日本出版的《命名法》一书中作者强调，好的命名必须在传达上具有"五易"：①易了解；②易读；③易听；④易记；⑤易写。根据美国联邦商标协会多年的研究，好的命名有其共同的条件：

（1）简洁。外文或英文字母结构不宜过长，中文最好不超过四个字。

（2）好发音、好念、好讲。外文发音不宜超过三个音节，咬文嚼字或不易发音的文字应避免。

（3）好记忆。简单通俗、笔画少的文字，在命名时可得到很好的效果。

（4）好联想。例如四通集团、娃哈哈集团、广客隆、万家乐等。

（5）好写、好辨别。文字简洁，笔画简单，视觉识别度才高。

对于中国人，特别是广东人、香港人来说，命名还讲究兆头。金利来远东有限公司创办人曾宪梓在谈及他的名牌产品"金利来"的来历时说，"金利来"原来叫金狮。一天他送两条金狮领带给他的一个亲戚，亲戚满脸的不高兴："我才不要你的领带呢！金输、金输，什么都输掉了。"原来粤语中"狮"和"输"读音相似，而他这个亲戚又是个爱赌马的人，香港赌马的人很多，显然很忌讳"输"字。于是曾宪梓绞尽脑汁，终于将 Goldlion（金狮）改为意译和音译相结合的"金利来"，即"Gold"意为金，"Lion"音读利来。这个名字很快为大家所接受，戴领带的各阶层生意人多，谁不希望"金利来"？

好的命名是企业、品牌迈向成功很重要的一步。企业名称的种类大体可分为企业名、品牌名、企业字体商标名和产品名四大类。通常企业名同于品牌名。例如健力宝集团的品牌也为健力宝。确立品牌名和标准字体，以利市场竞争中获胜和市场占有率的提高，更有益于企业形象和产品权益受到法律的保护。企业字体商标名或叫字体商标，常见的文字商标可分成八大类：

（1）以自然物象名词或形容词命名，如"苹果牌""玉兔牌"。

（2）以数据代号命名，如555（"三五"牌）、999（"三九"牌）。

（3）提示产品内容或以功能命名的商标，如"顺风"牌风扇。

（4）以姓氏、名字命名，如王安电脑、皮尔·卡丹等。

（5）由外语之语意、语音转译，如飞利浦电器（Philips）。

（6）以英文字首组合命名，如 IBM。

（7）以英文字母拼音组合，如 Kodak（柯达）。

（8）以地名或国家名命名，如新加坡航空公司、珠江实业公司。

产品命名有异于前三类，在视觉上更应具备吸引力和创造力，满足消费者的心理追求，其取名要有亲切感，易记、易念，具有个性。取好产品名有助提高产品的销售量。除了产品内容和包装形式上的不同，根据市场销售对象的不同，其命名也应明显有性别年龄之分。

2. 企业标志

（1）企业标志及商标的价值。企业标志（包括商标）是用来表现视觉识别的基本要素，它与企业名称——用文字表现的识别要素是相辅相成的。建立企业形象的关键在于确定象征标志，用象征标志表示企业的特殊个性和信誉，确立企业与产品的差异性和表达其市场的销售地位。

作为视觉识别标志，商标是产品的符号化的标志。1963年国际保护工业产权协会将商标定义为：能区别某人或某个群体的产品或劳务的标志，这一标志的特征来源于产品所标志的或所提供的性质。该协会还为发展中国家制定了一部商标法典范，将商标定义为：区别不同企业产品或劳务的明显标志。商标作为企业和产品的标志，注册后享有专用权，受法律保护。我们从这个定义可以看出，商标不只是产品的标志，也是企业的标志。

在商品经济社会里，商标已成为产品或劳务的一个重要组成部分，在商品交换过程中，商标便形成了自身的价值。商标的价值不同于一般商品的价值，它既有经济价值，又有信誉价值。商标的价值由经济、信誉、专用权和艺术性四个方面组成。商标的作用与价值体现在下面几个方面：

1）商标能维护生产者的正当权益，并起到保护企业信誉的作用。对一些名、优、特产品而言，顾客可根据商标区别不同企业的同类产品，以免鱼目混珠。

2）商标能起到监督企业、产品品质的作用。企业创名牌产品要经过日积月累的努力，名牌产品是顾客公认的，而不是企业自封的。因此商标能区分同类产品的不同质量，监督企业产品质量。

3）商标能保护消费者的利益。商标是可以识别的标志，因此可避免消费者购买商品时产生混淆或受到欺骗。

4）商标本身也是一种广告。在商品交换过程中，商标好似一个无声的宣传员，它通过自己独特的名称、优美的图形和鲜明的色彩，代表着企业的信誉，象征着特定产品的质量与特色，吸引消费者购买。

5）商标能保护各个竞争者的利益。参加竞争的企业都有自己的商标，既有利于顾客辨认，又利于同行业竞争，从而避免少数企业垄断市场并控制顾客选择的后果，保护各竞争者的利益。

6）商标能起到促销的作用。商标已成为消费者对产品信誉的印象的载体，商标则成为识别的标志，顾客往往只认商标购买。此外，商标有利于促进对外贸易的发展，一个没有商标的产品是很难在国际市场上站稳脚跟的。

（2）商标策略。研究商标策略的核心是如何合理地应用商标，如何发挥商标的积极作用。在使用商标时，企业会遇到些什么问题，一般采取何种策略？

1）使用还是不使用商标。大部分产品均使用商标，但未必所有的产品都要使用商标。如下面几种情况可以不用商标：①并不因为生产不同而形成不同特点的产品，如电、煤、木材；②消费者习惯不认商标就购买的产品，如蔬菜、粮食；③生产简单，选择性不大的产品，如日用小百货；④临时性或一次性生产的产品。

2）采用生产者商标还是销售者商标。传统的做法是用生产者商标，但自从商业成为独立的行业以后，商业企业已逐步形成了自己的信誉。因此采用谁的商标，要衡量两者的信誉，以做出选择。

3）使用同一商标还是个别商标。当企业决定采用自己的商标时，仍需对采用商标的策略做进一步选择：

①采用同一商标策略。即企业所有产品使用一个商标，其好处在于节约商标设计费用，有利于消除消费者对新产品的不信任感。若有一个或几个产品能率先取得良好信誉，则有利于企业所有产品的销售。

②采用个别商标策略。有两种形式：一是企业对不同的产品采用不同的商标；二是企业对不同的产品线采用不同的商标。后者对同一产品线内不同的产品项目而言，采用的是同一商标的策略。当企业产品类型多，而相关性小时，宜采用个别商标策略。这样企业商标的信誉就不会集中在某一商标上，个别商标的信誉不佳不会影响其他产品销售。

（3）商标与标志的设计准则。商标由文字、图案和符号这三个元素组成，题材极其广泛。凡是花鸟虫鱼、飞禽走兽、人物事件、名胜古迹、神话传说、天文地理及规范道德，以及某种象征意义的抽象组合等，都可以作为商标的内容。从营销角度看，一个良好的商标设计应遵循如下原则：

1）能体现企业的特色。对某一企业来说，并非任何造型美观的商标都能适用，商标设计必须体现企业产品或企业经营的特色。例如机械厂通常用机械零件组成的图案作为商标。

2）简单明了。商标所使用的文字、图案、符号都不应繁杂、冗长，要力求简洁，易识别、记忆和联想，能给人以深刻的印象。

3）造型美观，构思新颖。商标也是一种无声的广告。商标不仅要给人带来美的享受，而且要能给人带来信任感。

4）具有独特性。要求本企业的商标与其他企业的商标有明显的区别。对顾客而言，要一看商标就能辨别出产品及其来源。

5）具有永久性。商标要具有时间上的永久性和使用上的广泛性，可在不同场合中使用。

好的商标应能从视觉上打进人们的心里，建立一种亲切的感情，激发消费者的购买欲望。在设计上，应该对商标的独特性、象征性、时代性、记忆性、应用性、组合性和变化性等多方面进行深入的探讨，才能使商标设计达到上乘的水准。

从商标的定义可以看出，商标与标志既有联系又有区别。许多企业的商标与标志是一致的，只是在不同的场合使用，但有些企业其企业标志与商标是分开的。设计企业标志除应具备商标的五个原则外，还应注意两点：一是标志力求单纯，在造型上应经过高度概括提炼；二是适用性强，标志的造型应适用于名片、公用信笺、车厢、建筑物墙面等各种场合。

3. 企业、品牌标准字体及专用印刷体

（1）设计标准字体的原则。所谓企业标准字体，是指企业在各种场合下使用的各种宣传内容（包括广告、标志、名称及各种媒体）都要使用统一的字体。

设计标准字体的原则有以下几项：

1）合乎企业的特质。企业经营的内容和产品的特质、营销对象的不同，字体的风格也就不同。因而，标准字体在设计前最好先做同性质企业名或产品名的标准字的字形分析，以分辨字体在视觉中可介入的风格和造型，这是企业标准字体设计前要考虑到的。

2）视觉辨识效果要强。企业名字体重点在识读，除设计出非常巧妙的字形外，也要考虑字体笔画的正确性，这一点非常重要。

3）字体造型风格要合适。字形犹如人的面孔，很容易让消费者对企业形态和产品特质有初步的认识。因此，在设计时可先将字体属性进行分类，如刚性字体、中性字体、柔性字体。一般企业以中性字体最为常见，柔性字体用在化妆品、服饰、食品类企业或产品中较多，刚性字体在建设、五金、机器、电器类企业或产品中较常见，斜形字体常用于交通业和旅游业。设计时，必须把握字体的创新性、亲切感和造型的美感，视觉上笔画及字造型要统一。

4）具有延展性。字体完成前要考虑视觉应用，如放大、缩小、反白、套色、线形镂空字、立体字、斜体和变形等，有助于字体的表现和增加运用的空间，但不失标准字原有风貌。

（2）标准字的设计步骤和方法

1）绘出字格。以稍扁平方格为佳，以利视觉横看的效果，字与字之间预留字宽的1/10左右，以字高 30~40mm 来设计。

2）画出字形的骨架。骨架要方正、饱满，字的上下左右部分结合要均衡。

3）由骨生肉。横笔细，竖笔宽，较符合视觉原理。

4）调整笔画骨架。使笔画、方向、位置趋向统一。

5）笔画的调整与变化。字架稳定了，再设计和修整笔画，使字体的形体符合视觉美感和企业形象的视觉要求。

6）转移摹写。字体设计完成后，通过描图，转写在完稿纸上。

7）上墨完稿。予以修正，力求精细。

8）照相制版。在暗房中进行放大、缩小处理，也可以在复印机、计算机上处理。

9）配合企业识别用途，完成基本系统组合的工作，以便完成标准字体管理手册。

企业专用印刷体要选择合乎企业特质的印刷体，字体造型风格要与企业经营风格相统一。

标志、商标、标准字体等视觉识别设计，现在设计人员一般使用计算机进行。在计算机屏幕上，其设计效果所见即所得，提高了设计质量和效率。

4. 企业标准色

所谓企业标准色，是指企业形象识别在色彩设定时，必须建立的色彩数据标示系统，以期达到企业使用颜色的标准化和统一化。例如麦当劳以黄色及红色为主导，以达到标准化和统一化的管理功能。在视觉识别中，标准色占十分重要的位置，确定的标准色要体现企业或产品的特性并能感染公众。表4-1为各种色彩相适应的企业形象和产品内容，供读者参考。

表4-1 各种色彩相适应的业种

色　彩	适应业种（应符合企业形象或产品形象）
红色系	食品业、石化业、交通业、药品业、金融业、百货业
橙色系	食品业、石化业、建筑业、百货业
黄色系	电器业、化工业、照明业、食品业
绿色系	金融业、林业、蔬果业、建筑业、百货业
蓝色系	交通业、体育用品业、药品业、化工业、电子业
紫色系	化妆品业、装饰品业、服装业、出版业

我们通常用印刷颜色表系统来标定标准色，即依据印刷中彩色制版分四色、各色所占的百分比来设定。这是印刷界和设计界最常用的方法。四原色为红 M（Magenta）、青 C（Cyan）、黄 Y（Yellow）和黑 K（blacK）。

企业识别设定的标准色有三种：

（1）单一标准色。以色彩的知觉、感觉和企业的类别而确定。

（2）复色。许多企业使用两种色彩以上的色彩搭配，使色彩呈现对比之美、律动之美，以加强企业色彩的亮丽及活泼感，其视觉功能很值得尝试。

（3）标准色加上辅助色。使用标准色加辅助色主要是因为大型企业旗下成立了许多关系企业或分公司，或为了以不同色彩标示不同产品，或是为了以不同色彩标示不同企业的服务内容。不同色彩的搭配也是为了满足广告上的视觉诉求。

在构思企业的标准色时，应充分把握和运用色彩的象征意义（即某一颜色意味着一特定的语言），更好地表现企业的特性。

色彩的象征性，即色彩语言的一般意义如下：

（1）红色。红色是最引人注目的色彩，具有强烈的感染力，象征热情、喜庆、幸福、革命；另外又象征警觉、危险和灾难。红色色感强烈、刺激，在色彩配合中常起主色和重要的调和对比作用，是使用最多的色，在设计中被认为是容易获得成功的色、畅销的色，具有很强的视觉表现力，几乎可用在任何场合，给人以强烈的、愉快的、人情味的感觉。

（2）黄色。黄色是阳光的色彩，象征光明、希望、高贵、愉快；另外又象征病态、轻薄。黄色在纯色中明度最高，与红色色系配合会产生辉煌华丽、热烈喜庆的效果，与蓝色色系配合会产生淡雅宁静、柔和清爽的效果。

（3）蓝色。蓝色是天空的色彩，象征和平与安静、纯洁、智慧；另外又有消极、冷淡、保守等意味。蓝色和红、黄等色运用得当的话能构成和谐的对比调和关系。

（4）绿色。绿色是植物生长的色彩，象征青春、希望、生命，但也容易给人以轻佻的感觉。绿色和蓝色配合显得柔和宁静，和黄色配合显得明快清新。但绿色的视认性不高，多作为陪衬的中性色彩来运用。

（5）紫色。紫色象征优美、高贵、尊严；另外又有孤独、神秘等意味。淡紫色有高雅和魔力的感觉，深紫色则有沉重、庄严的感觉。与红色配合显得华丽和谐，与蓝色配合显得华贵低沉，与绿色配合显得热情成熟，运用得当能产生新颖别致的效果。

（6）黑色。黑色象征悲哀、严肃、恐惧、死亡，是明度最低的非彩色，它既是很好的对比色，也是极好的陪衬色，能和许多色彩构成良好的对比调和关系，运用范围广。

（7）白色。白色是洁净的颜色，象征纯洁、干净、朴素、高雅等。作为非彩色的极色，白色与黑色一样，与许多色彩都能构成明快的对比调和关系，与黑色相配合，可构成简洁明确、朴素有力的效果，给人一种重量感和稳定感，有很好的视觉传达能力。

以上色彩的象征意义是普遍现象，但不同国家和地区甚至不同时期的消费者对色彩的偏好是不同的，他们对色彩的审美联想也是不同的：比如在中国古代，黄色是帝王的色彩，它象征着神圣和至高无上的权力。

5. 企业象征造型图案

企业为了强化企业特性、产品特点或服务点，选定设计并塑造某一特定人物、动物、植物或卡通人物，表现企业的亲切感和通俗感，这种具象或半具象的造型图案叫企业象征造型图案，或叫企业吉祥物，或称商业角色。像麦当劳连锁店的麦当劳叔叔等都是有名的企业吉祥物。

（1）企业象征造型图案的分类。企业象征造型图案可以根据其表现的内容划分为企业形象图案或产品形象图案。

1）企业形象图案。顾名思义，就是为创造企业的形象、提高企业的知名度而设计的图案。它能直接转化消费者对企业认识的印象。

企业形象图案是具有吸引力的视觉形态，无论是以人物、动物或其他形态构成，总的形态应是诙谐可爱、富于情趣的，有令人容易接受的亲切感，不宜追求过分奇妙惊险的表现。

企业形象在相当长的时间内应保持稳定不变，具有时间上的一贯性，因此作为企业形象的"使者"——企业形象图案的使用周期也具有较长的时间性。

2）产品形象图案。它以反映和代表产品的特征为宗旨，在市场竞争中对提高企业的品牌印象和竞争力起着很大的作用，尤其是新产品推入市场时，它的出现能给人们直接而清晰的印象，起到商品推销员的功能。同一个企业可以使用多个产品形象图案。

(2) 企业象征造型图案在市场营销中的作用。企业象征造型图案由于其视觉化的形象性高，比标志和品牌更容易引起人们的注意，而且不受文化程度、年龄、性别和国籍的限制，容易让消费者产生对企业和产品的良好印象，在其影响下指名购买该产品。因此企业象征造型图案在市场营销活动中发挥着重要作用，归纳起来有四个方面：

1）新产品进入市场。新产品要被消费者认识并在其脑海里留下较深的印象，一定要有新颖独特、让人容易记住的特点。让新产品与企业象征造型图案同时进入市场，给人以新的视觉感受，有助于提高人们对产品的印象。

2）区别同类产品的竞争。目前的产品市场里，同类产品品牌繁多，因其性能用途相同或相似，容易造成广告宣传上的雷同。使用企业象征造型图案，将会在同类产品竞争的广告宣传中使本企业产品有不同于其他企业产品的特殊标志，有助于企业和产品形象的建立。

3）塑造良好的企业形象。良好的企业形象在产品推销活动中占有重要的地位，采用企业吉祥物，是给消费者以亲切感的有效手段。成功的企业吉祥物能成为企业形象的代表，也能转变固有的不甚理想的企业形象，使之受到人们的信赖和欢迎。

4）广告宣传活动。企业为了扩大销售和提高产品知名度，必须让消费者明确地了解产品的功能和用途，灌输式的广告宣传已越来越让消费者反感。将企业吉祥物应用于广告媒体、赠品、包装等方面，或直接作为宣传的主体形象，能使消费者感到亲切，爱屋及乌，促销成功的可能性就会增大。

(3) 企业象征造型图案的设计准则。

1）企业吉祥物的形象与气质必须与企业和产品相一致，才能对产品的推销产生实质性的号召力。

2）企业吉祥物必须令人产生亲切感，富于浓厚的人情味，可爱有趣，具有某种情感与气质，能使一般消费者感到愉悦可亲，平易近人，乐于接受。

3）有鲜明的个性。企业吉祥物在造型、风格和气质上都要与众不同，自成一体，独具风采，具有鲜明的识别感。

4）有一个好的名字。人们一见到企业吉祥物，就要能马上联想到产品与企业。吉祥物的名字要取得别致有趣，富有人情味，才能给人印象深刻，便于记忆。

5）具有一贯性。企业吉祥物在造型上应有稳定的形态特征，不能随意加以改变，否则无法在消费者的心目中建立起清晰的印象。

6）要进行夸张的表现。在设计时，要对企业吉祥物的形态和表情给予适当的夸张，才能更好地突出其气质特征。

7）有简洁的造型。经过高度概括提炼后的企业象征造型图案，要有简洁的造型，不仅能更好地突出其个性，增强其亲切感和感染力，更重要的是便于人们记忆，从而有利于良好印象的建立。

(4) 企业象征造型图案的表现。企业象征造型图案可以分为具象图案和半具象图案。

1）具象图案。具象图案以物象的自然形态做写实性的表现，容易令人感到亲切，被人们所接受和喜爱。它在企业象征造型图案的表现中占主导地位。

具象图案从题材上区分，又可分为人物图案、动物图案、产品拟人化图案和联想性图案四种表现形式。

①人物图案。这是企业吉祥物设计中使用最多的题材。由于产品的推销对象是人，企业

的生产者和经营者也是人，因此采用人的表现形式，容易被人们接受，能产生良好的促销效果，尤其是那些销售对象阶层广泛的产品。例如麦当劳连锁店的麦当劳叔叔。

②动物图案。这即选择为人们所宠爱的某些动物，强化其令人喜爱的形态特征及个性，用拟人化的手法赋予其人的性格和表情，使之成为人们喜爱的造型形象。

③产品拟人化图案。这即把人的个性赋予特定的产品，突出产品所具有的特征，做个性化的强调，加深消费者对产品和企业的印象。

④联想性图案。这即根据对企业名称和商标及有关物质材料的联想而创造的图案，使人能很快联想到有关的企业和产品。

2）半具象图案。将具象形式的图案经过简化和变形处理，就成为半具象图案。它具有意象性特征，十分受知识阶层的欢迎。半具象企业象征造型图案由于在设计时做了高度的简化和提炼，造型简洁，动画制作十分方便，因此商业电视节目中常见半具象的商业节目图案。

企业象征造型图案应用十分广泛，取得了良好的促销效果，它在企业形象中的地位也越来越受到企业界和设计界的重视。

（二）应用设计系统

为更大限度地发挥视觉识别的作用，企业的名称、标志、标准字、标准色及企业象征造型图案等基本要素应尽可能在各种传播媒体上出现，如在产品、事务用品、办公设备、招牌旗帜标志牌、制服、建筑外貌橱窗、交通工具、包装用品、广告传播、陈列展示等方面。这些应用设计的内容，我们将在设计方面的书籍中详尽介绍，本书只做简单介绍。

1. 产品形象设计

企业通过产品设计、装潢、包装、说明书、产品标牌等手段形成系列化的产品形象，使消费者在使用产品时也能感受到企业的形象。

2. 企业办公用品的利用

办公用品（包括信纸、信封、名片、文件类、介绍信等）既有公务上的实用性，又有视觉识别的功能。企业的各种活动都少不了办公用品，企业的活动到了哪里，办公用品就会出现在哪里。企业办公用品的规范设计也有利于形成企业的形象。

3. 制服系统的利用

员工的工作服、帽徽、胸章、厂服上统一使用企业标志、文字、色彩图形，以形成统一格调来体现企业的形象。

4. 环境的创造

企业环境系统包括建筑物的外观、企业内的路标指示牌及企业内的购物环境等。利用企业高大、美观、别具一格的建筑物，为树立企业形象出力，形成了当今的一种潮流。当然，企业建筑物的环境不仅是为了显示实力，有时它还有一定的寓意。例如北京电冰箱厂的维修中心，外墙用冰箱外壳拼接而成，顶端装有巨型原子模型，以表明这家企业赶超世界先进水平的雄心。

5. 运输系统的利用

运输工具的外观色彩和图形设计是一种流动的视觉识别设计，它的作用是在车辆行驶过程中向公众展示企业形象。这些运输工具包括各种运输车、小轿车、面包车、公共汽车等。

6. 广告展示

这是传播面最广、信息量最大、传播速度最快、形式多样的应用媒体。其内容包括路牌、样品、招贴、橱窗陈列、POP 广告（购买点广告）、报刊电台电视台广告、霓虹灯、体育运动广告、公共事业广告以及各式各样的礼品广告等。做广告时必须应用基本要素系统，重复出现一个固定不变的视觉识别形式，以使公众感到醒目和便于记忆。

三、企业活动识别策划

活动识别（Behaviour Identify，BI）规划着企业内部的管理、教育以及企业对社会的一切活动。企业对内的活动包括干部教育、员工教育和工作环境等项目。企业对外的活动包括市场调查、产品销售、公共关系、广告宣传和促销活动等。企业参与社会事件和公益文化活动也属于活动识别的范畴，其目的主要在于赢得参与活动的社会公众的认同。

当企业理念确定之后，就要通过一定的途径把信息传递出去，让社会公众通过传播的信息认识企业、了解企业，从而达到树立企业形象的目的。传递企业理念的信息途径有两条：一是视觉识别（静态的识别），另一种是非视觉的动态的活动识别。

（一）对内活动识别策划

企业内部对全体员工的教育和培训及创造良好服务工作环境，其目的在于为顾客提供优质产品和服务，从而树立起良好的企业形象。好的服务形象不是一朝一夕能形成的，也不是某一个企业家一个人努力的结果，而是企业每位员工共同努力的结果。所以，企业形象的树立要依靠上至厂长、经理，下至每个员工的共同努力。企业员工的一切活动，包括接待顾客的态度、礼貌用语、服务技巧和仪表仪容等都影响着企业形象在公众心目中的好坏。员工优质服务的背后都有一个长期严格培训和科学管理的过程。

培训的内容主要是企业的各项标准，如技术标准、管理标准、服务标准，通过这些培训，使员工自觉将标准运用到自己的工作中去。

怎样才能使员工的一切活动按标准去执行呢？要提高员工的敬业精神，增强企业的凝聚力。具体来说，要让员工在企业中有一种成就感和满足感。晋级、升工资、改善福利待遇是一方面，是实的；还有虚的一方面，如在员工中传唱企业歌曲，评选标兵、先进，在各种传媒上大力宣传等，能够激发员工的工作热情，提高其工作效率，从而将积极向上的企业形象表现在公众面前。

（二）对外活动识别策划

广告宣传、产品销售等对外活动识别，因功利性太强，人们见多了，已习以为常，印象不会深刻。企业要迅速提高知名度和影响力，树立良好的企业形象，赞助社会公益事业是一条有效途径。常见的赞助活动有：

（1）赞助体育活动。这是企业常见的一种赞助方式，每届奥运会都是企业赞助的焦点。
（2）赞助文化活动。赞助文化活动，不仅可以培养与公众的良好感情，而且还可以大大提高企业的社会效益。例如每年春节的文艺晚会，许多企业为了在屏幕上露一下脸，不惜一掷千金。
（3）赞助教育事业。
（4）赞助社会慈善和福利事业。
（5）赞助各类展览和竞赛活动。
（6）赞助大的重点建设工程和社会工程，如"五个一"工程、希望工程等。

(7) 赞助学术活动。

四、塑造企业 CI 的步骤和方法

(1) 必须了解企业本身的性质及内部、外部的情况，如企业组织结构、管理、产品、设备和员工素质及产品市场、行销情况，广告宣传情况，也包括主要竞争对手、消费者对企业的印象等。

(2) 研究企业和消费者的 Who（谁）、How（如何）、What（什么）三个问题的根源。

1) Who：了解企业本身，分析商品诉求对象是"谁"，消费群定位在哪一阶层。

2) How：企业本身准备如何建立其经营策略，企业宗旨为何，内部管理执行是否畅通，并了解消费者对企业本身的形象、品牌、内容和服务及同类竞争企业的看法，逐一比较。

3) What：企业形象建立的差别化、特殊化、系统化、统一化，其精神标语是什么（即企业风格或个性），如何塑造。

(3) 现有视觉识别调查。进行员工问卷调查，了解员工的工作环境和待遇等级及既有消费群市场现状，产品和行销调查及广告媒体的表现策略，以便真正了解企业现有的形象特质，包括企业公司和下属企业或关联企业间的业务情况、工作环境等。

(4) 研究同行竞争企业，其产品及不同服务点的差别在哪里，并找出可介入的机会点或营销渠道。研究分析员工对其服务企业环境的看法，如对福利、医疗、待遇等是否满意。

(5) 企业 CI 对内建立共识，包括让员工、股东、工会了解；对外通过广告媒体、社会舆论、销售商、政府机构，传达给消费者。

(6) 企业形象视觉符号化，配合理念识别塑造视觉化系统，即塑造出一套象征企业本质的完整视觉识别系统。

在规划企业 CI 的过程中，首先要全面地收集资料并加以整理分析。设计和规划者必须站在第三者的立场来面对企业本身，来了解企业到底要给消费大众以怎样的印象。为了这个设计概念的建立，从企业命名开始，就要慎重考虑，将具有价值的信息收集、区分和分类整理，把企业精神融合在符号中。

下面我们将重点介绍企业识别策划步骤。英美两国的设计顾问公司对企业识别策划的方法相似，视客户的条件。设定 CI 的策划阶段一般分为四个阶段，如表 4-2 所示。

表 4-2 企业设定 CI 的策划阶段

阶　段	内　容	结　果
第一阶段：分析和研究计划	①研究、访谈、咨询，对现有视觉传达做调查了解 ②命名调查 ③同类竞争企业分析 ④经营策略回顾	提供建议和结论
第二阶段：策划发展	①企业本质定位 ②传播策划 ③识别结构及策略 ④企业设计与形象标准	提供识别策略

(续)

阶　段	内　容	结　果
第三阶段：创意与设计	①命名 ②平面识别设计 ③设计体系的发展	提供视觉识别符号
第四阶段：实施	①实施计划 ②发布资料 ③制作与监督 ④过渡时期指南 ⑤设计标准定案，完成企业识别手册 ⑥设计管理手册 ⑦计划评估	完成视觉识别系统，协助客户推进 CI 计划的执行

第三节　广告战略策划

企业导入 CI 战略后，广告作为企业实施 CI 战略的一个组成部分，对广告"说什么"提出了新的要求和主张，即强调广告内容应保持统一性，这种统一性是由 CI 总战略所规定的，广告应注意延续和积累效果，着眼于塑造企业整体形象，而不是某一品牌形象。

广告策划是一门实用性很强的科学，可以理解为一种管理活动或一种管理手段。从现代广告学的理论出发，可以对广告策划做如下陈述：广告策划是广告人通过市场调查分析，利用已经掌握的知识，科学、合理地布局广告活动的进程，并预测市场态势和消费群体现在和未来的需求，以及未知状况的结果。

广告策划是一项复杂的系统工程，它把政治、经济、文学、技术、艺术等众多学科知识融为一体。在广告事业发达的国家里，它已成为一种科学的广告管理活动。生产过程的社会化，市场的细分化，消费需求的多样化，广告媒体的新型化、多样化、电子化，设计手段的现代化，以及广告作品的形象化等，促使我国广告经营单位在广告活动中的策划科学化，更加注重经济效益和社会效益，这是我国广告事业发展的必然趋势。

在广告战略中，值得注意的是广告的表现战略，它是以创意为中心，构思出广告主题的基本形象，同时还要对广告中的标题、副标题、引题、正文、画面、音响等一系列专题做出决策，并把上述表现战略与广告目标有机地结合起来，创作出感人的作品。

一、战略思维

成功的广告战略来自正确的战略思想，而正确的战略思想则是正确思维的结果。为确保广告战略的准确性，对策划者来说，掌握科学的思维方法是进行正确决断、打开成功之门的钥匙。

按哲学的观点，思维相对于存在而言，是意识、精神，相对于感性认识而言，是理性认识及其过程。因此，任何思维都是对客观事物的认识，而战略思维则是一种指向未来、选择未来、指导未来的思维活动，具有超前性和创造性。当然，这种对未来的超前认识不是凭空想出来的，而是建立在掌握一定材料的基础之上的。也就是说，策划者要通过实践，把所掌握的材料经过由表及里、去粗取精的加工过程，由感性认识上升为理性认识，而这种理性认识就是形成广告战略思想的基础。

广告战略思想是引导广告运动达到目标的基本观念和思路，如提高产品的知名度、市场占有率、塑造产品或企业形象。以质量和服务取胜、以新奇取胜等思想谋略均是战略思想所包含的主要内容。总之，战略是一种思想，广告战略思想是广告战略的灵魂。

日本松下的创建人松下幸之助确定的战略思想是：生产出来的家电产品，要像流水一样无穷无尽，丰富日本人民的生活。松下幸之助的这个战略思想，不仅使松下产品从小到大，从单一产品发展到多种产品，物美价廉，而且使广告宣传像流水一样，无穷无尽地流向消费者。这种排山倒海似的全方位广告战略，使松下的名声家喻户晓。

第二章讲了企业战略，企业战略思想是确定广告战略思想的依据，广告战略是为企业战略服务的。它是通过广告活动促进企业目标的实现，具有全局性、长远性、抗衡性和指导性的谋划；而不是着眼于局部的、单项的广告活动，短期的广告行为，或眼前利益所做的具体安排。

广告战略的制定是一个重要的策划过程。由于环境的影响和制约，不同企业的广告战略均具有较大的差异性。但我们可以根据已知的理论和实践，勾画出制定广告战略所遵循的一般程序：

第一阶段，对外部环境和内部环境进行周密的调查研究，发现问题的关键点，这是确定广告战略的前提。

第二阶段，确定目标。广告战略目标是广告战略的核心，也是现代广告运动各个子系统（广告设计、广告文案、广告媒体选择等）制定战略对策的依据。

第三阶段，选择战略重点。战略重点是广告战略中的关键部分。广告策划者只有抓准战略中的关键部分——战略重点，才有可能较好地实现战略目标。

二、广告的环境

广告所面临的环境，实际上是企业组织生产经营所面临的环境。这些环境包括企业内部环境和外部环境，或者分为宏观环境和微观环境。内部环境或微观环境与企业的生产经营直接相关，是企业生存、竞争和发展的主要环境。

分析企业组织的产业环境，主要把握五个因素，即潜在的竞争对手、行业内的竞争对手、供应厂家、用户和替代产品。

（一）潜在的竞争对手

具有一定经营实力的企业能否进入一个行业，取决于本行业的进入壁垒是否足以抵挡它们的进入。这些壁垒是：

（1）规模经济。企业在一定时期内产品的单位成本随着总产量的增加而降低。可以想象，总产量的增加是由管理的日趋完善、工人操作的技能日益熟练等原因造成的。外行业的企业不得不先考虑在进入该行业后，能否形成相当的规模经济，或能否形成超过该行业现有企业的规模经济。即使能做到，这类企业也还有其他风险，即能否有相应的市场营销能力，否则只能造成产品的积压。

（2）销售渠道。企业生产产品，是为了销售出去，这就需要各种渠道。潜在的竞争对手在进入行业之前，还没有建立这条沟通生产者与消费者之间的渠道。事实上，行业中现有的企业往往通过老关系、提高服务质量等手段，控制了现有的销售渠道。而且某种产品的批发或零售渠道越少，现有企业控制得越严，新的企业就不得不以更大的代价开辟新的渠道。

（3）转换成本。当潜在的竞争对手考虑到一个新的行业里进行生产经营时，还需考虑员工的重新培训费用、新添的辅助设备的费用、研究开发等费用。这些费用就是转换成本。如果这部分成本高，无疑对潜在的竞争对手是个很高的进入壁垒。例如制衣行业的厂家如果考虑转产为化工行业的厂家，就会遇到技术工人的短缺、化工机械设备的采购、厂房的重新设置等一系列问题。

（4）产品差别化。企业的产品由于自身的质量、服务和顾客的信任，形成了特殊地位。例如，国产彩电品牌长虹、康佳，由于产量大、价格低、质量过硬而得到了消费者的喜爱，其他品牌的彩电很难与这两家竞争。如果新的企业意欲进入彩电行业，与长虹、康佳决一雌雄的话，则需考虑投入大量的资金来宣传自己的产品，扩大影响，赢得顾客。这种努力在初始阶段往往会使企业出现较大的亏损，如果仍不能产生竞争能力，厂家的最初努力将以失败告终。

（5）资金的需求。潜在的竞争对手要进入某个已获盈利的行业进行经营，往往需要有大量的投资，有的投资回报期又相当长。例如，企业要想进入钢铁行业、大型水电行业等，都需要筹集巨额资金，经过较长时间的基础建设才能产生效益。同时还要考虑再开发、销售渠道等一系列产前产后的经营问题，这些都不是主观愿望所能解决的。

（6）国家政策。国家可以通过政策法令直接干预潜在竞争对手对某些行业的进入。例如银行业、烟草业、黄金业等，国家可采取专营手段控制潜在竞争对手的进入。

（二）替代产品的压力

在市场上，某种产品出现短缺时，替代产品的出现可以抑制短缺产品价格的无限上涨，甚至有可能取代原有产品的市场占有率。例如在很长一段时间里，我国的机械手表处于短缺状态，消费者要凭票购买。改革开放以后，电子表、石英表的引进，一下子冲击了原有的机械表市场，不仅满足了消费者的需求，而且大幅降低了价格，最后市场出现饱和状态。

（三）供应厂家讨价还价的能力

供应厂家主要向行业内的企业提供原材料、辅助产品或服务。这些厂家可以通过提价或降低服务质量对行业内的企业造成威胁。供应厂家越集中，威胁性越大。同样，如果企业过分依赖某一个供应厂家，也会受到同样的威胁。企业要摆脱威胁，有时可能超过自己的能力，但可以通过战略活动来改善自身的处境。

（四）用户讨价还价的能力

用户也是一种竞争因素。他们的竞争方式与供应厂家相反，是要求企业降低最终产品的价格、提高产品质量或提供更多的服务。但他们的最终效果与供应厂家一样，都是以企业的利润为代价。因此，企业在选择用户或批发商、零售商时，要把面铺开，降低用户讨价还价的能力。

（五）行业内的竞争对手

这类对手的多少与竞争的激烈程度有着密切联系。行业内企业众多，竞争的激烈程度高，此消彼长，直到企业的规模和资源达到均衡才趋于缓和。

广告策划者在分析环境时，要将微观环境与宏观环境综合起来分析，特别要分析各种环境因素对广告活动的制约和影响。只有把握各种环境的有利因素和不利因素,才有可能制定出正确的广告战略。

三、广告的定位

广告定位是产品定位在现代广告活动中的反映。企业要宣传自身形象,或直接宣传自己的产品,达到推销的目的,都需要确定广告在竞争环境和市场上的位置。

"定位"这个术语是1969年一位叫杰克·特劳特(Jack Trout)的广告学者提出来的。"定位"二字的含义是确立产品在市场中的位置。确切地说,定位是指从为数众多的产品概念中,发现或形成有竞争力、差别化的产品特质及其重要因素。

在制定广告定位的策略时,企业首先是要确定产品的定位。尽管产品定位的定义至今还没有一个统一的说法,但我们可以从产品实力和消费对象两个方面着手进行分析。

(一)产品实力

这种实力是产品在其生命周期不同阶段上所表现出来的竞争能力。一般来说,产品的生命周期可以概括为投入期、成长期、成熟期、衰退期四个阶段(在第五章"市场营销策划"中详细介绍)。企业有多个产品时,可以根据产品生命周期的原理,运用产品方位图(见图4-1),更好地确定产品的位置。

图4-1是用一个矩阵的形式,将企业的各种产品放在不同的象限里。矩阵的横轴是企业的相对市场占有率,即该企业产品的市场占有率与同类产品在市场上所占有的最大比率相比的结果。例如"蝴蝶"牌缝纫机的市场占有率为20%,而"飞人"牌缝纫机的市场占有率为30%,则"蝴蝶"牌缝纫机的相对市场占有率为0.7。矩阵的纵轴为销售增长率,为该产品本年度与上年度的增长率。

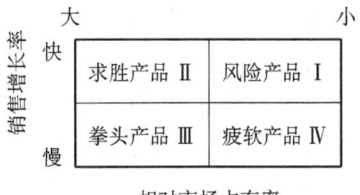

图4-1 产品方位图

在第Ⅰ象限里,风险产品的相对市场占有率小,增长速度快,有一定的发展前途,相当于处于产品生命周期的投入期产品。第Ⅱ象限里的求胜产品,相对市场占有率大,增长速度快,说明该产品已顺利发展,再努一把力便可以成为企业的拳头产品。该产品相当于处于产品生命周期的成长期产品。第Ⅲ象限里的拳头产品,相对市场占有率大,增长速度慢,可以有较多的盈利支持风险产品进入求胜产品阶段。该产品相当于处于生命周期的成熟期产品。第Ⅳ象限里的产品是疲软产品,它各方面情况都不太景气,类似于生命周期的衰退期产品。

(二)消费对象

在信息爆炸的年代,广告是生产者和消费者之间的桥梁,它所传递的信息能否被消费者接受,取决于企业是否真正了解自己产品的消费者,否则广告做得再好也是白费力气。

从广告定位角度来看,消费者的性别、年龄、收入、受教育程度、职业、家庭婚姻状况以及购买动机等,都是重要的定位依据。例如青年人在消费上追求时尚、新颖,喜爱能表现自我成熟和个性心理特征的产品,他们敢于冒险,希望引导消费潮流。正因他们对能突出他们形象的服装、电器和日用品十分敏感,爱屋及乌,连宣传这类产品的广告也会引起他们的极大注意。实际上,消费者对各种产品都有自己的定位。例如名牌旅游鞋在消费者心目中的地位比仿制名牌的旅游鞋高得多。为了提高产品在消费者心目中的地位,企业应通过广告使消费者相信自己企业的产品，重新对产品进行定位。

企业在分析产品实力和消费对象以后，则需要采取广告定位策略，即根据消费者心理活动的特点确定广告产品的方位，进行定向诱导，满足消费者的需求欲望。广告定位的策略基本上有两大类：

一是产品实体定位策略。它强调突出产品的新价值，使消费者了解广告产品与其他同类产品在功效、质量、价格和造型上的不同，体现产品的差别化。

二是消费观念定位策略。它强调突出产品的新意义，改变消费者原有的心理，树立新的产品观。例如，20世纪末的洁银牙膏等药物牙膏就是运用这一策略获得成功的。

四、广告战略目标

广告战略目标是广告战略的核心。

所谓广告目标，是企业通过广告活动所要达到的目的。广告最基本的目标在于促进销售，除此之外，还存在着许多特殊目标。按照目标的不同层次划分，广告目标可分为总目标和分目标。总目标是从全局和总体上反映广告主所追求的目标和指标，而分目标是总目标的具体目标。按照目标所涉及的内容，广告目标可分为外部目标和内部目标。外部目标是与广告活动的外部环境有关的目标，如市场目标、发展目标。内部目标是与广告活动本身有关的目标，如广告预算目标、广告效果目标。此外，按目标的重要程度，广告目标可分为主要目标和次要目标。

广告目标既有具体的，也有抽象的；既有可控的，也有不可控的；既有长期的，也有短期的。广告战略目标就是具有全局性、长远性，带有指导性的广告目标。

广告策划者在确定目标时要遵循以下原则：一是目标要单一，要减少目标的数量，抓住关键目标不放；二是目标要具体化、数量化；三是应考虑环境因素的影响；四是应考虑实现目标的可行性和合理性；五是应明确目标的期限。为了保证目标的实现，广告策划者在制定广告战略时要突出广告战略重点，这是实现广告战略目标的关键。

五、广告战略的总体设计

广告策划者在完成调查研究工作之后，便可根据调查的资料完成消费群体战略、广告创作战略和广告媒体战略的研究报告，并提出战略概述报告。到此，广告战略的总体设计就基本完成了。

（一）消费群体战略要点

（1）确定目标市场，即划分消费群体的范围。

（2）明确广告的诉求对象和潜在的广告对象。

（3）把握消费者的特征，对消费者的生活方式、生活习惯、价值观念、收入水平、购买能力和消费心理等做出简要的说明。

（4）明确消费者做出购买决策的全过程。

（5）明确消费者对品牌的看法。

（6）明确主要竞争对手。

（7）要对竞争对手的广告宣传做出反应。

（8）要掌握消费群体对产品的要求趋势和国家对商品生产和消费的政策，并做出评价。

（二）广告创作战略要点

创作战略是广告战略的重点，是进行创作的蓝图和行动指南。在拟定创作战略时，首先要回答为什么做广告、向谁做广告、做什么广告及如何传播广告等问题。广告创作战略包括如下内容：

（1）准确的创作目标和广告对象。
（2）明确创作目的最终是为了促销。
（3）确定品牌在广告中的地位。
（4）独特的创作意念和主题。
（5）明确品牌能给消费者带来什么利益。
（6）做出明确的承诺。
（7）要对品牌进行"包装"，不要与竞争对手的品牌相似。
（8）确定创作主题。
（9）确定创作原则，把广告的真实性和艺术性融为一体。
（10）对创作进行评价。

（三）广告媒体战略要点

随着科学技术的发展，大众媒体的数量与日俱增。不仅有报纸、杂志、广播、电视、路牌，还有现今时兴的信息高速公路——因特网。面对如此众多的媒体，到底选择哪一种媒体作为传播广告信息的工具呢？

广告媒体战略也同广告创作战略一样，首先要回答广告对象是谁，但两者采用的战略不同。广告媒体战略要点如下：

（1）明确广告对象、媒体战略的任务就是将产品的对象和媒体的对象合二为一，即确定与广告对象相适应的媒体。
（2）把握广告对象的特征。
（3）明确广告的区域。
（4）掌握媒体的频率，如报刊的发行量。
（5）确定广告时间。
（6）明确消费者对媒体的态度。
（7）确定传播信息的方式。
（8）确定广告预算。

六、大企业与中小企业的广告战略

如果说广告活动是一场战争的话，那么赢得战争的胜利不是靠广告的数量，而是依靠卓越的广告战略。现代广告活动的成败取决于广告策划者在战略方阵中的位置。从宏观角度看，可以把企业的广告战略分为防御战、进攻战、侧翼战和游击战。

（1）防御战。防御战是指那些能左右市场的大企业在广告活动中所采用的一种战略。当一个企业在市场上处于领导者地位时，提高自己地位和巩固自己地位的有效方法是防止知名度、信任度的降低。而运用广告来巩固原有市场，反复宣传自己的品牌和企业，防止竞争对手的渗透，是最佳的决策。这种防御性广告战略具有自我进攻的性质，当新产品问世时，采取自我进攻的方式往往能获得较好的效果。例如日本东芝电气公司在中国最初做的广告主题是："TOSHIBA，TOSHIBA，大家的东芝。"经过一段时间的宣传，该公司及其产品在我国消费者心目中留下了良好的印象。随着科学技术的发展，人们生活水平的提高，人们对电器产品也要求高质量、高技术。日本东芝电气公司适应这一变化，在推出新产品的同时推出了新的广告主题："TOSHIBA，TOSHIBA，新时代的东芝。"这种自我比较的宣传是为了保留原来的老主顾，具有防御性质，但对原有的产品又具有自我进攻的性质。

（2）进攻战。进攻战是中小企业在某一市场上所采取的广告战略，进攻的原则是突出自己产品的好处，针对一流企业产品的弱点和市场空白，以排山倒海之势让消费者转变态度。这种进攻具有一定的风险，因此，进攻一旦开始，就不能轻易停止，如果突然停止广告宣传，中小企业必然失败。当然，进攻战可以有间隔地进行，但不能停止。值得注意的是，发动进攻性广告宣传时，不要对准所有的竞争对手，要针对主要竞争对手的某一弱点而攻之，但要注意不能诋毁竞争对手。

（3）侧翼战。侧翼战是中小企业渗透市场的最好办法。对中小企业来说，要想与一流企业打一场全方位的广告战是不可能的，但从细分市场的某一薄弱地区发动一场有限的广告战是可能的，只要把握好时机，就会取得惊人的效果。

（4）游击战。游击战是小企业在广告活动中对付大企业的一种灵活战略。其特点是集中力量、攻击一点、拾遗补阙、机动灵活，在狭小的市场上达到推销单一产品为目的。也就是说，生意做到哪里，广告就做到哪里，其目的是争夺或分化大中型企业的市场份额。

广告活动是一个动态的过程，企业由于受内外环境的制约和影响不同，所采取的广告战略也不同。总结起来，可供企业选择的广告战略有如下两种分法：

（一）根据企业的不同经济实力和主客观制约因素划分

1. 发展型战略

大企业为了增加销售量、扩大市场占有率、增加利润、提高产品知名度、抗衡竞争对手或争夺同类产品在市场上的第一把交椅，在广告活动中往往采用发展型战略。发展型战略是一个开拓型或进攻型的战略，它又可分为赶超型发展战略和防御型进攻战略。

（1）赶超型发展战略。这是以竞争对手或市场某一目标为出发点，通过广告宣传，要在广告的覆盖面、促销力度、信任度以及产品的知有率、占有率、利润率等方面达到同行业的前三名以内的水平。采取这种战略的广告主在广告投资、广告设计、媒介组合及广告形式等方面具有特殊的手段和较高的创意水平。

（2）防御型进攻战略。这是左右市场的大企业所采用的一种战略，但实质上是一种发展型战略中的进攻战略。

2. 侧翼进攻战略

这种战略具有反应灵活的特点，它是以促进销售、逐步扩大潜在市场为出发点，凡是有利于企业发展的市场，都是广告需要拓展的场地。因此，这种战略有计划地选择潜在市场逐个开发，特别是竞争对手不注意和还未进入的市场，则是广告宣传首先要抢占的市场。

3. 稳定型战略

这种战略实质上是一种游击战略。企业经济实力不雄厚时，宜采用此战略，其目的是保存自己在市场上的地位，取得较为稳定的经济效益，千方百计地防御竞争对手击败自己。这种游击战略风险小，但容易被强大的竞争对手的广告宣传击败，甚至有可能被竞争对手强大的广告攻势挤出市场。

4. 保守型战略

采用保守型战略的企业一般安于现状，当产品滞销时，它们就想到做广告；当产品畅销时，广告也就停止了。这类企业经济发展不稳定，产品知名度差，容易被竞争对手的广告宣传挤出市场。

（二）按照广告战略的层次划分

1. 从产品角度分

从产品角度分，企业可采取分散战略，把产品广告战略和企业广告战略都综合到企业的总体广告战略中去。在企业的产品广告宣传中，既做名牌产品的广告，也做非名牌产品的广告，并利用名牌产品的声誉来提高非名牌产品的知名度。此外，企业的广告宣传不仅立足于产品广告宣传，而且还根据企业的广告宣传着眼于企业的长远目标和根本利益，为提高企业的声誉、知名度和社会地位而进行阶段性、连续性、针对性的广告宣传。这种战略的优点是企业的产品和企业的声誉同步发展；缺点是广告投资大，宣传分散，没有重点。

2. 从广告费的使用考虑

从广告费的使用考虑，企业可采用集中战略。这种战略是把企业的广告费用投资于产品广告宣传或企业广告宣传中。在产品广告中，集中于拳头产品的宣传；在企业广告中，重点则放在企业形象的宣传上。这种战略目标集中，易形成宣传上的优势，取得较明显的效果，但也有一定的风险性。

3. 从宣传范围角度看

从宣传范围的角度看，企业可采用全方位战略，即把企业的广告宣传扩展到东西南北全方位。这种战略叫作"四处开花"，影响面比较大，但广告投资较多，只适用于资金雄厚，产品又面向全国的大企业。

4. 从宣传渠道的角度看

从宣传渠道的角度看，企业可采用多层次战略。多层次战略是指建立从地方到中央的多种宣传渠道，形成全国性或地方性的宣传网络，造成企业的宣传优势。

5. 从媒体的角度看

从媒体的角度看，企业可采用多媒体战略或单一媒体战略。多媒体战略是指广告媒体选择上多样化，既做电视广播广告，又做报纸杂志广告，甚至还做路牌、灯箱广告。这种战略花钱较多，一般缺乏资金的小企业不宜采用。

6. 从发挥优势的角度看

从发挥优势的角度看，企业可采用优势战略。优势战略即选择产品占有率最高的地区集中宣传，突破一点，取得市场的优势，然后再扩大到其他地区。这种战略花钱少，见效快。

7. 从竞争的角度看

从竞争的角度看，企业可采用渗透战略。企业通过广告渗透战略，把自己的产品打入竞争对手同类产品所占有的市场。其广告要突出产品的质量、价格及良好的售后服务等优于同类产品，以争取使用同类产品的用户。

8. 从消费者心理角度来看

从消费者心理角度来看，企业可采用心理战略。心理战略即根据消费者的心理进行宣传。如果消费者关心购买某种产品后的维修问题，那么就集中宣传企业的售后服务措施。总之，消费者最关心哪方面的问题，广告就应宣传该企业在那方面的优点。

在现代经济活动中，广告战略是一个庞大的、完整的系统。它既是现代广告的核心，又是现代广告活动中的主要内容。每一个广告策划工作者都应具有广告战略意识，用战略思想去为企业策划好广告。

第四节 广告创作策划

常记起物理老师讲过的故事，在浴缸里，阿基米德发现了浮力；还有那句关于杠杆的极具震撼力的名言——给我一个支点，我就可以撬起整个地球。这是一个非凡的支点，承载着两千多年前人类的一个伟大创意；因为这个伟大的创意，人类文明找到了一个非凡的支点。为了这个非凡的支点，为了一个新的创意，古往今来多少人寻寻觅觅，永不休止……

创意是什么？是虚无缥缈的意念，还是源自生活的构想？

创意可以解释为构思，它以塑造产品和企业印象或形象为其主要特征。

构思是策划人的一系列思维活动。它是对题材的选择，主题的提炼，形象的典型化，文字的精练，图画的意境以及体裁、表现方法和风格的综合思考和想象。为此，构思的实质是对创作对象进行想象和创造，使现实美（商品的性能、品质、包装、服务等）升华为艺术的复杂的创造性劳动。因此，构思是现代广告策划的核心和创作的关键。

有的广告引人入胜，给人以艺术的享受，让人爱不释手，而有的广告让消费者嗤之以鼻，甚至产生反感，何故？

一、广告创意

现代广告运动的实践证明，创意是现代广告的灵魂，是引起消费者注意、激发消费者购买欲望的驱动力。因此，创意是广告策划设计人员根据广告主题和广告主的要求和意志，经过精心思考和策划，然后运用艺术手段，把所掌握的材料塑造成一个形象或形成一个意念的全过程。

创意在广告策划中是一个复杂的思维过程，一般都要经过多次反复斟酌定夺，才能逐步形成一个较完整的创意计划。

搞广告要有创意，但并非创意越新奇越好，离开生活的真实去追求新花样是不可取的。广告创意必须建立在真实可靠的事实基础之上。

创意是经过思考产生的，思考的依据来自三个方面的资料：一般性资料、特殊性资料、消费者的资料。良好的创意需要有良好的资料，如果资料平庸、匮乏，其设计肯定没有新意。

所谓一般性资料，是指创意人员个人必须具备的知识和智慧。知识的积累无法一时达到丰富的程度，故创意人员平时在学习时必须注意积累，有目的地收集各种资料，进行创意时才能够信手拈来，水到渠成。

所谓特殊性资料，是指对商品的了解程度有帮助的资料。创意人员对某一种产品的性能、特点、原料成分、生产过程以及经销路线等资料的了解程度，是创意人员进行创意的思考依据之一。当创意人员把一般性资料和特殊性资料融汇在一起进行系统研究和系统分析时，就能在研究过程中产生创意。

所谓消费者的资料，是指有关消费者的购买态度、习惯、心理、欲望等方面的资料。掌握这些资料是进行创意思考的重要依据,任何创意都要符合消费者的需要,不符合消费者需要的创意是没有传播价值的创意。

如何完成创意的全过程呢?

首先要明确广告的主题思想;其次要围绕主题思想,正确而巧妙地选材、取材;最后是要学会和掌握表现创意的艺术手法,广告内容要含蓄,要以潜在性的推销为出发点,以减少消费者对广告的抗拒心理。

(一) 创意的过程

创意的过程是指从收集有关产品、市场、消费群体的资料开始,经过对资料的综合分析和思考,提炼出广告主题,然后打开想象的大门,形成概念并产生形象的过程。

创意是一种思维过程,由于客观事物的复杂性,思维过程也是复杂的。一般而言,广告策划设计人员在接受某项广告创作任务之后,其思维活动要经过收集、综合、比较、抽象、具体化、概念和判断的过程。

(1) 收集。收集各个方面的信息、资料。

(2) 综合。综合分析调查研究所获得的信息。

(3) 比较。将综合分析的材料按照广告目标的要求进行比较。

(4) 抽象。舍弃非本质的属性,抽出事物的本质属性。

(5) 具体化。把概括过程中获得的概念运用于具体的对象上,使之具体化。

(6) 概念。用简单的语言概括反映事物本质的特有属性。

(7) 判断。判断由概念组成,当概念在脑海中形成后就会做出判断。

上述思维活动是广告策划设计人员在思考问题时所涉及的思考范围,但不是创意的程序。创意过程实质上是创造性思维的过程。

为提高广告策划设计人员的创意水平,有必要对创造性思维活动的程序进行分析。根据创意的内涵,一项成功的创意要经历五个阶段。

第一,准备阶段。广告策划设计人员根据广告主的委托找出症结所在,然后进行调查研究,收集各种信息(其中包括产品、市场、竞争对手、消费者、内外环境、政策法规及风俗习惯等方面的信息),从中寻找解决问题的策略。

第二,酝酿阶段。对所收集的信息和存在的问题进行综合分析和酝酿,打开想象的大门,运用抽象思维、收敛思维和横向思维的方法,让思想进入创造的宫殿,并从中寻找创意的线索和课题。

第三,启发阶段。经过广告策划设计人员的综合分析、思考和酝酿,把所获得的启发、灵感和意念变成构思,并使这种构思成为反映目标的形象。这是创意的关键阶段。

第四,成型阶段。这是广告策划设计人员经过深思熟虑的思考产生妙语和意境的阶段,这时构思已逐步成型和完善,但还有待于深化和提炼。

第五,验证阶段。当构思获得主管的认同之后,要通过客观验证来检验和考核前几个阶段中所获得的创意是否可行。经过比较和实验,如果验证结果令人满意,可以把创意方案交给广告主过目,求得认可后再交给广告设计部门。

创意理论的研究在现代广告运动中具有深远的意义,它揭示了现代广告文化和艺术广告的真谛在于创造形象、创造顾客、创造自身。这种创造需要"苦其心智,劳其筋骨",不可一蹴而就。这是现代广告策划的灵魂。

(二) 创意的思考方法

创意是建筑在思考之上的创意，作为创意人员仅仅明白这一点还是不够的，还必须学会和掌握思考的方法。

当前，国际上流行的思考方法有以下几种：一是垂直思考法，二是水平思考法，三是集体思考法。

1. 垂直思考法

它是从现有的理论、知识、经验、观念及传统出发，按一定的逻辑思路正面深入分析问题。"海飞丝"洗发水广告就是采用这种构思方法表现主题的。"海飞丝"洗发水的特点之一就是去头皮屑，为了将这一特点突出出来，广告中采用了一些比较手法，如用普通洗发水洗过的一边仍然有头皮屑，而用"海飞丝"洗发水洗过的另一边就没有头皮屑等。

2. 水平思考法

垂直思考法有时也暴露出一些问题，那就是它可能把人们局限在一定的传统、知识等的范围之内，得到的结论没有新意，影响人们的创造能力。基于此，英国心理学家戴勃诺（Edward De Bono）提出了水平思考法。水平思考法注重从新的角度、新的立场去思考问题。这种方法摆脱了传统观念和现有知识理论的束缚，使得到的结论独具新意。

心理学中广泛采用一个有名的例子来比较垂直思考法与水平思考法的不同：B君向A君借了一笔钱，A君为讨债想出了一个办法：把黑白各一粒石子放入口袋中，由B君任取一粒，如果取出的是黑石子，B君立即还债，如果取出的是白石子，A君放弃债权。当A君从地上捡石子放入口袋时，B君发现A君捡的两粒石子全是黑的。怎么办？按照垂直思考法，B君可以这样做：①拒绝从袋中取石子；②打开口袋，暴露A君的阴谋；③老老实实从口袋中取石子，凑款还债。但B君按水平思考法思考而产生的做法使结果出人预料：B君从容取出一粒石子，故意掉在满是石子的地上，然后抱歉道："真对不起。不过只要看一下口袋里所剩下的石子就知道我掉的那粒是黑还是白了。"从此例可以看出，垂直思考法是顺着"取出石子"往下想的，而水平思考法则是沿着"剩下的石子"进行思考的。由于水平思考法富有新意，常能达到预想不到的效果。

3. 集体思考法

所谓集体思考法，是指组织一批专家、学者、创意人员和其他人员一起，对广告主题进行创意的方法。它是由美国BBDO广告公司负责人奥斯本（A. F. Osborn）提出来的，是用集体的知识和智慧来完成一项工作的科学方法。现在，这种方法已成为最有价值的创意方法。

美国的吉列公司曾设计了一种"雏菊"牌女用刮毛刀，在确定广告创意时，曾拟出七种主题：①"盲点"（突出使用效果）；②"雏菊爱我"（突出牌子，让人喜爱）；③"双刃刮毛"（突出产品用途）；④"完全配合妇女的需求"（突出消费者利益）；⑤"女孩不用操心"（突出使用方便）；⑥"不伤玉腿"（突出安全可靠）；⑦"不到50美分"（突出价格低廉）。通过征求经销商和用户的意见，并经进一步研究，最后决定用第六个主题"不伤玉腿"作为广告创意主题。

广告策划设计人员如果能将上述三种思考方法灵活运用，必将创造出受人欢迎的优秀广告作品。

广告创意方法不仅有上述三大思考方法，还有两大主流：大创意（The Big Idea）和独特销售点（Unique Selling Proposition，USP）。

所谓大创意，是指为产品创造出一种风格、气氛、格调等，一般历时很久，经得起时间的考验，甚至在很大程度上成为一种社会文化现象，而非令人抵触的商业广告。例如万宝路的骑马牛仔形象和自由粗犷的主题音乐；联合航空公司的"温情洋溢的天空"；金帝巧克力的"只给最爱的人"等。

要想使大创意达到预期效果，一般要经过长时间的构思。大创意的广告内容一般并不是很具有针对性，有时几乎可以用在任何一种同类产品上面，比如任何一种巧克力都可用"只给最爱的人"这样的广告词，但金帝巧克力先采用了，这种创意便成了金帝巧克力的特点、优点和它的第二名称。这种创意便具有了很强的针对性。

所谓USP，是指找出产品与众不同的地方，然后加以强调、推广，有针对性地大做文章。例如舒肤佳香皂的广告强调它的杀菌作用，能保持皮肤24h清洁卫生；青岛啤酒的广告则立足于它是矿泉水酿制的这个特点进行宣传。

以上两种广告创意方法都可以达到极好的广告效果。但大创意可用于任何同类产品，关键看谁先用；而USP具有极强的针对性，只能用于特定的产品，不能转移。

此外，较常用的创意方法还有用制造产品的方式方法进行创意，如产品原料、制作方法、产品效用、产品价值等。

二、广告创作

广告创作是广告策划活动中的核心部分。广告活动就是通过广告创作的成果——广告作品的形式，把广告主的要求、意愿和产品信息用艺术、情感和直观的方法表达出来。广告创作涉及的内容较多，本书只就广告主题、广告的标题、广告的表现技巧、广告设计技法、视频广告设计技巧做简要介绍。

（一）广告主题

有一句电视广告"味道好极了！"吸引了无数消费者，这句话还成了人们饮食中的口头语，这就是雀巢咖啡的广告。

成功的广告在很大程度上要归功于好主题。广告主题是广告的灵魂，它是通过思维的提炼和浓缩，用简单的语言、动作、画面、声音等来表达广告的中心思想；通过主题来说明产品的意义和价值。广告创作能否把握主题，是广告宣传成败的关键。

广告主题的形式是多方面的。从广告主题的数量来看，有单主题和多主题之分。一个广告只能有一个主题，这就是广告主题的单一性。例如"天仙"电扇广告的主题是"'吹'出来的名牌"，语言生动简练。同一产品的不同广告可以出现不同主题，一般是进行主题的系列介绍。例如上海"康福"麦乳精以"冲饮奶味特浓，干吃别具风味"为主题来介绍其美味和吃法；以"未开见其色，已开闻其香"为主题来介绍其色、香；以"早晨一杯，神清气爽；午后一杯，补身充饥；临睡一杯，安神酣眠"为主题来介绍其饮用时间和功效。

广告主题按其表现手法有语言主题和非语言主题之分。语言主题是指以文字语言和声音语言来表现主题。例如"天霸"表的广告主题是"挡不住的诱惑"。有些广告并不直接用语言来表明主题，而是让广告观众自己去思考。例如每天19:00之前最后5s在电视屏幕上出现的报时广告，它没有给人们任何直接主题，但给人以无限的想象空间。

确定一个好的广告主题，需要考虑许多因素。但总的来说，主要因素有三个，即广告目标、产品个性和消费者心理。这三个因素与广告主题的关系可以用下式来表达：广告主题＝广告目标＋产品个性＋消费者心理。

广告目标从根本上决定了广告的主题。也就是说，广告主题要服从广告目标。广告目标所要解决的问题是广告宣传要达到什么目的。具体地说，广告目标有三个方面的内容：①促进产品销售；②增加相互沟通；③树立企业形象。在制定广告时，就要以这三个方面为前提确定广告主题。例如在电视剧《公关小姐》中，身为公关经理的女主角以保护大熊猫为题，发起义务捐赠，既为所在的酒店赢得了生意，同时也加强了与社会各界的沟通和联系，提高了酒店的声望。

产品的个性也就是产品的特色，是指产品区别于其他产品的地方。在广告中只有突出了产品的个性，才能使广告有独到之处。产品的任何一点细微差别，都可以考虑在广告主题中加以表现。由于产品的特征是多方面的，在确定广告主题时也要多方考虑。一般而言，对产品个性的考察有广告方程式和广告要点式两种方式。前者主要是对某一产品从原料投入到产品产出的整个过程的每个环节进行观察，以确定该产品的特点所在；后者并不是一一列举产品的各方面特征，而只涉及其主要方面。

确定了广告目标和产品个性之后，基本上可以确定广告的主题。但产品的哪些个性应在广告中体现出来，以什么方式体现出来，还需要进一步考虑，这时需要考虑的主要因素就是消费者心理。企业要站在消费者的立场上，想一想消费者需要什么，喜欢什么，为消费者利益着想，如健康、安全、方便、物有所值等方面。了解消费者心理、为消费者着想的广告才有可能成功。

充分考虑了广告主题的三个要素后，就有可能确定一个比较理想的广告主题，让产品畅销市场，让企业享誉社会，得到消费者的肯定。

（二）广告的标题

常有人将广告的主题与标题混为一谈，其实主题与标题不是一回事。主题是指广告的中心思想，标题则是广告的命名或题目。广告的标题可以更换，主题却是固定的。

主题与标题是有区别的，但两者又有密切关系。一般而言，"题好文一半"，"人美在眼睛，文美在标题"，人们看书读报，首先映入眼帘的是标题。广告标题的作用是概括和提示广告的内容，帮助消费者了解广告的中心思想，既起到提示作品主题实质的作用，又起到吸引消费者的兴趣、活泼和美化版面的作用。引人注目的标题，往往能决定消费者的阅读行为。一个好标题往往起到画龙点睛的作用，让人百看不厌。一则好标题，之所以能引人入胜，其奥秘在于简洁、鲜明、生动、活泼，富有吸引力，使人似乎能从广告标题中看到产品的品质、特性，感觉到广告中所宣传的产品和服务为他带来的某种好处和利益。若是如此，广告宣传就成功了一半。

标题是一门综合性的艺术，在广告作品中常见的标题有四种：①肩题；②主题；③副题；④插题。

肩题也叫眉题、引题或上副题，可以放在主题的上面，文字简短，以一行为宜。

主题也叫主标，是标题中最核心、最引人注目的部分。主题可以由几个字组成，也可以由多行文字组成。一般地，在广告作品中，主题最好用一句或一行字来表达，最多也不要超过两行文字。

副题也叫子题、下副题，可安排在主题之后，用来补充主题的不足之处。

插题也叫分题、小题，可以放在正文中。如有两段正文，每段可以插入一小标题，文字要短，在正文中起到画龙点睛的作用。

广告作品的标题，要根据企业或产品的实际情况予以取舍，不必面面俱到。

目前，在广告设计界常用的标题形式有：①直接广告标题；②间接广告标题；③新闻式广告标题；④问题式广告标题；⑤祈使式广告标题；⑥比兴式广告标题；⑦赞扬式广告标题；⑧催促式广告标题；⑨悬念式广告标题；⑩比较式广告标题。

据美国广告专家们的调查，读者阅读标题的概率是文案的五倍，由此可见广告标题在广告方案中的地位。在广告文案中，确定标题是广告写作的核心。因此确定标题时，要掌握材料，分清主次，抓住中心，全面权衡，精心创意。

广告标题创作原则有以下几项：

（1）标题一定要题文相符。
（2）标题要体现主题思想。
（3）标题要开门见山、画龙点睛。
（4）语言要生动活泼、富有创意。
（5）标题不宜过长，最好控制在12个字以内。
（6）标题中要尽可能回答消费者所关心的问题。
（7）要把标题与图画视为一个整体。
（8）标题要能为人们提供最新信息。
（9）标题的字体要区别于正文的字体。
（10）标题要安排在醒目、显要的位置。

总之，整个标题的创作要以引起读者注意、给其留下良好印象、让其产生兴趣、促使其购买为出发点。

（三）广告的表现技巧

广告创作的目的不是追求形式的美，而在于取得消费者对广告的认同。同样，广告技巧的运用，是追求以广告文字简洁、清晰、生动和完整的表达，使之成为吸引或诱发消费者达成购买的主要因素。

1. 如何撰写正文

广告文稿由文字和图画组成，也有没有画面、只有文字的广告，或只有图画而没有文字的广告，但任何广告都必须有主题。

从广告的内容上看，一则广告一般包括六个方面的内容：①产品名称；②产品性能与特点；③产品能给消费者带来什么好处和利益；④产品的用途和使用方法；⑤能为消费者提供哪些售后服务；⑥厂名、厂址及联系办法，或说明在哪里购买。

从广告写作上看，一个广告作品由题材、主题、标题、正文（说明文）、商标等主要因素组成。撰稿人的任务就是把上述要素融为一体，构成一个完整的广告作品。

正文是广告的中心，以说明产品或劳务为其主要内容。从其作用来看，正文实属一种说明文，广告文稿就是一种产品说明书。

撰写广告文稿要开门见山，起笔要力求新颖，不落俗套，切忌废话连篇。撰写正文时要注意几点：易读，易记，直接，确实，短而精。当然，撰写较长的广告文稿不是绝对不可以的，关键在于文稿的内容要能吸引读者。

2. 广告语言技巧

一个好的广告作品是内容与形式的完美统一。掌握广告文稿的语言技巧是创作广告作品的基本条件。如何掌握好它呢？

首先，撰稿人要了解和把握事物的特征。例如在报上刊登一则推销空调的广告，撰稿人就必须了解该空调的性能、特点以及使用方法等基本情况。撰稿人只有掌握了产品的一般知识，才能发挥抽象概括、分析、综合的能力，并运用艺术的语言去塑造广告的形象。

其次，学习和掌握语言艺术是撰写广告文稿的基本功。实际上，这是个修辞问题。如美国一个宣传童鞋的广告，它不是宣传童鞋的质地如何上乘，而是强调它"像妈妈的手一样柔软"。这就是广告文稿中的修辞。

语言的锤炼也是撰写广告文稿的基本功。准确、简洁、鲜明、生动，是撰写现代广告的基本要求，也是现代广告文风的主要标志。从这四者的关系来看，准确性是第一位的，简洁、鲜明、生动是第二位的。如果说准确性是强调广告语言要忠实地反映客观事实的话，那么简洁、鲜明、生动就是强调广告语言要富有文采、意境和风格。如果广告事实不准确，即使用词简洁、生动，这种广告也是没有生命力的。因此，广告语言的鲜明、简洁、生动必须建立在准确性的基础上，广告的意境和形象才有可能充分表现出来。基于此，撰稿人还必须坚持以下原则：

第一，撰稿人要明确广告文稿是写给谁看的。撰稿人应对准一群人或一部分人说话。高明的撰稿人经常以一个人为对象，和他或她做亲切的、诚恳的、朋友式的谈话。

第二，要处处为消费者的利益着想。也就是说，要让消费者从广告中知道购买你的产品能为他们带来什么好处。

第三，在文稿中要突出标题，每幅广告须有一个中心主题。

第四，要坚持真实的原则，取信于民。

第五，广告是对人说话，既要有言辞美，又要有人情味。

第六，广告的格调要高雅。

（四）广告设计技法

广告编排设计是根据广告战略的要求，把标题、标语、正文、插图、标志等要素综合起来，做总体的布局和安排，创作出富有个性的、能产生最大效果的广告。成功的编排设计，能通过艺术手段的作用使广告要素合理、清晰、完整地表达出来，既引人注目，又将信息强有力地传达给消费者，使他们发生兴趣，产生购买欲望，达到促进销售以及提高产品知名度的目的。

广告编排设计必须合理地安排广告要素，力求恰当地表达广告的主题。广告要素的安排必须突出重点、有主有次，不能均等对待。凡是用以吸引读者注意及让其产生兴趣的要素，都应置于版面的显著位置，以能立即抓住消费者的视线为佳。广告编排设计的形式要独具格调，表现出广告的个性，并注意广告要素的内在联系。编排设计要做到自然、流畅、连贯、统一，具有强烈的视觉效果。

下面是国内外广告设计家总结出的具有指导意义的广告编排设计原则。

1. 结构

在广告编排设计中，结构是版面的骨架。每种要素所占的位置、比例，怎样利用版面不同位置的视觉差异，什么样的结构适合读者的视觉流向等问题，值得去探讨。

（1）各种广告要素在版面上所占位置。广告插图是整个广告中最形象化、最接近现实、视觉印象最强烈、最容易被人记住的要素。因此，广告插图占版面一半以上的位置较好。面积大的插图更能吸引读者注意，给读者留下深刻印象。但有时为突出标题等文字部分，或为了引人注目而故意留出大面积空白时，也可以采用小于一半的插图或更小的插图。

按广告编排设计惯例，大标题最好摆放在广告版面上半部的突出部分。标题是广告的灵魂，一般字号较大，字体造型也很讲究，摆在明显位置更能引人注目。

广告插图放在版面的主要位置上时，广告正文的位置一般摆在插图的左右或下方。同一篇广告正文中采用的字体应该一致，以免使读者产生杂乱的感觉。

（2）利用视觉规律合理安排广告要素。心理学家认为，人们注意版面时，版面的上部比下部注目价值高，左侧比右侧注目价值高。因此，版面的左上侧位置最为引人注目，这一位置当然也成为广告最理想的位置。要利用广告版面不同位置注目价值的差异，将广告主要内容安排在版面的突出位置，使广告主次分明，一目了然。

人们注视画面时，其中最容易为目光所注意的一处称为视线中心，它高出画面的几何中心约1/10，因此，广告的主要内容常安排在此处；即使情况不允许，也要配置在接近视线中心的位置，再依次排列其他广告要素。

2. 对比

对比是指有效地运用任何一种差异，通过大小、形状、方向、明暗以及情感变化等对比方式，把读者的注意力吸引到广告画面主体部分。缺乏对比的广告编排设计单调乏味，往往缺少视觉冲击力，难以引人注目。可只要稍加对比，就能提高广告的注目效果。例如重色的标题字放置在白色底上十分醒目，色彩淡雅的插图放在重色底上分外突出，这就是利用了明暗差别的对比。

对比离不开变化，因为只有变化才能产生差异，产生差异才有对比。变化的方法很多，如布局的变化、空间的变化、黑白灰色块变化、色彩的变化和字体的变化等。

3. 平衡

平衡分为对称平衡和非对称平衡两种形式。

对称平衡是将重要程度相同的物体放在离中心距离相等的两面，像保持平衡的跷跷板一样。广告版面编排设计中的对称平衡，是把广告要素平均地置入版面中心的两侧，把广告要素分割成等距离的、对称的两部分。对称平衡给人以安全、稳定、庄严、高贵、可信赖的感觉。

非对称平衡就像跷跷板两面的物体重量不相等，呈现出倾斜状态。如果要取得平衡，就要增加感觉上分量轻的物体的数量或物体颜色。另一种办法是把感觉上分量重的物体靠近中心点，感觉上分量轻的物体远离中心点。广告形象的大小、形状、色彩、疏密等决定着视觉印象的轻重，如大面积、大密度、重色彩、形状规整的广告要素都能给人以分量重的感觉，而相反的广告要素则给人分量轻的印象。要实现广告版面编排设计的非对称平衡，就要靠调节各种广告要素的大小及其距中心线的距离，靠增加物体数量或加深颜色以给人一种重量感，靠线条的粗细与疏密来实现平衡。非对称平衡给人的感觉是新颖、活泼、运动感强，具有一定的号召力。

4. 比例

广告的各种要素以及它们同背景之间形成的合适的比例关系，是做好广告版面编排设计不可缺少的因素。一般来说，合乎比例的东西看起来顺眼，不成比例的东西看起来感到刺眼。例如两个广告要素并列配置时，一个比另一个大一定比例就会让人感到和谐。同时因为有了变化才显得不单调，给人以愉悦的感觉。理想的比例关系有2∶3、3∶5、4∶5等。重视比例关系的应用，能使广告版面编排设计和谐、匀称、活泼，给人以美的感受。忽视比例关系，往往会破坏广告版面的和谐和完整，降低广告效果。

5. 统一

凡是利用平衡、对比、比例等方式编排设计的版面，必须有统一的思想和协调的画面。要达到统一的目的，最好的办法就是尽量使版面单纯、简洁。单纯是广告设计的一个重要原则。通常人们注视某一物体只有10s，因此只有形象生动、简明扼要、信息传达迅速，才能让广告主体引起读者的注目，并在读者心中留下深刻印象。实践证明，组成广告的成分越多，注意力越分散。为了求得统一，有些广告运用了重叠方式。例如说明文字重叠在插图上，或者许多产品相互重叠，以求广告版面的连贯、统一。另外，在同一广告中，一般尽量避免运用两种以上的字体，以免造成纷繁的感觉，分散读者的注意力。

6. 节奏与韵律

节奏和韵律是体现形式美的一种形式。节奏与韵律表现在广告编排设计上，是将形象或色彩以相同或相似的序列重复交替排列组合，获得节奏感。如果说节奏是通过物象排列达到形式美，那么韵律则是在节奏基础上更趋于线形的起伏、流畅与和谐，使广告更加优美、生动、富于变化。节奏和韵律所产生的形式美，能使广告形成某种特定的情调，牵动人的感情，引起人们对美的共鸣。广告版面编排设计运用节奏与韵律的规律，能创造出形象鲜明、形式独特的广告，有助于树立产品形象，增强广告的宣传效果。

7. 空白运用

空白运用对突出产品创造意境有重要作用。中国绘画向来重视空白运用。实践表明，文字、插图把版面挤得密不透风，虽然"节约"了版面空间，但并不能增加广告效益。其结果却恰恰相反，文字及插图太多，显得很拥挤，还容易同广告周围的图片、文字混在一起，难以引人注意，而且人的眼睛在看一大堆文字或插图时会产生不愉快的感觉，应该加以避免。广告版面留出适当空白，能起到强调及引起注意的作用，还会产生一种格调高雅的意境。

8. 系列化广告

设计统一的系列化广告的目的是加深读者对广告主题的理解。所谓系列化广告，就是在广告版面设计的形式以及广告形象的造型、色彩以至广告的风格完全统一的基础之上，由各自独立的广告组成的系列广告。系列化广告在广告媒介上连续出现，能使读者产生连续感、节奏感。系列化广告要在统一的基础上有规律地变化。尽管每个单幅广告的插图或广告用语随着广告内容侧重点的变化而有所不同，但全部广告的格调是一致的，设计形式是统一的。每幅广告中，还可以有固定不变的产品形象反复出现。这些都保持了系列中各个广告之间的联系。按一定的时间间隔连续出现的系列广告，能使读者不断地被主题相同、形式统一的广告所刺激，形成比较完整的印象，产生情感上的共鸣。利用系列化广告，是强化产品形象、促进销售的有效手段。

广告编排设计的形式多种多样，但无论怎样变化，也离不开三种最基本的编排设计形式。一种基本形式的特点是：整个版面为插图或照片所占满，运用插图和照片本身的构图变化来吸引人们的注意力,其他广告要素根据需要在插图或照片内配置。另一种基本形式的特点是:插图、广告用语、商标等呈水平排列方式,插图放置在版面的中上方,标题、正文、商标等依次排列。这种基本形式是利用插图吸引读者的注意,然后用置于视觉中心的标题来诱导读者观看正文等内容。第三种基本形式的特点是:以垂直线为版面的轴心线,插图、广告用语、商标等分别排列在轴心线的两侧。这种编排设计形式,利用人们的视线水平流动(一般是由左向右的规律),把广告的重要内容置于版面的左侧,增加注目价值。

(五) 视频广告设计技巧

视频广告对于塑造企业形象、提升产品知名度的作用很大,因此,央视每年的广告招标总是那么热闹,但那也只是大企业的专利,大多数中小企业只能眼睁睁地看着人家一掷千金,暗自佩服人家的魄力。一般来说,企业在央视投放1000万元以下的广告费,几乎是没有效果的,然而几千万元的广告费又不是每个企业都能承受得起的,所以许多中小企业只能选择更适合自身情况的广告方式。中小企业的广告要做,而且还要慎重地做,随着互联网的迅速发展,除了传统媒体广告、企业形象宣传片,另外还有一种广告形式也不可轻视,那就是网络视频广告。这种多媒体广告的特点是投入小、受众针对性强、播放时间灵活等。

视频广告是市场推广中的重要武器,所以广告圈里有30s定江山之说。它不仅制作费用高,而且播放费用也高,广告效果的好与坏也最明显、最直接。因此广告主及广告人都十分重视广告片的创意及制作技巧。

视频广告的创意源自人们的生活,真实性很能让受众产生共鸣。一方面,视频广告取材自百姓的日常生活,来源是真实的;另一方面,观众对视频广告的消化也是建立在对日常生活的常识性基础印象之上。基础印象是指人们对自己熟知的或知晓的人、事、物等留在大脑中的印象或记忆,可以是人的生活经验,也可以是通过各种学习而知晓的一切事物。基础印象的范围是无所不包的,进入人脑记忆中的任何事物都可成为基础印象,如山川河流、风景名胜、歌星影星、历史人物、风情民俗、民歌童谣、生活常识、文化科技知识等,都可作为基础印象而应用于广告创意之中。同时,广告的表现技巧对于百姓来说,在感觉上应是真切、可信的,或者采用纪实手法,或者采用视频艺术的蒙太奇手法,只要观众在收看时感觉是真实的就可以。

视频广告不仅要有较高的创意策划水平,还要求制作精良,能够在很短的时间内将产品展示给消费者看,为消费者所接受,这就需要很高的艺术修养和制作技巧,下面是业内人士对一般视频广告和网络视频广告制作技巧的总结。

1. 一般视频广告制作技巧

(1) 闪白。通常不会直接使用白帧叠化,而且在原素材上调高gamma和亮度做一个动画,然后再使用叠化,这样看见画面中的亮部泛出白色,不是纯白色的。长度是单数(如5、7、9),比双数好,闪入闪出最好差一帧,即使在最白的时候也隐约有东西可见。

(2) 切。少用纯粹的切,一般都是以1~2帧的叠化来代替。

(3) 画面色彩。不能一概而论,具体情况要具体分析。

1) 画面中尽量避免纯黑、纯白出现,即使是黑色,往往也用压到非常暗的红色、蓝色等来代替,具体色彩倾向由片子影调决定。

2) 有时候感觉片子不够亮或不够暗,通常用增大亮部或暗部面积和比例之类的方法解决,尽量避免整体加亮或减暗的绝对方法。处理最常使用的工具是颜色曲线。

3）对于必不可少的金属字或者说金属光泽的质感，要掌握的原则主要是，金属质感的东西里面一定会有暗部，也就是说"金不怕黑"；其次，尽量用一定数量动画的灯来照出流动的高光效果来代替反射贴图的动画，可使用负值的灯来制造暗部。

4）严格控制亮部，细微调整暗部色彩。

（4）构图。视频构图除非表现严肃力量等，否则尽量使用非正的有透视关系的构图，尽量从剪辑衔接的角度考虑构图。

（5）声音与画面。声音，尤其是环境声，不必和画面剪辑严格对应，一般来说环境声先入后出。如果说是剪辑节奏和音乐，声音与画面往往根据波形图和画面的剪切点错开 1~2 帧才是正确的，重要的是用眼睛和耳朵去感觉，不要太执着于波型中的重音。

（6）正常的画面色彩。电视上正常的画面色彩在计算机上的表现往往是过于饱和的。电视的特性之一就是亮度会增加，保护度会下降。解决这个问题的方法之一就是注意颜色层次过渡，不要仅仅把注意力放在色块上。

（7）调整颜色应遵循以下法则：

1）首先去掉颜色，只看灰度图，调整出正确的过渡和明暗层次。

2）把色块部分颜色先调好，也就是调好最有色彩倾向的部分，比如说远处是冷色调，近处是暖色调，或者相反。

3）控制颜色过渡，使得过渡不单调，通常使用颜色曲线工具来避免线性过渡。

4）绝对尊重画质，以上过程不得明显导致画质下降，否则宁可不调或微调。

5）避免过度调整。

（8）光效。尽量制作最合理的光效，比如使用 Photoshop 画几层，然后再合成上去，不建议直接使用软件插件的光效。尽量避免长时间使用光效，要很好地控制光效的层次，因为即使是最简单的光效，合 2~3 层也会使画面亮度和颜色有偏差。

（9）动画。安排好动画节奏关系，如果不是为了强调节奏，那么动画不要在同一帧上，但是也要避免过度的规律性和过度的协调，适当打破观众的节奏，不然就会四平八稳，缺乏冲击力。

（10）学会借鉴。可以借鉴的不仅仅是形式、动画等，还有配色等。

2. 网络视频广告制作技巧（以手机终端为例）

（1）字体。在日常使用习惯中，用户距离手机的小屏幕是有一定距离的，所以手机上的视频文字应该采用相对粗大的字体，同样适合采用与背景色彩对比度高的颜色，这样可以给用户更清晰和舒适的感受，以及更强烈的印象。

（2）比例。各类手机屏幕分辨率不尽相同，视频广告制作应首选当前主流分辨率。屏幕比例也一样，如 4:3，其余部分可以补黑。

（3）色彩。6 万色以内足够，对拍摄设备要求并不高，更少的色位可以让配置低的手机播放得更流畅。

（4）长度。手机视频广告长度应该比较短（比如少于 1min），充分考虑用户体验，这是很必要的。

（5）格式。手机广告的视频格式取决于格式的支持度和应用度。

（6）大小。对视频文件的压缩必不可少，当然是在保证质量的情况下越小越好，不过考虑到一些手机的处理速度，也没必要过分压缩，这样在解压播放过程中会更加流畅。

（7）形式。制作手机广告的后期处理过程中可以多用抽象的矢量图画来替代一帧帧的位图。

（8）帧数。从用户体验的角度来说，帧数没必要压缩得太低，主流手机顺畅即可。

（9）声音。声音越大越好，因为户外使用手机上网的时候更多一些。

（10）视觉。1min以内的东西要尽快把最能突出产品理念的画面表现出来，可以参考央视黄金时间的广告。

【案例一】

台广经典广告策划案

1973年年底，中国台湾市场中销售的摩托车共有12家厂商的产品。其中有一家不论在生产规模、机器设备、员工技术、售后服务方面，均不输于任何一个同行，基本条件良好。但其销售情况却始终落后，难以取得胜过其他企业的市场地位。为突破这种困局，这家厂商决定在1974年推出一种新型摩托车。为求新产品上市能一举成功，该厂商决定借助广告公司的力量。于是，该厂商选中了一家颇具规模的广告公司作为1974—1975年度的广告代理。

这家广告代理公司经过精心策划，以大胆创新的广告手法，果然使得这家摩托车制造厂商声名大振，令同行与消费者刮目相看，也使得其新产品创造了销售奇迹，争取到超前的市场地位，留下了令人长久难忘的印象。

这家摩托车制造厂商，是中国台湾三阳工业公司（以下简称"三阳"）。这家广告代理者，是中国台湾广告公司（以下简称"台广"）。在这一对广告主与广告代理者的合作期间所创造的成果，确实为中国台湾广告史添上了一段佳话。

知己知彼

双方会谈的第一次，即获得了一点共识——1974年的中国台湾摩托车市场，将是125mL的天下。三阳接着说明了自己在1974年准备推出的一种新产品，就是125mL的新型摩托车，并提出了新产品上市后的销售目标。

台广在接受委托后，先从市场调查研究做起，调查摩托车市场各种同类产品的销售状况和消费者对摩托车工业各厂商的印象。所选择的样本，半数是已拥有摩托车的车主，半数是未来的可能购买者。调查的结果发现，广告主所提出的销售目标虽然较高，但仍有希望可以达到，因为广告主的产品售价偏低；广告主的新产品具有四冲程的优点。

同时，统计显示，在当时的12种厂牌中，广告主的知名度只居第五位，只有50%；而列居第一位及第二位的厂牌，知名度高达80%；列居第三位的知名度，也有73%。相比之下，广告主的知名度显然偏低。

再研究比较1972及1973两年，从12种厂牌在大众传播媒体报纸与电视两方面的广告量，也看出广告主的数字偏低。1972年列居第四位，几乎只有第一位、第二位的半数；与第五位至第九位比较，则相差不多。1973年，更低居第十一位，与第一位至第三位比较，广告量只及它们的1/15。这足以说明广告主对于广告的运用不及其他厂商，缺少正常的广告策略。

针对上述种种问题，台广为广告主拟订了广告战略，有以下五点内容：

（1）教育消费者以正确的方法使用摩托车，维护摩托车延长使用寿命。

（2）参照市场中同类产品的售价，制定广告主新产品的合理售价，并将所增加的收益与经销商分享，提高经销商的推销兴趣。

（3）重整经销网。鼓励原有的经销商扩充范围，增设经销分处，争取各地信誉良好的摩托车修理店为其经销分处，使经销商由原有的140个扩充到500个左右。再在台北国宾大饭店举办大规模的新产品发布会，招待全体经销商，说明革新的决心，以增进大家的信心。

（4）以强而有力的广告创新战术，使新产品上市能一鸣惊人。

（5）用广告改变消费者过去对企业的看法，说明广告主是拥有制造直升机及汽车设备的大规模工厂，不但规模大、品质、技术、服务等均属一流。

惊人战术

广告战略经广告主同意后，台广立即逐步安排战术，执行广告计划中战略与战术的各项细节。

首先为新产品进行命名。经过数次会商，台广的策划与设计专案小组想出了近700个名称。然后进行淘汰，淘汰至15个时，再进行投票。投票时，还邀请了多位消费者参加。结果，"野狼"这个名称胜过了其他名称，脱颖而出。

接着编印摩托车正确使用方法手册，供消费者索阅及做适当的分发，并编印四冲程摩托车挂图，悬挂在各地经销店中。通过经销店的推销人员与受过广告主方面技术训练的修理人员告知消费者这方面的许多常识，特别强调不能购用假机油，以免损伤车子。同时编印大型海报一套共三张（均为全开），分送各地经销店张贴。这三张海报足以布满每一家经销店的墙壁，一时间这500家左右的经销店均变成三阳摩托车的专卖店，声势甚强。

最重要的广告战术，是在新产品正式上市前号召全省消费者停止购买摩托车六天。这着棋下得颇为轰动、惊人。1974年3月26日，中国台湾两家主要的日报上，刊出一则没有注明厂牌的摩托车广告。面积是8栏50行，四周是宽阔的网线边，中间保留成一块空白。空白的上端有一幅漫画式的摩托车插图，图的下面有几行字，内容是："今天不要买摩托车。请您稍候六天。买摩托车您必须慎重地考虑。有一部意想不到的好车，就要来了。"

次日，继续刊出这则广告，内容只换了一行字："请您稍候五天"。这天的广告引起了反应。同行们打听到了是三阳的广告，纷纷向三阳发牢骚，询问"为什么这两天叫消费者不要买摩托车？"因为每一家摩托车店的营业额都减少了。

第三天，继续刊出这则广告，内容重点仍只换了一行字，改为"请您再稍候四天"。这天的广告又引起了反应，连广告主本身的各地经销店都抱怨生意减少了。

第四天，内容改为："请您再稍候三天。要买摩托车，您必须考虑到外形、耗油量、马力、耐用度等。有一部与众不同的好车就要来了。"这天的广告又引起了反应。广告主所属的推销员们大叫"受不了"，这几天的广告，影响了他们的推销数量。这三天中里里外外的反应，使得广告主自己也有挡不住的压力，几乎想中止这套预告性广告。台广方面的专案小组负责人则苦苦劝告广告主要忍耐，要坚持。

第五天的广告，内容稍稍做了改动，为："让您久候的这部，无论外形、冲力、耐用度、省油等，都能令您满意的野狼125摩托车，就要来了。烦您再稍候两天。"

第六天的广告,内容又稍改,为:"对不起,让您久候的三阳野狼125摩托车,明天就要来了。"

第七天,这种新产品正式上市,刊出全页面积的大幅广告,果然造成大轰动。广告主发送各地的第一批货几百部三阳摩托车,立即全部卖完,之后接连不断地畅销,使得若干地区的经销商自己派人到三阳去争着取车,以应付买主的需要。"野狼"摩托车成为市场中的热门货,经销商的销售信心大增。三阳在市场上的声誉也随之大大改观,以往所出产的其他型号的摩托车,销路也连带地趋好。

当时,台广的专案小组调查得知,中国台湾全省每天约有200部摩托车的成交量。让消费者停止购买六天,至少可积存700~800部的成交量。广告主的新产品上市后,一定可从中争取到不少的成交量,自然造成了难得的畅销局面。

趁热打铁

新产品打响以后,台广继续为广告主推出企业广告,以配合产品广告,加强消费者的购买信心。

企业广告在报纸媒体上共推出三则,均为全页的大面积广告。第一则以"老伴"两字为大标题,用桃园市的一位鱼贩为模特儿,说明他所购用的一部三阳摩托车,已足足骑了10年零4个月,还是好好的;第二则以"我明天又要去授训"为大标题,用台广一位黄姓设计师为模特儿,说明在技术方面,他有不断研究创新的精神,不但在中国台湾受到重视,更受到日本同行的重视;第三则以"马上出货"为大标题,用成兴工业公司负责人为模特儿,这一家公司专门制造摩托车的强钢后叉,是广告主的卫星工厂,说明广告主验收各卫星工厂所制造的零件时非常严格。每一则的画面都是巨幅的写真照片,并以叠影方式表现重点。

三则企业广告,分别衬托出"产品有耐用价值""技术多研究创新""零件均制造精良"三种情况。三则企业广告还一致刊出企业口号:"埋首于行的发展,谋求大众生活的欢乐"。此外,在每一则广告上均注明"请用纯正机油及零件以保摩托车之品质",同时起到教育消费者的功能。就当时的市场情势而言,这套企业广告的确有助于增强广告主的产品在市场上的优势。消费者对三阳的印象也渐渐改变了。

1974年年底,台广又为三阳企划了一个广告活动,征询消费者"野狼一加仑跑几公里",也做得很成功,既能增强消费者对"野狼很省油"的印象,同时也造成了摩托车车主们一句口头语,彼此见面均问:"你一加仑跑几公里?"从这句口头语,消费者就会想到三阳的产品。

研究这一整套广告,确实可将其列为"使新产品一上市便一鸣惊人,同时使广告主在市场中脱离劣势,声誉大振"的成功实例,值得我们借鉴。

【案例二】

南都奶茶系列广告

"我和我的小伙伴都惊呆了!"2015年3月18日不少广东读者翻看《南方都市报》(简称"南都")不禁发出这样的惊叹,该报头版赫然出现醒目的"求约"广告:"奶茶妹妹,约吗？3月25日，我在广东等你。"立刻引发众多读者大猜想。2015年3月19日，事件进一步升级，南都继续发布悬念广告，加上极具诱惑力的"给你10亿"，再次对"奶茶妹妹"发起邀约。

话题逐渐升温，激起了网友们的好奇心，一时间各种猜测和议论纷纷攘攘。终于等到3月25日，"剧情"最后大反转，这位霸气又深情的总裁竟是"国美在线"。此日，"国美在线"线上线下"双剑合璧"，线下百名美女派发万杯奶茶引爆广州街头，线上为消费者派送10亿元现金券，强力促销。

这就是轰动一时的2015南都奶茶广告。当然，因广告格调和语言风格有待商榷，也有相关人士对此广告表示了异议。

作为中国媒体先锋，《南方都市报》不仅有足够重磅的独家新闻，也有足够吸引眼球的独家创意。2014年，南都出品创意悬念广告独领风骚，全面开花，创造了许多业内品牌营销的现象级广告：在电商领域，有国美在线；在3C通信领域，有中兴手机；在快消品领域，有王老吉；在交通出行领域，有星星打车（原名我有车）；在互联网金融领域，有宜信。这其中，有一部分创意并非完全来自南都，但品牌仍然选择将南都作为第一发布平台。

作为时代脉搏的把握者，南都从来不惧自我变革。在内容上，从2014年6月到2015年10月，两年三次改版，在"自我折腾"的路上永不停歇。在经营上，从上至下改变服务理念，从被动等着客户上门投广告，变为主动"头脑风暴"为品牌客户提供颠覆性的创意广告和悬念广告。

为什么是悬念广告和创意广告？因为80后、90后登场了。被称为新时代的消费者的80后、90后将逐渐取代出生于20世纪50、60、70年代的消费者成为中国消费市场的主导力量。而这一拨成长于互联网时代的人，对于"我很好啊快来买买买"式的广告已经不买账。面对碎片信息繁杂、琐碎的网络世界，他们也会有选择性地接受自身感兴趣的信息，自动过滤掉无趣的信息。所以，企业对营销的理解也变了。在这个信息爆炸的时代，品牌需要话题，营销需要年轻化。

南都创造性地吸收了台广的悬念广告手法，充分利用现代多种传播手段，将广告创意、悬念尺度、想象空间发挥到极致，符合线下80后、90后消费者"猎奇"、追求创新事物的心理，成为国内互联网时代报网互动的一道"奇葩"风景，而南都也俨然成为国内创意广告发布第一平台。

创业实践

自己起一个公司的名字，设计出公司标志及形象广告。（提示：公司名字要尽量与其业务有关联，又要有拓展性，还要核查公司名是否有雷同，域名是否已注册）

复习思考题

1. 为什么CIS是企业战略的重要组成部分？
2. 哪类企业急于导入CI战略？
3. 什么是视觉识别？它的基本要素有哪些？
4. 试以奥运会吉祥物"福娃"为例，谈谈企业象征造型图案的设计准则。

5. 面对势力雄厚的大企业，中小企业应采取什么样的广告战略？

6. 美国吉列公司曾设计了一种"雏菊"牌女用刮毛刀，在确定广告创意时，曾拟出七种方案：①"盲点"（突出使用效果）；②"雏菊爱我"（突出牌子，让人喜爱）；③"双刃刮毛"（突出产品用途）；④"完全配合妇女的需求"（突出消费者利益）；⑤"女孩不用操心"（突出使用方便）；⑥"不伤玉腿"（突出安全可靠）；⑦"不到50美分"（突出价格低廉）。这是哪种创意思考方法？你决定采用哪个广告创意主题？为什么？

7. 创维电视机在报纸上的系列广告中，先以一些易引起视觉错觉的例子设问："你认为哪一条直线更长？""你认为哪个圆更圆？"……进而转入"生活中总有些干扰因素，影响我们得出正确结论。凡事看清点，才能看得更真。创维彩电，图像更清晰，色彩更鲜艳，让您看得更清、更真。"试评价该广告的创意。

8. 从案例《台广经典广告策划案》与《南都奶茶系列广告》中，试分析两个广告策划的不同之处。

市场营销策划

市场营销策划是企业策划的核心，企业形象策划、广告策划、公关策划等都是围绕市场营销策划而进行的，最终通过市场营销策划实现企业赢取最大限度利润的目的。因此，市场营销策划在企业策划中举足轻重，它的成功与否关系到企业策划的成效。

在市场营销策划中，首先应对市场进行系统的研究，并在此基础上确定目标市场，再对营销的不同阶段进行策划。

第一节 市 场 研 究

市场营销策划的对象是市场。要想确定目标市场，必须对市场进行系统的分析研究，也就是对市场的宏观环境和微观环境进行详尽的研究，通过市场调查和预测，来确定目标市场。如果企业应该放弃一个市场而坚持不放，或者放弃了一个应努力开拓的市场，都会造成巨大的损失。

一、市场环境分析

企业的营销环境是由宏观环境和微观环境构成的。企业市场营销的宏观环境是由大范围的社会约束力量构成的，主要包括人口、经济、自然、科技、政治法律及社会文化等，它影响微观环境。企业市场营销的微观环境是由企业的内部环境和企业间的环境构成的。企业内部环境主要包括企业内部影响营销管理决策的各个部门，企业间的环境主要包括供应者、营销中间人、顾客、竞争者和社会公众等。微观环境影响企业为其目标顾客服务的能力。一个企业能否成功地开展市场营销活动，适应和影响微观环境的变化是至关重要的。

（一）市场营销的宏观环境

市场营销的宏观环境是企业营销活动的重要的外部环境。它对企业营销活动或提供机会，或造成威胁；或产生直接作用，或产生间接作用。

市场营销的宏观环境主要由六种环境力量构成。

（1）人口环境。人口环境主要包括人口的数量、自然构成、民族构成、增长速度、受教育程度、地区分布及地区间的移动等因素。人口环境给市场带来整体性和长远性的影响，因而会与企业产生不可避免的联系，并直接反映到消费需求的变化上。

（2）经济环境。经济环境主要包括社会购买力、消费支出模式、供求状况等。其中最主要的是社会购买力，它的发展变化必然影响和制约企业的营销活动，企业应当密切关注由于社会购买力的增减变动所带来的机会或威胁。

（3）自然环境。自然环境主要包括原料资源、能源和污染等。目前世界各地的自然资源日益短缺，能源成本趋于提高，环境污染日益严重，政府对自然资源的管理不断加强，所有这些都会直接或间接地给企业带来机会或威胁。

（4）科技环境。科学技术的发展一方面给企业带来新材料和新工艺，并使传统的工艺和设备不断翻新，同时提升了企业管理的水平，如众多行业运用计算机管理；另一方面，科学技术的发展引起经济、自然因素的变化，继而引起社会、文化、政治、法律等因素的变化，这种连锁反应必然对企业市场营销产生一系列影响。

（5）政治法律环境。政治法律环境主要包括政治体制、经济体制和方针政策等。在任何社会制度下，企业的营销活动必定受到政治法律环境的强制和约束。企业必须密切关注政治法律的变化，并据此及时调整企业的营销目标和营销措施。

（6）社会文化环境。社会文化环境主要由价值观念、教育水平、宗教信仰、道德标准、社会群体及其相互关系等内容构成。在企业所面临的诸多环境中，社会文化环境是较为复杂的，但它时刻影响着企业的市场营销活动。

市场营销的宏观环境是企业不可能控制的因素，企业难以预料和改变，但企业可以借助国家有关机构对宏观环境变化的预测，不断地调整市场营销策略。

（二）市场营销的微观环境

市场营销的微观环境由企业内部环境、企业间的环境两个方面的六种主要环境力量构成。

（1）企业内部环境力量。它由企业内部影响营销管理决策的各个部门构成。企业内部各部门、各个管理层次之间的目标一致性、分工科学性和协作和谐性，直接影响着企业的营销管理决策和营销方案的实施。

（2）供应者。供应者是指提供本企业生产经营活动所需货物和劳务的其他企业和个人，特别是供应商。

（3）营销中间人。营销中间人包括中间商、物流企业、融资企业及其他服务机构，它们为企业融通资金、推销产品，以及提供运输、储存、咨询、保险、广告等种种便利营销活动的服务。如何在动态变化中与这些中介力量建立起稳定、有效的协作关系，对于企业服务于目标顾客的能力的最终形成具有重大影响。

（4）顾客。顾客即目标市场，包括消费者、生产者、转卖者、政府和国际市场五种类型。这些顾客不同的、变化着的需求，必定要求企业以不同的服务方式提供不同的产品或服务，从而制约着企业营销决策的制定和服务能力的形成。

（5）竞争者。从消费需求的角度划分，企业的竞争者包括愿望竞争者（提供不同产品以满足不同需求）、普通竞争者（提供满足同一种需求的不同产品）、产品形式竞争者（提供同种产品，但产品的型号、规格、款式不同）和品牌竞争者（提供的产品相同，规格、型号、款式也相同，但品牌不同），后两类是同行业竞争者。这些不同的竞争者，是企业开展营销活动必须考虑的重要制约力量。

在同行业竞争中，卖方密度、产品差异、进入难度是三个值得重视的方面。

（6）公众。公众包括政府机构、融资机构、媒介机构、群众团体、地方居民等国内国际公众。上述公众关注、监督、影响、制约着企业的营销活动，因此，企业必须搞好公共关系，遵纪守法，满足公众合理要求，开展各种公益活动，塑造良好的企业形象。

（三）环境机会与环境威胁

企业面对的上述诸多环境力量并不是固定不变的，而是经常处于变动之中，并且许多变动往往又由于其突然性而形成强大的冲击波。环境的变化会给企业带来可以利用的市场机会，此时企业要善于捕捉机会，掌握机会，打破常规，积极利用可供发挥的环境机会，如时尚热、体育热、影响大的政治人物的生活习惯、影响较大的社会事件等创造的环境机会。

环境的变化同时也会给企业带来威胁。环境威胁的种类较多，按其性质可以分为自然威胁和人为威胁；按给企业带来的损失值的可评估与否分为有形威胁和无形威胁；按其具体内容分为资金威胁、商品威胁、信誉威胁和人事威胁等。

企业在市场营销过程中，不可避免地要遇到各种环境威胁，一般可以选取下面三种对策：

一是反对策略，即试图限制或扭转不利因素的发展。

二是减轻策略，即企业通过改变营销策略，以减轻环境威胁的程度。

三是转移策略，即将产品转移到其他市场，或转移到其他盈利更多的行业，实现多元化经营。

例如，亚洲金融风暴出现以后，对我国的企业有一定影响，特别是对外贸出口企业影响较大。该类企业就必须调整营销策略，减少经济损失。

当企业面临重大环境改变时，策划机构必须进行一套连续的环境威胁分析计划，它包含认定问题、评估威胁和对威胁做出反应三个阶段。

一是对威胁的认定。策划机构根据企业的经营方向和发展战略，收集、整理、研究这些环境的变化，并尽快上报给最高决策者。

二是评估环境威胁。评估环境威胁主要是预测威胁的性质及评估其预期发展的速度。通常包括科技的、政治的或文化的预测，而对政治的预测意义更大。例如，对政治权力的预测，包括进口限制、外汇控制、劳工限制及国有化等方面，对从事国际市场营销的企业影响很大，而这些影响往往有一个发展过程，有些方面的变化企业通过分析研究是可以预测得到的。

三是策划机构可以用不同的方式来应对环境的威胁。当企业认为威胁不存在或只是短期存在的话，可以静候环境的变化；当企业认为威胁来临时，可以采取转移策略、减轻策略、反对策略来避免或化解威胁；还可以把环境的威胁看成是隐含的好机会，积极从事创新活动。

二、市场调查

市场调查以科学方法为工具，对大量市场营销信息资料进行收集、整理和分析，提出解决的方案或建议，为企业高层决策人员提供科学的依据。

（一）市场信息的来源

市场信息主要来自企业内部和企业外部。企业内部信息来源主要包括企业的财务记录、统计数据等各种数据资料，以及企业的计划和总结，企业的经营策略、经营预测的决策资料，企业的经济活动分析资料等。企业外部的信息来源范围比较广，主要有各类市场，各类宣传工具，各类用户，各类竞争者，各类学术、科研、教学机构及其召开的各种学术会议和内部学术交流刊物、论文，政府机关及其发布的政策、法令、经济公报，各类社会、经济团体归纳整理公布的有关经济数据、经济情报等。

（二）市场调查的方法

市场调查的实质是搜集市场信息。因此市场调查的方法主要可以分为收集现成的信息和实地调查两种。

1. 收集现成的信息

归纳起来可以有五种形式：一是采购。由于一些专业信息公司储存的信息以及社会上公开发行的图书、刊物、报纸等上的信息都是有代价转让的，因而收集这些信息可以通过交付一定的费用购得。二是交换。它是指一些信息机构和其他掌握信息的单位之间进行对等交流。通过这种方式收集信息资料，收集到的信息量一般同自己向外发送的信息量相当。三是索取。它是信息需求者向占有信息资料的单位无代价地索要。这种办法多用于向已有往来关系的单位索要，而且索要的信息资料限于一般性资料。四是现场收集与复制。在信息展览会和企业之间的信息交流会上，发现有用的信息资料当场就收集和复制。五是在国际互联网上收集信息。

2. 实地调查

实地调查是指与调查对象直接联系，采取直接提问等方式来收集所需要的信息的方法。本方法要求事先明确调查目的和对象，设计好调查提纲和表格。根据具体方法和使用的调查工具的不同，市场实地调查法又分为面谈调查法、电话调查法、邮寄调查法、观察调查法（由调查人员或采用录像机等设备侧面观察记录）、实验调查法等。

市场调查的方式方法在应用中究竟采用哪一种，或是几种同时采用，主要根据调查者所需资料的性质而定。

（三）市场调查的内容

市场调查的重心应放在以下五个方面：一是市场潜力的大小；二是竞争压力的大小，包括同行业供应者和替代行业供应者的产销能力；三是价格趋势，包括单价升降趋势及物价上涨因素；四是顾客购买力；五是营销策略，包括未来将采取的产品、价格、推广及促销策略。具体涉及的调查内容如下：

（1）环境调查。环境调查包括对人口环境、经济环境、自然环境、科技环境、政治法律环境和社会文化环境的调查。经营环境的好坏是设定经营目标及营销策划的先决条件。

（2）市场供需调查。市场供需调查包括对顾客的购买动机、购买数量和时间，采购人员采购程序及对质量、价格、送达时间、售前售后及促销做法的意见和要求的调查。此外，尚需调查国内外同行业或替代行业的竞争者的行为。

（3）企业现状调查。"知己知彼，百战不殆"，企业只有充分了解本企业产品及销售状况，才能做出相应的策划。首先要清楚产品的用户，谁是主要用户，谁是最忠实的用户，谁是新产品的首用者，谁是购买的决策者；其次要弄清楚消费者对产品的满意程度，产品是畅销还是滞销，原因在哪里，市场占有率有多大，是上升还是下降，消费者对产品的包装、价格有什么反应；再次要弄清楚产品的销售状况；最后要了解产品广告是否发挥了作用。

（四）市场调查的阶段划分

市场调查可分为三个阶段：

（1）预备调查阶段。这个阶段主要通过情况分析和非正式调查（试探性调查）确定调查命题或目标及调查范围。

（2）正式调查阶段。在确定调查命题或目标以后，先要决定收集资料的方法，准备所需的调查表格，设计抽样方法，然后进行实地调查，取得调查资料。

（3）结果处理阶段。将调查收集到的资料进行整理和分析，提出调查报告。报告分为专业性报告和通俗性报告。专业性报告纲要为：研究结果摘要、研究目的和方法、资料分析、结论与建议、附录；通俗性报告纲要为：研究发现与结果、行动建议、研究目的和方法、附录。无论哪一类报告，都应突出研究目的，内容简明、客观、完整。

三、市场预测

市场预测是建立在环境研究和市场调查基础上的科学推算。根据过去和现在预计未来，根据已知推测未知，根据主观的经验和教训、客观的资料与条件、演变的逻辑与推断，来寻求市场需求的变化规律。现代企业管理的重点在经营，经营的重点在决策，决策的关键在预测，预测的基础在市场研究。由此可见，预测对企业经营非常重要，直接关系到企业的兴衰成败，所以预测工作投入的人力、财力和由于对未来估计不足造成的损失相比是微不足道的。

（一）市场预测的内容

市场预测的内容十分广泛，凡是影响企业市场营销的各种因素都在预测之列。一般情况下，企业应做好以下六个方面的预测：一是市场需求潜量预测；二是企业产品销量预测；三是市场价格预测；四是企业投资效果预测；五是相关科技发展前景预测（技术创新是一种"毁灭性"的进步与发展，既给某些企业带来威胁，又给另一些企业创造发展的新机会）；六是新产品开发前景预测。

（二）市场预测方法

市场预测的方法很多，但不外乎定性预测和定量预测两大类。现简要地介绍几种常用的预测方法。

（1）类推法。它是根据个人的直观判断，对未来的市场变化趋势做出符合逻辑的推理判断的方法。类推法主要有相关类推法和对比类推法两种。

1）相关类推法。这是根据已知相关的各种因素之间的变化，来推断预测目标的未来发展趋势的一种预测方法。例如，从现行产品的需求变化来预测产品的市场需求趋势；从可替代产品市场需求变化来预测产品的需求情况；从互补性产品的市场需求变化来预测产品的需求。

2）对比类推法。这是把预测目标同其他类似事物加以对比分析，来推断其未来发展趋向的一种预测方法。例如对比国外某些产品的市场生命周期、产品更新换代和新产品开发情况，来预测我国的同类产品有关指标的发展变化趋向。

（2）经验判断法。它是通过专业人员及预测人员的经验和判断能力做出预测的一种预测方法。经验判断法可分为经理人员判断法、营销人员分析法和综合判断法。

1）经理人员判断法。这是由经理、厂长召集主管销售、计划、财务并熟悉市场营销的人员广泛交换意见，对市场营销前景做出预测的一种预测方法。这种方法简便易行，省时省力，但主观判断性太强。

2）营销人员分析法。这是征求全体营销人员的意见，要求每位营销人员对其负责的地区销售前景做出估计，做出表格，由地区销售经理汇总审核，再由企业汇总分析而确定预测值的一种预测方法。这种方法比较接近实际，但由于营销人员会受其业务范围的限制，所以该方法只适用于短期预测。

3）综合判断法。这是综合经理人员和营销人员的意见作为市场预测的结果的一种预测方法。有时为了能够反映各方面的意见，可采用求平均值的办法加以计算。

（3）用户调查法。它是预测单位直接向用户了解在下一个时期该用户需要购买本单位产品的品种和数量的一种预测方法。同时也要调查用户的意见，分析用户的需求变化趋势，参照市场情况，预测下一时期的销售量。

（4）专家意见法。它又称德尔菲法，是由美国兰德公司首先创立的。它是依靠专家的知识、经验和分析判断能力，在对过去发生的事件和历史信息资料进行分析综合的基础上，对未来的发展做出判断的一种预测方法，也是市场营销预测中应用较广泛且较重要的一种定性方法。专家意见法采用表格或问卷的形式，征询专家的匿名预测意见，得到初步结果，再将它随表格或问卷重发给专家，经过几轮匿名意见反馈，当专家预测意见趋于一致时，对最后一轮征询预测表格或问卷进行统计整理，得出预测结果。专家意见具有真实性、科学性、系统性等特点。值得注意的首先是征询表的设计要清楚、明确，一般能在 2h 内完成；其次是要选好专家，专家不仅要精通预测问题，还要乐于承担任务，责任心强；最后是专家人数以 10~50 人为宜。

（5）时间序列分析法。这是一种定量预测法，它的基本思想是根据过去的历史资料，依据一组观察数值来推算事物未来的发展情况。由于采用的方法不同，时间序列分析法可分为简单平均法（即算术平均法）、加权平均法、移动平均法和指数平均法等。

（6）回归分析法。它是研究两个或两个以上相关关系的数理统计分析方法，也是一种定量预测法。在进行预测时，一般把预测对象作为因变量，把与预测对象有因果关系的影响因素作为自变量，依据其内在联系建立数学模型（即回归数学模型），达到预测目的。如果研究的因果关系只涉及两个变量，叫一元回归分析；如果涉及两个以上的变量，就叫多元回归分析。

市场预测既是一门科学，又是一门艺术。现代预测方法种类很多，使市场预测的可靠性不断提高，丰富了市场预测科学。但由于市场本身处在不断变化之中，因此绝不能在主观意识中把预测当作必定结果。实践表明，要想取得较为符合客观实际的预测结果，就须把各种有效的预测方法综合起来运用，相互补充，相得益彰。

（三）市场预测的步骤

市场预测的整个过程是一个系统工程，必须严密组织，互相协调，才能取得成效。

市场预测大致可分为六个步骤：

（1）确定预测目标，包括制订预测计划、编制预算、组织力量实施等。

（2）收集预测所需的各种资料。

（3）选择预测方法和建立预测模型。

（4）分析评价。

（5）修正预测数据。

（6）编写预测报告，总结预测经验。

在进行市场预测时，要尽量利用生命周期理论，因为市场诸因素间存在连续性、类推性和因果性；另外，市场预测的基础是市场调查，要把市场调查和市场预测联系起来。

第二节 目标市场策划

企业策划者为了实现企业的总体目标，必须对企业潜在的细分市场进行评估，以确定企业的目标市场和产品定位。这主要是因为：①市场的细分是企业确定经营方向、选择目标市场的前提；②目标市场的选择是否准确直接影响到企业的市场定位；企业市场定位合理既有利于企业最大限度地发挥自己的优势，又能最好地满足顾客的需要，实现目标市场营销策略。

一、市场细分

市场细分就是企业按照一定的细分变数，根据消费者需求的差异性，把市场划分为两个或两个以上的消费者群，每一个消费者群构成一个细分市场，其中任何一个细分市场都是一个有相似欲望和需要的消费者群，都可以被选为企业的目标市场。例如生产电视机的企业，根据消费者收入的高低、居住条件的优劣以及人们对产品外观设计式样特别是用途等的不同要求，将电视机市场划分为几个细分市场。为适应不同细分市场的需求，企业生产不同规格档次的产品，如 $21in$[①]、$25in$、$29in$、$32in$、$40in$ 等不同尺寸的电视机。

（一）市场细分的原则

市场细分是了解市场、发现顾客和掌握营销机会的有效手段，但并不是所有的市场细分都是有效的。过于细分，甚至会影响企业的销售面，误导企业经营。因此，企业在进行市场细分时，必须遵循可衡量性、可进入性和实效性等原则。

（1）可衡量性。市场细分的标准和细分后形成的细分市场的规模及购买力程度必须是可以衡量的。例如，以家庭户数和待婚人数细分家具市场是比较准确的，但以价格、质量、式样等作为标准来细分就很难了。

（2）可进入性。企业的资源和市场营销组合必须能够达到所选定的细分市场，企业有能力占领所选定的细分市场，否则市场细分就没有意义。

（3）实效性。企业所选定的细分市场必须具有占领、开发的价值，既有利可图，又有一定的发展潜力。例如，我国目前儿童的吃、穿、玩以及智力开发的市场容量和潜力很大，细分儿童消费者市场，将会使相关企业大获收益。

（二）市场细分的可变因素

根据最终用户的不同，产品可分为消费品和工业品。前者最终用户是消费者，如电视机、冰箱、饼干；后者最终用户主要是生产消费品的生产者，如机床、钢铁、橡胶。

在消费品市场上，由于消费者的年龄、性别、收入等因素的差异性很大，故消费品市场可以根据这些可变因素再细分为若干不同的细分市场。概括起来这些可变因素有四个方面，即地理、人口、心理、行为四个可变因素。

（1）地理因素。地理细分主要是以地区、气候、城市大小、人口密度等可变因素将市场细分为若干细分市场，同一区域里消费者对同一产品一般有相同的偏好和需求。

（2）人口因素。人口是构成市场最主要的因素，人口细分就是企业根据消费者的年龄、性别、家庭人数、家庭生命周期、收入、职业、受教育程度、宗教、种族、国籍等可变因素

[①] $1in = 2.54cm$。

来细分市场。

（3）心理因素。心理细分是企业按照消费者的生活方式、个性等心理因素来细分消费者市场。心理因素直接影响着消费者的消费取向，在经济发达程度高的环境中，顾客购买商品更受到心理因素的影响。

（4）行为因素。行为细分是根据购买者对产品和产品属性的认知态度、使用及反应，将消费者细分为不同的消费者群。影响消费者购买行为的主要因素有产品利益因素、使用量、使用者状态、购买准备阶段、营销因素的敏感性等，这是市场细分的重要标准。特别是随着我国市场经济的不断发展，消费者收入的提高，这一细分标准就显得更加重要。

工业品市场（产业市场）的细分可变因素有许多和消费者市场细分可变因素是相同的，如用户追求的利益、用户情况、使用率、品牌忠诚度等。但由于工业品市场有其特点，企业还要用一些其他可变因素来细分市场，如最终用户的需求、顾客的规模和顾客的地理位置等。

二、目标市场

目标市场是企业在市场细分的基础上，从若干细分的细分市场中选择的一个或几个作为自己营销对象的细分市场。企业通过市场营销研究和市场细分可以发现一些良好的市场机会，这时，企业就要选择和确定目标市场。

并非所有的市场机会对企业都具有同等的吸引力，或者说并不是所有的细分市场都是企业愿意进入和能够进入的。有的细分市场潜力大，利润率高，但进入的阻力、经营风险也大，一般的企业不一定具有克服障碍、应付竞争和承担风险的能力。所以，有时候即使是有利可图的市场机会，企业也要暂时放弃，去寻找更适合自己的市场机会。同时，任何企业都无法提供整体市场上所有买主所需要的产品和服务，面对众多的市场机会，企业必须从自身的资源条件和需要出发，选择和确定自己的目标市场。

市场细分和目标市场是两个既有联系又相互区别的概念。前者是指按消费者需求划分不同消费者群的过程，后者是指企业选择作为经营目标的细分市场。目标市场离不开市场细分，它是在市场细分的基础上，挑选一个或几个细分市场作为目标市场。因此，市场细分是选择目标市场的前提和条件，目标市场的选择则是市场细分的目的和归宿。

（一）选择目标市场的标准

目标市场的选择是否准确合理，直接影响到企业经济效益的高低乃至经营的成败。不同的企业有各不相同的目标市场，即使是同类企业，由于各自资源优势的差异，各企业选择的目标市场也有差异。企业所选择的目标市场必须具备以下几个条件：

（1）市场上存在尚未满足或可以刺激、诱发的潜在需求。这是企业选择目标市场的首要标准。从市场营销观念来看，把没有需求、需求不足或需求逐步衰竭的市场作为目标市场，企业的生产经营就不能产生社会效益，而且企业的投资和生产也将是短命的、无效的、没有经济效益的。从这个意义上说，企业只有能够满足和引导市场需求才能符合社会主义市场经济的要求，才能促进社会主义市场经济的发展。

（2）市场上存在一定的购买力，消费者的有效需求旺盛。在市场经济条件下，企业生产的直接目的就是利润最大化。只有市场上存在一定的购买力，企业的产品才会有销路。因此，企业在选择目标市场时，要充分认识和了解不同层次消费者的购买力水平，避免出现

"生产超前，消费滞后"的现象。

（3）竞争者未完全控制市场。对于企业来说，不仅要了解目标市场是否需要和是否具有一定的购买力，而且还要了解竞争者是否完全控制了市场，即市场进入的难度有多大。如果竞争者还没有控制市场，即其市场占有率不高时，企业选择这种目标市场就比较适宜；如果竞争者已经控制了市场，但市场利润率高，企业投资有利可图，企业又有能力赶上和超过竞争对手时，也可以设法挤进这个市场，力争后来居上。

（4）企业有能力经营市场。前面几条选择目标市场的标准都是从市场的角度来分析的。企业要选择好目标市场，除所选市场必须具备一定条件外，企业自身条件也是一个重要标准。企业的条件包括主观和客观两个方面，主观方面是指企业领导人的素质与能力、企业经营的指导思想、经营战略以及企业整体的经营管理水平；客观方面是指企业进入某一目标市场必须具备的人力、物力、财力和距离该市场的远近等。企业只有具备进入某一细分市场的能力，才能将该细分市场确定为自己的目标市场。

（5）要有适宜的宏观环境条件。市场经济条件下，企业市场营销活动受宏观环境的影响越来越大，企业在选择目标市场时，必须弄清一定时期内的政治、经济、技术、文化和国际市场等宏观环境对企业进入市场的有利及不利影响。同时，企业不能被动地适应环境，听任环境的摆布，而要不断强化自己，主动适应环境、改变环境、创造良好的环境，这样企业才能求生存、求发展。

（二）目标市场营销策略

1. 无差别市场营销策略

无差别市场营销策略是企业以一种产品、一种市场营销组合试图在整个市场上吸引尽可能多的消费者的策略。这种策略把整个市场看成是一个整体、一个大目标市场，着眼于消费者需求的同质性，对消费者需求的差异性忽略不计。这种策略适用于大量生产、大量消费的时代。

企业对某些广泛需要的产品实行无差别市场营销策略的优点是可以节省这些产品的生产、储存、运输和广告宣传的费用，降低生产成本和经营费用。例如，美国可口可乐公司过去在很长一段时间内，由于拥有世界性的专利，该公司只生产一种容量包装、一种口味的可口可乐，就连广告主题也是单一的"真正可乐"，并把这一广告推向世界各地。

但是，某一种产品或品牌受所有购买者欢迎或长期独占市场在现代市场条件下是少见的。随着经济的发展和竞争的激烈，这种策略的不足之处也日渐明显，主要表现在不能满足不同消费者的差异需求与爱好，难以适应市场需求的变化与发展，而且容易造成市场竞争激烈和市场饱和。例如美国汽车行业长期以来只重视生产大型汽车，导致大型汽车市场的竞争异常激烈，但对小汽车的市场潜力估计不足，而忽视了小汽车的生产。20世纪70年代美国爆发能源危机，大汽车市场疲软，日本产的节油小汽车乘虚而入，严重地威胁了美国的汽车产业。实践证明，在现代市场上，无差别市场营销策略的适用范围已越来越有限。

2. 差别市场营销策略

差别市场营销策略是企业决定生产多种产品，采用不同的市场营销组合，同时为好几个细分市场服务的策略。这一策略是以市场细分形成的细分市场为基础，根据不同细分市场上消费者群的差异性，分别设计和制造出不同规格、型号、式样、颜色的产品，以满足不同消费者群的需要。

例如，拥有900多家连锁店的爱迪生兄弟皮鞋公司将其皮鞋分为四类，每一类均有四个细分市场：高价、平价、低价和时髦款式。由于销售对象不同，商品经营范围十分明确，彼此的销路并无冲突。正因为成功地运用了差别市场营销策略，该公司成为全美销量最大的皮鞋公司。我国的一些企业运用这一策略也取得了很大的成功。例如上海、天津等规模较大的自行车厂，从满足消费者需求出发，不断设计、制造出各式新型自行车，如轻便男车、轻便女车、赛车、加重车、彩车及小电动车等，既满足了不同消费者的需求，丰富了人民生活，又开拓了新市场，为企业赢得了经济效益。我国的容声等电冰箱厂生产多型号冰箱，无锡小天鹅股份有限公司生产不同波轮和容积的"小天鹅"牌洗衣机等，均运用了差别市场营销策略。

差别市场营销策略的优点是：实行多元化经营，能较好地满足不同消费者的需求与爱好，容易适应市场需求的发展变化；通过强有力的市场营销组合增强企业竞争力，可以提高市场占有率。差别市场营销策略的缺点是：多品种、小批量的生产容易导致生产成本增加，对不同细分市场分别进行营销研究，产品的多样性要求加强广告宣传、人员推销等促销手段，因而使得促销成本上升；产品的多样化也导致了运输和库存费用的增加。

运用差别市场营销策略，一方面促进产品销量增加，另一方面又导致各种成本上升，有利有弊。企业是否采用这一策略要根据自身的情况进行综合考虑，确保企业获得良好的经济效益。目前，西方一些企业正在力图开拓新路，即减少所生产产品的品种，重点开发几种市场需求量大、销路广的产品，以克服产品差异过大而带来的诸多弊端。

3. 集中市场营销策略

集中市场营销策略是企业选择一个或少数几个细分市场作为目标市场，集中力量推出和采用一种或少数几种产品和市场营销组合手段以满足目标市场需求的策略。从前面的分析可以看到，企业实行无差别市场营销策略和差别市场营销策略都是以整个市场为目标，为整体市场服务的，而集中市场营销策略不是把力量分散在广大市场上，追求在较大市场上占有较小份额，而是试图在一个或少数几个细分市场上获得较大的市场占有率。

这种策略常常被科技开发型的中小企业采用，大企业为缩短战线也可采用这一策略。例如，湘潭市迅达集团有限公司原来是只有几个人几千元资金的小型科技开发企业，他们抓住市场机会，集中力量研究、开发出一种"迅达"牌自动点火燃气灶，由于产品技术和质量均达上乘，市场销售量节节上升，如今，该企业已成为湖南省有名的大型民营科技企业。又如，日本尼西奇公司原先只有30多人，从事雨衣生产，转产婴儿尿布后，该公司集中力量实行专业化生产经营，成功地在一片小天地里打造出了大市场。

集中市场营销策略的优点是：经营对象集中，有利于深入了解目标市场的需求，有针对性地创造出特色产品，争取在某一特定市场上有较高的市场占有率和较高的投资收益率，也有利于提高企业的知名度。

这一策略也有难以避免的缺陷，即企业承担的风险大。由于目标市场较小，一旦市场情况有变，企业就有可能陷入困境。另外，如果该目标市场有利可图，就容易招致其他企业的进入，形成激烈的竞争。采用这一策略的企业必须密切注意市场动向，不断研究开发新产品，以新取胜。

（三）影响目标市场营销策略选择的因素

不同的企业有不同的特点和优势，因而目标市场的选择与进入的方式要根据企业的具体情况而定。一般情况下，企业要考虑以下几个因素：

（1）企业的资源情况。企业的资源是否雄厚，是经营者首先要考虑的因素。资源多，实力雄厚，可采用无差别市场营销策略和差别市场营销策略；资源少，实力不足，无力兼顾整个市场，最好采用集中市场营销策略。

（2）产品的特点。许多产品在同质性方面存在很大差异，如家电、服装、鞋类等，由于这些产品在规格、式样、花色、质量等方面差异性大，顾客需求也多种多样，因此，企业应采用差别市场营销策略和集中市场营销策略；对于食盐、煤炭这类商品，由于产品差异性较小，消费者的需求基本趋于一致，企业可采取无差别市场营销策略。

（3）消费者的需求情况。如果消费者对产品的需求比较接近，口味相同，每次购买的数量也大致相同，对销售方式也无特别的要求，如酱油、味精、药品和部分生产资料，企业可实行无差别市场营销策略；如果消费者对某一产品的市场需求差别大，产品选择性强，企业应实行差别市场营销策略或集中市场营销策略。值得注意的是，很多在过去看来消费者需求差异性不大的产品，如面粉、大米等，随着人们生活水平的提高，消费者需求差异性逐渐增大，从而要求生产企业增强产品的差异性，以差异产品满足多层次消费者的需求。因此，企业必须根据产品需求变化情况，及时调整目标市场营销策略。

（4）产品的生命周期。产品的生命周期是指产品从投入市场到退出市场的全过程。新产品刚刚进入市场时，处于探测市场需求与潜在顾客的阶段，消费者对产品的性能不太了解，产品的品种、规格不多，竞争者也较少，企业宜实行无差别市场营销策略。当产品进入成熟阶段后，企业应实行差别市场营销策略，增加品种、规格和花色，调整推销方式，不断开拓新市场，以增强企业的竞争能力；企业也可以实行集中市场营销策略，缩短战线，扶持和发展一个或少数几个特色产品的生产，延长产品的生命周期。

（5）竞争对手的营销策略。市场上，竞争对手有强有弱，企业应根据不同竞争对手的情况采取灵活的策略。一般来讲，如果一个强有力的竞争对手实行无差别市场营销策略，那么企业就应实行差别市场营销策略；如果对方采用差别市场营销策略，则自己就应采取集中市场营销策略。如果竞争对手较弱或实力相当，企业可采取针锋相对或以软对硬、以柔克刚的态度，制定相应的市场营销策略。

（6）市场供求状况。如果市场上该商品短缺，供不应求，企业可采取无差别市场营销策略，因为消费者在商品短缺时只求数量满足，不太讲究商品的质量和花色品种，我国彩色电视机刚上市的时候就是这种情况；当市场供过于求，产品竞争激烈时，企业必须实行差别市场营销策略或集中市场营销策略，"康佳"彩电就是成功地运用这一策略的典型代表。

三、市场定位

企业的经营决策者选定目标市场之后，接下来的问题就是考虑如何进入所选定的细分市场。首先必须考虑并决定自己在市场上将处于什么位置。即使拥有某一产品的专利权，产品在市场上是独一无二的，也要决定将向细分市场提供什么样的产品，即企业在进入细分市场之前必须进行市场定位。

所谓市场定位，就是企业决策者根据自身情况和消费者的需要，分析竞争对手的情况及其在目标市场上所处的位置，为本企业确定一个有利的竞争位置。市场定位是市场细分的必然要求，是企业有效地实行目标市场营销策略的一个重要步骤。成功的市场定位是设计最佳市场营销组合策略的基础，有助于更好地为目标市场服务。

企业进行市场定位首先要弄清楚两个问题，一是目标市场上的竞争对手向顾客提供何种产品，二是顾客确实需要什么，然后才能决定把本企业的产品定在什么位置上。企业可采取的市场定位战略有以下五种：

1. 以静制动战略

成功的企业往往能有效地利用各种条件和时机，占领令人羡慕的市场位置。这些企业拥有众多的忠诚消费者，有稳定而广阔的市场，在本行业内拥有最强的经济实力和技术开发能力，因而能够迅速反击其他企业的冲击。但是，正因为市场领导者企业地位显赫，所以其产品、管理方法和营销手段为人熟知，容易成为同类企业的竞争目标。不过，市场领导者企业由于综合实力强大，在一般情况下，只需变更广告主题，增加广告费用，适当改进产品，就可以有效地挫败对手的挑战。

例如，日本的本田公司在20世纪60年代就已是摩托车制造业的霸主，20世纪80年代初，它的市场占有率为38%。此时，另一家较有实力的对手山叶公司的市场占有率已达37%。1981年，山叶公司开始向本田公司发起进攻，它们开发出18个新品种，宣布新建一个年产100万辆摩托车的分厂，试图取代本田公司的霸主地位。可惜，山叶公司过高地估计了自己的实力，过多地寄希望于自己新举措的成功，而对本田公司的实力和反击能力估计不足。本田公司凭借自己强大的综合实力给以山叶公司强有力的反击，彻底击败了对手。本田公司的反击措施有：①全面大幅度降价，最畅销的车型也降价30%；②大力开发新产品，在一年半时间内开发新产品81个；③增加销售网点；④全方位开发促销活动。到1983年，本田公司的市场占有率已上升到47%，而山叶公司则下降为27%，并陷入财务危机，不得不削减产量。

2. 正面进攻战略

山叶公司的失败只能归咎于它的盲目进攻。《孙子兵法》上说："知己知彼，百战不殆。"具有足够实力的企业如果既能正确审视自己，又能洞察对方的弱点，采取强有力的措施，实施正面进攻战略，就能战胜竞争对手。

美国的可口可乐公司是一家已有一百多年历史的老牌企业。自1915年开始，该公司长期以一种特有的6.5盎司[①]装的瓶子出售可口可乐饮料，直至20世纪20年代末期，可口可乐公司从未遇到过强有力的挑战者。然而，从20世纪30年代开始，美国另一家饮料公司百事可乐公司蓄势待发，准备向可口可乐公司发起进攻。它们针对可口可乐公司的弱点——老牌货（有独特的口味，青少年难以适应），向青少年市场推出一种更甜更便宜的软饮料，以迎合青少年的口味。同时，它们抓住可口可乐公司6.5盎司容量的瓶子大做文章，推出了12盎司容量的瓶子，每瓶仅售5美分，并配以"5分钱也能喝两份""新一代的选择"的广告宣传。

面对百事可乐公司的进攻，可口可乐公司无法及时还击，因为要保持老牌子的名声就不能轻易变更配方和口味，而库存的10亿只6.5盎司的瓶子价值可观，也不容放弃。在百事可乐公司的凌厉攻势下，可口可乐公司虽使出浑身解数予以反击，但终因自己的短处受制于人而反击无力。由此，百事可乐公司的市场份额不断上升。

[①] 美制液体1盎司=29.57mL。

百事可乐公司从提出挑战到与可口可乐公司分享软饮料市场的霸主地位，取得了巨大的成功。其成功之处就在于抓住了进攻对象的要害，使其无法迅速反击，从而使自己立于不败之地。

3. 迂回进攻战略

迂回进攻也是一种有效的进攻方式。它不是凭借实力从正面突破，而是采取集中力量、避实就虚和步步进逼的策略，攻击对手的薄弱环节，最后战胜对手而成为市场的霸主。在商战中，采用这一策略最成功的当数日本企业。

第二次世界大战后，日本经济迅速发展，并向海外拓展，对于经济实力不同的国家和地区，日本企业采取不同的进攻策略。例如，日本企业向美国市场进军大多是采用迂回进攻战略，因为美国市场上有强大的国内企业，如果采取正面进攻的方式必将遭到美国企业强有力的反击，在当时这无疑是"鸡蛋碰石头"。为此，日本企业的产品首先是悄无声息地销往美国的夏威夷等一些边远市场，并以良好的质量和服务赢得顾客的信任，待在某一市场基础稳定，脚跟站稳，再逐步向更大的市场推进。这种"农村包围城市"的进攻往往不被大企业所重视，而大企业发现有危险时，已经是"悔之晚矣"。

现以日本的摩托车生产企业为例来详细说明迂回进攻战略的有效性。20世纪50年代在美国市场上，摩托车行业一直是欧美企业的天下。摩托车的气缸容量大多在500mL以上，售价高达1000多美元，美国人轻蔑地把小型摩托车称作一种玩具，认为没有前途。而日本的本田公司恰恰就把轻便摩托车市场视作进攻美国市场的"桥头堡"。它们集中700多名设计师设计出当时质量最好的轻便摩托车，这种新型轻便摩托车结构小巧，驾驶灵活，有三档变速和自动离合器，发动机为5马力[○]，而售价不到250美元。针对当时美国西部工业基础落后的情况，本田公司首先在洛杉矶组建了自己的销售公司，占领了美国西海岸市场，并逐步向东部发展。20世纪60年代，本田公司开始扩大气缸容量，在1975年一年内推出了25个新品种，气缸的容量最大达到750mL，售价上升到1555～2112美元。20世纪70年代后期，本田公司又推出气缸容量为1000mL的摩托车，正式进入重型摩托车市场，并且已经使各种气缸容量和价格档次不同的产品遍布了美国市场。本田公司的辉煌胜利是迂回进攻战略有效性的最好证明。

4. "老二"战略

在讨论会或研究会上，首先发言的人提出的新观点或好建议固然能够赢得他人的欣赏，但很多时候，最后发言者根据别人发言的内容对某些不妥之处加以批评或纠正，对合理的部分进行综合并适当地加以发挥，更能给人一种技高一筹的印象。在田径场上，起初跑在最前面的运动员体力消耗较大，在最后冲刺阶段往往后劲不足，最先冲到终点的往往是开始保存实力蓄势待发的运动员。上述两种场合中后发制人而取胜的做法我们常称为"老二"战略。

在商战中，也有不少企业运用"老二"战略取得成功的例子。一个企业要想在竞争中保持领先和优势地位，必须大量投资用于产品的研究和开发，不断更新产品，这样可以不断开拓市场，取得良好的经济效益。但是，如果善于运用"老二"战略，密切关注实力更强大的企业的研究和开发方向及其动态，当其新产品（往往有某种缺陷需要改进）投放市场后，就可以立即进行仿造或改进，以更加完美、质量更好而造价更低的产品来抢占市场，收

○ 1 马力 = 735.499W。

到投资少、见效快、收益大的效果。日本企业尤其擅长使用"老二"战略,它们曾大量购买我国价廉质优的白色的确良布运回国内,经过加工后,再以新颖的花色和昂贵的价格返销我国,赚取大量的利润。

5. 拾遗补阙战略

市场是个万花筒,有看得见的需求,也有摸不着的欲望。一般大企业只注意那些市场大、需求足、盈利丰的市场机会,对于鸡毛蒜皮的小事不愿问津,这实际上就给那些羽翼未丰的小企业留下了一片可供发展的天地。小企业只要能够独具慧眼,从小打小闹开始,也能够干出大名堂来。这就是这里所说的拾遗补阙战略。

例如,上海延中复印机厂原是一个街道小厂,负责安置回城待业青年,实在是不起眼。只因为该厂找到了冷门,专心研究和生产与众不同的冷光源复印机,如今已成为国内小有名气的企业。随着人们生活水平的不断提高,要求减轻家务劳动负担的欲望越来越强烈,专门生产家庭服务性产品的小企业也就如鱼得水,生意非常红火。

市场定位是产品的定位,企业的定位,更是人的定位。市场的繁荣和发展,一方面为企业的发展创造了无数良好的机遇,一方面也加剧了企业之间的竞争。企业怎样细分市场,如何选择目标市场,找到合理准确的市场定位,直接关系到企业的生存和发展。在进行市场定位时,除运用上述五种战略之外,企业还应具有敢于拼搏、敢于冒险的勇气,发扬"钉子"精神,挤进竞争激烈的市场;同时,企业的决策者更应具有远见卓识,预测未来,抢先一步,捷足先登,夺取商战中的先发之利。

第三节　产品组合与新产品开发策划

企业营销活动的目的,就是生产适用性较强的产品,并以适宜的价格,通过合理的分销渠道和有效的销售方式满足用户需要,从而实现企业的营销目标。所以产品开发策略是企业市场营销活动中的重要内容。

一、产品组合策略

所谓产品组合,是指企业生产经营的全部产品的结构,也就是指企业生产经营全部产品的大类、项目的组合。

产品大类也称为产品系列或产品线,它是一组密切相关的产品。例如,广州南方大厦经营的产品大类有食品类、家电类、成衣类、儿童玩具类等;又如,某无线电厂生产的产品系列有录音机系列、录像机系列和组合音响系列。产品项目是指在同一产品大类(系列)中,不同型号、规格、式样、外观、包装的产品。例如,在24in"五羊"牌自行车产品系列中,有男式、女式,有黑色、墨绿色、红色、紫色等各种产品项目。

如何表达一个企业的产品组合程度呢?可用产品组合广度(宽度)、产品组合深度、产品组合密度三个因素来表达。产品组合广度是指一个企业生产经营的产品的大类数。大类数越多,广度越广;大类数越少,广度越小。例如南方大厦经营的产品大类多,产品组合广。产品组合深度是指一个企业生产经营的各类产品的平均项目数。例如某茶庄经营红茶类产品20个项目,绿茶类产品15个项目,乌龙茶类产品13个项目,则该茶庄的产品组合深度为:$(20+15+13)\div 3=16$。产品组合密度是指企业生产经营的各种产品的联系程度。这种联系一般表现在最终消费、生产条件和分销渠道等方面。例如，某餐厅既经营各种饭菜，又经营各种香烟、酒、点心、茶、饮料等，这些产品在消费者用餐时，经常同时需要，我们说这些产品联系程度高，组合密度大；又如，同一机器生产出的各种产品或用同一原料生产出的各种产品，其联系程度高，组合密度也大；再如，某百货商店的各种商品，都是从同一供货商进货，则这些商品组合密度也大，相反则组合密度小。

那么一个企业应如何组合自己的产品呢？是否广度越广、深度越深、密度越大越好呢？并非如此。一个企业的最佳产品组合应是市场的需求与企业人力、物力、财力、技术等方面的实力相统一，这是产品组合策略问题。市场需求有大、中、小，而企业的实力也有强、中、弱，企业的实力强有强的最佳组合，中有中的最佳组合，弱也有弱的最佳组合。同时一个企业的最佳产品组合是发展变化的，不是停留在某一模式上。

所谓产品组合策略，是指企业根据市场需求，考虑企业经营目标和企业实力，对产品组合的广度、深度和关联性等做出的最佳决策。企业在确定产品组合策略时，通常有以下几种选择：

1. 扩展策略

扩展策略包括三个方面的内容：扩大产品组合的广度，即增加新的产品系列；扩大产品组合的深度，即增加产品的品种、规格；增加产品组合的某些关联性。企业可根据具体情况，采取其中某种最佳组合方式。当市场环境较好、企业实力较强时，也可采取"全线型"产品组合策略。适当地扩展产品组合，可以充分利用企业的资源和生产加工能力，适应用户多方面的需求，提高市场占有率，减少经营风险。例如，我国某电器集团公司，逐步发展生产十大系列产品，从小型家用电器到大型仪器仪表等共千余个品种，很好地适应了国内外市场的需求，企业的经营效益极好。

2. 减缩策略

减缩策略指的是缩小产品组合的广度、深度，实行集中经营。这种策略通常在企业经营状况不景气，或者市场环境不佳时采用。例如，某水泥厂在水泥市场疲软时，将产量由年产120万t减至80万t，将品种由14个减至8个，并发展了两个市场需要的特种水泥新产品，适应了市场的变化和需要，使企业顺利地渡过难关。应当注意的是，企业采用这种策略时，不能消极地减缩，应是积极地缩中有张，以退为进，变被动为主动。

3. 产品线延伸策略

产品线延伸策略是指将产品线加长，增加经营品种的档次和经营范围。可供企业选择的产品线延伸策略有三种：向下延伸策略、向上延伸策略和双向延伸策略。

（1）向下延伸策略。它是指企业原来生产高档次产品，后来增加一些较低档次的产品。向下延伸策略通常适合于下列几种情形：一是高档次产品发展缓慢，或是销售增长率降低；二是企业高档产品在市场上受挫，不得不生产低档产品；三是企业先生产高档产品上市，待建立产品形象后，再生产低档产品；四是以低档产品来填补产品线空缺，不让竞争者有可乘之机，使企业占领全部市场。

企业在采用向下延伸策略时，会遇到一些风险：推出低档产品，可能使原来的高档产品的市场变小；低档产品可能影响高档产品（或名牌产品）的质量形象和声誉，在此情况下，低档产品最好采用与高档产品不同的商标或品牌；低档产品利润微小，经销商可能不愿经营。企业应充分估计到各种可能出现的风险，采取相应的对策。

（2）向上延伸策略。这是指企业原来生产低档产品，逐步增加高档产品。主要原因有：市场对高档产品需求量增加，高档产品销路广、利润丰；企业欲使自己经营的产品规格、档次齐全，以便占领更多的市场；企业想通过增加高档产品来提高整个产品线的市场形象。

企业在采用向上延伸策略时，有以下几种风险：可能引起生产高档产品的竞争者采取向下延伸策略；顾客对小企业的高档次产品缺乏信任；企业和经销商缺乏生产、经营高档产品的能力等。

（3）双向延伸策略。它是指企业原来生产中间档次产品，后来同时增加高档产品和低档产品。例如，某服装公司一开始生产中档西服，迅速占领了市场，待市场稳固后，又生产高档西服，同时还开始生产低档西服。这样，由于产品规格、品种和档次齐全，适应了市场的不同需求。

4. 产品定位策略

产品定位是指企业根据消费者对产品某种特定属性的重视程度，将自己生产经营的产品规定于一定的市场位置。产品的定位策略是产品策略在目标市场选择中的具体运用。

由于人们的收入水平、消费心理等因素的差异，消费者对所需要的商品的特性乃至销售服务等有着不同的要求和偏好。企业在设计生产经营产品和制定市场营销策略时，要给自己的产品确定适当的位置，这对于企业经营活动的成败关系重大。为此，企业必须让自己的产品具备一定特色，树立良好的市场形象，来满足消费者的需求与偏好。

总之，企业要从消费者的需求出发，根据产品的特征与用途，并与竞争产品进行对比分析，确定适当的产品定位策略。

二、产品生命周期及相应营销策略

产品的生命周期是市场营销学中的一个重要概念，如同人的生命都要经过出生、成长、成熟到衰老的全过程，产品生命周期要经过投入期、成长期、成熟期、衰退期四个阶段，各阶段有不同的特点。一个成功的企业应根据产品生命周期各阶段的特点，采取与之相适应的营销策略，从而获得最大的经济效益。

（一）投入期

1. 特点

产品生产批量小，制造成本高，广告和推销费用大，因此获利很小或不能获利。

2. 营销策略

（1）高价快速推销策略。该策略是指采用较高价格，运用各种宣传工具，通过各种渠道宣传新产品的优点，促进用户对产品的了解，以迅速扩大销售量。采用该策略的市场环境是：潜在的社会需求较大，但消费者对新产品缺乏了解；已了解该产品的消费者求购心切，愿出高价购买；企业面临着来自潜在竞争者的威胁，急需树立名牌产品。该策略的缺点是：由于价格较高、需求量大等原因，吸引了众多的竞争对手，在投入期就会展开激烈的竞争。

（2）高价低费用策略。该策略是指采用较高的价格，不做大量的广告宣传。采用这种策略的前提条件是：市场容量较小，大部分消费者已经对新产品有较全面的了解；购买者肯出高价；潜在的竞争对手威胁不大。

（3）低价快速推销策略。该策略是指采用较低的价格，投入较小的广告推销费，其目的是利用低价吸引消费者，鼓励消费者接受新产品。较少的广告宣传费可以使企业获得较高的利润。采用该策略的条件是：这种新产品多是在原来产品基础上改进的产品，消费者对该产品已经基本了解；消费者对价格很敏感；潜在的竞争者较多。

产品在投入期企业除应采取上述策略之外，还应重视产品策略，抓好产品定型和完善产品性能等工作，在销售途径的选择上要灵活。

（二）成长期

1. 特点

产品销售量迅速上升，成本降低，但其他企业见有利可图，便纷纷仿制，竞争开始变得激烈。

2. 营销策略

（1）产品策略。当产品进入成长期后，必须防止因销路已经打开就粗制滥造的行为，以免失信于顾客，败坏企业声誉。在产品策略上，企业要努力提高产品质量，突出产品的特色，提高服务质量。

（2）广告推销策略。从投入期重点介绍产品的性能及宣传产品所采用的商标和信誉，转向树立产品形象、争取创立名牌，以便保持已有顾客，争取新顾客。

（3）市场策略。积极开拓新的细分市场，并进入有利的新市场。

（4）价格策略。由于产量大幅度提高，使单位产品的成本降低，为采取降价策略吸引对价格敏感的潜在顾客打下基础。

（三）成熟期

1. 特点

产品销售量增长速度趋于缓慢，同类产品和仿制品涌入市场，竞争更加激烈，促销费用提高，利润开始下降。

2. 营销策略

当企业的产品进入成熟期以后，采取的基本策略有两种：一是防守性策略，即满足于现状，消极防守，采取该策略的企业很难得到发展；二是进攻性策略，就是使产品生命周期出现再循环的局面。可供选择的进攻性策略有以下两种：

（1）改变市场策略。这种策略主要是为老产品寻找新的市场，即在不改变产品本身的基础上，寻找产品新的用途，改变销售方法，从而达到扩大销售量的目的。这种策略一般有三种形式：

1）寻找新的细分市场，使产品进入尚未使用本产品的市场。例如，美国的杜邦公司生产的尼龙，最初的主要用户是军队，用途是做尼龙降落伞和尼龙绳；第二次世界大战之后，尼龙针织品进入民用市场；后来，尼龙又进入细分后的服装、日用品市场和工业品市场。每次进入不同的市场，都使尼龙从成熟阶段重新进入成长阶段。

2）刺激现有用户，增加使用率。例如在某种食品包装上列出配制食谱，或在某日用品的包装盒上印上简易游览图，从而扩大产品的购买量。

3）重新树立产品形象，开辟新的用户。例如某家化妆品公司生产的化妆品，原来的主要消费者是中青年妇女，企业改变广告宣传的内容，重新确立产品形象后，进入男性市场，使销售量大增。

（2）改变产品策略。该策略是指提高产品质量性能，改变产品的特色和款式，向顾客提供新的服务。例如提高设备的安全性能、降低汽车的耗油量、提高手表的准确程度等，都能增加产品的销售量。改善产品的服务，也是改变产品策略的重要内容。有的企业销售耐用消费品，为方便用户，在全国各大中城市设立维修站，提供保修，以促进销售。例如日本"精工"牌手表和瑞士"雷达"牌表等在中国都设立了维修部等。

（四）衰退期

1. 特点

产品在技术上和经济上都已趋于老化，价格下降到最低水平，市场上出现了可替代的新产品，老产品逐渐无人问津，不得不退出市场。

2. 营销策略

当企业的某种产品进入衰退阶段后，由于众多的竞争者纷纷转产退出市场，使未退出的企业往往可以维持较高的销售量。由此可见，该阶段有两个策略可供选择。一是采用撤出策略，企业停止生产现有产品，降价出售，迅速地撤出市场，把资金和已经形成的生产能力以及推销能力转移到刚刚投入市场的新产品上去。采用撤出策略时，也可以采取逐渐减产、逐渐淘汰的方法，使企业的资源有秩序地转向新的产品。二是趁其他企业退出之机，留下来继续在老市场上经营老产品，这种策略有以下两种形式：

（1）连续策略。连续策略是指继续采用过去的策略，保持原来的市场面、销售渠道、价格和广告宣传方法等。

（2）集中策略。企业放弃一部分市场，把人力、物力、财力集中到最有利的细分市场和销售渠道上去。

三、延长产品生命周期的策略

新产品的开发耗资巨大，而且成功率较低，即使开发成功的新产品经过投入期和成长期后很快就进入成熟期，但是企业这时如不采取有效的延长生命周期策略，产品也将会迅速进入衰退期，使企业遭受重大损失。从这个角度来说，每个企业都希望延长产品生命周期，从而获得较多的利益。然而这并不是以企业的意志为转移的。因为，随着科学技术的发展，产品生命周期受科学技术和市场竞争等不可控制因素的影响很大。

当然，影响产品生命周期的因素是很多的，除上述企业不可控制的因素之外，还有许多企业可以控制的因素，如产品的功能和用途、推销方式、分销渠道、市场构造和价格等。企业可以对这些可控制因素采取有效的措施，延长产品生命周期。另外，有些产品从表面上看似乎已经进入衰退期，但实际上该产品在技术上、经济上并未真正衰退，而是由于其功能尚未充分发挥，以致销售情况不佳，这种情况就给延长产品生命周期提供了可能。

企业延长产品的生命周期，对于增加销售量、降低成本、提高利润、充分利用企业的生产能力、改善管理都有好处。延长产品生命周期的策略主要有以下几种：

（1）开发老产品的新功能和新用途。在保持老产品原有功能的基础上，开辟新的用途，增设附加功能，以吸引更多的用户，从而扩大产品销售量甚至使老产品重新进入新的成长期。

（2）扩大产品的销售范围，开辟新的市场。由于受到科学技术发展水平和人们收入水平、风俗习惯等因素的影响，同一产品在不同地区、不同国家往往会处在生命周期的不同阶段。例如，某种产品在大中城市和沿海地区已经进入成熟期或衰退期，而在内地和边远地区可能刚刚进入市场；在国内市场已经处于衰退期的产品可能在国外市场却有很高的需求。将正处于衰退期的产品转移到部分新的市场中去,就可能使已经衰退的产品又获得新生。

(3) 转移生产场地。把处于成熟期、衰退期的产品转移到产品处于生命周期较早阶段的国家或地区进行生产,这是工业发达国家或地区经常采用的方法之一。因为处于成熟期的产品,降价已成为主要竞争手段,而发展中国家或地区的劳动力价格较低,从而可以大幅度降低成本。这些产品返销回国或在国际市场上都有较强的竞争力,同时还能占领发展中国家的一部分市场。

(4) 调整市场营销组合策略。即对产品的设计、定价、促销和销售渠道这几个因素重新组合,以刺激销售量的回升。常用的方法如降价、加强广告宣传、改善销售渠道和提供更多的售后服务等。

(5) 改进产品策略。即对处于成熟期的产品的特性进行某些改进而吸引更多的用户。产品改进有三种形式:第一,质量改进,如提高产品耐用性、可靠性;第二,特性改进,是指提高产品的适用性、安全性或为满足用户使用上的方便而做出的改进;第三,形态改进,是指产品外观上的改进。在日用消费品方面,制造商经常用外观和色彩的变化或包装的改进来增加产品的销售量。

四、新产品开发

从现代企业营销的角度来认识新产品,其内涵比技术上所指的新产品要丰富得多,包括的范围也更广泛,主要有以下几种产品:

(1) 全新产品。全新产品是指采用新原理、新结构、新技术、新材料等制成的新产品,如电子计算机、汽车等。这类新产品的发明与科学技术的发明密切相连而且以科学技术的发明为前提,难度大、投资多、研制时间长,很多企业都无力发明和提供这种新产品。但这类新产品一旦发明出来,就会给人类社会带来巨大的变化,给企业带来丰厚的利润。

(2) 换代新产品。换代新产品是指在原有产品的基础上,部分采用新技术、新材料制成的性能有显著提高的产品,如石英电子表、彩色电视机等。

(3) 改进新产品。改进新产品是指对原有产品的性能、质量、规格、型号、花色、款式等进行改进和提高的产品,如药物牙膏、电子跑鞋、薄荷香烟等。

(4) 仿制新产品。它也称模仿新产品,是指模仿市场上已有的产品生产出来的产品,对该企业来说是一种新产品。从市场竞争和企业经营的角度来看,仿制新产品也是十分重要的。

(5) 组合新产品。组合新产品是指将已有产品的功能合并而形成的新产品,如香味圆珠笔、音乐贺卡等。

上述五种新产品,全新产品为技术新产品,是具有划时代的功能、质量和意义的新产品;换代新产品、改进新产品、仿制新产品和组合新产品为市场新产品,不需要新的发明,研制费用不多,容易得利,也容易仿制,对企业开展市场营销活动意义十分重大。市场营销中的新产品绝大部分都是市场新产品。

综观当今世界市场,随着科学技术的进步,新产品的发展呈以下基本趋势:

一是多能化、专用化。多能化是指开发产品的多种功能,做到一物多用,一专多能。例如多功能的电风扇、电话电视、录音电话等。专用化是指提高产品的专用程度,变通用为专用,如航海钟、体育钟等。

二是微型化、大型化。微型化是指在不改变产品性能，甚至增加产品性能的情况下，缩小体积，减轻重量，或发展轻便化、能折叠的新产品。例如迷你汽车、袖珍录音机、微型电子计算机、烟盒大小的彩色电视机、折叠椅、组合家具等。日本学者认为，当今的时代是产品由重、厚、长、大向轻、薄、短、小发展的时代。大型化是指发展巨型化、大型化产品。例如330L的5门电冰箱、巨型飞机、巨型轮船、巨型电子计算机等。

三是高能化。高能化是指提高产品的质量、性能、效率，发展尖端技术、高技术产品。

四是简化、系列化。简化是指改造产品结构，减少不必要的零部件，或使用新材料、新技术，简化产品结构。系列化是指利用产品使用上的联系性或原料的相同性，或利用已经享有很高声誉的牌名和商标，生产系列产品。例如美国著名的李维斯牛仔裤公司利用李维斯商标生产的多种李维斯系列产品。

五是多样化。多样化是指发展多门类产品。例如，食品有疗效食品、快餐食品、美容食品等；鞋有运动鞋、旅游鞋、电子跑鞋等。

六是个性化。个性化是指最大限度地实现产品的差异，即适应消费者需求发展多样化、个性化的特点，生产许许多多具有不同特色和差异的产品，满足消费者的需求。

七是环保化。环保化是指产品生产和使用过程中耗能要少，且不污染，有利于环保和生态平衡。

五、新产品开发的策划

开发新产品，对企业十分重要。但开发新产品难度很大，成功率又较低，因此，企业在策划新产品开发时，要进行系统、科学的策划，提高成功率。一个新产品的策划一般要经过六个阶段：

（一）创新构思阶段

创新构思阶段也称为创意阶段。新产品构思是指提出新产品的设想方案。开发新产品始于构思，在较多的构思方案中找到可行方案。新产品构思方案的主要来源是：顾客、科技人员、竞争对手、销售人员、企业的高层管理人员、市场研究公司和广告代理商等。

（1）顾客。顾客的需要乃是企业寻求新产品构思的出发点。调查消费者或用户对现有产品的购买使用意见等情况，企业便可通过对现有产品的各种属性加以改进而得到不同的新产品构思。

（2）科技人员。在科学技术突飞猛进的今天，科技人员越来越成为新产品创意的重要来源，特别是全新产品构思的主要力量和来源。

（3）竞争对手。企业分析竞争对手产品的成功和失败之处，往往可以发现新的创意。可通过经销商和销售人员来了解竞争产品的销售情况，以及消费者对竞争产品的评价和反映，从而激发对新产品的构思。

（4）销售人员。销售人员经常同消费者打交道，而且处在市场竞争的第一线，最了解消费者对产品的满意或抱怨的情况，他们往往是新产品构思的先导。

（5）企业的高层管理人员。企业的厂长、经理是站在整个企业的角度来观察市场和新产品开发的。新产品开发部门往往可以从高层管理人员所制定的战略中悟出新产品的构思。

（二）筛选、甄别构思

企业收集到的构思并不可能全部予以实施，而是要根据企业发展目标、经营范围、生产条件和物资来源等，对这些新构思进行评价和选择。在筛选时要注意避免两种过失：一是"误弃"而造成坐失良机；二是"误用"而招致失败。造成新产品开发失败的原因有对市场判断的错误、对技术发展判断的错误、对生产和制造费用预算的错误等。

（三）进行商业分析

对新产品构思进行商业分析的主要目的是确定所提出的新产品的长期经济效益。这种分析大致分为需求分析、成本分析和盈利分析三大部分。企业对新产品构思进行商业分析，主要要弄清下列问题：

（1）新产品有何特点，是否优于市场现有同类产品。
（2）新产品的目标市场在哪里，其潜在购买力如何。
（3）企业的资金与机器设备是否适应新产品的发展。
（4）新产品的原材料供应、成本以及预期利润如何。
（5）新产品上市成功的可能性有多大，竞争能力如何，社会效益如何。

（四）进行新产品试制

新产品试制，是把可行的新产品构思方案由观念的产品试制成具体的产品。由研制部门先制作出新产品的实体样品，样品要从产品的功能、形态、质量、包装、商标、价格等内涵外观上进行多种不同的组合，研制成不同的样品模型，以供选择。企业可采用下列方法进行样品选择：

（1）实验室试验，即研究生产部门对新产品样品的功能和质量进行鉴定试验。
（2）消费者使用样品试验。企业可把样品送给有关的潜在消费者试用，鉴别新产品的使用性能、技术经济指标和产品外观。
（3）样品征询意见试验。企业可举办样品征询投票活动，让消费者投票选择，提出具体评价意见。

（五）新产品试销

首先是把通过消费者使用、投票等试验所选择出来的最佳新产品投入小批量生产，接着进行新产品试销，即按照企业制定的有关营销策略付诸市场实施，以观察消费者的反应，并根据试销的不同结果做出不同的决策。新产品试销后可能会有如下情况出现：

（1）试销结果良好。这时可决定全面上市。
（2）试销结果一般。这时可考虑全面上市，或再次试销，或改进产品后再上市，或停止上市的策略。
（3）试销结果欠佳。这时可考虑再次试销，或改进后再上市，或停止上市的策略。

（六）新产品投放市场

正式上市是开发新产品的最后一个程序，至此，新产品开发也就进入了商业化阶段。

六、新产品上市策划

无论以何种方式诞生的新产品，都要走向市场，接受消费者的最终品评。那么，新产品该如何上市呢？下面将从上市时机把握、上市地点的选择、目标顾客的确定及导入市场的策略四方面分别论述。

（一）上市时机把握是策划成功的契机

众所周知，新产品有时逃不过失败的厄运。有些并不是产品自身的不足，大多数情形下是决策者们不善于把握有利时机，结果功亏一篑。

福特公司曾花费10年时间研制"埃德塞尔"汽车，耗资5000万美元，结果却不尽如人意，销售额不及计划的1/5，后来几次试推新产品，终究未果。福特公司事先也曾做过周密的市场调查、民意测验，并招募推销高手，借助传媒大加宣传，可谓机关算尽。只因产品推出之时正逢经济大萧条时期，价格暴跌，其他汽车的销售情况也不太好，"埃德塞尔"汽车的命运则更为悲惨。人们已"勒紧裤带过日子"，哪有可能光顾中档汽车市场呢？选择时机的失误不仅给福特公司带来巨额损失，由于长期滞销，"埃德塞尔"汽车在消费者心目中的形象也大打折扣，被冠以"蹩脚货"的名称，之后更成为人们取笑的对象。

纵观企业成功的上市经验，以下三种类型很值得借鉴：

（1）先于竞争对手上市。即在新产品研制出来后，立即上市。其特点是同类产品的竞争对手很少或几乎没有，或潜在竞争对手的条件尚不成熟，先期上市可以占有先入为主的优势，出奇制胜，并网罗住自己的顾客和销售商，在各方面采取主动。虽然要花费大量宣传导入费用，且独自承担风险，但只要针对顾客的意见、要求及时调整，就很容易树立起良好的产品形象。

著名的吉列公司创始人金C.吉列（King C. Gillette）发明了安全剃须刀后，选择美国卷入第一次世界大战这一契机，将它大量销往军队。过去从未听说过这一剃须刀的军人们用上了上级发下来的吉列公司产品，开始经常刮胡子，并保持这一习惯直到返回家园后仍不改变。事实上，他们已离不开吉列剃须刀片了。第二次世界大战期间，吉列公司如法炮制，终于占领了几乎整个市场。

（2）与竞争对手同时上市。即市场一有变化，企业就闻风而动，同时开发同一类新产品。由于各方面条件水平相当，很可能同时完成一项产品的构思、试制、上市。它们共同承担风险，共享利润成果，平分秋色，大多数企业推出新产品都采用这一方法。

（3）迟于竞争对手上市。虽然新产品已成型，决策者们却迟迟不将其公之于众。他们期待着更详尽的调查，更高的接受率，同时尽量避免上市失败给企业带来的无法估计的损失。这样将风险转嫁给了竞争对手，在该类产品获得好评时便不失时机地推出自己的产品，如形势不妙便及早抽身退出。

IBM公司就很少急于将新产品投放市场，总是先让别的公司去承担风险，然后再将他人的失误作为前车之鉴，不久便推出更好的产品；惠普计算机公司也很少在市场上率先投放新产品，它利用公司技术人员上门提供设备服务的机会，收集用户对其他公司已售产品的意见，然后克服自己产品的种种不足，使其在推出时更能赢得顾客的欢迎，收益反而更大，正所谓"后发制人"。

除了以上三种方式，我们还应考虑到，新产品的上市是否会影响本企业其他老产品的销售，或是否与季节适宜，或当时消费者的经济水平是否达到新产品的价格要求等。总之，选择时机需要上下权衡，统筹策划，切忌草率行事。

（二）上市地点的选择是策划成功的基点

新产品上市的地点选择即决定新产品推出的地域，是当地还是异地，一个地区还是几个区域，是国内还是国际。一般资金雄厚、人力充足的实力企业会撒开大网，向整个地区推出，巩固成果；而中小型企业很少能拥有大范围的销售网络，面铺得太大会造成力量分散，最好从某个地区入手，边巩固成果边向其他地区扩展，即占领一个市场再开发一个市场。其间，应对每一个市场的动态进行记录，并认真分析每个地区的反应，以便调整对策为下一个市场的开辟提供宝贵的第一手资料。

麦当劳最初进入中国时，首先选中在北京安营扎寨，又买下王府井路口的"寸金之地"兴建最大规模的快餐厅，之后的门庭若市和销售额剧增不能不说得益于位置的正确选择。至今，麦当劳在北京已拥有400余家分店，且都设在繁华的商业区。

（三）目标顾客的确定是策划成功的关键

产品最终的享用者是顾客，因年龄、性别、性格的不同，他们的购买需要也不相同。企业选准目标顾客，并根据他们的特点制定方针对策，方能"有的放矢"。否则，过于大众化的产品反而会受到冷落。例如，化妆品一般应以女士为主要对象，玩具应以幼儿和青少年为中心，医疗保健产品则应以中老年人为目标。选错目标就会适得其反。

（四）导入市场的策略是策划成功的加速器

市场导入离不开广告媒介的宣传，广告策划要紧紧抓住人们对新产品从知晓、评价、兴趣到选用这一过程的特点，赢得人心。但并不是任何广告都会奏效。福特公司就曾为"埃德塞尔"汽车做了一个声势浩大的广告，节目花费了40万美元，并由商业电视圈内最热门的两位明星主持，却并未引起销售量的大增。相反，耐克公司在创业初期，由于知名度很小，又面临强大的竞争对手，于是选择让参加世界体育大赛的运动员免费穿用耐克鞋。运动员创出佳绩，耐克鞋自然功不可没，身价倍增。

第四节　产品各阶段营销策划

一、企业产品打入阶段的营销策划

企业根据环境分析确定营销目标后，就应思考如何成功地将产品打入市场，就其产品、价格、分销和促销进行策划，以拓宽市场。

（一）产品策划

当企业产品打入市场时，其主要目标是扩大该产品在目标市场的所占份额。企业可根据该企业的实力、竞争者的不同情况及市场环境的不同而采取相应的策略。

（1）低成本产品策略。在实力雄厚的大企业致力于生产高价厚利的高档产品时，实力比较弱小的企业可以选择低价产品这一细分的目标市场，大量生产低价薄利、简易小型及标准化的产品，努力扩大产量，进而降低成本。

本田轻便摩托车打入美国市场，蚕食美国企业界苦心经营了60年的摩托车市场，就是成功应用低成本产品策略的例子。20世纪60年代初期，哈雷戴维森的高档、豪华大型摩托车垄断着美国的摩托车市场。日本的本田公司为进入美国市场，首先推出了一种小型轻便摩托车，这种车省油而廉价，每辆售价在300美元以下，而当时美国大多数摩托车的售价都在1500美元以上。本田以其轻便摩托车击败了所有强有力的美国竞争对手，占据了70%的美国摩托车市场。

（2）创新产品策略。企业靠推出较竞争对手更具特色的产品打入市场。虽然不一定是全新的产品，但必须具有创意与独到之处，使潜在的购买者将它归入新产品的范畴。创新产品策略常用于生命周期短的技术型产品，开发创新是成功的关键。

施乐公司看中了切斯特·卡尔森（Chester Carlson）发明的复印机，认为这是一种新奇而有发展前途的产品，而 IBM 公司和柯达公司却对之不屑一顾。结果施乐公司以复印机这一新产品的开发打入市场并迅速占领了市场。亨利·福特（Henry Ford）认识到了汽车的发展前景，而只有通用汽车公司意识到要把预期的前景变为现实就必须根据汽车的价格和性能对汽车市场进行细分，并为每类市场提供一种型号的汽车。马歇尔·菲尔德公司意识到分期付款购物提供了独特的市场发展机会，而恩迪科特·约翰逊公司对此却不屑一顾，并且认为这种方式只能引起麻烦，因此坐失了良机。

美国的 3M 公司是成功利用创新产品策略的典范。它 1902 年创立时以生产砂纸为主。1922 年 3M 公司为扩大砂纸的销路，设想把砂纸当作剃须刀片的替代品。虽然公司并没有研制出剃须用砂纸，但却研制出了耐水砂纸，该砂纸成为 3M 公司的第一个拳头产品。3M 公司始终以创新为宗旨，公司年度销售额的 30% 左右是来自近五年内开发出的新产品。如今，3M 公司已逐渐发展到卫生保健、电力、运输、航空航天、通信、建筑、教育、娱乐等行业，是一个多元化经营的大公司。

（3）优质产品策略。企业产品打入市场时，一定要以高质量与高水平服务为基础。如果产品经常损坏或没有良好的服务，那么即使已打入市场也会被竞争者挤走。优质产品策略是大企业打入、渗透进而占领市场所必须采取的策略。

本田公司为打入美国市场，首先推出了成本低廉型号多样的轻便摩托车，其产品质量绝对上乘。1961 年，英国一家摩托车厂的高级管理人员在考察了本田摩托车之后，广泛宣传道："坦率地说，当我们打开机器外盖时，我们简直为机器的高质量而感到震惊，它精密得就像一块手表，没有仿制任何厂家的产品。"随着销售量的提高，自然会出现服务问题，而迅速的增长也会导致训练有素的技师的严重不足，零部件仓库也出现了严重的缺货现象。本田一发现这些问题，便立即采取措施，很快培训出大批的技术人员，迅速增设更多的零部件仓库，立即扩建现存的仓库，中间商库存保持在更适当的水平。本田公司打入阶段所采取的优质产品策略为占领美国市场奠定了坚实的基础。

（二）价格策划

价格是市场营销策略组合中最重要的因素之一，是企业完成其市场营销目标的有效工具。在企业产品打入市场过程中，如何利用价格因素来争取进入目标市场，进而渗透甚至占领目标市场，是经理及策划者制定价格策略的基础。常用的定价方法有成本加成法、目标利润定价法、感知价值定价法、现行费率定价法和密封投标定价法等。企业所采取的定价策略常常是这些方法的综合，其目的在于进入并占领市场。企业为达到其营销目的，定价策略应与产品、分销、促销策略相配套，制定价格、质量、服务三位一体的方针。

（1）低价攻入策略。企业在进入市场过程中，以低成本产品为基础，采用低价攻入市场，获得一定的市场份额，进而建立长期的市场统治地位。这种策略是以长期的市场占有率为目标，有时甚至以承受初期损失为代价，被视为开发长期市场的投资。

这种旨在获取市场占有率的进攻性定价策略在日本企业进入市场过程中随处可见。本田公司在美国市场发行的第一辆摩托车售价仅 250 美元，只是当时美国产摩托车售价的零头。精工推出价格为 65~350 美元的石英表，避免了与长期盘踞钟表业领先地位的瑞士制表商直接对抗。为在市场上立足，精工寄希望于它的产品质量和竞争性的价格策略。它为生产高质廉价表所采用的战略是减少钟表制造商的纵向集整程度，结果精工为自己树立了质量精良、款式多样、价格合理的形象。

（2）高价攻入策略。企业在进入市场过程中，以创新产品为基础，采用高价攻入市场，获取一定的市场份额，进而建立长期的市场统治地位。这种策略的基础是高质量的创新产品，可以为有名的大企业所采用，也适用于中小型企业。

高价打入策略成功应用的基础是所售产品必属一流，这样才能打入并占领高档商品的地盘。库依西纳特食品加工机以 250 美元的高价攻入由通用电气公司、森比恩公司和韦林公司占据的食品加工机市场，即售价比通用电气公司、森比恩公司和韦林公司的产品高 4 倍。在库依西纳特之前，从未有人出售过价格高达 250 美元的食品加工机。该食品加工机独具的特色和新颖装置，充分显示其价格差异决非信口开河。

（3）优价攻入策略。企业在进入市场过程中，以优质产品为基础，采用中等价格攻入市场，使顾客以中等价格买到优质产品，获取一定的市场份额，进而建立长期的市场统治地位。这种优价攻入策略的基础是产品价值高于其价格，这种策略可为所有参与竞争的企业利用。

在举世瞩目的可乐战中，百事可乐成功运用优价攻入策略打入了为可口可乐独霸的可乐市场。关键在于同样花 5 美分，顾客能够买到一瓶 12 盎司的百事可乐，而只能喝到 6.5 盎司的可口可乐。百事可乐在利用优价策略攻入市场的同时，还充分利用广告树立品牌形象。

（三）分销策划

产品分销是市场营销策略中的能动因素之一，企业必须通过各种分销渠道把产品打入市场。可供选择的分销渠道有垂直式营销系统、水平式营销系统和多渠道营销系统等，但企业究竟选择何种分销方式打入市场，则依各个企业的实力及其所处环境决定。

（1）集中突破策略。企业在打入市场过程中，首先选择某一细分市场，如某一地区市场作为突破口，选择特定的经销商，在地区市场分销渠道逐渐健全的基础上进一步渗透到其他地区市场。

克雷恩通信公司面对覆盖全美国的《哈佛商业周刊》《福克斯》杂志等强大的全国性商业出版物的激烈竞争，如果推出另一种全国性商业出版物的话，不论从其实力还是从其环境来说都是极其困难的。克雷恩通信公司以芝加哥地区为其目标市场，于 1978 年推出了《克雷恩芝加哥商业报》，历时三年即打入黑人阶层，拥有 4 万家订户。这与发行量高达 80 万份的《哈佛商业周刊》相比虽不算什么，但至少在芝加哥《克雷恩芝加哥商业报》击败了《哈佛商业周刊》，因为后者在芝加哥仅拥有 36000 家订户。

（2）侧翼攻入策略。企业在打入市场过程中，选择一条新的分销渠道从侧翼攻入目标市场，可为市场渗透奠定坚实的基础。

手表曾几何时仅仅在高级时髦的百货商店和珠宝店出售，自从天美时公司利用食品杂货店从侧翼攻入市场后，该公司的手表在市场上站稳了脚跟；雅芳是首创上门直销化妆品的公司，它采取这一销售渠道也是迫于当时找不到合适的百货商店或零售商店为其销售产品，而这一独特的销售方式成了雅芳的一大特色，为渗透市场打下了基础。

（四）促销策划

促销是市场营销策略中不可或缺的因素之一，是企业完成其市场营销目标的必备工具。在企业产品打入市场过程中，如何有效利用广告、销售促进、宣传推广及人员推销等促销方式，攻入目标市场并站稳脚跟，是企业经理及策划者必须考虑的问题。促销策略的制定与分销渠道的选择密切相关,并且由企业的营销策划目标及市场环境决定。

(1)广告宣传。多数大企业从进入市场时起,就以企业的名义或以厂牌名推销其产品,这些企业通过电视、广播、书刊报纸、户外广告等各种媒介展开以厂牌名为依托的广告攻势,大量宣传其产品,以便让潜在的消费者知晓、了解并购买其产品。这种方式有助于树立企业的形象和声誉,但这种方式的投入也比较大,适用于实力雄厚的大企业推出新产品时采用。

百事可乐在打入由可口可乐统治的可乐市场时,虽然它的广告费用60万美元远低于可口可乐的1500万美元,但在其预算中已占相当大的份额。百事可乐成功打入市场不能不说是依赖于其强大的广告攻势。百事可乐突出的广告主题是"新一代的选择",主要是针对年轻人这一目标市场,他们还邀请超级摇滚乐歌星迈克尔·杰克逊(Michael Jackson)和莱昂内尔·里奇(Lionel Richie)进行广告宣传。

(2)人员推销。多数小型企业在打入市场过程中,采用直接销售渠道,进行挨门挨户的推销。主要通过销售人员与潜在顾客交谈,以达到推销产品的目的。这些企业一般花在广告宣传上的费用比较少,大部分资金用于培养销售人员,通过销售人员的推销促进产品销售。

雅芳公司成功地应用人员推销,为企业树立了形象——家庭主妇的良友、美容术的顾问雅芳女士,使挨门挨户营销方法有了长足进步。

二、企业产品渗透阶段的营销策划

企业在打入市场后,应根据其市场营销目标,调整其产品、价格、分销和促销策略,稳住阵脚,扩大销路,以便占领市场。

(一)产品策划

企业产品进入市场后,必然要受到来自竞争对手的挑战。如何根据环境的变化进一步向市场渗透,是企业面临的当务之急。由于进入点不同,竞争对手的实力也各不相同。企业要真正实现市场渗透和占领,则须选择更有利可图的细分市场。企业在产品渗透阶段常采取的策略有:产品系列延伸策略、产品组合扩展策略和产品改良策略。

(1)产品系列延伸策略。企业产品一旦在市场上站稳脚跟,就应着手延伸产品系列,以便获得更多的市场份额。大多数企业采用从低档品到中档品再到高档品的单向延伸方式,也有些企业采用向低档品和高档品同时发展的双向延伸方式。

以轻便摩托车这一低成本产品打入美国摩托车市场的本田公司,随着其市场地位的确立,不断扩大产品种类,采用单向延伸方式,逐渐向中档车、高档车渗透。精工则以双向延伸方式渗透到钟表市场。精工以Pulsar为品牌推出了一系列低价表,向下渗入这一低档品市场;同时,它推出的售价5000美元的超薄型手表,也向上渗透高档豪华型手表市场,旨在攻取一直由瑞士占据的高档手表市场。

(2)产品组合扩展策略。产品系列延伸只是增加了产品规格,而产品组合扩展则是在每一个产品系列中横向增加产品的花色品种。产品组合扩展策略是企业市场渗透的主要策略之一。

本田在美国市场上立足之后,针对各种不同型号的摩托车,不断扩大产品种类。1975年,本田推出25种不同样式、不同型号的摩托车,而其主要对手哈雷戴维森仅有11种产品。

（3）产品改良策略。产品在市场上有一立足之地后，要继续渗透市场，必须提高产品性能，扩展产品功能，扩大产品担保范围，改进产品售后服务。产品的发展与完善是进一步占领市场的基石。

（二）价格策划

在企业产品进入市场后，针对特定的目标细分市场，结合产品策略，如何调整其定价策略以利于渗透并占领市场，是企业在产品渗透阶段进行营销策划的一项重要内容。针对企业在产品打入阶段的不同定价策略与渗透阶段的不同产品策略，企业在产品渗透阶段应采取不同的调整价格策略。

（1）产品线定价策略。企业在产品渗透阶段的产品开发策略之一为产品线的延伸。若企业采用低价策略打入市场，其产品线定价应由低向高延伸；若企业采用高价策略打入市场，其产品线定价应由高向低延伸；若企业产品采用双向延伸方式，其产品线定价也应双向延伸。

（2）产品组合定价策略。企业在产品渗透阶段的产品开发策略之一为产品组合扩展，产品组合扩展可以面向多个细分目标市场，产品组合应采取差异定价方式。

本田 1975 年推出的 14 种不同的 125mL 车型，市场售价从 304 美元到 809 美元不等；6 种不同的 350mL 车型，市场售价从 897 美元到 1175 美元不等；2 种不同的 450mL 车型，市场售价分别为 1176 美元、1443 美元；3 种 750mL 车型，市场售价从 1555 美元到 2112 美元。

（3）促销定价策略。企业在产品渗透阶段的定价目标之一是扩大市场份额，可能对以低价攻入市场的产品提价，以树立高档产品的形象；也可能对以高价攻入市场的产品降价，以吸引不同层次的消费者。

耐克高档运动鞋攻入由阿迪达斯垄断的运动鞋市场后，逐渐向休闲鞋、服装和运动包市场渗透，以其种类繁多的产品开拓最广阔的市场，吸引了各种层次的消费者；索尼电视机打入美国市场时，其定价远低于美国同类产品，但到 20 世纪 70 年代早期，产品定价就接近了美国产品，到 20 世纪 70 年代末期，索尼电视机已是市场定价最高的产品了。

（三）分销策划

企业在产品打入阶段，一般是集中力量在某一细分市场或某一地区市场，然后在这个基础上展开市场渗透。在进入市场初期，大多数企业都直接利用中间商分销其产品，并不涉及市场经营业务。随着市场渗透的程度加深，完全依赖中间商就无法控制其销售业务，因此建立自己的营销组织和分销网势在必行。

苹果公司初期与 750～800 家独立零售商建立了密切的联系，通过独立经销商推销其产品。随着苹果计算机在市场上所占份额的提高，该公司通过自己的区域辅助中心，直接向零售商销售，从而减少了中间环节。这样公司产品更接近最终用户，可以有效地控制和管理营销。

（四）促销策划

在进入市场过程中，企业进行促销策划的目的是让消费者了解并试用其产品；在产品渗透阶段，企业进行促销策划的目的是让更多消费者使用并信任其产品。企业要通过选择有效的促销方式，树立品牌形象，为占领市场奠定基础。

（1）广告宣传。在产品渗透阶段，以品牌为依托的强大的宣传攻势，再加上高质量的产品，为占领目标市场打下了坚实的基础，必然为企业树立良好形象。

北京的燕莎商城以经销名优新特产品为主，面向高收入阶层展开其广告攻势，在顾客心中树立了高档商店的形象。而北京的物美购物中心则面向工薪阶层展开广告攻势，以物美价廉的形象吸引了众多顾客。

（2）销售促进。在产品渗透阶段，企业常利用赠送、竞赛、奖金等方式来诱导消费者购买其产品，虽然这种方式只能刺激短期需求，但同时也对企业产品渗透起到促进作用。

（3）人员推销。在产品打入过程中采用人员推销促进销售的公司一般会在产品渗透过程中继续采用这种方式，但随着其市场份额的扩大，也会同时利用其他促销手段。

三、企业产品占领阶段的营销策划

随着企业实力的增强，企业要在市场上取得支配地位，就需要调整其产品、价格、分销和促销策略，不断向新的市场领域开拓，壮大企业的经济实力，以扩大市场占有率，并保持领先地位，提高企业的形象。

（一）产品策划

企业在进入市场之时，采取一套系统的产品策划方法和措施扩大市场。每占领一个市场，都要确保其优势，然后瞄准下一个目标，步步为营，层层推进，使企业的产品由窄到宽，由浅入深，这样企业就能稳步发展。

（1）创新产品策略。企业不仅在打入与渗透阶段需要开发新产品，即使在产品已占领市场阶段，为保持领先地位，也要不断研究市场情况，开发一代又一代新产品，引导消费者进入企业开拓出来的更有前途的市场。只有不断创新，企业才能保证其领先地位。

IBM公司之所以能称霸计算机市场，与公司所采取的创新产品策略密不可分。IBM公司以前主要是生产大型和中型计算机，自苹果公司于1977年推出微型计算机以来，微型计算机市场竞争激烈，IBM公司于1981年推出了PC，随后又推出一系列改进的机型：XT、AT、286、386、486、586、奔腾Ⅲ和奔腾Ⅳ等来争夺市场。

（2）产品组合扩展策略。企业在已有产品的基础上，生产系列产品和配套产品，形成具有一定长度、深度、广度和黏度的产品组合，使企业的产品覆盖面扩散到其他市场上。企业在扩展产品组合过程中，一定要抓住机会，及时扩大市场。当消费需求发生实质性变化时，企业要抓住潮头，随机应变，抢先占领市场。

可口可乐公司在可乐市场的霸主地位先后受到百事可乐、罗亚尔·克朗、塞尔厄蕾等的挑战，可口可乐公司针对百事可乐开发出新的可口可乐与之抗衡，推出自己的迪特可口可乐打退了罗亚尔·克朗的迪特里特可乐的强大攻势，并且以无咖啡因的可口可乐防卫塞尔厄蕾非可乐饮料的侧翼攻击。

（3）优质产品策略。企业要占领市场，必须以高质量、良好服务的优质产品为依托，创立名牌，树立形象。企业为了能占有统治地位，就要在打入市场时以创立名牌为目标，加上一流的产品和一流的服务，就能在短时间内占领市场。

德国奔驰汽车公司占领汽车市场有赖于产品的质量和良好的服务。奔驰汽车不论从行驶安全、坚固耐用方面，还是从乘坐舒适及外形美观方面来说，其质量都是一流的。为了搞好维修保养工作，奔驰汽车公司仅在德国就设立了1700多个服务站，服务项目从换机油、检修、免费提供零部件，一直到利用计算机进行运输咨询服务，可谓应有尽有。

(二)价格策划

企业在占领市场阶段,不断进行相关产品的开发,扩大产品组合,以优质产品提高企业的形象,所以此时价格策划也就有别于产品打入、渗透阶段。

(1)相关产品定价策略。公司同时生产主体产品和配套的相关产品,如剃须刀片是必须与刀架一起使用的相关产品,可以将主体产品定价调低,而为相关产品定出较高的价格。

(2)产品束定价策略。企业同时生产一套系列组合产品,当消费者同时购买这一组产品时,其价格低于单件购买的价格总和,这样就能吸引顾客购买这个产品束。采用产品束定价可以促进销售,吸引潜在的购买者。

(3)形象束定价策略。企业为树立自己的形象,给自己的产品定出不同的价格,为企业在大众心目中树立相应的形象。

凯马特折扣商店树立了质优价廉的形象,以此吸引希望购买便宜货的顾客,而它也通过薄利多销发展壮大起来,成为折扣商店的巨头;法国时装则以其高档、优质、新潮的形象风靡世界。

(三)分销策划

企业在打入、渗透阶段,不论是借助现有的分销渠道还是建立独立的分销渠道,基本采用垂直式营销系统,企业要占领市场,可以利用水平式营销系统和多渠道营销系统。

水平式营销系统是两家或多家相互无关联的企业集合其资金以开拓新出现的营销机会,也即所谓的共生营销。这样,联合企业就可以利用各个企业的优势,来实现最佳协同作用。

皮尔斯布里公司和克拉夫特食品公司订立了一项协议,由皮尔斯布里公司制造冷冻生面团产品并负责其广告宣传业务,而由克拉夫特食品公司应用其专门技术组织销售及分配这些产品给商店;纽约的可口可乐瓶装公司和约瑟夫 E. 西格林父子公司组成合资企业,利用西格林标签生产和营销调酒用软性饮料产品。

多渠道营销系统是企业建立两条或更多的营销渠道以达到一个或更多的顾客细分市场。多渠道营销可以增加销售,但也冒疏远其原有渠道的危险。

IBM 公司设法应用多渠道系统,迅速将其研制的个人计算机投放到 2500 家商店。它除自设 IBM 产品中心外,还与西尔斯、大陆计算机公司和其他各种计算机商店、办公用品经销商以及价值增值转卖商等签订合同,它还将计算机打很大折扣后向各大学销售。一些保险公司也通过外部代理商、独家代理商及其自营的电话营销和直接邮购系统进行保险销售。

(四)促销策划

企业在产品占领市场阶段,促销策划的目的是保持其优势地位,防御竞争者的攻击,因此采用新奇的宣传方式和可以吸引消费者的销售促进手段是企业保持领先地位的有力工具。

(1)广告宣传。企业在占领市场阶段,为巩固其领先地位,不断开发新产品,并且制造强大的广告攻势以防御竞争者入侵;而竞争者为打入和渗透已被占领的市场,也以广告打头阵,这样双方为争夺市场份额展开了声势浩大的广告战。

可乐战、啤酒战、汉堡包战、计算机战等著名商战中没有任何一场离得开广告战,而且广告策划在商战中越来越起到举足轻重的作用。

(2)销售促进。企业在占领市场阶段,采用样品、优惠券、现金折款、价格减让、赠品、奖金、光顾奖励、免费试用、产品保证、产品示范的竞赛等各种手段刺激消费者购买;而对中间商采取购买折让、免费产品、商品折让、合作广告、广告和陈列折让、年底返利、促销资金和经销销售竞赛等方式来促使它们经销其产品。

（3）宣传推广。企业在产品占领阶段，经常通过在出版物上刊登商业性的重要新闻，或通过广播、电视或舞台节目而获得有利的介绍，从而造成对产品、服务或业务单位需求的非人员性刺激。

赠送也是一种有力的促销手段。IBM公司曾经为巩固它在中国计算机市场上的霸主地位，向我国多所高校赠送其产品。而这无形中为IBM公司的产品进行了宣传推广。

第五节 竞 争 方 略

大浪淘沙，企业的竞争在相对较长一段时间的"内功"较量之后，才显英雄本色。在充满竞争的市场经济社会中，企业竞争策略不但是企业赖以生存的重要因素，也是企业为了达到其目标的重要策略。

企业竞争分为浅层竞争（如产品设计竞争、品种竞争、质量竞争、价格竞争、成本竞争、销售竞争、广告竞争、服务竞争、信息竞争等）、中层竞争（如人才竞争、技术竞争、产品开发竞争、产品结构竞争、企业管理竞争等）和深层竞争（如企业形象竞争、企业文化竞争等）三类。

企业只有通过各种途径优化企业内部因素，才能增强其竞争实力。然而企业增强竞争力的过程本身是一个动态过程，企业之间的竞争力最终有强有弱，相对实力大小不一，因此，有必要分别运用不同的谋略对策。按照企业实力从大到小，所应运用的竞争策划谋略一般有四种：防守型竞争策划、进攻型竞争策划、侧攻型竞争策划、随机型竞争策划。这四种竞争谋略的运用必须讲求因时因势灵活变化，兵无常势，水无常形，任何对策都不是一成不变的。

一、防守型竞争策划

防守型竞争策划是在市场上具有领导地位或较强实力的企业所应采用的。它的根本目的是建立正面的竞争优势。其成功的关键是要着力强化影响企业经营成败的关键环节。进一步说，就是在企业生存、发展的关键环节、方面、部分、条件上做出积极不懈的努力，使本企业比竞争对手高出一筹，使竞争对手无法与之抗衡，但并不是强求每时每刻都处处集中精力。具体来讲，防守型竞争策划有以下对策：

（1）分析和明确影响企业成败的关键因素。需要运用两种方法：比较法和市场分析法。比较法是通过成功企业与失败企业的比较，找出差别，确立关键经营因素；市场分析法是指通过分析市场需求等因素，考虑用什么产品占领什么市场，采用什么竞争手段才能在竞争中取胜等。分析和明确影响企业成败的关键因素需要注意许多方面，如不易取得的资源方面、不易建立的功能方面、难以控制的生产过程或经营过程方面、对利润影响大的资源或作业方面、要求起点高而又不易达到的方面、对企业经营状况影响大而且改变困难的因素或方法方面。实施防守型竞争策划要根据企业关键经营因素的性质、特点，采取相应的强化措施。注意力一定要集中在关键环节，切忌涉及的方面太广。

（2）在产品或服务上不断超越自己。处于领先地位的企业，如何继续保持领先地位，其中一个最好的策略就是以攻为守，不断地自己攻击自己。也就是说，不断地给自己提出更高的要求，不断地创造新产品或新服务，以不断地淘汰旧产品或旧服务的方式来强化自己的优势地位。IBM 公司深谙此道。当 IBM 公司在个人计算机市场站稳了脚跟以后，它就调转了枪口来攻击自己。这个策略曾令 IBM 公司傲视群雄。IBM 公司的策略就是"比 IBM 更便宜，更好"，不断移动的目标加大了竞争者攻击的难度。IBM 公司推出的新产品在性能、价格上总比旧产品有明显的进步，所以 IBM 公司的客户也乐意等候它的新产品问世。IBM 公司首先以 XT 型个人计算机攻击自己。它具有硬盘装置，能够存储 5000 页资料。不久，装备了全新微处理机的 AT 型个人计算机又取代了 XT 型个人计算机。对于 AT 型计算机的诞生，《华尔街日报》如此评说："IBM 的 AT 型计算机给它的竞争对手和它自己的产品带来了压力。AT 型个人计算机的销量将很快超过原始的个人计算机和 XT 型个人计算机销量的总和。"自我攻击也许会导致短期利润的损失，但它却保护了领先者的市场占有率。任何一个企业，想保持其领导地位或实力，必须先拿自己开刀。

（3）用强有力的手段及时阻截可能随时出现的强大竞争活动。每家有实力的企业都在做着市场领导者之梦，所以市场占有率较高的企业总是其他企业攻击的对象。而实践证明，及时反攻总是最佳的对策。美国哈瑞尔公司就是最好的例子。该公司经过反复研制，成功地推出取名为"处方 409"的喷雾清洁液，由于它简便好用，去污力强，很适合家庭和宾馆清洁玻璃窗用，很快被消费者接受，到 20 世纪 60 年代初就占有了美国 50% 的市场。就在该公司大展宏图之际，遇到了财大势雄的波克特甘宝公司的竞争。波克特甘宝公司自恃财大气粗，在推出"新奇"喷雾清洁液时，对产品的命名、包装、促销等投入大量的资金，采取声势浩大的攻势，试图一举挫败哈瑞尔公司。面对强大的竞争对手，哈瑞尔公司成功地及时反攻，在"新奇"旗开得胜之时，马上低价出售"处方 409"并大做广告，联系全国的经销网一起为这些低价品促销。主妇们看到自己日常用惯的清洁剂如此便宜，便纷纷购买。这一行动，使大多数家庭和用户在半年之内都不必再买清洁剂了。从此，哈瑞尔公司牢牢地占据了清洁剂市场的主导地位。

居于领导地位的企业永远不能自恃强大而得意忘形，尽管市场声誉对自己有利，但仅靠声誉是不能维持很久的。所以在进攻者在市场上未能站稳脚跟时，必须采取急速行动，捷足先登。另外，为了对付可能的进攻，要经常性地保留一部分"储备资金"。这笔资金可能用于广告战、让利销售或用于"打官司"。

二、进攻型竞争策划

如果说防守型竞争策划是以攻为守的话，进攻型竞争策划就是典型的避实击虚，其目的是建立非正面竞争优势，避其锋芒，通过攻击对方虚弱处取胜。本着"你无我有"的原则，重点在竞争对手没有努力或不屑于努力的方面做出努力，并且力争取得更大成效。进攻型竞争策划的客观前提是同一产品或服务的竞争对手之间总会有差异存在。市场地位不如第一流企业的企业可以强化并利用差异，在竞争对手没有达到或无法达到的方面捷足先登，从而超过竞争对手，建立优势。经营中的差异性表现为产品或服务上的差异，以及经营管理中的差异。其详细对策有以下几点：

（1）寻找和分析差异。首先着重把本企业与竞争对手在产品和经营方面进行全面比较分析；其次，分析竞争对手的行为，判断确定竞争对手努力的领域以及所忽视的方面，避开对方力量坚实之处，攻击虚弱之处，以达到"攻则必取"的目的。美国 GE 公司曾进军计算机市场，由于没有形成实力，缺乏对这一市场的攻坚精神，结果落荒而逃；而欧洲"电子巨人"西门子公司，虽然在进入计算机行业时战况欠佳，获利微薄，但矢志发展该方面的产品，"避实击虚"，终于给该公司带来了新的转机，产品辐射面不断扩大，净利润年增长15%。

（2）分析增强差异的可能性。通过对双方差异的深入分析，研究和了解强化差异的代价和收益相抵情况，以及增强差异的难易程度。日本的卡西欧公司，曾一度是精工手表的竞争对手。精工公司以仿造瑞士表起家，在很短时间内便取得了卓著成绩，卡西欧公司明白，如果尾随精工公司之后，将难有出头之日，唯有分析双方的差异，并强化差异，才能独树一帜。卡西欧公司把眼光盯在以石英晶体为振荡器的显示技术领域，经过反复试验，终于开发出了精确度更高、造价更低的石英电子表。而后卡西欧公司又以石英振荡器为中心开发出了一系列电子新产品，销售额不断增长，在同行业中鹤立鸡群。由此可见，有重点地增强差异是成功的关键。

（3）尽可能把进攻范围缩到最小。"全线产品"通常只有能够左右市场的大公司才能独享。而扬长避短，创造相对优势，运用"拳头产品"向对方宣战才是进攻型竞争者应该采用的方法。就是说，借助单一产品才更容易取胜，企图一下子获得全面丰收是不现实的。有家商用载重汽车经销商，发现该公司推销员跟其他行业的大多数推销员一样，都是在每天下午3点到6点之间拜访客户。他想知道每天下午这段时间是否接到订单最多，因此就请人加以分析。分析后发现，每天下午3点到6点是成交率最低的一段时间。了解了这点之后，该公司立刻放松对推销员工作时间的控制，鼓励他们早上直接到客户那里拜访，而不必先来公司报到，下午的时间则自由运用。最后的结果是该公司产品市场占有率显著提高。

三、侧攻型竞争策划

侧攻型竞争策划是在竞争对手拥有强有力和稳固的市场地位，用进攻型策划也不能动摇其地位时所采取的方法。侧攻型竞争策划是通过用奇招改变现有市场的竞争内容、方式，打破现状，以建立新的竞争规则的方式来赢得竞争的策划方式。利用外部变化，发现产业中改变了的新的经营关键因素和环节，通过在新的经营关键因素上下功夫，就能战胜仍然坚持老的经营因素的防守型企业。

侧攻型竞争策划的关键在于创新。要使自己的新产品或新服务如入无人之境一般，在没有直接的抵抗下获胜，就要求经营者认真研究日常被普遍接受的常识，如产品或服务的质量标准、价格标准等观念是否已经改变。也就是说，侧攻型竞争策划的关键是通过发现市场需求的变化来寻找创新机会。可以引发创新需求的变化主要有观念转变、人口变动和市场结构的变化等。

（1）从人们的观念变化中去寻找创新机会。盛着半瓶酒的酒瓶可以被人们看成半满的酒瓶，也可以被人们看成是半空的酒瓶，当人们的观念从"半空"向"半满"转变时，或反过来转变时，创新机会就来了。美国人没有吃炸猪皮的习惯，然而却对前总统布什十分崇拜，布什偏偏喜欢吃炸猪皮。当经商者们得知这一消息时，便在炸猪皮风味小吃产品上大做文章，借助于总统的偏好大肆宣传，同时巧用人们出于好奇的饮食观念，使得本来不吃炸猪皮的消费者纷纷前来品尝，由此产品销路大开。

日本原来没有过情人节的传统。20世纪50年代初，日本一家巧克力公司经营者发现欧洲姑娘在情人节期间向男青年赠送花束和巧克力。当时，日本人特别追求西方的生活方式，利用日本人这种观念的变化，该巧克力公司大力宣传引进情人节，培养日本人过情人节的习惯，企图扩大巧克力市场。由于该公司认准了战略方向，坚持宣传，终于使情人节在日本落户。现在每年2月14日情人节，日本青年互赠巧克力已成为时髦风尚，该公司的巧克力年销售量高达16万t。

（2）从人口结构的变化中寻找创新机会。由于生育高潮、计划生育、战争等的影响，社会不同年龄段的人口构成数量不同，价值观念也不同，随着时间的推移，人口结构也会变化。这又给创新带来了机会。

（3）从市场结构的变化中寻找创新机会。音响设备发展史最能说明市场结构变化的影响。最初的家用音响设备（如索尼牌）风靡全球，是专门为家庭使用设计的，人们在家中可以尽情享受音响带来的乐趣。但消费者普遍反映在旅游、上班途中，在一切远离家庭的场合及闲暇中，却不能享受这种乐趣。索尼公司注意到市场结构的变化，经过反复研制，终于推出世界上第一台袖珍录音机，从批量生产到大量生产，订单不断，索尼公司的声誉也因此再次被推向高峰。

（4）从世界政治、经济变化中寻找创新机会。20世纪70年代中期，在日本地球仪的生产和销售进入市场低潮阶段，需求量急剧减少，许多厂家停止生产。但是在这个时候，一个机会出现了：由于世界局势剧烈变动，日本对北方领土的要求和许多日本人向海外投资热潮的兴起，以及日本人对本国能源与市场的危机感，使得日本人对世界的研究陡然掀起热潮。他们认为，世界经济、政治大变动的时代即将再次来临，日本应当重新确立自己在世界政治经济生活中的地位。于是，对地球仪的喜爱又悄然升温。这个机会最先被日本三菱铅笔公司所捕捉，在许多厂家并未认识到这个机会已经来临的时候，这家原来并不生产地球仪的公司组织设备迅速上马，继地球仪生产销售长达十几年的萧条期后又一次将这种产品推向市场，后来又抢先生产了东西德统一以后的新版地球仪，这种新型地球仪上市后几乎被一抢而空。当一些生产地球仪的厂家注意到这个市场的时候，三菱铅笔公司的产品已经占有了相当大的市场比例，而且已经在地球仪的种类、型号、装饰方面进行了新的开发。

现在世界每天都会发生各种变动，局势变化莫测，不断地研究和关注这些变化，才能发现发展机会。

四、随机型竞争策划

随机型竞争策划是在市场上实力较弱的发展中企业所运用的策略。随机型竞争策划要求企业以灵活性作为其根本行动准则。即企业要反应灵敏、决策迅速、指挥灵活、适应性强，一切以机会为转移，只要有可乘之机，立即冲上去占领一块阵地。这块阵地以小到能够守得住的细分市场为目标，从小处着眼，并建立起独特的经营优势，以"特"取胜。企业活动的走势以寻找市场边缘地带为主，通过拾遗补阙寻找发展机会，逐步确立自己的地位。前面的几种竞争策划都是针对本行业的，而随机型竞争策划则把视野延伸到各个行业。其具体对策有以下三点：

（1）善于从现有产品、技术或服务体系中寻找与整体不协调的方面来实施创新。20世纪50年代有个叫鬼冢嘉八郎的日本人，得知体育运动要大发展，便想从生产运动鞋上发财致富。但他一无资金，二无生产设备，怎么与已有的厂家竞争呢？只好另谋良策。他走访了许多优秀篮球运动员，与他们一起打球，亲身体验了篮球鞋的缺点：容易打滑，止步不稳，影响打球的准确性。怎么克服这一缺点呢？鬼冢嘉八郎饮食无味，昼夜思考，终于从鱿鱼触足长着一个个吸盘上受到启发，决定把平底改为凹凸底，以防止打滑。试验一举成功，鬼冢的新型球鞋胜过了所有厂家的同类产品，人们争相购买，产品很受欢迎。

（2）要充分把握意外的成功、失败或外部变化，以发现创新的机会。第一次世界大战接近尾声时，阿曼德·哈默（Armand Hammer）还在经营一家名不见经传的制药厂。当时许多药厂认为，由于军方和政府取消了合同，一定会导致制药业的萧条。哈默却独具慧眼，预见到战争一旦结束，战时药品配给制就会取消，公众中一定会掀起购买药品的热潮。药品价格不但不会下降，甚至有可能上涨。当其他药厂在大力裁员、解雇化学师和药剂师的时候，哈默却在增加人员和扩大药房，想方设法从国外进口药材，生意越做越兴隆。

（3）实施随机型竞争策划的企业要注意通过发展联盟而壮大自己的竞争实力。弱小企业通过在平等互利的基础上结成较为紧密的联盟，互相取长补短，共同开发市场，是赢得竞争的可行办法。

第六节 网络营销策划

一、网络营销的特点与营销策略的转变

网络营销即网络市场营销，其实质仍然是营销。网络营销（On-line Marketing 或 E-Marketing）就是以互联网为基础，利用数字化的信息和网络媒体的交互性来辅助营销目标实现的一种新型的市场营销方式。简单地说，网络营销就是以互联网为主要手段进行的为达到一定营销目的的营销活动。

对于企业来说，网络营销是企业整体营销战略的一个组成部分，是企业建立在互联网基础之上，借助于互联网的一些特性与优势实现一定营销目标的一种营销手段。

（一）网络营销的特点

随着互联网技术发展的日渐成熟、互联网成本的大幅度降低，以及互联网用户的日渐普及，互联网能把从近在咫尺到远在天涯的有着潜在交换需求与欲望的组织和个人跨时空连接起来，从而为企业或顾客创造更多的交换机会。市场营销目标顺利实现的前提是组织和个人之间信息的充分传播和交换，互联网正是具有并适应了市场营销所要求的这一特性，使得网络营销区别于传统的市场营销，呈现出以下特点与优势：

1. 无限的运作时空

以无时间和空间约束的互联网为依托的网络营销，没有时间、空间、地域、国别的限制，减少了市场壁垒和市场扩展的障碍。企业通过网络可以随时传递企业的形象、经营和产品等信息，直接面对全球大市场开展营销活动；对客户来说，通过网络可以实时快捷地查询、浏览到所需的各种产品及服务信息，并将自己的需求及时发送给企业。

2. 公平自由的竞争环境

互联网为企业提供了一个真正平等、自由竞争的市场环境，过去由知名企业、跨国公司所形成的市场垄断局面和中小企业进入国际市场的障碍都将不复存在。上网的企业无论大小，面对的都是同一个覆盖全球的大市场。注意力将成为网上竞争的新焦点，但它并不仅仅取决于企业规模的大小、知名度的高低。中小企业不再受经营规模不大、发展历史不长等因

素的制约，可以无所顾忌地与跨国大企业展开公开的市场竞争。此外，由于不受场地、地域的限制，也有利于企业扩大市场和规模，从根本上增强企业的竞争优势。

3. 个性化的沟通渠道

市场营销中最重要的是企业与客户之间的信息传播与交流。传统营销中那种"一对多"、单向式的信息沟通方式，被网络营销中"一对一"、具有双向交互性的沟通方式取而代之。消费者可以主动地在网上选择感兴趣的信息、产品或服务，或向企业提出各种消费意愿；而企业也可以根据消费者反馈的需求信息，定制、改进或开发新产品。这种交互式的沟通方式是以消费者为主导的、非强迫性的，它使企业与消费者间的沟通更直接、更迅速、更方便、更友好，也更有效。

4. 营销目标定位准确

网络营销顺应了当今社会消费需求个性化、多样化的发展趋势，从大规模无差异性营销向个性化集中营销转化。它更准确、更详尽地细分了目标市场，使企业可以从每一个消费者身上寻找商机，为其提供称心如意的产品和服务。同时，网上的促销效果是可以统计的，消费者的各种消费意愿也是可以收集到的。例如访问某企业网站的人数、来源都可以被安置在网站上的软件所记录，从而使企业掌握访问者所要了解的产品信息，以及这些访问者的地理分布，确定有效的营销目标，进而可以主动地、有针对性地开展营销活动。这是其他营销手段所无法实现的。

5. 经营成本降低

网络营销减少了销售环节，简化了信息传播过程，网站和网页分别成为营销的场所和界面。一方面可以节省大量的店面资金和人工成本，减少库存产品的资金占用，降低在整个商品供应链上的费用；另一方面可以减少由于多次迂回交换带来的损耗，使产品在网络流通中增值。调查结果表明，网上促销的成本是直邮促销的1/3，但其效果却增加了一倍以上。企业节省下来的开支，可以让利于消费者。随着网络营销的发展，企业和消费者都将是这种新型营销方式的受益者。

6. 缩短供应链，提高经营效率

网络营销减少了许多营销环节，缩短了传统供应链，使传统的迂回模式变为直接模式，绕开了各种中间环节，节省了大量时间，提高了运作效率。例如，企业生产出的产品可以立即上网销售，实现零库存、无分销商的高效运作。潜在客户也不必等待销售人员的回复，可自行主动地通过网页来寻找商品信息，提出和实现自己的购买需求。

7. 营销形式丰富多彩

网络营销可以充分发挥计算机及多媒体技术的优势，实现丰富多彩的营销形式。目前互联网上访问人数量最多的热门网站，其内容都是以丰富的信息为基础的。在商务网站上除了图文并茂的产品信息外，一般还提供大量知识性、趣味性、参与性的信息，各种广告形式、促销活动和公关手段（网络公关）都可以在网页上实现，且具有更丰富的内涵（如动态广告、虚拟现实等）。这是其他营销方式所做不到的。例如，网上书店亚马逊就是充分利用了数据库处理大量信息的能力，成为全球最成功的网络零售业典范。顾客可以通过各种图书检索手段找到自己想买的书，这正是网上书店的优势之一。正如亚马逊的创始人贝佐斯（Jeff Bezos）指出的"电子商务成功的首要条件，是在商品提供方面十倍于实际商店和邮购商"。如果没有十倍的魅力，就很难在与传统销售方式的竞争中获胜。

8. 高技术条件支撑的营销手段

网络营销是建立在计算机及现代通信等高新技术支撑的网络环境基础上的，企业实施网络营销必须要有一定的技术投入和技术支持，经营决策、市场运作更加依赖科技手段。

（二）营销策略的转变

在传统市场营销中，由于技术手段和物质基础的限制，产品的价格、销售的渠道、企业所处的地理位置以及所采取的促销策略等成了企业经营、市场分析和营销策略的关键性内容。以产品（Product）、价格（Price）、渠道（Place）和促销（Promotion）为基础的4P's理论的经济学基础是厂商理论，即利润最大化。它的基本出发点是企业的利润，而没有把消费者的需求放到与企业的利润同等重要的位置上。20世纪90年代初，著名的营销专家菲利普·科特勒（Philip Kotler）提出的顾客（Consumer）、成本（Cost）、便利（Convenience）、沟通（Communication）组合理论成为营销学界的新宠。与4P's理论相比，4C's真正将消费者置于核心位置。

以劳特朋（R. F. Lauterborn）教授为首的一批营销学者从消费者需求的角度出发研究市场营销理论，进一步提出了以满足消费者的需求和欲望（Consumer's wants and needs）、考虑消费者所能接受的成本（Cost to satisfy wants and needs）、为消费者购买商品提供方便（Convenience to buy）与消费者交流和沟通（Communication）的4C's营销模式。他们认为：企业关于4P's的每一个决策都应该给消费者带来价值，否则这个决策即使能达到利润最大化的目的也没有任何用处，因为消费者在选择余地很大的情况下，绝不会选择对自己没有价值或价值很小的商品。反之，企业如果从4P's对应的4C's出发，在此前提下寻找能实现企业利益最大化的营销决策，则可能同时达到利润最大和满足消费者需求两个目标。

4C's所代表的以满足消费者需求为归宿点的现代市场营销思想正在被越来越多的经营者所接受。因此，以4P's为基础的传统营销策略组合开始转变到以4C's为基础的营销策略组合，而这种转变正是在网络环境下才得以真正实现的。

1. 产品的销售和服务策略转向以满足消费者需求为中心

网络营销使消费者在整个营销过程中的地位得到提高。网络使消费者真正参与到整个营销过程中来成为可能，消费者不仅参与的主动性有所增强，而且选择的主动性也得到加强。覆盖全球的互联网使消费者极易掌握网上丰富的信息，选择余地变得很大，并且类比和旁比也非常方便，这使得消费行为有充分的信息依据，消费者主动权明显提升。如果一个企业的产品难以满足个性化消费的需求，消费者将毫不犹豫地选择其他企业的产品。因此，企业不能再像传统营销理论那样主要从自身的角度出发制定产品策略，而要以满足消费者的需求和欲望为中心制定销售策略。

美国耐丽服装公司是一个只生产一种系列产品的高度本地化企业。它既不适合提供高科技含量、信息化的内容，也不适合提供娱乐性信息。其产品只能吸引当地一些小型细分市场的顾客，这些人一般会亲自前往店里，经反复试穿后才做出购买决定。对于这样一个植根于特定地区和业务模式的企业来说，互联网和网络的互动性似乎没有多大价值。然而耐丽服装公司根据自己的顾客群和营销目标，采取了以满足顾客个性化需求为特色的网络营销方式。公司在自己的网站上向顾客提供了一个定制化的"个性化购物"界面，顾客可以在此选择一种服装款式，并以在线方式提出改动的方案以及自己的身材尺寸要求，实现网上订货，企业按照顾客提出的要求进行生产并送货上门。上网运作的第一年，引起了近100个国家的消费者关注，每周约有 2000 名访问者进入该公司的网站。现在店面中经常可以看到一些欧亚访问者，尤其是一些高薪阶层对这种产品情有独钟。他们在网上发现耐丽服装公司后，便决定亲自拜访。公司创始人 Mary Jane Nebill 认为，尽管公司的规模较小，产品也缺乏高科技含量，但是通过这种定制化的营销方式提高了产品的附加值，使公司赢得了国际声誉。

2. 以消费者所能接受的成本制定产品价格策略

以消费者为市场导向的现代营销摒弃了传统的以生产成本为基准的定价策略，而采取以消费者能接受的成本来制定产品价格的策略。要实施这一策略，必须掌握消费者的需求及其对产品价格认同的标准。这在网络环境下是很容易实现的。顾客可以通过网络提出可接受的价格，企业根据顾客的价格进行产品设计和制定生产方案供顾客选择，直到顾客确认后再进行生产和销售。所有这一切都是顾客在企业网站的服务程序的引导下完成的，无须专门的服务人员，因此运作成本也十分低廉。

美国通用汽车公司就在其网站上（www.gm.com）开设了有关系统，引导顾客设计和组装满足自己对价格和性能要求的汽车。顾客首先确定可接受的价格标准，然后根据这个价位选择满足自己要求的汽车，并可提出适当的修改方案，公司据此生产恰好能满足顾客要求的产品。

3. 以为消费者购买商品提供方便制定销售渠道策略

在传统市场营销中，企业在制定营销策略时，将会受到诸如企业和目标市场所在地商业覆盖情况，消费者收入与消费水平、特点、职业结构以及通过何种渠道来销售产品等因素的限制。因此，传统市场营销在制定各种营销策略的过程中，必须考虑营销渠道和地域等问题。而在网络环境下，地域的概念已经不存在。从地域上看市场是巨大的，一个企业的潜在顾客可能遍布全球，他们可以随时随地通过互联网购买企业的产品；但从营销目标上看，市场又是具体和细分的。上网企业正面对全球化的大市场进行着跨时空的"一对一"营销。因此，企业在营销决策中要考虑的重要问题是如何发挥网络营销的特点，为消费者提供方便购买和服务的营销渠道，以比竞争对手更便利、更快捷、更安全的销售或服务，建立和巩固自己的顾客群。

如今，在网络营销环境下，企业可以通过网络与消费者建立起密切的联系，所有的供求信息和交易磋商都可以通过网络进行，而商品配送和交割则由专门的各类送货系统和快递运输公司等新型物流机构来完成。网上销售使传统的物流配送开始向消费末端延伸。

4. 从传统的强势推销转变为加强与客户的沟通和联系

按照关系营销的观点，营销是一种关系和互动行为，驱动市场的不仅是竞争，更是合作。互联网的互动性、合作性和个性化将关系营销的这种理念体现得淋漓尽致。在网络营销中，供应商、客户、竞争者乃至政府相关职能部门都通过网络与企业紧密相连，这种格局模糊了企业与其外部环境之间的界限，使企业能更好地融入自己为之服务的社会中。从消费者的角度看，传统市场营销中那种以企业为中心开展的强势营销手段，在个性消费凸现的今天已经越来越不受人们的欢迎。企业为满足消费者个性化的需求，必须加强与顾客的沟通和联系，使他们参与到整个营销过程中来。因此，如何实现与消费者之间便捷、友好的沟通与交流，是企业必须着重考虑的问题。

借助于网络这种有效的途径，企业可以从多方面与顾客进行各种沟通和交流。除了在网站上及时发布新产品和新的经营举措信息外，还可以提供各种娱乐性强的免费产品和服务，或技术指南、疑难解答等有价值的内容。也可以建立爱好者俱乐部,设置电子建议箱,收集顾客的反馈信息,营造出一个良好的网上营销环境,同时在网上树立企业及产品形象。另外还可以通过对网站访问者的有关记录了解和分析消费者的消费意愿,以便及时发现和改进产品和经营中的问题。

互联网被用于商业目的时间不长,网络营销的各种手段及措施的有效性还未经过时间的验证。现在虽然有一些企业开始涉足网上电子商务,但获得直接经济效益的是少数。因此,许多企业仍采取观望的态度。信息革命的浪潮终究会打破所有陈旧、过时的体制和思想,不具备网上经营能力的企业将无法在未来的市场竞争中占有优势,这已经成为不争的事实。有志于长期驾驭市场的企业都应该未雨绸缪,做好准备,迎接网络化营销时代的来临。

二、网络营销策略

一个追求卓越的企业懂得如何适应不断变化的市场,深谙市场导向的策略。网络营销策略的目标就是形成和开拓企业的业务和产品,以期获得目标利润的增长。在此,我们将着重探讨企业最高决策管理层必须承担的几项网络市场营销策略活动。

(一) 网络营销目标

1. 分析网络营销机会

战略性分析是制定网络营销策略的准备阶段。通过对企业外部环境,如市场态势、竞争形势、政府有关政策、社会文化、科学技术等因素,分析企业所面临的各种机会与威胁;通过对企业内部因素,诸如企业营销能力、生产技术水平、企业可控资源等的分析和预测,掌握市场营销过程中企业的外部环境和内部条件的变化情况,以及这些变化对企业长远发展的影响作用,确定企业的优势和劣势等,从而为企业制定网络市场营销策略提供有效的依据。

通过广泛收集、分析网络市场营销环境方面的信息,可以发现供企业利用的市场机会,这是确定企业营销策略、保证企业成功发展的一个关键步骤。市场机会分析的内容,主要是对市场营销环境(包括企业内部条件)的分析,本章前面已有叙述。

2. 明确网络营销任务

企业的生存是为了完成一定的任务,网络营销活动的开展应该有助于企业总任务的实现。企业开展网络营销、制定营销策略的首要问题就是在网络营销机会分析的基础上,界定企业网络营销活动的任务。

界定网络营销任务时,企业首先要根据本企业的特点和所处行业的特点,选择合理的网络营销管理模式,明确本企业引入网络营销管理会带来的主要效益和费用,并设定这些效益和费用的明确数量指标。这样网络营销管理的目标就比较明确了,网络营销部门的任务也能够清晰地界定出来。

企业在规定或调整其网络营销任务时,可向股东、顾客、经销商和企业员工等有关利益方广泛征求意见,并需考虑企业的历史、所有者或管理者目前的偏好与意图、企业生产经营的发展变化、企业可控资源的情况和企业的核心竞争力等因素。企业的网络营销任务可能是增加顾客、展示企业历史、促进公共关系、塑造企业形象等方面中的一项或几项。例如,海尔集团网络营销的任务曾定义为:通过建立网站,一方面宣传海尔的企业形象,另一方面利用现代化的信息网络,加大自己产品市场推销的力度。现在的海尔集团网站变成了商城和互联工厂,成功地实现了互联网转型。

3. 确定网络营销目标

企业的网络营销任务确定以后，还要将这些任务具体化为网络营销各部门和各营销环节的目标，最终形成一套完整的目标体系，使网络营销各环节都有自己明确的目标，并担负起实现这些目标的责任。目标是企业预期要达到的结果，同时也是评价其业绩优劣的标准。

企业常用的营销战略目标有以下几项：

（1）投资收益率。投资收益率是指一定时期内企业所实现的利润总额与企业所有者投入企业的资本总额之间的比率。它是衡量、比较企业利润水平和获利能力大小的一项主要指标。

（2）市场占有率。市场占有率是反映企业竞争能力的一个指标，它可以分为绝对市场占有率和相对市场占有率。绝对市场占有率是指相对市场上的同类产品销售总量（总额）所占的比重；相对市场占有率是指本企业某种产品的销售总额与竞争对手同种产品销售总额之比。

（3）销售增长率。销售增长率或称市场增长率，是指产品销售增加额与基期产品销售额的比率。它是反映企业产品在市场上的成长性大小的一个指标。

（4）产品创新、塑造企业及其产品的良好形象。这类指标越来越显示出在企业战略目标体系中的重要性与深远性。它们反映的是企业创新能力和在网络市场上知名度、美誉度的大小。实现这类目标对于提高企业的竞争能力、扩展市场、延长产品寿命和扩大销售会发挥长远的作用。

除以上几项目标外，网络营销企业还可以根据需要选择利润额、销售额、销售费用、产品服务质量、市场占有率的提高水平等作为目标。当前，在电子商务和网络营销中，企业常用的目标有：注册用户数、在线销售额、平均日交易笔数、日访问人数、有效购买率（访问人次中发生购买的人次的比率）、广告收入、每股收益及网民知晓率等。

（二）网络营销策略的内容

网络营销的外在工具是企业网站。企业网站的设计应充分利用其分帧分层、超链接和多媒体表现手法的特点，将企业在网络营销的定位、主题、品牌树立、产品优势、服务承诺、竞争力表现等，以前后呼应的手法，渗透到各个页面上，使站点具备企业灵魂，充满商业吸引力、感召力和亲和力。

企业制定网络营销策略之前，应熟悉网络营销的环境特点和理念，并在此基础上制定以下四项基本内容：定位、定旗帜、定形象和定力。网络营销的理论处于初创阶段，因此在制定网络营销策略时应有所创新，形成自己有所创见的营销策略模式。

1. 定位

与传统营销管理一样，网络营销策略的制定，首先需要确定企业的战略地位和营销目标——定位。只有定位以后，企业才能有针对性地安排所有的网络营销活动，设计出合理的网站，对评价做出及时的反应，选择网络营销管理模型及确定量化指标等。

（1）强势定位。企业身为盟主时，宣扬其强势地位不失是一种有效的营销战略导向。强势定位就是面对大众，突出宣扬企业在市场竞争、产品技术、产品质量、技术支持和营销服务等方面的优势，从而树立霸主地位，形成非我莫属的形象，奠定企业在人们心目中某行业或某地区代表的地位。这种强势定位一旦形成，在市场上将会对其他竞争者竖起屏障，迫使它们处于追随者的劣势地位。

波音公司网站正是采取了强势定位：波音的网站不以现场交易为重，而是代表行业，全面宣扬其尖端产品和项目。网络形象直接让人感到其存在就代表着威慑，给访问者一个深刻的印象。

（2）另辟蹊径，别具一格。企业的市场地位并不一定容易用同样的风格在网络上实现。这时就需要另辟蹊径，别具一格，另外创造新的网络营销定位策略。

可口可乐公司无疑是饮料业的霸主，但实施强势定位策略在网上争夺眼球却难上加难。这是因为它的产品单一，百年风味如一，传统媒体上的广告已形成"天下第一"的形象。如果继续实施强势定位，那么企业建立网站干什么？人们点击它的网站做什么？所以，可口可乐的网络营销策略要重新定位，将可口可乐定义为具有文化内涵的品牌，从历史出发，强调它与美国文化发展的血缘联系，重点定位在培养各阶层顾客对可口可乐品牌的忠诚度上。将"可口可乐是美国文明史的一部分"这一营销基调确立后，就赋予了该网站用之不尽的创意空间和炒作题材，也传承了美国文化那种巨大的包容性、强烈的扩张欲和旺盛的生命力。站点怪异和独特的喜剧风格，生动的页面吸引着无数的访客。显然，这是可口可乐网络营销定位的极大成功。

（3）宣传企业重于介绍产品。有的企业产品数以万计，如果将其逐一放到站点中去，则很难收到良好的效果。出路是什么呢？

3M公司最初生产胶带——一种古老且技术含量较低的产品，现在则生产许多高新技术产品，并被公认为在这些领域中首屈一指。该公司有几万种产品，如在网站上介绍这些产品及其规格和性能，访客肯定不是在网页中迷路，就是立即逃走。3M公司的策略是：将网络营销策略放在宣传企业本身上，介绍企业特有的文化、员工的创造与价值观、品牌与信誉以及企业对社会的贡献。无疑这是一条新的路线。

（4）创新目标。网络营销的创新目标定位策略即寻找不同于企业传统营销的新商机，抑制竞争对手，发现并吸引顾客，通过不断增加的产品和服务为自己的品牌增值等。例如，索尼公司网络营销的创新目标定位策略是"将公司网站建设成全球的在线娱乐场"，所以索尼网站的定位是：数字化、娱乐化和寻求梦幻境界的技术、软件及产品。

（5）高屋建瓴。提供高科技产品的企业，似乎网络营销策略比较容易确定，其实同样需要有创新的思维去确定网络营销定位策略。有些企业可以采用"高屋建瓴"的定位策略。

（6）赶超霸主。面对霸主，企业可在网络营销中采用赶超霸主旗帜的定位策略。

面对可口可乐和麦当劳等饮食巨头，百事可乐不甘示弱，豪气冲天地称自己是"世界上最成功的消费品公司""全球第二大软饮料公司、品牌最多的果汁品生产商、拥有最大的快餐炸薯片制造与分销商网"。百事可乐在网站上的立意、页面、促销等均富有特色，定位以可口可乐、麦当劳为比超对象来设计和运行。同时，百事可乐网站向经销商和承运商等开设了普及电子商务的栏目，很有新意。

（7）全面服务先于产品销售。根据"深度效益"理念，网络营销策略可定位于"全面服务先于产品销售"。

美国家庭装修公司的网络营销实现的一项革命性功能就是导入了"服务领先于销售"的经营理念。网站战略定位为：实现全面服务先于产品销售，形成同行业中领先的竞争力——以新颖、便捷、全面的个性化服务为其核心。该公司想方设法使顾客的选择与决策变为以自我服务和自得其乐的方式进行。例如网站中开设的木工技能装修项目，就使大批客户跃跃欲试。连锁店中有成千上万种不同的半成品、工具和装修套件，顾客只需发封邮件就能随时得到，然后只需按主页上的步骤去做，就可把门窗、花园修整一新。顾客的需求得到了绝对满足，公司也成为最大的成功者。

网络营销不仅彻底改变了企业利润的增长方式，也改革了销售与服务的时序。

（8）与对手共舞的双赢策略。许多企业专营零配件或者是一些支持软件，这类企业应当如何进行网络营销策略的定位呢？

美国 CA 公司（冠群国际有限公司）是一个很好的例子。该公司成立于 1976 年，是全球著名的软件供应商。冠群的主打产品是网络后台管理系统，在无数企业网站中扮演无名英雄的角色。然而 CA 公司不以眼前商业利益得失为重，毫不吝啬地在其页面上链接了大批其他竞争对手的网站。这一双赢策略使其网站每天有几百万人次的访问量，并赢得了良好的口碑。

2. 定旗帜

定位是企业网络营销策略的核心和内在的精神，而定旗帜则是网络营销策略的外在表达。

（1）体育旗帜。许多企业竖起体育旗帜，即使企业的经营内容与体育毫不相干，通过网站精心策划，这样的旗帜也起到了号召的作用。

耐克公司在这方面具有丰富的经验。它曾在网站上挑起了巴西男子足球队的大旗，再加上一段话："巴西队标志上有四颗星，每一颗都代表赢得一次世界杯。巴西队是唯一赢得四次世界杯的球队，他们还能再赢吗？也许吧！"这让法国、意大利等各国球迷立刻猛敲键盘，网上立刻火药味十足。而球迷们斗得越凶，耐克公司网站的商业价值就越高。

（2）文化旗帜。许多企业竖起文化旗帜，也是屡见不鲜的。

只有单一产品的可口可乐公司，在网络营销中无法使用以产品为主导的旗帜。因此，可口可乐公司的网站也竖起文化旗帜——美国式的快餐文化旗帜。

（3）联手旗帜。有时企业难以竖起与本企业以及其产品本身有关的旗帜，则可与其他商家联手合作，共同竖起一面旗帜。

与商家联手对信用卡企业网站是很好的出路，因为它们可以形成利益共同体。商家能利用发卡商的良好声誉、网站访问率和庞大的持卡人数量开展营销活动。商家和生产企业还可将其广告直接挂在发卡商的热卖商品目录中，条件是商品要打折扣。

3. 定形象

定形象就是为企业确立网络营销形象。

企业网站大体分为以产品为主型和以服务为主型两类。以产品为主的企业，其网站多以页面中产品广告或明确的营销题材为兴趣中心，着力点在视觉冲击力和吸引力上，页面形式的规格化则居其次。这类站点的代表如波音（www.boeing.com）、耐克（www.nike.com）、索尼（www.sony.com）、福特（www.ford.com）、宝洁（www.pg.com.cn）等。以服务为主的企业，其网站多以树立企业形象、业务导航和交互作业为主线，其网页趋于规格化设计。这类站点以联邦快递（www.fedex.com）等为代表。但为了出奇制胜，企业的定形象也是需要创意和灵感的。

（1）强势形象。强势形象就是一种霸主形象、舍我其谁的盖世英雄形象。

波音公司在民航、军用飞机及空间飞行器的研究开发与制造等方面已成为航空航天业的霸主，其站点（www.boeing.com）推行的是强势营销策略：突出宣传企业的优势，在战略防务、尖端武器研制的领先，营造出在本行业中处于龙头的地位（如在网站上宣传荣获美国最高质量奖的盛况等）。

（2）亲情形象。网站上构思巧妙的亲情形象深受网民的喜爱。

位居《财富》全球500强前列的通用电气公司开展亲情营销，网页上一句"我们将美好的事物带给生活"的名言下，祖母对孙辈的呵护位于网页的中心，亲情洋溢，把经营理念升华到了对人类关爱的高度。在"妈妈的小屋"栏目中点击"来吧，坐下尝尝奶酪"的标语，由此进入便见一位老妈妈，打开小屋招手欢迎："进来坐，妈妈的桌边总有你的位子！"使网站整个意境处在亲情关爱之中。

（3）客户至尊。传统的服务性产业、体力劳动为主的初级产业为了适应网络营销的转变，企业被迫进行调整、再造，实现经营方式转型——直接面对客户，提供低成本、高效率的一对一的服务体系，实现客户至尊的形象。

（4）精益求精。企业如果有一系列闻名于世的产品，网络营销中树立"精益求精"的形象，不失为一个好的策略。

宝洁公司是一家以产品（食品及日用品两大类）质量高和管理精明闻名的老牌企业，公司所有网页特点是突出重点（首页抢眼夺目，画面简洁，只有一个兴趣中心）、页面精简（一个主题，一类产品，珍惜网民的注意力），以关心生活、亲情亲善为主题，在网络营销中给人一种"精益求精"的形象。

4. 定力

企业定力就是根据网络营销中的定位、定旗帜和定形象策略来规划企业的人力、物力、财力和管理能力，以及发展过程中它们的变化趋势，即确定管理规划和预算安排。

各个企业在定力上的差别极大。小企业在网络营销刚起步时，可以委托互联网业务开发商建立网站，一年付费几千元就可开张了。复杂的网络营销的定力则是极为庞大的。例如，美国联合包裹服务公司网站系统除了主机和中型机以外，微型计算机就有一二十万台，与2000多个局域网相连，有3000条光纤与卫星同几十个国家的远程网相连，可同时支持50万个用户的作业，每天电子跟踪监控1000万件包裹的运输进程。

在了解一个企业的网络营销环境情况下，制定网络营销策略的基本内容，网络营销策略规划首先要定位，然后根据它定旗帜和定形象，最后定力。在制定网络营销策略规划过程中有两次反馈：第一次是在定位、定旗帜以及定形象、定力后，衡量该企业的实力，依据力量的需要与可能调整定位；第二次反馈是在网络营销实践之后，调整整个网络的营销策略。互联网上的任何事物都是变化很快的，网络营销也不例外。因此，网络营销策略对于可能发生的变化也应有超前的应对策略。

三、网络营销的方法和技巧

（一）网络营销的方法

网络营销的职能需要通过一种或多种网络营销手段来实现。常用的网络营销方法有：搜索引擎营销、网络广告、来电付费广告、交换链接、信息发布、邮件营销、邮件列表、个性化营销、会员制营销、网上商店、病毒性营销、网上论坛、微博营销、网络图片营销和电子书营销、微信营销、APP营销。

1. 搜索引擎营销

中国互联网络信息中心（CNNIC）2016年7月26日发布的《2015年中国网民搜索行为

调查》显示，截至 2015 年 12 月，我国搜索引擎用户规模达 5.66 亿，使用率为 82.3%，用户规模较 2014 年年底增长 4400 万，增长率为 8.4%。搜索引擎是中国网民的基础互联网应用，截至 2015 年，使用率仅次于即时通信。截至 2015 年 12 月，手机搜索用户数达 4.78 亿，使用率为 77.1%，用户规模较 2014 年年底增长 4870 万，增长率为 11.3%。截至 2015 年 12 月，在手机搜索引擎用户中，使用百度搜索的比例为 87.5%，搜狗搜索（含腾讯搜搜）、360 搜索/好搜搜索分列第二、三位，渗透率分别为 22.7% 和 20.9%；专注于移动搜索的宜搜、易查、神马、儒豹等搜索引擎的渗透率不足 5%，难以同移动搜索市场中前三大品牌竞争。

2016 年 1 月 22 日 CNNIC 发布的第 37 次《中国互联网络发展状况统计报告》显示，2015 年，移动搜索市场快速增长的态势得以延续。其一，移动搜索用户数量增速仍快于领域整体；其二，来自移动端的搜索流量全面超越 PC 端，2015 年第三季度企业财务报告显示，百度有超过 2/3 的搜索流量来自移动端，搜狗搜索移动端流量也超过了 PC 端；其三，移动营收在整体营收增长中的贡献越来越大，财务报告显示，百度移动营收在总营收中的占比从一季度的 50% 增至三季度的 54%，搜狗移动搜索营收占比也从一季度的 22% 增至三季度的 30%。

搜索引擎由信息服务向生态化平台的转型持续推进。各大搜索平台融合语音识别、图像识别、人工智能、机器学习等多种先进技术，依托基础搜索业务，打通地图、购物、本地生活服务、新闻、社交等多种内容的搜索服务，通过对用户行为大数据的深入挖掘，实现搜索产品创新与用户体验完善，为网民和企业提供更好的服务，并因此在流量、营收、电商化交易规模等不同方面实现新增长、新突破。

大数据与智能技术相辅相成推动搜索技术发展，以应对互联网数据规模与复杂程度的快速提高。一方面，基于网站合作计划与搜索开放平台，深网、暗网内的海量优质内容正逐步纳入搜索引擎的爬取收录范围，搜索质量在潜移默化中得到提升；另一方面，在线下经济向线上转移、物联网与互联网相互融合的趋势下，搜索场景碎片化、信息结构复杂化，且用户的搜索需求也更加多元化，不仅搜索互联网内容、服务、地理位置，还会搜索联网设备，这对未来搜索引擎模型算法的智能水平、搜索结果的展示方式也提出了更大挑战。

搜索引擎营销是指登录百度、搜狗等搜索引擎与新浪分类目录、搜狐分类目录等目录网站，以及由关键词分析、搜索引擎排名优化与维护、搜索结果位置竞价等营销形式构成的搜索引擎优化与营销服务。值得注意的是，搜索引擎营销分为付费和非付费两种，非付费营销主要是搜索引擎优化（SEO），付费营销简而言之就是关键词竞价排名。在搜索引擎中进行竞价排名要特别注意关键词的价格是否太高和关键词的客户转换率是否足够高。目前这种营销方式由于效果的相对可测与服务商的大力推动，在中小企业中获得了一定的应用。值得注意的是，2016 年 6 月 25 日，国家互联网信息办公室发布《互联网信息搜索服务管理规定》，明确了付费搜索信息页面比例上限，要求醒目区分自然搜索与付费搜索。

2. 网络广告

几乎所有的网络营销活动都与品牌推广有关。在所有与品牌推广有关的网络营销手段中，网络广告的作用最为直接。旗帜广告曾经是网上广告的主流（虽然不是唯一的形式），但进入 21 世纪之后，网络广告领域发起了一场轰轰烈烈的创新运动，新的广告形式不断出现。新型广告由于克服了旗帜广告承载信息量有限和交互性差等弱点，因此获得了相对较高的点击率。

3. 来电付费广告

来电付费广告是指按接到客户有效电话的数量进行付费（Pay Per Call），是近年在欧美国家出现的一种新的网络营销计费新模式，实现策划不收费、展示不收费、点击不收费，只有广告主接到客户有效电话后才收取相应费用。也就是说，来电付费方式是一种真正意义上的按效果付费的模式。

4. 交换链接

交换链接或称互换链接，它是两个网站之间最简单的合作方式，即分别在自己的网站首页或者内页放上对方网站的标志（Logo）或关键词，并设置对方网站的超级链接，使得用户可以从对方网站中看到自己的网站，达到互相推广的目的。交换链接主要有以下几个作用：可以获得访问量，增加用户浏览时的印象，在搜索引擎排名中增加优势，通过合作网站的推荐增加访问者的可信度等。更值得一提的是，交换链接现在的意义已经超出了是否可以增加访问量这一直接效果，更重要的是业内对企业的认知和认可。

5. 信息发布

信息发布既是网络营销的基本职能，又是一种实用的操作手段。通过互联网，不仅可以浏览到大量商业信息，同时还可以自己发布信息。最重要的是将有价值的信息及时发布在自己的网站上，以充分发挥网站的功能，比如新产品信息、优惠促销信息等。

6. 邮件营销

采用一些邮件群发工具，在互联网上采集邮件地址，把自己的产品或者服务写在邮件中。注意这种邮件的写作一定要注意技巧，态度一定要诚恳，要让收到这封邮件的人感觉到邮件确实能够帮助他们，不要让邮件成为垃圾邮件。

7. 邮件列表

邮件列表实际上也是一种邮件营销形式。邮件列表是基于用户许可的原则，用户可自愿加入和自由退出。稍微不同的是，邮件营销是直接向用户发送促销信息，而邮件列表是通过为用户提供有价值的信息，同时在邮件内容中加入适量促销信息，从而实现营销的目的。邮件列表的主要价值表现在四个方面：作为公司产品或服务的促销工具，方便和用户交流，获得赞助或者出售广告空间，收费信息服务。邮件列表的表现形式很多，常见的有新闻邮件、电子刊物、新产品通知、优惠促销信息和重要事件提醒服务等。

8. 个性化营销

个性化营销的主要内容包括用户定制自己感兴趣的信息内容，选择自己喜欢的网页设计形式，根据自己的需要设置信息的接收方式和接收时间等。个性化服务在改善顾客关系、培养顾客忠诚度以及增加网上销售额等方面具有明显的效果。据研究，在个人信息可以得到保护的情况下，为了获得某些个性化服务，用户愿意提供有限的个人信息，这正是开展个性化营销的前提保证。

9. 会员制营销

会员制营销已经被证实为电子商务网站的有效营销手段之一。国外许多网上零售型网站都实行了会员制计划，几乎已经覆盖了所有行业。国内的会员制营销还处于发展之中，不过已经可以看出电子商务企业对此表现出的浓厚兴趣和旺盛的发展势头。

10. 网上商店

建立在第三方提供的电子商务平台上，由商家自行经营的网上商店，如同在大型商场中租用场地开设商家的专卖店一样，是一种比较简单的电子商务形式。网上商店除了通过网络直接销售产品这一基本功能之外，还是一种有效的网络营销手段。从企业整体营销策略和顾客的角度考虑，网上商店的作用主要表现在两个方面：一方面，网上商店为企业扩展网上销售渠道提供了便利的条件；另一方面，建立在知名电子商务平台上的网上商店增加了顾客的信任度。从功能上来说，网上商店对不具备电子商务功能的企业网站也是一种有效的补充，对提升企业形象并直接增加销售量具有良好的效果。尤其是将企业网站与网上商店相结合，效果更为明显。

11. 病毒性营销

病毒性营销并非真的以传播病毒的方式开展营销，而是通过用户的口碑宣传网络，使信息像病毒一样传播和扩散，利用快速复制的方式传向数以千计、数以万计的受众。病毒性营销的经典范例是 Hotmail。Hotmail 是最大的免费电子邮件服务提供商之一，在创建后的一年半时间里就吸引了 1200 万个注册用户，而且还在以每天超过 15 万个新用户的速度发展。令人不可思议的是，在网站创建的 12 个月内，Hotmail 只花费了很少的营销费用，还不到其直接竞争者的 3%。Hotmail 之所以能够爆炸式地发展，就是利用了病毒性营销的巨大效力。病毒性营销的成功案例还有亚马逊等国际著名网络公司。现在几乎所有的免费电子邮件提供商都采取类似的病毒性营销推广方法。

12. 论坛营销

论坛营销是企业利用论坛这种网络交流的平台，通过文字、图片、视频等方式发布企业的产品和服务的信息，从而让目标客户更加深刻地了解企业的产品和服务，最终达到宣传企业品牌、加深市场认知度目的的网络营销活动。企业可以在相关的高权重的论坛中注册，给论坛供稿，以换取交换链接。文章必须是原创的，最好具有一定的幽默感，让读者读起来毫不费力。

13. 微博营销

微博即微博客（MicroBlog）的简称，是一种基于用户关系的信息分享、传播以及获取平台，用户可以通过 Web、无线应用协议（WAP）以及各种客户端组件登录个人社区，以文字更新信息，并实现即时分享。在全球化竞争的今天，微博受到越来越多的关注，是时下互联网界的热点，已成为电子商务互动式营销的新战场。曾几何时，国内新浪、腾讯、网易、搜狐四大门户都加入了微博大战，微博成为社交媒体中用户最活跃的平台，同时彻底改变了媒体和信息的传播模式。现在，只剩下新浪微博一枝独秀。人多的地方就有市场存在，也就有商业机会在等着我们去挖掘，所以说，从事电子商务的企业有必要开个微博，在第一时间发布最新的企业动态，想方设法地让更多的人来关注自己的微博。微博营销模式至少有四种：活动营销、植入式广告、客户服务的新平台和品牌宣传。

14. 网络图片营销

网络图片营销现在已经成为企业常用的网络营销方式之一。我们时常会在 QQ 上接收到朋友发送的创意图片，或在各大论坛上看到以图片为主线索的帖子，这些图片中多少掺有了一些广告信息，比如图片右下角带有网址等。这其实就是图片营销的一种方式。目前国内的图片营销方式各式各样，如果很有创意，企业也可以很好地掌握图片营销。

15. 网络营销联盟

营销联盟目前在我国还处于成长阶段，但在国外已经很成熟。1996 年亚马逊网络书店就是通过这种新方式取得了成功。营销联盟包括三个要素：广告主、网站主和广告联盟平台。广告主按照网络广告的实际效果（如销售额、引导数等）向网站主支付合理的广告费用。网络营销联盟能节约营销开支，提高企业的知名度，扩大企业产品的影响，提高网络营销的质量。

16. 电子书营销

从理论上讲，电子书营销应用起来很简单：在制作电子书时，将广告信息合理地安排到电子书中，比如书的首页、内容中的页眉或者页脚处，或者在正文中的合适位置插入一定量的广告信息。让读者在阅读免费电子书的同时，接收到一定量的广告信息。电子书广告拥有网络广告的所有优点。比如，可以准确地测量每本书下载的次数，并可记录下载者来自哪个互联网协议地址（IP 地址）。同时电子书广告又比一般的网络广告具有更多的优势。例如，下载后可以通过各种阅读设备离线浏览，而一本好书往往会得到读者的重复阅读，并可能在多人之间传播。这样，同样数量的点击（对于电子书点击的表现形式为下载），明显会比普通的在线广告有更多的浏览量，读者对广告的印象自然也会加深。

17. 微信营销

微信营销是网络经济时代企业或个人营销模式的一种，是伴随着微信的火热而兴起的一种网络营销方式。微信不存在距离的限制，用户注册微信账号后，可与周围同样注册了账号的"朋友"形成一种联系，订阅自己所需的信息，商家通过提供用户需要的信息，推广自己的产品，从而实现点对点的营销。

微信营销主要体现在以安卓系统、苹果系统的手机或者平板电脑中的移动客户端进行的区域定位营销，商家通过微信公众平台，结合转介率微信会员管理系统展示商家微官网、微会员、微推送、微支付、微活动，已经形成了一种主流的线上线下微信互动营销方式。

18. App 营销

App 营销即应用程序营销，是指通过定制手机软件、社交网站（SNS）及社区等平台上运行的应用程序来开展的营销活动的总称，其中 App 即英文 Application 的简称，而当前的 App 营销多指第三方智能移动平台的应用程序营销。与传统移动媒体营销相比，App 营销拥有无可比拟的优势。

在信息的传播方式上，传统移动媒体主要是以短信形式为主，让消费者被动接收产品或品牌信息，而 App 营销是企业将产品或品牌信息植于应用制作，由用户自身主动下载，在使用的过程中达到信息传播的目的。在传播内容上，传统移动媒体传播的产品或品牌信息只是在字面上做文章，用户对产品或品牌不能产生全面的感知，而 App 中则可以包含图片、视频诸多元素，精准传递信息，用户可以全方位感受产品或品牌。在用户行为上，用户应用传统移动媒体是被动单向接受信息，往往容易产生反方面的效果，而 App 营销是依靠用户自己下载并可以进行互动，能够贴身粘住客户，更加容易达到传播效果。App 营销是当今企业发展的趋势。

（二）网络营销的技巧

1. 增加潜在客户数据库

浏览网站的人多，直接购买的人少。绝大部分网站都是让这些人悄悄地来，又悄悄地走，浪费掉了非常多的潜在客户。所以一定要使用技巧让访问网站的大部分客户都心甘情愿地先留下联系方式。只要企业不断地开展让潜在客户乐意接受的数据库营销策略，他们会逐步成为企业的忠实客户。

2. 利用客户评价影响潜在客户的决策

绝大部分人都有从众心理，所以在购买产品的时候，其他购买过的人对产品的评论会对潜在客户的购买决策产生非常大的影响。所以每个产品下面都要适当地放上客户从各个角度对这个产品的好的评价。

3. 提高客户重复购买率

（1）优惠券策略。客户订购成功之后，一定要赠送客户一张优惠券。在一定期限内，购买产品时优惠券可以充抵一定的金额，但是过期作废。这样客户就会想办法把这张优惠券花掉或者赠送给有需要的朋友。

（2）数据库营销。定期向客户推荐对其有价值的信息，同时合理地附带产品促销广告。许多电子商务网站只会生硬地向客户发送广告，结果效果很差。一定要向客户发送客户喜欢的信息，并合理地融入广告，才会有效果。

4. 网上折价促销

折价也称打折、折扣，是目前网络营销中最常用的一种促销方式。网上商品的价格一般都要比传统销售方式低，以吸引消费者购买。目前大部分网上销售商品都有不同程度的价格折扣。

5. 网上赠品促销

一般情况下，在新产品推出试用、产品更新、对抗竞争品牌和开辟新市场的情况下，利用赠品促销可以达到比较好的促销效果。赠品促销的优点是，可以提升品牌和网站的知名度，可以鼓励消费者经常访问网站以获得更多的优惠信息，能根据消费者索取赠品的热情程度而总结分析营销效果和对产品本身的关注情况等。

6. 网上抽奖促销

抽奖促销是网上应用较广泛的促销形式之一，是大部分网站乐意采用的促销方式。抽奖促销是以一个人或数人获得超出参加活动成本的奖品为手段进行商品或服务的促销。网上抽奖促销主要附加于调查、产品销售、扩大用户群、庆典或推广某项活动等。消费者或访问者可以通过填写问卷、注册、购买产品或参加网上活动等方式获得抽奖机会。

7. 积分促销

积分促销在网络上的应用比起传统营销方式要简单和易操作。网上积分促销很容易通过编程和数据库等方式实现，并且结果可信度很高，操作起来也相对简便。积分促销一般设置价值较高的奖品，消费者通过多次购买或多次参加某项活动来增加积分，以获得奖品。积分促销可以增加消费者访问网站和参加某项活动的次数，还可以增加消费者对网站的忠诚度，也可以提高活动的知名度等。

【案例一】

《超级女声》背后的商业策划

2005年夏天，很多中国电视观众有了每周一次来参加节日般的体验——《超级女声》。他们用手机短信投票选出了自己喜爱的"超级女声"。《超级女声》被从社会、传播、娱乐和商业等各个角度广泛讨论,从商业角度看,蒙牛、湖南卫视、天娱传媒和掌上灵通是《超级女声》的最大赢家。这是一个生动的整合营销案例,但为什么蒙牛会选择这个当时收视率仅为0.5%的节目?为什么节目选择在广州、长沙、郑州、杭州和成都进行海选,而根本没有考虑北京和上海这两个中国最重要的城市?为什么蒙牛和《超级女声》会选择张含韵作为形象代言人?

除了不能改叫"蒙牛台",湖南卫视什么资源都给你

2004年,中国乳业市场的竞争已趋于白热化:随着奶源和生产能力的迅速提高,产品同质化日趋严重。2004年蒙牛液态奶的销售额为65亿元,酸酸乳只有7亿元,是蒙牛产品链上销售额最低的,一度差点被淘汰出局。蒙牛2005年的销售目标是100亿元,把这100亿元分摊到各个产品上,蒙牛酸酸乳必须做到25亿元。

按照传统营销思路,蒙牛希望找娱乐明星做产品代言人。当时任蒙牛液态奶市场总监的孙隽在无意间看到了《超级女声》的介绍,发现关注这个节目的基本上都是年轻人,《超级女声》的观众和蒙牛酸酸乳的消费群惊人的一致:都是14~17岁的女孩子。直觉告诉他《超级女声》和蒙牛酸酸乳的品牌内涵是完全一致的,都是酸酸甜甜,先酸后甜。当时的湖南卫视,面临《快乐大本营》《玫瑰之约》等老牌娱乐节目遭遇模仿、同质化现象严重的境遇,也迫切需要一个响亮的节目来巩固自己的娱乐品牌,重现当年的辉煌。2004年新生的娱乐节目《超级女声》没有赞助商,也没有太多费用,没有太大的宣传力度。截至2004年年底,《超级女声》的收视率是0.5%,在湖南卫视的收视率排行榜上排列第八位,冠名费为2800万元。

0.5%的收视率,这无疑是蒙牛谈判时制约对方的撒手锏。但是,蒙牛虽然希望能谈下一个好价钱,但更大的野心是一起把节目做好,让它能配合赞助商在地域方面进攻潜力巨大的主要目标市场。因此,不遗余力杀价不是蒙牛谈判的目的。孙隽认为,蒙牛不仅是前去冠名的,因此价格也不会按冠名费出。蒙牛是一元钱投给《超级女声》,十元钱做幕后的推动工作。

和湖南卫视谈判时,孙隽特别强调蒙牛产品的目标消费群体与湖南卫视的主要观众群一致,蒙牛集团将利用湖南卫视在中国娱乐节目中的专业性和高收视率,利用2004年《超级女声》的运作经验,强化蒙牛酸酸乳之青春、时尚的女性化产品形象,提升产品的销售量;而湖南卫视则可利用蒙牛在全国的销售网络、终端力量及全国性的宣传,让活动达到最大的曝光度,吸引全国的消费者共同关注,打造一个全国性的娱乐节目。

在谈判中,蒙牛将自己将要投入的力度量化到非常具体的每一步骤,每一个步骤都有具体的数字:多少个包装,多少张DM(直投广告单),多少个堆头,有多少经销商、分销商和业务员等。让对方觉得自己付出了很多,自己也得到更多,然后适当留余地,进行让步。一般谈赞助的老板都只讲钱,而蒙牛却把对节目的推广整理得很清楚:要花多少钱,每一场怎么做,蒙牛的要求是什么,湖南卫视得到的将是什么。谈到最后,湖南卫视台长欧阳常林说了一句大家此后都无法忘记的话:"除了湖南卫视不能叫'蒙牛台',其他资源你都可以用,我们一定全力来支持这个活动。"

海选:为什么是这五个城市?

选择进行海选的城市为广州、长沙、郑州、杭州和成都,兼顾了蒙牛的利益和湖南卫视两方面的利益。第一,蒙牛的主要市场在哪里?哪些是产品销售得最好的地方?哪里的竞争

对手最强？第二，怎样让更多的人参与和关注这个节目，提高节目的影响力？广州、长沙、郑州、杭州、成都这五个城市的文化、娱乐内容远远没有达到饱和，《超级女声》很容易就在当地成为主流娱乐和社会新闻事件，引发全民关注热潮。

对于任何一种消费品来讲，7000万人口的珠江三角洲都是重中之重，广州也是蒙牛的主要市场之一。2004年的《超级女声》没有选择广州，2005年，湖南卫视也希望提高自身在珠江三角洲地区的影响力。毕竟广州是大量民营企业云集的地方，拥有广阔的日化、食品和时装市场，这些企业都可能成为湖南卫视潜在的广告客户。2005年度《超级女声》播出的时间是3月到8月，正是蒙牛酸酸乳的销售旺季。在3月，大部分地区还比较冷，人们不愿外出活动，酸酸乳也还没有进入销售的季节。而广州却已温暖如春，酸酸乳已在深圳和广州开始起量，选择广州作为第一站，符合各方面的需要。

郑州虽然向来不是一个娱乐产业发达的地方，但是它地理位置好，位于中原的中央，兼顾了整个北方。其他北方城市想参加《超级女声》的选手都可以到郑州来。对蒙牛来说，河南也是一个销量非常可观的市场。然后，就转到了长江三角洲。这里人均收入高，其城市特质也很时尚，有自己的文化、地域特点。2004年《超级女声》在南京进行过海选，2005年就改在了杭州。西子湖畔的杭州姑娘是江南佳丽的代表，以清秀美貌著称，大家对杭州女孩子的表现是有期待的。选择杭州，对吸引大家的眼球和期望值都有帮助，而且可以辐射到整个长江三角洲，包括上海。

可是，海选为什么不去上海？第一，上海市场消费水平整体比较高，在上海比较多的是阳春白雪的海派文化，乳产品也多为外来品牌的天下，酸酸乳在上海的销量不如在其他城市高；第二，选择上海，运作费用很高，各类成本都会加大，所以蒙牛就打算从杭州开始向周边城市辐射。

最后一站是成都。这也是蒙牛和《超级女声》最有把握的地方。2004年的《超级女声》在成都取得了很大的成功，而且《超级女声》的第三名张含韵来自四川德阳。加上成都女孩子表现力特别强，非常有参与感，《超级女声》也是她们最喜欢的节目。果然，2005年成都成了《超级女声》的最高点。

长沙赛区几乎是与广州赛区同时开始的，当然最后最精彩的还是作为总决赛的主赛场。本来长沙就是酸酸乳的主推市场，可其市场占有率却偏低，正好可以借助这次机会进入湖南。加上长沙是湖南卫视所在地，操作成本低，影响力大，所以以长沙为中心，北到郑州，南到广州，西到成都，东到杭州，全中国任何一个女孩子想参加比赛，都能去。几个赛区的时间相互交替，即便漏掉了这场，也可以去那场《超级女声》，除了"想唱就唱"，还可以"想去就去"。选拔没有限制，重复参加也没有问题。

活动在这五个赛区分阶段、分层次、分时间、有主题地进行，让《超级女声》的主题层层延续。最后选出各地最优秀的选手到长沙参加总决赛。《超级女声》为什么可以吸引不同人群的关注？因为有地域和地域的比较，牵涉的面很广，而且可以持续地一轮高潮接一轮高潮，一个赛场接一个赛场，人们对过去的赛场有回忆，对未来的赛场有期望。

而为了配合海选，蒙牛在进行海选的城市周边的100多个中小城市组织了300多次"超级女声迷你赛"的路演，打了一场漂亮的"农村包围城市"战。一边进行路演，一边销售产品。对于那些不在五大赛区，又在路演中唱得不错的女孩子，蒙牛会出资把她们送过去参加比赛。因此，路演也算一种特殊的报名方式，很受欢迎。这种先行举办的小规模路演也为在五个城市举办的海选进行了气氛上的铺垫。

形象代言人：不花钱，蒙牛签下了张含韵

节目设置完毕，蒙牛又开始了对形象代言人的找寻。有人推荐了2004年《超级女声》的季军张含韵。张含韵的唱功不是特别突出，但她清纯、可爱、真实、天真，人气很旺。就是这种"乖巧的邻家女孩"的形象使张含韵变成很多想"一夜成名"女孩的偶像。

还是让数字说话。翻开了2004年最后的短信投票记录发现，虽然张含韵最后获得的是第三名，但20万票的短信支持率位居第一。20万，和2005年决赛时期李宇春、周笔畅300多万的票数自然不可同日而语，可在收视率只有0.5%的2004年，20万已经是一个相当庞大的数字了。喜欢张含韵的观众群里也有年纪偏大的，由于消费观成熟理性，他们虽然喜欢张含韵，却不一定会发短信支持。这20万大多是年轻人，正是蒙牛酸酸乳的目标消费群。

与和湖南卫视的谈判不同，和天中文化公司谈张含韵的代言，蒙牛的态度是强势的。因为在踏入天中文化办公室之前，孙隽已经充分评估了双方的处境。他知道从来没有一个艺人公司包装预算会超过100万元，因为要靠唱片赚回来是很难的；但是如果与蒙牛合作，天中对张含韵的包装其实就由蒙牛完成了，价值好几百万元。张含韵的照片会出现在所有的海报和灯箱上，所有的广告都是她代言。所以蒙牛不会给酬劳，只给劳务费，飞机票来回报销，签两年的协议。要是天中不答应没关系，蒙牛转身就走。因为虽然张含韵和品牌形象最契合，但并没有特别多的独特优势。蒙牛可以选张含韵，也可以选安又琪（2004年超女冠军），这么大的宣传，换谁都会红。

用产品品牌推广来带动艺人，这个思路与天中文化李小麟一拍即合。谈判几乎没费任何周折，作为经验丰富、懂得市场规律和强强联手的资深经纪人，李小麟知道蒙牛的分量。他们知道，随着蒙牛酸酸乳的上市和《超级女声》的走红，2005年会是"超级女声张含韵"的一年。

于是，合同敲定。2005年蒙牛酸酸乳的主题广告片由张含韵演绎；2005年主题广告歌由张含韵演唱，并将蒙牛酸酸乳的主题广告歌作为张含韵2005年第一张新专辑的主打歌曲；平面制作物上为张含韵及产品的形象；部分城市的路演现场张含韵可以出场以表示合作的诚意。同时也为了能够让张含韵符合天中文化的包装路线，李小麟提出，由天中文化负责为2005年"蒙牛酸酸乳超级女声"写一首广告歌。后来因为创作者始终将《超级女声》与蒙牛酸酸乳不能很好地统一，李小麟就决定为张含韵写两首歌，蒙牛酸酸乳的广告歌《酸酸甜甜就是我》与《超级女声》的广告歌《想唱就唱》。这样也进一步增加了张含韵的曝光率，使张含韵的影响力今非昔比。第一张专辑销量就达到23万张，而她代言的一个计算机品牌的价格也超过了百万元。

春节过后，"2005快乐中国蒙牛酸酸乳超级女声"正式开始了。依照合同，蒙牛如约对蒙牛酸酸乳的20亿个产品包装进行了大动工。在新包装上，蒙牛去掉了原有的"新装上市"四个字，强化了产品"绝不含任何防腐剂及色素"的功能性特点，然后增加了"蒙牛酸酸乳超级女声"的Logo和活动信息，将文字修改成"酸酸甜甜就是我"。

不过，为了节约"两分钱"，新包装上没有印上张含韵的头像。当时，车厢、灯箱、路牌广告，各大卖场的横幅、海报、吊旗、帷幔、价格牌、插牌、跳跳卡和各类堆头造型上，都有张含韵可爱甜美的照片，可是在非常关键的产品包装上，却没有印上她的头像。不是因为蒙牛拿不到张含韵的肖像版权，而是因为印上张含韵的肖像每个包装就要多花两分钱。如果把张含韵的肖像放到包装上,就需要提高图像分辨率,将原有的网板印刷变成柔板印刷,因为柔板印刷效果会比较清晰,而网板印刷的效果比较模糊。但采用柔板印刷方式,每个包装就会增加两分钱的成本。如果要印制20亿包,这笔增加的开支就是4000万元。"张含韵"与《超级女声》"蒙牛酸酸乳"三位一体的概念已经通过大量其他的宣传方式深入人心,增加这4000万元的投入不会起到更显著的效果。蒙牛酸酸乳的销售额不会因为增加一个包装上的头像而超过4000万元,因此将钱花在印刷上,还不如省下这笔钱多做海报,多赞助一些在非海选城市的优秀选手免费去海选城市参加比赛更有价值。

《超级女声》背后的赢家

2005年8月26日的最后一场比赛结果,对《超级女声》已经没有意义了。无论谁得冠军都无法撼动《超级女声》对于2005年的意义。

几乎所有的人都在谈论《超级女声》。这场属于大众的娱乐盛宴,已经跻身2005年的十大名词之一。它创造了一连串的惊人数据:这档节目吸引了全国4亿观众;8月初的单档节目在某搜索引擎中已经拥有32万条记录,而仅仅15天之后,这项搜索记录轻易地刷新为165万条。

《超级女声》受到的关注以及它的影响,早已超过了它作为一档娱乐节目所应有的规模。在《超级女声》微笑的背后,是一条超级经济链条以及这条链条上各个利益主体得意的笑。其中最引人瞩目的莫过于节目制作方湖南卫视、《超级女声》品牌拥有者上海天娱传媒有限公司、节目冠名赞助商蒙牛集团以及为节目提供短信增值服务的掌上灵通。是什么促使《超级女声》引起了群体性疯狂?是整合营销的结果。众人添柴火焰高,《超级女声》的成功是每个参与者努力的结果。参与的各方努力营造了一个电视、网络和手机等方式交叉的网络,把目标对象包围在这个网络之中。

业内人士认为,总决赛7场比赛可为湖南卫视带来2000万元的广告额。这档放在下午和晚上的节目也带动了其他时段广告价格的上升。专业人士同时也指出,电视台并非在意这台节目的广告额度,"重要的是频道品牌宣传"。湖南卫视广告部比较了2004年与2005年的数据:2005年白天的收视率上升了12%,晚上九点半到十点半的栏目收视率上升了25%。作为《超级女声》策划人和评委的夏青指出,这个节目的诞生首先就是因为收视率。

对于天娱传媒,王鹏一直坚持他们并没有从这档节目中赚到多少钱,但显然目的已经达到。"有人跟我说,《超级女声》已经有几亿元的价值了。"这就是他要的。王鹏从不讳言他的目的:培养一个品牌,然后利用这个品牌进行后续经营。作为品牌所有者的天娱传媒,尽管是湖南卫视旗下的,但却没有湖南卫视任何股份,是一个独立的商业机构。"我们把这个品牌拿出来交给湖南卫视使用。"此后的事情和天娱传媒似乎没有关系。湖南卫视拿《超级女声》的品牌去招商,招到商后湖南卫视就开始制作。"我们不收任何广告费用。"王鹏说,但天娱传媒还是做了很多事情,包括地面平台的整合。由湖南卫视出节目,广告时段各地方台独立运作。这样就形成了一个全国性的、无障碍的电视网络。他们做了一个100多页的《应用手册》,每个赛区的合作电视台都有一本,内容包含了节目流程,做到某个阶段的地面推广应该注意什么等。"与麦当劳的推广模式相似。"甚至当湖南卫视2005年的制作力量有点不够时,他们还帮了一点忙。

为什么会有那么多人被吸引来参加《超级女声》?蒙牛方面认为,蒙牛在终端的强大推广力度功不可没。因为终端推广会直接影响消费者的购买行为和参与度。为此,在每件蒙牛酸酸乳产品包装上，都印有《超级女声》的宣传信息。蒙牛还在100多个城市组织了几百场路演，并在消费群集中的地方发了上千万张传单。为了进一步提高节目的人气，蒙牛酸酸乳还在众多超市以及销售点采用了买6送1的促销方式，并设立了《超级女声》夏令营。那些抽中酸酸乳夏令营六连包的消费者就会获得免费去长沙观看《超级女声》总决赛以及享受长沙游的机会。

蒙牛的收获也是有目共睹的。1400万元的冠名费用，或者说1亿多元的整体投入，对蒙牛来说都是值得的。2005年8月23日，蒙牛乳业在香港发布了其2005年上半年的财务报告。公司上半年营业额由2004年同期的34.73亿元上升至47.54亿元，纯利润高达2.47亿元，较2004年同期的1.84亿元增长34.2%。蒙牛方面毫不掩饰其喜悦：选择《超级女声》，使蒙牛酸酸乳的销售翻了三番。"加了两条生产线，但产品还是供不应求。"

而短信平台的畅通，也为更多的人投入《超级女声》设立了一条康庄大道。从来没有一档节目像《超级女声》有如此巨大的短信量。仅2005年8月19日，人气最高的李宇春的短信就有1899892条，位居第二的周笔畅是1333748条。人们认为无论是湖南卫视还是为此提供短信增值服务的掌上灵通因此狠赚了一笔。但掌上灵通否定了这个说法。一场比赛来自手机短信的收入大约为100万元，而掌上灵通的收入则是在扣除15%的运营商费用后，再和湖南卫视分成的。尽管业内的分成比例一般都是平分，"因为电视台是主导，它们有内容和平台，所以它们所拿的分成一定是比较高的那部分"，掌上灵通表示。这也是人们猜测为什么TOM会退出和湖南卫视合作的原因。

掌上灵通显然并不在乎短期收益，看中的是和湖南卫视的长期合作。掌上灵通认识到多媒体时代，手机和网络增值的消费者群体会越来越大。而作为技术提供者，抓住了强势的内容提供商，不愁未来没有钱赚。

【案例二】

小米手机网络营销策划及案例分析

2011年8月16日，在北京798艺术中心，北京小米科技有限责任公司（简称小米公司）首席执行官（CEO）雷军宣布一款专为发烧友级手机控打造的高品质智能小米手机正式发布了。手机操作系统采用小米自主研发的MIUI操作系统，是世界上首款双核1.5GHz的智能手机，并宣称其搭载的Scorpion双核引擎比其他单核1GHz处理器手机的性能提升了200%，和双核智能手机相比也提升了25%。经过系统优化后还能提高30%的性能。小米手机采用线上销售模式，小米要做移动互联网公司。

如今手机已从一种奢侈品转变成普通的时尚商品。为了满足或引导消费者的时尚需求，手机厂商不断推出新款手机。手机市场的竞争大部分也成为新款手机之间的竞争。然而一个手机品牌的成功与否与它推出的新款手机受不受欢迎息息相关，各大厂商也都在这块领域中进行着激烈的竞争。谁能在这里获胜，不是单靠一个策略、一个方案就能取得成功，而是谁能灵活应用市场营销及营销策略组合方案，并通过一系列成功的营销组合策略，使整个营销活动成功。我们来看小米是如何策划的。

一、小米手机的网络营销策划

1. 策划营销网站

网站提供必要的资源与工具。小米手机官网页面提供了有价值的工具和资源供查询者使用。例如，小米官网为访问者提供介绍小米手机的数据库。

(1) 站点内容经常更新，提供的信息有一定的新鲜感。小米公司官网首页设有小米播报，及时为访问者呈现小米手机的动态；官网首页设有小米手机最新配件的图片展示，为访问者提供最新的产品信息，让顾客每次访问时都有新鲜感。

(2) 开展站点活动。在小米手机站点上开展了小米手机创意秀、米聊首届校园挑战大赛、晒照片赢手机等站点活动。众多"米粉"参与其中，并及时在论坛发帖交流。

(3) 网站实现超值服务。在小米手机官网站点上有免费软件下载、电子书区、影音动漫区、主题壁纸区、游戏区、软件区，为公众提供了超值服务，吸引公众浏览该站点。

2. 网上调研策略策划

(1) 要求访问者注册从而进入访问者个人主页。所有预订用户需要登录小米网补充完善个人资料以及个人电话。

(2) 破例销售工程机。因为每个人使用习惯不一样，关注的功能就不一样，这样的测试除了可以更快速、更广泛地知道产品优劣性，而且还能获得更多、更全面的评价和信息，丰富了网络上有关小米手机的各种声音，从而让大家更好、更深入地了解这款产品。

3. 网上产品策略策划

雷军在小米首款手机产品发布会上开启了这场营销的序幕。经过对小米手机高配与性能的叙述，并爆出超低价格，立刻引发各大媒体的兴趣，也吸引了不少消费者的关注，这一发布会也成功把小米手机推向市场。

进行1万部产量的饥饿营销。有媒体爆出小米手机硬件采购的细节，发现小米手机第一批产能只有1万部，这个消息确实让不少垂涎的米粉神经立马紧张起来，如此优秀的手机居然第一批产量只有1万部？这则消息除了让消费者神经绷紧，媒体方面也出现了诸多猜测，有的说小米实力不足，有的说小米搞饥饿营销，等等，小米官方辟谣否定了这些消息的真实性。其实小米并不是做饥饿营销，但是这1万部的营销效果直接引发了网络上更广泛的讨论。

4. 策划网上分销策略

(1) 订货系统策划。顾客在定制小米手机时需先注册成为会员，然后再挑选商品确认下单，经过订单跟踪、验货签收完成订货流程。

(2) 生产网络策划。小米公司采用柔性生产，使生产能根据消费者的要求随时做出调整，以生产消费者需要的个性化产品。

(3) 线上直销。采用线上售卖的方式，省掉了后面的市场和渠道成本，很时尚。小米公司并没有设立分销渠道，而是通过设立不同的线下网点，在各大城市都设有小米之家。

(4) 服务网络策划。小米网站设有在线客服，消费者可以通过小米客服邮箱、论坛、微博、热线电话联系客服，从而实现申请返修、退换货。小米公司还实行发票制度、IMEI⊖号查询方式，为消费者提供及时的服务。

5. 网上促销策略策划

(1) 站点宣传。小米公司官网设计了个性化的主页，不但树立了企业的形象，而且吸

⊖ IMEI 为 International Mobile Equipment Identity 的简称，直译为国际移动设备标识，由15位数字（或字母）组成。

引了更多的网上冲浪者访问，起到了广告宣传的作用。

(2) 网上新闻发布。在小米公司网站站点直接面向公众，动态地发布小米新闻，让公众及时了解小米的最新动态。

(3) 网络促销活动。例如，小米公司与支付宝共同推出幸运免单周活动，用户通过支付宝快捷支付付款将有机会获得免单机会；小米手机空降最火爆"光棍节"；汇元网领跑充值卡抽奖活动。

6. 产品策略

概念营销是一种杠杆，可以迅速启动消费认知、释放消费欲望，令产品在短短数月内红遍市场。该产品定位于发烧友手机，特点是高品质，高硬件配置。

7. 定价策略

(1) 低价打开市场。价格是影响市场需求和购买行为的主要因素之一，直接关系到企业的收益。

(2) 只相信口碑传播。小米的信仰是专心做产品，相信好的产品会说话，相信用户会口口相传。

8. 促销推广策略

(1) 召开"向苹果和乔布斯致敬"的发布会。

(2) 前期宣传造势，消息半遮半露。

(3) 工程机上市属第一例。

(4) "米粉"与魅族支持者进行口水战。

(5) 发烧友是最好的推手，利用发烧友试用、宣传也是不错的策略。

二、小米手机营销案例分析

小米手机为何卖得如此火？采用了什么样的营销策略？

你见过一款手机还没出来就好评如潮吗？你见过一款手机还没出来，就有各种评论、各种期待吗？小米做到了。要是说小米没有一个完整的营销策划团队在运作，你信吗？

1. 饥饿营销

所谓饥饿营销，是指商品提供者有意调低产量，以期达到调控供求关系、制造供不应求"假象"、维持商品较高售价和利润率，也达到维护品牌形象、提高产品附加值目的的营销方式。

小米手机的正式版尚未发布，先预售了工程纪念版。而且小米手机工程机采用秒杀的形式出售，8月29～31日三天，每天200部限量600部，比正式版手机优惠300元。此消息一出，在网上搜索如何购买小米手机的新闻瞬间传遍网络。但是，并不是每个人都有资格秒杀工程机，需8月16日之前在小米论坛达到100积分以上的才有资格参与，这项规则把那些想看究竟的"门外汉"挤在了外面，销售给之前就已经关注小米手机的发烧友们，客户精准率非常高，而且让人有种想买买不到的心情，而大多数人都是不怕买得贵，就怕买不到。小米手机这一规则的限制，让更多人对小米手机充满了好奇，这就是网络营销中著名的饥饿营销。

然后千呼万唤将要出来的小米终于要出来了。有人告诉你，小米总共只销售10万部。这么超值的产品，只卖10万部？一些人终于按捺不住了。据说一天就被抢完了。

小米手机从9月5日13：00开始接受网上排队预订，原计划持续到月底。小米官网发出公告称，截至9月6日23:40，排队预订人数超过30万名。

小米手机公告称："如果继续接受预订，后面的用户可能在12月左右才能拿到手机。但总让大家焦急地等待并不好，不过到那个时候，小米手机前30万部卖完，我们的产能也就能跟上大家的购买能力了，所以届时就不需要再预订，大家到时候随时都可以购买，我们也可以随时发货了。"

小米在2011年12月18日和2012年1月4日两次开放购买，两次均在不到4个小时内就销售了10万部，这使得小米手机销售量接近50万部。

2. 炒作话题

小米手机新品发布会后，小米手机利用乔布斯炒作以及小米是偷来的这些传闻一直不断。如果小米手机的一些创意真的是偷来的，估计大家的热度会有所下降；如果小米手机不是偷来的，就会给小米手机再加一分。对于这个传闻，小米方面也没有予以澄清或者辟谣，这下就引起了"米粉"与魅族支持者的口水战，这样小米又出现在网民的视线之内，也给小米手机蒙上了一层"神秘"的色彩，保持了关注度。

发布消息依然半遮半露，让人猜测。小米手机工程机的秒杀告一段落，没有资格参与活动的"米粉"们可是憋足了劲等待着9月5日的预订。此前有消息传出，小米手机正式版的预订限量10000部，没有资格的限制。接着又有传闻说，9月5日有500积分的"米粉"才有资格预订。宁可信其有，不可信其无，小米论坛里的"米粉"闹翻了天，错过了工程机，如果再预订不到正式版，估计会有很多"米粉"要吐血了。

小米手机的这个营销策略也酷似苹果的公关，苹果的新产品上市之前的造势也是煞费苦心，消息总是遮一半露一半，让媒体跟着跑，让"果粉"跟着追，然后在万众瞩目下发布新产品。而且在新产品发布之后，总是会出现货源不足的情况，让买不到的人心痒痒。

小米的营销方法可以说是炒作。其主要方式是软文、论坛、微博，反正就是你能看到的地方基本都会出现小米的身影。今天一款小米的性能测评，明天一个小米的××新闻，层出不穷，让你一度认为小米手机是最牛的手机。但是不好意思，这款手机还没出来，你等着吧。

3. 继续饥饿营销

从9月5日下午1点预订开始，小米手机官方网站论坛一度瘫痪，预订数字不断飙升，最终在预订到30万部时小米官网停止了手机预订，并且对小米手机发布数量能否满足"米粉"们的需要，小米官方一直没有明确发表声明，不断有小米的工作人员爆料，引来"米粉"的猜测和持续关注。

直到10月11日，小米官方公布了销售计划：10月15～19日：小米手机工程纪念机无条件更换正式零售机；10月20日：面向参与预订的30万名用户发货，10月20日之后的第一周每天1000部，第二周每天2000部，第三周每天3000部……30万部预订用户发货完毕后，才面向所有用户进行发售。无论是每周递增的发售形式还是等到预订用户发货完毕才开始发售，都是一种饥饿营销吸引眼球的继续。

小米手机网络营销策划无疑是成功的，无论是从提炼产品本身的卖点还是从适当引导讨论话题以及方向，还是后来的一系列饥饿营销的举动，都吸引了众多消费者的关注，并且将之转化为强劲的购买力！这是很多企业在以前做网络营销所没有达到的效果，网络营销的最核心本质就是将关注度转化为购买力，只增高了产品的关注度无疑是不够的，还要将产品的卖点与关注度实现无缝对接，才能将之完美转化为购买力。

小米手机网络营销案例影响深远，颇值得我们学习和借鉴。

小米手机在本质上是一个电子商务的平台，而其电子商务系统的本质是对用户需求的把握。据了解，小米在米聊论坛建立了一个"荣誉开发组"，从几万人的论坛中抽一批活跃度相当高的用户，大概200～300人，他们会和小米内部同步拿到软件更新的版本。最后，内部和外部的人一起同步测试，发现问题随时修改。这样一来，小米就很好地借助了外力，把复杂的测试环节很好地解决了。同时通过微博、论坛等进行营销，对发烧友级别的用户单点突破，成功实现口碑营销，避免了电视广告、路牌广告等"烧钱"式营销。

小米自己开发了微信操作后台，通过微信联系的"米粉"极大地提升了对小米的品牌忠诚度。

小米手机每周会有一次开放购买活动，每次活动的时候就会在官网上放微信的推广链接，以及微信二维码。据了解，通过官网发展粉丝效果非常好，最多的时候一天可以发展3～4万个粉丝。

互联网上做推广不只是卖广告，更多的是带有一种互联网化的创意加一点恶搞、平民文化和趣味性等各种各样的结合，只有这样有创意的帖子才能有更好的传播性，才能够在微博上流行起来。作为一家互联网公司，创新是根本，离开了创新过硬的产品，无论有多强的推广能力也是没有用的。

通过互联网模式的运营手段，一个新生产不久的手机品牌变成了广为人知的甚至被疯狂追捧的知名品牌，小米手机的运营模式一直为业界津津乐道。

创业实践

策划一套成人高考辅导教材的营销方案。（提示：图书出版要找出版社，图书销售发行正常渠道需要许可证）

复习思考题

1. 日本尼西奇公司原来只有30多人，从事雨衣生产，转产婴儿尿布后，该公司集中力量实行专业化生产经营，成功地在一片小天地中打出了大市场。请问尼西奇公司采取了什么样的市场营销策略？采取这种策略有什么优缺点？
2. 我国生产DVD影碟机已进入产品生命周期中的哪个阶段？你认为应该采取什么样的市场营销策略？
3. 如何进入搜索引擎营销？
4. 蒙牛为什么要签下《超级女声》张含韵做形象代言人？
5. 试分析小米手机网络营销的技巧。

品 牌 策 划

美国可口可乐公司一位经理曾宣称：假如可口可乐所有工厂在一夜之间被大火烧毁，它也能很快起死回生。因为可口可乐的牌子能使任何一家公司财源滚滚，凭此就可以向银行贷款，恢复生机。

名牌是财富的象征，是商战的法宝，也是地位的标志。名牌是品牌的最终目标，许多企业家用毕生的心血去创造品牌。

品牌是什么？美国市场营销协会（American Marketing Association，AMA）对品牌的定义如下：品牌是一种名称、术语、标记、符号或设计，或是它们的组合运用，其目的是借以辨认某个销售者或某群销售者的产品或服务，并使之同竞争对手的产品和服务区别开来。

第一节 品牌策划的程序

埋藏在地下的宝石与普通石头没什么区别，是发现宝石将其公之于世的人使宝石价值连城。同样的道理，世界上能成为品牌的企业和产品有无数个，但只有那些投入名牌怀抱的企业和产品才能戴上名牌的桂冠。

一、品牌业的产生和发展

当代传播学家认为，传播媒介是人体的延伸。报纸是眼睛的延伸，广播是耳朵的延伸，电子技术是中枢神经系统的延伸。现代传播媒介的发展，使人们的感官不断地延长，信息转瞬即至。品牌首先要有知名度。从这个意义讲，品牌的形成过程是企业及产品形象信息向公众传播的过程。谁掌握了它们，谁就握有名牌之门的钥匙。我们把这把金钥匙的持有者称为品牌业。

品牌业是一种致力于品牌制造与交易的行业。许多品牌的脱颖而出证明了该行业的存在；各种广告大战、公关大战此起彼伏，企业及产品形象设计行业炙手可热，表明企业家们在为品牌业推波助澜。

一个企业是一个拥有人员、原材料、设备，有一定的工作程序，能结合起来制造出具有市场价值的产品的集合体。同理，品牌业也拥有一批专家和多种传播手段，针对知名与不知名的企业及产品，设计并树立特有的形象，并进一步提高企业及产品的知名度。近年来风行于我国的各种公关公司、广告公司、策划公司以及营销公司，都是品牌业的一部分。它们的宗旨是设计、制造并交易各类形象，培养并维护各个领域的名牌。这是一个大有前途的行业。正是品牌业的产生、发展，引起了品牌产生过程的变化。

（一）品牌业的产生过程

品牌业的发展有着自己的历史进程，直到 20 世纪 20 年代早期，品牌的产品和交易方法还基本类似于家庭手工业，20 年代后期才开始了工业化的品牌生产过程。随着经济的发展，品牌价值不断增加，第二次世界大战后，品牌业步入了成熟的工厂化阶段，20世纪60年代前期进入了扩散阶段，品牌业扩散到世界各地，渗入社会生活的各个领域。

品牌业发展的每个阶段不是一个取代另一个，而是并存于当今的社会之中。在某些领域，品牌的生产与交易方式类似于家庭手工业；在其他许多领域，却又进入了工业化阶段、工厂化阶段甚至扩散阶段。想创造品牌的人可以选择各层次的品牌业。一个通过家庭手工业方式获取品牌的企业，必然要尝试工业化阶段的技巧；一个在工业化阶段成功的品牌也会被卷入到复杂的工厂化体系之中；甚至它们会以几种方式并举来创造自己的品牌。

1. 个人创名过程——家庭手工业阶段

在漫长的历史发展过程中，品牌业长期处于家庭手工业阶段，一直延续至20世纪20年代。

品牌业的家庭手工业阶段，是指各个厂家和商店基本不雇用专门摇旗呐喊的机构，靠自力更生的手段提高自己的知名度，诸如请来亲戚、朋友、熟人光顾商店等。顾客之间的口头信息传递是创造品牌的重要途径。一个品牌店铺的形成常常是老顾客帮助、鼓励和支持的结果，品牌有很大的地域性，几乎没有全球性品牌。他们只是在店堂和街头用一些招贴画进行具体产品的宣传，还缺乏企业形象的概念。

在这个阶段，几乎可以说没有形成真正的世界名牌，尽管当时有的产品已成为了今天的世界名牌。因为依靠家庭手工业的创名方式，其传播方式受时空的多重限制，口碑传播更受语言文字的制约。但当时由于商品不足，要想成为一个小范围内的品牌产品还是比较容易的。

2. 专家创名过程——工业化阶段

家庭手工业模式已经不适应追求品牌者的要求，20世纪20年代末期开始了品牌业的工业化阶段。

在品牌业发展的工业化阶段，涌现出了专家群，包括各种代理商、经纪商、广告商以及金融专家等。这些人能够评估求名企业及产品的实力和潜力，帮助其推销商品，宣传商品，还能协助商谈价格与费用。

在工业化阶段的中期，求名者常常需要专家的帮助，通过专家来调整其努力的方向。这时的专家还没有达到专业化的程度，一般为松散的个人。此阶段传播媒介已有一定发展，为品牌业提供了发展的条件。

由于专家介入创名过程，一些优秀的老字号开始跨越国界，在世界上享有一定的知名度。但由于信息传递的限制，其普及面还是有限的。

3. 组织创名过程——工厂化阶段

在第二次世界大战以后，社会生产飞速发展，市场竞争日趋激烈。企业越来越重视自己的产品及品牌声誉，品牌业进一步发展，进入工厂化阶段。

在品牌业的工厂化阶段，专家们不再是个人行动，出现了协调他们行为的专业化组织。品牌交易过程部分地与创造品牌者分离，而由专门的中介组织负责。品牌业也涌入了新的专家，如通信专家、心理学家、市场行情分析专家和商业经纪人等。原有的专家和新出现的专家联合组织、职业性协会，专门保护、维持和促进专家们自身的利益，并提供职业训练；有人开始制定服务程序与规则；有人开始提供跨国服务，投资越来越大。

在这一阶段，创造品牌者卷入到一个"工厂"之中，这个工厂有人设计产品及形象，有广告商进行广告宣传，有经销商购买和销售产品，有各种媒体进行传播和促销。最终他们生产出来的是"品牌"这种特殊产品。

4. 信息创名过程——扩散化阶段

品牌业从20世纪60年代起进入扩散化阶段。现代化信息技术、通信技术和运输技术的发展，使品牌业跨越了时空的限制，在世界各个角落都显示着威力。

在品牌业扩散化阶段的初期，每一方面的品牌都有一个特殊的集中地。例如：好莱坞是想成为电影明星的演员的圣殿；巴黎是造就大艺术家的天堂。在扩散化阶段的后期，许多城市都成为某种品牌的诞生地，品牌数量大大增加，使诸多城市相继闻名于世。诸如品牌汽车城遍布世界各地；流行时装早已冲破了巴黎的限制；饮料王国辐射亚洲、欧洲和美洲。

品牌业在时间上的扩散化也异常明显。过去，有意创造品牌的企业先取得了某些成功后才会引起品牌业的注意。现在，品牌业已由发现模式转轨至培养模式。它们利用各种方法和技巧使默默无闻的企业和产品名声大振，从中也可获得更多的利润。

当然，无论何种方式的创名过程，都是通过信息沟通来使人们熟悉并喜爱那些产品或企业，这是创造世界品牌的核心手段。

（二）现代品牌业

就像汽车业的发展离不开钢铁业、轮胎业和油漆业的发展，同理，品牌业的壮大也离不开相关的辅助行业。这些辅助性行业既是独立的行业，也是品牌业的重要内容，它们构成了品牌业的基本结构，如图6-1所示。

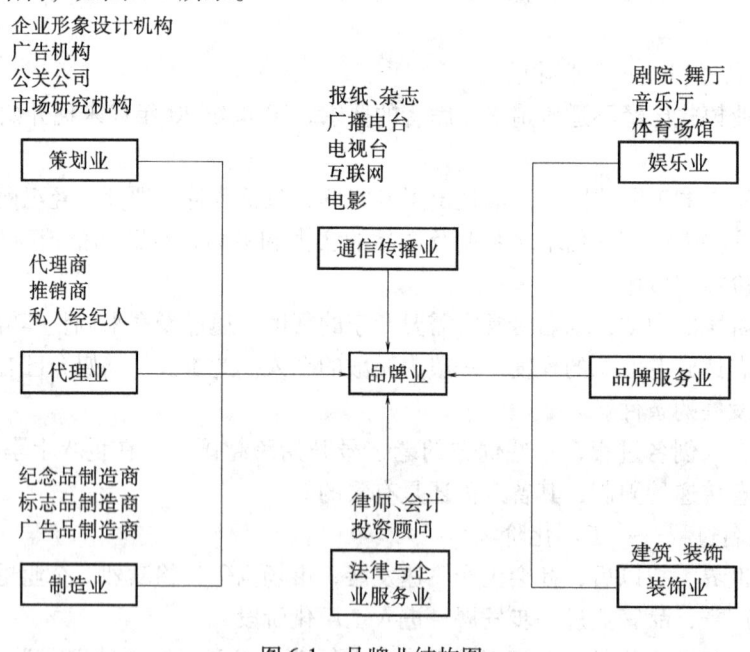

图6-1　品牌业结构图

1. 代理业

代理业是指被有意创造品牌者有偿聘用并订有合同关系的人或机构。过去代理业仅局限于代理娱乐业，现在已渗入社会生活的各个角落，企业代理或商品代理业的发展尤为迅速。代理业常常处于买卖两者之间，对双方都进行帮助。

2. 策划业

策划业是品牌业的一个分支，企业通过设计鲜明的企业形象，运用广告技巧、公关手段提高企业和产品的知名度。这些都离不开市场研究人员的辅助。

3. 通信传播业

人们基本是通过新闻媒介来知晓品牌的。品牌的特色与形象、来历与传说，大多是通过各种新闻媒介传播出来的。电视网、通信网、无线电网、互联网、电影、报纸和杂志都与品牌现象密切相关。它们既可以造就品牌，也可以用品牌来提高自己的身价。

4. 其他相关行业

（1）娱乐业。娱乐业包括所有从事娱乐经营的组织和娱乐者的组织。它们可以通过各种娱乐活动来宣传某个企业或某种产品，达到提高该企业或产品知名度的目的。

（2）法律与企业服务业。名牌是众矢之的，很容易被人攻击。商战之中没有诗情画意，名牌极易成为被攻击的目标。名牌产品被假冒的事例层出不穷，就说明了这一问题。法律与企业服务业精通司法程序，善于运用法律手段，可以使品牌避开各种陷阱和圈套。

（3）制造业与装饰业。它们都是为树立企业品牌形象服务的，如广告品、纪念品、标志品，可以向公众传播一个品牌的形象。装饰业也如此，如店铺的装饰风格、厂房办公大楼的建筑风格，无不与品牌形象相统一。

（4）品牌服务业。随着人们对名牌的需求和兴趣的提高，品牌服务业也快速发展起来，出现了一系列品牌服务组织。这些组织能够专门提供品牌产品信息、走势，代购品牌产品，专营品牌产品，以及出版关于品牌企业和品牌产品的图书等。

总之，品牌业通过自身发展渗入社会经济生活的各个方面，人们不能对它熟视无睹，它对企业及产品，甚至社会文化都有着巨大的影响。

二、品牌策划过程

品牌的创立需要较长时间，是因为品牌需要一定的时间去创造与推广。尽管时间长短不一，但创造和推广的程序是规范的。创造世界品牌，要从行业品牌、地区品牌、短期品牌向全领域品牌、世界品牌和长期品牌延伸。

（一）捕捉创造品牌的机遇

就像奥运会大赛中每个项目都有自己的体育明星一样，在每个产品区域，如电视机、冰箱、时装、化妆品等，每一种产品都有可以仰视的品牌。同样，在工业、商业或服务业等各个领域，也都有自己的知名企业。这些知名产品或企业被行业内知晓，但不一定被外界所知，一些尖端性产品，特别是与人们实际生活需要相关较远的产品更是如此。一个企业必须根据产品及服务特征来捕捉创造世界品牌的机遇，决定知名度大小及名声寿命的长短。

1. 世界品牌并不适合所有产品和品牌企业

企业和产品千变万化，形态各异，它们对品牌的要求也不尽相同。创造品牌是需要花费金钱和精力的。假如创造品牌者花费的金钱超过了品牌给其带来的利益，就不必花费重金去创造品牌。换句话说，有的企业名声越大越好，而有的企业并非如此，要依据具体情况而定。

（1）不求名。对于一些初级产品、简单产品等，可不刻意追求品牌，诸如食盐、蔬菜、水果以及某些机械产品等。消费者在选择这些产品时，基本不考虑其是不是名牌，购买时对其质量一目了然，消费时也不体现什么身份、地位。如果企业刻意创造这些产品品牌，一般不会取得非常好的效益。

另外，创造品牌会增加产品成本，使产品成本超速增加，从而使产品价格大大提升，不利于产品整体营销。

（2）求小名。对于一些选择性产品或生产经营规模不大的企业应力求小名，即按照自己产品销售的范围来设定品牌区域。在中国销售的产品，就没必要去创法国品牌；在广州开办的商店，就没必要在全国范围内三天两头地大做广告。

因此，各个企业必须首先确定目标市场，选定自己产品的销售区域，而后划定自己产品的品牌区域。

（3）求大名。有些行业及产品，求大名、创造大范围的品牌区域会取得最佳效益，或者说品牌度与其效益成正比例。对于这类产品和企业来说，品牌区域越广越好。例如一个妇女时装品牌，不仅在妇女杂志上刊登广告让女性知晓，还应通过电视媒介让男士了解。因为女装不仅是给女士穿的，可能更是给男士看的。

品牌对于时装、电器、饰物等产品是十分重要的，对于这些产品的生产、经销企业也是十分重要的。

2. 品牌的机会点

品牌不是一夜之间形成的，需要长时间的完善与宣传，但这并不否定在名声建立与扩大的某一时段，机会起着不可低估的作用。这种机会不是偶然的，而是企业及产品的历史积累。

（1）企业品牌的产生。企业品牌是指著名的厂牌或店牌。企业品牌的产生有许多途径：产品优质独特、名人支撑、继承老字号、偶然事件或情感行为等。其中产品优质独特是取得高知名度的基本途径。

1）产品优质独特。每一个领域都是一个金字塔形的结构。大多数企业只生产普普通通的产品，它们聚集在金字塔的底部。中层是那些生产较好产品、有一定名声的企业。只有少数生产优质独特产品的企业才能站在金字塔的顶端。例如世人皆知的皮尔·卡丹时装店，为创造并保持品牌时装，努力在产品优质独特上下功夫。法国最高级的传统女装，一律在大师们的工作间里完成，包括绣花、羽毛、纽扣、打褶和女帽，全部用手工制作。例如在某女装大师工作室的工作人员总数为2200多人，他们为全世界2500多位女顾客服务，这些大师生产出的服装当然著名。其他行业无论大小，也都有自己的知名企业。如果哪个行业还没有知名企业，那正是企业投资、进入的最佳场所。

2）名人支撑。企业品牌可以通过各类名人来取得。名人有名人效应，如果将这种效应移植到企业牌号中就会取得品牌。"体操王子"李宁加盟健力宝集团，使健力宝饮料名声大振；后又创造出"李宁"牌运动服装公司，该公司一建立，其知名度就高于其他已经营多年的服装生产企业。当然，企业品牌不仅是以知名度为衡量标准，更重要的是信任度和美誉度。

3）继承老字号。例如，福特·洛克菲勒和肯尼迪家族企业之所以闻名遐迩，是由于历史上的家庭荣誉。企业一旦继承和发展了老字号，就容易创造企业品牌。

老牌并不一定就是名牌。但老牌常常有较高的知名度，形成了较稳定的顾客群。只要在产品质量上下功夫，就会得到众人认可，一传十，十传百，口碑不绝，成为人人喜爱的优质品牌。

4）偶然事件。偶然事件能改变人的命运、历史的进程，也包括企业的声誉。有名望的人并不一定是最有才干和天赋的人。一个歌星曾经说过："我之所以出名并不是因为我比别人漂亮、比别人嗓音好，而是因为比别人幸运。"一些人会因偶然事件而出名，一些企业会因偶然事件而浮沉。

1893年，马克西姆·加亚尔买下了一个位于巴黎协和广场旁夏天卖冰淇淋的小店铺，并以他自己的名字命名。当时的马克西姆餐厅仅是一个供马车夫吃饭的小餐馆。突然间好运降临，一天，巴黎一位有名的歌剧女演员，带领她的朋友及崇拜者偶然来到这个小小的餐馆，并发现这里饭菜不错，服务周到。从此她就和她的上流社会的朋友们经常在此聚会，随着当时新闻界对他们的大肆报道，马克西姆餐厅的名气也越来越大。

5）情感行为。有些人通过参与带感情色彩的活动而获取名声。他们猎奇冒险、漂流周游，以引起世人的注意。一些企业也争相仿效，它们抛出重金去购买某名运动员的金牌；为某电影明星购买别墅；拿出上万元奖励奥运健儿等。

企业创品牌的途径有许多，但其效果是不同的。由偶然事件得来的品牌，保持它并拓展它常常是困难的或是不可能的；仅由名人支撑的品牌会因名人的生老病死而消失；由情感表现而来的仅是持续时间相当短的名声。名声进化为品牌还需要付出许多努力。企业品牌的基础在于创造品牌产品。

（2）产品品牌的产生。产品品牌可称为著名的产品商标。产品品牌的产生同样可以通过多种途径，但有些产品更容易通过人们的努力而获取品牌的佳誉，诸如流行品、奢侈品、服饰品和大众品等。

1）流行品。流行，即时髦。它是大多数人在一个时期内接受的一种特殊的式样和风格。诸如拜占庭式（东罗马常用式）的建筑风格；印象派的绘画；表现奇异风格的巴洛克音乐；讲求衣着打扮的悠闲生活方式等。

每年的服装节有特定的流行款式，也使相关饰物流行起来。山地车、皮挎包等的风靡，都是消费者感情流露的沉积物。

流行品能聚拢大量的消费者，最容易形成品牌效应。但是，开多少花就结多少果，一日风行的东西极可能一日消退，流行品可能造就一个品牌，也可能毁灭一个品牌。

2）奢侈品。奢侈品常常是由领袖人士和富裕人士采用的，因此比大众品更容易造成品牌效应。

1709年，一位意大利人在科隆开办了一家化妆品商店，向欧洲各地推销由果汁与酒精调配而成的"香水"，称为科隆香水。19世纪初，法国国王拿破仑一世对其赞不绝口，天天洒用。上层贵族社会纷纷仿效，并推崇备至，香水生意日益红火。至今，香水仍同高贵密切联系在一起。品牌香水十分昂贵，一小瓶容量仅有15mL的让·巴杜公司的"欢乐"牌香水，价格高达350美元，被认为是世界上最昂贵的香水之一。在法国，不少人像收藏名画一样珍藏着各种品牌的香水。

3）服饰品。如果向众人提问知道哪些品牌产品，他们列举的品牌产品中一定会有若干个服装品牌。服装不仅人人都要穿，而且还需要常换常新；服装不仅有保暖的实际效用，而且还有对人体的美化功能。因此，关注服装市场、了解服装品牌的人很多，这种顾客优势又刺激了服装品牌的涌现。

"服装之都"巴黎有被世人公认的众多时装品牌,巴尔曼、皮尔·卡丹、CK、香奈儿等的名字几乎妇幼皆知。服装业比其他行业更容易创造品牌,当然也更容易毁灭一个品牌。它是一个最冒险的行业,风险性恐怕不亚于证券交易。

4) 大众品。时下,一些人把品牌等同于高档品,这是一种误解。当然,许多品牌是高档品,诸如法国的 XO 酒、德国的奔驰轿车等。但是,大众品中也不乏品牌,如麦当劳的快餐、北京的二锅头等。

高档品有高档品的成名之路,大众品有大众品的创牌之道。大众品是老百姓日常生活中不可缺少的,人人需用,个个得买。如果质量好,迎合顾客口味,也很容易创出品牌。

(二) 品牌的提升

品牌有着不同的等级差别。空间和时间的相互交织可以为任何一个事物在广阔的宇宙和历史的长河中找到位置,同样也可以为品牌打上等级的标志。从这个意义上说,品牌创造过程就是企业和产品名声扩展和延续的过程。

1. 衡量品牌等级的两把尺子

时间和空间是衡量品牌等级的两把尺子。空间是物质存在的容量大小,它回答我们企业以及产品的知名度触及多远的范围,即品牌效应是局部性的还是地区性的,是国内性的还是国际性的。时间是物质运动过程的距离长短,它回答我们企业及产品的知名度能持续多长的时间,即品牌效应仅为 1 天、1 周、1 年,还是 10 年甚至永恒。

以空间和时间两把尺子为标志,可以把品牌的知名度划分为 20 个等级,如表 6-1 所示。

第 1 类产品或企业是在小范围内产生短暂新闻的产品或企业。第 7 类产品可在全国性新闻中持续半年。第 15 类是那些在一个国家获得一个时代名声的企业或产品,例如我国永久、飞鸽等品牌自行车。第 20 类是那些取得名声最高峰的少数产品和企业,它们举世闻名,诸如可口可乐等。

表 6-1　品牌知名度等级

区域 \ 持续时间	一月	半年	一年	一个时代	永恒
国　际	4	8	12	16	20
国　内	3	7	11	15	19
地　区	2	6	10	14	18
当　地	1	5	9	13	17

在表中,第 1 类知名度级别最低,而第 20 类知名度级别最高。知名度的级别从表左下方至右上方而升高。但左上方和右下方的品牌效应难以比较,因为知名度的区域与持续是两个不同的尺度。

2. 区域

品牌在多大范围内为人所知,这是品牌的区域概念。各种品牌辐射的区域是不同的,辐射全球的品牌可称为世界级品牌,辐射全省的品牌可称为省级品牌。品牌区域的扩大一般由小到大,由内到外,但"墙内开花墙外香"的例子并不少见。品牌区域可以品牌金字塔来表示,如图 6-2 所示。

由图 6-2 可知，非品牌是产品的大多数。随着品牌区域的扩大，相应区域的品牌产品越来越少，国际品牌则屈指可数。

（1）当地品牌。人们通常认为品牌是少数人享用的东西，但是，在每一个区域内都有自己出类拔萃的产品。一个小镇仅有一家酒厂，它生产的酒对于小镇居民来说就是品牌产品，居民或许宁愿喝家乡酒，也不愿喝茅台酒。一个县城内有一家百货商店，与城里的店相比不过是个小店铺，但县城的人不知道什么是王府井，却非常熟悉县城的这家百货店，它就是当地人心目中的名店。

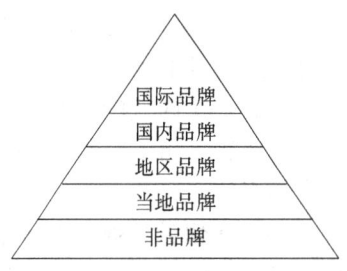

图 6-2 品牌区域金字塔

许多当地品牌所有者满足于现状，缺乏向上个等级发展的动力和勇气，只有极少数的当地品牌走上地区品牌的台阶。

（2）地区品牌。地区品牌相当于我国的省内品牌，享有较高的知名度，受到消费者和新闻媒介的关注。消费者已对它们产生好感和偏好，地区内销售势头较好。

由地区品牌跃升为国内品牌还需要付出艰苦努力，必须打入新的领域，开拓新的市场，利用已取得的地区性知名度基础和经验争得有影响的大城市市场，尤其是大型百货商店。

随着新经济的发展，互联网为品牌扩展了传播区域，当地品牌和地区品牌会逐步减少或消失。

（3）国内品牌。国内品牌有两种类型，一种是那些仅为购买者所知，而鲜为非购买者所知的品牌或企业，这些购买者常常是某一方面的爱好者。例如音乐发烧友可能对建伍音响更为熟悉，烟民们对略有名气的香烟可能一清二楚。另一种是那些早已成名的产品和企业，例如中国无论喝不喝酒的人都知道的茅台、五粮液等。

（4）国际品牌。知名度从国内跨向国外，似乎并不困难，参加一次博览会、参加一次评奖，就有可能如愿以偿。但是要成为真正的国际品牌并非易事。许多企业及产品在国内名声显赫，在国外却不被人知晓。

世界上许多著名服装设计师都到巴黎去发展，因为在巴黎出名了就等于在全世界出名了，该服装品牌一跃可以成为国际品牌。然而，在名师荟萃的时装之都争得一席之地比登天还难，这也是品牌无价的一个重要原因。

3. 持续时间

仔细观察一下市场就会发现，前些年很著名的一些品牌不见了，有些虽然存在，但产品无人问津，情况今非昔比。优质品牌区别于其他品牌的关键之处，不仅在于它的辐射范围广大，而且还在于持续的时间长久。按持续时间长短划分，品牌有一月品牌、半年品牌、一年品牌、一个时代的品牌和永恒的品牌。

（1）一月品牌。报纸、广播、电视等新闻媒介的大爆炸，有可能使某种产品风靡一时，世人皆知；也有可能使某个企业成为"一月明星"。诸如在中秋节之前很容易推出生命为一个月的月饼品牌。

（2）半年品牌。某些产品在刚投放市场时，企业大肆广告宣传，吸引顾客购买；某些商店在开业之初，生意异常兴隆，顾客不断。随着时间的推移，由于没有新招出台，产品、商店流于平淡，人们就会渐渐淡忘它们。这种半年品牌在许多产品和商店中经常产生。另外，也有些企业有意识地推出半年品牌，使产品常换常新。

（3）一年品牌。每年都会有些产品或企业成为这一年的知名者，从而引起新闻媒介的关注和顾客的兴趣，但谁也难以独领风骚。

一两年的品牌生涯，这是许多产品的经历。熬过这一极限，就会使品牌持续下去。遗憾的是企业大多半途而废。

（4）一个时代的品牌。我们通常所说的争创品牌中的"品牌"指的是时代品牌。一些优秀的产品，能在一个时代占据消费者的心灵，长期不消失。创造时代品牌必须有与时代相适应的产品。

（5）永恒的品牌。永远保持产品或企业的品牌，是人们的良好愿望，但很难实现。社会的发展和技术的进步常会改变人们的生活方式与消费习惯，必然会有新的品牌来适应人们的需要。但是，现实生活中也有一些品牌持续了较长时间，诸如可口可乐、CD香水等。

我们既应努力延长品牌寿命，又应看准时机该弃则弃，再创新牌。

（三）巧用品牌的生命周期

品牌如同人生，同样有发生、成长、成熟、衰落的生命周期。但是，每个品牌在各个阶段的时间不同，从而形成了各种不同的模式。有的典型地反映了生命周期，有的呈现出起伏不定的曲线，有的恰似一条直线，有的则大起大落。

1. 稳定上升型

有些产品或企业的知名度稳定上升，它们在顾客心中永不消失。这种发展是造就世界品牌的理想模式，企业既可顺利地提升知名度，又可以避免较大的风险。

2. 瞬间爆发型

有些产品或企业或是由于突发事件，或是由于某种机遇，陡然间获得知名度。这种形态带有很大的随机性，难以有计划地刻意追求到。幸运的企业可能在初期就遇到良好机遇；不幸的企业也许十几年、几十年才有一次机遇。

3. 两步型

某个产品或企业取得了初级声誉，便停顿较长时间，然后又进入高知名度领域。一些知名企业就走过这样的路，"中华"牌牙膏就有类似的发展经历。这种发展形态在现实生活中比较常见，要想登上第二步台阶，需要做出艰苦努力。

4. 流星型

有些产品和企业很快打响知名度，但很快被遗忘掉。这种发展形态只会造就一夜明星，而不可能造就世界品牌。因此，如何将其知名度保持下来，是创造品牌的一大课题。

5. 重放光彩型

有些产品和企业取得一定知名度后，沉寂了，但一段时间后又重放异彩。诸多老字号产品或店铺前些年曾因不适应竞争形势而走入低谷，这几年又有回升趋势。

6. 波浪型

波浪型品牌的特点是产品或企业知名度上升、下降、再上升、再下降……纵观世界品牌的形成与发展，也都曾走过大起大落的阶段，落后了并不十分可怕，怕的是落而不起。当然这种起落也不能太过频繁和持久。

在创造品牌过程中必须认真考虑上述因素，根据具体情况进行选择，找到属于自己企业或产品的位置，同时根据品牌的发展规律进行运筹，最终取得成功。

这里的品牌生命周期与产品生命周期并不完全一致，有时产品的衰退是不可避免的，但品牌可以通过推出新产品使其长盛不衰。诸如可口可乐、百事可乐和麦当劳等声誉一直是上升趋势。在某一时点它们都受过煎熬，甚至名声大损，但在全球仍受到无数人的喜爱。创造品牌过程，核心在于提高知名度和美誉度，即创名过程和名声保持过程。一旦走下世界品牌的宝座，大势就难以挽回，任何营销手段也变得无用，只有等待时机，再放光彩。

第二节 品牌的战略策划

创造品牌是一项劳心、费力、耗资的系统工程。企业可根据自身的状况，采取自创品牌、购买品牌、繁衍品牌等战略来创造品牌。

一、自创品牌

自创品牌是一项耗资费力、异常艰难的系统工程。这个工程包括五大步骤：树立自创品牌的观念，市场定位，品质控制，销售管理和市场推广。它们互相联系，互相影响，一损皆损，一荣皆荣，是创造品牌的五大要素。

（一）树立自创品牌的营销观念

企业对品牌的经营观念不是固定不变的，它会随着社会经济的发展和市场形势的变化而发展。从商品经济发展的历史来看，企业品牌营销管理的指导思想大体上有五种：品牌生产观念、品牌产品观念、品牌推销观念、品牌市场营销观念和品牌社会营销观念。

1. 品牌生产观念

品牌生产观念就是企业的一切经营活动以品牌生产为核心，围绕着品牌生产来安排一切业务。

品牌生产观念适用于两种市场条件：一是市场产品供不应求，卖方竞争较弱，买方争购，没有太大选择的余地；二是产品成本和售价太高，只有从生产入手，通过提高效率、降低成本来降低售价，方能畅销。这就是说，当市场上的主要问题是品牌产品有无和价格贵贱问题时适用品牌生产观念。例如，20世纪70年代以前，我国的一些品牌产品，就是在供不应求的市场条件下，用生产观念指导企业行为的产物。

随着经济的发展和竞争的加剧，仅仅重视生产的经营观念已不适应企业发展的需要，必须启用新的经营观念。

2. 品牌产品观念

品牌产品观念就是企业的一切经营活动以品牌产品为核心，重点在于提高产品质量，创出产品特色。

品牌产品观念是一种与品牌生产观念相似的经营思想。它主张，只要产品质量好，就会顾客盈门；只要产品有特色，就会销路畅通。例如，我国一些企业抱着"酒香不怕巷子深"的古训不放，死守着"祖传秘方"和传统特色，尽管在过去曾赢得一时的竞争优势，但现在已根基不稳。

3. 品牌推销观念

品牌推销观念就是企业的一切经营活动以品牌推销为核心。它假定如果企业不大力刺激顾客的欲望和购买兴趣，顾客就不会购买它的产品。因此，奉行品牌推销观念的企业一般都会建立专门的推销机构，启用各种推销招数，把品牌产品推向顾客。

品牌推销观念是生产观念的发展和延伸。但其本质仍是以生产为核心，"生产什么就销售什么"是这一观念的主旋律。例如，一些单位利用行政手段推出产品品牌，就是为了向顾客推销品牌产品，但大多忽视了消费者的实际需要。一些获得许多金牌的产品却被消费者冷落，根源即在于此。

4. 品牌市场营销观念

品牌市场营销观念就是企业的一切经营活动以消费者为核心。它主张首先了解消费者需要，按照消费者需要组织生产和经营活动。

品牌市场营销观念是企业经营思想的一次根本性的革命。它抛弃了原有的"制造产品并推销出去"的观念，而发展了"发现需要并设法满足它们"的观念。这种观念盛行于第二次世界大战后的欧美各国，与供过于求的买方市场相适应。

在这种观念指导下，才出现了真正的世界品牌——真正属于消费者的世界品牌。因为企业在这种观念指导下，才有可能按照消费者的需求设计产品，核算成本，制定相适应的价格，使消费者对产品产生偏好，形成共同的好感。美国的麦当劳和IBM公司等企业就是用市场营销观念来创造品牌的，它们在市场营销观念指导下，在了解顾客需要基础上进行产品开发。

5. 品牌社会营销观念

品牌社会营销观念就是不仅要满足消费者的需要和欲望并由此获得利润，而且要符合消费者自身和整个社会的长远利益。

品牌产品不仅要优质，要符合消费者一时的需要，还要符合消费者的长远利益，更要符合社会利益，使其在消费者心目中形成一个完美的形象，否则就不是一个名副其实的品牌。近些年来，企业形象设计行业异常红火，这从另一个侧面反映出品牌社会营销观念越来越成为企业行为的指导。

总之，无论是产品品牌，还是企业品牌，都是以消费者为基础的，消费者为品牌提供了生存和发展的空间。因此，企业在争创品牌过程中，一定要紧紧环绕着消费者这个核心。同时，社会形象如何，是决定能否成为顶级世界品牌的重要因素。纵观名列前几位的世界品牌，都有一个良好的社会形象。

（二）品牌的市场定位

消费者的偏好千奇百怪、千变万化，处于不同地区、不同行业的消费者，对品牌会有不同的看法和评价。任何一种品牌都不能满足一切消费者的需求。因此，一个产品、一个企业在哪方面出名，是创造品牌的关键所在，必须首先定位，即在消费者心目中确定一个什么样的形象。例如中国香港合兴是以经营食油起家的，其最有名的产品是"狮球唛"，价格最贵。但在内地市场上最畅销的是"骆驼唛"，因为价格适中。所以"狮球唛"就成为合兴在中国香港和海外的品牌，而在内地则以"骆驼唛"闻名。

品牌的市场定位需要从分析市场机会入手，然后进行市场细分化、目标化，最后完成定位。

1. 分析世界品牌的市场机会

市场机会是市场上未满足的需要，是做生意赚钱的机会，也是创造品牌的机会。只有找到市场机会并抓住它，才能创造出品牌。成功希望越大的机会，竞争者越多，机会消失得也越快。谁能及时抓住像闪电一样的机会，谁才会成功。

(1)寻找营销机会的意义。营销者为了得到市场机会,必须进行专门的调查研究,寻找、发掘、识别有关资料,进行具体的分析和评估,区别哪些是环境机会,哪些是营销机会。

市场上一切未满足的需要都是环境机会,但并不是一切环境机会都能成为某一企业的营销机会。例如,市场上需要高质量的图书,这是一个环境机会,但它并不是食品商的营销机会。营销机会是指对企业的营销活动具有吸引力,享有竞争优势和获得差别利益的环境机会。换句话说,适合本企业的环境机会才是营销机会。

备受青年人喜爱的牛仔裤诞生于美国加利福尼亚淘金热(1850年左右开始)的时代。发明者李维·斯特劳斯(levistrauss)最初抓住的营销机会,就是满足淘金者对坚固耐用服装的需要,用褐色帆布裁剪出世界上最早的一批牛仔裤。后来他又改用一种叫"尼姆斯粗哗叽"的棉布来制作工作裤,染成了靛蓝色。

不久后,裁缝戴维斯为了使裤口袋更结实,在裤口袋四角上钉上了铆钉。李维又抓住时机,立刻买下了这一发明,并于1872年申请了专利。最终他完善了"李维斯"牛仔裤,赚了大钱。虽然李维·斯特劳斯已于1907年逝世,但牛仔裤仍风靡世界,成了国际青年服。"李维斯"牛仔裤也成为世界品牌。

当然,现代市场远比李维·斯特劳斯所处时代复杂得多,营销机会的捕捉更需要建立在科学研究和定量分析的基础上。

(2)分析营销机会的方法主要有以下两点:

1)营销者需要分析自己的微观环境和宏观环境。创造品牌的实践证明:适者生存。许多品牌产品和企业的发展,就是因为善于适应环境;而某些产品和企业的品牌的毁灭,就在于对环境变动预测不及时。我国一些品牌自行车的销声匿迹就证明了这一点。

企业的微观环境分析,包括分析企业内部情况、供应商情况和营销中介情况,以及顾客、竞争者和公众等因素。企业的宏观环境分析,包括分析人口、经济、自然、技术、政法和文化环境六大因素。这些宏观力量及发展趋势给企业提供创造品牌的机会,同时也有可能造成威胁。如就文化因素而言,比利时有一个地毯商,在地毯上嵌镶了一个指针,无论在哪里、无论怎样平放这块地毯,指针一直朝向圣地——麦加城方向,结果畅销阿拉伯世界。可见环境因素对创造品牌有重要影响。

2)营销者要研究消费者的行为和特点,这是捕捉市场机会的关键一环。研究消费者,需要了解消费者行为的模式,研究影响消费者行为的各种因素,以及购买者决策的类型和决策过程的各个阶段。世界上任何一个品牌,无不是满足了消费者的某种需要。许多烟民喜欢购买万宝路香烟,是因为它与牛仔形象联系在一起,使男性阳刚之气得到自我满足;格力空调在商战中之所以占有优势,是因为它比别的空调噪声低,更能让消费者睡个好觉。相反,名噪一时的各种矿泉壶之所以趋于冷落,在于与消费者的要求和习惯发生脱节。

2. 选择品牌目标市场

品牌营销者在创造品牌前必须选好目标市场。具体地说,在选择营销机会以后,就要对创造品牌的产品和企业的市场容量、市场结构做进一步分析,逐步缩小范围,选出本企业及产品的目标市场。德国的奔驰汽车公司是一个有百年历史的汽车制造厂。该厂生产的品牌高级轿车奔驰600,选定的目标是政府要人和富豪,因此昂贵、豪华,现已成为许多国家元首和知名人士的重要交通工具。

选择目标市场包括三个步骤：

（1）测量和预测市场需求。对所选定的市场机会，要具体测量和预测市场需求，诸如它能辐射的范围、包容的数量和持续的时间等。

（2）进行市场细分。市场上的顾客是复杂多样的，依其标志不同可以划分出若干个子市场。按照不同的需求特征把顾客分为若干部分，即把市场分为若干部分，称为市场细分化。例如按性别可分为男性市场和女性市场；按年龄可分为老年市场、中年市场、青年市场和儿童市场；按收入和文化层次也可分出相应的细分市场。

（3）选定目标市场。营销者在市场细分的基础上，选择一个或几个细分市场作为自己的营销对象，这些被选定的营销对象称为目标市场。在选定目标市场时，要考虑企业资源、产品、市场供求及竞争者战略等多种因素。

第二次世界大战结束时，日本尼西奇公司仅有员工30多人，生产雨衣、游泳帽、卫生带和尿布等橡胶制品，经营很不稳定。战后的经济恢复和发展为企业发展提供了契机。有一次，尼西奇公司的董事长多川博在考虑市场定位问题时，看到一份日本人口普查的报告，得知日本每年大约出生250万个婴儿。如果每个婴儿用两条尿布，一年就需500万条，如果把眼光放到国外，市场就更大了。于是，多川博决心放弃尿布以外的产品，把尼西奇变成尿布专业公司，集中力量，创立品牌，最终取得了成功。现今尼西奇公司已被称为"尿布大王"。

3. 定位

营销者在选定目标市场后，还要决定如何进入市场。寻求进入市场的突破口就是市场定位问题。一个企业可以有多种定位，诸如低价定位、优质定位、优质服务定位、先进技术定位等。但最根本的是建立它所希望的、对目标顾客具有吸引力的竞争优势。

（1）定位营销的步骤。

1）确认潜在的竞争优势。竞争优势有两种基本类型：成本优势和产品差别化。前者是指在同样条件下比竞争者定出更低的价格，后者是提供更多的特色产品以满足顾客的特定需要。全方位地获得竞争优势是困难的，因此不断发现潜在的优势、积少成多是重要的。

2）准确选择竞争优势。要放弃那些优势微小、开发成本太高的活动，而在具有较大优势方面进行扩展。例如一家公司有几个潜在优势可供挖掘，就要一项一项地进行优势对比分析。仅就目前市场上的方便碗面市场为例，现存碗面大多形成了批量生产，价格具有一定优势，各家技术不相上下，成本水平相似，质量相对均衡，服务水平一般。其中的某品牌碗面在维持原有价格、成本、质量和服务水平的基础上，加大了技术上的投资，推出了儿童面系列，树立了儿童食品企业形象，赢得了优势。

3）准确地向市场传播企业定位观念。再强的竞争优势也不会自动在市场上显示出来。选择竞争优势后，企业就需要通过广告宣传将其定位观念传播开来，渗入顾客的心灵。例如，一家商店要确立优质服务的形象，首先要增加服务人员，并施以严格的培训，然后开始广泛宣传。

（2）定位策略的选择。定位策略的选择应贯穿整个定位过程中。这些策略是多种多样的，任何一家企业，无论其规模大小，技术先进与落后，产品多与少，都能找到自己的市场位置。常用的定位策略有五种：

1）第一定位策略，即追求企业活动某一方面的第一位。常用的有销售量第一、营业面积第一等。然而，虽然众企业相互争夺第一位，但是只有具有某一方面巨大优势的企业才能如愿，因此该策略不适合一般性企业。

2）加强定位策略，即在消费者心中加强自己现有的地位。这种定位策略适合那些竞争力较强、特性明显的企业和产品。

3）空当定位策略，即寻找那些消费者重视而未被开发的市场空间。这种定位策略既适用于实力雄厚的企业，又适用于小型企业，但必须找准市场空位。同时，空位不是永存的，解决的办法是巩固已有定位，夺得第一或前列位置；或是追求新的空当。

4）为对手重新定位策略，即把竞争者占据在人们心中的位置重新定位。这种策略表面上是回避同位竞争，实质上使竞争更为激烈，大多针对竞争者产品进行广告。采取这种策略时要慎重，否则容易引起法律纠纷。

5）高级俱乐部策略，即强调自己是某个具有良好声誉小集团的成员之一。如果企业不能取得第一或某种独特的属性，采取这种高级俱乐部策略，也不失为一种良策。美国三大汽车公司的概念就是由排位第三的汽车公司——克莱斯勒汽车公司提出的，其效果是使人感到三大公司都是最佳的。采用这种策略时应注意，过分扩大俱乐部范围不会取得理想效果。

（三）品牌的品质控制

德国奔驰汽车公司曾刊登广告："如果有人发现奔驰牌汽车发生故障，被修理车拖走，我们将赠送他一万美元。"可见奔驰之所以成为品牌，与它的优良品质相关。品质是品牌成功的基础。没有精良的品质，就不会有众口皆碑的品牌。

1. 品牌的核心品质

品牌的核心品质是指顾客所要购买的实质性东西，它与一般产品略有不同。服装的核心是满足遮体和保暖的需要，而品牌服装的核心却是给人以高贵感；食品的核心是满足充饥和营养的需要，而豪华名宴的核心却是给人以显富优越感。

2. 品牌的有形品质

营销人员必须把品牌核心品质转变为有形品质，才能卖给顾客，形成现实品牌。有形品质包括质量、功能、款式、品牌、包装等五大因素：

（1）质量是品牌的关键性内容。松下电器行销世界的重要原因就在于优质。

（2）功能是品牌的依托。品牌产品的功能要独特。录音和收音功能的合一，使夏普品牌更广为人知。

（3）款式是品牌的体形。品牌产品的款式要新，在造型上要吸引顾客。诸如许多高档品牌时装就是以独特的款式闻名于世的。

（4）名牌是品牌产品的脸谱。名牌产品的品牌，应该有个响亮、易记、新颖的名字和美观简洁的标志。

（5）包装是品牌的衣着。品牌产品应针对不同产品选择不同档次的包装。高档品牌的包装一定要富贵豪华，低档品牌的包装一定要古朴自然。

3. 品牌的附加品质

品牌的附加品质是指顾客在购买品牌产品时所得到的附加服务和利益，如提供信贷、免费送货、免费安装、保修、保换和售后服务等。一般而言，品牌厂店的产品附加品质更为重要。

（四）品牌的销售管理

再好的产品，如果卖法不当，也会砸了牌子。有些品牌，在国内市场刚刚开了个好头，就急于卖品牌挣钱，买来别人家的产品贴上自己的商标，一来二去，品牌被砸了。有些企业在激烈的竞争中，步入竞相压价的误区，使品牌产品越卖越便宜，结果品牌产品成了积压货。可见，品牌需要科学的销售管理，甚至可以说有些品牌就是卖出来的。

1. 品牌价格的学问

给品牌产品定价大有学问。价格过高，容易得罪顾客，在创造品牌过程中需要慎重；价格过低，有损品牌身份。定个整数价格，顾客会觉得价廉；定个零数价格，顾客又会觉得营销者玩"钓鱼术"。

在确定品牌价格时，首先要考虑各种影响因素。内部因素有营销目标、营销组合策略和成本等，外部因素有市场和需求状况、竞争状况和其他环境因素。在分析各种影响因素的基础上，选择品牌定价的方法。这些方法包括成本导向定价法、需求导向定价法和竞争导向定价法。

高档品牌常常采用需求导向定价法，即根据买方对产品价值的理解和需求强度来定价。这类定价方法主要是理解价值定价法，即根据顾客在观念上所理解的价值，而不是实际价值来定价。例如中国香港市场中，一件英国品牌的男衬衣售价约500港元，港产品牌的衬衣约180港元，而无名的普通衬衣则只卖几十港元。这里的差价主要不是来自成本和质量，而是根据顾客所理解和认可的价值。某些商场的高价格也正是迎合了某些人的理解价值。

在选择品牌定价方法时，要注意运用各种品牌产品定价策略。诸如可以制定高价，以提高产品身价，身价一高自然就有了名气；也可以实行低价渗透，购买的人多了，也可以创出产品品牌。

品牌定价可以参考折扣定价、差别定价、心理定价和地区性定价等策略，并根据竞争状况对品牌价格进行适当调整。

2. 品牌分销的途径

在什么地方卖品牌，这是个值得研究的问题。同样的东西，在地摊上卖就被认为是处理品、次等品；在豪华商店卖就会被认为是高档品牌。因为在人们眼里，装饰豪华的店铺里出售的当然是高档品牌产品。

品牌在选择分销途径时要考虑多种因素，包括产品的特点、生产情况、市场情况和国家的有关法律规定。在分析决策过程中主要是确定分销渠道的长度和宽度。长度是指经过多少中间环节，宽度是指经同一个环节选用的中间商的数量。最后一步是确定要经过哪家中间商，要评估它的地位、声誉及在公众中的形象。

（五）品牌的市场推广

市场推广是品牌的美容室和传播器，它使企业和产品形象惹人喜爱，为人知晓。它像魔法一样，将默默无闻的企业和产品推向品牌金字塔的顶端。当人们闭上眼睛，想想美国，跳入脑海的常常是可口可乐和麦当劳；日本常常是松下；德国是奔驰；法国是圣罗兰和香奈儿。这一切，都有市场推广的一份功劳。

中国香港品牌产品金利来领带，在市场定位准确和质量可靠的前提下，凭借着市场推广，在中国香港和国际上打响了知名度。例如，该公司曾花3万港元赞助李富荣、庄则栋赴港表演乒乓球。由电视台转播后，金利来领带名气大增，价格扶摇直上，由每打45港元增至100多港元。

当然，市场推广不仅仅是公关活动，它包括促销的全部内容，即营销者将有关企业及产品的信息通过各种方法传递给消费者，促进其了解、信赖并购买本企业的产品，达到扩大销售的目的。它的实质是营销者与顾客之间的信息沟通过程。它的形式包括广告、人员推销、销售促进和公共关系。

1. 品牌信息沟通过程

品牌信息沟通一般包括六个步骤：

（1）识别目标受众。根据目标市场定位，确定品牌产品及企业信息沟通的目标对象，测量他们对企业及产品的熟悉度和喜爱度，从而决定沟通目标。

（2）确定沟通目标。消费者或顾客对信息的反应经历知晓、了解、喜欢、偏爱、信服和购买六个阶段。沟通目标要依照目标受众所处的反应阶段来确定，或者说依照品牌被认知的程度来确定。

（3）设计信息的内容、结构和形式。信息内容是指为目标受众提供什么品牌信息，即说些什么；信息结构是指如何组织信息，使之更合乎逻辑，更有说服力，即如何逻辑地去说；信息形式是指表达信息的方法，诸如颜色、图案、语言和音响等。

（4）选择信息传播媒介。信息传播媒介有人员沟通和非人员沟通两种形式。人员沟通可以面对面交流，也可通过电话和信件交流；非人员沟通包括大众媒介、气氛和活动等。

（5）选择信息发送者。品牌产品或企业必须给顾客以信任感。信任度如何，在很大程度上取决于受众对信息发送者的看法。因此，品牌信息的发送者应该具有专业权威性、可信性和吸引力。

（6）信息反馈。品牌信息发出后，应调查了解目标受众的反应效果，诸如接受了哪些信息，记住了哪些信息，有没有产生偏爱等。

2. 品牌的促销组合策略

（1）品牌促销组合内容。品牌促销组合包括四种方式：广告、人员推销、销售促进和公共关系。广告具有公众性、渗透性、表现性和非人格性等特点，既可用来树立企业和产品的形象，又可用来刺激品牌产品销售。人员推销具有直接对话、培养感情和迅速反应等特点，有利于争取顾客对品牌的偏好和信任。销售促进具有吸引顾客、刺激购买等短期效果，可以增加品牌产品的销售。公共关系具有可信度高、传达力强等特点，对提高品牌产品及企业知名度极为有效。

（2）品牌促销组合决策。根据以下不同的划分标准，企业可采取不同的促销组合，其中的促销方式各有侧重点。

1）产品种类。消费品品牌最主要的促销方式是广告，其次是销售促进，然后是人员推销，最后是公共关系；工业品品牌促销方式按其重要性排列为：人员推销、销售促进、广告和公共关系。

2）促销总策略。促销总策略有"拉"和"推"两种。拉的策略是先设法吸引消费者，消费者向中间商要货，中间商向制造商提出购买要求；推的策略是以中间商为主要促销对象，把产品推向市场和分销渠道，再推上最终市场。拉的策略中广告作用最大，推的策略中人员推销作用最大。

3）顾客所处的购买阶段。在知晓阶段，广告和公共关系作用较大；在认识和喜欢阶段，广告作用较大，其次是人员推销；在偏好和确信阶段，人员推销作用最大，其次为广告；在购买阶段，主要靠人员推销。

4）产品生命周期。在品牌引入阶段，其功效最大的是广告与公共关系，其次是人员推销和销售促进；在品牌成长阶段，广告和公共关系仍需加强，销售促进适当减少；在品牌成熟阶段，增加销售促进，减少广告，广告仅保持一种提示性作用；在品牌衰退阶段，仍保持较多的销售促进，其他促销形式减少到最低点。

总之，自创品牌是一项工程、一种事业。市场定位准确是品牌的"受孕"，品质控制和销售管理是品牌的"怀胎"，最后的市场推广才是品牌的"分娩"。哪一个环节出现差错，品牌都不会降生。因此，谁想创造自己的品牌，谁就将时时处在"失败"的边缘，成功只属于具有创造精神和冒险意识的人。

二、购买品牌

购买他人品牌，一是购置现成商号，包括品牌和企业；二是仅购买某个品牌的使用权。下面分别进行具体研究。

（一）购置品牌策划

如果两个奔跑速度相同的运动员处于不同的起点进行比赛，无疑是接近终点起跑者最先到达终点。因为他处于起跑的优势点。对于比赛来说，起跑点不一致是不公正的，但对于市场竞争来说，起跑点不一致却是合理的。购置品牌就类似于寻求赛跑的优势起跑点，起点高才能发展快。因此许多企业家热衷于购置品牌。

1. 购置品牌的形式

购买品牌，是将他人的品牌转化为自己的，或是部分所有，或是全部所有。前者是与某一品牌企业合并，共同推出有影响力的品牌；后者是将某一品牌企业买断，借助他人已有的声誉开拓自己的事业。

（1）横向并购。奔驰是世界十大品牌之一。论销量，奔驰在德国排名仅为第四位，在世界范围也无法与丰田、菲亚特和标致相比。但它在世界排名中却稳居第三位。奔驰成功的原因固然很多，但早年奔驰与戴姆勒合并是重要原因之一。

奔驰和戴姆勒是德国最大的两家汽车商。20世纪初，它们共同受到来自美国汽车商的威胁。1914年夏天，第一次世界大战爆发了，处于中立地位的美国与交战各方交易活跃，汽车工业得到迅速发展，"福特"牌汽车大量涌进德国。为了摆脱竞争威胁，1926年，奔驰与戴姆勒进行合并，成立了戴姆勒-奔驰汽车公司（中国翻译简称奔驰汽车公司），共同推出了"梅赛德斯"牌汽车，在世界汽车市场稳居一席。时至今日，奔驰在人们心中仍是一种等级、地位和权力的象征。

品牌企业合并包括同等名声企业的合并，诸如奔驰和戴姆勒的做法，从而造就了更大的名声；同时也包括非同等名声企业的合并，一个名声不很大的企业完全可以与一个名声很大但显现出衰落迹象的企业合并，用新企业的活力使老品牌再焕发出生机。

（2）纵向并购。纵向并购已不是简单的合并，而是出巨资购买著名的企业。其目的是迅速获取世界品牌产品及商标，而对所购公司的财产不是十分感兴趣。

20世纪80年代，世界众多品牌纷纷易主，这与产品竞争日趋激烈有关。一个产品品牌的形成需要大量的资金耗费和风险投资，事倍功半的现象屡见不鲜。一方面，一种新产品从投入开发研究到完成投产，大约需要七八年时间，而将其锤炼为世界品牌则需要十几年，甚至几十年的时间，资金投入之巨大，周期延续之长久，使诸多企业望而生畏；另一方面，产品更新换代的速度日益加快，一些新发明的孕育期在不断缩短。电视由设想到问世用了63年，速溶咖啡用了22年，而录像机仅用了6年。可见，新产品开发如履薄冰，企业投入巨资开发的产品转眼之间就可能被市场淘汰，创造品牌的风险极大。这就迫使一些拥有实力的公司购买品牌企业，使其成为一条创品牌的捷径。

20世纪80年代末90年代初，世界曾掀起汽车行业的并购高潮，几乎波及了所有的世界品牌汽车公司，并伴随着著名商标的转手与波动。例如，标致兼并雪铁龙，福特吞并杰奎亚，通用买下萨博等。1998年，德国宝马汽车公司收购英国劳斯莱斯汽车公司，1993年法国雷诺公司有意与瑞典沃尔沃公司合并为雷诺-沃尔沃公司，但最终未获成功。1993年，沛绿雅公司以27亿美元收购了世界最大的食品公司——瑞士雀巢集团，目标也是使用雀巢商标。

这些事例表明，不少新老企业已将世界品牌作为一笔巨大财产，为了获得世界品牌产品及商标，不惜花费重金，走出一条新的创品牌之路。

2. 购置品牌的利弊分析

购置现成的品牌，有利也有弊，营销者必须进行具体分析。

（1）购置品牌利的方面。

1）购置现成的品牌，比自己独创节省资金。同时，品牌待售时，容易用低价买到。

2）购置现成的品牌，可以减少投资风险。品牌大多有种种优势，形成了一定的市场氛围，成功的希望较大。

3）购置现成的品牌，可以利用原有的业务关系。它们常常已有较高的顾客信誉和稳固的流通渠道等。

4）购置现成的品牌，可以利用原有的经过培训的雇员，租用固定的物质设施。

（2）购置品牌弊的方面。

1）品牌之所以出售常常因为面临困境，经营不善，或是与各方面关系不融洽，这些都会影响新的购买者。

2）品牌或是地理位置不好，或是现有设施难以改变，使新的经营者无能为力。

3）品牌的店员素质往往不理想，辞退又会受到多种因素限制，反之则影响服务质量。

4）有时很难买到称心如意的品牌，或者是花很多钱才能买到。

3. 购置品牌的决策

购置品牌要等待机会，发现机会后进行具体分析，通过可行性研究后再决定是否购买。一般的决策程序为：分析品牌出售的原因，了解品牌的物质条件及所在市场的情况、品牌的金融状况和有关法律问题，以及评估品牌的真正价值等。

（1）分析品牌出售的原因。出售品牌有多种原因，或是因为出售者有更大的生产机会，或是其经营面临着无法摆脱的困难。出售者会掩饰其不足以卖个好价钱。购买者需要在调查上多下功夫，切不可花高价买"死马"。

（2）了解品牌的物质条件。品牌的物质条件一方面是其总价值的体现，另一方面也是衡量其潜力的一把尺子。通过察看物质条件，计算再投多少资金才能使这个品牌重新起飞，也有可能会得出投多少钱也白费的结论。

对于库存数量和结构，影响品牌形象的店容厂貌，厂商的机器设备和商店的位置等，都应该在购买时慎重考虑。

（3）了解品牌的市场状况。市场决定着每一家品牌商号的兴衰。购买品牌不能不了解它的市场状况。要分析它的市场区域以及市场区域内的人口组成，最终确定该市场可能形成的顾客人数。要分析它的市场状况，诸如有多少个直接竞争对象，竞争对象的优势和劣势如何，按强弱进行排列。要通过市场抽样调查的方法，了解新老顾客对该品牌的态度和看法，以分析该品牌有无前途，以及购买后应采取的措施。

（4）分析品牌的财务状况。要调查研究品牌的历史和现实经营状况，诸如利润、销售额、资产评估和资金效益等。要通过分析财务统计表，通过研究销售、支出、存货记录等来判断该品牌的价值。

（5）注意购买时的法律问题。购买时要查看卖方的所有权凭证；有无债务需要由买方承担；品牌的专利权、商标和版权等是否受法律保护；品牌有无任何独家经销权需要移交给买主；有无联合契约、雇佣契约以及店房、设备的租赁契约。若无视这些法律问题，就可能造成经济损失甚至倒闭。

（6）评估品牌的真正价值。品牌购买者要在分析上述各项问题的基础上，借助已有的信息判断品牌未来的效益，评估它的价值，最终决定是否购买，以什么价格来购买。

1981年，著名的时装设计师皮尔·卡丹购买了马克西姆餐厅，事实证明他的决策异常英明。他使马克西姆餐厅大展雄风，先后在纽约、里约热内卢、布鲁塞尔和东京等大城市开设分店。

随着竞争的激烈，市场的多变，许多品牌在商海中浮沉，诱使敏锐的企业家购买貌似萧条实藏生机的品牌，使这些品牌很快又东山再起。当然也有愚钝者成了品牌破产的替罪羊。因此购买品牌一定要慎重从事，有百分之百的把握才行。

（二）购买品牌使用权策划

俗话说，机会难得。购买品牌商号固然是一条捷径，但这条路并不容易走。在正常情况下，除非经营不下去了，否则谁也不会心甘情愿地卖掉自己千辛万苦创建的品牌。另外，"壳""瓤"一块买，投资大、风险大，购买品牌后飞速发展者很少见。相比之下，租"壳"弃"瓤"——仅购买品牌使用权，是更为妥当的创品牌之路。

1. 购买品牌使用权的利弊分析

世界上总是难以找到十全十美的事物，购买品牌使用权也有利有弊。

（1）购买品牌使用权利的方面。

1）风险小。购买正在上升时期的品牌使用权，可以借着发展的势头从中获利，亏本的风险不大。

2）费用低。创建一个品牌，耗时耗资，非朝夕可成；购买一个品牌，人、财、物俱收，包袱和费用太大；购买品牌使用权，费用较低。

3）名气大。购买品牌使用权，可以借助品牌效应，发展自己的事业，最终创立自己的品牌。

4）麻烦少。支付一定的品牌使用费，就可以按合同规定使用品牌，手续事务简便，各方关系较清晰。

（2）购买品牌使用权弊的方面。

1）雇佣感。使用他人品牌，总感觉是为别人作嫁衣，而不是在开创自己的事业。

2）受约束。使用他人品牌，必须按照他人的要求从事生产经营，自己的独创见解和妙法难以得到整体实施。

3）连带性。使用他人品牌，其经营起落常常随着该品牌浮沉而变化。

因此，一些实力雄厚、有魄力的企业家更愿意冒险购买品牌来一显身手。

2. 购买品牌使用权的方法

购买品牌使用权的方法概括地说，就是分析所购品牌的特征、名声及市场状况，确定自己能支付的合理价格。签订合同后，按照品牌的质量、标志及其他要求，组织生产和经营。

（1）熟悉品牌。熟悉品牌的各种情况后，才能估算出品牌的无形价值。宁波的欧罗兰服装有限公司曾从意大利购回"金狮"商标使用权。购买前，它们认真了解了"金狮"商标的各种情况。"金狮"在意大利是一个著名的男士用品商标，在欧洲名声很大，"金狮"牌西服、皮夹克，无论在面料的选择、产品的外观还是工艺的品质上，都已被欧洲人认可，产品畅销欧洲各国及日本等地。由此看出"金狮"品牌仍处于顶峰时期，值得考虑购买。

（2）评估价值。决定购买品牌使用权后，就要考虑花多少钱才值得。评估品牌的无形价值是做出购买决策的基础，要考虑使用他人品牌能否带来利益，分析品牌主人开价的合理性，最终在双方互利的基础上达成协议。欧罗兰服装有限公司经过分析研究后，在1993年花600万美元，买下了"金狮"牌商标在东南亚地区的使用权。合同规定，欧罗兰服装有限公司每年至少生产3万套"金狮"西服，使用权为15年。这就是说，欧罗兰服装有限公司每年必须从盈利中拿出40万美元的外汇支付给意方的品牌主人。

（3）按质生产。购买品牌使用权后，并非万事大吉，更重要的是按照品牌的要求组织生产。品牌主人均对此严加控制，绝不允许因为卖了牌子的使用权而毁了品牌。自欧罗兰服装有限公司使用"金狮"商标之日起，服装的工艺技术由意方品牌主人加以严格规定，产品质量由他们认可后方能出售。意方还负责为欧罗兰服装有限公司提供服装样板、服装面料，每年推出欧洲流行的款式以保证产品的层次、风格达到"金狮"牌的标准。

（4）推向市场。按照购买品牌使用权的要求生产出产品后，就要将其推向市场，进行价值效用检验，评估品牌产生的效应。欧罗兰服装有限公司使用"金狮"商标后，除了直接向国外出口产品，还将"金狮"牌西服、皮夹克推向国内市场。虽然价格较高，但仍受到消费者的欢迎，销售看好。600万美元花得值得。

3. 购买品牌特许经销权

购买世界品牌特许经销权，有利于事业发展，但不利于创造自己的品牌，很可能会使企业成为有利无名的企业。它是购买世界品牌使用权的主要方式。

特许经销权是指特许人允许特许经营者使用自己的生产方法、服务方法、商标或专利从事生产经营活动，并从中收取一定费用。特许经营者有权在指定地区生产经营特许产品。

快餐、音像商店、保健中心、理发、汽车租赁、汽车旅馆和旅行社等服务业适合采取特许经销方式。

（1）特许经销方法。特许经营者用特许人授予的品牌提供产品和服务，并接受特许人的管理和控制。

特许经销店按特许协议使用统一商标、符号、设备、店面，以及提供同质的产品和服务。例如麦当劳的"M"标志、肯德基的老爷爷形象各店都一致。

特许经营者拥有经营权利,同时在组织、培训、销售和管理方面得到特许人的帮助,特许人收取费用。特许人收取的费用有:首期使用费;按特许经营者每月毛销售额一定比例提取的服务费;对提供设备装置核收的租金;利润分成;定期特许执照费;必要时加收管理咨询费。

麦当劳公司要求新的特许经营者到汉堡包大学上课三周,学习管理业务,并要求他们在购买原料、制造和销售产品时必须严守一些程序。

(2)特许经销利弊分析。营销者了解特许经销的利与弊,在决定是否购买品牌产品和服务的特许权时,有着十分重要的意义。

特许经营利的方面:

1)特许人统一组织培训,有利于造就品牌企业的生力军。

2)使用公认的商标和服务,顾客易于辨认和接受,有利于提高声誉。

3)产品和服务标准化,有利于通过产品和服务质量赢得顾客,在全国乃至全世界树立统一形象。

4)特许人利用统一品牌进行广告宣传,可使特许经营者从中受益,但费用要分摊到各个特许店。

5)财务上可能会得到一些帮助,诸如贷款、提供设备等方面。

6)可靠的经营方式,使特许经营者不必一切从头做起。因为该品牌已有成功的经营史、良好的企业形象和定型的产品和服务。

7)特许人可集中进货,分销给各个特许店,因此特许店可以得到价格便宜的原料或产品。

8)失败风险小于自创品牌企业,同时还受益于经销区保护方针,没有针锋相对的竞争敌手。

特许经营弊的方面:

1)费用和利润分成。特许经营者需向特许人支付多种费用和分成利润,无论经营状况如何都不能免于支付。

2)受特许人的严格管理,经营上稍有差错就会影响公司整体形象,因此可能会被取消其特许经营权。

3)不能自由采购,有时会失去得到廉价货源的机会。

4)经营产品受到特许人限制,不能扩大或缩小范围,自身发展受到影响。

但是,无论如何,特许经销权仍是利用他人品牌的好方法之一,在快餐业等行业有较大发展。

三、繁衍品牌

品牌的创造常常需要竞争,但品牌的形成往往是合作的结果。特别是那些满足人们日常生活的用品,市场占有率是这些品牌的重要标志。想要实现产品的全球化,仅靠自己的力量需要经过艰难和漫长的过程,而采取多种合作方式,宣扬和推广自己的品牌,则会达到"借他人之腹怀自己之胎"的功效。

综观世界品牌,除自创品牌之外,常常通过并购方式取得品牌商标,然后再通过多种合作方式繁衍品牌,向全球蔓延。假如将购买品牌视为创品牌的第一步,那么繁衍品牌就是第二步。

（一）横向合作——可口可乐的扩展策划

无疑，可口可乐已成为世界品牌的代名词，它像一个魔术师，使全世界的人快乐地张开嘴巴，尽情地饮用。可口可乐一百多年来的发展史令人着迷，人们挖空心思地寻觅其中的奥秘。焦点集中在那神秘的配方上。不可否认，独特的配方是可口可乐成功的基础，但使其真正成为全球产品的重要原因，还在于数以百万计的饮料管理人员用机器将可口可乐原浆与苏打水混合在一起。其中，可口可乐的合作者付出了巨大的努力，做出了不朽的贡献。在一定意义上也可以说，可口可乐的发展史就是可口可乐公司与其他公司的横向合作史。

从可口可乐公司在中国的发展，足可以看出其借力之道和繁衍品牌的动力。其核心是给人以利，借人之手，共同开创可口可乐的事业。早在20世纪30年代，可口可乐公司就以特许经销形式在上海建立了瓶装厂。1979年重新进入中国市场时，可口可乐公司首先采取委托寄售贸易方式，使中国的代销者无本就可以得利。80年代初，可口可乐公司年寄售量达到200t左右。1981年，又分别向北京和广州等地粮油进出口公司无偿赠送整套装瓶用的生产设备，交换条件是中方必须购买可口可乐公司的原浆，由中方配兑，贴上可口可乐商标。这种优惠方式使中方当年灌浆量就达万吨以上。1988年，中美合办申美饮料公司，在上海建立了两个车间，一个由美方独立管理生产配方保密的原浆，另一个为兑水灌瓶车间。此举使可口可乐公司在中国市场取得了优势地位。

美国著名杂志《金融世界》评选可口可乐为世界上最具价值的商标，国际性刊物《广告时代》将可口可乐评为"世界上最受尊重及最有活力的品牌"。

（二）特许繁衍——肯德基、麦当劳的成名策划

美国麦当劳、肯德基的专卖店几乎遍及世界各个角落。它们不仅开在市中心，也向郊区发展；不但开在高速公路旁，也向大学校园、公园、军营等人员密集地区渗透。其优质的服务、整洁明快的用餐环境和可口的快餐口味都享有盛誉。它们的成功有许多相似之处，其中最重要的一点在于它们都是特许专卖权所有者，由此获得名声和利益。同时，特许专卖权的购买者们也依靠麦当劳和肯德基的名声财源滚滚。

麦当劳的特许加盟制度有一套严格的标准和规范。

（1）分店的建立。每开一家分店，麦当劳总部都是自行派员选择地址，组织安排店铺的建筑、设备安装和内外部装潢。

（2）特许费用。特许经营者一旦与公司签订合同，必须先付一笔特许权使用费，总额为2.25万美元。其中一半现金支付，另一半以后上交。此后，每年上交公司一笔特许权使用费和房产租金，前者为年销售额的3%，后者为年销售额的8.5%。

（3）合同契约。特许权合同使用期为20年。公司对特许店经营者负有以下责任：在公司举办的汉堡包大学培训员工，该大学位于伊利诺伊州埃尔格罗夫镇；管理咨询、协助经营、负责广告宣传、公共关系、财务咨询，提供人员培训所需的各种阅读材料、教具和设备等；向特许店供货时提供优惠。

（4）货物分销。麦当劳公司不是直接向特许店提供餐具、食物原料，而是与专业供销公司签订合同，再由它们向各个分店直接送货。

麦当劳在海外发展连锁店主要采取三种方式：

（1）直营方式。公司直接投资海外，建立分店。

（2）特许经销。公司或子公司将经销权授予特许人，由特许人办店经营。

（3）联合投资。公司投资50%或50%以下，其他股权由当地人投资。

（三）联盟战略——品牌繁衍的新型策划

除了前面论述的可口可乐和麦当劳的品牌繁衍方式以外，世界品牌的繁衍还有其他途径，其核心仍是合作与借力，利益均沾。概括起来可称为联盟战略。

1. 战略联盟的类型与趋势

关于战略联盟，理论界和产业界并没有一个明确的定义。它一般是指两个或两个以上的企业间或者特定事业、职能部门间的联合或合作关系。战略联盟已成为诸多世界品牌扩充市场势力的重要途径。

战略联盟包括两种方式：紧密型和松散型。紧密型战略联盟是指以兼并和收买为主的牢固的联合方式，企业之间结合程度较高。专家认为，企业间的合作效果随着企业间结合程度的增高而增大。从这个意义上讲，兼并与购买可以获得最大的效益。但紧密联合的结果，常会因过度重视投资风险而限制联盟关系，使合作效果下降。松散型战略联盟是指以联合开发、生产、技术及市场合作、合资办厂等形式为主的联合方式，企业之间结合的程度较低。

从历史的发展过程来看，兼并和购买等紧密的联合方式盛行于20世纪80年代。世界品牌企业战略联盟的目的是积极利用剩余资本，通过企业兼并与收买来扩大销售规模。特别是在国际竞争异常激烈的汽车、计算机等尖端技术领域，单靠一家顶级世界品牌公司，不可能完全覆盖全球市场，因此购买和兼并曾掀起一个小高潮。

进入20世纪90年代以后，以兼并和购买为宗旨的紧密型战略联盟正在被松散型战略联盟所代替。这种松散的联盟尊重各自的经营权，企业各自分别实现世界品牌的目的。其联盟的目的已不是开拓新领域和向多种经营方式发展，而是重新确立企业在本行业中的市场地位，保持世界品牌优势。诸如飞利浦公司与索尼公司的联合曾涉及激光唱盘、袖珍光盘等方面；1991年10月，美国两家大计算机公司——苹果公司和IBM公司签订了结盟协议，分享它们各自最先进的技术，发挥整体优势参与市场竞争。

2. 全方位的合作

松散型战略联盟有多种多样的合作方式，或是商标合作，或是技术合作，或是市场开发合作。种种迹象表明，世界品牌的繁衍已离不开大企业之间的合作。

（1）可口可乐借雀巢之名。可口可乐公司与雀巢公司联合竞争由来已久。1994年8月29日它们宣布达成一项新协议，改组已经营三年的即饮冰茶和咖啡的合资企业。这使两家的伙伴关系进入一个新阶段，可以直接利用各公司的核心力量。可口可乐公司得到许可，100年之内在日本以外地区销售即饮产品时，可以使用雀巢商标。

（2）通过合作输出品牌。世界品牌企业向海外扩张，大体会经历产品输出、资本输入和品牌输出三个阶段。通过合作进行品牌输出，可以不必花费投资就获得巨额利润；同时又可以将品牌侵入他国消费者心中，扩展品牌效应。

世界品牌进入中国时，几乎无一例外地采取了合作手段。外商在中国开办合资企业，将中国品牌作价入股，然后便将其打入冷宫，而后推出自己的世界品牌商标。美国的宝洁公司运用这种战略几乎将中国洗衣粉品牌一网打尽。

（3）通过技术互补保持品牌优势。在高技术领域，松散型战略联盟已成为世界品牌企业的时尚。20世纪90年代初，IBM公司已与英特尔公司签订合同，帮助改进英特尔公司的微处理器；苹果公司与索尼公司已联合起来生产笔记本型计算机。随后，IBM 公司、苹果公司和摩托罗拉公司进行技术合作。尽管它们仍是竞争对手，但有限的合作使三方各自的品牌在市场上都具有一定的地位和优势。

世界品牌企业合作的领域是广泛的，各自也品尝到了合作的甜头。这种世界品牌的繁衍方式将会保留下来。

四、互联网时代的品牌战略

互联网时代是有实力的品牌支配世界市场的时代。特别是在 B2C 领域，企业要以品牌为中心，转换经营模式。下面是信息时代企业制胜的品牌战略：

1. 独占鳌头

在互联网时代，很难像原来那样有多个品牌共存，唯有"全球第一"的品牌才能在市场上生存下去。消费者可以从全球范围挑选自己最喜欢的品牌的产品。品牌排行榜将迅速传向全世界，最具实力的品牌人气最旺。

2. 定做产品

批量销售的方式将改变。今后企业将根据每个顾客（包括以公司为单位的顾客）的喜好和要求为其定做产品，定做产品的市场价值将增加。将来的供给体制将变成少量多品种型，以最低的成本、最短的时间向顾客提供定做产品将成为各个企业的竞争目标。

3. 消费者掌握主导权

由于消费者通过互联网可以自由地从全世界获取所需的市场信息，市场运作的主导权将从生产厂家转向消费者。消费者可以通过各种交流方式就各个品牌相互交换意见。人们已步入消费者选择品牌和企业的时代，价格的决定权也转到了消费者一方。

4. 一对一的服务

信息技术使生产厂家掌握顾客个人信息和与顾客对话成为可能。企业将通过互联网以单个顾客为对象，解答他们提出的疑问，提供他们满意的产品。企业将在产品上体现顾客的个人价值，为单个顾客提供具有较高市场价值的"独一无二的服务和产品"。企业还将为顾客建立"个人购买履历"，生产"个人化产品"，提出"相关购买建议"，较高的品牌价值也将由此产生。

5. 感性化外观设计

从功能上体现产品的差异将越来越难。产品的差异化将由产品本身转向信息附加值。在产品的外观设计上突出感性魅力，从而吸引消费者，这一点是非常重要的。

6. 灵活运作

售前根据生产厂家的情况制订的销售计划将很难实现。生产厂家通过与消费者多次对话，不断地对产品进行修改和更换，这种适应状况型市场运作方式将取代销售计划。在这种市场运作方式下，生产厂家之间的竞争表现在接到消费者的订单后，根据订单上的要求，尽可能在短时间内制成产品并送到消费者手中。其中，生产厂家在继续与现有顾客保持关系的同时，还要抓住顾客需求的变化，为生产新的产品做准备。

7. 开放式经营

改变企业的封闭式经营，具有专长的各个企业之间可以跨越行业和国境，进行开放式战略合作。

8. 双向联系

企业单方面与顾客联系的状况将迅速改变。由于信息技术的全面利用，为与消费者建立对话型联系，企业将设置有关品牌的主页招揽顾客。消费者可以使用检索软件，选择适合自己的产品和服务。此外，通过双向联系，企业可以随时了解消费者的追加要求，满足他们的需要。这种机动灵活的经营方式将会吸引更多的消费者。

9. 直接销售

原先经过中间流通环节的经营规模将逐步缩小。生产厂家与消费者直接对话，向每个顾客提供事先预定的商品和服务这种直接交易将增加。既有与消费者直接接触的渠道，又拥有品牌专利等知识产权的企业将对市场发挥支配力量。

10. 全球市场

只以一个国家为对象的市场运作方式将会很快行不通了，取而代之的是在全球范围内同时展开经营的市场运作方式。企业将通过全球的媒体，向所有消费者推销自己的品牌。此举将成为创造世界知名品牌的关键。

第三节　品牌的推广策划

一、品牌的市场切入点

品牌不是天生的，最初入市都是无名小卒，市场上没有它们的席位，竞争中没有它们的优势。它们不能像已占领市场的老品牌那样，能对进攻和防御两种策略进行选择，它们无阵地可守，无城池可防，只有进攻一条路。

向哪儿进攻？一般有两大市场：一是空白的新市场，需要去创造；二是被占的老市场，需要去抢攻。前者虽不会遇到对手抵抗，但创建新城池并非易事；后者虽有建好的城池，但从别人手中夺下会异常艰难。对前者一般采取"钻空子"的战略，对后者则采取"揳钉子"的战略。

（一）"钻空子"：创造新市场的顶级品牌

是开创一个新的市场，还是做旧有市场的分享者，这是顶级世界品牌与非顶级世界品牌的一个重要区别。在顶级世界品牌中，无论是20世纪初上市的产品，还是20世纪中期出现的品牌，几乎运用的都是"钻空子"战略。

1. 创造市场的高手

随着社会的发展和人类的进步，人们的需求已发生了翻天覆地的变化，市场趋于无限制发展。在连日常生活都没有保障的情况下，人们最需要的无非是粗茶淡饭、土布草鞋；生存有了基本保障后，人们开始追求鸡鸭鱼肉、绫罗绸缎；现代，人们渴望购买和消费的是电子产品、豪华轿车和花园别墅等。这种变化，除了人本身欲望的诱使之外，还由于厂商们不断推出新的产品。具体地说，一些品牌厂家在不断地创造着新的需求与市场，即创造世界上还没有的产品引发消费者的需求。

由童话组成的乐园——迪士尼，在世界品牌排行榜中稳居一席。沃尔特·迪士尼（Watter Disney）以他非凡的想象力创造了米老鼠和唐老鸭等许多动画形象，他的动画片以神奇的魅力吸引着全世界的观众。

迪士尼瞄准了人人都需要的娱乐业，并且用童话的独特感染力创建了举世闻名的迪士尼乐园。在乐园之中，古城堡的恐怖、大雪山的惊险、小人国的神奇、爱丽丝的梦幻……都能使人们在娱乐中获得知识。父母与子女能在一起共度欢乐时光，老师与学生在这里能发现理解与教育的途径，老人们能重温过去的好时光，年轻人能尝到未来的挑战。迪士尼乐园包容了历史、现实与未来，充满了浪漫与神奇，它是独一无二的。创始人找到了一个巨大的市场空白点，而别人很难在这个点上再有所发挥，因为他们把乐园几乎发展到了完美的程度。

当今世界，每天都有奇妙的发明，似乎到了一按按钮就有新产品问世的时代。许多品牌厂家不断地变换角度，不停地推出新产品，使那些反应稍微迟钝的厂家无力模仿。模仿一个新产品，还没来得及喘口气，下一个新产品又已问世。

当今社会，变化成为这个世界的主旋律。厂商们正是利用变化来开辟新的生存空间，造就新的世界品牌。

2. 有效的入市法则

新产品的切入点应放在市场开创而非市场分享上。这是有效的竞争法则或者说是入市法则。市场开创战略与市场分享战略不同。市场分享战略的目标是与人分享市场，手段是强调做广告、促销、定价和分销等促销组合。顾客的兴趣在于价格和可否获得，获胜者常常是拥有雄厚资金实力的厂商。市场开创战略的目标是开辟自己的新市场，手段是强调应用技术、培育市场并打好行业基础以及创造新的标准，顾客的兴趣在于新需求的满足，获胜者常常是革新最快、创造力最强的公司，它们的目光集中于将来，而不是过去。

企业都在寻找"市场分享机会"。它们分析现存市场，模仿某一畅销产品，然后设计出能在市场上取得一席之地的产品。其战略宗旨是从本行业的其他公司那里赢得市场份额。这是不少中小公司常用的战略，但不利于造就品牌。

实际上，任何产品进入市场都面对着两种饱和。在多数情况下是多供给的饱和，即许多竞争者都生产同种产品，并吸引着新的竞争者加入。主要市场趋势表现为竞争者之间的争夺，市场属于众多竞争者共有。有少数情况下是无需求的饱和，即无生产无需求，市场处于零点饱和状态。当某一厂家要推出新产品时，等于创造了一种新的供给，要使其成功必须创造新的需求，谁创造了新的需求，谁就会首先成为这种需求的最大受益者。

人们对各种商品的需求都可以归纳为某种欲望。换句话说，商人们拥有无穷无尽的创造产品的空间，来创造消费者各种各样的需求。人们无法对不存在的产品产生需求，但这并不等于他们没有潜在需求。小汽车、电视机、洗衣机等种种产品问世后，马上就打开了人们需求的闸门。不创造需求，就不会有新产品的诞生。

（二）"揳钉子"：分享旧市场的次级品牌

正像一个家庭中的孩子只有一个老大一样，每个行业中的霸主也只有一位。第一，令人羡慕；领先，十分主动。然而，并不是每个企业都能争占龙头地位。从市场容纳度和实际意义两方面看，分享市场也是创造品牌的途径之一。

先入市的企业已部分或全部地占领了市场，后起企业想再打入，必须寻求市场缝隙，像揳钉子一样挤进市场。

到1902年，可口可乐的广告预算开支已达亿万美元，这使其一跃成为美国最有名的饮料产品。在整个20世纪20年代，可口可乐几乎没有真正的竞争者，它成为饮料市场的领袖。百事可乐与可口可乐历史一样长，但名声不大，直到30年代以后，百事可乐公司打了几个漂亮的侧击战，才奠定了其品牌地位。

（1）价格侧击。低价是最明显的侧击形式。其优势在于适应顾客求廉的心理特征，动摇市场领袖者的地位，扩大自己的市场份额。百事可乐公司在1934年开始实施低价侧击战略，直到1939年才取得明显成效。其中心诉求点是"只要5美分"。具体内容是：推出容量为12盎司的瓶装饮料，只卖5美分；而可口可乐定型瓶子容量为6.5盎司，也售5美分。此举赢得了那些重视数量而不太重视质量的年轻人。在第二次世界大战期间，百事可乐公司成为仅次于可口可乐公司的美国第二大饮料商，取得了第一个侧击战的胜利。

（2）形象侧击。可口可乐是第一种可乐饮料，名气大、历史长，但也给人一种"老"的印象。年长者比较喜欢喝可口可乐，但年轻人有偏爱百事可乐的倾向。百事可乐公司抓住老人渴望年轻化的心理，在1961年开始了形象侧击战略。其广告语是："您想使自己年轻吗？请喝百事可乐吧！"1964年形象主题更为鲜明："多么快活，您是百事的一代。"其结果是可口可乐的消费者日渐减少，而偏爱百事可乐的人与日俱增。

（3）口味侧击。口味本来是个人习惯问题，百事可乐公司却将其渲染为产品问题。它们于20世纪70年代中期别出心裁地掀起一场试饮百事可乐和可口可乐的侧击性活动。百事可乐甜度比可口可乐高9%，味觉的第一感觉当然对百事可乐有利。结果，百事可乐和可口可乐的欣赏者之比为3∶2。百事可乐公司把有利于自己的录像拿到电视台反复播放，一时间，百事可乐名声大振，销售量直线上升。

由于百事可乐公司多次成功地运用了侧击战略，市场份额迅速增大，百事可乐销售量时而竟超过可口可乐，其品牌价值也向可口可乐靠拢。

可见，挤入市场不是硬碰硬，需要以己之长，克人之短；同时，取得成效后，不可盲目转移目标，而应集中兵力，进一步完善特色。这是后起品牌给我们提供的宝贵启示。

（三）品牌的市场切入策划

1. 选择分销路线

新产品在切入市场时，选择分销路线是重要一环。分销渠道不畅或不相适应，新产品就不可能成长为品牌产品。纵观世界品牌，在入市时大致分为直线型和曲线型两种分销渠道。

（1）直线型：自我销售创品牌。"山中无老虎，猴子称大王"，尽管产品分销的主力军是各种类型的中间商，但在某些领域，中间商这只"老虎"还没有涉足的地方，厂商这只"猴子"可自称为"分销之王"。在创造出一系列独特分销方法的同时，也造就了一个个多彩纷呈的世界品牌。

自我销售有多种方法，如邮购销售、网络销售、电话销售、电视销售、上门推销、租赁柜台和自办专卖店等。上述几种方式都可以创造品牌。但是邮购销售、网络销售、电话销售、电视销售等有专业化独立的趋势，因此这里着重讲述上门推销、租赁柜台和自办专卖店。

1）雅芳成名之谜——上门推销。上门推销也叫直接销售，它由从几个世纪的行商发展演变而成，是一种由推销员挨门挨户地推销的销售形式。

雅芳公司最初无法打入正规的百货商店，便不得已选择了挨门挨户推销其化妆品的方法。这种被迫选用的古老方法，使雅芳化妆品走入美国的千家万户，遍及世界的各个角落。与其说雅芳化妆品有名，倒不如说雅芳小姐更有名。正是上门推销这种分销形式使雅芳成为世界品牌。

雅芳的推销组织犹如一座金字塔。每个主妇推销员负责的地区以300个为限，主妇推销员之上为女性代理人,负责100~200名主妇推销员的监督和训练。而女性代理人的顶头上司是地区经理,通常是由雅芳公司的男性职员担任。最高领导由雅芳公司的会长和董事长组成。为了调动主妇推销员的积极性,主妇推销员可以从推销化妆品收入中得到40%的报酬。同时公司定期组织推销竞赛,成绩优异者可得到各种奖励。

上门推销对于创造品牌化妆品、保健品和特制品等具有较好效果。

2)华歌尔创名之路——在百货商店租赁柜台。华歌尔创造了销售额每年递增20%的纪录,成为世界品牌。华歌尔的名声是自己卖出来的,主要是靠在百货商店租用专柜。日本华歌尔的社长冢本幸一认为百货商店是都市化的象征,人口集中于都市,都市发展会带动百货商店发展,而衣料又是百货商店的主要商品。另外,女性购买动机与购买地点有着密切的关系,特别是衣着类,妇女挑选的场所仍以百货商店的专门柜台为中心,租借百货商店一块宝地会效果良好。果然他大获成功。

在世界许多著名的百货商店之中,都有租借柜台的名厂和名品。时装商抓住时机,打入百货商店,建立了品牌。同时,也有厂商盲目承租百货商店柜台,与一些个体商贩并排而立,不仅未创出品牌,反而损害了形象。

3)时装走红之道——自办专卖店。专卖店是专业商店的一种形式。它的特征是生产厂商自设店铺,专门售卖自有品牌的商品。世界各大品牌时装在切入市场之初及后来扩展市场时,都借助于自办专卖店形式。

世界著名的专卖店常常是由时装品牌厂商开办的。巴黎是世界品牌时装荟萃之地,自然成为品牌时装店云集的都市。这里有皮尔·卡丹、香奈儿、克丽丝汀·迪奥(CD)等时装专卖店。服装大师们借助于专卖店,会很快地将新款时装推向市场,并及时获得反馈,随时追逐市场潮流。因此,有人说,要想创造时装品牌,成为时装大师,就必须开办一个自己的专卖店。当然,聪明的时装品牌创造者们,不仅借助于自办专卖店提高知名度,而且也常在豪华百货商店、购物中心租用柜台。这样双管齐下,很快就提高了知名度。

(2)曲线型:中间商销售创品牌。生产商并不是专门的销售商。一般来说,中间商对市场需求和消费者偏好更为熟悉,在促销方面也有着丰富的经验。特别是某些中间商在市场上和消费者心目中具有较高的声誉和威望,属于明星企业。因此,生产商在创造品牌过程中,完全可以借用"名店"的品牌来大造声势,提高知名度,打开市场。

当然,并不是每一个生产商都能轻易找到理想的中间商。有些生产商物色中间商毫不困难,例如福特汽车公司就轻易为其"埃德塞尔"牌汽车招募了1200家经销商。相反,有些生产商却找不到满意的中间商。例如,宝丽来公司创办之初,竟然无法说服摄影器材商店经营其新型的照相机,而被迫将照相机送到大型综合商场销售。小食品商也常常难以找到食品杂货商销售自己的产品。因此,寻找中间商的确是一件艰苦而又复杂的工作。

但是,不管寻找中间商的难易程度如何,营销者必须对中间商从业年限、经营的其他产品、发展和利润、偿还能力和声誉进行评估。选择中间商,必须评估其经营其他产品的种类和性质、销售规模以及人员的素质。如果选择独家经销的百货商店,还必须评价该店的位置、发展潜力和顾客类型等。

(3)综合型:多条腿走路创造品牌。直线型与曲线型分销路线,主要是从分销渠道的长度方面来选择的;综合型分销路线则涉及分销渠道的宽度方面。这个宽度是依据某一层次经手该产品的中间商数量来决定的。如果一种产品在某一层次通过尽可能多的中间商供应尽可能广阔的市场，这种分销渠道称为宽渠道；如果通过的中间商少，则称为窄渠道；如果只通过一个中间商，则称为超窄渠道。世界品牌入市时，采用哪种类型渠道的都有。

1) 宽渠道。宽渠道又称为密集分销。这种方法常常需要利用许多批发商和零售商。一般日常用的方便商品品牌采取这种方式。例如，品牌酒、小食品、牙膏和洗衣粉等。宝洁公司的产品大多采取这种渠道。IBM公司常采用宽渠道做法，迅速地将其新研制的个人计算机投放到多家商店，包括IBM产品中心、西尔斯百货商店和其他计算机商店、办公用品经销店等。

宽渠道的特征是费用大。零售商对从任何地方都能买到的品牌产品，一般不会花钱做广告宣传。通过全国性广告推销其产品，促销费用几乎全由生产者承担。但宽渠道辐射面广，影响大，容易使品牌产品很快让人知晓并尝试消费。

2) 窄渠道。窄渠道又称为选择分销。品牌生产者并不把品牌产品出售给所有的零售店，只选择少数几家为其供货。一般价格较高、选择性较强的品牌产品采取这种形式，例如品牌手表、电器和服装等。高档白兰地、威士忌也常采用这种形式。

采用窄渠道分销，可使品牌厂家得到相应的市场覆盖率，并且比宽渠道更容易控制，成本较低。

3) 超窄渠道。超窄渠道又称独家销售，即在一个特定的区域内，只通过一个零售商或一个工业用品批发商出售产品。例如，品牌汽车、家庭用具以及家用整套品牌娱乐用品常采用这种形式。美国加州冷饮的成功，就在于只选择无所不在的啤酒销售商进行分销，他们可以把冷饮分销到每一个小店，在批发环节是超窄渠道，在零售环节是宽渠道。麦当劳、肯德基等快餐店也采用的是超窄渠道。

独家经销可密切厂家和商店的关系，并保证零售商有一定存货量，厂家能控制销售价格，规定降价的幅度和时间。

2. 借势造势

攻占一座城池，需要先选择突破口，然后选择进军路线。在进攻之前和进攻过程中还需要适时造势，长己方士气，撼敌方军心。新产品切入市场也离不开借机造势的过程。造势的直接效应是使消费者理解品牌、偏爱品牌，逐渐取得品牌地位。

(1) 广告开道：攻心为上。新产品入市，绝大多数都离不开广告的配合。在可口可乐入市之初，作为创始人之一的鲁宾孙（Frank Robinson）就曾设计短小精悍的广告刊登在报纸上。到19世纪末，广告牌、日历卡和报纸上的可口可乐广告触目皆是。铺天盖地的广告使公司取得了巨大的成功。时至今日，广告更成为新品上市的护卫和开路先锋，没有广告，几乎就没有世界品牌。

1924年万宝路香烟在美国问世。据说其名称Marlboro是"Man always remember love because of romantic only"（男人们总是忘不了浪漫的爱）的缩写。广告口号是："像五月天气一样温和"。当时万宝路品牌用于女士烟，上市后销路不佳，将过滤嘴改成红色后，仍没有什么好转。

无奈之下，菲利普·莫里斯公司请求李奥·贝纳广告公司进行定位策划，打开万宝路的销路。他们经过调查分析后，果断提出大变脸的重新上市计划：让我们忘掉这个带脂粉香气的女士香烟，而用同一个万宝路牌子创出一个闻名世界的男子汉气概的香烟来。

在新品上市时，菲利普·莫里斯公司推出了一系列硬汉形象的广告。马车夫、潜水员、农夫都曾成为万宝路广告的主角，最后集中到西部牛仔形象上：一个目光深沉，皮肤粗糙，浑身散发着粗犷、豪迈英雄气概的男子汉，袖筒高高卷起，手指间夹着点燃的万宝路香烟。这个广告诞生于1954年，一年后万宝路香烟销售奇迹般地提高了整整3倍，万宝路从一个小牌子一跃成为美国香烟牌号销量的第10位。

（2）公关助推：借冕播誉。尽管广告在新产品入市时的作用甚大，但局限性也越来越明显。主要原因是各种广告已使人目不暇接，几百万元的广告投入常常如石沉大海。一些品牌产品的入市成功，都不同程度地借用了公关手段，引起新闻效应，迅速地提高其品牌知名度。

1）借名人扬名。名人常有众多崇拜者，受到大众的喜爱，他们或是在人们心目中留下了深刻的记忆，或是影响着人们的生活方式。一个刚刚上市的新产品，默默无闻，借着名人的知名度可以较快地切入市场。

19世纪初，埃芒纽·库瓦瑟与路易·盖洛合伙在巴黎经营正在兴起的葡萄酒和烈性酒的生意。他们借助与帝国元帅的关系，开始为皇帝拿破仑一世供应酒，生意兴隆起来。

1835年，两个合伙人的儿子费力克斯·约瑟夫·库瓦瑟和路易·约勒·盖洛，在雅纳克成立了库瓦瑟白兰地公司。1869年，库瓦瑟白兰地公司被命名为"特别指定给拿破仑三世宫廷的供酒商"。

1909年，西蒙家族买下了这家公司。他们为使库瓦瑟白兰地走向世界，创立了库瓦瑟商标，标志是一个拿破仑的剪影，名称为"拿破仑的白兰地"。由于使用了名人商标，并在宣传中进行了传奇式的渲染，库瓦瑟白兰地很快切入市场，并成为质量和精品的永恒标志。

2）借品牌扬名。俗话说，大树底下好乘凉。品牌就像一棵大树，上市的新品就像是一个乘凉人，追逐品牌，从一个切入点将自己与品牌联系起来，会收到意外的连带效果。

①斗名鸡出名。若干年前，在北京东四十字路口开办了一家美国肯德基炸鸡店，生意红红火火，顾客络绎不绝。上海荣华鸡店采取正面进攻战术，特意买下了它对面的地皮，开办了一家荣华鸡店。"两鸡"虎视眈眈，引起了新闻界注意，广泛地进行报道，使荣华鸡一下子就出了名，时常与肯德基相提并论。结果并未出现两败俱伤，而是引来了大批顾客。

②攀可口可乐高枝。可口可乐出名后，一些后起的饮料商想方设法借其名声，提高自己的身价。

百事可乐捷足先登，从命名上就大胆地借用"可乐"二字，容易使人认为可口可乐又推出新产品。可口可乐提出抗议，反而提高了百事可乐的知名度。谁也不能否认，百事可乐是在可口可乐的光彩照耀下成长的。

七喜汽水一上市，就高喊着"非可乐也"。明着把自己从可乐队伍中拉出来，实际上又让新闻界和消费者把它与可口可乐联系起来。否则何必说"非可乐也"，只说"我是汽水"足矣。正是与可口可乐联系起来，它才很快地提高了知名度，占领了一定的市场份额。

总之，产品上市之初，或是与名人联系起来，或是与品牌联系起来，大都能顺利地启动市场。名人经常消费的商品，往往会成为品牌；常与品牌产品一起被人们议论，久而久之也就成为品牌的一员了。

（3）灵活促销：短兵相接。常有一种不正确的看法："品牌何用促销？"然而，不促销，何来品牌？品牌不是从天而降的，而是促销的结果。即使成为顶级世界品牌，各品牌厂家也丝毫没减少促销活动，如可口可乐、麦当劳、奔驰、宝马和人头马等。我们这里强调的是入市时的促销活动。

1）限量销售。促销是促进销售，卖更多的东西。而限量销售，是抑制人们的购买欲望，使其欲望受到压抑，从而使其产生更强烈的购买动机，加强其对该品牌产品的偏爱。同时，人为造成某些商品只有一部分特殊的人能享有的状况，自然会提升它们的身价。因此，这是一种反向的促销方法，被一些品牌产品在上市之初采用。

劳斯莱斯轿车从一开始就是限量生产、限量销售，使人产生望尘莫及之感，最终登上豪华车的顶端。该车大部分零件都是手工制作，拒绝现代全自动生产系统。因此，名气虽大，但效率不高，月产仅为60多部。购买者必须预订排队等候，经过严格筛选才能成为劳斯莱斯的主顾。拥有一辆劳斯莱斯轿车，是许多富豪、政界首脑和演艺明星的梦。据说，艾森豪威尔总统很早就对金碧辉煌的劳斯莱斯轿车梦寐以求，但最终只获得一辆普通级的，成为其终身遗憾。

法拉利轿车也采取了同样的方法。法拉利公司主要生产跑车和赛车，为保证信誉，采取定量配销策略。每辆车的生产都是在接到合同后才开始，买主付款后，要等数月才能得到心爱的跑车。配销量按国家和地区分配，美国年配销量为300部，亚太地区年配销量仅有30部。这使法拉利跑车在市场上炙手可热，身价倍增。车主常常为皇室成员、贵族、商业巨子和明星。

2）灵活销售。每个企业都想在入市之时一鸣惊人，但不能个个如愿。这需要遇到机会并抓住机会，巧妙地利用它。有些品牌产品，在入市时是靠偶然机会成名的，但也有些品牌产品是靠创造机会成功的，灵活性显得非常重要。

众所周知的例子是贵州茅台酒的成名故事。1915年，在国际巴拿马博览会上，美酒如云。中国送展的茅台酒无人知晓，自然问津者极少，备受冷落。促销人员顿生一计，提着一瓶茅台酒，走到展览大厅最热闹的地方，故作不慎把酒瓶掉在地上摔碎，顿时浓香四溢，众多顾客赞不绝口。因此，有人说茅台酒的牌子是"摔"出来的。

赠送样品是在顾客购买商品以前，免费向顾客赠送一部分样品，以此介绍产品的性能、特点和使用方法等。这既可以使顾客得到免费试用的样品，以此刺激购买，又可以起到广告的作用。宝洁公司生产的"飘柔"洗发护发液问世后，厂家向广州市81万户市民赠送试用品，三个星期后，"飘柔"在广州市民中的知名度已达94%，免费试用样品使广州人很快接受了"飘柔"，其销售量直线上升。该公司生产的玉兰油护肤品，在打入北京市场时也是通过居委会免费发送给适龄小姐和太太们的，一夜之间就引起反响，知名度大大提高。因此，有人说宝洁的牌子是"送"出来的。

当然，灵活销售的方法还有许多，诸如入市前一周的优惠销售、实行完美的售后服务和有奖销售等，都曾成为一些品牌产品切入市场时的辅助手段。

3）文化销售。广告的增加，公关活动的普及，使消费者越来越难以产生应有的正向反应，甚至对广告和公关活动产生了一种逆反心理。针对这种现象，一些品牌产品入市时，有意不直接推出自己的产品，而以一种文化营养给予者的身份出现，事实证明效果颇佳。

德国人阿道夫·阿迪·达斯勒（Adolf Adi Dassler）从1920年起全力投入研制运动鞋的事业，最初仅有一个家庭作坊，没有名气，发展缓慢。1936年，奥运会在柏林举行，达斯勒设计了一种专为短跑运动员穿的钉鞋，并把它无偿地赠给了美国短跑名将欧文斯（Jesse Owens）试穿。欧文斯一下子夺得了4枚金牌。达斯勒与他的鞋随欧文斯一起成名，顺利地切入市场。

1948年，达斯勒与其47位同事共同创建了阿迪达斯公司。从此后，阿迪达斯成为世界级体育明星的忠实伴侣。1954年德国队夺得世界杯足球赛冠军时，运动员穿的是阿迪达斯运动鞋；在1976年蒙特利尔奥运会上，83%的运动员穿用阿迪达斯产品。正是体育运动使阿迪达斯成名，也正是由于达斯勒向欧文斯赠送跑鞋，才使他的产品真正进入市场。

纵观世界品牌产品，常与文化有着千丝万缕的联系，并借助文化完成自我形象的塑造，最终成为特色明显的顶级品牌。例如可口可乐的美国文化、百事可乐的新一代文化、麦当劳的温情文化、万宝路的牛仔文化和白兰地的田园文化等。毋庸置疑，文化销售是新产品上市的最好切入点之一。这也常是品牌与非品牌的区别之处。

二、品牌的市场扩展

人们在分析当今世界品牌时，常常会看到它们已遍布市场的各个角落，实现了最大程度的市场覆盖率。然而，这种结果并不是一步到位的。在切入市场阶段，企业往往采用集中营销战略，选取一个点进行重点开拓。一旦切入市场，站稳了脚跟，企业常采取差异营销策略，进行多方面的市场扩展，最终实现产品行销全球的目标。

世界品牌的成功之路，为我们提供了扩展市场的策划思路。

（一）将气球吹大——内部膨胀策略

如果只扩展市场而不从内部进行实力扩充，企业最终不可能达到扩展市场的目的。扩展市场，需要从品牌企业内部延伸开始，具体来说包括品牌延伸和企业延伸。其核心是将提供给市场的这块蛋糕——产品做大，先把一个气球吹大，再考虑多吹几个气球的问题。

1. 品牌延伸

要进行品牌延伸策划，首先要弄清楚品牌决策策划。在品牌决策策划过程中，应决定产品要不要品牌。如果要品牌，需解决品牌归属问题，即是自创品牌，还是用中间商的品牌，或是购买使用他人的品牌，我们更为关心自创品牌。自创品牌的延伸策划是本书所讨论的内部膨胀策划的重要内容。

（1）纵向延伸。所谓品牌的纵向延伸，就是采取单一家庭品牌拓展策略。企业生产的若干产品皆使用一致的品牌，使品牌纵向延伸至众多新开发的产品。"统一"牌食品和索尼电器等都是采用这种策略。统一企业的产品皆冠以"统一"之名：统一沙拉油、统一肉燥面、统一蜜豆奶等。下面以索尼公司为例，进行具体的策划说明。

1）创一个自己的品牌。索尼公司原有的名称是东京通信工业株式会社。1953年，当社长盛田昭夫到美国考察时，发现在那里竟然没有人能把这个名称读下来并记住。随后，他决定将东京通信工业株式会社名称改为SONY（索尼）公司。这一名称全球统一，便于人们识别。它既是公司的名称，也是产品商标的名称，有利于宣传和节省广告费，同时可以树立公司形象和产品形象。

保持自己的形象是索尼公司坚持的一贯原则。1955年第一台"索尼"牌晶体管收音机问世。打开日本市场不久后，盛田昭夫亲自到美国市场推销，跑了许多家零售店，均遭拒绝。困境时，宝路华公司订购10万台，条件是必须在收音机上打上宝路华的名字。尽管宝路华公司已有50年历史，名气很大，但盛田昭夫最后还是拒绝了。因为他要创自己的品牌。事实证明他的决策是非常英明的。"索尼"名气很快大了起来，甚至有人将其视为晶体管收音机的代名词。

可见，纵向延伸首先需要选择一个自己的品牌，简单易记，风行全球；在商业活动中，要守住品牌，不能因一时之利而放弃；逐渐使其成为著名的品牌。

2）向其他产品延伸。假如旧有品牌在市场上失败了，就必须放弃品牌延伸策略。相反，假如旧有品牌取得了成功，就可以利用这一成功品牌向新产品延伸。其好处是新产品一下子就能成为顾客认可的品牌，天生就拥有了知名度和美誉度，有利于切入市场取得成功。

原东京通信工业株式会社在使索尼品牌成功后，于1958年正式将公司名称改为索尼公司，并将索尼商标延伸至近乎每一个新产品。可见，索尼商标在前，索尼公司名称借用了商标名称。索尼公司将索尼商标"SONY"在170多个国家和地区注册，产品不局限于电子方面。

当公司推出微型放音机时，一方面为其起了个Walkman（随身听）的名字，另一方面也将"SONY"标志附在新产品之上。后来虽然Walkman成了人们对微型放音机的通用称呼，但SONY仍清楚地标明了厂家与质量。随后，索尼公司相继推出了Betamax（微型录像机）、Palm Top（掌上电脑）、迷你彩电等，但都附有SONY商标。SONY使一个个新产品走向成功，同时，众多高质量的产品又使SONY商标价值大增。1991年，美国兰道联合公司组织进行了一项规模巨大的国际品牌调查，调查对象是从美国、日本以及西欧8个经济发达国家选出的10万人。其结果SONY列在第二位，仅次于可口可乐，这表明了SONY品牌延伸策略的成功。

诸多世界品牌公司都采用单一品牌策略，最为典型的是三菱和飞利浦等公司，几乎没有其他牌号。一些著名的法国白兰地公司、化妆品公司和时装公司也常运用此种延伸策略。这容易使本公司的产品形成集合力量，对市场构成较大的冲击力。

（2）横向延伸。所谓品牌的横向延伸，就是采用多个品牌的拓展策略，即公司生产的产品使用若干个品牌。这在世界品牌中也较常见。下面分几种形式进行具体说明。

1）个别品牌策略。所谓个别品牌策略，即一种产品使用一个品牌。其好处是不会因个别品牌失败而影响整个产品线的产品；同时，一家公司推出多个品牌，会给人造成实力雄厚的感觉，有利于树立企业形象。但其缺点也是异常明显的，单个宣传费用昂贵，而一起进行宣传，品牌印象又不深。因此，不少品牌厂家的多个品牌常常是相继推出的。尽管有些厂家同时推出多个品牌，但存活下来的为数不多。比如，与555香烟同时推出的就有111，222，333，…，999等9个品牌，唯独555存活下来了。

尽管如此，英美烟草公司的品牌已达300多种，著名的有555、肯特和希尔顿等。"烟草巨子"菲利普·莫里斯公司拥有诸多顶级的世界品牌，诸如万宝路被称为"世界第一烟"，维珍妮在女性烟中排名第一。该公司共有140多种牌号的香烟。

宝洁公司和一些著名饮料公司也是运用个别品牌策略的高手。宝洁公司的著名品牌有飘柔、海飞丝、碧浪、汰渍等；可口可乐公司的品牌有可口可乐、雪碧（Sprite）、芬达（Fanta）、飞雪（Bonaqa）、皇廷（KREST）、阳光（HI-C）；百事可乐公司的品牌有百事可乐、七喜、美年达、激浪等。

2）分类家族品牌策略。所谓分类家族品牌策略，是指按产品类别分别命名品牌的策略。这既有利于企业不断扩大产品线，推出新产品或新品牌，也有利于消费者购买时清楚地选准想要的商品。因此，不少品牌产品企业采用这种品牌延伸策略。

美国西尔斯百货商店常推出自己的品牌，并对不同大类的商品采用不同的品牌，分别以 Kenmore、Kerrybrook、Homart 为品牌应用于家用电器、妇女时装和家庭用品系列。

有些品牌公司，用企业名称加个别品牌名称的方法。从企业名称的一致性看，属于前面提到的纵向延伸品牌策略；但如果后加的个别品牌名称是按产品类别命名的，也属分类家族品牌之列，例如味全公司推出的乳酸饮料分为味全亚当和味全夏娃两类。日本丰田汽车公司的系列汽车命名，皆有差异，又都与"冠"字有关。最初的是皇冠（CROWN），随后的是卡洛娜（CORONA），接着又推出卡罗拉（COROLLA）。无论字形，还是词意，都有联系，并置于丰田统一品牌之下，并使消费者产生联想，加深印象。

采取分类家族品牌策略时，应注意其适用性和方法选择。对同类产品采用同一品牌，对不同类商品采用差别品牌；同档次产品可考虑同一品牌，不同档次产品用不同品牌；目标市场相同可使用相同品牌，目标市场不同可用差异性品牌；所选择的零售商相似（分销渠道相似）可考虑用同一品牌，否则可用差异性分类品牌。

3）多品牌策略。多品牌策略是指在同一种产品上使用两个或两个以上的品牌，使其相互竞争，互相促进。美国的宝洁公司是开创多品牌策略的厂家。他们在20世纪40年代推出的汰渍（Tide）洗衣粉颇为畅销，1950年，又推出Cheer洗衣粉，上市后虽然夺走了汰渍的一部分销路，但二者销量之和远远大于单一品牌时的销量。其后，宝洁公司不断推出其他品牌的洗衣粉，最多时达8个品牌，每种均含有不同成分和不同功效，极大地促进了宝洁公司洗衣粉的销售，取得了理想的效果。

采用多品牌策略有诸多好处：一是抢占店铺的陈列空间，多一个牌子，就会在柜台上多占一个位子，挤掉一个他厂的竞争品牌；二是吸引流动购买者，对于一些日用品，消费者的品牌忠诚度不很强烈，有的人偏好变换品牌，多品牌会吸引他们购买；三是引入竞争机制，使企业内部各品牌员工相互竞争，提高工作效率；四是扩展市场空间，使厂商在不同的细分市场上都能拥有吸引特定消费者的商品；五是取代老化的品牌，给顾客以新的形象，是逐渐淘汰旧品牌的良方；六是加大竞争力度，保护旧有品牌，使其成为主品牌的附品牌，汇成整体力量。

进行多品牌策划时，需考虑诸多相关因素。一是新品牌能否获得预计的理想销售量，因为零售店不会容许不赚钱的商品长期占据其有限的陈列空间，达不到一定销售量的商品只能被淘汰；二是新品牌能从对手那里夺回多大市场份额，如果夺回的销量远远大于自家兄弟品牌失去的销量，可予以推出，否则必须放弃；三是投资回报率是否划算，因为新品牌需增添多种推广费用，如果实现理想销量付出的推广费过大，也不必勉强为之；四是新品牌上市时要有一个说法，或是新一代产品，或是独特配方，或是迎合新的潮流等。

纵观世界品牌，各自品牌延伸策略差异很大，因此很难笼统断定谁优谁劣，而应根据市场及企业情况进行谨慎选择。

2. 企业延伸

据统计，世界80%以上的品牌产品源自规模较大的企业，而行业集中化的企业造就了最著名的世界品牌。因此，企业是世界品牌的创造者，那些规模较大、专业性较强的企业是世界品牌的摇篮。企业延伸的深度与广度，制约着创造品牌的等级。

（1）深度延伸。品牌企业的发展，大多经历了一个发展误区。它们常常是在某一个行业中成名的，成名以后就过于自信地向多种行业扩展，直至品牌变得平庸和危机四伏。

1)"攥紧拳头",即只生产一类产品。企业集中于某一个产品领域,进行全力拓展,是造就品牌的惯用方法。

可口可乐是世界品牌中的品牌,而其品牌拥有者可口可乐公司,其产品领域相当有限。可口可乐公司基本上是饮料公司,它一直领导着世界的软饮料行业,产品行销至多个国家和地区,全球特许装瓶厂逾1400家。可口可乐及其系列产品占据全世界软饮料市场销售量的45%,成为世界最畅销的饮料。集中在饮料行业进行深入发展,是可口可乐保持不败的原因之一。

百事可乐公司、法国白兰地公司、诸多的世界名车公司,以及麦当劳和肯德基等,都是集中一类产品进行深入拓展的品牌公司。

2)有限扩张,即生产相关的两三类产品。人们的消费不是唯一的,而是综合性的,常常在两类或几类商品之间产生内在的连带性,而在生产和销售上也极为相似。一些企业对这些产品领域进行相关的有限扩张,也会创造著名品牌。

最为典型的是时装品牌与香水品牌的联姻。诸如香奈儿、克丽丝汀·迪奥、莲娜·丽姿等都是因时装而成为品牌。由于高档时装是叫好不叫座的行业,易于成名却不利于发财,因此,借用已成名的品牌向相关赚钱行业扩展是最佳选择。香水与时装有着天然的联系,都是美化人们的外表。香水行业常会带来300%的利润,因此是最佳选择。时装与香水,在行业发展中互补短长。世界上几乎没有高档时装品牌不经营香水的。

索尼公司的扩展范围也相当有限。索尼公司的宗旨是保持高级品牌形象,产品领域仅限于电视、音响及相关的软件,而不像一般电器公司那样将冰箱、洗衣机也列在产品之列。20世纪80年代初,索尼公司销售额中各种产品所占比例为:电视机23%,录像机27%,收录机17%,音响设备7%,其他26%。领域相对集中,使索尼公司不断开发出领先产品,保持了品牌优势。

宝洁公司集中于洗涤剂和化妆品的经营,兼营部分食品,使其在洗涤剂领域保持着巨大优势。相似的还有雀巢食品公司、施乐公司及一些计算机公司等。

3)"伸开巴掌",即生产多类产品。尽管今天的某些品牌归属一些综合性公司,但并不是综合性的产物。一方面是自创品牌,即在公司初期进行专业化经营时,集中某一行业创造的品牌;另一方面是收购品牌企业,将现成的品牌产品及生产系统买断。万宝路品牌拥有者菲利普·莫里斯公司,除经营烟草外,还经营食品(卡夫)、啤酒、房产和财务信贷等。

(2)广度延伸。种种迹象表明,世界品牌等级并不是完全与企业规模成正比的,但也并非完全无关。在世界100家大企业中,囊括了70%以上的世界品牌;在世界500家大企业中,则囊括了80%以上的世界品牌。但是在前100位排列中,我们却找不到可口可乐公司、劳斯莱斯公司的影子,但谁也不能否认可口可乐、劳斯莱斯是著名的品牌。

1)大规模受益。1844年,英国通过法律,允许合股公司成立。19世纪末产生了一大批巨型企业,至今成为品牌拥有者的有埃克森、花旗银行等。20世纪初,出现了许多卓越的制造厂商,如奔驰、松下、丰田等都是伴随着规模扩张而成为品牌的。纵观世界品牌,大多属大型或巨型规模的企业所有。

在过去,规模常与实力相关。一个企业规模较大,一方面表明其历史悠久,知名度的提高已经过相当长时间的努力,有了一定的品牌基础;另一方面,规模大表明该企业资源、财富、资本充裕,有可能将一个无名的品牌用金钱垒积为品牌。这也是大企业拥有品牌较多的原因。

2）小企业争宠。从企业发展史中可以看到，品牌与企业规模的联系越来越少。专家们认为，如果一个企业除了规模，没有其他竞争优势的话，规模并不能提供长期的保障。而对于掌握竞争优势的企业而言，缺乏规模丝毫不妨碍其发展。

进入20世纪90年代，一些大企业纷纷面临困境，美国通用汽车公司奋力挣扎，IBM公司步履维艰，泛美航空公司衰败……规模已不是产生竞争优势的原因，相反是竞争优势带来的结果。新技术的飞快发展，市场的瞬息万变，为中小企业提供了机会。微软公司（Microsoft）在几十年前根本没人听说过，目前微软却成为世界十大著名品牌之一。其竞争优势在于MS—DOS及视窗软件的专利权，其功能在于提升其他产品的制造能力和附加价值，而并非制造能力。可口可乐、任天堂和贝纳通同属于制造业，但其成功并非规模所致，而是另有原因。对可口可乐而言，配方是重要的；对任天堂来说，技术标准是主要的；对于贝纳通而言，关键在于协调能力。因此未来拥有品牌的企业，会比今天的规模更小，也无须雇用许多人来获取利润。

未来世界品牌的创造将不取决于规模，而取决于竞争优势。市场定位和产品特色难以保持长久，但技术秘密和文化内涵等附加价值优势较易长久保持。因此可口可乐、麦当劳和迪士尼会具有永久的魅力。规模不大的小企业更容易形成特色优势。

（二）多吹几只气球——外部扩展策略

再用力吹气球也不可能很大，充气过多就会爆炸。发展的方法，是多吹几只气球，从外部进行扩充。对于品牌产品或企业来说，内部膨胀的目的是外部扩张，即在空间上打开市场。

1. 点、线、面：战略性扩展策略

世界品牌在初入市场时，常在某一重要点进攻，取得成效后再向另一个点进攻，两点连成一线，接着攻下第三点形成面。各点广度延伸，最终布满各个角落。这种打点法可视为碉堡战。

（1）碉堡的选择与建立。在营销战中，碉堡战具有普遍适用性。它可以使竞争者花费较少的投入，取得尽可能好的扩展效果；它可以集中营销兵力于重要的市场点，使其成为市场扩展的支柱。

打点法的一般规则是：由点到线，由线到面，最终形成包围圈。具体地说，就是先打第一点，再打第二点，然后做出连接这两点的线。在打第三点时，将三点连接即形成面。可见，打出三点以后，就形成了包围圈。当然，扩展市场的打点不是天上掉下块石头，仅把地砸个坑，而是落入水中，激起扩展的涟漪，每个点的涟漪交合才能形成真正的包围圈。并不是任何市场点都能激起涟漪，应用打点法，点的选择是至关重要的。假如连续打点均不起涟漪，那么市场难以形成，意味着市场扩展的失败。世界品牌常用的方法是先在本土打点，第二点选择美国或欧洲，第三点向日本或第三世界国家扩展。

第一个点是营销战中的制高点。它可能已被占领，也可能未被占领。前者称之为黑点，后者称之为白点。营销者在打白点时相对容易，在打黑点时相对而言比较困难。就像可乐"点"，被可口可乐公司部分占领，但总处在百事可乐公司的猛烈进攻之中。

扩大市场的目的是提高市场占有率，而非单纯地增加点数。专家指出，仅以点来掌握占有率，最多只能掌握一成的市场占有率；以线来掌握，最多只能掌握两成的市场占有率；以面积掌握时,才能掌握三成以上的市场;要掌握到安全的四成市场,就必须形成包围态势的面积。

(2) 碉堡战的进攻与防御。碉堡战常常不是没有对手的自由进攻,而是有对抗发生,需要采取一定的策略进行扩展。

1) 躲避策略。在尚未做好充分准备之前,不去惊动那些竞争力较强的对手,以免引火烧身。至少不要过早地与对手面对面地直接竞争,不要无防卫地卷入激烈的竞争之中。躲避不是逃跑,而是保护自己,等待时机成熟时再进攻。

2) 进攻策略。经过一定时期的市场扩展后,实力与气势已大大超过竞争对手,就可以由躲避策略改为进攻策略,冲出自己的碉堡,向竞争对手的碉堡发起进攻。这样可以逐渐缩小竞争对手的地盘来扩大自己的市场。日本本田公司经过了10年以上的时间,才正式与哈雷公司在大型摩托车市场上进行较量。

3) 包围策略。当向竞争对手发起正面进攻时,必然会引起对手的反击。为了对付这种反击,进攻方需采取包围策略,使对手无反击之力。包围策略是指从产品、价格、分销和促销等多方面取得优势,使对手难以全方位地进行反击。

4) 迂回策略。迂回策略的核心是,不与竞争者正面交手,通过自己广阔的竞争视野,去寻求没有竞争者的市场,从而更好地保护自己。具体方法有:开发对手没有的新产品,把产品打进新开辟的市场等。

5) 游击策略。商战中的游击战术不是大的进攻计划,影响范围也比较小,一般是弱者采取的策略。它是从不同的位置和角度给对手以间歇性和小型的打击,目的是骚扰对手,使其陷入混乱,弄不清另一次打击将在哪里出现。

碉堡战中的各种对抗策略并非全是互相排斥,可以在不同的战场采取不同的策略,也可以在不同的时机启动不同的竞争杠杆。品牌企业不要一味地追求某种策略,而是要根据实际情况加以选用。也不要片面模仿别人的做法,而是要努力注入自身色彩,采取机动灵活的战略战术。

2. 没有硝烟的争夺:非商业性扩展策略

诸多世界品牌在进行空间扩展时,常常带有很大的非商业性,使其所切入并扩展的新市场悄悄地打开,使目标消费者在毫无戒备的心理状态下接受陌生的品牌。这种方法在扩展异地市场时常被使用。

(1) 美军成了可口可乐的推销员。在第二次世界大战期间,可口可乐公司坚持每天供给每个美国军人一杯可口可乐,只需5美分。这不仅使可口可乐深深扎根于美军的生活,巩固了美国的市场,而且使可口可乐随美军走欧洲、进日本,开辟了第二点、第三点。美军撤退以后,可口可乐却留了下来,建立了自己的滩头堡,成了国外许多地方能买到的首批美国产品之一。

可口可乐的顺利扩展,在于巧妙的策划。

1) 可口可乐不是以商人姿态,而是以爱国者姿态出现,首先赢得了美军的喜爱。不管士兵在任何地方作战,都有简易的装瓶厂跟随。可口可乐技师被授予与他们在公司薪金水平相当的荣誉军衔,被称为可口可乐上校。战时士兵对可口可乐的巨大需求,导致黑市场价格飞涨。在第二次世界大战档案中充斥着要是没有足够的可乐将会发生何种灾难的描述。可口可乐成了第二次世界大战的功臣和最具知名度的爱国者。

2）可口可乐利用了第二次世界大战的机会点。战争时期，美军以援军的身份自由地进出欧洲和日本，特别是在欧洲所建的可口可乐工厂战后依然在。实际上，战争帮助了可口可乐在全世界推广。在战争期间，饮料必需的食糖是实行配额的，但由于可口可乐以军用品的面目出现，因此是唯一不受食糖配额限制的软饮料，使其知名度和普及率大大高于了竞争对手。

3）可口可乐不是以商人面目而是以消费者面目出现的，因为美军不是推销员，而是可口可乐的消费者。因此，可口可乐扩展市场不必在市场上与竞争对手大肆厮杀，在商店里你争我夺，而是首先影响了消费者，让消费者知晓可口可乐而不知如何才能买到它，或者不能很容易地得到它。战争一结束，和平一回归，当然有许多人偏爱可口可乐。可见，利用美军——这一特殊推销员打开市场可谓精妙绝伦。

（2）白兰地广播文化火种。人们总是习惯于将白兰地同文化联系起来，因为它们每次打开一个新市场时都是靠文化开道。文化使白兰地变得高雅、友善、充满温情，人们总是笑眯眯地欢迎它们入港，不会有丝毫的抵抗。

1）送给美国总统的寿礼。20世纪50年代，法国人想把白兰地打入潜力巨大的美国市场。如何打入？颇费了一番心思后，策划出一个送给美国总统寿礼的活动，使美国人拍着双手将白兰地迎进了国门。

美国和法国历来有互赠礼品的历史。自由女神像就是法国政府送给美国政府庆祝独立100周年的礼物，后来美国也曾回赠了一个自由女神给法国。送寿礼似乎在情理之中。策划的宣传时机是原美国总统艾森豪威尔的67岁寿辰之时。法国人民为了表示对美国人民的友好，精选了两桶极名贵的酿造67年的白兰地酒作为美国总统寿辰的贺礼。贺礼由专列送到美国，白兰地公司为此付出了巨额保险金。在总统寿辰当天，举行了隆重的赠酒仪式，两名宫廷侍卫抬着酒桶步入白宫。由于事先对此事件进行了全方位的报道，赠酒仪式当天，众多的人前来观看，华盛顿竟出现了万人空巷的景象。白兰地自然成为美国人议论的中心，从此法国白兰地走上了美国的国宴和市民的餐桌。

2）走进中国的文化使者。中国几乎是法国白兰地最后开辟的市场，却成为最大的市场。它们切入中国市场之时，几乎都先对准了具有欧洲情调的中国第一大城市——上海，不是以商人的形象出现，而是以文化使者的身份介入。

1992年6月7日，三桅快速帆船"轩尼诗精神号"（Spirit of Hennessy）抵达上海黄浦港，重演了120年前第一批60瓶XO级科涅克（干邑）白兰地酒运抵上海外租界时的情景，这是纪念性促销活动的一幕。通过举办轩尼诗画展，建立轩尼诗影院和各种文化评奖活动，树立了文化传播使者的形象，白兰地顺利地打入中国市场。

尽管人们也常见法国白兰地的广告，但常常没有看一般广告的那种戒备心理。白兰地的广告画面和广告语常给人一种享受之感。诸如马爹利在宣传造势上结合古典音乐，采用非商业场合的文化环境，突出典雅与高贵；路易老爷展示了古老的宫殿式建筑，并通过举办各种酒会和大型文化活动，突出极佳的企业形象。

当然，非商业性的市场扩展还有更为广阔的空间，远不只可口可乐和白兰地采用的方法。例如，体育品牌（阿迪达斯、耐克等）常是由体育明星借助于赛事将其传播开来的；时装和化妆品品牌更多的是通过时装发布会或名人享用而扩展市场；汽车扩展市场的方法是举办博览会；富士、柯达扩展市场的妙招是摄影艺术展览或大赛。总之，非商业性的市场推广活动无处不在，效果也日趋明显。

3. 冒着"炮火"前进：商业性扩展策略

商业性扩展，即直接运用分销、广告和销售促进等手段进行扩展。尽管其商业性明显，但容易造成声势，迅速赢得消费者。世界品牌的扩展，常常是商业性和非商业性策略结合运用。

（1）分销扩展策划。从实质上看，市场扩展是消费者购买量的增加；但从形式上看，却是分销渠道的扩展。利用现成的分销网络，进行市场渗透，是诸多世界品牌的成功之路。

1) 施放诱饵：可口可乐进中国。可口可乐将市场扩展至中国，除了巨大的广告投入外，还有分销策划上的配合。广告并不等于切入，而分销活动开始运作，才标志着已经切入某一市场。

可口可乐切入中国市场，首先向经销商投放了一个巨大的诱饵，即免费向中国的几家粮油进出口公司提供可乐饮料的装瓶设备。条件只有一个，需要购买可口可乐公司的原浆。这无异于天上掉馅饼，大大地刺激了中国经销商的积极性，很快地打开了市场。市场打开后，可口可乐公司选择中国有实力的公司合资办可口可乐装瓶厂，组建分销公司，顺利而又迅速地使可口可乐饮料遍布街巷。

2) 优化代理：索尼产品入美国。现代市场已进入营销时代，好的产品与创意要求有好的分销渠道，才能打进并占领异地市场。分销渠道由各个分销商组成，分销商类似于古老的驿站，它们对商品转移起着重要作用。索尼公司运用的分销术异常成功。

①寻求"仙人"指路。20世纪50年代在美国纽约做生意的日本人很多，一般的企业在分销时常依赖在美国设有办事处的日本大贸易商。但索尼公司另辟蹊径，寻求地道的美国代理商。因为索尼没有找到一家了解其产品和策略的日本公司，相反，一个美国代理商却对跨国事业极感兴趣，并对索尼公司的最终成功提供了帮助。他熟识美国的商业实务、分销路径及相关法律。他把美国介绍给索尼，又把索尼介绍给美国。

②分销量适当。索尼公司总是将分销量与产量能力协调起来，不盲目增加产量。一个美国商人拥有150家连锁商店，对收音机的需求量很大，而且不要求在产品上打上连锁店的名字，他只让索尼提供5000台、1万台、3万台、5万台、以及10万台的报价。盛田昭夫并没被大宗订货冲昏头脑，因为当时索尼年产量仅为1万台，如果订单数额过大，必然要扩大生产规模、增加员工，进行大量投资，这是有风险的。因此，盛田昭夫画出了一条U形曲线，5000台为一般价格，是曲线起点；1万台给折扣，是曲线的底端；3万台的价格开始回升，10万台的价格就高出许多。最终美国商人订购了1万台。索尼公司稳稳当当地进入了美国市场。

（2）广告轰炸策划。铺天盖地的广告虽然产生正向效应的为数不多，但仍是产品扩展新市场的利器。有人曾经预言，有广告，不一定就产生世界品牌；但假如没有广告，就不可能出现世界品牌。

1) 巨大的广告开支。一般来说，人们要对一个广告重复看7次，才能留下一定的印象。但真正树立起信任度和美誉度，则需要非常大的广告投入。就拿中国市场来说，前些年100万元广告费能使一个品牌成名并畅销，现在情况则大为不同。广告的资金效益率大为降低，消费者抵御广告的心理进一步强化，广告信息量膨胀使某个广告很难鹤立鸡群，媒体费用也翻着跟头地上扬。一些产品每年广告投入远远超过1000万元，结果在市场上还是没有反响。世界品牌在扩展新市场时的广告投入是十分巨大的。

可口可乐被某些人称为"钱堆起来的品牌"。它平均每年花费在商标上的广告费高达 1.84 亿美元。每当可口可乐扩展一个新的市场,总是伴随着宏大的广告策划和巨额的广告开支。

尽管香烟广告在许多国家受到限制,但万宝路品牌的广告费用丝毫不减。1991 年菲利普·莫里斯公司曾推出万宝路新品种,当年夏天花费在其品牌上的广告费达 6000 万美元,创造了开发新型香烟的纪录。而效果也是惊人的,第一年就顺利打开市场,为公司带来了 7.5 亿美元的收入。

诸多世界品牌进入中国时,无一例外地伴随着巨大的广告投入。20 世纪 80 年代,是日本品牌大出风头的时代。尽管当时日本电器对中国人是可望而不可即之物,凭票才能买到,但松下、索尼、日立、三洋等品牌企业着眼于未来,天天占据着电视台的黄金广告时间,其结果是影响了一代人。巨大的广告投入获得了超级回报,日货一直走俏中国市场。20 世纪 90 年代,欧、美品牌争宠中国,最典型的是洗涤用品。美国宝洁公司的碧浪和汰渍,英国利华公司的奥妙,德国汉高公司的威白,在中国掀起了一场广告大战。各家投入的广告费相当惊人。法国白兰地、贝克啤酒、雀巢咖啡和摩托罗拉也都运用了广告轰炸策略。

2)入乡要随俗。不少世界品牌在向中国市场扩展时,采取了入乡随俗的广告创意。日本丰田和三菱车广告"车到山前必有路,有路必有丰田车""有朋自远方来,请您乘坐三菱牌",早已成为脍炙人口的广告绝句。它们借用中国俗语,敲开中国市场之门;法国白兰地人头马的广告词"人头马一开,好事自然来",与名车广告有异曲同工之妙。

可口可乐在扩展中国市场的第二阶段,也曾一改"洋味十足"的做法。1992 年 3 月 28 日,中央电视台新闻联播之后,播放了"可口可乐时刻"广告片:以一系列中国老百姓所熟悉的生活片断渲染出温情脉脉的"中国味",给中国消费者留下了极其深刻的印象。这部广告片由中国演员、摄像人员参与摄制,实景也选自中国大陆,从策划到完成历时 9 个月。在中国 18 个大型城市同时首播,并在首播之前专门发了两辑预告,足见策划之精心。1995 年夏季,在北京街头的饮料摊上,人们见到了设计一致的宣传帆布围栏。红色帆布和白色的"可口可乐"标志异常耀眼,这又是入乡随俗的精彩创意。

万宝路在切入中国香港市场时,其粗犷的牛仔广告形象曾一落千丈。生活在大都市里的香港人对骑着骏马驰骋原野的牛仔形象反应冷淡。公司及时地进行入乡随俗的修改,重新推出的形象仍是一身牛仔打扮,帅气十足,但年纪稍轻,精修边幅,在中国香港拥有土地和汽车,因而取得了成功。

3)创意要独特。世界品牌产品都拥有独特的个性,广告宣传也必须形成自己的风格,吸引那些追求新奇的消费者。

德国贝克啤酒的广告词是"喝贝克,听自己的"。起初让人费解,但很快就让人熟知和喜爱了。因为它倡导了一种个性文化:尊重自己的意愿,而不随波逐流。这恰恰是当今社会人们实现自我价值的内容之一。马爹利 XO 在中央电视台经常播出的广告是"干邑艺术,似火浓情",体现出奉献干邑艺术的永恒理念。各个名车广告更是强调自己的独特个性。如富贵的劳斯莱斯、庄严的奔驰、舒适的宝马和高贵的法拉利等。

(3)价格策略选择。价格对于产品上市与市场扩展有着重要的影响。当年可口可乐就是凭借"5 分钱喝一小瓶"取得成功的,后来百事可乐又凭借着"5 分钱喝一大瓶"挤进市场。美国高露洁牙膏、牙刷登陆中国，尽管广告投入巨大，但因其价位偏高，入市极为不顺，不得不采取优惠促销手段进行补救。可见，对于日常用品来说，低价进入市场扩展才是有效的，日常用品的品牌创造必须采取低价策略。然而对于非日常用品，例如烟、酒、化妆品、时装、汽车和电器等，价格因素不很重要，而商品独特性常使附加价值增大。因此，世界品牌中的大多数采取的是高价策略。品牌总是与优质联系在一起的，而高价能增强消费者的信赖，并给企业带来明显的利益。

当然，价格高至何种程度，取决于人们对产品附加价值的估计和广告程度。人们往往愿意以高价购买广告中的产品，而对非广告产品只愿付低价，非日常用品品牌更是如此。

世界品牌的扩展策划，除了内部和外部扩展外，还有时间的延续。时间延续是守住碉堡的问题，是品牌成名后如何继续扩大和保持品牌形象的问题。

【案例】

鸿海集团，不只是世界名牌的制造工厂

鸿海集团，1974年成立，创始人为郭台铭，总部位于台北。经营范围为计算机、通信、消费性电子产品。2013年营业额达1320.76亿美元，世界500强排名第30位。鸿海集团是全球3C代工领域规模最大、成长最快、评价最高的国际集团，集团旗下公司不仅在台湾、香港、伦敦等证券交易所挂牌交易，更囊括当前中国台湾最大的企业、捷克前三大出口商、大中华地区最大出口商、《福布斯》及《财富》全球500强企业之一，及全球3C代工服务领域龙头企业等头衔，是当之无愧的的世界"代工之王"。

一、凭借模具优势打造代工王国

1974年鸿海以30万元台币、十来个员工草创时，生产的产品是黑白电视机旋钮，由于旋钮与他后来生产的连接器一样，模具开得好不好直接影响产品品质，所以从1977年开始，好不容易蓄积起第一笔资金的郭台铭，选择到日本买进模具设备，盖自己的模具厂，而就在模具厂盖好半年后，原先想购买的那块土地已涨了3倍，原料费也水涨船高。但郭台铭没有后悔，1980年鸿海模具厂开始出现盈利，后来鸿海陆续建立电镀部门与冲压厂，迅速拉开了与同业的距离。进入20世纪80年代，PC工业起飞，黑白电视机衰退。拥有模具技术的鸿海驾轻就熟，很快切进PC连接器领域，从此建立起连接器霸主地位。

进入20世纪90年代后，电子产品和系统也出现了设计与制造的分工。顺应这一潮流，EMS获得了巨大的发展。设计"iPhone"的美国苹果公司与承包制造的鸿海集团是设计与制造分工的典范。

EMS是电子产品制造服务业，又译为专业电子代工服务。现在各种各样的电子产品尤其是笔记本电脑、手机等产品，不管是什么品牌，许多是请专业电子代工服务供应商来代工生产的，名牌商有时只是提供品牌、设计、监控、技术支持。因此可以说这些EMS供应商才是热销产品的幕后英雄。

从接到订单到最终商品交到订货者手中这段生产前置时间非常重要。量产模具是缩短生产前置时间的最大瓶颈。民用产品机壳所使用模具的设计和制作通常需要1~1.5个月，而鸿海制造手机机壳模具只需7天即可完成。鸿海拥有强大的模具设计与制造能力，能够通过

建立庞大的数据库缩短设计周期,并在使用模具进行生产的零部件方面取得了大量的专利,这是其他公司无法轻易模仿的优势。这种模具技术是迅速地大量投入新产品并获得巨大市场份额的武器。

高级模具技术不仅能够缩短生产前置时间,还有助于削减旨在实现"廉价"服务的零部件生产成本。比如,镁合金机壳专业厂商的营业利润率高达40%左右,而自主生产的鸿海则可将这部分利润用作降低报价的资本。

郭台铭凭借模具为龙头的技术基础,成功地做到了"在我的领域内,没有竞争对手"。这就是鸿海在EMS厂中排名第五而盈利居然第一的原因。但鸿海做大的最关键一步,就是选客户。郭台铭甚至不惜以"四流人才、三流管理、二流设备"来突出鸿海的"一流客户"。郭台铭在30岁时即发誓只与世界一流大厂做生意,紧跟一流高手才能迅猛发展。IBM、康柏、英特尔、索尼、惠普、戴尔、思科、诺基亚、摩托罗拉、任天堂、苹果等著名企业均是鸿海的客户。鸿海早已具备计算机等整机生产能力,但郭台铭却没有自己的"品牌梦"。各大公司不用担心会突然冒出一个"鸿海牌"来和自己竞争,就更加放心地拓展与鸿海的合作。鸿海没有自己的品牌,然而每一个品牌都有鸿海!换言之,任何一个名牌都可能因失误而重挫倒下,如果鸿海遭遇类似命运,只能有一个前提,至少大多数名牌都已重挫倒下。

成本无论多低,如果生产出的产品质量不好,也不会吸引到全球如此众多的优秀客户。鸿海之所以能发展到今天这种程度,靠的是其所拥有的以机壳成形模具为核心的技术实力。一个佐证是,鸿海具有能将iPod nano机壳背面打磨得如同镜面一样的加工水平。要想快速研磨硬质不锈钢,需要具备丰富的技术与经验。因此直到数年前,这项业务还只有具备丰富经验的日本新潟县燕三条的一家金属加工企业能够承担。但令人吃惊的是,目前除检查以外,鸿海已经能够以半自动的机械化方式进行镜面加工了。

不仅是金属加工,在塑料成型方面,鸿海的技术实力同样也令其他企业刮目相看。例如PSP机壳使用的双色成型,也就是指将透明与不透明树脂结合在一起。为了避免二次成型产生错位,必须对模具进行精确调整,因为以月产100万只的规模进行量产时,必须确保足够的成品率。索尼计算机娱乐(SCE)在PSP量产之初一直从日本国内厂商采购机壳,但直到从鸿海采购以后,才算是从供不应求的苦恼中解放出来。

以模具为中心,从材料、零部件到软件开发等,鸿海所从事的业务涉及领域非常广泛。所能承担的业务范围从外观设计、产品制造到量产后的物流和产品维修等售后服务,同样非常广。除商品策划、尖端研究和终端销售外,可以说没有做不了的业务。通过占领与单纯的组装商完全不同的产业与业务领域,鸿海已经发展成为全球最大的EMS企业。

二、凭借快速、廉价、质优赢得全球名牌大客户

鸿海建立了完全不同于其他EMS企业的业务形态,实现了"快速、廉价、质优"的完善服务,这里所讲的"快速",就是指从接到订单到最终商品交到订货者手中这段生产前置时间,鸿海的这一时间特别短,如制造手机机壳模具只需7天即可完成,只要同行一半的时间。赢得了全球大宗客户的鸿海,其产量具有压倒性优势。例如,2005年鸿海集团负责手机业务的香港富士康国际控股有限公司(简称富士康国际)已经获得全球第一大手机厂商荷兰诺基亚和第二大厂商美国摩托罗拉的手机组装与底板封装等业务订单。两大手机巨头外包给富士康国际的产量,2005年总计为1800万部,2006年诺基亚和摩托罗拉的外包量分别

达到 4150 万部和 4000 万部，总计达到 8150 万部。这意味着富士康国际生产的手机将占到全球手机供货量的 1 成左右。显然，日本手机厂商的生产规模是无法与之相比的。

包括计算机厂商在内，各民用产品厂商"与鸿海的联姻"丝毫也没有停止的迹象。在 2006 年年底商战中展开激烈竞争的任天堂"Wii"和索尼计算机娱乐的"PS3"，也委托鸿海生产。对于年供货量有望超过数百万台的产品，鸿海赢得了全部的代工生产合同。

高级模具技术不仅能够缩短生产前置时间，还有助于削减旨在实现"廉价"服务的零部件生产成本。

集团内企业生产各类零部件也是实现"廉价"的源泉。这是因为有了数量庞大的订单，集团可通过内部企业的消化，降低零部件采购成本。比如说手机，鸿海能够在集团内部采购到相机模块、充电电池和连接线等零部件。同样是 EMS 企业的新加坡伟创力（Flextronics）公司，自产零部件在其出厂金额中所占的比例率约为 10%～15%，而鸿海应当超过 30%。所以，即便以业界最低的价格接受订货，也能盈利。

为了降低公司自身的库存风险，鸿海对需内部采购和自主生产的零部件具有极强的筛选能力。例如计算机代工生产，为了控制库存风险，对于微处理器等价格容易暴跌的高价配件，会根据具体情况要求委托方采购。

在"质优"方面，鸿海在金属与树脂机壳表面加工及电路板高密度封装等方面的高技术水平，已经在美国苹果公司的"iPod nano"和 SCE 的"PSP"等产品制造上得到证实。其实现得益于以产量为依托，大量导入先进生产设备等。而且，鸿海绝对不会对大宗订货商的要求说"不"，为此而不断吸收、采用新的生产技术。比如，索尼的部分最终产品"就是采用多品种、小批量的单元生产方式生产的"。

鸿海之所以能够获得巨额订单，在于赶上了数字化在当今时代缩短了民用产品寿命的潮流。以照相机为例，如果是传统照相机，一个产品型号通常会保持 1～2 年；而数码照相机，除非是相当热门或者为高端产品，否则每半年左右就须改进，因为只靠降价是无法盈利的。也就是说，对于民用产品厂商而言，看准时机大量上市产品，成为实现盈利的先决条件。而且，多数数字民用产品和计算机一样利薄，零部件价格占整个成本的比例又很高，因而必须通过大量采购和大规模组装来降低造价。这样，可大规模采购元器件，以组装工序为主，员工超过 20 万人的鸿海对于产品厂商就极富吸引力。

鸿海能够实现超过其他 EMS 企业的"快速""廉价""质优"的完善服务，在多年致力于提供全方位成本优势下，自创出全球 3C 代工产业独门的电子化——零元件、模组机光电垂直整合服务商业模式（简称 eCMMS），eCMMS 为机光电垂直整合的软硬体提供整体解决方案，从模具、治具、机构件、零元件到整机以及设计、生产、组装、维修、物流等服务均涵盖在内。为及时满足客户需求，抢占市场先机，鸿海还创造性地推行"两地研发、三区设计制造、全球组装交货"的跨国经营策略，彻底颠覆了电子专业制造产业领域的游戏规则。

三、凭借夏普借船出海，打造世界一流消费电子品牌

过去几十年，台湾利用大陆廉价劳动力，创造了全球代工业传奇，但也因将廉价劳动力发挥到极致，而一再失去了转型的机会。如今，代工业者已经被逼到墙角，淘汰的力量也越来越大，因为成本已经被压到了极限。

像鸿海这样的代工企业承担了所有风险，最大利润却留给了外国的品牌大厂。替苹果公

司制造iPhone和iPad，其毛利率40%，鸿海却得不到10%，还要承担汇率风险，一部iPhone4售价499美元，组装赚不到12美元。

将鸿海与宏碁相比，更可看出经营品牌与代工生意的巨大差异。宏碁目前全球仅6000名员工，但2009年创造了5738亿元台币营收，也就是说，员工数不到鸿海的1%，但营收却是鸿海的1/5。

将韩国三星与鸿海进行比较更有价值。三星集团2009年营收达4.8万亿元台币，鸿海集团则在2.8万亿元台币，但是三星员工约20万人，鸿海则有近90万人；员工平均年薪，三星为4.8万美元，鸿海则只有4086美元。简单地说，三星人力不到鸿海1/4，员工平均薪资却是鸿海的11.7倍，营收更是鸿海的1.7倍。

三星与鸿海都是电子业中的标杆，也是韩国与中国台湾经营效率的标杆企业。三星同样以代工起家，20世纪80年代后努力发展自有品牌，并维持很大比重由自己生产。与纯代工的鸿海相比，三星形成的从核心零部件延伸到终端品牌的垂直一体化模式非常强大，差距巨大，更能看出三星在进入品牌经营阶段后，为企业创造出的附加价值与竞争优势。鸿海急需整合外部资源阻击三星，联合已处于巨额亏损的夏普对抗三星是鸿海的一个重要目的。

富士康劳动力成本不断增长，年营收、净利润增速放缓，苹果、索尼和微软等大客户出于分散供应商、寻求更好定价的考虑，将部分订单交给了它的竞争对手。

台湾中小企业平均寿命约为15年，郭台铭已经写下了一个传奇。但台湾企业在全球产业价值链上的角色，必须一再转移提升，一定要由"代工制造"到"高价值创造"。而最关键的方法是拉高创新的切入点。台湾过去一直在材料、零组件上头着墨较多，即所谓的"科技创新"，但现在必须看到消费者的需求、社会形态的转变这类高层次的创新。

大家都以为鸿海只做硬件，做贴牌，实际上，鸿海走的是"创新设计制造"。例如鸿海的模具软件居世界前列，而"三萤㊀（计算机、电视、手机）一云（云计算）"的概念鸿海早已耕耘多年，只是没有品牌。

在新经济时代，越来越多的企业正在进行一场管理革命。类似Google这些互联网公司的创新管理法则，对于全世界的管理者来说，都很有启发性。网络时代正在创造许多新的商业模式，鸿海的军事化工厂管理、大规模流水线、不问生死的执行力，显然已经走到了瓶颈。

基于此，鸿海正试图悄然转型为一家自有品牌产品制造商，开始探索生产自有品牌的手机配件，并开始销售手机，还计划在台湾提供电信服务。不过鸿海的某些新探索并没有成功。

"夏普缺钱缺市场，鸿海有钱要材料"，在经过多年一波三折的谈判之后，2016年4月2日，鸿海集团和夏普公司正式签署了收购协议。鸿海斥资35亿美元获得夏普2/3的股权，成为夏普的新东家。郭台铭在签约的现场表示：这不是收购而是策略联盟。其实郭台铭是借船出海，借助夏普的名牌影响力走向更大的世界。

夏普公司其液晶面板技术一直处于全球领先水平，已经拥有有机发光二极管（OLED）相关技术，但是由于资金投入不足，尚未具备大规模量产的技术，而鸿海的资金将能够让夏普和鸿海未来一起争夺苹果的OLED订单。夏普拥有IGZO（铟镓锌氧化物）液晶显示先进

㊀ "萤"为我国台湾地区的用法，是屏幕的意思。

技术，能够进行量产，这是夏普的重要优势。这种显示技术甚至优于OLED屏幕，这将会让夏普实现业务重振。鸿海也确实看重夏普的这些技术，因为目前富士康的电子产品代工业务中，夏普液晶屏是重要的上游原材料。以苹果的电子产品为例，基本采用夏普的液晶面板，鸿海收购夏普就可以对苹果的业务产生成本协同，这样鸿海对苹果产品就不再是简单的争取加工费，可以通过对上游核心元器件的资源把控大幅提升盈利能力。据悉，来自苹果的业务收入能占到富士康总收入的一半。

除了液晶之外，鸿海也将获得夏普的电视机等消费电子业务。鸿海计划把这些业务搬迁到大陆，通过降低制造成本来提高竞争能力。鸿海入主夏普后，鸿海也将掌握夏普手机品牌，透过夏普品牌，深化物联网家电的渗透率。产业人士指出，鸿海如何化解既有品牌客户疑虑，巩固既有品牌客户群，在代工服务和品牌经营之间取得平衡，要看鸿海的经营策略。鸿海入主夏普后，如何提升夏普各项产品在全球市场的接受度、如何通过各类终端应用提升夏普技术的渗透度，带动夏普品牌和技术在全球市场的影响力，各界都高度期待。

创新训练

策划"e考通"品牌的推广方案。（提示：要有互联网思维）

复习思考题

1. 什么是品牌？哪类产品容易创造品牌？
2. 品牌战略有哪几种？上海大众汽车采取的是什么品牌战略？
3. 如何进行品牌的市场切入点？
4. 试比较法国白兰地与美国可口可乐在中国的品牌扩展策略。
5. 从案例《鸿海集团，不只是世界名牌的制造工厂》中，试分析鸿海集团收购夏普的原因。

店铺与连锁经营策划

第一节 店址选择

店址是投资商的一项重要资源。它不仅决定了投资商获得销售收入的高低,也表现出店铺的市场地位和形象,影响经营活动的开展。

一、店址选择策划的重要性

(一)选址是一项大的、长期性的投资,关系着店铺的发展前途

店铺营业场所不管是租借的,还是购买的,一经确定就需要大量的资金投入。不但需要营建店铺,购买商品,而且当外部环境发生变化时,它无法像人、财、物等经营要素一样可以做相应调整,它具有长期性、固定性的特点。环境的变化往往影响店铺的经营。

常见的市场环境的变化有:

(1)该地区内常住人口大量迁出。

(2)城市发展规划使得这一地区不再是商业区,而向其他方向发展。

(3)商品经营的种类范围受限制,如该地区变为小商品经营地区或改为服装商业街等。

(4)商圈内购买力水平下降。

(5)交通条件变化。如道路、客货运输的限制等,使商店光顾的流动顾客减少,商店运送货物不方便。

(6)社会环境的变化,如文娱活动场所迁移等。

(7)同类竞争商店增多。

以上列举了一些不利于店铺经营的环境变化,使店铺经营者难以以固定地点适应新的变化;另外,若发生有利于店铺经营的环境变化,同样会使店铺经营者难以以固定的地点适应其变化。这些将使店铺经营者受到地理条件的限制,难以增加商品种类及品种以扩大交易量。

(二)店址是店铺确定经营目标和制定经营策略的重要依据

不同的地区有不同的社会背景、地理环境、人口状况、交通条件和市政规划。它们制约着所在地区的店铺顾客来源及顾客特点,也制约着店铺经营者对经营的商品、价格和促销活动等的选择。零售店店址一经确定,就需在商品编配、商品价格和促销策略方面围绕特定地区消费者的需求特点展开工作。如果不能充分考虑商圈内消费者的需求,就不利于店铺的经营。因此,企业经营者在确定经营目标和制定经营策略时,必须考虑店址所在地区的特点,以达到策略的可实施性和目标的可实现性。

(三)店址是影响店铺经济效益的一个重要因素

店址选择得当,就意味着其享有优越的"地利"优势。在同行业商店之间,若在规模相当,商品构成、价格和经营服务水平基本相同的情况下,店址较好者必然享有较好的经济效益。所以,如果期望店铺取得更好的经济效益,则不可忽略店址的选择和地理位置的影响。

（四）店址是店铺市场形象的表现和基础

店铺所在地区带有该地区的显著特征。店铺经营者在此地经营时，需要将经营商品的环境气氛、商店的环境气氛和该地区的环境、社会氛围协调起来。这样店铺在表现自身期望的形象时，将自觉不自觉地显示出带有该地区明显特征的店铺形象。例如，在租金高的地区，店铺经营的商品就趋于高档化，店铺的环境趋于豪华，店铺的服务应更完美、周到，店铺的气氛就应典雅恬静，给人们高品位的感觉和高品质的享受；在工薪阶层居住区，店铺经营的商品就应该以中档商品为主，兼营高档商品，店铺环境洁净整齐，人员服务到位，气氛虽有渲染但不过分，给人们热烈而诚恳的感觉。

店铺选址的策划具有重要意义。在进行策划时要以便利消费者为首要原则，从节省消费者的购买时间、购买精力和购买费用的角度出发，最大限度地满足消费者的需要。否则失去了消费者的信赖和支持，企业也就失去了存在的基础。当然，在考虑便利消费者时，不能单纯理解为开设的地点均要最接近顾客，这在实践中不可能。另外，还要考虑到大多数目标消费者的需求特性和购买特性，在符合市场规划的前提下，或分散或集中开设，力求为消费者提供广泛的选择机会，使其购买到最满意的商品，获得满意的服务，实现社会效益与经济效益的最佳结合。

二、店址选择常考虑的商业群

为了适应人口分布和流向情况，便利广大消费者购物，扩大销售，绝大多数店铺将店址选择在城市繁华地带、人流必经的交通要道、城市枢纽、城市居民住宅区附近以及郊区交通要道、村镇居民密集区等。由此形成了常见的四种商业群类型。

1. 城市中央商业群

这是全市最主要、最繁华的商业群。全市性的主要大街贯穿其间，许多著名的百货商店、超级市场和各种专业商店、豪华的大饭店、影剧院和办公大楼也分布于此。在一些较小的城镇，中央商业区是这些城镇唯一的购物区。属于这一类型的商业区有广州市的北京路、北京市的王府井、上海市的南京路等。

2. 城市交通要道和交通枢纽的商业街

它是大城市的次要商业街。这里所说的城市交通要道和交通枢纽，包括城市的直通街道和地下铁路的大中转站等。这些商业街是人流必经之处，交通便利，流动人口多，在节假日和上下班时，人流如潮。店址选择在这些地点也可以获得很好的商机。

3. 城市居民区商业区和边沿区商业中心

城市居民区商业区的消费者主要是附近的居民，在这些地区开设商店是为方便附近居民就近购买日用百货、生活用品等的需求。边沿区商业中心往往坐落在铁路重要车站附近，规模一般较小。

4. 郊区购物中心

在城市交通日益拥挤、停车困难、环境污染严重、地价上升的情况下，随着私人汽车大量增加和高速公路的快速发展，一部分城市居民到郊区开设的大型商业中心购物和娱乐，形成郊区购物中心。另外，城市居民迁往郊区，形成新的郊区住宅区，也促进了郊区购物中心的发展，满足了"郊区"居民的购物需要。

三、店铺地区位置选择

地区分析和选择是店址选择的第一步,也可以说是生死攸关的一步,因为地区的决定意味着店铺的发展和在这一地区的获利能力。

店铺的发展潜力或者说获利能力,依靠的是店铺经营者提供的商品或服务供给和需求之间的相互作用。对一个新建店铺而言,这个地区必须有一定量的人口和购买力,要有消费商品或服务的需要,同时还必须符合本店目标市场的要求。这是有关需求的方面。另外,还要注意到供给方面。如果这个地区拥有高水平的供给,也就存在着更多的店铺,那对于消费者来说,新建店铺的吸引力较低。

店铺经营者对地区的分析,要从需求和供给两个方面入手,对下列方面进行分析:

1. 需求测量

店铺经营者通过对一个地区的人口规模、收入和可支配收入等情况的分析,可以大致判断出这一地区的潜在购买力水平,从而估计出这一地区的大致需求。但是店铺经营者不能仅仅依靠对人口规模、收入和可支配收入的分析,还必须根据本店的目标市场的要求,集中主要的人力、物力和财力制定目标。例如,一个为青年女性(14~28岁)设计、销售服装的店铺,测量需求时仅搜集总的地区人口年龄结构是不够的,还要搜集此类女青年的数量和所占比例;又如,一些店铺经营者将目标市场定在高收入的消费者群体,则他们更应注重调查高收入家庭的数量及相关需求特性。

店铺经营者对需求测量通常要搜集人口统计资料,如性别、年龄、人均收入、家庭规模和类型等,以便得到确定目标市场需求的准确依据。

2. 购买力测量

地区购买力测量经常使用购买力指数。购买力指数是测量市场的购买能力,反映市场对商品或劳务有支付能力的需求的重要指标。

购买力指数即货币购买力指数,表示单位货币购买商品或取得服务数量的能力。购买力指数的高低受商品或服务价格变动的影响,即价格上涨,购买力指数下降;价格下跌,购买力指数上升;价格不变,购买力指数不变。购买力指数通常由消费价格指数得出,消费价格指数的倒数便是购买力指数。消费价格指数反映了日常生活费用价格水平的变动程度,是反映商品价格或服务价格的综合动态指数。国家统计部门经常发布有关全国主要城市的购买力统计资料,店铺经营者可以借助这些资料了解市场的需求。

3. 店铺的饱和程度

虽然可以利用购买力指数或国家统计部门发布的统计资料测量一个地区的零售总需求,但是店铺经营者还需要考虑比总需求更多的因素。需求和供给的相互作用创造市场机会。对于新建店铺而言,一个地区有较高的需求水平,也可能同时有较高的竞争水平,选择这一地区对于力图规避竞争的店铺可能是不合适的。而一个地区有较低的需求,但同时竞争水平也是很低的,那么这个地区可能更有吸引力。

一个新建店铺要确定一个地区的潜力,需要测量一定需求水平下的供给饱和程度,通常用饱和指数来表示。饱和指数可测量在特定市场地区店铺,每平方米的潜在需求。

新建店铺在选择地区时,必须对所拟选的地区进行比较评估,观察饱和指数的高低。一般说来,饱和指数高意味着此地区零售潜力大,而饱和指数低意味着零售潜力小。

4. 市场发展潜力

市场发展潜力与店铺经营者的营销能力密切相关。如果店铺经营者不能满足目标消费者的需求，消费者就会转移到能够提供较好商品、价格、服务或更方便的其他地区的店铺经营者那里购物。这就会降低当地的客流量，减少店铺经营者的获利，而其他地区的店铺经营者则可因此扩大市场范围。

顾客到外地商店购物的现象，使饱和指数不能真实反映本地区的吸引力。一个有竞争意识的店铺经营者需要意识到这一点，即使进入饱和指数低的地区，也要通过塑造店铺的良好形象，提供优质的商品和服务吸引消费者，降低到外地购物的顾客数量，引起新的需求，从而获得成功。由此可见，市场的发展是增加新需求的最佳途径。

测算市场发展的方法有两种：一是测量当地消费者到外地或较远距离的店铺购物的比例。这种方法可以以一个地区的常住人口花费在外地的货币量计算。随着本地消费者到外地购物量的增加，本地区的市场范围就会缩小，而外地店铺经营者的市场范围就由此扩大。二是运用质量指数测量。质量指数表示一个市场质量的程度是高于平均购买力水平还是低于平均购买力水平。如果低于平均购买力水平，意味着大量消费者到外地购物，本地区的市场缩小。

顾客到外地购物的现象，也给店铺经营者提供了增加销售的机会，只要吸引外地区的顾客到本店购物，就能使增加销售和扩大市场成为可能。

5. 市场要素分类组合

店铺经营者对市场吸引力的判断往往采用两个甚至多个元素的组合。对开设一个店铺的吸引力进行评估，就要求考虑到一个地区的饱和指数和市场发展潜力。通过饱和指数与市场发展潜力的综合判断，更能明确市场的吸引力。饱和指数是存在的条件，市场发展潜力则表明未来的方向。

6. 可能开设的店铺数量

在对某一地区进行市场决策时，既要看到其吸引力，还应考虑可能的进入者数量。一个地区如果能吸引一家企业进入并开设新店，那么也会吸引其他企业进入。如果在这一地区同时开设的店铺的数量过多，结构雷同，那么这个地区就会失去吸引力。

7. 其他因素

对市场吸引力的研究使用市场分类组合法是一种比较合理的方法，但市场潜力的判断还有许多其他因素。例如地区的经济基础，这也是一个重要因素。如果一个地区以单独的产业为经济基础，且行业发展潜力有限，则此地区的吸引力也会减弱。例如，一个地区是矿区，以原煤采掘为依托，由一个大企业控制，如果这个地区的大企业出现不景气或暂时关闭，甚至煤资源消失，就会影响到整个地区，并且大大减少店铺经营者的销售量。因此，在以单一企业为经济基础的地区设立店铺是有很大风险的。

对于一些店铺经营者（如连锁店），还要考虑仓储系统和商品配送系统能否及时合理地为连锁分店采购、配置和运送商品。这将影响到企业的生存，并关系到地区的吸引力。此外，还有一些其他影响因素：

（1）广告中介的成本和有效性。

（2）劳动力成本和有效性。

（3）地方政府的相关政策和法律。

四、店铺区域位置选择

店址区域位置选择是指店铺应选择设立在哪一个区域,即在哪一级商业区域或商业群中设立店铺。

在前面已经说过,店址在选择过程中,已逐渐形成了四类主要的商业群,那么作为一个具体的店铺应选择设立在哪个商业群中,设立在哪个商业群的哪个位置?在做出选择之前,就需要进行一定的区域分析。

区域分析基于地区分析。地区分析是比较广泛的,可以比较各省、地区、市、县或中心城市的市场吸引力,由此选择店铺设立的地区。地区确定后,并不能决定店铺店址区域位置的具体地点。所以,选择新店铺的店址还必须进行地区的地方区域分析。

区域分析的中心是地区的一个商业群的零售潜力的变化情况。区域分析是把地区再分成较小的分区或者分片(分区或分片是指按照策划者设定的标准把目标区域划分成若干地理区),评估在每一分区或分片内的需求和供给因素,由此得出区域市场的吸引力。

如同地区分析一样,区域分析中的关键问题是人口统计特征与商店目标市场的匹配程度。区域分析要以这两个因素为主,设立多项评判标准,对分割好的区域评分。不同生态和竞争能力的店铺关心的标准不同。例如,一个百货商店的目标消费者主要是月均收入 50000 元以上的高收入家庭,那么,这样的商店将计算区域内符合这一标准的家庭数,由此给出评分。而一个儿童服装和玩具商店,可能对家庭孩子的数量以及有孩子家庭数量的增长情况更感兴趣。

总之,系统地考虑全部有关的人口统计和社会经济因素,有利于建立筛选区域的标准。例如,一个家居装潢中心可能认为下面三个因素对它选择位置很重要:

(1)中等收入家庭月收入 20000 元。
(2)30% 的住户拥有自己的房子。
(3)新的家庭建设高于平均比率。

进行区域分析时也要对竞争因素进行测量。测量区域竞争程度有许多方法。例如,测量店铺的数量、店铺的资金规模和每平方米的销售额等。在一个区域内建立一个新店之前,需要先描绘一个竞争图,分析竞争店铺的位置以及引起竞争的因素及发展状态,这是非常重要的。

竞争有两种类型,一是直接竞争,即与准备新建的店铺经营范围相似甚至相同;二是间接竞争,即与准备新建的店铺经营范围不同。但从广义上讲,消费者持有的货币量是一定的,不同店铺也存在消费竞争。分析竞争,可以把竞争者的位置描绘成图,通过比较不同区域的需求和供给,即可看到这一区域的吸引力和竞争水平。

另外,在区域分析中选择店铺店址时,应充分考虑顾客对不同商品的需求特点及购买规律,这对区域分析也很重要。

顾客对商品的需求一般分为以下三种类型:

(1)顾客普遍需求的商品,即日常生活必需品。这类商品同质性大,选择性不强,同时价格需求弹性较低,顾客购买频繁。在购买过程中,顾客求方便心理明显,希望以尽可能少的时间、精力和财力实现购买。所以,经营这类商品的店铺应最大限度地接近顾客的居住地,或交通便利,或能够提供丰富、价廉的商品。例如,属于此类的居民便利店,辐射范围一般以半径 300m 或步行 10~20min 为宜。

（2）顾客周期性需求的商品。对这类商品，顾客是定期购买的。在购买时，一般要经过广泛的比较后才选出适合自己的商品品种。另外，顾客购买这类商品一般是少量的，具有周期性。因此，经营此类商品的店铺应选择在商业网点相对集中的地区，如地区性的商业中心或交通要道、交通枢纽的商业街。

（3）耐用消费品及满足顾客特殊需求的商品。耐用消费品多为顾客一次购买的商品，长期使用，购买频率低。顾客在购买时，一般要经过仔细的信息搜集，确定目标，在反复比较权衡的基础上再做出选择。特殊需求商品购买的偶然性大，频率更小，顾客分散。所以经营这类商品的店铺，商圈范围要求更大。应设在交通便利、客流更为集中的地区，以吸引尽可能多的潜在顾客。

五、店址的地点选择

仅仅做出了店址的区域位置选择是不够的。一个新设的店铺在做好地区选择和区域选择之后，还要综合多种影响和制约因素及对地点的要求，做出具体设立地点的选择。

（一）分析交通条件

交通条件是影响选择店铺开设地点的一个重要因素，它决定了企业经营的顺利开展和顾客购买行为的顺利实现。

1. 从企业经营的角度来看，对交通条件的评估主要有以下两个方面：

（1）在开设地点或附近是否有足够的停车场可以利用。国外绝大多数购物中心设计的停车场所与售货场所的面积比为4∶1。如果不是购物中心地点，对停车场所的要求可以降低，店铺可以根据自己的要求做出决策。

（2）商品运至店铺是否容易。这就要考虑可供店铺利用的运输系统能否适应货运量的要求并要便于装卸。否则货运费用的明显上升，会直接影响店铺的经济效益。另外，店铺提供售后服务时，需要送货上门，如果交通不便，会直接影响店铺的竞争力。

2. 为方便顾客购买，促进购买行为的顺利实现，对交通条件要做如下具体分析：

（1）设在边沿区商业中心的店铺，要分析与车站、码头的距离和方向。一般距离越近，客流越多，购买越方便。开设地点还要考虑客流来去的方向，如选在面向车站、码头的位置，以下车、下船的客流为主；如选在邻近公交车站的位置，则以上车的客流为主。

（2）设在市内公交车站附近的店铺，要分析车站的性质、客流量，是中途站还终点站，是主要车站还是一般车站。一般来说，主要车站客流量大，店铺可以吸引的潜在顾客较多。

（3）要分析交通管理状况引起的有利与不利条件。例如，单行街道、禁止车辆通行街道，及与人行横道距离较远都会造成客流量在一定程度上的减少。

（二）分析客流规律

客流量大小是一个店铺经营成功与否的关键因素。客流包括现有客流和潜在客流。商店选择开设地点总是力图处于客流最多、最集中的地点，以使多数人能够就近购买商品。但客流规模大不一定带来店铺的兴隆，应做具体分析。

1. 分析客流类型

一般店铺客流分为以下三种类型：

（1）自身的客流。这是指那些专门为购买某种商品而来店购买的顾客形成的客流。这是店铺客流的基础，也是店铺销售收入的主要来源。因此，新设店铺选址时，应着眼评估店铺本身客流的大小规模及发展趋势。

（2）分享客流。这是指一家店铺从邻近店铺形成的客流中获得的客流。这种客流往往产生于经营相互补充类商品的店铺之间，或大店铺与小店铺之间。例如经营某类商品的店铺之间，在顾客购买了主商品之后，就会附带前往邻近补充商品的店铺购买相应的补充商品，以实现完整的消费；又如邻近大型店铺的小店铺，会吸引一部分专程到大店铺购物的顾客顺便到毗邻的小店铺来消费。不少小店铺依大店铺而设，就是利用这种分享客流。

（3）派生客流。这是指那些顺路进店购物的顾客形成的客流。这些顾客并非专门来店购物。在一些旅游点、交通枢纽或公共场所附近设立的店铺主要利用的就是派生客流。

2. 分析客流目的、流速和滞留时间

不同地区的客流规模虽有可能相同，但其目的、流速和滞留时间会有所不同，要进行具体分析，再做出最佳选择。例如在一些公共场所和车辆通行干道，虽然客流规模很大，顾客也会顺便或临时购买一些商品，但客流的主要目的不是购物。同时客流速度快，滞留时间短。

3. 分析街道两侧的客流规模

同一条街道两侧的客流规模在很多情况下，由于交通条件、光照条件和公共场所设施的影响，往往存在很大差异。另外，人们骑车、步行或驾驶汽车均靠右行，往往习惯光顾行驶方向一侧的店铺。因此，开设地点应尽可能选择在客流较多的街道一侧。

4. 分析街道特点

选择店铺的开设地点，还要分析街道特点与客流规模的关系。交叉路口客流集中，可见度高，是最佳的店铺开设地点；有些街道由于两端的交通条件不同，或基础文化娱乐设施不同，或通向的地区不同，客流主要集中在街道的一端，表现为一端客流最多，纵深处逐渐减少的特征，这时候店址宜选在客流集中的一端；还有些街道中间地段客流规模大于两端，相应地，店址选择在街道中间就能更多地得到客流。

（三）分析竞争对手

店铺周围的竞争情况对店铺经营的成败会产生巨大影响，因此在选择店铺开设地点时，必须要分析竞争对手。一般来说，开设地点附近如果竞争对手众多，且商品结构、服务水准等相类似，则新店很难获得成功；但若新店经营独具特色，竞争力强，也能吸引大量客流，促进销售，增强店誉。

当然，店铺的选址还是尽量选择在商店相对集中且有发展潜力的地方，对经营选购性商品的店铺尤其如此。另外，当店址周围的店铺类型协调并存，形成相关店铺群时，往往会对经营产生积极影响。例如经营相互补充类商品的店铺相邻而设，在方便顾客的基础上，也扩大了自己的销售。集中在一起的店铺群相互间既存在竞争，又有着合作，应善于权衡把握这种关系。

（四）分析开设位置的物质特征

一个位置的物质特征决定了店铺建筑的类型。物质特征包括位置周围的建筑环境、停车场、能见度、顾客进出的方便性以及地形的特点等因素。

（1）建筑环境。新建店铺要与周围的建筑环境相融合。比如，在豪华建筑群中，仓库或裸墙店铺难以存在。不同的环境要求不同的建筑风格，从而影响开设成本等一系列问题。

（2）停车场。停车场的数量、面积及方便性也是位置物质特征的一个重要方面。大多数购物中心提供足够的免费停车场，而在商业中心地区，停车场是一个主要问题。因为商业中心地区商家云集，地面空间狭小，难以开辟空地建成停车场。有的店铺腾出一小块地面作为停车场，但由于地价昂贵，便要收取停车场地费。不过地下停车场及立体式停车场的建立有可能缓解这一矛盾。

（3）能见度和顾客进出的方便性。一片空白而平坦的地方有好的能见度和易接近性，但是这样的地点对于开发和发展却是不利的。店铺经营者必须在此开发道路、店铺和停车场，甚至提供交通运输工具，其投资规模很大和成本很高。如果在一个合适的地点已有建筑物，店铺经营者必须考虑现有的建筑物能否被改造和利用，或者需要全部或部分拆毁。

另外，若一个潜在的开设地点位于购物中心区末端，且只有狭小部分临街，或者只有狭小的一部分位于街道一侧，其能见度远远低于位于购物中心入口处或主要街道的店铺。虽然有时候可以通过一个大的、清晰可见的标志指引顾客，但还是会丢失一些顾客。

（4）地形特点。通常十字路口的易接近性高，那里拥有较大的客流量，许多店铺经营者也愿意支付较高的租金以获得这样的位置。路口拐角处同时也提供较大的橱窗陈列的机会，并可设多个出入口，增强了能见度与易接近性。但是，有立交桥或将要建立公路立交桥的路口不是好的地点，交通管理的障碍也影响着顾客的可接近性。

（五）分析城市规划

在选择店铺开设地点时，要考虑城市建设的规划，既包括短期规划，也包括长期规划。有的地点从当前情况来看是最佳位置，但是随着城市的改造和发展，将会出现新的变化而不再适合开店。反之，有些地点从当前来看不是理想的地点，但从规划前景看，会成为有发展前途的新的商业中心区。因此，店铺经营者必须从长远考虑，在了解地区内的交通、街道、市政、绿化、公共设施、住宅及其他建设的规划的前提下，做出最佳的地点选择。

最后，店铺经营者还要对未来店铺的效益做出评估。主要包括平均每天经过的人数、来店光顾的人数比例、光顾的顾客中购物者的比例和每笔交易的平均购买量等。然后，店铺经营者就可以做出店铺选址和店铺设置后的开业决策了。

第二节　店铺定位与布局

一、店铺定位

定位是目标市场的转化和传达，是介绍本企业的目标市场，体现企业的特性，并使消费者了解和认知。定位也是一个过程，需要科学地调查市场，选择目标市场，还需要确定形象及将这种形象有效地传播给消费者。甚至在一些情况下，还需重新定位。

店铺定位是指店铺经营者根据市场上消费者的需求特性及竞争者在市场上的情况，为店铺的经营和服务确立目标，塑造形象，并把这种形象传达给消费者，从而确立店铺在消费者心目中的地位。

（一）店铺定位的原则

在进行店铺的定位时，必须遵循一些基本的原则。没有原则的指导，就可能导致定位失误。在店铺经营中，具体的策略失误或方法失误造成的损失是局部的；若是定位失误，那就是满盘皆输。

1. 可进入性原则

店铺定位的可进入性原则是指店铺所选择的目标市场是可以进入的。不能进入的细分市场不能成为定位的市场。

市场进入的障碍主要有法律、资金和技术等多方面因素。店铺如果不能克服这些困难，而又试图进入此类市场，只能处处碰壁，无功而返。定位于这样的市场，不会给店铺经营者带来实际意义。例如，对于一位资金较少，只适合于在城镇开设便利店的经营者，试图克服资金和技术的困难，开设一家大型电器专卖店，是完全错误的，定位于这样的目标市场只会导致失败。

2. 现实性原则

店铺定位的现实性原则是指店铺定位的细分市场必须是现实的和可操作的。有许多市场，从理论上看是有潜力的、可行的，但在现实中却无法操作。店铺定位时，最危险的就是把理论市场当作现实市场进行操作，结果只是一厢情愿，使企业蒙受损失。

3. 价值性原则

所谓店铺定位的价值性原则，是指作为定位的目标市场必须有可供开发的价值。企业通过为目标市场提供商品或服务，可以收回投资并获得利润。否则，市场不会被开发，店铺定位也是错误的。另外，店铺的目标市场应该具有相对的稳定性，除维持正常的运营外，还能为企业扩大规模提供一定的资金。这也是价值性的一个方面。

（二）店铺商品的市场定位策略

店铺的市场定位策略包括店铺商品的市场定位和店铺企业形象的市场定位两个方面。商品的市场定位就是根据消费者对某种商品属性的重视程度和目标市场的竞争状况，为自己的商品确定一个理想的市场位置，或者说为商品赋予某种特性及文化内涵，在目标市场上树立一定的形象，以满足消费者的偏好和需求。这种特色可以依据商品有形的质量、性能、花色、式样、味道和成分等方面设立，也可依据无形的内涵赋予商品个性。

对于企业来说，对商品的市场定位策略一般可采用四种方案：

策略方案一：为商品确立高质、高价的市场位置。进入这一区域的商品应该质价相符，并有相当强的竞争实力。这一定位可能会带来较高的利润。这些商品往往是地位的象征，会给使用者带来自信。

策略方案二：为商品确立高质量、低价格的市场位置。采用这一策略，企业要付出很大代价，企业的单位商品利润会降低，但这是一个受广大消费者欢迎的市场区。一般来说，进入这一位置需要具备下列条件：①能够提供消费者满意的高质量商品。②有实力以低价销售。企业的目的之一是获利，不可能赔本赚吆喝。③采取相应的促销措施，使消费者相信商品的质量，绝非"便宜无好货"。

策略方案三：以低价格、低质量的形象出现。对于某些商品，这一定位是非常合适的。例如一种雨伞在美国销售，只卖十几美元，质量一般。但它定位于一次使用的人们，以低价、低质占领市场获得了成功。低质量、低价格的定位有一定的针对性及局限性，需慎重使用。

策略方案四：为商品设定高价格、低质量的位置。很显然，这是一个错误的定位，质价不符，不会获得消费者的认同。即使取得一定的销售收入和利润，此种情况也是暂时的，必定会失败。

（三）店铺形象的市场定位策略

一般来说，决定企业形象定位的主要因素有三个，即企业自身的特征与行为、传播过程和社会公众。店铺企业要树立良好的企业形象，做好企业形象的市场定位，必须首先从自身的行为做起，认真为消费者服务，履行社会责任，处理好与公众的关系。同时，还要注意把有利于企业良好形象树立的信息及时通过媒介向社会公众传播，并合理、认真、及时地处理公关危机，以提高企业的知名度和美誉度。为了正确地进行企业形象的市场定位，企业可以用知名度与美誉度两个因素作为基本变量来测定企业的形象，然后再根据企业自身的状况做好形象定位工作。

在这种测定方法中，企业的形象可以分为以下四种情况：

第一种是高知名度、高美誉度的形象。它表明企业目前的形象不错，应当维护这种状态，尽可能及时处理各种公关危机，避免偶然事件对企业形象造成的破坏。

第二种是高知名度、低美誉度的企业形象。这种企业虽然知名度高，但恶名远扬。因此，必须采取具体有效的措施来提高美誉度，改变企业的形象。

第三种是低知名度、低美誉度的企业形象。处于这种情形的企业也是相当不利的，应当着重改变企业形象。

第四种是高美誉度、低知名度的企业形象。它表明企业有较好的声誉和信誉，但知名度太低，不利于企业更好地发展。此时，企业要扩大自身宣传，在维护声誉的同时，逐渐树立起高知名度、高美誉度的企业形象。

企业形象是综合性的有机整体。企业要从商品形象、员工形象、服务形象、企业文化形象等多方面综合发展，塑造良好的市场形象。例如最先崛起于美国太平洋西北岸的诺顿百货公司，自创建伊始就确定了靠服务取胜而不是靠削价竞争的策略。公司努力塑造良好的服务形象，多年来要求对顾客实行全方位的服务。他们会替参加重要会议的顾客熨平衬衫；会为试衣间忙着试穿衣服的顾客准备餐点；会替顾客到别家商店购买他们找不到的商品；会拿着各种可供选择的衣服及皮鞋到不愿出门购物的顾客家中，任其挑选；甚至在天寒地冻的天气里为顾客暖车，等等。正是这一系列周到的服务，使诺顿百货公司后来居上，销售额直线上升，取得了良好的业绩。服务形象的塑造使诺顿百货公司取得了成功。

二、店铺布局

店铺布局策划是指对实体店铺的内部和外部进行科学、合理、艺术化的设计，从而营造一种巨大的商业活动艺术氛围。这种氛围把握得好，可以将消费者的购买心理调整到最佳状态，不但可以促进购买，也可以促进顾客对企业形象的认同。

（一）店铺布局的元素

布局是针对店铺内部设施进行不同的排列组合，通过对整体各个元素系统的集合，给人以视觉、听觉上的感受，从而刺激心理需求，达到一种享受美的感觉。应该说，各元素的集合构成了布局，但为了叙述的方便，在此分开一一论述。

1. 设备

设备是为了满足销售的需要，同时又是丰富空间的需要。设备因此具有实用和审美相统一的功能。当然，设备应与特定的环境相适应，其结构、位置、布局和色彩等直接影响着空间的流动和氛围，令整个布局对人的心理产生影响。

设备可分为营业设备和服务设备两类。

（1）营业设备。柜台在商场中一般没有多大差异，以中等身材的人为设计依据，其柜台高度与宽度一般掌握在 80～100cm 和 50～60cm。特殊用途的柜台可适当变通，如出售布的柜台可宽些，以利于丈量布匹。

货架的设计应方便展示商品，同时使其结构比例与周围环境相适应、相和谐。货架的结构没有什么定式，不存在固定的比例，但要以货架与消费者及营业员之间的关系作为内在尺度，来确定货架的最佳结构比例。

货架包括陈列架和储藏柜两部分，二者的比例应恰当地选定，如可选择 1:1.618 的黄金分割比例。一般书籍、报纸的长宽都采用这种比例。当然，也不可生搬硬套，应根据实际情况灵活掌握。

人始终是环境的主宰，合理布置货架的目的是方便消费者自由地活动和选择商品。人体工程学对人的尺度、视野、距离以及活动范围都进行了富有成效的研究。在一般的百货商场，货架不宜太高。一方面要照顾到营业员举手可取，另一方面要考虑消费者的视线角度。一般来说与人的视轴线成 30°角以内的事物最易被感受，这样，消费者既可轻松寻找需要的产品，又不会产生压迫感。

另外，在大型商场中，由于顶棚较高，货架太矮易产生空旷感。对此，除可利用光线颜色来改变空间感觉外，还可以采用货架上置放灯箱广告的方法来弥补，而不宜加高货架。

（2）服务设备。服务设备是布局中供消费者坐、行、看、用的一系列服务性设施。它们一般不由经营者直接控制和使用，如休息用椅、试衣室、自动扶梯等。

服务设备在布局中的重要作用在于表现出经营者的人情味。不难想象，一家商场，尤其是大型商场，不管其商品多么丰富，但如果缺乏服务措施，就会给人一种冷漠的感觉。这种对人的漠视，自然会使空间环境失去宜人的氛围。

对于服务设备，不能简单认为只是功能性的设备。人们对服务设备的感觉更多的是一种内心的感受与视觉上的影响。所以要考虑服务设备与整体环境的协调，既要起到给人以好感的作用，又要给人以美感的效果。

服务设备作为布局的构成元素，一般是作为点存在于营销空间环境中的，而营业设备则是其组合构成点的延长线。二者相互对比，形成有机的协调，为布局整体增加了节奏感和韵律感。服务设备的安置可根据具体空间确定适宜的位置，并与营业设备的线型组合相互作用，彼此呼应，提高布局的整体效果。

2. 陈设

陈设是为了给消费者购物时提供一个舒适、优美的环境。与布局中的服务设备相比，陈设具有更大的灵活性和有效性。

陈设可分为展示功能的陈设、导向功能的陈设和点缀环境强化个性的艺术陈设。

（1）展示功能的陈设。展示功能的陈设一般安放在比较醒目及空间结构不足的位置，以起到广告及连接、弥补空间的作用。应该说其功能相当于橱窗，但造型上有更随意的选择性。这类陈设设计要注意所选材料的性能和造型，使其达到结构、造型和空间环境的统一。展示功能的陈设应把众多分散的信息点巧妙地编织成为更醒目的一点，提高视觉冲击力。

在实际的店铺布局中，模特儿是主要的陈设。它不仅可强化营销布局的生命力，还可以通过逼真造型直观地唤起人们的一定的意象和概念。模特儿作为传递信息的工具，构成了一种形象化的符号系统，它可以直接与消费者对话，传达商品的功能意义，对整个布局的情调起主导作用。

(2) 导向功能的陈设。导向功能的陈设具有引导消费者顺利购买所需商品的功能。它是视觉导向类陈设，也是一种文字语言与视觉形象的有机结合物。导向功能的陈设可分为文字导向、图形导向及二者结合的导向三类。导向功能的陈设一般安放在电梯、电话亭、洗手间、服务台和收银台等的旁边。

导向陈设是一种视觉语言。人类感知事物最敏感和最准确的就是视觉。符号能给视觉以刺激，让人感知事物。导向陈设就属于"符号"的范畴。导向陈设要把复杂的事物用简单的形式表达出来，且给人的印象是瞬间的。因此要特别注意导向陈设的三个特征：一是形象独特而有别于其他个性化的元素；二是形象构成去繁就简的单纯美；三是在短暂的时间内传递出明确的信息。

(3) 艺术陈设。由一般元素构成的布局给人的情感冲击并不强烈，但与艺术陈设相结合，就会产生审美的飞跃，向更高的审美精神空间迈进。艺术陈设能够构成不同的"性格取向"，以其形式和内容本身产生的精神力量来强化布局整体环境的主题，给消费者以提示和启发，从而起到点缀、导向等烘托气氛的作用。

目前的许多店铺里，经营者更多的是注重字画、壁画等平面艺术的陈设，而忽略了占据三维空间的艺术陈设。经营者似乎认为应让柜台占满每个角落，其实，在一些适当的位置摆放一些艺术品会起到意想不到的作用。但要注意作为整体布局的元素，艺术陈设不能脱离环境凭空设置。在某一布局中，艺术陈设可以成为一个较明确的情感交流中心，因其形象的确定，象征的内涵等都与商品形成对比统一，从而强化和丰富了原有的布局，满足了消费者的心理和视觉需求。例如在体育用品店安放一座"掷铅球"塑像，就会使消费者萌发出生命的跃动感；在宾馆、饭店等的布局中，则注意强调艺术陈设的不同个性，创造出文化性、民族性或乡土性的氛围。在现代西方的艺术设计中，甚至可将灭火器、消防栓艺术化为陈设。这也是策划者应极力追求的目标，即达到艺术与实用的和谐。

3. 绿化

现代城市中，人工的景观将自然的色彩逐出了人的视野，建筑物更将人与自然隔离开来。所以店铺布局中出现一些绿色植物，使空间多少带些田园情调，满足人向往与阳光、空气和绿化植物直接接触的需求，带来舒适的美感和生机勃勃的情趣。

店铺布局的设计，要尽可能突破"四堵墙"的形式，与大自然保持接近，消除内部空间的沉闷，以维持人与大自然生态系统的平衡。当然，绿化不仅仅是为了生态学上的意义，它还可以起到划分、沟通和填充空间的作用。它可以以自身充满生命活力的形象唤起消费者对美的追求和对精神世界的慰藉。

植物绿化的意义还在于它与布局中其他元素构成两种基本的对比关系：

1) 自然生命美与人工环境的凝固形成对比。由于植物绿化有机的存在使人工环境有了生命，体现了人工环境与自然环境的和谐，增强了空间的感染力。

2) 从视觉上看，各具姿态的绿化与规则的其他形态形成对比，同时也构成一种质地的反差美、冲突美，从而丰富了布局中不同层次的变化。

需要注意的是，陈设、绿化等应放在点状空间内。如果与营业设备一样放在线状空间，就会因吸引人群而导致空间堵塞。

4. 色彩

在店铺布局的各种元素中，没有什么比色彩更强烈地诉诸人的感觉了。其传达的信息量通常比由其他对象引起的信息量更加丰富，更加直接，也更加容易被人所接受。

色彩存在于营销空间环境中，消费者进入商场的第一感觉就是色彩。精神上感到舒畅还是沉闷，都与色彩视觉有关。科学家研究了色彩对人和生物的影响后发现，不同的色彩会在人的心理上引起不同的反应。如果在店铺环境中恰当地组合和选用色彩的各种机能，调整好消费者与环境的色彩关系，就会对形成特定的氛围空间起到积极的作用。

不同的店铺空间布局都赋予自己的色彩空间以不同的个性。相同的色调在不同的空间所取得的效果是不一样的。因为色彩不仅有审美的意义，它还包含着感性的创造内容。不同的色调可以在人的心理上造成不同的空间感。

空间感是指人们受色彩的影响而产生的大与小或远与近的感觉。从光学上分析，暖色的光波比较长，会造成视觉上的逼近感；而冷色光波较短，属隐退性色彩。所谓"万绿丛中一点红"，就是说首先进入人眼的，不在于争夺面积的大小，而在于光波的长短。利用色彩光波造成的视觉和错觉，可以改变原有的空间感觉。例如窄长的空间，可以将两面较长的墙面饰以隐退性色彩，如灰绿、灰蓝；较短的墙面则涂以逼近性的色彩，如枯黄、黄、白等。顶棚过高过低也可以利用色彩的进退性改变原有的感觉。

空间的色调处理还应该把平衡、强调、韵律、统调等复合起来统筹考虑。

（1）平衡：在视觉艺术中，平衡是形式美法则之一。空间色彩的平衡是指空间构成要素的大小、明暗、色块在种种对比、变化的情况下所取得的稳定感。

平衡有不对称平衡和对称平衡。由于店铺布局空间由诸多元素构成，若要求得对称平衡比较费力，因此采取不对称平衡反而可以获得鲜明的个性。色彩中重与轻、明与暗、暖与冷都是对立的，要使各自的面积保持平衡需要有所变化。

平衡并不是普遍适用的形式美法则。按照传统的美学观点，平衡是美的，但在特定的条件下，打破平衡，也是美的。例如在体育用品商店就可以通过色调制造不平衡，使其符合这种特定空间的本质和内在规律，在人们的心目中引起情感的张力。反之，如果一切既在或潜在对立因素都消融在和谐平静的姿态之中，就会减弱特有的空间氛围。

（2）强调：人们在一定的色彩平衡的空间中，注意力是来回摆动的，最终会停留在中间的一点上。如果将其利用某种强烈的色彩加以标定，使人们的目光在此停驻下来，就会在人的心中产生一种安宁、满足的情绪。在店铺空间布局中，这种色彩的强调效果，常常出现在可以对消费者进行视觉导向作用的各类招牌、指示标志、展台和模特等上面。

（3）韵律：人类生活中渗透着韵律现象。心跳呼吸以及许多其他生理上的有规律的起伏流转都是一种自然生理韵律。视觉和听觉上的感觉知觉，都是建立在有韵律的波的基础上的。当感官感触到审美对象时，对象所表现的节奏符合生理的自然韵律，人就会感到和谐。空间色调便是利用这种规律，使空间色彩达到多样统一的美感。在营销空间中，要调整色彩排列，以产生变化，如果按强、中、弱三色顺序排列，就是一种渐近的移动，会产生渐变的效果，即阶梯的效果；如按强、弱、中或中、强、弱的顺序排列，便会产生韵律感。

（4）统调：店铺空间的色彩构成，不光指顶棚、地面、墙面，还应包括柜台、展台和商品等。这就需要一个基本的色调使多色配合的整体统一起来。这个基本的色调叫"统调色"。空间色彩无论多么丰富，都可以从黑、白、金、银等色中择取一两种来统一调整，以呈现统一感。色彩的美不是孤立的，它是在与环境相互作用下产生的。所以，有时一些色彩的出现会破坏这种统一感。例如我们常见的一些商场内悬挂的彩旗和大红横幅标语，它们以夺目的色彩跳入人们的眼帘，迫使人们去关注它。

5. 光影

"一盏放在地板上的灯可以使建筑产生一种幽灵般的气氛，一束照在石头上的纹理、顶棚和墙壁质地的顶光，把屋舍渲染得富于神奇和肃穆。"苏珊·朗格（Susanne Langer）的观察表明，空间不但要通过光来表现，而且空间氛围、空间个性也要靠光来渲染和控制。物体的质地和造型也会由于光影的强弱和角度不同而有所变化，并影响着空间形体的构成。例如，明亮的光可以使空间尺度感大于原有尺寸，反之则使空间感小于实际尺寸。所以，光影与色彩一样是创造空间氛围的重要环节，是影响人们的最直接因素。零售店内空间布局的光源有自然采光和人工采光两种。阳光通过窗、门等进入室内，直射式扩散到需要的空间，称为自然采光，它能给空间创造出富于情感氛围的自然的光影。

自然光虽然光色丰富，但其光照度不足且不易控制，所以在空间起决定性作用的是人工采光。即利用人造光源按功能及审美的要求，布置在一定的空间部位，使空间达到一定的照明要求及美感。

人工照明的主要方式有：

（1）直接式：利用灯罩或反光镜将光线全部投射到工作面或照明区内。

（2）间接式：将灯光投射到顶棚、墙面或其他物体上，取得柔和、均匀的光照效果。

（3）半直接式：让部分光线向上投影，削弱受光面与顶棚的亮度差别，又能向工作面投射大量光线。做法是使灯罩上部透光，这样既减少了受光面与环境光的差别，又能满足从事一定活动的光照需求。

（4）扩散式：以常见的乳白色玻璃或是其他扩散透光材料制成均匀发光灯具。它能有效地避免眩光，形成柔和的光照气氛。一般而言，布局空间以扩散照明为主。

（5）半间接式：采用上部透明、下部扩散透光的灯具，使空间的光线更为均匀、柔和。

现代零售店的布局空间照明的发展趋势为变单光源为多光源，变平面照明为立体照明。所以，以上若干照明方式可以在同一空间里合理组织，综合运用。但有两点应当注意：

一是在处理光照环境时，不仅要考虑有足够丰富的照明，使其光线柔和、均匀、富于变化，还要考虑光的投射方向和角度，设计重点照明，形成视觉中心。

二是不同的光照区域之间，不宜有亮度的突变，而要创造光照柔和的渐变过渡。

不同的布光方式有不同的空间布局效果，主要体现在以下几个方面：

（1）不同的布光方式可以发挥光影对可视空间的创造性，即对空间的切割与重组功能，以形成丰富多彩的不同个性的光影环境，或获得局部空间效果，增加空间与商品的魅力。如在珠宝销售区使用红、黄等富丽的光色来界定特定的空间范围，既可满足消费者的神秘感，也可以起到强调视点的作用，还可以为珠宝平添几分魅力。这种布光方式可以使空间层次发生变化，将通敞的整个布局空间隔成若干特定的空间。其特殊效果是用物质材料构筑第二空间所达不到的。

（2）不同的布光方式也可以弥补空间环境的不足，使空间通过布光得到丰富、有韵律的变化。例如空间过高时，可采用大吊灯或组合吊灯等降低空间，控制空间；而顶棚较矮时，则可采用满天星、发光顶棚等方式弥补不足。在这里，灯具不仅仅作为一种照明工具而存在，同时它也使得空间在高度上有了一定的界限，加强了空间的界定，增加了空间层次感。

（3）不同的布光方式还可以制造、强化不同要求的环境氛围，以符合不同的心理需要和行为特征。例如人与人之间往往存在着一定的心理距离，因而要求占有一个特定的空间范围。这种称为"领域感"的心理现象，会使处在特殊空间的消费者表露出来。例如大型豪华商场，为追求一种热烈的气氛，可用华丽的吊灯来装点；而在追求新潮的服装专卖店中，则可采用彩色（如亮紫色）灯，以烘托出一种浪漫前卫的气氛。

（4）不同的布光方式还可以有更多的空间效果。但是无论采取哪种方式都要合理恰当，以免弄巧成拙。拿音响销售区来说，如果在轻歌曼舞中辅以彩灯烘托气氛，则会使音乐臻于美妙，从而满足人们的美感，刺激其购买欲望；反过来，如果在服装销售区配以彩灯，那就画蛇添足了，因为它干扰了消费者对服装色彩的正确判断。当然，在陈列服装模特的服装区内，使用灯光渲染效果是另外一回事。因为这种区域的功能与时装表演相似，是供人们欣赏和感受氛围的，而非直接选购。

（5）光影还可以对空间各色彩的明度起到平衡作用。明度高的色彩反射率强（如黄色），因此布光时要考虑其反射性，不能使它有过分的刺激感，要注意与明度低的色彩取得平衡。对直接式、间接式、半直接式和半间接式等照明方式的运用，也要注意色彩的不同变化，以避免造成强烈、突变、动扰或刺激等使人不安的心理效果。在光与色调上的处理也要恰如其分，特别突出局部照射或投射光，使一些鲜丽的商品尽可能快地传递给人，使其感觉，形成高速信息反馈。

6. 音响

感觉、想象和思维等一连串的心理反应过程，除了通过视觉引起外，还可以引进听觉的刺激对象——音响。现代商业尤其零售业特别重视音响的作用。音响的处理是否得当，直接影响着消费者的购物情绪。

在零售店的空间中，由于对噪声源不具有约束力，所以对其控制的方法一般着重在对商业建筑内部的形体设计中，即注意防止回声、颤动回声和声聚焦等现象的发生。同时，对一些需要调试音响的商品，如收音机、电视机、乐器等，应尽量分别隔声，移到僻静处或其他楼层。还可以采用一些控制噪声的基本方法，如在顶棚、地面和墙壁采用表面吸声材料，提高建筑物护墙及门窗的隔声能力等。

另外，在零售店的空间中，可采用"背景音乐"的方法，用舒适的音乐冲淡噪声。同时，音乐的音响、和声、旋律作为一种信号，能刺激大脑的神经细胞，在购买高峰时，可播放一些奔放的音乐，以加速消费者流动；在购买低峰时，可播放一些清逸的轻音乐，以留住消费者的脚步。

音乐与人的情感对应关系比较明显，所以对不同的零售空间，应该选播不同情绪色彩的音乐，以助于表现其特性。例如书店宜高雅，服装店宜轻松，儿童用品店宜活泼，家具店宜温馨，工艺商品店宜典雅等。而那种与人的悲哀相对应的曲子，如二胡曲《江河水》《二泉映月》等，除音乐专业店外，不宜在一般商店播放。

另外，音响的世界是无限多样的，并不是非音乐就不能构成美的意境。例如在零售店内运用水来产生声音，不仅可以唤起人们对大自然的回忆，产生美的感觉，而且它流动时产生的音响同样可以作为"背景音乐"。

（二）零售布局空间环境的创造

人类建造房屋本质上是为了获得室内空间，因此，内部空间环境是商业建筑的灵魂。

由于人们需求层次的不断提高，当代商业已把优美的内部空间环境看作实现购销双方情感交流、创造双方心理联系的必要手段。所以，对内部空间环境的创造，不但要考虑空间的分割安排、人流特点等物质需求，还要考虑满足人们多方面的审美趣味和精神需求。

1. 空间环境布局的组织原则

就设计的程序而言，内部空间环境设计是建筑设计的深化和延续。内部空间环境设计的主要任务是，以符合空间的秩序结构为原则，按照人的行为要求组织空间，形成氛围。其组织原则应把握以下三个方面：

（1）环境的布局要体现以人为本的思想，这就要求考虑人与空间环境的协调融洽关系。北宋文学家欧阳修自称"六一居士"，这是因为他室内的主要陈设是一壶酒、一盘棋、一张琴、一万卷书、一千卷金石铭文，再加上他自己，一共六个。他把自己也列为室内陈设之一，可见他已注意到了人与环境之间的和谐关系。零售店空间环境也是这样。消费者是这个环境的中心，因而空间环境的组织和安排必须以消费者为出发点和归宿。

（2）空间不像一幅画有一个确定的主轴。要明确作为审美主体的消费者其视点不是凝固的，而是流动的，是在有组织的空间序列中，由空间的静观向时间的推移转化，由"点"的单体、审视，向"线"的群体、运动转化。因此，空间秩序的组织应追求连续视点产生的空间关系的感受，也就是一种流动的、一体化的效果。

（3）空间环境的创造要有层次性，形成主次、高潮和低潮。具体来讲就是，在空间环境的艺术创造中，对空间秩序的组织结构的追求，就是形的秩序、色的秩序、质的肌理秩序、明度的层次秩序和空间分割秩序等。

2. 空间环境氛围的创造

空间环境设计就是空间感觉的设计，其最高境界应是环境氛围的创造。

例如某家服装商店，在店里除了摆放衣服架之外，还布置了沙发、茶几和模特儿，使服装店的布局整体家庭客厅化，渲染出了一种只有家庭才会有的温馨气氛。这种气氛是由沙发、茶几等元素和空间界面构成的，它们综合形成了一种无声的语言环境，表达出特有的意境和情调，从而使人们在这个环境中产生丰富的联想。

这使我们得知，空间虽然是物质空间，但它可以通过一些诉之于视觉、听觉的元素来展示一定的环境氛围，使物质空间转化为具有美学意义的审美空间。实现这种转化，关键要看达到什么效果。正如基督教堂中，不仅要靠圣坛、十字架等陈设来形成宗教空间，还要利用彩色玻璃使自然光变得捉摸不定和迷离恍惚，利用音乐使空间弥漫着独有的静谧……所以要使商店的空间环境氛围给人的情感以极大的冲击力，就必须辅以诸多元素，并将这些元素进行合理的组织，塑造出可视、可触、可闻的空间形象。例如南京金谷大厦的粮油食品市场，便综合利用色彩、光影、陈设和音响等元素，将空间合理分割，创造出田园式木屋、卵石小径、谷麦、豆蔻壁等，使其构成了与消费者的审美心理相通的情感形式，让人们体会到一种和谐的田园诗般的氛围。

最后要强调的是，无论追求怎样的空间氛围，都要以人为中心，注意到人们在真实环境中的感受，如空间感、尺度感、质感、色感、光感等，注意到各种不同的环境中使用者对客观环境不同的心理反应。这就需要从整体感入手，使物质的环境、视觉的环境、听觉的环境、生活的环境和精神的环境等和谐地构成统一的环境，使之互相陪衬，并行不悖。

（三）卖场布局的空间分割与创造性

店中空间的组织、分割与创造，主要是指柜台的组合、第二空间的分割和共享空间的创造等。

1. 柜台的组合

流动性、开敞性和可变更性是营销空间的主要特点。这其中，柜台（包括货架）起着基本框架的作用。因此，柜台参与划分空间、组织空间、调整空间的作用不容忽视。应该说，柜台本身不是艺术，也不是装饰，而是包含在营销环境中，有可能使空间个性和空间氛围得以形成的某种因素。通过有规律的组合，它可以给消费者一个方便的购物环境和统一完整的空间感受。

柜台的功能具有两重性：一是用来陈列商品，二是用来划分空间。从环境这一角度论及的只是后一种功能。作为商业经营者必须考虑如何通过柜台各种形式的组合，构成不同的空间划分，如通道区、售货区和活动区等，从而使卖场布局达到功能分区明确、感觉舒适的目的。

柜台的组合，绝不是随心所欲的排列，它虽无固定模式，却也绝非无规律可循。一般说来，柜台的组合主要有如下几种形式：

（1）方格式布局。这种布局形式，商品以直接、平行的方式陈列。大多数超市使用这种方式。方格式布局的好处在于可以提高店内营业面积利用率，但对顾客而言很不方便，顾客不能随心所欲地走动，而要由店内货架引导。在百货店内采取这种方式会降低主要顾客通道上的客流量。

（2）自由流动式布局。这种布局形式，商品与货架的设计安排可允许顾客自由流动，使顾客较方便地接近物品，使顾客可以自由散步，移向任一方向，促进购买。

柜台组合无论采用哪种方式都具有独立的审美价值。但是，柜台的组合方式是相对稳定的，却不是凝固死板的；形式有规律，但运用规律却又是自由的。要有分析地改革那些不适用的旧形式，举一反三，创造出与表现新生活相协调的新形式。

在考虑柜台组合时，还要从柜台的功能出发，绝不可能脱离这一功能而只追求形式美。其中，最主要的是考虑消费者置身其间的感受。每组柜台之间的距离，即人行通道不可过宽，也不可过窄。过宽，显得空荡，削弱了营销气氛，使消费者感到无所适从；过窄，则影响消费者的流动。因此，柜台的组合要自然形成有分有合，宽窄适当。

通常，通道的宽度是根据商品的种类、性质以及消费者的人流数量来确定的。柜台前站立消费者的所需宽度为450mm，通常每股人流所需宽度为600mm，则通道宽度 W 由人流股数 N 来确定，公式为：

$$W = 2 \times 450 + 600N$$

根据人流的计算和试验，常采用的数据见表7-1。

表7-1　商店通道宽度　　　　　　　　　　　　　　　　　　（单位：mm）

种类	程度	一般商店宽度	综合商店宽度
主通道	最小	800	1600
	普通	900~1500~2000	1800~2200~3600
	最大	3600	4500
次通道	最小	600	1200
	普通	750~900~1500	1500~1800~2100
	最大	1500	2100

2. 第二空间的分割

现代商业尤其重视营销空间环境的层次性。如果说整个内部营销空间是第一空间，那么通过种种方式在第一空间中营造的一些特殊区域则构成了第二空间，即我们通常所说的"店中店"形式。

这种物以类聚、相对隔离的构成，在繁闹喧嚣、互相干扰的店堂里创造了一个个相对安逸宁静的小环境。这种适应消费者购买秩序的巧妙构思与精心布局，不仅创造了更为实用的功能价值，为消费者提供了方便，而且按照美学规律大大改变了环境的面目。这种在大的空间中创造出相对独立的小空间的做法，使人们在行走的过程中，其视野空间不断地变化，取得了移步换景的效果。例如南方大厦商场，他们对卖场布局进行了大胆的分割，在顾及传统心理因素的前提下，以悦目的造型赋予空间以美的生命。他们把和日常生活密切相关的商品汇集一起，建起"家居之友"；将儿童用品汇在一起，建起"儿童天地"；把花鸟鱼虫引进大厦，建起"趣苑"；把钟表专柜布置成现代化的展览厅，名曰"钟表廊"；以玻璃为主体，在大厅内组合成一个个小"玻璃屋"，如"玻璃时装屋"等。所有这些，都是立足于使用功能的基础上，对卖场布局进行的合理组织和美化。

应该说，满足人们多元化的需求，是现代零售卖场空间布局的共同追求。美的购物环境是物质功能与精神功能的和谐统一，两者都应该得到足够的重视。店铺空间环境构成如果仅仅讲究物质功能，有可能导致消费者平衡的心理状态产生倾斜。而如果采用小空间划分，使其尺度接近人们日常生活中的住宅，就可能产生亲切感。拿大型零售百货商场的家具部的空间处理为例，可以在整个店铺空间中将部分商品布置成一个小家庭，并加上床罩、吊灯、台灯和工艺品等商品。这种虚拟空间是为了迎合人们普遍具有的心理——家居应该处在一个较为封闭的空间内，使空间较为收缩，造成领域感，并使气氛恬静、幽雅，保证私密性，以此来诱发消费者进入直接体验。而如果直接在第一空间陈列家具，就不能给消费者提供直接体验的机会。即使消费者自觉地去想象和体验，也只能给他们以空旷、开放、嘈杂的不安全感觉，造成心理状态的失调。

按照传统的观念，只有墙、隔墙等封闭、半封闭的构件才具有组织空间的功能，但在灵活空间、虚拟空间和动态空间等日益丰富的卖场空间中，不但柜台的组合具有组织空间的功能，其他如设备、陈设、山石、绿化及水体等都可以参与空间组织，构成虚与实、阻与透的对比，从而使人感到小空间的亲切与安定，又能感到大空间的开阔。

3. 共享空间的创造

如果说第二空间的创造考虑了人们对建筑空间心理上、精神上多层面的要求，如空间的情感、情调等问题，那么与此异曲同工的共享空间，就是将人们从不同性质的空间汇入到一个共有的空间。

共享空间是美国建筑师约翰·波特曼（John Portman）所倡导的建筑设计理论，其主要特征是把人作为空间的主体来考虑。例如，人们希望在室内也能观赏到阳光照射下的户外景色，那么按照共享空间的设计思想，就可以以具体的空间创造，使内部空间通贯几层大厅，甚至打破顶棚的界面，以玻璃顶覆盖，让阳光直泄而下。同时，还直接在室内配置绿化、水体和山石等，创造一种"苔痕上阶绿，草色入帘青"的意境，真正使内部空间室外化。

共享空间是人为的空间，人的活动与交往是共享空间的灵魂。所以，有的共享空间中还常常设有近人尺度的休息岛、石凳、树木和花草，并力图创造一种"人看人"的热闹场面，吸引人们从各个方面汇集于此，使其既是交通的枢纽，又成为人活动的中心。因此，共享空间特别适应于大跨度结构的大型商场。在我国，运用共享空间理论创造的营销空间环境，已有不少成功的范例。特别值得一提的是约翰·波特曼亲自设计的上海商城，商城创造了一种向人们完全敞开的气氛，使人们丝毫没有身处室内的感觉。

（四）商品部的营业区域确定

确定好店铺的布局后，不同的商品应在什么区域营业？可按以下几个方面的情况决定：

（1）销售额、利润最高的商品应置于最有价值、客流量最大的区域。

（2）由于消费者的冲动而可能购买的商品应放在店内最好的位置，对于消费者计划购买的商品可放于顶层或离通道较远处。

（3）按消费者购买频率高低划分。购买频率越高的商品，位置应越好。

（4）相关商品，如互补品或消费者一次性购买可能性最大的商品，位置应近些。

（5）可按季节调整。应季商品也应置于最好的位置。

（6）商品如果太小的话，也应给其较好的位置，以免被消费者忽视。

（7）质量大、体积大的商品应放在货架底层靠近收银处、出口处。

（8）新增加的商品应置于较好的位置。

总之，销售潜力的创造，与零售布局细小而具体的工作密不可分。如能巧加运用，将为零售店铺带来更好的销售业绩。

第三节　店铺营销策划

随着全球经济的发展，卖方市场已经成为历史。无论从事何种经营活动的企业，都应该弄清什么是市场营销，零售企业也不例外。所谓市场营销，是指在一个动态的市场环境中，以满足消费者的需求为目的，以实现企业经营的长远目标。市场营销包含很多内容，如市场调查、市场预测、选择目标市场、市场定位、产品促销、优质服务等许多与市场密不可分的经营活动。作为市场的主体——企业，应该充分了解市场，设法适应市场，使企业的活动与市场相互协调，与消费者的需求相一致，这是任何一个企业进行市场营销活动的核心之处和关键所在。而在当今互联网浪潮中，实体经济受到冲击，店铺经营每况愈下，如何线上线下相结合，通过电子商务促进店铺经营发展，值得我们不断探索。

一、文化营销

文化营销就是以消费者的文化需求为中心，以文化营销活动、文化营销关系、文化营销规律和文化营销的战略策略为研究对象，研究如何使消费者接受文化产品与服务，并实施购买或使用的一个连续动态的过程。因此，文化营销带有双重的性质，它既是一种经济行为，与一般市场营销有共性的地方，又是一种文化行为，丰富了广大消费者的业余生活。

（一）文化营销的研究内容

文化营销与零售企业的市场营销在大体思路上是一致的，但文化营销的主体是文化产品，而非广泛意义上的商品。

（1）对文化市场进行调研。收集文化市场各方面信息的第一手资料或现成资料，为企业开展全方位的营销打下基础，如文化市场现状、同业竞争者状况、产品和服务等。对产品的种类和价格能否为消费者接受以及销售状况也必须认真进行调查。

在进行文化市场调查的过程中,应明确调研活动需要贯穿于企业活动过程的始终。随时随地对本企业的各种营销状况进行跟踪调查,才能使领导者做出正确的决策,增强企业的竞争力。

(2) 文化市场细分、目标市场的选择与市场定位。零售企业应按一定依据(如人口统计因素、地理因素、心理因素等)将文化市场整体划分为若干个子市场。企业不可能为所有的消费者服务,因而要选择对自己最有利的目标市场,然后通过一系列公关和广告宣传活动,将这些信息传达给消费者,进行市场定位,使本企业所选定层次的消费者的文化需求能得到满足。

(3) 文化产品促销。企业的任务就是供应能给消费者带来利益和好处的文化产品。文化产品可作为整体促销组合推出,以便把最好的文化产品推销给广大文化消费者。

(4) 文化产品价格策略。产品定价至关重要,不能过高,也不能过低。必须能为消费者接受,同时也必须达到一定的规模效益。可依据成本、质量和声誉等因素综合定价。

(5) 文化产品渠道策略。文化产品中的一部分为精神产品,消费者不能随便带走,只能在出售地消费,如电影、文化活动等。且文化市场稳定性相对较弱,因此企业要注意不断开发新的销售渠道。

(6) 促销策略。促销在文化市场上显得尤为重要。零售企业可采用广告宣传、展览会、公关、人员推广和名人效应等多种形式来进行促销,让消费者对文化产品有广泛深入的了解。

(7) 国际产品文化营销。当今世界的经济一体化程度不断加深,文化具有世界性。它不仅是一个国家的,也是世界的。尤其是通信的发展,为文化的国际营销提供了可能。任何一个不开放的文化市场都难以生存下去。只有进入国际市场,互相沟通交流,才能推动整个人类的文明发展与进步。

(二) 文化营销的功能

自从营销传入我国,发展到现在,企业的领导者越来越感到营销的紧迫性与复杂性。尤其是世界经济和网络通信的飞速发展,加快了世界各国之间的沟通、接触与交流,世界大市场正在形成。而每一个国家或地区都有其独到的文化,文化营销正发挥着越来越重要的角色,它具有很多功能。

(1) 促销功能。企业进行营销的最终目的是带动产品的销售,而促销就是重要手段之一。利用文化营销达到促销的目的,是目前为许多商家所采用的方法。例如可口可乐推出的一系列广告,以美国文化为背景,所有阶层的人都表现出一种蓬勃的活力;万宝路以美国西部牛仔勤劳勇敢、奋发向上的精神为内涵,在世界上赢得声誉;中国的孔府家酒以几千年的传统儒家文化的经典为后盾,以独特的文化内涵获得了胜利,并创立了独特的品牌。

上海虹桥友谊商城曾经举办过一个小型的展销会,展出英国进口的许多商品。在展厅中,企业有关人员进行了精心的布置,展品摆放整齐有序,让人流连忘返。其中有许多茶具和咖啡具是用陶瓷做的,瓷质细致而有光泽,色彩搭配恰到好处,反映了英国在茶方面的独特文化,如"草坪茶点""早茶托盘""茶点舞蹈""茶店约会"等,还展出了具有英格兰民族风情的服装。展厅里配合播放英格兰民谣,以及英格兰民族歌手在演唱。这些都吸引了众多的消费者,促进了销售。

（2）指导功能。在文化促销的作用下，凭借文化的力量找到最具接受此文化能力与最感兴趣的消费者，并引导其消费。

（3）交流功能。若企业与消费者有共同的文化背景与文化底蕴，文化就可以有效地沟通与改善企业与消费者的关系。

（4）增强团结力和凝聚力。每个企业都有自己独特的价值观念，并依此将全体员工凝聚成一个巨大的整体，发挥积极性和创造性，追随企业宗旨进行工作。

（5）使企业"长领风骚"。许多企业目光短浅，在市场上"各领风骚两三年"的情况随处可见。一个企业要想长期持续地发展，必须以文化为核心，为企业的发展提供强大动力。

总之，一个企业是否有竞争优势，主要取决于它是否有核心竞争力。寻找这种核心能力是企业长久发展的必然途径。只有进行文化营销，才能构筑出核心竞争能力，并保持长久的发展势头。企业为了实现持续发展，避免大起大落，不断提高自己的核心竞争力，就必须进行文化营销。

二、其他营销活动

除了零售企业的营销活动以外，还有其他许多类型的营销。

（1）行政机关营销。最初的营销仅限于市场，后来营销理论有了新的发展，凡是一切为了保证和实现交易活动所进行的活动都被称为营销活动。许多其他非营利性组织都在进行各自的营销活动，如各级学校、党政机关、银行和邮局等。进入市场经济以后，我国政府对企业的职能由微观管理到宏观调控。政府如何才能更好地对企业进行指导，如何面对公众，显然，行政机关也面临着营销。

行政机关营销就是国家行政机关将经济原理应用于社会经济活动中，对其进行宏观调控，以保证经济正常运行，为社会大众服务。行政机关营销并不是以营利为目的，而是为企业、为人民服务。

（2）社会道德营销。企业在进行活动时，经常会遇到多种不道德行为，如欺诈和坑蒙拐骗；顾客也会受到假冒伪劣行为的侵害。针对这些行为，出现了道德营销，如做生意讲究诚信。企业进行道德营销，有利于维护市场秩序，唤起人们的道德意识，为社会主义精神文明做贡献；同时也能吸引大批忠实的消费者。

（3）形象营销和关系营销。形象应该成为企业文化的一部分；关系营销就是以顾客满意为核心进行的营销，与消费者建立长期的友好合作关系，以促进企业的发展。

（4）权力营销。企业在进行营销活动时，可借助个人、企业、政府及其他多种权力进行营销活动，从而达到预定的目标。

（5）绿色营销。绿色营销就是企业在保护环境、实现可持续发展的前提下进行产品、定价、渠道和促销的活动。通过这些活动达到企业的目标，满足消费者的需求。从资源的合理利用方面来讲，绿色营销更能节约地球上的资源。企业在绿色营销中必须兼顾多方的利益，如消费者、企业自身、社会和环境，从而实现可持续发展。

三、零售价格策略

零售企业自己生产或从销售商处获得的产品，如何定价是一个非常敏感的问题。因为价格涉及供应商、零售商和消费者三个方面的利益，关系到企业的定位及形象问题，并且会影响企业在市场上的竞争力，因而价格策略是企业营销战略中极其重要的因素。

（一）制定价格的原则

价格的制定既要有理论上的科学依据，又要有一定的经验积累，将二者统一起来，制定出合理的价格。价格的制定不仅仅是一项经济行为，还是一种艺术。

1. 理论原则——以价值为基础

所谓价值，是指凝结在产品中的无差别的人类劳动，即社会必要劳动时间。价值是价格的基础，价格是价值的货币表现形式。价格由价值决定，但二者有时并不完全一致，价格总是以价值为中心，围绕价值上下波动，这就是价值规律。市场上影响价格的因素很多，因此价格与价值几乎从来不完全一致，这是必然的结果。

2. 成本对价格的影响

（1）固定成本。在一定时间内，固定成本是不随企业销售的变化而改变的成本，如店铺、照明设备和工资支出等。

（2）可变成本。可变成本是随着销售量的变化而发生改变的成本，如管理费用、运输费、仓储费、产品成本等。

（3）总成本。即固定成本与可变成本之和。

（4）平均成本。平均成本是指按销售量而平均的总成本，即总成本与总销售量之比。

企业在制定零售价格时，必须首先让成本得到补偿，使价格高于平均成本。企业应扩大规模，这样可使成本下降，增加盈利。企业应兼顾产量与价格，寻求两者之间的最佳结合点。

3. 供需关系对价格的影响

（1）供给因素。价格与供给呈正方向变化。当产品价格上升时，零售商就会扩大进货量，增加供给，从而导致供给量扩大；当价格下降时，零售商又会自动减少商品的供给，减少进货量。

（2）需求因素。需求是指有欲望且能够实现的需求。价格与需求量呈反方向变化。当价格下降时，会吸引许多新的消费者加入到需求者的队伍中来，原有的消费者也会增加购买量或购买频率；当价格上升时，消费者就会减少购买数量和频率。

（3）平衡价格。价格对供给与需求的影响截然相反，因此二者必然有一个最佳结合点。这个点所处的价格即平衡价格，处于这一点时，供给与需求相对平衡。实际上，这只是一种最理想的状态，很难达到。大多数情况下，供求并不能完全相等或一致。

4. 价格的灵活性

价格具有一定的弹性。需求价格弹性是指因价格变动而引起的需求量的相应变动率，表示需求变动对价格变动的敏感程度。

不同的产品需求弹性不同，定价也各异。对于弹性大的商品，可适当降低价格，引起需求量大幅度上升；而对于需求弹性小的商品，则可以适当抬高价格，即使这样也不会对需求造成明显的影响。

同一产品在不同时间区域内弹性各异，应根据具体情况采取不同策略。同一产品对于不同的消费者弹性各异，企业应针对不同的人进行差别定价。

（二）价格的目标

企业制定价格都是为了通过价格所起的作用去实现一定的目标。

(1) 利益目标。为了实现利润最大化而为产品制定的价格,并非价格越高越好。

(2) 投资回报。投入大量资本进行销售,就是为了能得到一定的报酬,以实现自己的目标。企业应制定报酬的范围,只要投资回报在此范围内,就证明投资是正确的,价格也是合理的。同时应争取最大投资回报。

(3) 市场渗透。通过价格对市场进行渗透,扩大占有率,提升知名度。

(4) 价格竞争。低价与竞争对手进行对抗,或是保持高价以保持企业形象与定位。

(三) 价格制定的方式

(1) 以成本为基础。这时的产品价格就为成本+预期利润。

(2) 消费者定价法。企业为了吸引消费者,按照消费者的心理制定价格,即以消费者认为商品的价值为多少来定价。

(3) 市场定价。随着市场上供需的变化,以及竞争对手的策略随时调整价格。

(四) 价格策略

价格不仅是一门科学,还是一门艺术,采用不同的定价策略,必然会收到意想不到的效果。

(1) 精确定价策略:将价格精确到角和分,如将价格定为8.95元,而非9元。这样顾客容易产生信赖感,且价格便宜会起到很好的促销作用。

(2) 整数定价策略:对于一些高消费顾客应采用此方法,使其感到价位高,满足其虚荣心理,符合其名望和地位。

(3) 折扣:这是一种间接的下调价格策略,使顾客以为自己得到了很多,刺激其增加购买的数量与频率。

(4) 变动价格策略:不同的产品,需求随时间、季节、地区的变化都会发生变化,因而可以采取变动价格策略。例如时装店,应季服装定价很高,过季服装打极低的折扣销售。

现在的许多仓储式商场,它们唯一的目标就是"以最低的价格出售最好的商品"。它们直接从厂家进货,省去了许多中间环节;除了货架与照明之外,店内没有别的装饰;以大批量售货为主;实行会员制。这一系列措施受到了广大消费者的喜爱。这是用价格取得成功的一种典型方式。

总之,企业应综合考虑各种因素,以价格促进销售,扩大销量,从而实现整体利益。

四、零售分销渠道策略

在现代经济社会中,企业的产品并不是直接与消费者进行交易,而是需要通过一系列中间环节,如批发商、零售商、代理商等。其中零售商的作用尤为突出,因为它是产品从流通领域进入消费领域的最后一环。零售商本身也是一个分销渠道,它应该采取什么策略,才能完成商品或服务的销售呢?

(一) 零售商的功能

零售商的存在使生产者节省了许多时间与费用,使整体经济利益最大化。

(1) 信息收集员:零售商可以与消费者进行直接接触,得到各种意见和信息。将这些反馈给生产者,可以进一步改善生产,满足消费者的需求,同时也能给零售商带来利润。

(2) 产品销售:零售商采取一系列促销手段,以说服消费者购买商品或服务。

（二）分销渠道

在具体的分销过程中，会遇到许多影响因素，如消费者、产品、企业和环境等。企业要根据实际情况做出正确选择。

（1）密集型：生产企业选择多个零售商进行本企业产品的销售工作。

（2）分散型：只选择几家零售店作为代理商，对于有品牌的产品尤其适用。

（三）相互协作

生产商为了促进本企业产品的销售，可以向零售商提供一些优惠条件，如：提供质优价廉的商品；在定价时兼顾双方的利益；为零售商提供信息资料、资金支持以及各种宣传支持等，从而建立良好的合作关系。

五、零售促销策略

促销是传统营销 4P's 组合中的一个因素，也是最不确定的因素。零售企业应以广告、公关、营业推广和人员推销等方式对企业所售的商品进行宣传与促销，并使全部促销活动协调一致，最大限度地发挥作用，从而实现企业的销售目标。

六、店铺广告

（一）店铺广告的特点

（1）及时性。零售商在各种商品上市的短期内就要登出广告，力求顾客及时前来购买。

（2）地区性强。由于零售商的目标顾客在地理位置上是相当集中的，因此零售商不需要大量使用全国性的宣传工具。尽管有些连锁零售商在国内有些地区有分店，但也很少使用全国性的宣传工具。当然，随着市场经济的发展和竞争的不断激烈，有些零售企业推出特色服务或显著区别于其他竞争者的营销手段时，也可适当选用一些覆盖面广的媒体进行宣传。但此时，除商品本身外，宣传的侧重点应放在服务上。

（3）广告宣传的重点是价格。零售商的广告都注明了商品的价格，目的是促使消费者购买。报纸中的夹页广告就是典型的例子。不可否认，价格竞争仍是零售企业间竞争的重点所在。

（4）合作性。零售商经常与制造商、批发商合作做广告。因为制造商和批发商需要借助零售商实现商品的销售，因而愿意对零售商提供广告补贴或进行合作广告。

（5）形象突出。零售广告虽然是关于商品的广告，也应注意传递商店整体的信息。许多零售广告都是在树立商店形象上大做文章。商店形象属于与顾客光顾现象有关的概念，形象宣传广告的作用是在消费者心目中树立商店的形象，其目的是使出售的商品带有出售商店的特点。在消费者意识增强、商品日趋同质、购买点十分普及的情况下，对时尚消费者和讲究生活品质的消费者而言，品牌形象与商店的形象日益受到重视。他们消费的不只是商品，还有文化和特色服务。

（6）注重销售展示宣传。销售展示性宣传广告是为告知销售活动的信息，吸引更多的消费者参与而进行的广告宣传。其功能主要是通过信息沟通，让消费者相信到本店购买商品能获得更多的利益，能够维护或巩固他们的自我观念，通过说服，使购买者从知晓到感兴趣、产生欲望并最后付之于行动。

（二）店铺广告的形式

零售商为了使广告沟通产生良好效果，要对广告过程进行周密的策划。广告媒体是将零售广告信息传递到目标消费者的中介。通常有印刷、广播、电视、标志（橱窗、POP、灯箱和路牌等形式）等广告媒体。

零售商选择何种广告媒体，往往需要考虑各种媒体传递的信息影响目标市场的能力，即媒体的成本、声誉、地理特征、覆盖率以及接触此种媒体的顾客特征等。不同的媒体都有各自的优缺点。下面简单介绍几种重要的广告形式。

1. 橱窗——店铺的眼睛

橱窗是店铺的眼睛，是城市文化经济生活的镜子，是店铺展示商品、介绍商品、传达信息、指导消费、促进生产的有力阵地。同时，橱窗还可以协调店铺布局，指导商品出售位置，宣传店铺经营特色。

（1）现代意义上的橱窗艺术。橱窗是以商品为主体，通过布景道具、灯光、色彩、图片和装饰画面的背景衬托，配合文字说明，进行商品介绍和商品宣传的综合艺术形式。

在现代商品活动中，橱窗是零售商业普遍采用的广告形式，同时也是装饰店铺店面的重要手段。一个构思新颖、主题鲜明、风格独特、手法脱俗、装饰美观、色调和谐的店铺橱窗，与整个店铺建筑结构和内外环境构成美观的立体画面，能起到美化店铺和市容的作用。

（2）橱窗广告的表现方式及特征。橱窗的主要表现方式是在店铺的临街门面上设置玻璃橱窗，对所经销的商品进行科学的分类和有目的的选择，并经过巧妙的艺术构思，精心布置商品，以达到富有装饰性和整体美感的审美效果，借以宣传商品，促进销售。

与其他同类广告相比，橱窗广告的主要特征是真实性。它以商品本身为主体，最直观地展示商品，传达给消费者的是真实可靠的商品形象。橱窗广告在传达过程中同时具有直接性的特征。消费者所感知的是活灵活现的商品，无须更多说明便可直接认知。

（3）橱窗广告的功能。

1）从商业心理学的角度来说，店铺橱窗把经营的重要商品巧妙地进行组合搭配，形成一组富有情趣的商品群，对消费者的购买往往会产生一种促进的冲动。

①引起消费者注意。一组设置新颖别致的橱窗展示往往会令路过此店的消费者驻足。通过这种美的信息的综合传递而引起消费者对其中某些商品的注意，产生移情效应，特别是一些年轻的女性消费者，会不由自主地将自己融入情境之中，她们不仅会记住商品，还会记住这个店铺。

②激发购买兴趣。店铺橱窗根据消费或购买这些商品的消费者心理特征和季节变化，把精心挑选的时尚商品和新上市商品进行陈列，摆在抢眼的点睛之处。这不但能给消费者一个经营项目的整体印象，还能给消费者以新鲜感和亲切感，从而引起对商品乃至店铺的兴趣，为下一步产生购买欲望奠定坚实的基础。

③促进购买欲望。橱窗广告可以说既是实用艺术也是美学艺术。橱窗的装饰美术、民族风格、时代气息以及温馨浪漫的气氛不但会使消费者对商品有一个良好的直观印象，还会引起他们对美好事物的联想，获得一种精神上的满足，从而促进购买欲望。随着人们物质生活的不断富足，追求精神上的满足已成为现代消费的转移重点，因此，橱窗装饰策划也应在此着手。

④增强购买信心。基于以上橱窗广告的作用，再加上店铺橱窗能直观地反映商品的性

能、用途、使用及保管方法，直接或间接地反映商品的质量可靠、价格合理等，不但可以提高消费者购买商品的积极性，还能增强其购买的信心。

2）从橱窗广告最基本的功能用途上来看，其展示商品、招徕消费者和美化店铺的作用也是显而易见的。

①及时宣传商品，指导消费。当前是商品生产日益发展的时代，商品大批量地涌入市场，新产品更是层出不穷。消费者面对着五光十色的商品，很难从商品本身的特点和质量做出判断。而且时尚产品流行趋势的变化速度之快也令消费者摸不着头脑。因此，店铺应利用橱窗广告将时兴商品、季节商品、名牌商品和流行商品及时地、有计划地向消费者宣传展示，为消费者挑选自己喜欢的商品和把握流行趋势提供方便。例如北京阜成门地区的华联商厦，其橱窗风格以展示"新、精、名品"为主要特色，路过此地的消费者能一目了然地看到最近华联商厦又推出了什么新品种的服饰或商品，从而树立了华联商厦领导流行趋势的风格特色。

②招徕顾客，扩大销售。商业广告宣传的最终目的是招徕顾客，扩大销售。而橱窗广告呈现给消费者的是具体的商品实物形象，利用艺术化的手法把商品的性能、特点、花色和品种直接展现在消费者面前。同时，形式新颖、妙趣横生的橱窗陈列，无形中会给消费者留下深刻的印象，有时还会唤起消费者在其他媒体上隐约留下的关于某种商品印象的记忆。这种记忆在见到商品实物时会被马上激活，而与具体的商品联系起来，形成美好的印象，并产生购买的意愿。

③美化店铺。商业销售作为一种重要的文化现象，影响着人们精神生活的各个层面。商业活动不仅仅是为了推销商品以谋取利益，同时作为经济活动的一个窗口，也肩负着美化生活环境、为人们提供精神享受的责任。深入街头店旁，色彩艳丽、造型别致、装饰性强的橱窗广告艺术，本身就具有极强的审美价值。同时，主题鲜明、美观大方的现代橱窗广告，也是现代都市一道亮丽的风景线。它能缓解紧张的生活节奏，使人们在忙碌中享受生活的多姿多彩。

（4）橱窗陈列的类型。一般情况下，为了使橱窗广告主题明确，有利于消费者了解商品，通常采用以下几种陈列形式：

1）专题陈列法。所谓专题陈列，是指将一些专用商品或同类型的商品用一个橱窗进行单独陈列，突出表现，如妇女、儿童、体育、医疗卫生等专用商品。这类橱窗实质上是同类商品的综合展示，围绕一个主题进行，如"新婚用品展示"等。尽管商品多而复杂，但以青年男女新婚房间布置为目的，既主题突出，又富有生活情调。

2）特写陈列法。这类橱窗主要是向消费者突出并较全面地推荐新产品。一般在新产品上市之前，消费者对商品尚未彻底了解，为了系统全面地加以介绍，有必要将其在一个橱窗中单独陈列出来。这种橱窗必须重点渲染、集中表现某一厂家的单一型号的一种产品或某一型号的系列产品。目的在于重点展示，树立形象。

3）系统陈列法。系统陈列法也称综合陈列法，是指将几种类型不同但又相互联系的产品陈列在一个橱窗内。这种联系指的是这些产品在功能用途上有着密切的关联。例如泳装系列，包括泳衣、泳帽、太阳镜、太阳伞和救生圈等。这种陈列旨在增强消费者的商品群体意识，便于扩大销售和方便顾客。

4）季节和节日陈列法。在换季前或重大节日前，根据季节或节日的消费需要和消费习惯，选择适应季节或节日使用的商品，在橱窗中以新颖的方式展示出来，能给消费者一种新鲜的感觉，同时意识到新季节或节日的到来。这不仅能起到提醒消费者及早选购应季商品和节日商品，进而刺激和引导消费的作用，而且重大节日前的橱窗展示也能为人们增添节日的气氛。因此，这类陈列方式是商家十分重视的。

5）展示卡片照片。由于新产品上市较快，顾客不熟悉的商品也越来越多，采用写有商品特点、性能、使用方法的说明卡以及写实照片同样也能达到刺激消费者购买欲望的目的。

（5）橱窗广告策划应遵循的规则。

1）橱窗横向的中轴线应与顾客视平线一致，以便使整个橱窗陈列尽收眼底。

2）既不能影响店面外观造型，也不能忽视商店的建筑特色，一味追求橱窗本身的艺术效果，而应与商店整体规模、风格相适应。

3）主题必须明确突出，使人一目了然，切忌主角与陪衬位置不清。只有主次分明，整齐和谐地统一于一体，才能达到众星捧月、突出主题的目的。

4）注重整体效果与局部突出，要做到使顾客从远、近、正、侧均能看到商品全貌，富有经营特色的商品应陈列在视线的集中处。从远处看，整体形象感强，容易引起注意；近看，商品突出。

5）注意保持橱窗的清洁与卫生。

6）橱窗陈列应常换常新，给人以与时俱进感。

7）橱窗必须在消费热潮到来之前陈列新品，以起到引导消费的作用。

其实，橱窗艺术所追求的是一种形式美，是点、线、面、体等元素的综合运用。形式构成法则有这样一句名言：一切的自然体，都逃不出几何形的范围，而艺术创造时，决不可被几何形所束缚。也就是说，在橱窗设计时几何形应为橱窗陈列的最佳构成形式。需要强调的是，这并不是点、线、面、体的机械组合，而是以巧妙自然的配置使之产生新的构想。例如垂直是一种直立向上的感觉，上下走向的垂直线，可引导视线上下移动，使橱窗空间感强烈；倾斜线给人以动感，易于表现出与现代生活合拍的快节奏；曲线表现阴柔之美，较易突出商品的质感和特色。恰当的组合和繁简有序的排列，既可使视线集中，又突出了商品，而且显得活泼新颖。

（6）橱窗广告策划的要求。

1）要反映出零售商店的经营特色，使媒体受众看后产生兴趣和购买欲望。

2）季节性商品应按目标市场的消费习惯陈列，相关商品要相互协调，并通过顺序、层次、形状、色彩和灯光等来表现一定的诉求主题，营造一种氛围，使整个陈列具有较高的艺术品位和欣赏价值。

3）要有一定的艺术美。橱窗是展示商店经营者文化品位的一面镜子，是体现商业企业经营的一个窗口。顾客对它的第一印象决定着顾客对商店的态度，进而决定着顾客的进店率。

现代橱窗构思重在艺术构思和艺术内涵。社会在发展，人们的消费观念也日趋成熟，只凭新奇造型就能刺激购买的时代已经过去。现代消费者追求的是一种深层次的内涵。随着各种文化的冲击，不同的审美标准也层出不穷，而且人们对艺术的鉴赏水平也在不断提高。现介绍几种常用的现代橱窗的艺术构思形式：①情节型。设置悠远的意境，"缘情造境"，在表现上以情动人。②风格型。迎合现代社会对不同风格体验的要求，显示个性美。③构成型。在当今复杂的社会生活中,部分消费者要求删繁就简,此种形式可谓投其所好。④寓意型。人类在思考中进步,此种形式若运用得当,更能体现商店的经营理念和文化内涵。⑤模拟型。"名牌"效应是不可忽视的一种消费力量。通过模拟演示,不仅使消费者得到精神上的满足,而且具有直观感,增强对商品的信赖度。

2. POP广告——抓住顾客的眼睛

随着商品经营活动和传播媒体的发展,广告的传播手段越来越先进,广告的设计手法也越来越高明。为了适应市场的变化和消费需求层次的提高,一些新的广告形式正在不断涌现,并且越来越受到企业和广告经营者的重视,POP广告就是其中一种。

(1) POP广告的定义和分类。POP广告是近年来在国内外受到普遍关注的一种广告形式,它在我国的发展也比较快。"POP"的全称为Point of Purchase,意为"购买地点",我国通常称为"购买点"广告。对它的理解也是仁者见仁,智者见智,现归纳成两种,以供读者参考:一种是指生产厂商在销售自己产品的商店或其他场所布置一些以宣传自己产品为目的的广告,如悬挂小旗、张贴宣传画等;另一种解释比较宽泛,包括购物场所内外一切有助于刺激购买欲望、促进产品销售的广告形式都称为POP广告,又可分为室内POP和室外POP两种形式。室内POP是指柜台及货架陈列、室内灯箱、柱形广告、模特儿以及各种悬挂、张贴的广告等,其基本功能在于改善商店的购物环境,突出商品和服务的质量,刺激消费者的购买欲望;室外POP是指购物场所(如商店)外面的一切广告形式,如门面装潢、橱窗、霓虹灯、灯箱、电子显示屏、旗帜和横幅等,其基本功能在于吸引消费者的注意,并促使他们尽快做出走进商店的选择。此外,随着商业企业对信誉形象的日益重视,室外POP还能起到建立商店的识别标志和强化商店个性特征的作用。

(2) POP广告缘何受到青睐。POP广告在现代商业活动中的作用越来越重要,在互联网出现之前,不少国家已将其列为除电视、报纸、广播、杂志四大媒体之后的第五大广告媒体。美国POP广告协会曾指出:20世纪70年代是广告的时代,80年代是市场营销的时代,90年代以来则是零售和促销的时代,其中POP广告是关键性的部分。

1991年,在上海举办了以POP广告为主题的国际研讨会。随后,在不到两年的时间内,上海投资几十亿元人民币对几条主要的商业街进行大规模的改造,使一批现代化的商业企业以崭新的面貌出现在这个国际大都市中。由此可见,POP广告受到青睐的原因有以下几点:

1) 随着人们消费水平的不断提高,消费者可支配的收入大幅度增加,导致购买行为的随意性增强。据美国POP广告协会统计,消费者中19%是事前决定要买什么而走进商店的,而其余的81%则是受POP广告的影响而购买的;日本教授青木幸弘进一步指出,在占76.1%的非事先计划购买中,在商场内随机想起购物的占27.6%,因价格便宜而购买的占18.3%,由营业员推荐购买的占8.5%,纯粹冲动型购买的占15.3%。由此不难看出,POP广告对随机性购买行为是可以发挥很大作用的。

2) 随着商品交换行为的发展和消费者需求层次的提高,在商品交换活动中,消费者不仅要求物质需求得到满足,而且要求精神需求得到满足。美国威尔斯(Wells)等人在《广告理论和实践》一书中指出:"当顾客们看管着他们的钱而竞争又很激烈的时候,POP广告和其他促销方式可以产生很大的影响。"

3) 随着超市、自选商场以及无人售货店等现代零售形式的产生与推广,POP广告将会以其独特的优势显示它的重要性。POP广告在购买现场的出现,可以为消费者提供专门的介绍，加深对商品的了解，并引导其购买。

（3）POP 广告的作用。实践已经证明，POP 广告是零售企业开展市场营销活动和赢得竞争优势的利器。

1）及时传递商品信息。在商店的货架上、墙壁上、顶棚下和楼梯口处，都可以将有关商品的信息及时地向顾客进行展示，从而使他们了解产品的功能、价格、使用方法以及各种辅助服务等信息。

2）配合季节、节假日进行促销，营造一种欢乐的气氛。例如春节期间，某商场的广场上数千个红灯笼迎风飘扬，衬托出欢乐的节日氛围，使消费者为之一振，并自然地走进商场去逛一逛，顺便买点东西，从而达到促进消费的目的。

3）吸引顾客注意，引发兴趣。POP 广告可以凭借其新颖的图案、绚丽的色彩、独特的构思等引起顾客注意，使之驻足停留，进而对广告中的商品产生兴趣。

4）巧妙利用销售空间与时间，达成即时的购买行为。据有关报道：20 世纪 80 年代末 90 年代初以来，对特定商店持有忠诚感的消费者人数大大减少，而受 POP 广告宣传影响而冲动购买的人数却在不断增加。零售企业可充分利用空间与时间的巧妙安排，调动消费者的情绪，将潜在的购买力转化成即时的购买力。

5）塑造 CI，与顾客保持良好的关系。CI 包括 MI、BI 和 VI 三部分，而 POP 广告又是 VI 中的一项重要内容。零售企业可将商店的标志、标准字、标准色、企业形象图案、宣传标语和口号等制成各种形式的 POP 广告，以塑造富有特色的企业形象。有些世界著名的品牌是店面 POP 广告上经常出现的一些标志，如麦当劳的金黄色"M"字样，已为广大消费者所熟知。当消费者一接触到这些标志时，就会明白它代表哪些企业以及这些企业的经营特色。

6）取代推销员，传达商品信息。商店内的各种 POP 广告传达着广告商品的信息，刻画着商品的个性。它们不会轻易擅离职守，因此又被誉为"无声推销员""最忠诚推销员"。

此外，POP 广告还起着唤起消费者的潜在意识、产生购买欲望、达成交易的作用。而且，POP 广告的相对成本是最低的。

（4）POP 广告设计的原则。POP 广告的设计总体要求就是独特。不论何种形式，POP 广告都必须新颖独特，能够很快地引起顾客的注意，激发他们"想了解""想购买"的欲望。具体来讲，应遵循以下原则：

1）造型简洁，设计醒目。要想在纷繁众多的商品中引起消费者对某一种或某些商品的注意，必须以简洁的形式、新颖的格调与和谐的色彩突出自己的形象。

2）重视陈列设计。POP 广告是商业文化中企业经营环境文化的重要组成部分。因此，POP 广告的设计要有利于树立企业形象，加强和渲染购物场所中的艺术气氛。

3）强调现场广告效果。应根据零售店的特色，如经营档次、知名度、各种服务状况以及顾客的心理特征与购买习惯，力求设计出最能打动消费者的广告。

3. DM 广告

DM 是英文 Direct Mail 的简称，DM 广告即直接邮递广告，也称直邮广告，是指通过邮政系统将广告直接送给广告受众的广告形式。

利用邮政系统作为传递广告的渠道，历史由来已久。由于报纸和杂志等新媒体的出现，DM 广告的优势为这些媒体所取代，所以并不为多数企业所重视。但由于信息通信和市场调查事业的发展，DM广告从过去低效率、漫无目的的广泛传播转向了有针对性地向目标对象寄送广告，从而使广告效果提高，因而DM广告近年来又受到企业的重视。特别是在面对社会公众和市场虽大但顾客分散的情况下，DM广告发挥着其他广告形式不能取代的作用。

（1）DM广告的形式。

1）按内容和形式分。

①优惠赠券：当开展促销活动时，为吸引广大消费者参加而附有优惠条件和措施的赠券。

②样品目录：零售企业可将经营的各类商品的样品、照片、商标和内容详尽地进行介绍。

③单张海报：企业精心设计和印制的宣传企业形象、商品、劳务等内容的单张海报。

2）按传递方式分。

①报刊夹页。与报社、杂志或当地邮局合作，将企业广告作为报刊的夹页随报刊投递到读者手中。这种方式现在已为不少企业所应用。

②根据顾客名录信件寄送。这种方式适用于大宗商品买卖，如从厂家到零售商，或从批发商到零售商。

③雇用人员派送。企业雇用人员，按要求直接向潜在的目标顾客本人或其住宅、单位派送DM广告。

（2）DM广告的特点。

1）范围可大可小。DM广告既可用于小范围的社会或市区广告，也可用于区域性或全国性广告，如连锁店可采用这种方式提前向消费者进行宣传。

2）时间可长可短。DM广告既可作为专门指定在某一时间期限内送到以产生即时效果的短期广告，也可作为经常性、常年性寄送的长期广告。例如一些新开办的商店、餐馆等在开业前夕通常都要向社区居民寄送或派发开业请柬，以吸引顾客，壮大声势。

3）目标可以选择。可通过专业机构获得有关资料，使DM广告有的放矢地寄送到消费者手中，从而提高DM广告的效果，节省费用。

4）广告费用低。与报纸、杂志、电台或电视等媒体发布广告的高昂费用相比，DM广告的成本是相当低廉的。

4. 户外媒体

户外媒体包括路牌、标志、交通车、招贴和灯箱等。

优点：①成本低。②可使本地区的大部分顾客注意到（如麦当劳的金黄色"M"字符）。

缺点：①沟通简单，不能对商店或商品进行具体的介绍，只提示顾客商店的地点。②影响顾客范围有限。

第四节　网店策划

CNNIC 2017年1月22日发布的第39次《中国互联网络发展状况统计报告》显示，截至2016年12月，我国网民规模达7.31亿，全年共计新增网民4299万人，互联网普及率为53.2%，增长率为6.2%。中国网民规模已经相当于欧洲人口总量。在中国互联网发展过程中，新网民的不断增长让互联网与经济社会深度融合的基础更加坚实。调查结果显示，2016年新网民最主要的上网设备是手机，现在我国手机网民规模达 6.95 亿，网民中使用手机上网人群的占比由 2015 年的 90.1% 提升至 95.1%，手机依然是拉动网民规模增长的首要设备。手机支付习惯已经形成，这预示着更多的经济活动步入互联网时代，网上开店正逢其时。

有人说女人和小孩的钱最好赚，统计显示：图书音像、化妆品类、服装包袋、流行饰品、电子产品、网络游戏和家居用品等成为人们搜索最多的关键词。这些关键词一方面显示出人们的购物时尚，另一方面也为欲做网上生意的人提供了开店导向。"市场是个宝，全靠自己找"，每个行业都有自己的特点。网上开店最好选择那些自己了解、配送方便以及很有特色的产品，这样才有竞争力，也容易获得成功。

一、网店定位

网上销售的商品，可以分成数字化产品和非数字化产品两大类。

数字化产品是指以数字形式存于磁盘、数字通用光盘（DVD）等介质上的产品，如计算机软件、电子报刊、试题、课件、影视产品等；非数字化产品是指传统的有形实物产品，如机械设备、汽车、衣服等。数字化产品和非数字化产品网上营销模式的最大区别在于营销渠道。前者不需传统渠道，直接销售，用户通过网络直接下载产品，渠道成本低。数字化产品的营销策略大同小异，不需要再细分。

对于非数字化产品，其标准化程度不同，价值不同，营销策略组合有较大差异。故首先将非数字化产品分成标准化产品和个性化产品两个子类。标准化产品是指根据产品的型号等信息就能确定其功能、性能和质量的通用产品，如计算机、书籍等。对于标准化产品，用户根据网上的产品信息就可以做出购买决策，购买前一般无须测试就知道能否满足自己的需求。这类产品是网上营销首先发展的领域。个性化产品是指对产品的诸多方面，如式样、尺寸、功能、性能和质量，不同的用户有不同要求的产品，如服装、鞋袜等。个性化产品用户难以仅根据网上提供的产品信息就做出购买决策，一般购买前需要测试或与卖方进行一对一的充分沟通。这类产品较难实现大规模的网上营销。标准化产品和个性化产品网上营销模式的最大区别在促销沟通和定价上，后者需要与用户进行更充分的沟通，并实施以顾客可接受价为基础定价的差别定价策略。其次，对每一子类来说，按价值高低又可分成高价值产品和低价值产品两个细类。这两个细类产品网上营销模式的最大区别是高价值产品单件产品利润空间较大，允许采用一些成本较高的促销手段，如让用户直接参与产品设计等，同时适宜直接销售。

网店的定位是准备开网店的第一步工作，也是最关键的一步工作。网店定位是指一个网店重点针对某一些客户群体销售产品。比如主要针对肥胖人群和想减肥者，就要销售减肥药一类的产品。要充分考虑自身的情况，结合自己的优势给网店定位，这样才能做到准确营销；不要先找产品再找客户群，而是先认清自己未来将要服务的客户群，再去找可满足他们需求的产品。

（1）明确目标客户，即网店要服务哪类客户群。例如目标客户是有消费能力、喜欢网购的 20～35 岁上班族白领，还是刚生了小宝宝的新晋妈妈人群等。只有先确定好客户群，才能成功定位网店。

（2）思考目标客户的需求和购买动机。例如工作忙的上班族白领会网购化妆品来护肤；而新晋妈妈们会为奶粉操心，并且对奶粉的质量也比较关注。

（3）网店如何服务目标客户。对于上班族白领，可以为他们提供物美价廉的护肤品，同时有多种品牌来让他们挑选；而也可以为那些新晋妈妈们提供优质放心的低价奶粉。

（4）网店的价格定位。相同的东西在不同的地方可以卖不同的价格，当消费群已经固定之后，要考虑价格定在怎样的范围。拿孕妇装来讲，孕妇装有很多款式及面料，价格肯定不同，那么就要思考是走高档路线，中低端路线，还是合适的价格组合，以及消费群的接受范围。还有一点，一件定价99元的衣服和定价100元的衣服给人的感觉是不一样的，虽然它们只相差1元。

（5）网店货源寻找。通过以上几点分析明确了网店的定位，知道了开什么网店合适后，接下来就是对网店经营的执行、产品货源的寻找与产品定价等步骤。例如开针对上班族白领需求的化妆品店，首先要选择化妆品的品牌与种类，分析哪些品牌受他们欢迎，他们每个月会用哪些产品；然后根据分析结果寻找和选择物美价廉的、合适的化妆品货源。

除了这些因素之外，网站定位需要考虑的因素还有很多。对网店的定位不能盲目追赶潮流，要因地制宜；定位要准确，产品要专精。网店定位决定网店经营的方向，方向错误可能产生巨大的损失，所以开店前一定要慎重分析与定位。只有把网店定位好，才能发挥其真正的价值。

二、网店选址及经营

商业流通领域著名的"三原则"认为：第一是选址，第二是选址，第三还是选址。零售商拥有好的地理位置，就拥有了稳定的客流量，进而极大地减小了营销成本。是不是只有实体店才需要选店址，而网店不需要选店址呢？其实开网店选址也一样重要，至少离货源地越近越好，这样可以轻松解决开店最令人头痛的货源问题。店设在货源附近不但进货方便，甚至还可以以无库存、无积压的姿态将无本经营进行到底。经营服装的网店设在广州白马服装批发市场附近，与设在云南、贵州相比有很大差别。店址离货源地太远，不但进货成本、进货风险一下子提高了很多，而且也会被退货、换货弄得焦头烂额。

很多刚开始开网店的卖家都有"网上开店到底能不能赚钱，所谓的能赚钱是不是网络开店平台自己在炒作？"的疑问。其实这要取决于很多因素，比如选择的行业是否饱和，产品有没有特色，服务态度是否热情，宣传推广力度大不大，等等。当然，一个很重要的因素就是网店的选址，这里不仅仅是指地理位置上的店址，还有网上的店址。网上开店有很多平台可以选择，像淘宝网的百货商城型平台；也可以自己在网上申请空间，然后自己装修。本书建议新手遵循下面的流程：先在淘宝网上免费开店，再在收费平台开店铺，最后自己建立电子商务网站进行下一步创业。

目前，网上开店创业有两种模式，一是自立门户，即建立一个自己的商品销售网站。这种模式需要一定的前期投入，而且要求懂得一定的网络技术，因为一开始的信用度很低，所以经营过程中的宣传推广成本较高。同时要注意，这种形式的开店需要到工商局注册申请执照，所以对刚开始涉足网络创业的创业者，不建议建立网站。二是入驻大型网上商城或拍卖型的电子商务平台，它们就像超市、大卖场一样，如最著名的C2C（个人与个人之间的电子商务）平台、淘宝网（免费）等，不需要多大的前期投入，但经营必须符合平台的统一管理。同时，越来越多的虚拟主机提供商也开始涉足这一领域，它们有一个共同的特点，提供的都是收费的模板，所以很容易建立自己的网站。

开店看重的是 C2C 平台的人气。C2C 平台有很高的浏览量，相应的成交率也很高，同时网店的信用还可以得到第三方认证，这对网店的初期经营起着至关重要的作用。比如免费开店的淘宝网就很适合新手网上开店摸索期的锻炼。而天猫上面的商品成交率相对很高，但是平台会收取一部分费用，一般的中小卖家也只能保本，赚的钱都交费了；大卖家由于信用度很高，同时拥有一定的经营经验，很容易吸引新的顾客，生意相对好做。

网上商店有其自身的价值，又有简单方便的特点，但是网上商店本身也存在一定的缺陷。要真正发挥网上商店的作用，还要对经营中可能遇到的一系列困难和问题给予充分的认识并采取相应的对策。第一个问题就是：选择哪个电子商务平台合适？因为具有网上商店功能的电子商务平台可能很多，不仅有淘宝网这样的电子商务平台，许多门户网站也分别推出功能类似的网上商城，而且一些知名的或新兴的网站也在不断地进行"5 分钟商店""3 分钟开展电子商务"之类的宣传。

1. 选择网上开店平台的标准

一般来说，性能卓越的电子商务平台具有以下几项基本特征：良好的品牌形象，简单快捷的申请手续，稳定的后台技术，快速周到的顾客服务，完善的支付体系，必要的配送服务以及售后服务保证措施等。当然，还需要有尽可能高的访问量，具备完善的网店维护、管理和订单管理等基本功能，并且可以提供一些高级服务，如对网店的推广和网店访问流量分析等。此外，收费模式和费用水平也是重要的影响因素之一。第一次开店选择租金相对低一点的网站好一些。因为经营效果的好坏，除了网站流量等基本条件之外，还有许多其他因素，比如店面布置是否有吸引力，产品或服务是否适合在网上销售，网站的访客中是否有潜在顾客，以及在网站上是不是位于显著的位置等。如果其他条件跟不上，支付高额租金岂不是浪费？因此，是否可以提供多种收费模式对卖家也是一个判断标准。如果可能的话，可以对几个有意向的网站进行试用后再做决定。

2. 网上商城平台的选择

网上开店不仅依托网上商店平台（网上商城）的基本功能和服务，而且顾客主要也来自于该网上商城的访问者，因此，平台的选择非常重要。但用户在选择网上商店平台时往往存在着一定的决策风险，尤其是初次在网上开店，由于经验不足以及对网店平台了解比较少等，常常会有很大的盲目性。有些网上商城没有基本的招商说明，收费标准也不明朗，只能通过电话咨询，这也为选择网店平台带来一定的困惑。

不同网上商店平台的功能、服务、操作方式和管理水平相差较大。不同的企业可能对网上销售有不同的特殊要求，选择适合本企业产品特性的电子商务平台需要花费不少精力。完成对电子商务平台的选择确认过程大概需要几小时甚至几天的时间。不过，前期调研的时间投入是值得的，它可以最大可能地减小盲目性，增加成功的可能性。

由于网上商店建设和经营具有一定的难度，需要经验的积累，因此初次建立网上商店时，最好进行多方调研，选择适合自己产品特点和经营者个人爱好，又具有较高访问量的电子商务平台。同时，在资源许可的情况下，不妨在几个网站同时开设网上商店。

3. 网店店面管理

一般的专业网店平台具有丰富的功能和简单的操作界面，通过模板式的操作即可完成网上商店的建设。但由于不同的网站所采用的系统有很大区别，有些只需直接上传产品图片和文字说明，有些则需要自己对店面进行高级管理。因此，即使具备很完善的功能，对于不了解这个系统特点的用户来说，网店建设仍然是复杂的。此外，由于网上商店平台采用模板式的结构，对于部分用户的个性化要求就有很大限制，有些必要的要求无法利用现有功能得到满足。这也是让用户觉得网上商店建设并不简单的原因之一。

网上商店内部要装修好才能营业，当然，网店的装修与实体店铺的装修有很大的不同。

网店要有一个响亮易记的店名（或域名）、一个让人难忘的店标和清晰的产品分类，网店的整体风格要与产品相符合。实际上，网店首页的装修是最为关键的一步。没有一个好的名字，或者没有一个清新而又抓人眼球的页面，再好的产品、再低廉的价格也很有可能会淹没在以天文数字计的网络页面之中。需要提醒的是，在装修店面之时，最好同步解决货源问题。网上商店的货品可以先是虚拟的，待有了真正的客户以后能及时供货即可，而不必如传统经营方式需要先投入资金进行铺货。

（1）给网店装个"金字招牌"。网店命名很重要，一个好的店名往往会给人以好的联想。其基本原则有易记易读、新颖独特的原则，暗含经营商品属性的原则和启发店铺联想的原则。

（2）小店店标设计。店标要制作成一个能反映网店特点的图片，这样能吸引更多人关注。店标和网站的 Logo 一样，在设计时最好遵守网店平台建议的格式和大小，这样一般图像不会发生扭曲。一个设计得好的店标能给人留下深刻印象，一定要尽快上传店标。如果店标的位置是空白的，会影响浏览者的情绪。

4. 网店商品促销策略

近年来，虽然网店的数量与日俱增，但许多网店由于缺乏经营意识，只是昙花一现。网店同传统的商店一样，都需要店主的精心打理。因此，制定既适合网店又适合网络环境的促销策略就显得十分必要。

网上商店按存在形式分为两种：一种是独立的网上商店；另一种是注册于大型专业网站的网上商店，即在提供网上开店服务的大型专业网站注册会员，获得网上商店的使用权与经营权，目前网上开店主要是采用这种方式。本节以注册淘宝网站的网上商店为研究对象，制定切实有效的促销策略。

（1）免邮费。网络购物中间环节的邮费问题一直是买家关注的焦点之一。邮费会影响到买家对于网购价格优惠的感知。当前邮递方式主要有邮局（包裹平邮）、物流快递和特快专递等。平邮的价格较低，但周期较长；物流快递价格适中，送货周期在 3～5 天；特快专递的价格昂贵。因此物流快递是最被买家接受的。店主可以根据买家所购买商品的数量来相应地减免邮费或包邮，让消费者从心理上觉得就像在家门口买东西一样，不用附加任何其他费用。

（2）打折。由于打折促销直接让利于消费者，让客户非常直接地感受到了实惠，因此是目前最常用的一种阶段性促销方式。折扣主要采取两种方式：一是不定期折扣。在重要的节日，如春节、情人节、母亲节和圣诞节等，进行一定折扣的优惠，因为在节日期间人们往往更具购买潜力和购买冲动。店主可以选择商品价格调节空间较大的商品进行打折，不需要将全部商品打折。这种方式的优点是符合节日需求，会吸引更多的人前来购买。虽然打折后可能会造成利润下降，但销售量会提高，总的销售收入不会减少。

同时还增加了网店的人气，拥有了更多的顾客，对以后的销售也会起到带动作用。二是变相折扣，如采取"捆绑式"销售或以礼盒方式在节假日销售。这种方式的优点是符合节日气氛，更加人性化。

（3）赠品。赠品促销的关键在于赠品的选择。一个得体的赠品会对产品销售起到积极的促进作用，而赠品选择不适合只能使成本上升，利润减少，顾客不满意。选择合适的赠品应注意：第一，不要选择次品、劣质品。这样做只会适得其反，影响店铺的信用度。第二，选择适当的能够吸引买家的产品或服务。可以赠送试用装或小样，还可以赠送无形的东西——服务。第三，注意赠品的预算。赠品要在能接受的预算内，不可过度赠送赠品而造成成本加大。

（4）会员、积分。凡在网店购买过商品的顾客，都自动成为网店的会员。会员不仅可以享受购物优惠，同时还可以累计积分，用积分免费兑换商品。这种方式的优点是：可吸引买家再次来店购买，以及介绍新买家来店购买。不仅可以巩固老顾客，使其得到更多的优惠，还可以拓展发掘潜在买家。

（5）红包。红包是淘宝网专用的一种促销工具，各位卖家可以根据各自店铺的不同情况灵活制定红包的赠送规则和使用规则。通过此种手段可增强店内的人气，由于红包有使用时限，因此可促进客户在短期内再次购买，有效提升网店销量。

（6）积极参与淘宝网主办的各种促销活动。淘宝网不定期会在不同板块组织不同的活动，参与活动的卖家会得到更多的推荐机会，这也是提升店铺人气和促进销售的一个好方法。要想让更多的人关注网店，店主就要经常到淘宝网的首页、支付宝页面和公告栏等处关注淘宝网举行的活动，并积极参与。

（7）信用管理。信用评价是会员在淘宝网交易成功后，在评价有效期内（成交后3～15天），就该笔交易和卖家互相做出评价的一种行为。信用评价不可修改。评价分为"好评""中评""差评"三类，每种评价对应一个信用积分，"好评"加一分，"中评"不加分，"差评"扣一分。

据调查，一方面，网店的信用级别会对消费者的购买决策产生影响，另一方面，买家在交易后对卖家所给的信用评价表示关注。因此，店主一方面要诚信经营，提升自己的信用度和信用级别；另一方面要把握好这个宣传机会。每次交易后，不仅要对买家做出评价，还要在评价留言栏留下相关的网店信息，如"本店将在下周进行全场商品九折活动，欢迎再次光临"等。这样一来，评价留言栏就成了又一个店主促销信息的发布区，合理有效地利用了网络资源。

三、网店推广

网店推广的方法多种多样，传统的、新颖的、免费的、花钱的……每一种手段都有它的特点。常用的推广手段有：SEO、QQ群推广、论坛推广、软文推广、邮件推广、投放广告、联盟推广等。网店推广的手段远不止这些，面对众多推广手段，从中择优选取适合自己的推广方法。

（1）SEO。许多用户上网购物时，首先浏览的是淘宝的搜索引擎页面。他们会用所需求商品的关键词，通过搜索引擎搜索到符合条件的商品。因此，要想提高网店商品被浏览的概率，就必须对淘宝的搜索引擎排序原理有充分的了解。淘宝网商品的搜索排序先后规则有四部分：一是被设为橱窗推荐位的宝贝；二是虽然橱窗推荐，但是已经有90天未被人购买的宝贝；三是未被橱窗推荐的一般宝贝；四是一般宝贝中90天未被购买的宝贝。如果买家在淘宝网搜索引擎里用关键词来搜索商品，所有带关键词的商品是这样显示的：先是显示橱窗推荐的商品（13天内），接下来再显示设置了橱窗推荐但长期（超过90天）没有售出的商品（0~13天），然后再显示没有设置为橱窗推荐的所有商品（0~13天），最后显示所有宝贝里长期没有售出的商品（0~13天），一共分四个层次来显示搜索结果。同时，淘宝搜索引擎只显示100页的商品，101页及以后的商品是不显示的。从这个规则来看，网店要想办法让商品在同类商品的排名中尽量显示在前几页，这必须从商品名称、定时发布和橱窗推荐这三方面入手。

（2）QQ群或微信群推广。在QQ群或微信群里推广要注意以下几点：①加入群后一定要进群里聊（就是所谓的要混个熟脸），聊天时，要时不时地提及一点要推广的商品，让他们自然而然地熟悉自己的商品。不要给群里的所有人推广，太多的人你是服务不过来的，要有针对性。②多加入QQ群或微信群，发完广告就尽快闪人，这样的优点是不用绞尽脑汁推广，IP增加见效快。其实可以先和群主或是群的管理员搞好关系，让他们同意你在群里发布广告，并请他们帮你顶，一起互动，这样的效果很明显。③你可以把自己的网名改成淘宝店名字，比如"时尚风淘宝店"，这样可以增加店铺曝光率和名字的搜索量，缺点是：想让别人认可自己很难，需要长期进驻某个群。

（3）论坛推广。在淘宝社区论坛发布有吸引力的帖子是提高店铺知名度和人气的一种方法。一种方法是以作者的身份发布帖子，阅读帖子的人越多，店铺被点击的概率就越高；另一种方法是在论坛的好帖后面跟帖，虽然比自己发帖的效果差，但也能起到宣传网店的效果。无论发帖还是回帖，帖子的质量都是至关重要的。如果帖子质量很好，还有被版主加为精华的可能。精华帖能够带来巨大的浏览和回帖量，这样网店的店标和签名档就会有更多的机会曝光。这意味着会有更多的人去浏览店铺，浏览量提高了，成交率自然也就会提高。另外，每个精华帖能带来10个银币的收入，这些银币是竞争淘宝广告推荐位的必备资源。

（4）软文推广。这比论坛推广更需要文字功底，要求很含蓄地把自己的淘宝店铺或是商品介绍给他人，让人很有购买欲望。软文的写作很重要，如果是篇没有任何意义的垃圾软文，会影响你的店铺。坚决不能用夸张的广告语进行宣传，在论坛里，经常会看到日挣万元新项目等夸张软文，这会使人反感，所以，最好把软文当作推荐文来写，给人以真正的经验，真正有意义的东西，才会使人更能记住你的店铺。如果你已经下定决心要利用软文进行店铺推广，那请不要放弃，因为现在不是一篇软文就能打遍世界的时代了，一篇软文的效果，就像在这片茫茫的网络大海中扔进一块石子，只有接连不断地扔石子，才会引发波浪，而且越来越大。软文的发布不要选择BBS（电子公告牌系统）群发的形式，这样的效果除了增加几个没价值的外链，没有任何作用。

（5）邮件推广。电子邮件方便快捷，成本低廉，不失为一种有效的推广工具。但是它也有弊端：邮件群发的效果不是很好，大多数的邮件会被当作垃圾邮件来处理，有时候没有看就删除。要注意不要引起用户的反感。

（6）销售联盟推广。对于销售商品的性质相同、价位区间相同、目标顾客也相同的网店，可以采取竞争商品协同营销的策略，即销售联盟。也就是让许多竞争网店联合成为集群，通过网店内友情链接将这些竞争网店链接起来。友情链接可以促进网店之间的商品信息交流，无形中给加入销售联盟的网店带来一部分"转移顾客"。这样一来就形成了一个"销售圈"，可以提高网店知名度与成交率，还能更好地与顾客建立关系。

（7）利用淘宝自身的一些业务进行推广。淘宝自身有一定的推广业务。比如可以在阿里旺旺群里发广告；还可以在淘宝网发帖子，在适当的时机做广告。

第五节 连锁店经营策划

一、连锁店的定义

连锁店的英文为"Chain"，一般翻译为公司连锁、直营连锁或正规连锁。

连锁经营是美、英、日等经济发达国家零售商业广泛采用并且仍在蓬勃发展的一种组织形式。自从1859年美国"大西洋与太平洋茶叶公司"创办连锁店以来，已有一百多年的历史。一般认为连锁经营是使零售业（包括商业零售业和服务零售业）进行规模经营、实现组织现代化的一种有效方式。它是经营同类商品或服务的若干个店铺在同一总部管理下，按照统一的经营理念，进行共同的经营活动，达到规模优势并共享规模效益的经营形式或组织形态。连锁店不同于单店、分店和多店，它有自己内在的统一性和一致性，具体表现为：

（1）经营理念统一。经营理念就是经营的方式、宗旨和经营的依据。连锁经营的理念就是以消费者满意为经营的出发点和落脚点，并且按照互联网思维以组织化和标准化的方式确保这一理念的推行，永远倾听消费者的声音来拓展市场，谋求发展。

（2）CIS统一。CIS和企业创立的品牌一致，能使企业之间互相区别，便于消费者识别。同时由于店多面广，统一的CIS还有助于树立企业品牌的形象，使消费者产生信任感，增强对企业品牌的忠诚度。

（3）商品服务统一。连锁经营的商品不论从其内在品质、外在包装还是商品组合都有统一的标准，连锁经营的服务也有统一的规范和流程。因此无论消费者在哪一家连锁店都能享受到同样的产品和服务。

（4）经营管理统一。连锁经营的管理具有高度的集权性，经营战略和策略都由总部统一规划、设计，并授权连锁店执行。专业的事情由专业的部门来做，分工明确，资源得到最大限度的利用。

二、连锁店的经营形式

根据所有权和经营权的集中程度不同，可以将连锁店划分为正规连锁、特许连锁和自由连锁三种形式。

（一）正规连锁

1. 正规连锁的概念

正规连锁即Chain，而Regular Chain、Direct Chain、Corporate Chain均系同一含义。国际连锁经营协会对正规连锁下的定义是"以单一资本直接经营11个商店以上的零售业或饮食业"，也称所有权连锁。

日本原通产省给正规连锁店下的定义是"本质上处于同一流通阶段，经营同类商品和服务，并由同一经营资本及同一总部集团性管理机构统一领导，进行共同经营活动，由两个以上分店组成的企业集团"。英国规定正规连锁店要由10个以上分店组成。

2. 正规连锁的特点

（1）所有权和经营权统一集中。即所有成员企业必须是同一个所有者，归属同一个公司、同一个联合组织或个人。各分店由总公司或总部集中领导，统一管理。

（2）正规连锁店的上层组织形式有两种：一种是由母公司直接管理，不另设分部；另一种是设立总部，由总部管理连锁店。

（3）突出特点：统一资本、集中管理、分散销售、权力集中、利益独享。

3. 正规连锁店的优势

正规连锁店进行集中采购以争取数量折扣，从而获得较强的议价能力。统一制定商品价格，确定销售政策，确定统一的销售方案及统一的商店布置，使消费者对连锁店形成深刻印象。同时具备批发功能，能够更灵活地向居民销售区扩大销售网络。

4. 正规连锁的劣势

正规连锁的各分店自主权小，与直接营销人关系不密切，分店员工的积极性、创造性和主动性受到限制；投资巨大，发展灵活度不大；大规模的正规连锁店，管理易出现庞杂、冗员现象，从而增加管理成本。

（二）特许连锁

1. 特许连锁的概念

特许连锁又称合同连锁、加盟连锁，是以契约为基础的零售企业经营方式。美国商务部规定："合同连锁指的是，主导企业把自己开发的商品、服务和营业系统（包括商标、商号等企业象征的使用、经营技术、营业场合和区域），以营业合同的形式授权加盟店在规定区域的统销权和营业权。加盟店则须交纳一定的营业权使用费，承担规定的义务。"

日本特许连锁协会的定义是："所谓特许连锁，是本部与加盟店之间签订合同，授予加盟店使用自己的商标、服务标志、商号和其他成为象征的标志以及经营技术，在统一的形象下进行商品销售及劳务服务。加盟店则相应地支付一定的报偿，对事业投入必要的资金，在本部的指导和援助下开展事业活动。"

特许连锁店的最大特点是：有一个盟主，各成员在财产和法律上是独立的，在经营管理上失去自主权，一切要在盟主规定的条件下进行经营，双方以特许合同为连锁关系纽带。

（1）特许连锁盟主具有选择、审查、批准加盟店，制定经营方针，实施统一管理，包括统一进货、统一资金管理、统一结账、统一业务指导、统一培训和统一促销等权利和义务。

（2）加盟店要按规定统一商标，统一店堂设计，统一商品陈列，执行统一规定管理经营方式，统一着装。

2. 特许连锁店的优势

盟主无须增加自有资金投资，就可以控制众多独立的店铺，从而扩大经营范围，占据高层，获得利益；加盟店则在"打不胜它就加入它"的观念支配下，通过加盟获得经营特权和整体优势，提高水平，降低成本，带来好的经营效益，减少风险，同时又保持了作为所有者的独立性。

（三）自由连锁

1. 自由连锁店的定义

自由连锁，顾名思义是一种自由自愿的连锁经济组织。美国商务部对自由连锁店下的定义是:"由批发企业组织的独立零售集团,即所谓批发企业主导型任意连锁店集团。成员零售店铺经营的商品,全部或大部分从该批发企业进货。作为对等条件,该批发企业必须向零售业提供规定的服务。"

日本原通产省的定义是:"分散在各地的众多零售商,既维持着各自的独立性,又缔结着永久性的连锁关系,使商品的进货及其他事业共同化,以达到共享规模利益的目的。"

2. 自由连锁店的特征

(1) 自由连锁店的特点。成员店的所有权和经营权是独立的;成员店实行单独核算;成员企业在保持独立性的前提下,通过协商自愿联合起来,共同合作,统一进货,统一管理,联合行动;以批发企业为主体,设立总部;共同分享合理化经营利益。

(2) 总部职能的特点。由于各国情况不同,规定的总部职能也不同。以美国的自由连锁店为例,它的职能是确定组织的大规模销售计划,进行业务指导(包括店堂装饰和商品布局陈列等),共同进货和组织物流,统一开展广告促销活动,对销售人员进行培训,提供信息咨询服务、资金融通和财务管理监督等。

(3) 各成员企业需尽的义务特点。向总部交纳管理费用;自觉自愿接受总部领导;从总部进货。各国对从总部进货率有不同的规定,日本目前规定一般在50%左右。

3. 自由连锁店的优势

(1) 成员店利益直接,自主经营权大,有利于调动成员店的积极性和创造性。

(2) 管理方式既民主又集中,为经营活动带来整体优势和效益,具有较大的灵活性。

(3) 节约了大量资本。

4. 自由连锁店的劣势

统一性差,经营决策迟缓,成员不稳定,受到地域限制。

5. 自由连锁店的基本原则

(1) 统一营销行动原则。在自由连锁店的经营过程中,总部及各成员店必须积极地统一采取营销活动,确保统一营销活动正常有序、整齐划一地进行。

(2) 利益一致原则。自由连锁店的总部及各成员店必须相互合作,以确保连锁各组织成员利益的实现。总部以组织形式获得利益,要以在培养人才、加强物流系统和信息系统等方面进行战略性投资的形式向各成员店偿还,以达到连锁经营系统的共同繁荣。

三、连锁经营的特点及战略优势

现代连锁业通过组织化的销售和服务网络,依靠规模化经营有效地带动了上游产业的发展,并通过流通组织整合提高了流通效率,净化了流通秩序,从而直接带动和创造了流通产业的现代化。

1. 规模化和高效率是连锁业的核心

当生产进入工业化时代后,形成了规模化生产。这种体制要求流通产业实现规模化、高效率的销售和服务。而连锁业的出现和发展则迎合了这种要求,因为它实现了规模化经营,有效地带动了工业和农业的发展。

连锁业的规模化经营有两层含义:一是组织的规模化,即实行企业总部的中央采购制和门店专门销售制度。不论发展了多少家店铺,采购和销售是集中与专业化的,而不是分散的。二是销售和服务的规模化。连锁企业由于实行多店铺、广域化和网络化的经营,其经营更贴近消费者，连锁店可以说是更贴近消费者市场购买力的扩展式的规模集合，而且能对消费者的需求进行更加专业化和个性化的满足。

从狭义上讲，连锁店规模经营的实质是提高商品的周转率。例如在上海，一般的食品店商品平均周转天数是60天，而连锁型超市平均为22天，而在连锁型便利店中平均为12天。另外，连锁业也实现了流通产业的高效率。就速度而言，连锁业的发展居流通产业之首；而就成本而言，连锁业实现了低成本。低成本之所以能达到，一是依靠现代化手段实行专门化和专业化的经营；二是资源共享性强，管理成本低；三是规模扩张依靠的是有效地运用负流动资金。

2. 多元化利润是连锁店发展的支撑点

连锁店利润来源的多元化，是连锁店在竞争中获胜的秘密所在。

（1）规模化销售利润。销售利润的取得不仅仅是多店铺的高市场占有率，还依靠中央采购制下的低成本进货，从而使连锁店能实现一般市场价格下的高利润。

（2）广域化市场占有的通道利润。由于连锁企业已经投资建设了规模化、高效率和高市场占有率的最终通道，从商业与服务产业与其他企业的分工分析，谁要进入和使用这个通道，谁就要支付利润，因此产生了通道利润。

（3）管理利润。对连锁企业来讲，管理利润主要是依靠财务管理，控制各连锁店铺每天产生的巨额现金流量，并有效运用负流动资金。

（4）产生于信息系统的利润。连锁店建立的信息管理系统可以分析每一个单品的销售信息，从这些信息中可以直接得到各种信息，并可预测市场。世界上最大的连锁商美国沃尔玛公司花数亿美元建立起来的卫星信息系统已直接产生盈利就是例证。

四、连锁店创业策划

俗话说，万事开头难，连锁经营也不例外。良好的开端是成功的一半。一家连锁企业，无论其分店有多少，规模有多大，无一不是从一家创业成功的小店开始的。最初的沃尔玛商店和西尔斯商店都成为其后来分店的样板或原型。连锁店创业策划就是要为连锁店的形成创造一个成功的模板。创业成功是连锁店生存和发展的前提，只有成功的创业才能使企业积累资本、经验和获得良好信誉，才能走向"一本万利"的连锁经营。这里的"本"就是创业店、连锁店的原型模板，而"利"则是利用、使用，通过原型模板的成百上千次复制，实现企业的发展。因此，连锁经营策划应从创业策划开始。

（一）商业区分析

关于商业区的概念、大小、划定及其分析的内容和步骤已在前面予以介绍，现仅就商业区分析中需着重注意的问题阐述如下：

1. 竞争分析

在进行商业区内竞争分析时必须考虑如下因素：现有商店的数量，现有商店的规模分布，新店开张率，所有商店的优势与弱点，短期和长期变动以及饱和情况等。饱和情况一般用饱和指数来衡量。饱和指数表明一个商业区所能支持的商店不可能超过的一个固定数量。在不同的商业区中，应选择饱和指数较高，即饱和程度较低的商业区开店。

2. 客流量分析

店铺地理位置和流动人潮数量，直接影响着该店经营的成功与否。不同时段的客流量乘以入店率，可推算出来客流数，并可以粗略估计每日营业额。

假设某超市每小时客流量 500 人，其入店率平均为 10%（不同年龄层有不同的入店率），客单价平均为 40 元，由此可粗测此超市每小时营业额为 500×10%×40 元 = 2000 元，以此推算出每日营业额。

（二）市场评估

1. 消费者行为分析

分析消费者行为，其主要目的是确定消费群，进而掌握其消费流行趋势，建立目标市场，以谋求店铺的市场定位。一般运用营销运作中的 5W1H 原理分析。

（1）What：消费者到市场买何物——从而确定经营产品。

（2）Why：消费者购买的理由——了解消费者购买需求及动机。

（3）Who：消费者扮演何角色——谁是决策者、购买者和使用者。

（4）When：消费者何时购买——了解销售的尖峰、旺季和淡季。

（5）Where：了解消费者何处采购——掌握消费地点。

（6）How：消费者如何购买——了解消费者的个性、偏好以及社会阶层属性。

2. 消费结构分析

消费结构的改变对于市场影响极大，分析其变化，就可决定店铺的市场方向。

（1）市场量的大小。主要了解该商业区对商品或该业态商店的饱和量大小、竞争店数、商品及营业状态。

（2）市场需求情形：

1）评估现有及潜在消费者的销售类型。

2）对市场需求产生变化的因素进行分析。

3）分析需求变化趋势。

4）分析社会的整体经济环境。

（三）选择区域的分析

创业者通常有三种商业区域可选择。在高速公路或街道边的独立分布的商业区开店成本高昂，一般不适合小型商店开店；未规划的商业区域情况复杂，分为中央商业区、次级商业区、居民商业区和边缘商业区，20 世纪 80 年代以来逐渐衰落；而经过规划的商业区则是后起之秀。

经过规划的商业区采取集中管理，被规划为一个单位。各家商店的商品质量与花色互相补充，并与商业区内的人口规模和需求相适应。主要优点有：可为长期规划提供相应的产品和服务；郊区人口逐渐增加；合作规划，分担成本；形象定位明确；通过购物区和商店的客流量大；低租金和低税金；低失窃率等。

（四）创业业态策划

创业业态决策要从商业区内消费者的消费结构出发，确定选取何种业态。一般而言，业态决策时应考虑下列因素：

（1）商业区内人口数量。

（2）家庭平均收入。

（3）每年所有家庭在零售某种业态上的支出额。

（4）潜在市场。

(5) 创业所期望的市场占有率。

创业者可根据上述资料选择最有发展前途的业态作为创业店。

另外，如果创业者资本雄厚，可以同时开几家店，一开始就实行连锁经营。但前提是竞争不激烈，企业实力强，且该业态相当有发展前途。我国上海的华联超市公司就是同时开出6家分店的。

连锁店的创业者可以是零售商，也可以是批发商或制造商；可以是个人或家庭，也可以是富可敌国的大型企业。现代社会中的大多数经营组织和普通社会成员均可成为连锁店的创业者。但无论是谁，在进行创业时都必须经过严格的分析和评估。不管是从一家店铺开始还是从几家店铺开始，只要创业成功，积累了进行扩张的资本和经验，使消费者对创业店铺有良好的印象，创业者便得到了一个连锁店的原型。当然，这个原型也可以是买来的，当初的麦当劳创始人克罗克就是这么做的。这就得到了一个可以不断重复的"本"，为"一本万利"的连锁店经营打下了基础。

五、连锁店扩张策划

创业成功是连锁经营的第一步，如何扩张则是接下来必须要解决的问题。连锁店的扩张可以有三种选择：正规连锁扩张、特许连锁扩张和自由连锁扩张。每种扩张方式都要考虑向什么区域扩张，或向什么样的店铺扩张，扩张的密度和速度应保持在何种水平。扩张是连锁店经营的关键，只有通过正确的扩张策略，连锁店才有可能成长，才可能不断增强竞争力；一旦扩张失败，连锁店就会大伤元气，乃至走向破产或解体。郑州亚细亚商场的惨痛教训足以让我们引以为戒。

（一）扩张规划

1. 扩张资本

兵马未动，粮草先行。连锁店要扩张的话，首先必须有一定数量的资本。连锁店可以以自己创业经营的积累作为扩张资金的来源。然而创业之初，连锁店本身资本并不雄厚，而且仅仅依靠创业者自身企业的积累，连锁扩张的步子难以迈大。连锁店扩张资本至少还有以下两种来源：一是扩大资本金，通过股票集资；二是举借外债，可以向企业职工借款，也可以发行债券或向银行借款。

2. 扩张业态

一般而言，连锁店的创业业态就是其扩张业态。但如果创业业态市场已饱和，没有成长潜力，则可考虑向其他业态扩张。

3. 扩张区域

在扩张区域方面，连锁店要考虑下列两个因素：一是所要扩张区域的市场情况和竞争水平；二是连锁店（总店）与分支店的分布与其扩张的区别与联系是否紧密。在扩张区域上通常采用如下方式：

（1）以现有连锁店（总店）和分店为中心区域，呈同心圆向四周扩张。

（2）依托与连锁店（总店）、配送中心和现有分店之间的交通网络进行扩张，在主要交通线交界处扩张网点。

（3）依托与连锁店总店与配送中心连接的主要交通干道，在其两侧实施带状扩张。

4. 扩张方式

连锁店的扩张方式也需认真策划。一般有两种形式：第一种是自身不断开出分店，以企业对每一家分店拥有完全所有权为特点；第二种方式是兼并，通过对小型企业的连锁商或独立零售商实施兼并，扩大连锁规模。

5. 扩张密度

连锁店的扩张密度要合适。如果在同一地区开的连锁店过多，分店之间就易出现自相残杀的局面。但如果过少，则会给竞争对手留下可乘之机，令企业追悔莫及。一般而言，最适宜的密度是两家分店之间的距离保持在边缘商业圈相交到次级商业圈相切的水平上为佳。如果边缘商业圈相距过远，则对手打入的机会太大；如果分店之间使次级商业圈相交，则两家分店会彼此争夺业务。

6. 扩张速度

连锁店的扩张速度要慎重策划。即使创业店相当成功，连锁店的扩张速度也不宜过快。如果扩张过快，会使开发部负担过重，有可能使新开店的质量下降；扩张过快易使企业对市场情况的变化难以做适应性调整。但连锁店的扩张也不宜过慢。如果扩张速度过慢，连锁店经营的规模效益将不明显，连锁店获得规模效益的时间就越晚，企业甚至有可能在达到规模水平之前就破产倒闭；扩张过慢，就意味着进攻和扩展市场的速度较慢，有可能被竞争者抢先占领开店的黄金地点。

因此，连锁店扩张的步子太大不行，太小也不行。一般而言，连锁店从创业到达到规模经营宜在2~3年内实现。连锁超市的规模效益超过15家以后才会逐步显现。

7. 扩张的连锁形式选择

企业还需对采取何种连锁形式进行扩张做出规划。一般而言，大多数零售连锁商是以正规连锁和特许连锁为主，大多采用3种形式的混合连锁，但一般有其固定的比例要求。

8. 配送中心的扩张

配送中心的扩张应与分店在扩张区域和扩张速度上相配合。同时，配送中心的分布也要合理，要保持适当距离，过近会造成配送能力的浪费，过远则会使配送成本升高。

对上述问题有了基本规划后，企业便可以实施扩张规划了。

（二）正规连锁策划

正规连锁策划的基本特点就是单一资本所有，整个连锁系统为一个法人。

1. 明确正规连锁的前提

（1）创办者或所有者要有相当强的资金实力。正规连锁扩张需要较多的资金，要求企业开设较多分店。这就需要创业者有雄厚的资本，在经营管理能力、信誉和商品供给上均要有保障。

（2）要有可作为扩张标准的创业原型店。

（3）正规连锁的扩张以规范化的经营管理制度为前提。正规连锁要求所有分店有统一的经营目标，实行统一的经营战略。只有这样才能使正规连锁店的扩张不走样、不变形。

（4）要具备对大量多种商品的管理能力，必须准确掌握商品和交易动向，为此要运用MIS（管理信息系统）、POS（销售终端）、EOS（电子订货系统）等信息系统管理商品。

（5）要在规模不断扩大的过程中逐步采取一体化经营，如开发本公司的独特商标等。美国的西尔斯百货公司就是这样做的。

2. 正规连锁策划的内容

（1）组织策划。正规连锁的组织由公司本部与分店构成，也有采取总部——区域性管理中心——分店体系的。

（2）财务策划。财务策划的主要目标在于解决扩张资金来源。连锁店以正规连锁方式扩张，基本上是采取建新店或租店、买店的方式扩张的，其投入成本相当高。当今世界上绝大多数大型正规连锁公司是以公开发行股票募集资本的方式进行快速的大规模扩张的。

（3）扩张方式策划。正规连锁一般以单店逐渐扩张为主，也可以采用合并和收购的方式实现扩张。

（4）营销策划。正规连锁店要开发适合自身经营的商标的商品，采取统一定价，宣传企业自身形象。

（三）特许连锁策划

特许连锁要有一定的条件。

1. 特许连锁的先决条件

首先，众多具有创业意向的社会成员形成了对特许连锁的需求。例如一个想创业的人，有积蓄但无经验，不知从何入手创业，这就要求能有一个固定的营运模式供其使用。其次，经营方式、经营经验的成熟与标准化形成了对特许连锁的供给。许多企业经过长期的经营和探索，摸索出了一整套成功的经营模式，并有能力将这些成熟经验用于指导其他创业者运营。同时，特许连锁的成功还需下列条件：

（1）规模利益的经济原则和分工原理。

（2）特许连锁要适应社会的变迁。

2. 特许连锁的基本构成

特许连锁体系的构成包括三个部分：

（1）特许权所有者。它是指授权进行特许经营的一方。

（2）特许权接受者。它是指获得特许并按特许权所有者指定的形式和条件进行经营的经营者。

（3）特许合同。根据国际特许经营协会的定义，特许合同是对特许双方均有约束力的书面文件，确保双方的权利和义务。

3. 理想的特许方案的构成要素

（1）高毛利率。这样可以使特许权接受者能够承担高的特许费用，这也是零售行业中有大量特许申请的原因所在。

（2）店内附加值。特许权对那些产品在店内进行部分加工的行业特别有效。因为这种行业常常要求稳定的现场指导和监督。

（3）秘密过程。它包括概念、公式和产品。如果不购买特许权，就不能复制这些概念、公式和产品。

（4）房地产利润。特许权所有者以房地产所有权作为主要收入来源。

（5）简单化。成功的特许连锁往往都是按程序自动化运营的。

（四）自由连锁策划

1. 自由连锁扩张的条件

（1）市场竞争激烈。

（2）实行自由连锁的业态必须有明显的规模效益。

(3) 要有现存的可供连锁销售的商店。

(4) 要有主导企业。

2. 自由连锁实际操作

可以以案例来说明。日本有家食品零售店,地处北陆的中央商业区,是一家家庭商店,已有 70 多年历史,知名度很高。商店采取有限公司的组织形态,投入资本 200 万日元。店员有店主夫妇、儿子及三名雇员,营业面积 40m^2,经营食品及相关调料,一直很顺利。但自从一家大百货店在同一条商业街上开办分店后,顾客大量转移,营业额减少了 10%～20%,企业出现亏损。

为此,业主必须考虑怎样才能摆脱危机的问题。一种办法是改营其他商品或行业,但同样面临百货业的竞争,此路不通。店主决定加入一家自由连锁组织,这既可以实现规模经营效益,又可与大商店相抗衡,并自行经营自己的店铺。

接下来店主必须选择适宜的连锁组织。在选择自由连锁组织时,要考虑这个组织的信誉、规模、主营商品、店铺形态及其发展状态,等等。店主经过分析比较,选择了总部位于名古屋的连锁组织。这个连锁组织已有 180 家连锁商店,其营业额排名在行业前 20 名以内,有较好的发展前途。

店主向连锁组织总部提出申请后,总部分区负责人与店主花了五天时间,将商店现状与连锁规则进行比较。包括店铺的招牌、通道、内外装潢、店面、店内的色彩、照明器具与照明程度、陈列、货架、进出口通道、商品的构成及数量等。经过分析比较后,决定对店铺进行三方面的改造:

(1) 促进店铺现代化。改变店铺保持了 30 多年的内外装潢,按连锁组织的整体特征进行装修。

(2) 减少商品的数量和品种,大幅度减少店内库存。

(3) 引进 POS 系统和 EOS,加强信息沟通管理和商品管理。

装修资金 70% 由店主筹集,30% 为银行贷款。加入自由连锁组织后,毫无特色的食品零售店转变为现代化的小型超市。顾客进出口分离,增加了自动门,采取自助式售卖方式;从商品结构看,生鲜品以外的商品 70% 是从总店进货,大大降低了成本和费用;从营业状况看,顾客迅速增加,营业额比以前提高了 30%。

总之,创业者可以有三种方式来扩大营业组织和扩张连锁。正规连锁可以实现紧密的控制,但分店受限制太多,且扩张慢;加入自由连锁体系或邀请其他企业共创连锁,速度虽快,但成员间协调和控制较难;特许连锁扩张快,可保持适当控制,很受欢迎。三种连锁方式各有千秋,因此大多数采取混合式连锁,即三者融为一体。

【案例】

世界连锁经营的经典:麦当劳

诞生于 1955 年的麦当劳餐饮连锁机构开启了世界上最为成功的商业模式之一,在全世界共拥有 3 万多家分店。麦当劳一度被人们信奉为餐饮业的精神领袖,杰出的品牌运作大师,并被当作美国的国家形象和美国文化精神的化身。

1937年，狄克·麦当劳与兄弟迈克·麦当劳在洛杉矶东部开了一家汽车餐厅。他们制作的汉堡包味美价廉，深受顾客欢迎。虽然每个汉堡包只卖15美分，但年营业额仍超过了25万美元。不过，随着其他汽车餐厅越来越多，经营也越来越艰难。

针对这种情况，麦当劳兄弟大胆进行特许经营，开始出售麦当劳的特许经营权。1953年，一个名叫福斯的人仅向麦当劳兄弟支付了1000美元，便取得了麦当劳的特许经营权，在凤凰城开了一家麦当劳快餐店。但是，早期的加盟店仅获得一周货款和快捷服务的基本说明，其他什么都没有。无论在财务上还是在经营上，加盟店都必须完全依靠自己。正因为如此，许多麦当劳加盟店便随心所欲地改变麦当劳汉堡包口味或者经营品种，这严重损害了麦当劳的声誉。十几家麦当劳加盟店的经营状况普遍笼罩在失败的阴影之中。

然而让麦当劳真正走向成功的，不是麦当劳公司的创始人，而是雷·克洛克，他创造的不是一种产品，而是一种全新的商业模式——连锁经营。

这位纸杯和混拌机的推销商雷·克洛克比麦当劳兄弟还要清楚麦当劳的巨大发展潜力。当时正值美国进入经济高速发展的阶段，人们的生活、工作节奏加快，用于吃饭的时间越来越短；特别是大量拥有私人汽车后，途中快速用餐的需求也出现了。雷·克洛克知道，像麦当劳这样干净卫生、经济合算、品质优良而且方便快捷的快餐店，一定会大受欢迎。雷·克洛克经过与麦当劳兄弟洽谈，成为麦当劳在全美唯一的特许经营代理商。1954年，雷·克洛克作为麦当劳特许经营的代理商，替麦当劳兄弟处理特许经营权的转让事宜。

1955年，雷·克洛克"内部创业"获得了在伊利诺伊州开设麦当劳餐厅的授权，这也是公司的第九个分店。1960年，雷·克洛克正式将"Dick and Mac McDonald"餐厅更名为更为简练的"McDonald's"。1961年，雷·克洛克和他的合伙人以270万美元收购了麦当劳兄弟的餐厅，开始以全新的商业模式运作麦当劳餐厅。新公司运营不久，雷·克洛克便在伊利诺伊州的埃尔克格罗夫村成立了汉堡包大学，为全世界的麦当劳经理提供专门训练。此后麦当劳以不可思议的速度在美国和全世界复制连锁店。1984年，雷·克洛克病逝，那一年，麦当劳售出第500亿个汉堡包。如今，麦当劳公司在全球拥有超过36000家快餐厅，分布在全球120多个国家和地区。麦当劳已被公认为世界名牌快餐店之一，其金色的拱形"M"标志，在世界市场上已成为不用翻译即懂的大众文化，其企业形象更是在消费者心目中深深扎根。

1966年7月17日，《纽约时报》以《连锁店走向华尔街》为题全面介绍了麦当劳的连锁经营商业模式：麦当劳总部不生产也不销售食品、装备，麦当劳能够上市，是因为它知道如何运转连锁经营这种当时全新的商业模式。公司职员的工作是向连锁店的经营者提出建议，除了要充分符合麦当劳制定的产品质量标准之外，还包括购买设备、装备、食品、操作方式、广告及经营一家成功企业必需的其他细节。

在全球的麦当劳餐厅里，有70%的餐厅是由特许经营者经营管理的。在美国麦当劳的1.3万家门店中，特许经营比例高达86%。麦当劳作为世界上最成功的连锁经营者之一，以其引以为自豪的连锁经营方式，成功地实现了异域市场拓展和国际化经营，在其连锁经营的发展历程中积累了许多非常宝贵的经验。

首先，雷·克洛克改变了原来麦当劳系统中特许人与受许人互不相干的状况，他认为特许人的成功取决于受许人的成功。只有当每个受许人富裕了，整个特许经营系统才能变得更强大。因此，雷·克洛克非常重视加盟店的经营情况。在早期，每一家加盟店的特许费只有950美元，其他费用是按加盟店营业额的1.9%收取的，所以总部的利润与加盟店的经营状况密切相关，总部与加盟店的经济利益是一致的。

一般特许经营总部往往受金钱的诱惑而"剥削"加盟店，如收取很高的特许费，贩卖原材料、器材和成品给加盟店等，从而破坏了长久的合作关系。雷·克洛克坚决反对这种做法。麦当劳公司的收入主要来源于房地产营运收入、从加盟店收取的服务费和直营店的盈余三部分。麦当劳公司负责运用其丰富的开店经验为加盟商寻找合适的开店地址，并长期承租或购进土地和房屋，然后将店面出租给各加盟店，获取其中的差额。这种方式可以用土地和房屋抵押获得贷款，既解决了加盟者开店的资金困难，又增加了麦当劳公司的收入。同时，因为控制了店面的所有权或租赁权，有利于对加盟商的管理。在形成对加盟商的有力制约之后，麦当劳对加盟商的扶持非常周到。收取的首期特许费和年金都很低，减轻了分店的负担，同时绝不在设备采购和原料提供上获取暴利。制约共赢的机制保证了麦当劳从产品到服务标准化的贯彻。

麦当劳的诚意换来了加盟者的忠诚。相互制约、共存共荣的合作关系为加盟者各显神通创造了条件，使各加盟者的营销良策层出不穷，这又为麦当劳品牌价值的提升立下了汗马功劳。例如，风靡全世界的"麦当劳叔叔"就是一个成功的由加盟者与广告公司创造出来，并被总公司启用和推广的形象。"联合广告基金会"模式也是由麦当劳加盟者创立，被总公司采用的。正是加盟者对总公司的合理建议具有动力，促进了公司的改革，从而增强了麦当劳品牌的市场竞争力，达到了双赢的效果。

其次，不采用区域特许权制度。尽管出售区域特许权更容易赚钱，但同时也增大了风险。如果一家加盟店不成功，麻烦还不算大；但是如果这家店拥有整个区域的特许经营权，那后果就可想而知了。在雷·克洛克看来，"如果你卖出一大块区域的特许权，那就等于把当地的业务全部交给了他。他的组织代替了你的组织，你便失去了控制权。"因此，麦当劳一次只卖一个餐厅的特许权。同时，麦当劳规定，表现优异的加盟者可以拥有多家加盟店，而表现不好的加盟者只能拥有一家店铺。

再者，麦当劳对加盟者的财务状况有非常明确且严格的要求。在加盟之初，加盟者必须先支付加盟费。如果加盟者购买的是新店铺，则需要支付总成本的40%；如果是旧店铺，加盟者则只需要支付成本的25%。这些资金必须来自加盟者个人的自有资金，即加盟者所持有的现金、证券、债券等。由于每家店的情况不同，所以收取加盟费的多少也没有严格量化。通常，个人非借贷资金在17.5万美元以上，麦当劳才会考虑其是否能参与加盟。少数情况下，麦当劳还允许设备租赁，这仅仅是针对那些特别优秀的候选人。这些人的自有资金可能无法达到麦当劳的要求，但他们在其他各个方面都相当优秀，甚至超过通常的标准。这种情况下，可以采用设备租赁的模式，即麦当劳先代为购买设备，而后将它们租给加盟者。不过即使如此，麦当劳仍然要求加盟者起码拥有10万美元以上的自有资金。当然，这些钱不是白白支付的。麦当劳为加盟者提供了一整套员工培训、人力资源、服务运作、设计、市场营销、机械设备和采购的服务，从而确保加盟店的表现和麦当劳品牌的一致性，确立麦当劳领先的地位。运作顾问从加盟者加入麦当劳体系之初就开始提供一对一的服务，帮助加盟者达到麦当劳的QSCV标准。近10年来，麦当劳于各区域设立国际汉堡包大学，目前全球已有七所，分别位于德国、巴西、澳大利亚、日本、美国、英国和中国香港，每年有超过5000名来自世界各地的学生到汉堡包大学参与训练课程。正是这样严格的挑选制度和完善的后续服务，保证了麦当劳加盟一家就成功一家。

最后,对所有加盟者实行统一的、麦当劳独特的经营方针。其实,早在雷·克洛克在芝加哥东北部开设了第一家真正意义上的现代麦当劳特许经营店时,该店就体现了雷·克洛克的经营方针,那就是重视品质、服务、卫生和经济实惠,也就是麦当劳著名的具有战略意义的QSCV。

当时市场上可买到的汉堡包比较多,但是绝大多数汉堡包质量较差、供应顾客的速度很慢,餐厅的服务态度不好、卫生条件差、气氛嘈杂,消费者很是不满。针对这种情况,麦当劳公司提出了著名的"Q""S""C""V"经管理念,Q代表产品质量(Quality),S代表服务(Service),C代表清洁(Cleanness),V代表价值(Value)。麦当劳公司知道,向顾客提供适当的产品和服务,并不断满足不时变化的顾客需求,是树立企业良好形象的重要途径。

麦当劳公司为了保证其产品的质量,对生产汉堡包的每一个具体细节都有着详细具体的规定和说明,从管理经营到具体产品的选料、加工等,甚至包括多长时间必须清洗一次厕所、煎土豆片的油应控制在什么温度等细节,可谓应有尽有。对经营麦当劳分店的人员,必须先到伊利诺伊州的麦当劳汉堡包大学培训10天,领到"汉堡包"学位方可营业。因此,所有麦当劳快餐店出售的汉堡包都严格执行规定的质量和配料。就拿与汉堡包一起销售的炸薯条为例,用作原料的马铃薯是专门培植并经精心挑选的,再通过适当的储存时间调整一下淀粉和糖的含量,放入可以调温的炸锅中油炸后立即供应给顾客,薯条炸后7min内如果尚未售出,就将其报废不再供应顾客,这就保证了炸薯条的质量。同时由于到麦当劳快餐店就餐的顾客来自不同的阶层,具有不同的年龄、性别和爱好,因此,汉堡包的口味及快餐的菜谱、佐料也迎合不同的口味和要求。这些措施使得公司的产品博得了人们的赞叹并经久不衰,树立了良好的企业产品形象,而良好的企业产品形象又为树立良好的企业国际形象打下了坚实的基础。

按规定,每家麦当劳加盟店的汉堡包品种、质量、价格都必须一致,甚至店面装修与服务方式也完全一样。所有麦当劳快餐店使用的调味品、肉和蔬菜的品质都由总店统一规定标准。为了使各加盟店都能够达到令消费者满意的服务与标准,麦当劳建立了严格的检查监督制度。麦当劳体系有三种检查制度:一是常规性月度考评;二是公司总部的检查;三是抽查,即在选定的分店每年进行一次。地区督导常以普通顾客的身份去加盟店考察食品的新鲜度、温度和味道,地板、顶棚、墙壁、桌椅等是否整洁卫生,以及柜台服务员为顾客服务的态度和速度等。正是这种严格的规定和检查制度,使顾客走进任何地方的任何一家麦当劳餐厅,所看到的建筑外观、内部陈设、食品规格和服务员的言谈举止、衣着服饰等诸多方面都惊人地相似,也都能给顾客以同样标准的享受。

麦当劳公司就是这样通过QSCV的营销管理模式,为企业赢得了良好的形象。今天,麦当劳公司正以一个安全、可靠的形象高高立在国际市场。良好的国际形象为企业的市场营销带来了巨大的效益。同时,良好的销售又进一步巩固了企业的国际形象。

正是以这一套经营理念为核心,麦当劳创下了世界最大连锁体系的纪录。不仅在美国,即使在日本,以麦当劳为代表的连锁经营的产业,也很少受到社会经济状况的影响。麦当劳的成功已成为连锁经营领域里当之无愧的典范。

创新训练

策划一家湘菜连锁店。(提示:互联网+餐饮商业模式)

复习思考题

1. 如何进行店址的地点选择?
2. 简述店铺商品或服务的市场定位策略一般采用的四个方案。
3. 橱窗策划有何要求?
4. 连锁经营有哪三种形式?它们各自有什么特点和战略优势?
5. 如何进行网店的推广?
6. 简述特许连锁的基本构成。
7. 试分析麦当劳的盈利模式。

公关与专题活动策划

公共关系学是20世纪初在社会科学中形成的一门新兴的、独特的边缘学科。它运用新闻学、传播学、社会学、经济学和心理学等现代科学知识，研究现代社会组织与公众之间应如何建立良好的公共关系，目的在于使社会组织与公众之间加强了解、联系与合作，最大限度地获得事业的成功，从而推动整个社会的发展与经济、文化的繁荣。

本章通过对公共关系原理的介绍，着重阐述公共关系的实施技巧及在市场营销和专题活动中的运用。

第一节 公共关系的基本原理

"公共关系"译自英语"Public Relations"，又译为"公众关系"，简称"公关"，英语缩略语为PR。

如何理解公共关系的含义呢？

首先，从字面意义及使用情况来看，公共关系是在商品社会条件下人们之间的各种关系。

其次，在一定社会历史阶段的公共关系还存在着不同的范畴。一是属于社会交流范畴，二是属于企业经营管理范畴。前者是指一个国家、企业或个人为促进其与公众相互了解和沟通而有计划地采取的各种策略和行动；后者是指企业运用大众传播工具及各种手段，找出企业发展的有效途径，树立良好的企业形象。

再者，根据活动所要达到的不同目标，公共关系可分为三个层次：一是以提供纯粹的社会服务为目的，以政府、部门、社团为主体的公共关系；二是以盈利为目的的企业行为的公共关系；三是以创造和睦相处环境为目的的公共关系。

公共关系学作为一门新兴的学科，时间短，发展快，我国直到20世纪80年代中期才从西方引进。因此，专家学者对它的认识角度不一样，也很难做出一个大家公认的、全面而又系统的定义。尽管如此，根据公共关系的特征，我们可以这样解释：公共关系是现代社会中个人、团体、企业、地方政府以及国家与公众之间，为取得相互了解与合作，利用各种公开、合法的传播手段，最大限度地提高自身生存能力的一种组织活动职能。

一、公共关系的性质

公共关系既是一种社会关系，又是以各种个性关系为其实在现象的人际关系。不过，公共关系不仅仅是一种关系，它既是一种关系，又是一种活动，还是一种职能。可以用三句话概括公共关系的基本性质：公共关系是一种公众联络关系；公共关系是一种传播活动；公共关系是一种管理职能。

因此，公共关系是一种特殊的关系，它是从社会关系和人际关系的一般属性走向公共关系的特殊性。在上述三个基本特征中，无论少掉哪一个特征，公共关系都不能构成。

（一）公共关系是一种公众联络关系

"公众"是公共关系学中的一个特殊概念。公共关系中所指的"公众"与人们日常所使用的"公众"一词具有不同的含义。在日常生活中，"公众"一词常常被理解为"群众""人民"等意思；但作为公共关系学中的一个重要概念，"公众"一词的含义比一般所说的"公众"要丰富得多。因此，我们认为，公众是指因面临共同问题而与公共关系主体即社会组织存在着相互联系、相互影响以及相互作用的组织、群体和个人。

工商企业最主要的公众应当是顾客、职工和投资者。但除此之外，社区居民、政府、舆论界和同行业等也都是重要的公众。

公共关系所要处理的公众联络始终处于变化之中，这是因为公众的形成取决于共同问题的出现。一旦问题解决了，尽管作为社会群众的人群依然存在，但公共关系意义上的公众就不复存在了。例如不同年龄、性别、种族的人，在同乘一列火车到达目的地后，他们共同面临的旅途安全问题就不成为问题，这些人也就不再是（至少暂时不是）这趟列车公共关系工作的公众了。

（二）公共关系是一种传播活动

公共关系是一种有限度的活动。它主要是运用社交和传播手段来协调组织企业与公众、公众与公众之间的关系，超出这个范围就不再是公共关系人员的分内工作。公共关系可以做到的是：运用公共关系活动帮助管理阶层发表意见和观点；借助有效的传播手段提供信息，吸引公众注意，以影响公众的态度与行动；鼓励尚无肯定立场的部分公众对某些问题在面临选择时采取与企业组织的一致态度。

传播不等于宣传。公共关系的传播活动在四个层次上进行：①纯粹的信息交流。以传播信息为宗旨的各种社会公益组织常常是在这个层次上进行公共关系工作的。②情感传播。现代企业经营者利用各种活动使公众在精神上和心理上得到满足，如经理为员工生日点歌等，以获得各方面的全力支持和献身精神。③态度层次。公关人员进行的传播活动围绕着公众态度的改变而展开，这是许多政治组织和经济组织的公共关系部门所进行的重大活动。例如美国总统竞选就伴随着大量的、以改变选民态度为目的的公关活动。至于实业界，则历来是公共关系传播活动的最大市场。④激起公众的行为。这也是公共关系传播活动的最终目的。例如商店利用传播工具引导顾客购买商品。

（三）公共关系是一种管理职能

有人认为，公共关系仅仅处理社会组织与外部公众的关系。事实上，组织内部的协调也是公共关系人员的重要任务之一。公共关系从一开始就作为组织管理职能的一部分而为人们所接受。随着信息时代的到来，各种社会组织，特别是经济组织发生了结构上和功能上的变化，规模越来越大，结构越来越复杂，组织决策的非感性化倾向越来越显著，组织与环境的相互依赖越来越重，公众舆论对企业组织生存和发展的影响愈加扩大。如何适应自身的这种变化呢？

就组织内部关系而言，有必要建立连接管理子系统与其他子系统的新机制，即公共关系子系统。它在其中建立联系，沟通信息。例如为决策者提供决策方案，在方案实施过程中，公关人员又将继续担负起疏通、解释和宣传的工作，以期得到公众的理解和支持。因此，公共关系还是一种管理职能。

二、公共关系的构成要素

公共关系所要解决的不是所有的关系，而仅仅是组织和公众间的一种协调关系；它也不是管理职能的全部，而是借用各种传播媒介提高自身生存能力的组织活动。公共关系坚持以事实为依据、以公众利益为出发点、以科学为指导、以效益为归宿的四项基本原则。无论从哪个方面来研究公共关系，组织、公众、传播都是构成公共关系不可缺少的三要素。

（一）组织——公共关系的行为主体

任何组织都有自己的目标，因为组织本来就是为实现某种目标而结合起来的社会群体，组织一旦失去目标，就会失去它的生命力。而就组织内部而言，任何部门的工作目标都必须符合组织的总目标，组织内的所有成员都应为实现组织的总目标而工作。一个组织的公共关系部门的工作目标也不例外：一是必须服从组织的总目标；二是必须确立自己在与总目标一致的前提下的工作目标，并要有一套实现自己工作目标的措施和方法。

在我国，不少人认为公共关系的目标既抽象又模糊不清，如"创造鲜明的企业形象"，有人认为那有什么用，能使产品自动推销出去？还有的人对企业花费巨额资金刊登的各类广告也感到不解，具体到公关部门组织记者招待会、制造舆论及利用各种传播媒体的目的也不清楚。

事实上，一个组织的主体性很大部分表现在公共关系目标的制定上，表现在公共关系目标与组织总目标的吻合上。公共关系所追求的目标是使组织的政策和程序与公众的利益一致，基于这个目标所开展的一切公共关系活动都将使社会组织充分发挥其主体功能。

公共关系对组织形象的预测，就是公共关系人员利用搜集的各种信息进行综合分析，考察组织所实行的政策及行动在公众中产生的效果及影响，以对组织往后采取的政策行为与公众可能意向之间的吻合程序做出预测。

从一个企业组织的形象来说，产品是一个很重要的因素，但是在一个激烈竞争的市场环境里，一个企业仅仅依靠产品还不能站稳脚跟，发展还取决于它同其他组织的关系，取决于它在处理同社会的关系时所实行的方针、政策和计划。因此，要求公共关系工作者善于发现公众对组织的一般看法并对组织在公众心目中的形象进行评价，经常性地分析公众的心理、意向及其变化趋势，及时做出预测。具体来说，一是向决策者提供有关公共关系方面的信息、评价及预测的咨询；二是立足于公共关系本身工作提出各项有益的建议。

（二）公众——公共关系的行为客体

前面讲过，从公共关系角度来说，公众是任何因某个共同问题而在社会交往中相互联系形成的社会群体，也是对一个机构目标和发展具有现实和潜在的利益关系和影响的所有的个人、群体和组织。例如一个宾馆，它所面对的公众，除了来自国内外的顾客以外，还有上级主管部门、政府机构、员工、新闻媒介、社区和竞争对手等。公共关系的公众是极其复杂的，不同性质的机构，其公共关系工作面对的公众又有很大的区别。例如共青团组织，它的公众主要是青少年。

划分公众是极其复杂的，这不仅涉及很多领域，而且随着时间的推移，有的公众退出了原来的公众范围，同时又有公众加入进来组成新的公众集合体和公众网络系统。尽管如此，公共关系的公众也有其内在的规律性。按照组织面对的公众系统，公共关系的公众可以划分成生存性公众系统、功能性公众系统、横向同行业公众系统和扩散性公众系统；按组织行为后果，则可将公众划分为非公众、潜在公众、知晓公众和行动公众。

对公众进行必要的归类是制订公共关系计划、实现公共关系目标的前提。一个组织的公共关系人员应时刻注意公众的形成及其变化动向，要注意区别非公众、潜在公众、知晓公众和行动公众。一般认为，知晓公众是公共关系人员的重点工作对象，因为公共关系工作的良机往往是知晓公众形成之时。知晓公众已经意识到问题的存在，他们往往也急切地想获得有关的信息。此时，公共关系人员就应适应他们的需要，及时向知晓公众提供他们所需的信息，包括提供和解释下一步准备执行的政策或行动方案。这样就可及时制止公众准备采取的对付组织的行动，达到公共关系工作的预期目标。

（三）传播——公共关系的行为过程

如果说公共关系工作的根本目标在于建立良好的组织形象和声誉的话，那么，把公共关系的组织主体和公众连接起来的传播过程，其目的就是将公共关系信息通过各种传播媒介传递给社会公众，以影响公众对组织行为的理解和支持。具体地讲，可以分为以下两个内容：

（1）提供和分享组织的信息。公共关系工作运用传播媒介，并不是通过它来改变组织的观念，而是通过它支持或证实组织的固有观念和所作所为。要使社会公众理解和支持组织行为，必须在组织本身已经掌握公众的心理和意向的基础上，及时、准确地提供有说服力的信息，让公众对组织的政策和目标有所了解。

（2）改变公众的态度。作为公共关系过程的传播媒介的目的，不仅在于让公众了解和支持组织的行为，而且还要使部分公众的漠然、无知、偏见和敌意改变为同情、接受、了解和感兴趣。简而言之，就是实现负态度向正态度的转变。

态度的形成与转变是一个社会化的过程，它会随着外界条件的变化而变化，从而形成新的态度。一切态度的转变都可能有两个方面：方向和程度。但是，旧态度形成新态度是一个特殊的过程。要想改变公众的态度绝不是一蹴而就的，而新态度一旦形成就会比较持久。所以对不同公众进行传播时，一定要有针对性。要先了解不同公众的不同需要、动机、爱好等心理状态，以便进行有的放矢的宣传，同时配合采取各种行之有效的措施，才能达到转变公众态度的目的。

传播作为公共关系主体与客体之间的桥梁和媒介，是一个信息交流过程，它也是组织与公众之间的信息交流。公共关系主体和客体各自所处的地位不同，他们之间存在着种种利益上的差异，公众不可能百分之百地按照一个组织的公共关系部门的意愿去理解每则信息。也就是说，组织与公众之间的信息交流是一个较为复杂而又很难沟通的过程。

1932年，美国的传播学者哈罗德·拉斯韦尔（Harold Lasswell）提出了人类传播过程著名的五个"W"公式。他认为公众传播的基本问题在于回答以下五个问题：

（1）谁（Who），指信息的发布者，即公关人员。

（2）说什么（Say What），指传播的内容，即有利于在公众中树立良好的组织形象和声誉的有关公共关系信息。

（3）通过什么渠道（In Which Channel），指公众传播的两大渠道：一是大众媒介（报刊、电视等），二是人际沟通（如参观、报告会等）。

（4）对什么人（To Whom），指的是对组织的目标和发展具有某种直接或间接利害关系或影响的人、群体的组织。

（5）取得什么效果（With What Effect），这是评价、分析和检验实施信息传播是否有效,并在效果分析中评估公共关系工作效益的办法。

公共关系的信息交流是在组织与其公众之间进行的,它具有与一般通信工具之间、人与机器之间等信息交流不同的特殊性。

(1) 它不仅是信息的交流,还包括思想、感情、观点和态度的交流,其中心理因素尤其重要。

(2) 它所需要的是彼此了解交流的动机和目的,其结果会改变行动。

(3) 由于涉及公众面广,各类公众在观点、职业和教育经验上的不同,对同一信息往往存在不同看法,有不同的理解。

上述公共关系传播的特征是公共关系人员进行工作时要特别重视的。

任何沟通系统都存在着沟通的障碍,公共关系的信息交流理所当然地有其沟通障碍。

(1) 公共关系的信息沟通有书面方式、口头方式、书面和口头混合方式,通常是以口头沟通、面对面的交换意见为主。语言是交流思想的工具,但它并非思想本身。语言修养、表达方式及表达技巧的高低都会引起不同的结果,甚至导致沟通障碍。

(2) 态度、观点、信仰和社会地位等的各自差异也往往造成沟通上的障碍。

(3) 个性因素、社会风俗、习惯以及文化差异都是引起沟通障碍不可忽视的方面。

(4) 对传递信息的时机选择不当也会造成沟通障碍。

检验传播过程是否受到障碍或被干扰程度的最好办法就是收集反馈信息。每个信息交流过程都是信息反馈和反馈之反馈的过程。只要随时掌握来自公众的信息反馈,就会大大有助于及时扫清信息交流过程的障碍,充分发挥传播作为公共关系主体和客体的桥梁和中介的作用。

三、公共关系的实施程序

树立组织形象是一项十分复杂的工作,绝不是一朝一夕之功,也不是一两次公关活动就能达到目的的,因此,成功的公共关系必须遵循一定的程序。中外公共关系专家将该程序概括为"调查分析、制订计划、实施传播、检测评估"四个步骤,这四个步骤都是围绕一个中心目标——树立组织的良好形象来展开的。

(一) 调查分析

进行公共关系的工作,要从公共关系调查分析开始。只有对情况了如指掌,才可能高效率解决问题。公共关系的调查分析,是了解那些受到组织行为和政策影响的人的观点、态度和反应,同时也包括了解组织本身存在的问题。调查分析贯穿于公共关系活动的整个过程中,是公共关系必不可少的前提。

1. 找出机构形象的差距

在公共关系的调查研究中,大量的工作是搜集信息,了解组织在公众心目中的形象。这里,所谓的形象是指社会公众按该组织所要求的标准对该组织的基本看法和评价。形象是一个综合概念,它包含着许多决定公众对组织机构的情绪和感觉的影响因素。因此,它不是固定不变的,随着时间的推移和各种影响因素的变化,它也会不断地变化。

良好的形象包括该组织机构在社会公众中所具有的知名度和美誉度。知名度是公众对组织机构(产品)的了解和认识程度,美誉度是指公众对组织机构(产品)的信任和赞赏程度。公共关系活动对企业形象的调查了解,概括起来就是要找到组织机构与公众之间的

"形象差距"，即根据组织的自我认识和公众认识之间的差距，来确定公共关系工作的目标。

要把组织的自我认识建立在正确的、完整的基础上，就必须在自我认识的同时了解公众的认识。了解在公众心目中的"我"究竟是什么，从而比较出两者之间的差距，并使其差距渐趋缩小，推动组织实现自身形象。

公众对组织形象的认识和态度有正面和反面之分。公共关系人员的职责就是要运用各种公共关系技术和手段促使正面态度增长，反面态度减少，为本组织机构或产品的发展开辟道路。

2. 调查分析的内容

公共关系调查不但要搜集公众对组织的意见和要求，而且要搜集有关组织的其他各类信息；不但要调查组织当前所处环境，而且要预测组织可能遇到的风险和机会；还要评估组织活动的成效。概括起来，公共关系调查的主要内容包括以下三个方面：

（1）组织基本概况调查。有关组织的概况资料是一切公共关系活动的基本材料，也是公共关系人员案头必备的资料。无论是撰写新闻报道、举行记者招待会、制作公关广告、接待公众来访，还是开展各种公关宣传活动，都离不开组织基本概况的资料。

组织的历史与现状、目标和宗旨、经营特色、产品类型、经营管理状况、市场占有率，组织的管理风格及外观、名称和识别标志等都是组织的基本情况。组织内部员工状况，如年龄结构、文化结构、家庭、专业、特长、兴趣爱好和性格等方面的情况也属于组织的基本概况。

（2）公众调查。公众是公共关系活动的对象，公众对组织的态度和意见是一切公共关系活动的出发点。因此，开展公众调查和研究是一项经常性的工作。

组织形象是公众对组织的评价和印象，因而是公众意见最主要的方面。形象调查包括组织的知名度和美誉度调查。知名度调查即调查公众是否知晓本组织的名称、标识、产品、服务、历史以及了解的程度和范围；美誉度调查即调查公众是否喜欢本组织的产品、服务、推销方式以及喜爱的程度。公众动机、公众需求、公众心理及其发展变化、公共关系活动效果和传播效果等也都属于公众意见调查的范畴。

公众调查应获取以下四类资料：

1）背景资料。即掌握公众的籍贯、住址、文化程度、年龄、性别、家庭状况和经济收入等背景资料，以便使公共关系工作具有针对性。

2）知晓资料。了解公众对某一信息、某一政策、方针，某种产品或服务，某种事物知晓的程度。

3）态度资料。弄清公众对本组织的产品、服务、政策、行为持何种态度，是喜欢还是不喜欢，是支持还是不支持。情感资料也属态度资料。

4）行为资料。掌握公众对本组织的产品、服务、政策、行为已经或准备采取什么行动。

（3）组织环境调查。公共关系调查还包括收集一切同组织有关的各种社会环境资料，诸如政策环境、竞争环境、社会环境等。政策环境的调查是指对一切同组织发展有关的中央和地方的各种政策、法律、制度的调查，如企业商标法、合同法、破产法、环境保护法、劳动法等；竞争环境的调查是指调查同行业的各种组织，以借鉴其他组织成功的经验，加强横向联系；社会环境的调查是指调查本社区重大事件、社会思潮等，这些社会问题不但影响公众,还将影响企业的生存和发展,公共关系调查不但要调查已出现的社会问题,还要预测近期将出现的各种社会问题,及时调整组织的政策和行为。

3. 调查分析的方法

公共关系调查分析的方法很多,这里仅介绍室内研究法、访谈法、问卷法和民意测验法等几种常用的方法。

(1) 室内研究法。调查资料的来源一般可分为两大类。一类是第一手资料,它是调查者本身通过实地调查和实验取得的原始资料;另一类是第二手材料,它是其他机构或个人收集并经过加工整理的资料,即现成资料。室内研究法就是利用组织内部的现成统计、档案资料和样本,运用统计原理与方法,在办公室内进行所要调查内容的分析研究。这虽是一种间接调查法,但快捷、省力,至今仍很受重视。

利用现成资料进行统计分析也有两种方法。一是趋势分析,即可行性研究,它将过去的资料加以分析来发现其变化的方向,据此予以合理延伸以推测其调查内容的变化情况;二是相关分析,即对过去资料中的各个变量加以分析,发现彼此之间是否有关,以及关系程度是正相关、负相关还是不相关,来推测调查内容的变化情况。室内研究法可以为直接调查做准备,有的问题可代替直接调查,有的问题可弥补直接调查的不足。人力或财力匮乏的企业,如果能够充分利用现成资料——政府和上级部门以及大专院校、科研信息机构提供的大量资料来进行室内研究,可以收到事半功倍的效果。

(2) 访谈法。访谈法调查可分为三种形式。一是面谈调查,就是当面直接交谈,进行面对面的访问。它具有全面、具体、灵活、准确等优点。缺点是费用高、时间长,受调查人员水平的影响太大。二是电话调查,即由调查人员根据抽样进行电话访谈。这种方法的优点是节省时间,费用低,调查的对象多。但由于不易得到被调查者的配合,较难获得满意的效果。三是座谈会调查,它是一种广泛收集意见和信息的方式。举行座谈会时要限制人数,只请知情者出席。参加者应有代表性,要采取开放式、讨论式的座谈方式,主持人要具有一定的问话、谈话和听话的艺术。

(3) 问卷法。在公共关系调查中,人们常常采用问卷的形式进行资料的收集和整理工作。问卷就是为调查的目的而专门设计的一组问题或变量指标体系,印制在一定的表格、栏目之中。

问卷可分为开放性问卷和封闭性问卷两种。开放性问卷是指由自由回答的问题组成的问卷,问卷不对被调查者做任何限制,可由回答者本人决定答什么,答多少。封闭性问卷是指事先编制了答题的选择范围及方式,不能自由回答的问卷。例如二分法的选择作答:"您对公司制定的销售政策的态度如何?赞成还是反对?"还有三分法和多分法形式。

问卷的设计是根据研究的目的和需要,编写问题和形成问卷的过程。问卷设计是一项技术性很强的细致工作,因此在编制问卷之前,设计者必须对调查对象和调查目的了解清楚。设计问卷时,不要使用模糊的词句,避免引导性问题和解释性问题,问卷设计不宜过长,回答一份问卷的时间一般限制在30min内为宜。此外,可将易回答的问题,如基本状况的问题放在前面;难回答的问题,如态度调查等放在问卷的后面。

问卷的分发可根据具体情况采取邮寄法、组织分配法和当面填答法等方法。

(4) 民意测验法。民意测验法是公共关系调查分析中应用最广泛的方法之一。民意测验包括确定调查目的、界定调查总体、设计调查表、科学抽样、资料回收、资料整理和撰写调查报告等步骤。

民意测验的目的越具体越好,如"大学生对×城市公共交通服务的看法"。界定调查总体,即排除与此次测验无关的人。总体调查研究多采用抽样民意测验调查。选取样本就是为了节省人力、物力、财力和时间而选取具有代表性的个体。

样本的选取有两种方法:随机抽样和非随机抽样。随机抽样是指按照概率论的原理抽取样本,使总体中的每一个基本观测单位都有被抽中的机会,从而使被抽取的样本对所研究的总体具有较强的代表性;非随机抽样就是被抽取的机会不均等的抽样方法。拟定问卷和确定访问方式可参照前面的问卷法。

4. 调查分析的一般步骤

调查分析工作大致可分为三个阶段:

(1) 调查准备阶段。一是确定任务;二是编制计划,包括确定目的、选择对象、拟定项目、选定方法、安排进程和编制预算;三是设计调查问卷表。

(2) 正式调查阶段。这个阶段的重点是加强调查力量的组织和管理,包括调查人员的挑选、培训、分工和检查等。

(3) 调查结果整理阶段。一是整理分析资料,二是编写调查报告,并尽可能提出调查人员的初步分析意见。

(二) 制订计划

经过调查分析,获得大量有关组织机构形象的实际资料和信息后,就要着手制订计划,包括确立目标、选定模式、编制预算等工作。把调查资料的分析意见转化为行动过程,这是十分重要的一步。

1. 确立目标

公共关系目标是一定时期内组织公共关系工作的总任务和总方向,是公共关系计划的核心和总揽。确定目标须遵循一定的原则,按照一定的步骤进行。

这些原则主要有以下五项:一是有效原则;二是互惠互利原则,即兼顾组织利益和公众利益的原则;三是先急后缓原则;四是整体协调原则;五是条件充足原则。

2. 确立目标的内容

任何组织的公共关系目标不外乎以下四类:传播信息、联络感情、改变态度、引起行为。

(1) 传播信息是最基本的公共关系目标。例如向公众介绍组织的基本情况、员工情况、产品类型和性能、经营特色、服务宗旨,收集公众对产品服务的意见和建议等。只有传播双方信息,公共关系的主体和客体才能进行沟通。

(2) 联络感情是公共关系长期的目标。在一定时期,联络感情也可作为专题活动的目标。为了获得公众的支持与合作,在公共关系活动中不能忽视公众的情感需求。如果在开展公共关系活动之前投入一定的情感,建立和公众的关系就容易得多。

(3) 改变态度是公共关系活动的主要目标之一。公共关系要改变公众过去的看法,让其形成新的观念。例如推销广告,目的是要改变公众过去的购买和消费意向,来购买本公司的产品。

(4) 引起行为是公共关系的最高目标,也是最现实的目标。收集信息、联络情感、改变态度的最终目的是要引起公众采取对组织有利的新行为,从而实现组织的总任务,达到事业成功。

3. 选定模式

目标确立之后，就要进一步解决本组织机构应当通过什么渠道和采取什么方法来实现目标。这就是如何选择公共关系活动模式的问题。

公共关系活动模式是由公共关系的目标、任务及对象公众的特点所决定的具体方法和工作技巧的方法系统。不同的社会环境、不同的公众类型和不同的组织有不同的公共关系模式。总结起来有以下五种：

（1）宣传性公关模式。它重点是利用各种传播媒介向外传播信息。当组织机构知名度不高时，一般采用此种模式，以提高自己在社会上的知名度。例如发布新闻稿、刊登广告、做板报、做演讲、召开记者招待会或举行新产品展览会等。

（2）交际性公关模式。它主要以面对面的人际传播为手段，通过人与人的直接交往，建立广泛的社会关系。人际交往又分个人交往和群体交往，交往的方式有举行各种座谈会、招待会、宴会、茶会及做专访等。这种活动模式富有人情味，弥补了大众传播的不足。它主要适用于商业、服务等第三产业。

（3）服务性公关模式。它是以提供各种优惠服务为主的公共关系活动方式，如售后服务、产品跟踪、技术咨询等。它不是单纯的促销活动，而是以提高组织机构形象为目标。其特点是易于引起公众内心情感的波动，密切组织机构与公众的关系，是现代企业广泛采用的一种模式。

（4）社会性公关模式。它是指以组织各种社会性活动为主的公共关系活动，如选"服装模特儿皇后"，开展有奖征文，做赞助性广告和举办纪念活动等。它是一种旨在运用各种手段吸引公众，在社会上广泛建立机构形象的活动方式，深受国内外工商企业的重视。

（5）征询性公关模式。它是以收集信息、发布信息、民意测验和舆论调查、咨询培训为主的活动模式，目的是搜集信息，为组织提供决策咨询。例如企业聘请信息员、设专线电话、征歌、征广告语、征标志等都属于这类活动。

划分公共关系活动模式的另一种方法是根据组织与环境的关系来划分，可分为以下四种模式：

（1）开发型公关模式。这是组织在创建初期，为了给公众以良好的第一印象，提高组织在社会上的知名度和美誉感而采用的一种模式。例如举办开业庆典、免费参观招待、开业折价酬宾等。

（2）维系型公关模式。它适用于组织稳定发展时期，目的是维持组织已有的知名度和美誉度，巩固公众对组织的良好印象。例如广州的中国大酒店开业一年后生意兴隆，该酒店举办了一次空前的周年庆典，邀请记者和知名顾客参观并赠送各种宣传资料，如自制的明信片等。通过这次活动，广州的中国大酒店已有的知名度得到巩固，并大大地争取了潜在公众。

（3）进攻型公关模式。在激烈的市场竞争条件下，组织常会与外部环境发生某种冲突，有时会受到谣言的干扰，混淆公众视听。此时公关人员必须迅速将实情向公众传播，及时制止谣言，取得社会舆论的支持和理解，力争创造一个新局面。

（4）矫正型公关模式。某些方面的工作失误使组织本身的形象受到严重损害的情况出现时，应采取矫正型公关模式。公关人员应立即采取有效措施，着意改造自身形象，挽回声誉。例如产品出现质量事故、商标被盗用或商品被假冒时，企业都要开展矫正型公关活动。

4. 编制预算

公共关系预算的原则是在有限的投入内，获取最大的社会效益和经济效益。编制预算，对于估算组织的经济承受能力，评价公关活动的成效以及调整计划等，是一项必不可少的工作。

公共关系预算的构成包括人（人力的投资和人才结构）、财（工资、办公费、器材费和活动经费）、物（办公和公关活动的固定资产）和时间等方面的内容。具体如下：

（1）工资，包括公关部经理、助手、杂志编辑、摄影师和秘书等人员的工时报酬。

（2）一般费用，包括租金、税金、电费、水费、空调费、清洁费等。

（3）折旧费，包括家具、设备、运输工具等的折旧费。

（4）保险费，包括汽车、设备以及人员的保险费和抚恤金等。

（5）联络费，包括材料费、宴请费和邀请费等。

（6）杂志费，包括编辑、设计、印刷等费用以及稿酬。

（7）投影费，包括招待、剧本、音乐、材料及租用发布会专用高清 LED 背景大屏幕等费用。

（8）电影费。

（9）新闻发布会费。

（10）专访费。

（11）信息情报管理费。

（12）录音、录像费。

（13）印刷费。

（14）会议费。

（15）运输费。

（16）文具费。

（17）旅游费。

（18）广告费。

（19）电话费、网络费。

（20）其他费用。

公共关系企业承担委托业务时，经费预算应包括所需的材料和公关顾问的劳务费（按每次活动所花费的时间计算）两部分，由客户按预算表支付给公共关系企业。

（三）实施传播

实施公共关系计划就是运用各种传播手段，把组织信息传达给公众，把公众的信息反馈给组织，改变组织或公众的态度和行为，从而塑造组织社会形象的过程。

公共关系的对象是社会公众，因此，实施公共关系计划必须以公众的需求为出发点。不同层次的公众会有不同的要求，因此在实施计划时要有很强的针对性。不同层次的公众所惯用的传播媒介也有所不同，设计、制作的信息必须符合该项活动的目标公众的口味，符合他们的兴趣、爱好和性格。总之，公关人员在制作信息时要从公众的特点和新闻媒介的要求出发，而不是单纯从本组织的利益出发。要在文字风格、行文格式、发布时间等方面慎重考虑，尽可能把组织的目标和服务宗旨用适合公众口味和新闻媒介特点的方式表达出来。

1. 实施传播的技巧

实施公共关系计划需要有一定的技巧和艺术。下面简单介绍计划控制表、计划进度板、关键路线法。

(1) 计划控制表。计划控制表要制作精细，标明工作项目、操作人、完成日期和可选择的方案等。

(2) 计划进度板。在一块板上安装一些钩子，上面挂上任务标记，指出哪项工作正在进行，哪项工作已经完成；也可以用一根伸展的带子代替进度板，随着公关计划的实施进程，拴在不同的位置上。

(3) 关键路线法。把工作任务的项目以箭头和号码标出其完成的先后顺序和轻重缓急。这种方法能保证计划的有效实施，简单明了，易于实施并易于发现问题，及时调整、修正计划。

2. 排除实施计划中障碍的技巧和方法

在销售领域中排除公共关系计划实施的障碍，必须掌握一定的技巧和方法。

首先，要了解消费者的购物心理。购物行为的实现要经过六个阶段：形成消费需求的阶段、产生购物动机的阶段、了解商品信息的阶段、进行商品选择的阶段、发生购物行为的阶段、评价所购商品的阶段。只有了解购物行为产生的过程，才能针对不同阶段的顾客采取不同的手段和方法，有效地诱发消费者的消费欲望。

其次，要创造新的消费心理。人们一般有如下几种消费心理：习俗心理需求，购物时受一定的传统民族习惯的支配；同步需求，购物时受时代精神、社会群体的支配；趋美需求，购物时不仅想得到物质的满足，还想得到美的精神享受；便利需求，顾客都有就近购买的要求；选价的需求；新奇的需求；偏好的需求；炫耀消费的需求。

因此，在推销商品或在制作销售广告时，应有针对性。几种常用的促销方法如下：

(1) 样品试用法。

(2) 示范表演法。

(3) 一心一意只谈商品一个优点的方法。

(4) 送优惠券的方法。

(5) 有奖销售法。

(6) 赠送附加商品的方法。

(7) 制造销售期限法，如"本产品优惠期15天"。

(8) 商品标价不用整数，能够给购物者商品价格偏低的印象；给购物者商品定价准确的印象；给购物者商品降价的印象。

(9) 赞赏顾客会买商品，能刺激顾客的购买行为，尤其对女性，如果你称赞她会买东西，她一般会非买你的东西不可。

(10) 与其降价100元，不如送100元的商品给顾客，这样促销效果更佳。

(11) 对携女友的男士，可多向他推荐价格较高的商品。

(12) 廉价的商品陈列在豪华的橱窗，也会身价不凡。

(13) 商品滞销时，不妨换个商标试试。

(14) 在某种意义上，包装比商品本身更重要。

(15) 生活必需品适当提价，反而容易引起抢购行为。

(四) 检测评估

公共关系实施程序的第四个环节，是检测公共关系活动的成效，从而对实施情况进行评估，及时修正计划，进一步调整和完善组织形象。

1. 检测工作的一般过程

检测公共关系成效的工作分四步进行。

（1）重温公共关系目标。既定的公共关系目标是检测工作的尺度。评价公共关系计划的执行情况，主要是看既定的公共目标是否实现。

（2）收集和分析资料。公关人员在评价公共关系效果之前，要收集有关组织和公众的各类资料，如知晓资料、态度资料和行为资料等，然后再进行科学的分析。

（3）向决策部门报告分析结果。报告结果是将一定时间内所进行的公共关系活动及其成果，通过传播媒介反馈到决策者手中。

（4）把分析结果用于决策。分析的目的是指导决策，便于制订新的公共关系计划。

2. 检测评估的主要方法

（1）报告法。将某一段时间内的公共关系活动情况，用口头或文字的方式向有关部门报告。报告可陈述活动成果，比较活动成果与预定目标的差异。报告分正式报告和非正式报告。正式报告是通过正式的传播渠道来总结活动成果，如备忘录、集体会议、汇报会等。非正式报告是通过自由座谈、书信、电话、走访或简短的书面汇报等途径来报告活动成果。

（2）观察法。组织的主要负责人亲自参加公共关系活动，通过直接观察来估量、评价其效果。

（3）外部监察法。聘请有关的组织外专家、学者对本组织公共关系活动进行调查和评价，以局外人、第三者的立场和态度来观察、评价本组织活动的成效，这样所得的结论更具有客观性。

（4）销售量检测法。良好的公共关系必须转化成经济效益。企业产品的销售量和利润也是检验公共关系活动成效的一个方面。

总之，公共关系实施程序的四个步骤是一个连续不断、反复循环的过程，坚持实施才能使组织的形象更加良好。

第二节 公关策划的技巧与在市场营销中的应用

一、公关策划的技巧

公共关系是一项技术性和艺术性很强的工作。在策划公关活动时，灵活运用公关技巧能使公关效果达到预期的目标。下面介绍几种技巧：

(一) 制造新闻

要扩大组织的影响，提高组织的知名度和美誉度，就要大力开展宣传活动，需要支付大笔广告宣传费用，但组织的经济条件往往不允许。若能免费占用报纸的新闻版面和电视、广播的新闻节目时间，则是最理想的方式。然而，一篇没有新闻价值的稿件是不会被编辑采用的，因此，公关人员必须有制造新闻的技能。

所谓制造新闻，是指制造具有新闻价值的事件和报道材料，即由公关人员以所代表的组织发生的真实事件为基础，把其中包含新闻要素的内容加以挖掘整理，通过新闻媒介传播出去。可以说，制造新闻带有浓厚的人为色彩，体现了一定的计划性。一项独具特色的公关工作，从方案设计到实施完毕，制造新闻贯穿全过程。公关人员在其中担任了双重角色：既是组织内部真实事件发生的参与者，又是该事件让公众知晓的报告人。

公关人员制造新闻与假新闻是不同的。事实上，所谓"真新闻"，也是通过记者采访和加工报道出来的，只不过没有经过人为的推动而发生的；而所谓的制造新闻，则是为了宣传某个组织的形象，通过采取公众所赞赏的政策和行动，在组织内部取得工作实绩后，再由公关人员有意识地采写报道或向新闻单位提供素材。并不能断言，自然发生的、由记者亲自写出来的新闻，就一定比有计划地进行且由公关人员写出来的新闻更好、更真实。

制造新闻毕竟与一般新闻有所不同，必须按照新闻报道的要求，针对公关的特点，遵循一定的程序和方法进行。为了制造一条高质量的新闻，首先，公关人员要了解新闻媒介的运作规律；其次，公关人员要与新闻界建立良好的关系；最后，公关人员要熟练掌握撰写新闻稿的技巧。

成功地制造新闻往往是与公共关系有特色的专题活动、大型公关广告等工作分不开的。因此，制造新闻很难找出一套固定不变的原则和方法，要靠公关人员凭自己的知识和实践经验去展开公关活动。下面简单介绍几种最基本的方法：

（1）就当前公众最关注的话题制造新闻。公众在不同的时期，重视的事物不同。如1996年年底，《羊城晚报》《广州日报》等广州各大传媒相继报道我国大量知名企业、驰名商标和其他有特定称谓的网络域名在国际互联网上被他人抢先注册，而多数企业对此事却全然不知的新闻。见报的当天，广东公众信息国际互联网络中心的公关策划人员致电有关传媒，并召开记者招待会，通过传媒告诉读者：域名被抢注仍可补救，加紧注册域名对企业十分必要，在互联网上建立信息网站能为企业谋大事。公众信息国际互联网络中心是域名注册的专业机构，可帮助企业建立信息网站。一时间各大传媒纷纷报道此事，使公众信息国际互联网络中心名声大振。此后，该中心的公关策划人员又举行域名反抢注活动，邀请记者参加，还与《粤港信息日报》合办现代资讯版。一波未平一波又起，提高了新闻的见报率。

（2）抓住"新、奇、特"三个要素制造新闻。在激烈的组织形象竞争中，要成功地制造新闻，公共关系人员必须别出心裁，使公共关系活动具备新、奇、特的条件，才具有新闻价值。例如1993年1月25日，上海的《文汇报》腾出头版的整版篇幅，推出一个大胆创意，当年夏天最冷的热门新闻：西泠冷气全面启动。当市民买到这张报纸之后，都惊呆了！头一回呀，《文汇报》没有新闻！一段时间内，海内外纷纷报道此事，产生出轰动效应。

（3）为强化制造新闻的效果，事先应制造一些热烈气氛，使公众有所准备。例如法国白兰地公司通过给美国总统艾森豪威尔赠送两桶有67年酿造史的名贵白兰地酒作为他67岁寿辰的贺礼，制造有关白兰地酒的新闻。在赠送仪式举行的前一个月，各种媒介开始传播赠酒的消息和关于白兰地的种种传说与趣闻，使之成为华盛顿市民的热门话题，以致到总统寿辰那天，竟出现了万人空巷的现象，人们都集中在白宫门前等待送酒仪式的举行。从此，白兰地向美国市场发起了猛烈进攻。

（4）制造新闻时，要有意识地把本组织与某些权威人士或社会名流联系在一起。例如，一家企业的开业庆典或周年庆典，如果有几位知名人士参加纪念活动，请他们剪彩、题词，同时举行记者招待会，发布企业方针目标或取得的成就，那么它就可能成为新闻。因为权威人士、社会名流本身就是新闻人物。如果请名人做产品广告，其本身就有新闻性。

（5）与传统的盛大节日或纪念日联系在一起，制造有关组织的新闻。传统节日、纪念日虽然年年都有，但年年到此时都是新闻报道的重点。例如"三八"节属于女同胞，"五四"节属于青年人，"六一"节属于少年儿童。所以，联系传统节日开展公关活动，易于制造新闻。

（6）注意与报社、电台和电视台等新闻机构联合举办各种活动，增加本组织在传播媒介中亮相的机会。例如，一家企业与电视台等新闻单位举办中国香港基本法知识抢答赛，这家电视台因自己是主办单位之一，必然会将这次活动拍摄成节目播放，于是这家企业也会在整个过程中频频在屏幕上露面。

制造新闻使之产生轰动效应是企业的一系列诸如公关、广告和赞助等活动的综合结果，效应的产生应有利于树立企业形象，加强与社会公众的沟通，能产生巨大的社会效益，最终带来经济效益。像争议效应、盘古开天地效应、名物效应、事物效应、明星效应和禁果效应等都是上述六种制造新闻的基本方法的具体体现。这些技巧的巧妙运用，需要在实践中不断总结归纳。

（二）公关广告

公关广告是一种设想增进公众对组织的总体性了解，提高组织的知名度和美誉度，从而使组织的活动得到公众信任与合作的广告。目前常见的产品促销广告就是产品广告，宣传某个组织向大众所提供的某项有偿服务，也属于产品广告。无论是产品广告还是公关广告，都是进行公共关系宣传、树立组织形象的方式。产品广告宣传企业的产品形象，从一个侧面树立了组织形象；公关广告则是直接为树立组织形象而做的广告，注重组织的战略目标。

两类广告在宣传内容、表达方式、作用、途径和效果等方面存在明显的差异。通俗地概括，公关广告致力于"推销组织"，产品广告致力于"推销产品"。前者商业气息淡，后者刺激消费的意图明显，商业气息浓。

1. 公关广告的分类

公关广告的内容是以组织机构在一定时期的政策作为主题的。不同类型的主题有不同的内容。

（1）形象主题广告。它是公关广告中最为普遍的一种。其内容在于强化企业与社会的关联性，谋求社会公众的支持。

（2）心像主题广告。以心像为主题的公关广告是指塑造组织机构在对人、对事的态度和行为方式上所表现出来的特征的公关广告。它以建立消费者的新观念为目的，一般不直接介绍商品，也不宣传企业信誉，而是通过广告建立或改变公众心目中对一个企业或一种产品的固有观念。

"状元红"是享有三百余年历史的名酒，曾一度停产。20世纪80年代初，河南上蔡厂按古方又恢复了生产，1982年该酒被评为"河南省优质产品"。可是，"状元红"进入上海市场却一直销路不畅，为此报纸刊登了一篇题为"'状元红'为什么不能在上海东山再起"的报道，介绍了如下原因：经调查，"状元红"在上海非但"红"不起来，反而成了滞销货，主要原因是商品包装陈旧，貌不喜人，加上价格不合适，广告宣传不得力等。于是他们广泛报道上蔡厂的"以青年消费者为主要销售对象，以礼酒、装饰酒与中档价格作为产品策略"这一既定目标，详细介绍该厂一系列改革措施。自此局势有所扭转，该厂的知名度得到扩大,"状元红"在上海市场果真"红"了起来。

(3) 创意主题广告。这是一种以激发社会公众意向性为主题的广告。它不直接介绍商品,而是用企业组织的历史与成就来宣传一贯奉行的宗旨,以达到重新建立社会信誉的目的,多用于历史悠久的企业和商品。企业可利用各种传媒向广大读者和听众祝贺新年、佳节,以宣传本组织的改革成就。

(4) 纪事形式广告。纪事形式的广告是一种以第三者的立场和角度将组织和产品的资料编辑整理,再用新闻报道或专题报道的形式呈现出来的广告。

综上所述,公关广告可以包括这些内容:宣传组织宗旨;介绍组织经历;提供组织为公众服务的方式;宣传与组织机构信誉有关的产品信息和资料;针对公众心理,提供有利于本组织行为的报道;为改善组织与公众"形象距离"的各种努力。

公关广告从总体上看,可分为企业性广告、公益性广告和创意性广告三种类型。企业性广告是以创牌子和树立企业形象为主要目标的广告形式。公益性广告是指不以营利为目的,而为社会提供免费服务的广告活动。这类广告对企业组织来说,是响应公众对社会福利、社会文化和社会时尚等许多方面的需要而开展的,故又称"响应性广告"。例如禁止贩毒吸毒,保护文物古迹,为残疾人募捐等都可以是公益性广告的主题。创意性广告是指以率先发起某种社会活动或提倡某种新观念等为主题的广告,其特点在于创造性。如能获得成功,既可以表明组织对社会的积极态度,又能给公众留下"领导新潮流"的深刻印象。

2. 公关广告的战略

策划公关广告至关重要的是制定公关广告战略。所谓公关广告战略,就是为了实现企业组织的经营方针和公共关系目标而对广告主题、广告创作和媒体选择等做出的全局性谋划,即勾画出一幅广告活动的蓝图。它渲染的不是利润,而是市场的开拓、社会的进步和人类的幸福。常用的战略有如下几种:

(1) 从广告的覆盖面来看,有全方位战略。既做地方性广告,又做全国性广告。这种四面开花式的广告宣传,只适宜有雄厚资金做保证的大型组织。

(2) 从广告媒体的选择来看,有多层次战略。既有报纸、杂志、电台、电视台广告,又有招贴、户外广告等;既有与中央级新闻机构的合作,又有与省市级新闻机构的合作。这种采用多种媒体的多层次战略,投资大、见效快,容易给公众留下鲜明的印象。

(3) 从广告费的开支来看,有集中战略。重点放在某一特定目标上,即放在提高组织知名度或美誉度上,打造一个组织管理风格独具的明显优势。

(4) 从竞争的角度分析,有渗透性战略。如果竞争对手已在公众心目中形成了稳固的印象,组织则可通过广告活动争得一席之地。

(5) 从消除公众某一心理着眼,有针对性战略。当公众对组织形成了一种误解,如认为组织不负责任等,此时除检讨自己外,还必须分析公众形成偏见的心理因素,加强对组织积极为社会做贡献等同类性质事件的广告宣传,以淡化并消除公众对组织的排斥心理。

3. 公关广告的技巧

做好公关广告,要特别讲究公关广告的技巧,只有这样才能在公众中起到潜移默化的导向作用。

(1) 主题要鲜明突出。有的广告以显赫人物突出地宣传企业的经营方针,消除公众对自己的不良印象,并展示本企业的光辉前景。许多公关广告还以一些简练的口号起到画龙点睛的作用。

（2）不要只看短期效果。公关广告难收立竿见影之效，因此在评价其广告效果时，切勿因一时的销售额没有显著增加而怀疑广告的效果，甚至取消广告。近些年来，一些企事业单位时兴在报纸、杂志上联名登广告，祝贺某公司、工厂或商店新开张或引进的生产线投产。这种祝贺广告属于"推销企业"的公关广告，对于祝贺者和受贺者双方都有利。

（3）要让公众觉得不像广告。做公关广告必须与不遗余力地自卖自夸等现象划清界限，遵循以退为进、含蓄自然、厚积薄发的原则，让人感到耳目一新，乐于接受。例如一些企业的致歉广告，由于企业生产能力不足而造成产品脱销，向消费者致歉，并告知一条新的生产线已投产，短期内就能满足消费者的需求。这种方式毫不自夸地完成了自夸，在公众心目中悄悄地树立起了产品畅销的企业形象。

（4）抓准和把握做公关广告的时机。当组织发生了与公众利益有关的变化时，是做公关广告的一大时机；当企业经营出现差错或被公众误解时，应及时刊登"致歉"等公关广告，扭转舆论导向；当企业新开张或更改名称之时，应提前或立即做广告，以便先声夺人，刷新形象；当企业处于"实力大于名声"时，如一些容易让人感到基础不稳而发展很快的乡镇企业，在企业引进了先进设备或产值、产品质量有了重大突破时，做好"祝贺"等公关广告，则可望获得公众的信赖和支持。

（5）集思广益做创意广告。创意广告是为社会提供培训、咨询服务和其他各类能为公众提供便利活动的广告。创意广告可以借助广告媒介，也可以不通过正规的新闻媒介传播而用广告主的行动表示。创意广告的目的是使组织既成为良好社会风气的体现者，又成为文明建设的倡导者。这种公关广告对于树立组织关心社会、关心公众的良好形象，效果最为显著。做好创意广告的要点在于：一是选准突破口；二是善于利用传播信息迅速而又广泛的新闻媒介；三是身体力行，做倡导新意新风的典范。

（三）公关谈判

公关谈判在谈判的基本形态与模式上与常规的商务谈判、外交谈判等有不同之处。公关谈判的基本形态是"赢—赢"式谈判，而非"赢—输"式谈判。当组织与公众的利益关系发生重大变化时，双方势必要通过谈判来解决问题。而公共关系的宗旨是"内求团结，外求发展"，所以谈判双方难以进入高度的利害冲突状态，往往是合作性与对立性各占一半，有时甚至合作性占大部分，双方通过彼此的合作各得其利，同时成为赢家。

公关谈判一般采用互惠的谈判模式：甲乙双方从"认定自身的需要——探索对手的需要——寻求解决途径——协议或破裂"来完成谈判任务。这种谈判模式要比传统的谈判模式更富实效。

公关谈判不是一般的讨价还价的过程，而是一场知识、信息、修养、口才和风度的较量。正确认识和掌握谈判中的策略和技巧，有利于促进谈判的早日成功。

1. 谈判前的准备工作

富有经验的谈判者对重要谈判的准备工作，通常在与对手正式接触前的几个月即已着手进行。公关谈判有时出现在突发性事件之后，也同样要做好谈判前的准备工作。只有详尽地了解自己和对方的优劣、意图，以及可能做出多大让步等情况，才能以信心十足的姿态出现在谈判桌上。这样，也可以给对方造成一种心理上的压力。因此，谈判前要做好确定目标，收集与谈判主题有关的资料，评估自身实力，设法了解谈判对手，制定谈判策略（如速战速决策略、以退为进策略、"吊起来卖"策略等）和确定议程等准备工作。

２．谈判中值得注意的地方

组织与公众都有各自的利益需要。各种需要之间有内在的联系。对于每一种需要又有多种方式予以满足，而且满足各种需要的条件可以多种多样。因此，当坐到谈判桌前，只有紧紧抓住双方的"需要"，才能处于主动地位。所以，聪明的谈判者能够认识到"需要"意味着什么，会灵活自如地变换事先制定的多种谈判方案，使谈判成功。即使不出钱或未出大价钱，若是满足了对方高层次的精神需要，有时也能使双方达成协议。所以在谈判时要注意三个方面：一是注意观察、分析、倾听对方的陈述，随时捕捉他人语言中透露的信息，领会对方真正的意图，然后采取后发制人的战术；二是要注意以客观事实作为论据，用严密的逻辑推理进行论证和说明；三是当谈判陷于僵局时，要站在对方的角度考虑，适当调整自己的目标，做些必要的妥协和让步。

３．谈判的基本技巧

谈判的技巧可分为时机技巧和方位技巧。

时机技巧在于一种恰到好处的时机感。如果谈判中有新的因素出现，使用这种技巧能变静态为动态，营造一个良好的环境。例如造成既成事实、奇货可居、出其不意、逆向行动和在忍耐中等待时机等。方位技巧强调合纵连横的作用，重点是在何处使用何种手段。例如四面出击、联系与脱钩、步步为营、声东击西、交叉射击等。

此外还有倾听技巧、发问技巧、叙述技巧、答复技巧和说服技巧等。

总之，谈判是人与人之间进行的一种沟通，反映了复杂的、微妙的心理活动，任何"谈判大全"上提供的原则和方法都仅供参考，需要谈判者通盘运筹，随机应变。公关谈判的成功与否，全靠组织与公众双方代表的诚意和对谈判技巧的创造性运用。

（四）网络公关

公关既要收集、传递信息，还要反馈信息。网络给公关活动提供了一片新天地。网络公关有其优势、特点和微妙的游戏规则。网络公关是指企业借助互联网、计算机通信和数字交互式媒体来实现企业公关目标的一系列活动的总称。网络公关是在网络经济条件下，公关理念与网络特性交叉促进的产物。

网络公关和传统公关一样，需要塑造对组织或产品更有利的形象；将产品介绍给更多的公众；在目标顾客中增强形象，提供信息并创造对产品的需求；和新顾客建立关系；巩固与老顾客之间的关系等。网络公关费用低廉，因此它比传统公关更具有优势。例如广州东大教育（http：//www.gzdongda.com）、e考通（http：//www.ekaotong.org）等，都以较低的费用建立了网络公关平台。

１．网上新闻公关策略

现在，人们已经习惯了在网络上寻找企业的最新信息，所以企业应使真实世界中的新闻发送和网上新闻发布同步进行，将网络公关活动视为企业营销活动的一部分。另外，如果企业的雇员、顾客或股东事先要求企业将新消息通知他们，可通过电子邮件将新闻发送给他们。

杂志编辑可在网上搜索新闻、评论、消费者的议论以及市场调研资料等。企业可将新闻放在新闻档案页面，如果有重大新闻也可放在首页上。例如 IBM 收购了 Lotus 后即在其网站首页上发布了这则消息，比当天的报纸要早几个小时。所以可到网络论坛、微博、微信等场所寻觅信息源,在这里可以读到人们关于某个问题的争论以及对企业、产品的评论。

2. 企业网络公关策略

(1) 密切监控公共论坛等场合对企业的评论。通过监控公共舆论,要能达到建立关系、澄清事实、消除不利影响等目的。公关人员要密切监视公共论坛和微博、微信中对企业不利的言论,及时采取措施消除不良影响。这样做不仅可以澄清有关事实,还能表明企业的积极态度,有利于建立顾客忠诚度。

(2) 创建新闻稿页面。创建新闻稿页面,使企业站点成为记者的有用信息来源。网络给公关活动带来的一个重大改变就是使企业成为新闻内容的创作者。实际上,企业面向公众发送新闻,记者们也渐渐习惯于到企业站点上寻找最新消息和企业的背景知识,因为这将是最迅速、准确的方法。一些记者甚至希望所有企业的新闻都存放到一个可搜索的数据库中,一旦他们有一个任务涉及的产品和企业为他们所不熟知,他们能很快地检索到有关的信息。

3. 网上新闻发布策略

在真实世界中,新闻稿通常不超过两页,这是大多数媒体的要求,几乎成了惯例。因为有这个限制,许多信息只好删去。在网络上却没有这种限制,而且还可将新闻链接到其他相关信息上。记者们在搜寻信息时,可能不仅对这则新闻本身感兴趣,还可能从这些链接中寻找到更有用的信息。因此,网络新闻稿的一大特点就是互动性。网络互动性新闻稿的信息容量远远超过现实世界中的静态新闻稿。

(1) 企业自身可通过网络论坛或自己的站点发布新闻。如果企业本身有网络论坛或自己的站点,则可自己发布新闻。很多计算机软件公司就利用这种方法发布关于新产品、产品升级以及产品促销等信息。这种方法尤其适用于产品更换频率高的企业,因为人们对这类企业的最新消息最感兴趣。

(2) 图像新闻。图像新闻通常是指录有产品图片、企业新闻发言人讲话等信息的可视新闻。网络也可利用其多媒体的特性发送图像新闻。网上图像新闻是包括音频、视频、图片、文本等信息的综合体,而网上多数站点都能下载音频、视频、电影、动画等类型的信息,这就为在网上发布图像新闻提供了机会。

(五) 公关专题活动

公关专题活动是一种综合性的传播活动。诸如参观、联谊、赞助、展览展销会、新闻发布会、典礼仪式等各种人际传播活动,都是公关专题活动。它可以吸引公众参加,同时也可以吸引和邀请新闻界人士参加,综合利用各种大众传播媒介。公关专题活动的策划成功,对于沟通信息、联络感情、产品促销、扩大影响、提高组织的知名度和美誉度等都能收到事半功倍的效果,具体方法我们将在后面的章节中详述。值得注意的是,策划专题活动要突出主题,大胆创新,别出心裁。一味效仿、毫无特色的专题活动很难诱发人们的兴趣。假若活动又不具备新闻价值,那么整个策划就是失败的。

二、公关策划在市场营销中的运用

(一) 市场营销与公共关系

随着我国社会主义市场经济体制的建立,市场机制正日益发挥着重要作用。在这种新市场观念下,企业的运作再不是按照上级部门的计划进行生产和销售,而是以社会需求为中心进行运作,企业营销就肩负起产品的确定、设计、生产、销售及服务一条龙的运作,最终实现企业的最佳经济效益。

市场营销与公共关系既有密切的联系，又有区别。现代市场营销是19世纪30年代形成的，从其发展的历史进程来看，公共关系是市场营销的组成部分。市场营销学认为：构成一个企业市场营销的支柱有产品（Product）、价格（Price）、渠道（Place）、促销（Promotion），称之为4P's。其中促销的主要手段是人员推销、营业推广、广告宣传、公共关系。可见传统的市场营销把公共关系看作一个有效的促销手段。20世纪80年代，美国营销大师菲利普·科特勒提出"大市场营销"的概念，即在原来的4P's基础上，增加政治力量（Political Power），并把公共关系（Public Relation）从促销中独立出来，形成新的6P's，使之更加适应新的竞争环境。

重视形象资源，已经成为现代市场营销活动的重要特征。但是公共关系与市场营销有所不同。一是二者的管理功能具体发挥的作用不同：市场营销的关键是商品交换，目的在于盈利；公共关系的关键是双向交流，目的在于塑造形象。二是作用的范围有所不同：市场营销发挥作用的范围在工商企业界；公共关系的作用不仅仅局限于企业，其他社会组织如政府机构、宗教团体、文化科技教育机构等也都需要公共关系。从这个意义上说，公共关系作用的范围比市场营销要广泛。良好的公共关系可以为市场营销铺平道路，而有效的市场营销活动又促使良好的公共关系的建立、巩固和发展。

（二）公共关系在市场营销中的功能

公共关系作为一种管理工具，对企业而言，其对象是企业的股东管理人员和工人；作为市场营销的工具，其对象是消费者、供应商和经销商。企业面对危机，如果没有处理好公共关系，就会付出惨重的代价。

公共关系在市场营销中的功能可以概括为：塑造良好的企业形象，协调内外关系获得广泛支持，创造社会效益和经济效益。

1. 塑造良好的企业形象

企业形象是公众对企业的一种综合评价，企业形象的好坏决定了企业的兴衰成败。因此，塑造良好的企业形象是公共关系的首要职能。

企业形象是由产品形象和组织形象构成的。公共关系首先作用于产品形象，在市场营销中运用公共关系必然要介绍产品或服务，但不同于广告。广告是让人购买，公共关系是使人了解；广告是直接为了利润，公共关系是直接为了信任，间接为了利润。企业在介绍产品或服务时，通常进行如下公关活动：

（1）通过适当的渠道和方式，向消费者介绍本企业的运作情况和对社会所做的贡献。

（2）通过宣传册、展览会、新闻发布会等方式，及时向消费者传递新技术和新产品的试制、试销信息，增强消费者对企业和产品的注意。

（3）纂写企业历史资料，为消费者提供形象的历史见证。

（4）以恰当的方式推荐和介绍本企业的优秀人物的事迹，尤其是企业主要领导人的开拓创新精神。

（5）通过赞助电视节目、出版期刊书籍、发行公益宣传品等方式，使消费者了解正确的消费方式。例如在报纸杂志中介绍石油液化气的科普小常识，有助于液化气灶的销售。

公共关系还作用于企业组织形象，包括企业领导人的知名度、企业管理人员的学识水平、企业的人才结构、经营状况、产品质量和服务水平等，通过公关部门与消费者的沟通，树立起良好的企业组织形象。

2. 协调内外关系获得广泛支持

公共关系就是处理好与公众的关系。企业处在各种关系之中，内部关系决定了企业自身的生命力，外部关系又形成了对企业的深远影响，实际上构成了企业的生存空间。

（1）公共关系在企业内部主要是增强企业的凝聚力，从而调动员工的积极性、创造性和参与性。例如企业领导访问员工家庭、请员工到领导家中做客以及开展郊游、文艺晚会、会餐等，这种情感交流的公关手段缩短了领导者与员工之间的距离，形成一种企业就是我家的氛围。

（2）企业公共关系协调外部关系主要体现在：与消费者保持密切联系，解答疑难问题，消除误会，增强好感；与协作单位和同行企业保持良好的合作态势；处理好与左邻右舍及政府部门的关系，形成一种宽松的生产工作环境。

3. 创造社会效益和经济效益

企业开展公共关系活动并不直接为企业赚取利润，但它能够在为企业创造社会效益的同时创造经济效益。首先，它能获得短期经济效益。企业公关活动向社会公众介绍产品或服务，创立名牌产品，改善服务质量，拉近与消费者之间的距离，这些活动都能直接促进产品销售，创造经济效益。其次，它能获得长期经济效益。企业公共关系不仅着眼于现在，而且着眼于未来，它能使内部凝聚力增强，使外部各种关系融洽，提高企业的知名度，使企业获得长期的经济效益。最后，公共关系通过协调企业内外部的关系，为企业获得经济效益提供了保证。

（三）公共关系在市场营销中的运用

公共关系在市场营销中的运用是指企业如何处理同消费者、社区公众、内部员工、同行企业、供销商、新闻传播界及各级政府部门的关系问题。

1. 与消费者建立良好的关系

企业要建立与消费者的良好关系，首先必须树立良好的企业形象，确立"顾客是上帝"的思想；其次是改善服务质量；再次及时向消费者发布各种信息，实现双向沟通。广泛收集消费者的各种信息有助于双向沟通，但如何与消费者进行沟通呢？通常有六种方式：一是口头联系；二是通信联系，如编辑出版介绍企业发展情况、新的产品信息及有关信息的小册子，建立网站；三是组织消费者参观；四是信函联系；五是广告和公告；六是组织消费者座谈会、联谊会，让消费者同企业员工同乐一堂，以融通情感或消释可能产生的误会。

2. 企业与同行企业、供销商的关系

企业与同行企业及供销商之间应遵循真诚相待、言而有信、见利而不忘义、亲如一家的原则，保持长期稳定的合作关系。

企业与社区公众、内部员工、新闻媒介、政府部门的关系，我们在前面已有介绍，在此重点介绍公关在促销活动中的运用。

产品促销的四个方面是相互联系、相互促进的，四个方面的综合运用就是市场营销学中的促销组合。不同类型的企业、处于不同时期的产品，其促销组合方式是各不相同的。在产品促销的四个方面里，始终贯穿着公关的技巧。

（1）人员推销技巧。人员推销方式现已得到广泛的应用，如企业派推销员参加产品推销会、推销员上门访问重点客户，组织展览会、订货会等。人员推销技巧是多方面的，但最基本的有：①推销员要熟悉本企业各方面的详细情况，通晓所要推销产品的用途、性能、价格、花色品种等；②推销员要深入了解各类顾客的购买动机、方式和对产品的需求情况等；③推销员要了解竞争对手的推销策略和手段；④推销员要切实掌握顾客的购买心理。

人员推销过程中，对于那些刻板的、对什么都无动于衷的买主，应采用"货真价实""性能可靠"的"硬推销"法。例如某推销员推销打印纸，他来到某一机关，得到应允后，径直走到打字机前坐下，在几张打印纸中间分别夹了几张自己的打印纸，并立即打字，"你用普通的打印纸能有这么清楚吗？"他把几张纸分送给在场的每个人。为此，他当场获得了数额巨大的订货单。而对于那些态度温和的买主，最好采取民主和友好的"软推销"方法。例如某推销员走访一家企业，他对采购部主任说："您知道××商店、××商场吗？它们前不久都进了这种吸尘器，销路很好。"这种推销方法会使对方感到亲切可信，容易接受。

（2）营业推广技巧。营业推广是在销售营业场所进行的。推销技巧包括：①赠送样品，样品可以在商店或闹市区散发，也可以附在其他商品中赠送，以此来打开某类新商品的销路；②赠送印花，即消费者购买某一商品时，商店给予一定数量的交易印花，凑满一定数量即可兑换某一商品；③奖售，即顾客在商店购货总额超过规定数额时，可优惠或免费供应其某些商品，以示鼓励；④商品陈列和现场表演，即在橱窗或货柜前专门布置某种商品，大量陈列或当场表演，这对推销耐用消费品或新产品有很好的效果；⑤提供优良的售前和售后服务。

（3）广告宣传。在促销活动中，产品广告加强了生产者和消费者之间的联系。新产品通过广告引起消费者的注意和兴趣，打开了市场；老产品通过广告宣传，保持老顾客，吸引新买主，维持和扩大企业产品的市场占有率。在近几年，企业更多地使用公关广告作为促销的宣传工具，它宣传的是企业的整体形象，追求的是长远的经济效益。

（4）公关活动。在促销活动中，可开展公共关系专题活动争取顾客，获得社会支持：①产品展销，可办专题或专类产品展销，吸引公众观赏和购货；②有计划地组织公众参观企业，使顾客、记者、职工家属认识、了解企业；③庆典活动通过开业、扩建、重建、周年纪念等活动吸引顾客，同时把各种小礼物或优惠购物券赠送给来宾，博得顾客好感，从而扩大产品的销售量。

第三节 专题活动

一、什么是专题活动

美国策划家罗恩说，专题活动是一种能给人以直接刺激的媒介。这种直接性是报纸杂志、广播电视等媒介所不可比拟的。因此，专题活动应该是"为达到一定的目的，在一个特定的时期、特定的场合下，使成为对象的每个人都能亲自体会直接针对性的某种'刺激'媒介。"在文化成熟、信息发达的今天，人们一方面要求通过大众信息达到一种平衡，而另一方面也开始追求通过特别信息以产生与他人有所不同的差别感。在这种新时代潮流的背景下产生的专题活动，就是以其特别交流媒介的新职能而出现的。

专题活动又称为特别活动、特别项目活动或公共关系特殊事件，它是社会组织围绕某一特定主题所进行的专题性的传播活动。在每次活动中，社会组织就某个方面同公众进行重点沟通，从而实现组织特定的公共关系重点目标。

成功的专题活动策划，对于沟通信息、联络感情、产品促销、扩大影响、提高组织的知名度和美誉度等能收到全面的效果。策划和举办成功的专题活动，要求策划人员不仅具备有关的知识和智慧，而且要掌握多方面的技能。

二、专题活动的种类

1986年5月8日，美国可口可乐公司迎来了它的100周年纪念日。为了策划好这次专题活动，可口可乐公司使出了浑身解数。在4天的时间内，可口可乐公司用最盛大、最壮观的庆祝活动来装点公司总部所在地亚特兰大。

14000名工作人员从155个国家和地区飞往亚特兰大；从全国各地赶来的30辆以可口可乐为主题的彩车和30个行进乐队迂回取道开进城里。公司以免费的可口可乐招待着夹道欢迎的30万名群众，只要他们的胃口足够大就可以尽情痛饮。

亚特兰大市长安德鲁·扬（Andrew Young）和可口可乐总裁戈伊苏埃塔（Roberto Goizueta）一起亲自引导游行队伍。其后是1000人的合唱团和演奏着60余种乐器的交响乐队，他们演奏和演唱着振奋人心的可口可乐传统颂歌——《我愿给这世界买一杯可口可乐》。

节日典礼最精彩的场面是在半个地球之遥的伦敦。为了响应可口可乐的最新广告口号"跟上潮流"，活动策划者准备一次推倒60万张多米诺骨牌。这一次活动将亚特兰大、伦敦、里约热内卢、内罗华、悉尼和东京连接起来，各个地点通过卫星相互联系。在亚特兰大市洞穴状的奥姆尼中心的四周竖起了巨大的电视屏幕，当多米诺骨牌天衣无缝地一浪一浪倒下去，并在伦敦到达终点时，一个巨大的百事可乐罐出现了，多米诺骨牌爬上最后一个斜坡，引发了一次小型爆炸，百事可乐罐被炸得粉碎。顿时，全世界的可口可乐公司雇员都欢呼起来。

这一精彩的庆典成为人们津津乐道的长久话题。可见，企业可以通过策划各种形式的专题活动，宣传企业的形象，推销企业的产品，增加合作机会。

专题活动的种类很多，有庆典性活动、推销性活动、信息发布型活动、联谊性活动等。

1. 按活动规模分类

（1）大型系列活动：以同一目标为出发点，形成不同内容、不同形式、不同场所或者由不同机构主办的众多人参与的系列活动。

（2）大型活动：有目的、有组织、有计划地组织众多人参与的协调行动。

（3）小型活动：在某个机构场所内或人员范围内举行的，或人数在100人以下的活动。

众多人参与是大型活动的标志，但并不是参与人数多就是大型活动。大型活动与小型活动的根本区别不仅在于参与人的数量，而是在于活动的社会化程度。

2. 按活动场地分类

（1）室内活动：活动在室内进行。室内活动要多考虑灯光状况，室内通风设施状况，出入通道及防火通道是否畅通。

（2）户外活动：活动在户外进行。户外活动影响最大的因素是天气，所以策划时要侧重考虑天气状况，还有户外环境及布置物的安全性、公众对环境的适应性等。

（3）野外活动：因为活动在郊外进行，所以必须考虑准备一些都市活动中不一定需要的设施,如救护设施、通信设施和交通设施等。有的活动还要有专用器材,例如越野活动就需准备指南针。

3. 按活动性质分类

(1) 商业性活动:商业宣传活动、商业促销活动、商业推介活动等。

(2) 公益性活动:环保、敬老、慈善、救灾、捐赠活动等。

(3) 专业性活动:科技、文化、艺术、体育等某一专业内容十分突出的活动。

(4) 社会工作活动:属于社会工作范畴类的活动,例如文明礼貌,道德教育,公民教育,青年、妇女等专题类型的活动。

(5) 集合性活动:集各种性质的活动为一体,例如城市旅游节,可能既有商业性活动,又有公益性活动,既有社会工作活动,又有娱乐性活动,各种活动共冶一炉。

4. 按活动形式分类

(1) 会议型活动:新闻发布会、研讨会、洽谈会、交流会、鉴定会和培训类的活动。

(2) 庆典型活动:奠基礼、落成典礼、周年庆典、开业典礼、颁奖典礼、庆功会等。

(3) 展示型活动:展览会、展销会、促销活动、电影会等。

(4) 综合型活动:集各种形式活动为一体的系列活动,例如一个展览会,同时又有研讨会、颁奖典礼、新闻发布会和周年庆典等。

5. 从活动的效果分类

从活动的效果看,又可分为形象效果活动和运行效果活动。

不论哪一种类型的活动,要取得成效都离不开信息传播。因此,作为传播信息活动的公共关系在这些专题活动的组织安排中起着重要的作用。工作人员在这些专题活动中所做的具体工作包括:布置会场、策划发言稿、编写新闻公报、拟定出席者名单、接待客人、挑选服饰等。中外许多著名的成功的专题活动,都是围绕制定公众舆论、改变公众舆论和加强公众舆论来进行的。

三、专题活动策划的基本程序

(一) 调查研究,确定目标

这里所说的调查研究,是就某一次专题活动而进行的,它是活动策划的重要基础。通过调查研究才能够准确地进行形象定位,及时把握公众舆论,确定存在的问题,从而为专题活动制订有针对性的计划,实现这一专题活动的目的。这就如同打仗一样,如果不知己知彼,就制订不出一个合理的作战方案,就找不到克敌制胜的好途径和好方法。

调查研究的目的是甄别公众对象、测量舆论情况、评价组织形象。因此,它主要有三项内容,即组织形象地位的调查研究、组织公众舆论的调查研究和组织开展活动的调查研究。专题活动的调查研究主要是指客观环境调查研究,它有宏观调查研究和微观调查研究两种形式。

宏观调查研究是对社会大环境的调查研究。社会组织在开展专题活动之前,要对社会政治、经济形势、文化时尚进行冷静分析,对市场和人们的社会心理、需求心理等进行认真研究。微观调查研究是对开展专题活动的具体条件进行调查研究,也就是对开展活动的场地、设备以及各类规章和规定要求等进行的调查研究。

具体来说,主要调查以下内容:

（1）国家的政策、法规。对于国家的政策、法规，我们应该有这样的认识：国家的政策、法规对一个组织具有必然的制约作用。不同的时期可能会有不同的政策。对不同的事，政策会有不同的要求或制约作用，有的是政策允许的，有的是政策鼓励的，有的则可能是政策所限制的。所有这些政策和法规制度，都直接制约着公众活动的展开。任何公众活动都必须合法，更不能触犯法规，因而必须十分注重法规调查。

（2）历史资料。历史资料是人类宝贵的财产。历史上有许多成功的个案，有很多很好的做法，也有许多值得总结的问题。汲取前人有益的经验，防止重蹈覆辙，无论如何都是极其重要的。

（3）经济信息。在经营性活动中，经济信息直接关联着营销实效，十分重要。非经营性活动也离不开经济信息。与经济信息相关的因素有很多，如预算与经济信息紧密相关，不关注经济信息就无法实现其财务预算。

（4）市场行情。对经营性公众活动，市场行情的重要性毋庸置疑。市场的供需关系、同类产品的情况、产品的社会性问题和产品形象信息等都属于市场行情的范畴。对于非经营性的公众活动，市场行情则转换为社会需求，策划者同样要对公众的社会需求和组织的形象现状了如指掌。此外，公众活动所需动用的物资、劳务等市场行情同样需要把握。

（5）公众热点的调查。公众活动是为公众参与而策划的。俗话说，做酒容易请客难，难就难在赴宴之人要"赏脸"。同样的道理，公众活动也要公众"赏脸"参与方能获得成功，因而策划人员就要了解公众的兴趣热点，以适应其兴趣需要。高超的策划者更要抓住公众的兴趣热点，予以引导并促成进步。

（6）时间的选择。这一问题属于大型专题活动的基本要素，其重要性越来越大，或是捕捉时机需要，或是主办者择日的需要，或是考虑方便信息传播的需要。总之，时间的选择也是调查的一个重要内容。假设在一个企业不太熟悉的地方安排一个大型活动，没有了解相关时间的社会活动情况，可能事有凑巧选的日子正好是一个传统的重大节日，届时传媒报道重点已经排满，绝对不利于企业主题活动的传播，那么企业策划的活动就很可能会失败。社会越是现代化，节奏势必越快，时间的选择性就越强。

（7）场地的选择。场地也属于基本要素。对于不同地点，会有不同的配合性构思，因而是调查必不可少的内容。

（8）竞争对手的调查。经营性活动，竞争对手必然是首要的调查内容，知己知彼才能百战不殆。非经营性活动则主要需要融他人之长或克他人之短，促使自己的策划更加圆满。

确定目标也是专题活动策划的重要程序之一，因为目标不仅是活动的方向，而且是检验活动效果的标准。专题活动目标的确定，需要建立在调查研究的基础上，而且要与组织总目标、总任务联系在一起。当然，不同的专题活动，其目标是不同的，其方法也各不相同。不过，无论采用哪种方法确定活动目标，其目标大都不超出传播信息、联络感情、改变态度和引起行为等几个方面。

（二）选择模式，制订计划

专题活动的模式，就是根据一定的目标决定具体的方式和技巧。方式不同，其活动模式也各不相同。对于一个专题活动，可供选择的模式像公共关系活动模式一样，主要有以下几种：

（1）开发型活动模式。就是以扩大组织影响，为组织开辟广泛的社会联系为目的的活动,如庆典专题活动等。

(2) 引导型活动模式。就是以求得公众对组织的认识,建立组织内外的协同关系,使组织与内外公众相互适应为基本目标的活动,例如职工培训、文体专题活动等。

(3) 调整型活动模式。就是以阻止不利局面出现、防止危机扩大、制止有害影响、重新树立组织形象为目标的活动。

(4) 征询型活动模式。就是以收集反馈信息为手段,向公众传递组织的信息,以扩大组织的影响为目标的活动,例如征集厂徽、厂牌的专题活动。

(5) 调研型活动模式。就是以调查研究为手段,掌握情报和舆论,以为组织决策提供依据为目标的活动,例如专题调查活动、专题座谈会等。

任何专题活动都必须制订一个完整的计划,以避免活动的盲目和被动。没有计划的专题活动会陷入混乱,其效果也无法评估。

制订一个计划,其内容主要包括如下几个方面:

(1) 背景概述。交代开展这次专题活动的背景,包括现状、原因以及主要问题。

(2) 活动目标和目标公众。目标公众就是这次专题活动的对象公众,要根据他们的期望和要求选择适当的沟通方式。

(3) 活动项目、主题、策略和时机。活动项目主要包括新闻发布会、记者招待会、演讲会、座谈会、展览会、辩论会、研讨会、制作广告、制作与发送刊物和视听材料、接待参观访问、举办纪念庆祝活动以及举办或赞助各种文体活动、支持社会福利或慈善事业等。

(4) 预算人员、经费及时间。通过对人员、经费和时间编制预算,可以保证活动的正常进行,提高活动的效益。

(三) 实施计划,调整方案

一次专题活动是否能够取得成功,不仅取决于企业制订的计划,而且取决于计划实施的情况。因此,实施计划是整个专题活动中最重要的一个环节。计划的实施需要一定的技巧和艺术,具体方法我们已在前面的章节有过介绍,在此不再赘述。虽然计划的制订是周密的,但在实际操作过程中难免会出现计划与实施过程不符合的现象,所以要对活动计划的内容进行调整,使计划的实施过程得到良好的控制,从而更好地实现活动目标。

(四) 检查成效,验收效果

一次专题活动完成之后,就要对其成效进行检查,看其是否达到了活动的目标。检查工作的成效,要收集和分析有关组织和公众的各种资料,然后再向决策部门报告分析的结果,最后将分析的结果用于组织的决策。

下面是几种验收活动效果的方法:

(1) 直接观察法。就是通过直接观察公众的反应来检验工作的效果。

(2) 态度测量法。就是通过问卷的形式,了解公众态度变化的情况。

(3) 大众传播媒介了解法。就是通过统计分析各种大众传播对此次专题活动的报道情况来把握工作的质量。

(4) 专家意见法。就是专家通过调查访问和分析,对活动做出较为客观的评价。

(5) 中位数法。就是在实施意见时,从几位专家参与的评价中取其中间数。

(6) 形象评估工具图。就是通过具体的调查方法(如访问、通信调查等),根据知名度和美誉度两项指标综合分析公众的评价意见。

专题活动的策划程序没有固定的格式，关键在于如何灵活地运用和操作，以达到活动目标和效果的最优化。

第四节 专题活动策划的可操作性

一、专题活动策划的可行性

专题活动的可行性研究是为了取得专题活动的最佳效果，对专题活动项目策划的可靠性、实施的可操作性和活动的综合效益进行全面、系统的分析和科学论证，为决策者提供决策参考的一种方法。凡是成功的活动策划，都是以详尽的可行性研究为基础的。可行性研究是作为科学决策的要素而存在的。可行性研究的任务可分以下三方面：

（1）可行性研究是将调查的信息予以整理、研究、提炼，分析出其中的事实和观点的过程。调查结果并不等于是解决问题，而仅仅是搜集了资料，掌握了情况。解决问题需要进行分析、研究、谋划等一系列的创造性劳动来实施。

（2）可行性研究是对策划活动进行科学预测的过程。专题活动举办得成功与否，不是靠主观臆测决定，而是通过反复论证、研究来测定的。没有这种科学的预测，需要大额度投资的专题活动就难以决策。

（3）可行性研究是策划决策前反复论证的工作过程。实际上，可行性研究是一个至关重要的策划环节，要求对活动的每一个构想进行多方面的分析、研究，直至找出可选择的方案为止。

如何进行可行性研究，可行性研究重点研究哪些项目？

专题活动，存在于社会，影响社会，而且通过传媒的作用，所影响社会的地域远远超过活动所在地。这就确定了专题活动所具有的社会性的极其重要的地位。在进行可行性研究的时候，必须首先研究其社会环境的可行性。适者才能生存。

（一）社会适应性的可行性研究

社会适应性的可行性研究主要包括两个方面。一是社会环境的可行性，这是全局的适应性。企业策划的活动是否符合政策、法规规范？是否符合当前国家利益要求？是否符合当前的工作中心？没有全局适应性的活动不可能成功。二是公众适应性，即局部适应性。企业策划的活动能否吸引公众参与？无人参与则不可能成功。这两个可行性是专题活动的基石。

（二）财力可行性分析

量力而行是指对专题活动的财力进行可行性分析。专题活动不可能是无米之炊，尤其是面对日益商品化的社会，一举一动都要以财力为基础。事实上，许多个案在最后确定方案的时候，大都以经费预算作为变动值而调整其他的定值，可见财力可行性研究的重要性。

财力可行性如何分析？量力而行。财力可行性分析主要包括资金来源、费用流向及最佳的资金使用方法这样三个问题的研究。

从资金来源来看，不同的公众活动会有不同的来源。属于企业的经营性活动，其来源可以有：①从企业去年利润中按一定比例提取一定的金额，作为一种投资方式投入，以求在今年的销售活动产生的效益中回收或者增值；②以当年或本次营销活动预算收益额为基数，按一定的比例提取；③从生产成本中列支（这种方式在经济核算时，已经把这部分费用列入生产成本费用了）；④有的活动可以以自负盈亏的方式进行，利用活动的收入补偿支出。

属于公益性的公众活动，其资金来源可能是：①政府或上级机构拨款。公益性活动属社会福利，因而可以通过申请政府拨款来解决资金来源问题。②争取企业赞助。利用这种方式取得成功的个案有很多。因为专题活动会给企业的形象或产品带来广告宣传效应，所以企业赞助实质上也是一种市场推广投入的方式，关键是要让企业认为这次的投入是值得的，或者是超值的，只有这样方能达成赞助计划，时至今日，有的企业对赞助已形成一种固定计划，如 IBM 以赞助教育为主，万宝路以赞助体育，尤以足球为主。③以"AA 制"方式筹集经费。国外就很盛行类似方式，许多团体周年晚会的筹办经费由会员分担，有财力的会员可以多付一点，一般会员以购票形式分担会务经费。国内也有一些午餐会的形式应用过"AA制"的方式筹集经费。④以活动养活动，甚至以活动作为一种经营，也是一种常见的方式。精明的策划者，就直接把筹办专题活动作为一种经营行为，自负盈亏地经营起来。

从经费流向的角度进行可行性研究，实质上是研究费用预算和支出的合理性。有经验的策划者，可以根据经验数据做出一个大体的流向计划并予以验证；没有经验的策划者恐怕这时要继续进行市场价格调查工作，甚至需要进行一些试探性的谈判，这样才能有一个准确的财力可行性研究结果。

财力可行性研究最积极的环节是要解决资金的最佳有效使用方法。一笔既定的资金，如何让它无形增值，恐怕是财力可行性研究最主要的任务。这一项研究要坚持三项原则：第一，节约的原则，提倡"一个铜板掰两半用"的精神，力求以最少的钱办更多的事；第二，坚持"好钢用在刀刃上"的原则，把有限的资金投到关键环节，以求产生最好效果；第三，集合运用的原则，将资金相对集中使用，有利于充分利用，同时相对集中在一两个支出点上，以求取得批发性价格。

（三）物质水平可行性研究

量材而用是物质水平可行性研究的代名词。专题活动应用到的物质可谓种类繁多，应有尽有。可以毫不夸张地说，物质水平研究，牵涉到现代工业的水平。当今的演唱会，不但应用了最现代化的音像器材，连激光技术也一同被征用了；城市不能燃放鞭炮，工程技术人员马上研制了电子鞭炮供各种庆典使用；房地产地盘开业奠基为加强空间气氛，可应用现代化的航空模型表演。策划者为了提高公众活动的格调，往往大量应用许多现代技术和新产品。要应用得体，策划者就不能不对各种物质在活动中的应用可行性进行研究。

首先，策划者要对各种应用设备的性能和功用有清楚的了解。例如，一个场地在一定的情况下，该用多大功率的音响？现场指挥通过什么方式联系？通过什么器材实施？是手机还是对讲机？活动所需的各种布置用物应用配合是否适应？还有运输能力和临时设施等，都是物质水平适应性研究的内容。总之，公众活动应用的设备数不胜数，在具体策划的时候，都要一一考究，事前没有足够的可行性研究，谁也不能放心。

其次，一般专题活动会使用到各种道具，比如剪彩仪式要有剪彩用具，抽奖要有抽奖箱，文艺演出要有各种演出道具，甚至是大屏幕电视墙、激光机等科技产品。道具应用得好，会给活动策划带来新意和良好的效果。所以，活动将应用哪些道具？道具应怎样设计、制作？道具的使用性、安全性、美观性如何？一系列相关的问题都是必须认真研究的，这都属于物质水平可行性研究的范畴。

（四）活动场地环境与气候的可行性研究

活动场地环境的可行性研究是物质水平首先研究的项目。场地是专题活动重要的依托，直接影响活动的质量以及受公众欢迎的程度。不同的活动，对场地有不同的要求，而且要求的因素也是比较具体的。场地可行性研究首先研究的是场地与活动的适应性。场地与活动之间是否相吻合？活动同周围环境是否相适应？有的场地与活动本身很适应，但却与周围的环境不适应，像香港大球场用于开演唱会，场地本身不但没问题，而且很好，但周围是密集居民区，这边是演唱会，那边成了噪声扰民，实际上还是不适应。在对场地进行适应性研究的时候，不要忽视分析该场地对于参加活动的公众来往交通的方便程度、防火和预防突发事件发生的应急措施实施等问题。

与场地相关较大的因素则是气候条件。尤其是户外活动，没有气候条件做保证是绝对不行的。所以户外活动必须以天气报告为依据。广州亚运会选择海心沙岛作为开闭幕式会场，就进行了详尽的研究。

（五）效益的研究

一个人、一个机构要投入一笔相当可观的资金从事某项活动，自然而然就会提出一个问题，值得还是不值得？效益可行性研究就是回答这一问题的。当一个基本构想确立，当各项调查完成之时，就应该安排对所要策划活动的效益进行可行性研究。研究的方法通常是在充分运用调查数据的基础上，用假设或预测的方式进行推理核算。

检验专题活动效益的标准，基本上有两个：一是经济效益，二是社会效益。经济效益是直接的经济核算方式，如花了多少钱做宣传，增加多少销售额，效益的好与坏，算账便知。经济效益也可以有两个标准，一是直接经济效益，如前所述；二是间接经济效益。假如这次活动只是进行企业形象宣传，不是直接的产品宣传，不会直接导致产品销售额增加，但为企业产品树立了良好的形象，为未来销售打下了基础，则是间接的经济效益。社会的公益活动，如社会性教育活动等，主要在于提高公民素质，产生社会效益。有的活动可能是两种效益兼收；有的活动可能只有经济效益而无社会效益，或者反之。

应当引起重视的是，企业经济效益一般同影响企业经营营销的环境相关。从管理学的角度看，影响企业经营有两大因素：一类是可控因素，企业通过自己的力量可以控制，比如企业产品、产品质量管理和内部的管理制度等；另一类是不可控因素，企业不能通过自己的力量加以控制，比如社会政治、经济、文化和地理环境等因素。但是，有些不可控因素是可以通过专题活动改变或促成改变的，比如社会的消费文化。企业可以通过策划大型的专题活动或营销活动，引导消费文化的发展，从而达到改变不可抗拒因素的目的。有一年的中秋节，广州许多人送礼不是送月饼，而是送袋装米，就是因为有企业在中秋节之前发起了一个中秋送袋装米的宣传活动，引导了消费潮流。

（六）应变能力研究

一个公众参与广泛、社会影响强烈的专题活动，其应急的措施不但要有，而且要十分周全，这是专题活动的特殊性所要求的。专题活动必须制订一整套应急计划。所以，在专题活动的可行性研究过程中，应变能力的可行性研究是特别重要的研究项目。

专题活动的复杂性，决定了变化的客观性和多样性，因为其相关因素实在是太多了。有时候，变化是以人的意志为转移的，而有时则是不以人的意志为转移的。人的因素导致出现变化也是常有的事，策划方案自然要做出相应的改变。况且，专题活动一般在较早时就要决定策划方案，随着时间的推移，可能形势和条件都会发生变化，策划方案同样要相应改变，比如预算费用在一段时间之后可能会因物价指数上升而调整。诸如此类的一系列问题，都应在可行性研究时尽可能周详分析。

应变能力可行性研究的主要任务是研究策划方案在实施过程中遇到可能出现的意外而采取的应变对策。这是一项必须履行的任务，比如有名人、嘉宾出席的活动，就应该充分考虑安保措施，绝不能掉以轻心。还要充分考虑到，万一发生意外事故时应该如何处理。1994年年底，广东中山市举办六十年一度的菊花展开幕式，发生了主席台倒塌的意外事故，组织者迅速组织工作人员安排主席台嘉宾撤离倒塌现场，同时，主持人立即调动所有与会者向后退10m，让出前面的位置做临时主席台，开幕式得以继续举行。组织者对事故处理得非常恰当，不但没有造成骚乱，而且保证了整个活动顺利进行。这一案例除了组织者现场镇定、经验丰富之外，那就是在应变力可行性研究时做足了"功课"，因而在出现意外事故时，能够应对自如。

进行应变能力的可行性分析时，要非常细心和具体，对每个环节中可能出现变故的因素都要全面预测并找出对策。有的环节在进行准备工作的时候，就需要把应变的措施一并纳入规范的工作计划之列。例如预计会场扩音设备可能会出故障，事前就要准备两套扩音设备；考虑到活动中可能有人身体不适或者晕倒的情况，事前就要聘用好急救医生，租好救护车待命，做到有备无患；考虑到可能下雨，就要准备防雨的雨具和措施；考虑到可能停电，就要准备供电设施；考虑到治安的因素，就要加强安保的力量；考虑到有火灾隐患，就应排除隐患和做好防火措施……总之，要充分分析可能出现的问题，并制订相应的防止措施和解决的办法。策划者的方案有义务确保整个专题活动过程顺利进行。

二、专题活动策划的创新性

创新性与可操作性相结合的原则是专题活动策划的基本准则。如同写文章一样，千篇一律是专题活动策划的大忌。只有具备创新性才能使专题活动策划具有生命力。

创新性就是提出创造性的方案，每次策划必须是一次创造性的劳动，其结果应该是产生与众不同的具有特色的方案。进入美国市场的外国商品每天都有不少，但是法国白兰地公司选用向美国总统祝寿送酒的形式进行公关活动，就极具创新性，所以成了经典之作。尤其是周期性公众活动，创新性显得格外重要。比如香港无线电视台每年一度的劲歌金曲颁奖典礼，就是屡屡出新。歌曲固然是年年有新作，颁奖典礼形式的新意也足以令观众眼花缭乱。从司仪组合到演出嘉宾，从舞台道具到服装，从奖项设置到颁奖方式，一年一更新，无重复，年年光彩夺目，引人入胜，其奥秘就在于创新。再如广州花市，近年来，每年开始设置不同的主题，增加花市的形式与内容，赋予更浓郁的地方文化氛围，融商业、旅游、贸易、文化为一体，更新布局、提高服务质量。输入新的设计元素之后，花市依然是广州一大旅游景观，从而吸引了更多的外来游客参与。

创新性固然重要，但是一个有新意的策划方案，可能会受到诸多因素的制约而难以实施，所以策划在追求创新性的同时要兼顾可操作性，这样才能成功。试想，企业要在广州市中心策划一个活动，要运用名人效应而邀请名人出任主礼嘉宾，嘉宾出场要创造新意，用直升机送至典礼现场，这个创意可谓新颖。但广州市中心现时难以找出一个既可用于隆重典礼而又能使直升机安全着陆的停机坪作为场地，缺乏可操作性，其结果必然难以实现。

当然，在许多场合，原则性与灵活性是可以互相变通的，如果能在原则性和灵活性之间寻找到一个平衡点，则一定会有出色的创意。

三、策划方案与应急方案

（一）策划方案的撰写

一个成功的策划，首先是通过策划方案来展示的。策划方案的撰写不是简单的文书工作，而是策划构思之后又一具体的操作策划。事实上，策划方案的撰写是策划者运用才智与经验进行谋划的结晶。策划方案的撰写人应对自己的任务有一个全面的理解，如建立合理的目标，按轻重缓急编制工作程序，展示策划效果等。具有说服力且能够被采纳的策划方案才是一份成功的策划方案。通常，策划方案的撰写是按把一个复杂的事项依一定的逻辑关系，分解成一个一个具体的项目、步骤，将问题化繁为简的方法进行的。

1. 汇集、梳理资料

在调查、研讨、策划及创意过程中，需要许多资料。如何恰当地运用这些资料？这时就要进行细致的汇集与梳理工作。梳理的方法最好是将资料按规律编成组，分别存放。

2. 拟定提纲

不同的策划个案，可以拟定不同的提纲。在提纲下面根据实际列出若干要点。在编排时，理想的方式是每页书写一个提纲，这样做的优点是：①方便提纲酝酿时思路纵横驰骋，甚至可以从最容易写的部分入手，不局限于一项接一项地书写；②方便随时修改与补充；③有利于全面查核整个计划的编排；④计划的作业量分布清晰。

3. 充实内容

提纲拟好后，在提纲的右边设置一个提要栏，把提示语句、选用材料及说明写在提纲对应的位置，并逐步充实内容。

撰写内容是一份方案的最主要部分，因此，内容的提炼要十分讲究步骤。①目标明确。策划构思形成之后一般目标比较清晰，但策略上如何使其更明朗，表达方式上如何更精彩，往往是文字上的功夫。②细致地审查计划实施的条件。创意时可能更多地侧重于发散性思维，思想天高海阔纵横驰骋，可以不着边际；到了撰写方案的时候就要具体地看清操作的可行性。③在脑海中反复描绘构思的形象。要把构思的全过程在大脑里像放电影一样，让其反复展现，以检查、验证构思的可行性。④要善于取舍。在讨论策划会上或自己的思考过程中，可能有很多好的意见，但是真正形成方案时，可能只是剪取其中的一部分。有一些从单独的概念来看是很好的构思，对整体来说则可能意义不大，要舍得放弃。切忌样样都舍不得，把所有的构想都集于一稿。

4. 集中精力撰写

正式动笔之前要打好腹稿。动笔时最好能够集中精力，一气呵成。

5. 提炼修改

不要急于定稿，通过反复检查修改之后，最好将写好的策划方案暂且放置一边，第二天或稍过一段时间再拿出来，反复阅读、修改。

（二）原则方案与实施方案

1. 原则方案

如果要将一部小说拍成一部电影，先要将小说改编成电影文学剧本，然后由导演将文学剧本改写成分镜头剧本。导演是用分镜头剧本去组织实施电影的拍摄工作的。专题活动从策划到组织实施同样需要两种不同功用的策划方案形式,一种是原则方案,另一种是实施方案。

原则方案是策划第一阶段的目标与成果。这个阶段着重研究的是策划目标、主要内容、总体预算以及效益预测。这时的方案主要是用于谋划、论证及审批。所以原则方案侧重于概念性的意向,对专题活动的目标、公众、时间、地点、主要内容、主要工作、大概工作步骤、总体费用和总体效果预测等要素予以原则性的规范。

理论性强是原则方案的特点之一。在原则方案中,对理论的问题,应该阐述清楚。例如对策划项目目的性的阐述,应从理论到现实的角度予以论证。决策过程实际上也是一个说服过程,原则方案要有说服力,就需要理论的支持。

决定性是原则方案的另一特点。原则方案是策划决策的中心议题,一旦形成决策,原则方案就是决策的表现形式,因此对专题活动的目标、时间、地点、参加人数、总体预算和主要内容等都起规定性作用。

概括性也是原则方案的主要特点之一。如前所述,专题活动是一项庞大的社会系统工程,从策划到实施,牵涉面广,构成复杂,缺少哪一部分,都可能影响决策效果。拟定原则方案对主要问题都应具概括性。由于策划过程既有发展阶段的要求,也有科学分工的方法,所以在撰写原则方案时无须也不可能对所有问题都有详尽的论述,而只是提纲挈领,对基本问题和基本做法做原则性的规定,为以后的具体实施策划确定一个规范标准。

原则方案主要用于决策及论证过程,它是第一阶段策划的成果,但又是一个未成熟的果实,仍要通过反复检验和论证,促进其不断成熟。经过论证,方案可能一锤定音,也可能再三调整,直至完善为止。所以原则方案还有一个特点就是适调性,可以根据需要不断调整。当然,适调性体现在原则方案并未形成决策之前,一旦形成决策,这一特性则会自行消亡。

原则方案的这些特点都是由原则方案处于专题活动策划决策期这一特定的过程所要求的。基于这些特点,原则方案的撰写技巧则要求凝练、准确、层次分明,令人一目了然,令读者能很快理解策划的意图和目的,使人读后能感受到策划的效果,产生振奋或愉悦感。

2. 实施方案

实施方案是实施工作的指导性工作文件,是专题活动的分镜头剧本。其突出的特点是操作性。它是具体的工作语言,决定了工作的顺序。工作的时间、步骤、方法、技巧、责任人及所用道具和物品,场地布置和现场工作细致排序等,这些都应在实施方案中得到具体的表达。策划的可操作性在实施方案中得到了具体体现。专题活动的实施,工作人员要依据实施方案制订具体的工作计划。

实施方案的第二个特点是程序性。它规划着整个工作的程序,无论是筹备工作过程的策划,还是现场的实施工作策划,通常其程序性的展示是以时间进程为纵坐标向前推进,以事件进程为横坐标协调展开的。一个有经验的策划者,应该比较熟悉整个工作的先后程序,能准确地谋划工作的程序。

凡有过专题活动组织工作经验的人都会认识到,时间与事件、物品与空间、费用与格调、此事与彼事、此物与彼物之间,都存在着很多需要协调的工作,因而决定了实施方案必须具有协调性的特点。事实上,实施方案是对组织工作的控制和管理,其主要功能是协调工作。编写实施方案,实际上是设计操作,实施策划,因此方案的撰写手法应该是直陈其词,不加雕琢。对工作方法、工作要求更要详尽具体，操作性强。实施方案一般都包含以下主要内容：

（1）一般需周知性的基本要素（如目的、内容、时间、地点、出席人数等）。

（2）活动的具体议程及与之协调的工作。

（3）组织工作的步骤及进度。

（4）实施工作的方式、方法。

（5）各项目协调形式。

（6）工作的逻辑划分及组织工作职能机构的设置。

（7）专项工作的计划。

往往专题活动筹备工作事务繁多，协调事项多，所以善于设计、使用各种表格，对于提高策划水平和工作效率意义重大。因此，一般都要求实施方案尽可能表格化，清晰地表现工作计划。

（三）应急程序设计

看足球的时候，经常可以看到有足球队员受伤倒下，这时只要裁判员一声令下，就会有一副担架冲向出事地点，救助伤员；一艘远洋船上，你随时都可以在显眼的地方发现救生艇、救生阀、救生圈和灭火器材；飞机及长途旅行车上都设有危急状况的非常出口；公众场所一般都有备用的灭火筒。应急的设施与措施，在公众生活中非常多，而在专题活动中，或许是因为短暂性的原因往往容易被忽视，但这又是万万不能忽视的问题。所以虽然在前面已说明了应急可行性分析，这里还要着重谈及应急程序的设计。

一个完善的计划，一定要有应急程序设计。应急程序设计已经成为方案策划中不可缺少的一部分。一般来说，应急程序计划有下列几项：

1. 安保、防火措施

安保——包括活动期间人员的保卫工作；秩序——包括与会人员的规范行为，人员和车辆的导流路线；首长、嘉宾的保卫——请来的嘉宾是社会的公众人物，活动的主办机构有责任负责他们的与会安全；设备安全——活动中动用的各种设备，如舞台等行人坐立行走设施、高空架设物、用电设备、机械设备，尤其是有易燃易爆物品时，必须要事先准备好防火灭火设施。每一项都不能掉以轻心，要有一个周详的安全使用计划。

2. 保健措施

公众活动参加人员众多，各人身体条件情况复杂，尤其是老人或小孩，被太阳晒久极易晕倒或出现其他情况。所以要求大型活动须配备医护人员及设置急救措施，保健措施则是公众活动的长项。

3. 意外人员疏导计划

策划时对意外事故的发生要充分预测，并制定出相应的应急措施。如前面引述的六十年一度的菊展案例，出现主席台倒塌事故后，大会指挥者迅速采取了调动观众后退的有力措施，避免了更大事故的发生。这不仅是因为组织者具有丰富的经验，而且因为应急措施准备充足，所以现场指挥自如。因此，较大型的活动，一定要制订一套或几套意外人员疏导计划，以防万一。

4. 户外雨天工作程序

假如是户外活动，预防下雨几乎成了必然的议题。活动之前，要通过气象台发布的天气预报采取相应的措施。即使有气象预报也不能掉以轻心,尤其是在天气不太稳定的情况下,必须准备好雨天工作程序。例如,在一个房地产广场奠基礼活动前几天,甚至前一小时,天仍然下着雨,而当天有重要嘉宾出席活动,时间不能变动。尽管已从三个气象台取得的气象预报中得知下午会暂时停雨,但活动组织者仍然准备了一整套的雨天工作程序。例如主席台增加遮雨篷、音响设备采取防护措施,为所有与会者准备雨伞,并制定了雨天进行的活动议程等应急措施。

第五节　专题活动的具体策划

一、筹划专题活动的准备工作

1. 调查项目

和其他策划活动一样,专题活动也需要进行有关的调查。这些调查项目主要包括以下几项:

（1）主办者的组织能力、协调能力与社会影响力的调查。

（2）预计举办规模与主题的设定。

（3）活动期间的选择重点。活动期间的选择重点主要包括意向中的参加者方便出席的时间;时间不与其他有关行业、组织的会议重叠;不与大型活动或节日冲突;避开会议的黄金时节;一般不与圣诞节、元旦、春节等节日重叠;但适合节日的宣传集会活动等可除外。

（4）会场信息的获取。

（5）住宿设施信息的获取。

（6）对交通是否方便的调查。

（7）参加者出入境问题的调查。

（8）观光、交通、城市功能、有重大影响的权威人士参加活动等。

2. 试行方案的制定

（1）为使活动参加者方便,要选择交通便利,易使群众心旷神怡的场所。

（2）要有良好的会场。会场环境要有吸引力,附近应有旅馆、宴会场、餐厅、小饭店等服务场所与设施。

（3）观光资源、文化资源丰富。

（4）有接待外宾的条件。

（5）有无博物馆、美术馆、历史馆、当地土产馆,并可举行参观、宣传和纪念性的活动等。

（6）能否参观当地土特产或传统商品厂家,并有实际动手操作的机会。

（7）能否布置周到的迎接,能否搞好接待工作。

（8）四周交通网是否完善。

（9）能否得到当地政府、社会组织或企业集团在人员上、经济上的协助与支持。

（10）为确保贵宾出席所做的有效活动和安全工作。

（11）对企业在会议主要议题领域的重要作用的公共关系广告宣传。

（12）招待外国公司的员工或重要人物来华时,公共关系广告宣传是否有魅力。

（13）对重要嘉宾发送请柬，最好不要邮寄，应登门邀请。
（14）附加城市或企业介绍、观光、会议设施、服务设施的介绍样本。
（15）有关例会、集会的公共关系广告宣传。

二、准备工作的四个阶段

专题活动的准备工作比较复杂，一般可分为四个阶段：

（一）第一阶段的准备工作

1. 机构设置

组织机构的设立包括两方面内容，一是组织委员会和秘书处的设置，二是下属服务机构的设置。下属服务机构的设置要求有具体的分工：①总务组（负责住宿、旅行、登记等方面的工作）；②节目进程安排组；③筹款组；④财务组；⑤会场管理组；⑥仪式接待组；⑦宣传、报道组；⑧会议组；⑨展示组等。

2. 后勤保障

完整的后勤保障主要包括旅行社的选择、会议资料的制作、组织委员会章程及会计制度的制定、会议规模的把握、会场的选择和住宿旅馆的选择等。

会议规模的把握主要考虑如下几个方面的内容：①外宾及内宾参加的比例；②会议期限；③会议议题或讨论话题的范围；④会议主办团体及有关团体的会员数。

对会场的选择要充分考虑到如下几个方面的内容：①所需要的房间是否齐全，空调设备是否合格，座位是否舒适，有无同步翻译室；②会议地点的音响效果是否足够好，是否具有放映功能，是否有足够数量的麦克风、投影仪或幻灯机等；③用于开幕式或主讲会场的房间是否有浓厚的学术气氛，分会场或讨论会场的房间是否能给人以明亮、活泼的印象；④研究发表、讨论会场是否有足够的高度，会场周围是否有能供个人讨论及谈话的沙发；⑤设置在大门口的接待空间是否足够宽敞，会场结构及其设计是否能引导入场者顺利进入会场；⑥软件和硬件两个方面是否都进行了无障碍设计，交通设施是否完备；⑦会场费是否能够接受，有无同时就近设置的展示会场，使用规章上有无苛刻的条件。

3. 经费预算

经费预算主要包括以下内容：①可以充分估计的登记费（报名费、会务费）；②主办团体是否有足够的资金；③可以估计的赞助费；④可以估计的销售金额；⑤可以估计的展位租金（说明书、企业名录、导游书收入等）；⑥可以估计的广告收入；⑦可以充分估计的开盘费；⑧可能的收入；⑨发布报道费；⑩会务费（会场费、展台设备及装饰费、印刷费、人事劳务费、会议用品及杂费等）。

（二）第二阶段的准备工作

（1）基本计划。包括制定日程（预定业务进程表等）、设计会标（标准字体、象征标志、象征色彩、吉祥物）等。

（2）会议用品。包括信封、信笺、海报等。

（3）日程安排（计划日程中应包括的内容与项目）。主要包括：登记接待、开幕式、闭幕式、特邀讲演、招待讲演、专题讨论会、公开讨论会、会间休息茶点安排、舞会、招待会、偕同人员计划安排、参观旅行、展示会等。

（4）通知的发送地点。通知发送地点主要包括：所属协会会员、上次或历次的会议参加者、有关团体的总部及分部、航空公司旅行社的海外办事处、各类友好协会的海外办事处、其他有关机构及企业集团的海外分公司等。

（5）有关仪式的安排计划。主要包括：有关仪式的安排（开幕式、致辞、典礼、来宾接待、录像）、招待会、欢迎晚会、工作午餐、欢迎晚宴、小型茶话会、参观活动、观光旅行、视察旅行、随行人员日程安排、展示的策划、演讲题目的选设、临时预约等。

（6）集资问题。一是准备工作（捐款单位名单、集资宗旨、走访企业等），二是出资的种类（普通捐款、由财务经理指定的拨款、尝试与其他企业集团共同举办等）。

（三）第三阶段的准备工作

（1）组织工作。第三阶段的组织工作包括五个方面的内容：邀请参加者，制作广告物，发送首批广告制作物，发送最后一批广告制作物，促进海外人士参加（组织观光团体、组织旅游观光团）等。

（2）开始接受登记、住宿预约。包括登记表、登记证明书、登记名单的管理（顾客登记卡方式、计算机登记方式）、住宿预约（设定申请书的整理方法）、特别预约、设定受理预约的截止期限、住宿条款与违约罚款的收取规定等。

（3）所需会场的检查条目。包括开（闭）幕仪式会场（主会场、分会场）、展示会场、来宾休息室、记者室、秘书室、打字室、登记处、咨询处等各种办公场所，饮料服务处、午餐供应点、欢迎会会场、寄存处、包装服务处等。

（四）第四阶段的准备工作

（1）仪式日程的确定。包括登记受理、开幕式、闭幕式、主要讲演、专题讨论会、公开讨论会、茶话会、晚会、随行人员节目、参观旅行、展示会等，还要决定主会场司仪和分会场司仪等。

（2）制作物品的订货。主要是会务用品的订货，包括悬挂长条幅、张贴标志类（登记用标志、会场示意图和房间分布图、各房间的标志、通信牌、翻页板、胸卡、正门会议名称大看板、车站欢迎看板、沿途指示看板、标语牌等）、席位卡、徽章、胸章、会议用包、各种门票类、纪念品等。

（3）会议用设备、器材的准备。包括幻灯放映机、放映机、录音机、液晶投影仪、影碟机、黑板、电视监视装置、台灯等。

（4）会议资料的准备、制作。包括节目单、出席人员名单、摘要、会场布置图、时间安排表、有关仪式的说明资料、招待会等的请柬、有关部门电话号码表、展示向导表、综合性注意事项、观光导游资料等。

（5）其他备用资料。包括会旗、参加国的国旗、录音器材、定时钟、茶具、烟灰缸等。

（6）所需事务列表。包括登记受理、综合向导、后勤组、存包处、接待、流动接待、会场负责人、器材负责人、展示会场警备、有关仪式的安排与管理、宣传（报道）的对策、旅行导向（兼综合导向）、输送、车辆调配、分发资料、旅行陪同和向导、委托有关行业团体援助与借用人员、雇用临时工等。

（7）制作运营手册。包括会议概要、会场平面图、日程表、业务分担人员安排计划、业务分类手册、会场设置图、联系地址表、紧急事项应付措施、进程脚本与台词的制作等。

（8）典礼的准备。包括仪式程序、招待者名单、贵宾接待、安全的确保、彩排、助兴节目的安排、委托发言人、安排音乐、安排装饰、指定座席、国际通用礼仪的确认、保险的安排、发表报道、临近举办前的安排、会议制作物的检查与确认、会议运营讨论会、听取客户要求、临时动力（电源等）的设置、电话（外线、内线）的设置、所需备用品的检查、总务部备用品、文具类的检查等。

其中，备用品、文具类的检查条目主要包括如下几个方面：

（1）文具类的准备情况，包括签字笔、圆珠笔、铅笔、橡皮、剪刀、直尺、胶水、胶带纸、橡皮筋、裁纸刀、订书机、包装纸、计算机、接待沙发、复印机、告示牌、印刷用纸、文件夹等。

（2）当天发布资料等的会议夹。

（3）器材、备用品的最后检查，包括存衣处的准备、确认会议室温度调节、准备水瓶和杯子、在会议桌上预备铅笔和记录用纸、装饰花的确认、横幅和看板的确认、国旗等的确认、告示通知类的确认、开水房和业务用电梯的确认、各种照明的检查、电源的确认、馆内电视的确认等。

（4）音响器材等的确认，包括无回音死角的确认、馆内播音的检查、麦克风和音箱的检查、录音用麦克风的检查、投影器材的检查等。

（5）讲台，包括讲台高度的检查、讲台灯光的检查、麦克风的检查、投影仪的检查等。

（6）屏幕，包括室内照明与画像亮度（照明亮度要求能记笔记）、屏幕位置与画面大小的确认等。

【案例】

国美电器黄陈股权控制的公关之战

2010年9月28日，对中国产经界是一个非同寻常的日子。国美电器特别股东大会召开，两个月间沸沸扬扬的争夺，终于迎来了最后的决战。而结果也颇出乎人们的意料：陈晓胜出，继续掌控国美电器；黄光裕一方提出的五项决议中有四项被否决。

黄光裕输了，虽然他撤销陈晓的努力付诸东流，但由于撤销董事会增发股份的决议被通过，其第一大股东的地位暂时无忧，使黄光裕家族不再担心大股东的股份被摊薄。9月28日之前，董事会手握的20%的增发授权被黄光裕方面视为最大隐患，黄光裕甚至将40%股权质押筹得50多亿元资金应对。

在最终决战前，腾讯网的调查显示，82%的网友支持黄光裕。再加上黄光裕一系列"国美电器不是美国电器"的表态呼应者众多，都足以印证黄光裕"得道多助"的地位，那他又为什么会"输"了呢？

股东大会否决了大股东黄光裕撤销孙一丁执行董事职务的议案，也否决了提名邹晓春和黄燕虹进入董事会的议案，投票比率只相差3.6～3.7个百分点。而他提出的撤销一般授权则被通过，支持率为54.66%，反对者占45.38%。此外，贝恩资本委派的三名董事全部进入国美电器董事会。其中竺稼的支持率为94.76%，这表明黄光裕家族一方也投了赞成票，但是对另外两名董事则投出反对票，两人的支持率为54%左右，反对率为45%左右。截至9月22日，也即股权登记截止日，国美电器的持股比例数据显示，黄光裕家族持股占32.47%，经估算，和民众的一边倒相反，参加投票的阵营以外的股东中，只有不到3.5%的股东支持黄光裕，这是为什么呢？

黄光裕一方缺乏整体公关策划、实战水平低

整个国美电器帝国的发展,长期以来依赖于黄光裕个人的光环。

公司上市后,本应从"帝国制"逐渐过渡到"共和制",但黄光裕对于家族团队的严格把控,直到公司上市后也未尝有丝毫松懈。从他入狱前高管层充斥着"自己人"就可见一斑。但是,黄光裕陷入被动的原因,恰恰是因为他当年为了更高效地掌控国美电器,把一些本属于股东会的权力"下放"到董事会。后来当他锒铛入狱,贝恩资本成功进入董事会导致黄光裕失去对董事会的控制时,他才发现董事会的权限已经太大了。更引人深思的是,对于黄光裕来说,这仗本可不战自胜,但因国美缺乏相应制度,最终还是输了。

陈晓赢了,获得千万网友道义支持及被一些观察家认为胜券十拿九稳的黄光裕输了。

邹晓春,黄家的关键人物,大战之前,他两次与《财经》记者谈话的状态非常不一样。8月那次,他谨慎小心,在采访之前坚持要看到书面问题,采访之中则言词激愤,对陈晓处处体现"诛心"之论;9月12日,战局似已明朗,邹晓春状态非常放松,胜券在握的他在与媒体谈话时情绪高昂,时时发出爽快的大笑,并且对陈晓已无"诛心"之说,只说他"办事儿不艺术"。随着外界对陈晓发出的排山倒海似的恶评,邹晓春显然认为,自己已掌握舆论优势,势必引起资本市场的顾虑,资本市场会"顺应民心"。

有意思的是,那时候陈晓阵营胜券在握的感觉毫不亚于邹晓春。按国美电器公关人士的说法,黄家连连错过最佳战机。到9月12日,陈晓拜访机构投资者的活动接近收尾,可黄家代表还没开始与机构投资者进行实质接触。

从媒体上看,搞定机构投资者显然不是邹晓春亲自运作的内容,他们"外包"给了一个华裔女商人。这种做法有些像打游击,黄家站在劣势位置上,他的对手陈晓则是占用着公司资源的"跨国部队";另外,以陈晓对海外机构投资者的熟悉,可以及时进行沟通,而黄家的劣势在于,他们没有一个清晰的战略规划说给资本市场听,更没有一个能够执行战略保证公司业绩的团队让资本市场看到。

谁也不会怀疑黄光裕本人的能量,以及他"改过自新"后所可能具有的爆发力。但他毕竟已是囚徒,就算他可以坐在狱中遥控,那也得有一个执行力非常强的团队,及一个足够强大的代理人。

这个人可以是邹晓春吗?"9·28"投票结果已经做出了回答,黄光裕的妻子杜鹃可以吗?杜鹃较熟悉资本市场,但对于国美电器的经营管理没有直接经验;黄光裕的妹妹黄秀虹呢?关于大家对她的争议不说,她当时同时兼任鹏润投资和新恒基集团的董事长,恐怕没有心力再涉足各种力量错综复杂的国美电器。

被作为董事候选人提名的黄燕虹,始终只是一种道义支持的姿态,不免令一开始对她寄予厚望的人感到失望。她和丈夫张志铭当初都是"受伤"离开国美电器的,让她或他重新全力投入国美电器是件难事。

黄家的最大破绽就在于,没有提出一个强大的经营方案,没有提出一个看起来有能力执行该方案的团队人选。资本市场是现实的,投票选择黄家固然会避免继续内耗,但如果选择了黄家而导致国美电器这艘大船无法继续前进,那也是资本市场不愿看到的。

因此,一个相对具有独立运作能力且能与黄光裕保持一致的强大代理人,是黄家获胜的必要前提。这个代理人,应该是张志铭,因为国美电器的最初成功实际上是他带来的。2001年以前,他掌舵国美电器,建立了国美电器成功的基础,并且带领国美电器完成了最初一轮

的全国扩张。2001年，黄光裕考虑将国美电器推向资本市场，他认为自己才是国美电器的老板，张志铭逐步被边缘化。最终张志铭与黄光裕的产业一刀两断，另立门户做房地产。2008年年底黄光裕被捕，黄家应该与张志铭有过交涉，但已经拥有独立事业的张志铭不愿回头，"外姓人"陈晓逐渐获得权柄，并且上演了这一幕。

这一次，黄家应该也与张志铭接触过，希望他回来掌舵，获得这场争夺战的胜利。在黄家的利益共同体里，没有谁比张志铭更有实力来当这个董事长。而且如果他出山，在与黄光裕协商的情况下，做出一个清晰动人的国美电器发展规划，肯定会比现在空洞模糊毫无说服力的"反陈晓"规划强得多。

大好的形势下，黄光裕家族没有能够取得完胜。黄家这一次为什么会输呢？从战略、战术两个方面的公关策略看，黄光裕家族做得都没有陈晓方面好。

从战略方面，黄光裕家族总的目标是确保控制权，而围绕这个目标，就必须确保股权不被稀释，在董事会里面能有自己的人。在股权方面，黄家通过二级市场增持确保持股量，另外，黄家又通过向国美电器申购增发股票，要求参与可能的增发事宜，如果不增发，就干脆取消增发；在资金上，黄家一方面通过出售资产来变现资金，另外通过抵押证券进行融资。所以在确保股权这点上，黄光裕家族可以说从战略和战术上做得都是不错的，不过可惜的是，在最后的时间里，黄家没有能够再增持2%的股份，错失了能够在临时股东大会上扳倒陈晓的砝码。

此外，斗争刚开始时，黄家打了两张牌，一张是民族牌，另一张是反对陈晓的牌。第一张牌是反贝恩资本，第二张牌是反陈晓。这样可以打造陈晓联手贝恩资本企图夺走民族企业的宣传点。但是在后期，黄光裕家族选择与贝恩资本谈判，第一张牌变得哑火了。而第二张牌，黄光裕家族也打得不是很漂亮。黄家对陈晓的攻击主要集中在对他经营能力的指责上，其中包括2010年上半年的业绩落后苏宁，未来五年发展规划不能增加国美电器的竞争力，反而会增加资本开支等。但是这些牌都没有杀伤力，最后反而被陈晓消化吸收，变成了他的战略方案。

在具体的拉票阶段，黄光裕家族找了些不专业的中间人来帮忙。这些人第一发动能力有限，第二不守信用，不但帮不了忙，反而帮了倒忙。"神秘女富商"与黄秀虹翻脸之后，开始四处找媒体爆料，大讲黄光裕家族的坏话，说黄家背信弃义，不付她中介费，这一钉耙打下来，让黄光裕家族相当难受，最起码形象受损；"神秘中间人"在黄家、陈晓和贝恩三边游走，最后因为利益谈不拢，反而转身帮助陈晓。而陈晓聘请的则是摩根大通这样的顶级投行做中间人。

黄家在谈判过程中也暴露出许多不成熟的地方。不仅资本掮客是一个薄弱的方面，而且谈判的技巧和方式等方面都相当被动和不灵活，与黄光裕在职时相比，简直是天壤之别。黄家没有能够抓住陈晓的主要弱点，对陈晓的攻击都停留在口水的指责上；对于可能支持陈晓的机构投资者争取力度不够，时间安排得不充分，说服的理由也准备得不充分；最后被陈晓一一化解不说，还被陈晓说成是大股东准备的方案与管理层制订的方案相似。机构投资者不但没有改变支持陈晓的想法，反而坚定地支持陈晓。另外，陈晓则对黄光裕的铁杆支持者展开游说，成功策反了对方加入自己的阵营。

陈晓随时都会向外界披露一些最新的动向，黄家则总是以邹晓春出面来回复。显然邹晓春的影响力不及陈晓，但是黄家并没有向公众和投资者着力推荐邹晓春，而是靠媒体被动地进行推广。而且有的时候，作为主要人物，黄氏家族在整个事件中竟然完全没有人站出来对公众讲话，杜鹃、黄秀虹、黄燕虹和张志铭全部都是神秘人物。而陈晓方面又不时爆料，黄秀虹或杜鹃悄悄地与人进行秘密谈判，给人的感觉不够光明正大。而不时出现的与黄家可能要合作的人"反水"的消息，更增加了外界对与黄家合作的不信任感。陈晓方面一再强调职业经理人的身份，给外界一种很规范、很透明的形象，与黄家低调、神秘的风格形成强烈的对比。本来外界就对黄家的不透明抱有戒心，这样更增添了外界的担心。其实，黄家这个时候应该让全部主要人物与外界见面，增加家族透明度和亲和力。同时反过来看陈晓，他在内地公众面前是一个形象，在香港又是另外一个形象；在这个时期是一个形象，在另一个时期又换了一个形象；在这个投资者面前是一个形象，在另外一个投资者面前又是另一个形象。陈晓随时都根据黄家的变化做出调整，总是灵活地改变自己，不断在缝隙间抓住黄家的把柄。

另外，黄家的社会资源并没有外界料想中的那么强大。无论是与黄家接触的合作对象，还是他们自己主动去找的合作对象，或者黄家聘请的公司，都给人一种黄家不是很强大的感觉。黄光裕在职的时候，黄家的社会资源是多么庞大，而这次黄秀虹等家族成员的人脉资源还不足以运作国美电器这么大的平台。

总体而言，除了黄光裕不时发出的或"民族主义"或"打情感牌"的公开信之外，黄家的攻势主要集中在对陈晓进行口水化的"道德批判"上，没有抓住主要矛盾，即争取股东投票者，特别是机构投资者。

陈晓一方精心策划，细节决定成败

在决战前，有一条新闻并不引人注目。

9月15日晚间，陈晓方不动声色地发布了贝恩债转股的公告，而对完成时间的表述语焉不详，只是称"转换股份将于2010年9月22日发行"。而决战后，联系起这条新闻，再回头看当初陈晓方为何将决战日期设定在9月28日，就让人别有一番滋味了。

从公告第二天即9月16日至9月28日，股市运行日只有三天。而在此前的公告中，9月24日至9月28日，国美电器股票暂停办理过户，9月23日又休市，所以9月22日是这个月最后一天可以增持股票的机会。但9月22日正是债转股公告中的发行时间，也就是说，如果要增持国美电器股票，必须要在这天之后才可以买。而香港联交所还有一个规定，即使购入股票，也要过两天，即9月24日才可以交割登记。恰恰在9月22日（最后一个交易日）之后，再登记（其实也无法登记）的任何股票，都不会在9月28日的股东会上起到作用了。那么，这个增持的量有多少呢？是2%。当时黄光裕的股权为32%多，如果再有这2%，即可达到34%，按照法律，黄光裕就足以"对抗"股东大会。但黄家即使在22日增持，也要等到24日交割，已经错过了9月22日的股权登记截止日。这意味着，在贝恩债转股摊薄黄光裕股权的同时，还使得黄家无法通过增持增加股东大会的投票权重。实际上，黄光裕已将4成的股份质押，筹得50多亿元资金，增持并不差钱，只是时间过短而没能增持。而黄光裕方面在决战中，未获得通过的4项动议，赞成和反对的比例差距仅为3%。而如果黄光裕能够再购入2%的股票（实际市场效果可以达到2.46%），再加上"投了我就不投你"的效果，决战结果可能就一举逆转了。

贝恩债转股时机把握也被分析认为是经过精细的计算，而从投票结果看，这一计算确实起到了作用。这就是"细节决定成败"了。

陈晓一方专业化公关，招招命中

对于资本市场，黄光裕动辄进行威胁：要么中断协议，要么收回300多家门店以及商标使用权。这种举动对于投资者而言无疑是噩梦，让人感觉黄光裕一旦继续掌握控股权，可能会继续为所欲为而无法节制。而陈晓握有资本市场爱听的故事，比如他们过去的救火经历证明了他们的能力，他们未来的战略规划显示了公司有一个较好的发展前景等，另外，以陈晓对海外机构投资者的熟悉，可以有着"门对门"的接触。

在金钱上，黄光裕一直在放"烟幕弹"，比如张大中出资支持、潮州老乡借用资金等。但这些烟雾只透露了一个信息，那就是黄光裕没有钱，需要靠别人的资助才能继续作战。而陈晓干脆不加理会，直接把钱撒给企业高管，稳定了经营团队，让黄光裕时代的老人"集体倒戈"。还有一组数字或许能说明问题：陈晓方共动用了3家公关公司，在危机公关中共支付了近2000万元的成本；而黄光裕方动用了超过两家公关公司，支付的成本大概在200万元左右。两方在控制舆论上的花销差不多是10倍的差距。

从这次结果来看，黄光裕没有吃掉陈晓，陈晓也失去了手中最厉害的武器，说是打平，亦不为过。和决战之前相比，其实双方都失去了一些东西，真正笑到最后的还是第三方贝恩资本，既击败了黄光裕，又将绳索套在了陈晓脖子上。贝恩随时可以联合黄光裕扳倒陈晓，让陈晓彻底成为一个勤奋的打工仔；而大股东黄光裕，手握1/3的股份，却只能作壁上观，没有话事权。

国美电器之战，虽然不排除有一点意气之争，然而归根结底还是商业利益之争。如果真的如第三方所愿，陈晓是一个听话勤快的打工仔，那么国美电器业绩好了，黄光裕的股权仍然会升值，一样赚钱；如果陈晓业绩不行，第三方股东估计仍会联合黄光裕，陈晓作为小股东即使有贝恩合作，仍无法抵挡黄光裕和第三方的势力。

创业实践

策划一次名家画展。（提示：需要有多个盈利模式）

复习思考题

1. 简述公共关系的基本性质和构成要素。
2. 根据组织与环境的关系，公共关系的活动模式有哪几种？
3. 什么是"制造新闻"？如何制造新闻？
4. 什么是专题活动？它主要有哪几种模式？
5. 为什么制定专题活动策划方案的同时要制定应急方案？
6. 从案例《国美电器黄陈股权控制的公关之战》中，试简述陈晓一方取胜的原因。

技术创新与专利技术开发策划

第一节 技术创新的基本原理

世界上有两个有名的苹果,一个"砸"出了牛顿的万有引力定律;一个被史蒂夫·乔布斯(Steve Jobs)玩得魅力四射,吸引玩家无数。

正是这样一位被业界评价为"创造天才"的人物,在与癌症抗争数年后,于美国当地时间 2011 年 10 月 5 日辞世,年仅 56 岁。

美国总统奥巴马称赞乔布斯是"美国最伟大的创新者之一"。

英国前首相布莱尔称:"乔布斯是一位具有杰出创意才能的人,他拥有准确的灵感和创新的能力,他坚信通过创新的力量可以改变整个世界。"

俄罗斯总统梅德韦杰夫称"乔布斯改变了整个世界,没有人不羡慕他过人的才华和智慧"。

乔布斯于 1955 年 2 月 24 日出生在旧金山一个单亲家庭。他 19 岁从大学辍学,成为一名电视游戏机公司职员。1976 年,乔布斯与时年 26 岁的斯蒂夫·沃兹尼亚克(Stephen Wozniak)一起创办苹果公司,公司地点就位于乔布斯家的车库里。当年,苹果就推出其第一款个人电脑——"苹果 I"型电脑。20 世纪 80 年代在市场上大获成功的"苹果 II"电脑,使这个以咬了一口的苹果为标志的电脑品牌名声大噪。

由于公司权力斗争,乔布斯于 1985 年辞去首席执行官职务,然后创办了对电影动画极具影响力的 Pixar 动画影片工作室,工作室成功制作的第一部计算机动画长片即《玩具总动员》。

当苹果公司奄奄一息时,乔布斯于 1997 年归来,带领苹果东山再起。业内人士普遍认为,乔布斯在数字音乐(iPod)、智能手机(iPhone)和平板电脑(iPad)等领域的贡献都堪称革命性。苹果能够浴火重生完全是因为乔布斯,只有乔布斯理解苹果的创新灵魂,懂得怎样结合艺术和科技去创造出伟大的产品。

乔布斯创造的不仅是一种品牌,更是一种理念,一种创新思维,乃至潮流。对于许多年轻人而言,乔布斯是一个符号,更是人生奋斗的成功典范。

而在乔布斯自己眼中,他似乎又最为简单,"活着就是为了改变世界,难道还有其他原因吗?""不要被教条所限,要听从自己内心的声音,去做自己想做的事"。乔布斯的叛逆性格使他敢于颠覆传统,不受传统观念的约束使他具有疯狂的创新精神。

那么,怎样才能创新呢?

一、创新与技术创新

创新是指人们在改造自然和改造社会过程中方法、手段和结果的质的飞跃。这种质的飞跃是在社会、经济的发展过程中,人和物的结合凝结而成的科技进步,表现为发明(具有新颖性、创造性和实用性的科学技术的创造)、发现（经过探索和试验，人们对未知事物或规律的揭示，包括科学事实的发现、科学定律的发现和科学理论的建立三个层次)、革新（体现技术发展连续性的渐进形式)、开发（技术发明的推广和应用)。

（一）熊彼特的创新理论

创新成为一种理论是从 20 世纪开始的，美国哈佛大学教授约瑟夫·熊彼特第一个从经济学角度系统地提出了创新理论。他于 1912 年出版的代表作《经济发展理论》中提出了以创新为核心的经济发展理论，在经济学界独树一帜。熊彼特的创新理论中，"创新"概念具有全新的内涵。它是指建立一种新的生产函数，即把一种从来没有过的关于生产要素和生产条件的"新组合"引入生产体系。熊彼特所说的创新包括五种情况：

（1）采用一种新产品，也就是消费者还不熟悉的产品或一种产品的一种新的特性。

（2）采用一种新的生产方法，也就是在有关的制造部门中尚未通过经验鉴定的方法，这种新的方法绝不需要建立在科学新发现的基础之上；也可以存在于商业上处理一种产品的新的方式之中。

（3）开辟一个新的市场，也就是有关国家的某一制造部门以前不曾进入的市场，不管这个市场以前是否存在过。

（4）获取或控制原材料或半制成品的一种新的供应来源，不管这种来源是已经存在的，还是第一次创造出来的。

（5）形成一种新的组织，比如形成一种垄断地位（例如通过"托拉斯化"），或打破一种垄断地位。

1950 年熊彼特逝世后，许多学者沿着熊彼特的思路对创新理论进行分解研究，使创新理论研究内容趋于完善，并将其拓展为两个独立分支：一是技术创新理论，主要以技术创新与市场创新为研究对象；二是制度创新理论，主要以组织变革和制度创新为研究对象。本书主要讨论技术创新。

（二）技术创新理论

技术创新理论是从 20 世纪 50 年代开始，逐步从熊彼特创新理论中分化出来的，经过 50 多年的发展，已形成较为完整的分析框架。技术创新理论的发展分为三个阶段。第一阶段从 20 世纪 50 年代下半期到 70 年代初，为技术创新理论初创阶段，是现代技术创新理论开始步入系统化、科学化发展的时期。这一时期技术创新研究的课题主要集中在：技术创新过程；影响技术创新的主要因素；技术创新与市场体制结构；技术创新的扩散模式；技术创新对企业、行业、国民经济增长贡献的测度方法。研究重点是，从企业管理的两个角度探讨影响企业技术创新的主要因素。一是研究技术创新与企业组织结构、管理策略、高层决策行为的关系，结论是企业内部组织结构"性能低劣"是阻碍企业技术创新的主要障碍；二是研究技术创新与企业内部因素、企业外部因素、企业内外因素的交换能力的关系，结论是企业内外因素的交换能力的"低劣化"是阻碍企业技术创新的主要障碍。

从 20 世纪 70 年代初到 80 年代初，技术创新理论发展进入了第二阶段，技术创新理论研究进一步深化。从多层面、多角度展开对技术创新的研究是这一阶段研究的特点。研究内容包括：技术创新的界定、分类与理论基础；影响技术创新的主要因素；技术创新的起源与动力机制；技术创新过程的模式、决策机制与主体；技术创新与市场结构和市场竞争；技术创新与组织创新和制度创新；技术创新与产业结构变动和对外贸易；政府与技术创新等。

20世纪80年代中期以来，进入了技术创新的第三阶段。技术创新理论研究出现综合化、重点化、实用化与回归性研究趋势。研究的重点在于技术创新的采用和实现问题，主要内容包括：企业内部与外部实现机制、动力机制、环境支撑、策略、政策等；注重技术创新模型建构，风险利润预测，创新活动的预测和测试评价，创新组织建立的策略和规范，政府创新推动政策的跟踪分析等。这一时期的研究对现实的指导性明显加强。

什么是技术创新？

通俗地说，技术创新是指由产生技术的新构想，经过研究开发或技术组合，到获得实际应用，并产生经济效益、社会效益的商业化全过程的活动。

其中，"技术的新构想"指新产品、新服务、新工艺的新构想。构想的产生可以是来源于科学发现、技术发明、新技术的新应用，也可以来源于用户需求；"研究开发或技术组合"是实现技术新构想的基本途径，"技术组合"是指将现有技术进行新的组合，它只需进行少量的研究开发，甚至不经过研究开发即可实现；"实际应用"是指生产出新产品、提供新服务、采用新工艺或对产品、服务、工艺的改进；"经济效益"和"社会效益"是指近期或未来的利润率、市场占有率或社会福利等；"商业化"是指全部活动出于商业目的；"全过程"则是指从新构想产生到获得实际应用的全部过程，这一过程如果终止于新设想或研究开发，则不能称其为技术创新，技术创新必须实现商业化应用。

很多人将技术创新单纯地理解为技术发明，这是不对的。的确，这二者的中文字面意思比较接近，但其实际含义却有很大差别。技术发明是指在技术上有较大突破，并创造出与已有产品原型或方法完全不同或有很大改进的新产品原型或新的方法。技术发明仅指技术活动，只考察技术的变动性，不考察是否产生经济效益。因此，它和技术创新是不同的概念。技术发明可以形成具有商业目的的技术新构想，从而构成技术创新活动的一个环节（组成部分），从这个意义上说，技术创新可以包含技术发明。但是，技术发明可能不具备商业价值，也可能终止于技术原型，这样，技术发明就不能构成技术创新的一个环节。如果不考虑后一种情况，将从发明到应用看成一个完整的技术活动链的话，技术发明侧重于链的前端，而技术创新则涉及整个链，但更侧重于链的后端。

二、技术创新的分类

对技术创新可以从不同的角度进行分类，如按创新对象、创新程度、技术变动的方式等进行分类。

（一）按创新对象分类

按创新对象的不同，技术创新可分为产品创新和工艺创新两类。

（1）产品创新。产品创新是指在产品技术变化的基础上进行的技术创新。产品创新包括在技术发生较大变化的基础上推出新产品，也包括对现有产品进行局部改进而推出改进型产品。广义的产品还包括服务（无形产品），因此，产品创新也包括服务创新。

（2）工艺创新。工艺创新又称过程创新，是指在生产（服务）过程技术变革基础上的技术创新。工艺创新包括在技术较大变化基础上采用新工艺的创新，也包括对原有工艺的改进所形成的创新。例如炼钢工艺中的氧气顶吹转炉工艺的采用就是对平炉工艺的全新工艺创新；在生产过程中大量采用计算机控制、节能降耗的工艺改进，并未改变基本工艺流程和方法，也是工艺创新，也能产生良好的经济效益。

（二）按创新程度分类

按技术创新中技术变化的强度分类，可将技术创新分为渐进性创新和根本性创新两类。

（1）渐进性创新。渐进性创新是指对现有技术进行局部性改进所产生的技术创新。在现实的经济技术活动中，大量的创新是渐进性的，例如对现有的彩色电视机进行改进，生产出屏幕更大、操作更方便、能收视更多频道的电视机。

（2）根本性创新。根本性创新是指在技术上有重大突破的技术创新。例如数字式高清晰度彩色电视机就是电视机领域的一项根本性创新。

（三）按技术变动方式分类

技术变动方式可分为两种，一种是结构性变动，另一种是模式性变动。结构性变动是指技术（产品或工艺）要素结构或联结方式的变动，如通信技术中从有线电话到无线电话的变动就是结构性变动；模式性变动是指技术原理的变动，如从模拟通信技术到数字通信技术的变动就是模式性变动。

按技术变动方式的不同，可将技术创新分为四类。

（1）局部性创新。局部性创新是指在技术结构和模式均未变动的条件下的局部技术改进所形成的创新。例如电话机由拨号式改进为按键式的创新就是一种局部性创新。

（2）全面性创新。全面性创新是指技术结构和模式均发生变动所形成的创新。例如，由模拟式有线通信技术到数字式无线通信技术所形成的技术创新就是全面性创新。

（3）结构性创新。结构性创新是指技术结构变动形成的技术创新。例如，无绳电话的创新，在一定程度上改变了通信连接方式，但原理并未发生变化。

（4）模式性创新。模式性创新是指在技术原理变动基础上的技术创新。例如，通信技术中的由模拟交换到数字交换的创新就是模式性创新。

三、创新思维

好的研究开发方案有赖于好的新设想，新设想则来源于创造性思维。

（一）创新思维的过程

从总体上看，创造性过程是一个发现问题、解决问题的过程。对具体问题而言，则可能主要涉及其中的部分过程。

1. 发现问题

发现问题常常是创造的关键，对全新的创造（相对改进性创造而言）尤其是如此。发现问题包括"觉察和鉴别"问题，也包括"创造"问题。所谓"觉察和鉴别"问题是指在问题本已存在，但尚未明朗化或显现，在尚未被人们注意的情况下，敏锐地察觉问题，并在复杂的现象中鉴别出相关因素和实质。所谓"创造"问题，是指本来问题并不存在，研究开发者蓄意创造出新问题。例如，在营销策略中的创造需求策略就是一种创造问题行为。又如，儿童和少年本来并无玩电子宠物的需求，厂商创造出"电子鸡"之类的玩具并大肆宣传，引诱和调动少儿兴趣，创造出一种新的需求。

发现问题的过程是调查研究、深入洞察事物的过程。例如，从市场调查、需求分析入手就可能发现潜在需求；对目标受众特征、心理活动的细致观察则可能创造出易被其接受的新事物。

2. 解决问题

在许多情况下,问题已经明确,研究开发者的任务就是解决这些问题。例如,电动汽车的概念和其优越性已被认识,阻碍电动汽车大量推出的一个关键问题是电池性能不能满足要求。电池单位能量的重量大、一次充电行驶里程短等问题是要解决的一个难题,许多国家正组织科研力量对此进行攻关。

解决难题的过程是在已有知识的条件下寻求恰当途径的过程,或在创新知识条件下寻求全新途径的过程。一般而言,首先是力图在已有知识的框架下,通过知识的重新组合创造出多种新的方法和途径;当现有知识难以解决问题时,则要通过新原理、新理论的开拓寻求新的方式。

3. 发现问题,解决问题

在有些情况下,从发现问题到解决问题需要全面综合处理。例如,企业在产品老化、产业衰退的形势下,需要寻求新的增长点,但此时企业既不知道该开发什么新产品,也不知道新产品如何开发。在这种情况下,企业需要从市场需求、技术发展趋势、产品生命周期等方面去发掘新产业、新产品的市场机会,即发现问题;在此基础上研究具体新产品开发中一系列难点的解决办法,即解决问题。

(二) 创新思维的方法

创造性活动本质上是非规范的。但是,为了提高创造的效率,仍需要适当地引导和组织创造性活动。因此,创新思维的方法仍然是重要的。从方法论上分,大体可将创新思维的方法分为系统分析方法和创造性想象两类。

1. 系统分析方法

(1) 需求分析。需求分析力求洞察用户的需求,并从用户的要求与意见中获得启发和创新思维。需求分析可以有多种具体方法,如潜在市场分析、用户意见征询等。其中,让用户对产品提出缺点和希望就是一种有效的方法,这种方法称为希望(优点、缺点)列举法。

例如,通信产品制造企业为了对电话机产品进行创新,向用户征询了大量的对现有电话机缺点及希望改进的意见。这些意见有:话机太大、太重;话机难以清洁;颜色太单调;拨号盘夜晚看不清;电话号码难以查找或记住;电话铃声不悦耳;要等待占线颇不方便;电话线容易绞缠;通话时话机难以移动,只能在装有电话机的室内通话;电话经常被人盗用;通话的重要信息不能记录;不能亲眼看见通话对方;希望知道不在家时谁来了电话;电话打断了其他重要事情;等等。根据用户意见,企业开发出免提电话、无绳电话、移动电话、录音电话、记忆式电话、防盗电话、可视电话和其他多功能电话机。

(2) 功能分析。功能分析着重从产品的功能入手,找出功能上的问题,明确改进重点,加以创新、改进。功能分析包括功能定义、功能整理和功能评价三个步骤。

1) 功能定义。功能定义就是给功能下定义。所用的方法是用简洁的动宾结构表达产品(或零件、工艺过程等)的功能。例如,手表的功能是"指示时间",电线的功能是"传递电流",传动轴的功能是"传递扭矩",等等。功能定义的作用在于建立一种新的思考问题的起点——从功能出发,而不是从具体的结构出发,从而提供了开阔思路的基础。因此,好的功能定义应适当抽象,以创造更广阔的思考空间。例如,某机床厂拟对钻床进行改进,钻床的功能可以定义为"钻孔",其实现手段将是使用钻头钻孔;但也可以定义为"打孔",其实现手段除用钻头钻孔外,还可以有冲孔、电加工、激光打孔等,从而大大扩展了产品类型、技术路线和结构。

2)功能整理。功能整理是把经过定义的组成产品功能整体的各分功能按一定逻辑排列起来使之系统化地工作。功能整理的结果是形成"功能系统图"。功能整理采取"目的——手段"逻辑进行。

3)功能评价。功能评价是定量地计算出功能的"价值"的工作。功能价值的计算公式是：

$$V = \frac{F}{C}$$

式中　V——所评价功能的价值；

　　　F——该功能的"功能值"，通常用货币量表示；

　　　C——完成该功能所耗费的费用（成本）。

功能评价的关键是确定功能值 F。其定量的基本思路是，用户愿花多少钱购买这一功能，则这一功能的值就是多少。用户总是要挑选物美价廉的产品，力求用最少的钱，即最低成本或最低消耗，买到同样的功能，这一"最低成本"或"最低消耗"就可以视为该产品的功能值。在实际操作中，常用"目标成本"做功能值的近似值。目标成本是企业努力达到的较低成本值，它可以是同行业先进企业水平，也可以是企业制定的目标。目标成本是最低成本的演化形式。一般来说，目标成本只能描述产品整体目标，而功能评价不仅要定量分析整体产品的价值，而且要分析组成产品的各分功能的价值。为求得各分功能的价值，常用的方法是将总功能进行逐级分解。

(3)改进与创新。功能分析为改进和创新提供了新的分析框架，这一框架摆脱了已有产品结构的束缚，让人们重新从功能角度来思考。从功能分析三个步骤中的任何一个步骤起步，都可能找到改进的启示。

1)从功能定义入手进行改进，可以采用提问的方式。所提问题有：这是什么？功能是什么？用于何地？使用要求是什么？有无其他方式？新方式对功能有何影响？哪种方式好？

2)从功能定义和功能整理入手进行改进，可以采用功能与提供功能的零件实体相对照的方法进行。从原理上说，功能系统图上各功能应与零件实体存在一一对应关系，但是，在现实中常存在不对应的情况。常见现象有：功能系统图上的功能无零件实体相对应，这表明，应具备的功能尚不具备或不完善；零部件实体找不到功能系统图上相应的功能，这表明该零件实体功能是多余的或过剩的。

在现实情况中，经常存在不必要功能。常见的不必要功能有三种表现形式：

第一，多余功能。有些功能纯属画蛇添足，有时不但无用甚至有害。例如，在电风扇的扇叶保护罩上，有人设计了许多图案，似乎增加了美学功能，其实不仅无用，而且挡风。

第二，重复功能。这是指两个或两个以上功能相互重复，去掉其中一个或几个功能后对整体功能不产生不利影响。例如，双桥驱动的越野吉普车在城市使用时，单桥驱动就足够了。双桥驱动存在功能重复问题，不仅提高了制造成本，还增加了自重和油耗。

第三，过剩功能。有些功能虽是必要的，但满足需要有余，这是最常见的一种不必要功能。例如过高的安全系数、过大的拖动动力、结构寿命不匹配等，造成产品结构笨重、大马拉小车现象，浪费原材料和能源。

3)从功能定义、功能整理和功能评价的完整分析入手，有重点地改进创新。功能评价定量地给出了各功能的价值，显示了各功能的功能与成本匹配情况，从而可使设计人员抓住薄弱环节，有目的、有重点地改进和创新。

（4）需求—功能联合分析。将用户需求和产品功能结合起来分析，可以更直接地找到问题，确定改进对象和目标。质量功能展开（Quality Function Deployment，QFD）法是一种很好地将功能和需求结合起来的分析方法。

2. 创造性想象

从管理的角度，可以把创造性想象分为集体性创造性想象和个体性创造性想象两类。集体性创造性想象是一种有组织的活动；个体性创造性想象则主要是非组织性的，甚至是随机的活动。以下就这两类介绍几种典型的方法。其中，前四种是典型的有组织的创造性想象产生的方法，后四种是针对非组织（或有组织）的创造性想象活动，主要是思维方法和技巧。

（1）头脑风暴法。头脑风暴法简称 BS（Brain Storming 的缩写）法，是由美国创造工程学家 A. F. 奥斯本首创的。其宗旨是创造一种发挥创造性想象的气氛，让参与者自由思考并在别人的启发下产生联想。基本方法是召开小型提案会。BS 法的具体实施由三个阶段构成。

1）准备阶段。会议主持者事先对问题做详细分析，鉴别所讨论的问题是否适合于 BS 法。一般来说，BS 法适于目标明确、问题涉及面不广、影响因素不太多的问题。明确问题后，挑选与会人员，一般以 10 人左右为宜，与会者应包括本领域的专家和相邻领域甚至不相关领域的"外行"（在其本专业领域内是专家）；与会者应覆盖较广泛的知识领域；最好有参加 BS 会议的经验，若无经验，则在会议开始时要做简短的方法说明（培训）。会议人员选定后要提前通知。

2）引入阶段。会议开始后，由主持人介绍要解决的问题，介绍问题要注意只提供有关问题的最低量的信息，即对问题的实质做深入浅出、简单明了的解释，而不宜对背景材料介绍过多。

为了让与会者对问题有更深入的理解和打开其思路，主持人可引导与会者对问题进行陈述，即改变对问题的表达方式，从不同的角度表达问题。主持人需对众多的陈述选择最富有启发性、最有可能引导创造性想象的陈述形式作为讨论的议题。

3）畅谈创新阶段。这是 BS 法的关键阶段，是设想产生的阶段。为了使与会者自由畅想，会议要规定一些规则和注意事项：对各种想法和建议不做评论、批判和指责；提倡自由奔放的思考，鼓励大胆设想和独创；广泛收集各种建议和设想；鼓励与会者补充、完善和发展别人的看法；平等对待每一个人；不允许旁征博引和私下交谈；记录每一个构想，并置于醒目的地方。

（2）635 表格法。这是 BS 法的一种发挥和变形，由德国学者鲁尔巴赫提出。这也是一种提案会方式，具体做法是：小组会有 6 人参加，每人在一张印有固定格式的表格上每次填写 3 个构想，每次填写时间限定为 5min。此即"635"名称的由来。会议开始后，由主持人宣布议题，然后每人发一张表格；在第 1 个 5min 内，每人在自己的表格上填 3 个构想，然后传给自己的右邻；在第 2 个 5min 内每人在传过来的表格上再填 3 个构想，再将表格传给右邻，依次反复进行直到轮完一圈。由于从第 2 个 5min 起每人都在了解了别人构想的基础上思考，因此可得到启示和激发。这种方法的优点是可避免会议争相发言或因不善言辞而遗漏新设想。

（3）强行结合法。强行结合法，又称综摄法，是由麻省理工学院教授戈登

（W. J. Gordon）创造并经他的同伴普林斯加以发展形成的。强行结合法是基于这样的思想设立的：发明创造是要发现事物间的未知联系，因此非推理因素特别重要，许多发明创造都是把在逻辑上看来完全无关的东西联系在一起产生的。

与强行结合法相似的还有一种"领域结合法"。该方法的主要特点是，在考虑某一问题的创新方法时，应全面顾及与相邻领域的相互关系。其具体做法是：首先，确定问题的相邻领域；其次，通过自由联想从相邻领域中搜索要点；最后，根据这些要点构思创新设想。

（4）语义直觉法。语义直觉法是德国学者施利克祖佩提出的。其基本出发点是，将表面上不相关的概念（词汇）联系起来，产生一个名称，再寻求解决的可能性和细节。具体做法是：随意列举一些与问题沾边的词汇，然后尝试着将这些词汇进行组合，形成创造对象的名称，再根据这一名称研究具体构想。例如，要研制一种新型厨房洁具，首先可列举诸如锅、蒸汽、搅动、勺、叉子、碗柜、切、炉子、冲洗、玻璃杯等词汇；然后从这些词汇中找出几种可能的组合，如搅动——锅，冲洗——碗柜等；再对上述组合设想具体方案，如在锅盖下安装一根由电动机驱动的搅棒，可对锅内的东西进行自动翻炒，或在碗柜的架子上安装洗碗机等。

（5）仿生学方法。仿生学方法是模仿生物的形状、结构、功能、机理、能源和信息系统等，创造性地解决问题的方法。例如，英国工程师勃留曼利从船蛀虫在木头里开辟道路的现象中得到启发，于1818年产生了建筑水下地道的技术思想。又如，1903年莱特兄弟造出飞机后，有一个问题没有解决：不知该怎样稳定飞机在转弯后的状态，他们在观察了鸟的飞行之后解决了问题，制作了后边可折起的机翼，这就是现代飞机襟翼的雏形。

（6）类比法。类比法有四种主要方法：

1）直接类比。直接从自然界中或熟悉的某些事物中寻找与问题类似的东西。

2）象征类比。用能抽象反映问题实质的词或词组来类比问题。

3）自身类比。将自己或自己的某一部分器官设想成要解决问题的某一要素，并想象其在给定条件下会如何"行动"等。

4）幻想类比。通过神话传说或幻想，想象出一些现实中不存在的可以解决问题的办法。

（7）抓住意外事件。意外事件（意外的成功、意外的失败和意外的现象等）包含着重要信息，往往可以启发人们的创造性思维。

1）意外的成功。从意外的成功中发掘信息，可获得创新设想。例如，IBM公司在计算机定位于"科学计算"的世界潮流中，发现有企业购买计算机用于平凡的事务处理工作。从这意外收获中，IBM抓住机会进行分析，积极开发适于企业使用的计算机，结果在四年之内就在计算机市场上取得领先地位。

2）意外的失败。意外的失败可能预示着潜在的变化，也包含着机会。抓住机会，就可能获得创新设想。例如，美国一家五金公司向印度大量销售便宜的门锁，在一个多世纪的时间内一直畅销，但到了20世纪20年代，其销量急剧下降，最终导致该公司破产。另一家小公司从中意识到这意外的失败可能是重要变化的征兆，经调查分析发现，印度农村用锁只是象征性的，而城市里迅速增长的中产阶级则需要名副其实的锁，这是一种新变化。于是这家公司设计制造了两种锁，很快打开了销路，大获成功。

3）意外的现象。与意外的成功和失败相似，意外的现象也可能预示着新机会。

(8) 分析差异。供给与需求的差异，思想与现实的差异，生产过程要求与实际上存在的差异等是大量存在的，抓住差异，就是抓住创新机会，就是创新设想的开端。例如，汉字与拼音文字最大的区别在于它的字形结构复杂，在手写文字和铅字印刷时代这一问题尚不突出，但到了计算机时代，汉字输入和处理的需求和现实之间的矛盾日益尖锐起来。这种差异导致了"五笔字型""方正激光排版系统"等一系列汉字输入方法的创新。

四、发明创造的选题与步骤

（一）发明创造的选题

发明爱好者在实现发明理想和愿望时，往往不知从何做起。发明什么？什么可以发明？往往茫然不知所措。其实，选择发明题目并不难，只要遵循一定的规律和原则，找对方向，发明课题就会源源不断地涌现出来。

1. 寻找发明课题的方向

身边事物、工作岗位、现有的产品和资料是最容易寻找到发明课题的三个方向。下面就这三个方向加以简要说明。

（1）身边事物。向身边事物寻找发明课题，这是很多成功发明者的经验。只要你有发明欲望，想要发明创造，再经留心观察，开动脑筋，你就会发现，周围很多事物都会向你发出创造课题的信息。例如，不湿裤雨衣、折叠自行车、伸缩毛笔、带密码锁的信报箱等等，大多数来自于发明者身边的衣、食、住、行等领域中。千万不要小看身边形形色色、习以为常的事物，它们身上都闪烁着发明课题的光点，只要用心去发现，发明课题就会冒出来。

（2）工作岗位。在工作中寻找发明课题的意识和方法，使很多人成为拥有发明专利和财富的发明家。因为在工作岗位上，很多工作者都要使用工具、量具、仪器、设备等。这些工具、设备在使用、操作时方便吗？十分安全吗？效率高吗？再如工作中的产品、半成品、样品使用方便吗？耐用吗？美观大方吗？有没有更好的材料代用？能否降低成本？工艺过程能否简化？怎样才能降低能耗？怎样才能提高效率？凡此种种都是创造发明取之不尽的课题源泉。现实中这样的发明创造例子举不胜举。

（3）现有的产品和资料。参照已有产品，参阅有关文献与资料，选择发明目标，从中寻求启示，促使创造发明获得成功，已为目前许多科技人员和发明爱好者所掌握和运用，他们在研究工作中也取得了新的成果。这种方法的特点是快速、可靠、有效。例如采用干印术的复印机的发明，就是在查阅专利文献时，发现了干印术技术，发现者立即意识到这是一项具有很大市场生命和潜在竞争力的发明课题。发现者在这份资料的基础上又投入了人力、物力，利用前人的许多成果，试制成功了性能良好、使用方便、具有商品价值的复印机。

2. 寻找发明课题的误区

一项新发明能否取得成功，能否最终被人们认可并得到实施，创造出可观的价值，发明课题的选择在其中起到了至关重要的作用。一些发明人耗费数年心血和大笔资金所完成的设计巧妙、构思新颖、看似很优秀的新发明却得不到应有的回报，不被社会认可和投资商重视。即便自己筹集资金将产品开发出来，其产品也往往不被市场接受，使自己或企业蒙受很大的损失。这其中固然有社会对具有超前性的发明暂时不接受的原因，但更多的原因在于发明人在选定发明课题时过于盲目，发明选题的方向出现偏差，导致发明本身存在致命的缺陷，而最终导致该发明不具备开发推广的价值。此类情况大致有以下几种类型：

(1) 与人类基本道德相悖。一些所谓的发明与人类的基本道德准则相抵触，违背了人类的道德准则，那么不管这项发明多么先进，都不能被社会所认可。例如受到各国政府禁止和谴责的克隆人技术就是属于违背人类最基本道德准则的发明。

(2) 与社会发展水平不吻合或与社会发展的要求不吻合，所发明出来的东西也同样不具有价值，最终无法取得成功。例如有一位发明人，他花费 10 年的心血发明出一种治疗天花的新方法。可当他完成这项发明的时候，国际卫生组织证实，人类成功消灭天花。还有一些发明人发明一些对已经淘汰的机器设备的改进方案，如老式蒸汽机的改进方案等，都因与社会发展的水平不吻合而无法取得成功。

(3) 开发空间狭小。有些发明因受种种条件的制约，不具备商业开发价值或发展空间十分狭小而同样无法取得成功。例如有人曾试图发明一种在火星上进行种植的方案，因受现实条件的制约难以实现，不具有商业开发价值。在现实生活中，此类发明为数众多。

3. 选择发明课题的原则

选题是整个发明过程中的首要环节。爱因斯坦有句名言："提出一个问题往往比解决一个问题更重要。因为解决一个问题也许只是一个数学或实验上的技能而已，而提出一个新的问题，新的可能性，从新的角度去看旧问题却需要有创造性的想象力，而且标志着科学的真正进步。"就是说要会分析问题和解决问题。那么问题又是谁发现、谁提出的呢？一个有才华的人，并不是等待别人提出问题之后，才去分析与解决。从某种意义上讲，发现问题与提出问题也许比分析问题与解决问题更难，更需要水平，也更需要勇气。甚至可以说，提出问题已经解决一半问题。由此可见发明课题选题在整个发明创造过程中的关键作用。一项发明要想取得最终的成功，在确定发明选题时，应慎重考虑，不能出现偏差，至少要符合以下四项原则：

(1) 符合人类最基本的道德准则和客观规律。
(2) 社会发展迫切需要或将要需要。
(3) 有巨大的商业开发价值。
(4) 技术或产品有广阔的应用和发展空间。

有的学者认为发明创造选题应遵循三项原则：需要、创造性、可能性。也有的学者认为应该遵循五项原则：需要、实用、新颖、先进、可行（工艺、材料、操作）。这些原则基本相同，但前面的四项原则更具实际意义。

（二）发明创造的步骤

在科学技术史上，每一项发明创造都有其独特的经历。有些发明创造历尽曲折，有些却意外成功；有些发明创造一出现就引起轰动，有些却默默无闻，很久以后才被人类所了解，被实践所证实。发明创造的具体过程千变万化、丰富多彩、错综复杂，而大体上都遵循着几个环节。一般有两种观点，一种观点是三环节，另一种观点是五环节。三环节包括：一是课题的形成与选择，二是方案的构思与设计，三是发明的物化。五环节阶段论者认为：一选题，二准备，三酝酿（创造），四验证，五实施。总之，它们实际上都反映了创造过程存在着阶段发展的规律性，而且，如果再加以具体研究，每一阶段还可以细分出一些更为明确的步骤。

第二节 技术创新战略

一、技术创新战略模式的类型

技术创新战略模式的类型可以从不同的角度进行划分。

(一) 按技术来源划分

(1) 自主开发战略。企业的技术来源主要靠自主开发技术,但这并不排斥引进技术及联合开发技术。这往往需要企业具有较强的开发实力。

(2) 合作开发战略。出于节约研究开发投资、缩短开发周期或进入对方占领的市场的目的,企业可以采取合作开发的战略。在这种战略下,参加合作的各方可发挥各自的优势,做到优势互补。通常的合作方式为:制造商与供应商合作,制造商与用户合作,同行制造商(竞争者)之间的合作。

(3) 引进、消化吸收、创新战略。企业的主要技术来源是技术引进,在对引进技术消化吸收的基础上进行改进、创新。

(4) 模仿战略。企业技术主要通过模仿已有的技术获得。经过模仿,企业逐步掌握了技术,就可进行适当的改进和创新。

(二) 按行为方式划分

(1) 进攻策略。在市场竞争中采取进攻姿态,向同行企业市场和技术领域发动进攻,以进入或扩大技术领域或市场阵地。

(2) 防御战略。在市场竞争中采取防御姿态,固守本企业的技术和市场阵地。为此,要采取一系列措施建立和加固进入壁垒,当被攻击时能进行有力的反击。

(3) 游击战略。采取这种战略的往往是在技术和市场上处于劣势的企业。为了打破现有的技术和市场地位格局,企业可以推出一种新的技术以取代占统治地位的现有技术,打乱优势企业的阵脚,以求重新分割市场。这种战略一旦得手,就要转变为其他战略。

(三) 按技术竞争态势划分

(1) 领先战略。技术领先战略致力于在同行竞争中处于技术领先地位。采用该战略要求企业不断开发出新产品并占领市场。

(2) 跟随和模仿战略。技术跟随(模仿)战略不求率先开发、采用新技术,而是在新技术被开发、采用后即行跟上或进行模仿。采用跟随战略往往是在对率先采用的新技术进行改进后推向市场,甚至只利用率先技术的原理而开发出独特的技术。竞争的模仿战略与前述技术来源的模仿战略有相同之处也有差别。相同之处在于技术来源于模仿;不同之处在于,竞争模仿不仅模仿技术,而且常常模仿技术推向市场的过程、市场目标和行为。

(四) 按市场竞争策略划分

(1) 市场最大化战略。市场最大化战略追求最大的市场占有率,它在技术上的体现是:或以领先的技术抢先占领市场,巩固和扩大市场阵地;或以优势的(但不一定是领先的)技术辅以优势的配套资源开拓和扩大市场份额。

(2) 市场细分化战略。在主要市场已被占领的情况下,新进入企业往往采取这种战略。这种战略强调应用基本技术服务于特别应用的小块需求,因此这种战略常表现为一种"填空"策略。它在技术上的体现是在制造技术上有较高的柔性,有较强的工程设计能力。

(3)成本最小化战略。这种战略是指利用规模经济和制造技术的优势,大力降低成本以取得价格竞争优势。其技术上的体现是优化产品设计,在生产系统采用优势制造技术,实现专业化,并降低管理费用。

(五)按技术含量划分

技术创新战略模式按技术含量可分为高新技术、先进技术、独特技术、传统技术、通用技术和一般技术。各种战略类型的特点见表9-1。

表9-1 各种技术创新战略类型特点比较

战略类型	有利性	不利性	适用范围
自主开发战略	有利于建立自己的核心能力和优势	开发投资大,周期长,风险大	技术开发能力强、经济实力强,或掌握了独特垄断权的企业
合作开发战略	减少开发投资,缩短开发周期,分散风险	不能独占技术,合作方有时成为竞争对手	开发难度大、投资大、风险大的技术领域,合作条件好的企业
引进、消化吸收、创新战略	节约开发投资,采用技术所需周期短,风险小	易受技术输出方的制约与控制,不易得到最先进的技术	与先进技术存在较大"技术势差"的企业
模仿战略	风险小,周期短,投资少	技术上处于被动地位,竞争力弱	与先进技术有差距,技术、经济实力较弱,但有一定开发能力的企业
进攻战略	处于竞争的主动地位,可能争取新的阵地	往往要付出很大代价,风险大	掌握了某种技术优势,具备向已占领的技术和市场阵地进攻能力的企业
防御战略	风险小,代价小	往往处于竞争的被动地位	技术、市场地位往往较高而稳固的企业
游击战略	往往可以出奇制胜	具有较大的冒险性	技术、市场领域已被占领,后进者机会已较少,但又出现了某种机会或优势时
领先战略	可领先占领市场,取得垄断利润	投资大,风险大	技术开发能力强、经济实力较强的企业
跟随和模仿战略	风险较小,投资较少,若实施得当也可超过领先者	处于竞争劣势地位,市场份额一般较领先者小	有较强的消化吸收能力、有一定开发能力的企业
市场最大化战略	市场占有率高,一般利润高,长期发展余地大	对技术及其他资源需求高,易受到攻击	技术实力强、配套资源雄厚的企业,或新兴技术领域中领先的企业
市场细分化战略	避开与优势企业的正面冲突,可获得一定竞争地位	机会相对较少,市场规模小	掌握一定技术,具有柔性制造能力的后进入市场的企业
成本最小化战略	可取得价格竞争优势,产品研究开发费用较低	对生产系统的技术和管理系统水平要求高,当原材料成本比重大时总成本难以控制	生产制造工艺技术能力强,管理水平高的企业
高新技术战略	利润高,机会多	风险大,竞争激烈,不稳定	有技术基础、新进入市场的企业
先进技术战略	有利于增强竞争力	技术难度大,获取较难	技术开发和吸收能力较强的企业

(续)

战略类型	有利性	不利性	适用范围
独特技术战略	可为竞争提供有力的支持	应用范围往往较小	掌握特殊技术的企业
传统技术战略	风险小，较稳定	机会少，利润低	已进入市场的企业
通用技术战略	风险小，难度小，易获得	竞争力弱，利润低	技术开发能力较弱的企业
一般技术战略	风险小，开发投资少，难度小	竞争力弱，利润低	技术开发和吸收能力较弱的企业

以上从不同角度讨论技术创新战略类型，是以占企业主导地位而论的。实际上，企业可以采取多种技术创新战略，以一种为主，其他为辅，构成组合战略。

二、技术创新战略模式选择的基本方法

（一）战略模式选择的基本步骤

（1）机会、目标及竞争态势识别。在调查和充分掌握信息的基础上，对技术机会、产业机会和市场机会进行鉴别，预测技术发展前景、市场规模大小及竞争者可能采取的行动，从而估计本企业的可能活动空间，明确本企业的发展目标和总体规划及对技术发展的要求。

（2）能力评价。对本企业的技术能力及资源调动、运用能力进行评价，并与潜在竞争者进行比较，鉴别本企业的优势与劣势。

（3）机会、目标与能力的匹配分析。技术、市场、产业机会是否能被企业利用，企业总体目标对技术的要求能否达到，取决于企业技术能力与将机会和要求变为现实的需求之间的匹配，例如，企业的技术能力能否解决关键技术问题等。企业要对这些匹配关系进行恰当的分析与判断。

（4）基本战略的选择。在对机会、目标和能力深入分析的基础上，对企业拟采取的基本技术创新战略做出选择。这是关键步骤，也是一个复杂而重大的决策。决策者要在错综复杂的、众多的、往往是相互矛盾和相互牵制的因素中进行权衡。

（5）主要战略部署的决策。在基本技术创新战略选定后，还要就实施战略的一些关键问题做出决策，主要有：

1）技术定位，即对主要技术发展方向做出选择；市场定位，即对企业拟占领的市场做出选择；产业定位，即对拟进入的产业做出选择。

2）技术创新与进步的跨度选择。

3）时机选择，即对技术开发、生产和推向市场的时机做出选择。

4）配套的组织与制度安排。

（二）领先战略、跟随和模仿战略的选择

在技术创新战略中，领先战略、跟随和模仿战略是两种最基本的战略，在战略选择中具有代表性，也具有最重要的地位。为此，以下对这两种战略做进一步的分析。其他战略的选

择可做类似分析。

1. 两种战略的基本特征

（1）技术来源。领先战略的技术来源以自主开发为主。领先战略依赖于技术的领先，技术的领先有赖于技术的突破，因此，技术突破的内生性是领先战略的最基本特征。跟随和模仿战略的技术来源以模仿、引进为主，其核心技术一般不是自行开发的。

（2）技术开发的重点。领先战略技术开发的重点主要是对产品基本原理或功能的开发，因此开发重心处于技术链的前端；跟随和模仿战略技术开发重点在于产品功能的改善、质量的提高与稳定、工艺的改进，重心处于技术链的后端。

（3）市场开发。领先战略必须率先开发市场，一般是要开拓一个全新的市场；跟随和模仿战略则在领先者已开拓的大市场中开发细分市场或挤占他人市场。

（4）投资重点。领先战略的投资重点随技术开发的进展而逐步移动。在技术开发阶段，投资重心在技术研究开发上；在技术开发成功后，投资重心移向生产和市场开发上。但为了保持领先地位，用于后续研究开发的投资仍须保持相当大的比重。跟随和模仿战略的投资重点则置于生产、销售环节，研究开发环节的投资相对来说较少。

2. 战略选择的重点考虑因素

（1）企业优势能力特点。由于领先战略的关键在技术突破的内生性，因此要求企业的技术开发能力很强；而跟随和模仿战略则要求企业的生产销售能力较强。企业要根据自身能力优势和特点做出战略选择。

（2）承担风险的能力和对风险、收益的估量。领先战略技术突破的内生性、技术开发和市场开发的率先性意味着巨大的风险，主要是技术不确定性带来的技术风险和市场上的替代品、产品价格、产品质量、消费者心理预期、市场成长速度等的不确定性导致的市场风险。相比之下，跟随和模仿战略所承担的技术风险和市场风险要小得多。而领先战略的回报是率先的市场占有和高利润，决策者要在风险和收益之间进行权衡。

（3）领先的持久性。常常出现这种现象：一些企业一时取得技术领先地位，但不久就被别的企业超过。这种领先是没有意义的，只有持久领先才有实质性意义。影响技术领先持久性的主要因素是技术的可复制性和后续开发速率。技术越是不易复制，后续开发速率越快，领先的持久性就越好。技术的可复制性与技术特性及技术来源有关。技术专有性越强，技术越独特，技术越不易观察和越不易表达，则越不易被复制。例如烹调技术、景泰蓝技术，就具有独特性、难以直接观察和破译、内容不易表达等特点。自行开发和外部引进的技术相比较，自行开发的技术不易被复制。后续开发速度则取决于企业技术开发的投入和能力。

三、我国企业的技术创新战略模式选择

我国企业面对着国内、国际两个市场。就国内市场而言，企业可在上述各种技术创新战略中进行选择；但对国际市场来说，我国企业的技术创新战略选择余地将小得多。企业要从面临的竞争形势和自身能力与特点出发，做出恰当的战略选择。

（一）形势和能力的基本特征

我国企业在面向国际市场和开放的国内市场环境下，要重点考虑以下特点：

（1）与国外同行存在较大的技术差距。这种差距的战略含义是：其一，多数企业尚不

具备与国外同行企业进行正面冲突、争夺市场的能力，一般也不具备技术领先的能力；其二，引进国外技术可大大提高我国企业的技术水平。

（2）在开放的国内市场上，我国企业具有地利、人和的优势，这在一定程度上可弥补技术上的劣势，只要战略运用得当，仍可占领国内市场，取得丰厚的收益。但国内市场正面临外国企业的进入和竞争，若不尽快占领和进行有效防御，就有丢失的危险，而占领和防御的基本手段是迅速提高技术水平。

（3）我国企业已具备一定的技术能力和经济实力，一般已具有消化、吸收、模仿和创新的能力。强调这一点是必要的，要正确估量自己，消除一味靠引进的依赖心理和万事不如人的自卑感。在某些技术领域和某些具体技术方面，我国企业已进入国际先进行列，已具备占领世界市场一席之地的能力。

（二）优先的技术创新战略模式选择

我国企业在进行技术创新战略选择时，除遵循一般技术创新战略选择的原则以外，还要针对自身特点，考虑以下原则：

（1）经济效益原则，或称实用性原则。我国企业经济实力尚不强，技术创新战略应有利于增强经济实力，巩固和发展经济实力基础。

（2）技术积累原则。我国企业不应甘居人后，为此，要有意识地进行长期技术积累，逐步积蓄力量，以图进取。

基于以下考虑，我国企业可优先选择以下技术创新战略：

1. 引进、消化吸收、创新战略

日本、韩国等国成功的经验表明，引进技术是缩短差距、节省投资、争取时间的捷径。在近期及相当长的时间内，引进技术对我国企业更有取得竞争优势地位、占领国内市场、抵御外企大举入侵的现实意义。

采取引进、消化吸收、创新战略的关键是：

（1）恰当的市场定位。对国内市场及可能的国际市场的判断和选择准确，是取得经济效益的前提。

（2）及时和有效的消化吸收。消化吸收是掌握国外技术、使其发挥效益的条件，又是改进、创新的基础，也是积累技术的必经途径。目前，我国企业在这方面还做得很不够，须大力加强。

（3）改进和创新。只有改进和创新才能适应国内市场的需求，才能形成自己的特色，才能造就我国企业持久的竞争力。

2. 模仿创新战略

模仿创新战略是一种被广泛采用的战略。一项成功的创新出现后，总会有许多模仿者跟随，跟随者的成果又会被其他跟随者模仿，新技术就在这种不断模仿中得以扩散。对任何一项新技术来说，率先创新者只是少数（在法律上只有一个），模仿者则是普遍的、大量的。

从长远目标看，我国企业应当成为自主开发创新者，其中一部分企业应成为技术领先者。但是在现阶段，模仿创新战略是大多数企业的现实选择。这是因为：

第一，模仿是技术发展的一个必经阶段。国际上许多发展经济学家曾对后进国由落后走向先进的过程从技术发展特征上进行了实证研究，虽然各自的表述方式不同，但大体上将技术发展划分为引进、模仿吸收和创新三个阶段，这已经成为一种规律现象。从技术发展阶段的投入特征上看，研究与试验发展经费占国民生产总值的比重随一、二、三阶段递增，且总水平随时间上升。我国技术发展正处于第一、二阶段。从国际技术发展历史看，美国的工业发展起步于模仿欧洲国家的先进技术；日本第二次世界大战后的迅速崛起得益于对美国和其他先进国家的技术模仿；当今韩国和其他新兴工业国又在模仿美国、日本及其他先进国家的技术。事实证明，我国只有成功地吸取率先者的技术成果、经验和教训，积累自己的技术能力，才有可能赶上或超过发达国家。

第二，模仿创新有利于降低风险，提高投资效益。我国企业技术资源和能力尚较薄弱，承担风险的能力不强。模仿创新可减少研究开发探索的风险，可向多个技术先驱学习，选择经济和技术效果好、可靠的技术进行模仿；模仿还可降低市场风险，避免市场开发的不确定性。

第三，模仿创新有利于扩散技术。推广、扩散先进技术一直是我国多年推行的技术政策，但效果不理想。众多企业采取模仿创新战略将会加速国内外先进技术的转移扩散，加速我国企业的技术进步。

第四，资源制约局限了战略选择空间。自主开发和率先创新对资金和人才资源的要求最为严格，而我国在这两项关键资源上都处于相当紧缺的状况。据清华大学经济管理研究所、中科院科技政策与管理科学研究所、国务院发展研究中心分别对不同地区和对象的样本调查，均得出相同的结论，"缺乏资金"和"缺乏人才"分别排在企业技术创新障碍的第一位和第二位，且其权重远远超过其他因素。

采取模仿战略需要注意以下几点：

（1）模仿战略绝不意味着单纯地照搬照抄，其战略要义在于模仿基本技术和率先者的行为，它要求企业必须进行适合市场需求的改进和创新。

（2）技术模仿行为应当在法律的规范下进行，避免侵权、合理付费是模仿者应当遵守的准则。

（3）要模仿好，企业首先要具备一定的基础，因此，企业在模仿前应进行必要的学习和技术准备，同时要通过模仿培育自主开发能力，由模仿为主逐步走向自主开发为主。

3. 技术领先战略

某些领域我国研究机构和企业已在技术上处于领先地位，已有可能采取领先战略。我国企业采取领先战略除了在技术上的领先地位以外，还应注意以下问题：后续及持续开发能力是否能支持领先地位的保持；配套技术能否支持；资金、营销、生产设备与组织能力能否支持。

第三节　知识产权与专利

1998年，3个以色列小伙子为方便彼此在网上联系而开发了即时通信软件ICQ，这一新鲜的网络工具很快风靡全球。中国也出现了一大批类似的即时通信软件，其中以1999年2月出生的"小企鹅"腾讯OICQ发展最为迅速。1999年年底，OICQ注册用户突破500万；2000年年底，注册用户达到4000万；2001年4月，OICQ更名为QQ；2001年年底，QQ注册用户数量接近1个亿；2002年3月，QQ注册用户数量突破1个亿。

2002年8月初，腾讯对媒体宣称，"腾讯目前在国内的市场占有率达到90%，在全世界,其用户量排第3名,总注册用户数超过1亿,平均年独立上线人数达1100万人。"2010年3月5日19时52分,腾讯公司宣布其QQ同时在线用户数突破1亿,这是人类进入互联网时代以来,全世界首次实现单一应用同时在线人数突破1亿大关。

但腾讯在演绎网络界传奇的同时,在知识产权方面屡遭挫败。

为了能有一个好的网站入口,腾讯分别在1998年11月7日和1999年1月26日注册了与OICQ对应的OICQ.COM、OICQ.NET域名。1999年8月至9月短短数十天间,收购了ICQ软件及ICQ.COM域名的美国在线先后两次给腾讯发来措辞严厉的投诉信,信中称,腾讯注册的域名OICQ.COM和OICQ.NET中含有ICQ字样,侵犯其知识产权,强烈要求腾讯将这两个域名免费转让给他们。

2000年3月3日,位于美国明尼苏达州的美国国家仲裁论坛(NAF)受理了美国在线递交的有关OICQ两个域名的争议书,并以正式律师函的形式通知了腾讯。随后,腾讯及时进行了答辩,并私下与美国在线进行了多次交涉,但未成功。2000年3月21日,一纸仲裁判决书判定腾讯将OICQ.COM和OICQ.NET域名归还美国在线。

苦心经营一年多的品牌付诸东流,腾讯只好暂时启用新域名——TENCENT.COM及TENCENT.NET。为避免再次受困于外国公司的知识产权问题,腾讯进行了一系列的改革。2001年4月,腾讯的即时通信软件名称中,OICQ全部更名为QQ;腾讯一直在免费使用的一些家喻户晓的头像——史努比、大力水手、Kitty猫等卡通图片也从QQ中消失了。

重塑QQ品牌后,QQ用户持续上涨。但不久,腾讯就发现互联网上出现了一些与腾讯业务极其相似的"QQ信使""QQ俱乐部"网页,这些网页来自一个域名为QQ.COM.CN的网站。

2002年12月,腾讯向中国国际经济贸易仲裁委员会域名争议解决中心提出对QQ.COM.CN域名的投诉书。投诉原注册人北京鼎扬科技有限公司杨飞雪注册和使用域名QQ.COM.CN具有恶意,腾讯对QQ文字组合享有多种权利,被投诉人杨飞雪应当将注册的域名QQ.COM.CN转让出来。但北京鼎扬科技有限公司杨飞雪注册QQ.COM.CN域名的时间早于腾讯现有名称诞生的时间,因此2003年1月16日,仲裁委员会域名争议解决中心专家组裁定,维持被投诉人杨飞雪作为QQ.COM.CN域名注册人地位。

2003年3月17日,中国国家顶级域名.CN下的二级域名全球开放注册。在.CN开放注册不到20min的时间里,原先三级域名QQ.HL.CN的持有者——黑龙江数据通信局的刘志勇先生成功升级QQ.CN域名。10天之后,腾讯才发现国内二级域名QQ.CN被抢注,要求商务中国把刘志勇注册的QQ.CN域名归还给他们。商务中国业务中心负责人认为QQ.CN的成功注册完全符合域名管理机关CNNIC对于优先升级的条件规定。因此腾讯无权要求获得QQ.CN的域名。

早在1995年5月,一个叫罗伯特·亨茨曼的美国软件工程师,就注册了QQ.COM域名,并把它作为个人电影艺术网站入口使用。后来,罗伯特转行做商业咨询工作后,无暇打理这个网站,就把他所拥有的QQ.COM域名放在国外拍卖网站登记待售,但因开价过高(200万美元)一直无人问津。2003年3月21日,腾讯与罗伯特·亨茨曼取得联系,4月腾讯终于成功地收购了QQ.COM域名,但腾讯一直没有公布其收购价格。

从腾讯QQ在知识产权上的几次失败中可以看到,随着中国加入世界贸易组织(WTO),中国的企业迫切需要深化知识产权的观念,避免重蹈腾讯的覆辙。如何保护自己的知识产权,维护自身利益,是目前所有企业都面临的问题。

一、知识产权

"知识产权"(Intellectual Property)是一个外来词,原意是"知识财产"或"知识所有权"。在我国,"知识产权"已成为普遍接受的译名。

知识产权,概括地说,是指公民、法人或其他组织对其在科学技术和文学艺术等领域内,主要基于脑力劳动创造完成的智力成果所依法享有的专有权利。根据1967年7月14日在斯德哥尔摩签订的《建立世界知识产权组织公约》的规定,知识产权包括下列客体的权利:文学艺术和科学作品,表演艺术家的表演以及唱片和广播节目,人类一切领域的发明,科学发现,工业品外观设计,商标、服务标记以及商业名称和标志,制止不正当竞争,以及在工业、科学、文学和艺术领域内由于智力活动而产生成果的一切其他权利。

根据《中华人民共和国民法通则》第五章第三节的规定,知识产权包括专利权、商标专用权、著作权、发明权、发现权和其他科技成果权,同《建立世界知识产权组织公约》所规定的内容大体相当。

以上的概念是广义的。狭义概念上的知识产权只包括著作权、专利权、商标权、名称标记权和制止不正当竞争,如图9-1所示。

应当注意,图9-1中的"工业产权"一词,不是指与工业生产有关的动产和不动产,如工厂厂房、生产设备等,而是指与工商活动密切相关的发明创造、商标和厂商名称等。"工业"一词不仅包括狭义的工业,还包括商业、农业、采掘业等各产业部门。

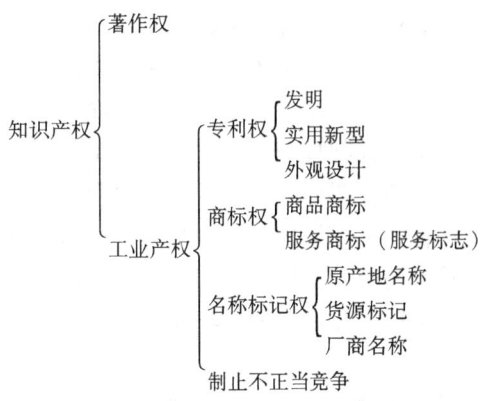

图9-1 狭义的知识产权分类

二、专利权

(一)专利权属于知识产权的范围

知识产权的范围,在不同国家、在不同历史时期各不相同。传统的理论认为,知识产权主要包括著作权(版权)、专利权、商标权,这是各国无论在理论上还是实践中都达成的共识,也是世界各国知识产权立法保护的范围。这三大类也是知识产权的核心内容。

由于科学技术的迅速发展,不断创造出更新技术的智力成果,给知识产权带来了一系列新的客体。根据WTO的《与贸易有关的知识产权协议》(TRIPS)规定,知识产权的范围包括:

(1)版权与有关权。
(2)商标。
(3)地理标志。
(4)工业品外观设计。
(5)专利。
(6)集成电路布图设计。

(7) 未披露过的信息。

TRIPS 是 1993 年 12 月 15 日通过，1994 年 4 月 15 日正式签署，1995 年 1 月 1 日起生效的，是关贸总协定（GATT）第八轮谈判（乌拉圭回合谈判）所通过的协议之一，是 WTO 三大支柱之一，也是所有 WTO 成员方必须遵守和执行的协议之一。从整体上看，TRIPS 可以说是当前世界范围知识产权保护领域中涉及面最广、保护水平最高、保护力度最大、制约力最强的一个国际公约，因此，受到各国和各个独立关税区的高度重视。

1. 专利的概念

专利是指国家在一定时期内授予专利申请人或其专利权继承人独占使用发明创造的权利。它还有两层意思，一是指取得专利权的发明创造，二是指专利文献，人们常说"查专利"，就是指查阅专利文献。一般而言，专利是指专利权。

2. 专利权的特点

专利权作为一种无形财产权，与有形财产权相比有如下特点：

（1）专有性。专有性也称独占性，又叫排他性。发明创造是专利权产生的基础，现实生活中不同的发明人完全有可能在同一时间内，各自独立地做出两个以上内容相同的发明创造，如果对其都授予专利权，就会引起当事人之间的冲突。因此，专利权必须是专有的，对同一内容的发明创造，只授予一项专利权。专利权人对这一发明创造拥有独占性的制造、使用、销售、许诺销售和进口的权利，其他任何单位和个人未经专利权人许可，不得为生产、经营目的制造、使用、销售、许诺销售和进口其专利产品，不得为经营目的制造、使用、销售、许诺销售和进口依照其专利方法直接获得的产品，否则，就构成侵犯专利权，要承担法律责任。

（2）地域性。这是指一个国家只依照本国专利法授予专利权，这些专利权仅在该国法律管辖的范围内有效，对其他国家没有任何约束力，外国对其专利权不承担保护的义务。所以，专利权人要就其发明创造在另一国家取得法律保护就必须及时申请该国专利。例如，外国的发明创造，没有在我国申请专利，我国就不予保护，我们企业参照外国专利说明书研制的新产品，如果仅在我国和其他没有取得专利权的国家销售，就不会发生侵权。

（3）时间性。这是指专利权人对发明创造所拥有的法律授予的专利权只在法律规定的时间内有效，其期限届满后，专利权人即失去专利权，其发明创造就成为公共财富，任何国家的任何人都可以无偿利用。

《中华人民共和国专利法》（简称《专利法》）对专利权有限期的规定：发明专利是 20 年，实用新型和外观设计专利权是 10 年，均从申请日起计算。应当注意的是，各国所授予的专利权的绝大部分，并没有达到法律规定的最高年限就提前终止或失效了。原因是许多专利在经济上和技术上的保护价值已经丧失，专利权人自动放弃了。

3. 专利的种类

从各国情况来看，专利一般是指发明专利。有些国家保护的发明创造除发明外还包括实用新型和外观设计，但大部分国家不称之为专利，而是分别立法保护，如日本、韩国等。《专利法》规定以上三种都称为专利。但不管叫法如何，对这三种类型的划分标准和保护内容是大致相当的。下面就《专利法》规定的三种专利做一简介：

（1）发明专利。向国家知识产权局提交的发明专利申请获得专利授权后称为发明专利。《专利法》所称的发明是指对产品、方法或者其改进所提出的新的技术方案。发明按表现形式分为产品发明和方法发明。

产品发明包括：

1）制造品，例如机器、设备、用具等发明。

2）材料，如化学物质、组成物质发明。

3）有新用途的产品发明。

方法发明一般包括：

1）制造方法发明。

2）通信方法、化学分析或检测方法的发明。

3）将产品用于新用途的方法发明和改进发明。

《专利法》上的发明不包括发现。发现是对自然规律的揭示，而发明则是对自然规律的具体运用。

（2）实用新型专利。向国家知识产权局提交的实用新型专利申请获得专利权后称为实用新型专利。《专利法》所称的实用新型是指对产品的形状、构造或者其结合所提出的适于实用的新的技术方案。实质上，实用新型也是发明（俗称小发明）。实用新型获得授权后，享有和发明专利一样的独占权。但它有自身的特点：

1）实用新型专利保护的范围较窄，它只保护有一定形状结构的新产品，不保护方法及没有固定形状的物质。

2）实用新型的创造性要求较低，多数国家实用新型专利保护的都是比较简单的、改进性的技术发明，可以称之为"小发明"。

3）实用新型专利保护期限短，一般都不超过10年。

4）实用新型的实用性较突出。

5）不经过实质审查。实行实用新型制度的国家，包括中国，都不对实用新型进行实质审查。实质审查主要是指对申请专利的发明创造的新颖性、创造性和实用性等实质条件的审查。一般来说，各国对发明专利申请都进行实质审查，而对实用新型专利申请实行初审制，所以比较来说，实用新型专利审批快，收费低。

（3）外观设计专利。向国家知识产权局提交的外观设计专利申请获得授权后称为外观设计专利。《专利法》所称的外观设计是指对产品的形状、图案或者其结合以及色彩与形状、图案的结合所做出的具有美感并适于工业应用的新设计。

外观设计与发明、实用新型有明显区别。外观设计是从美学的角度对产品的外观所做的设计，这种设计有时是对产品的造型所做的设计，有时是对产品的外表所做的设计，有时是对产品图案所做的设计，有时是对产品结合所做的设计。因此，外观设计专利实质上是保护美术思想，而发明专利与实用新型专利保护的是技术思想。虽然外观设计和实用新型都与产品形状有关，但两者的目的却不相同，前者目的在于使产品形状产生美感，后者的目的在于使具有形态的产品能够解决某一技术问题。

4. 专利权的内容

（1）专利权人的权利。专利权人的权利是指在一定期限和地域内，专利权人依法对其获得的专利权的发明创造享有的权利。在我国，专利权人主要有以下几方面的权利：

1）禁止他人实施其专利的权利。此项权利也称排他权或独占权，这是专利权人最基本的权利。《专利法》第十一条规定："发明和实用新型专利权被授予后，除本法另有规定的以外，任何单位或者个人未经专利权人许可，都不得实施其专利，即不得为生产经营目的制造、使用、许诺销售、销售、进口其专利产品，或者使用其专利方法以及使用、许诺销售、销售、进口依照专利方法直接获得的产品。"

"外观设计专利被授予后，任何单位或者个人未经专利权人许可，都不得实施其专利，即不得为生产经营目的制造、销售、进口其外观设计专利产品。"

禁止他人实施其专利的权利，是专利权人其他权利的基础。专利权保护通常指的就是保护专利权人的禁止权，侵犯专利权一般也是指侵犯了专利权人的禁止权。对侵犯这项基本权利的违法行为，各国都规定了严格的法律制裁措施，《专利法》对侵犯这种权利的行为也规定了相应的法律责任。

2）许可他人实施其专利的权利。专利权是确保专利权人的发明创造进入市场的权利，它是一种禁止权、排他权，也是一种市场准入权。为了使其专利在市场上获得尽可能大的经济收益，专利权人可以允许其他单位或个人实施其专利，以实现法律权利到经济利益的转化。《专利法》第十二条规定："任何单位或者个人实施他人专利的，应当与专利权人订立实施许可合同，向专利权人支付专利使用费。被许可人无权允许合同规定以外的任何单位或者个人实施该专利。"

3）转让其专利的权利。通常转让专利权是指依照买卖合同的方式，专利权人将专利权出售给他人。此外，专利权人还可以通过赠与与交换的方式将专利权转让给他人。根据《专利法》规定，专利权的转让原则是自由的。转让专利权的当事人应当订立书面合同，并向国务院专利行政部门登记，由国务院专利行政部门予以公告。专利权的转让自登记之日起生效。但向外国人转让专利权，不管是单位还是个人，都必须由国务院对外经济贸易主管部门会同国务院科学技术行政部门批准，这样规定有利于防止国有无形资产的流失和维护国家经济利益。

4）标记权。标记权是指专利权人有在其专利产品或者产品的包装上标明专利标记和专利号的权利。

5）放弃权。专利权是一种民事权利，专利权人有权依法自行处理，包括放弃。专利权人可以通过停止缴纳年费的方式，或以书面声明放弃其专利权。

专利权人放弃专利权的法律后果是这项发明创造成为公有技术，任何单位或个人都可自由使用其发明创造。对共有专利权，只有全体共有人同意才能放弃专利权。在专利权许可合同有效期内，专利权人不得随意放弃专利权，否则，会损害被许可人的利益。

（2）专利权的限制。为了防止专利权人滥用专利权，妨碍发明创造的推广应用，维护国家和公众的利益，《专利法》规定了在某些情况下，允许其他人不经专利权人的许可而使用其专利技术。

专利权人制造或经专利权许可制造的专利产品售出后，其他任何人使用或销售该产品不再需要专利权人的许可。就是说，买受人购买专利产品后，他就可以随意使用该产品，或者再将该产品投放市场销售。显然，这有利于专利产品在市场中的迅速流通。

《专利法》还规定，临时通过我国领陆、领水、领空的外国运输工具，依照其所属国同我国签订的协议或者共同参加的国际条约，或者依照互惠原则，为运输工具自身需要而在其装置和设备中使用《专利法》保护的发明创造，不视为侵犯专利权；但在该运输工具上制造、销售或在装载的货物上使用《专利法》保护的发明创造不在此例。还有专为科学研究和实验而利用专利产品、专利方法的，不视为侵犯专利权。这有利于减小基础研究的投资，有利于发明创造的推广应用。另外，还有强制许可的规定，政府依法可以在专利权人不许可的情况下，对合法请求人予以许可。这也是为了防止专利权人对专利权的滥用。

（3）专利权人的义务。专利权人在专利权有效期间承担以下义务：

1）缴纳年费的义务。专利权人必须缴纳年费，年费是指法律规定的，为维护专利权的有效性，而由专利权人逐年向国家知识产权局缴纳的费用。

年费的主要作用在于：一是促进专利实施，专利权人如不积极实施，就无法取得经济效益来补偿年费的支出和研究开发的投资；二是促使专利权人放弃价值不大的专利。专利的年费是分阶段逐年递增的，这样就促使专利权人放弃那些经济效益不大的专利，使其成为社会公共财富。

2）充分公开发明创造的义务。充分公开发明创造是指专利权人应当在专利申请文件中将发明、实用新型或者外观设计的内容详细、清楚、准确、完整地加以阐述，使本专业技术领域的普通技术人员能够独立实现。充分公开发明创造的义务是专利权人获得专利权的一种交换条件，一方面可以使公众了解技术的发展水平，启迪人们进行新的发明创造，保证合法的实施；另一方面，可以使公众清楚了解受到法律保护的技术内容，以避免侵犯专利权。

3）对职务发明人与设计人给予奖酬的义务。专利权人是单位时，单位应对职务发明人或设计人依照《中华人民共和国专利法实施细则》支付奖金和报酬。对此，《中华人民共和国专利法实施细则》第七十七条和第七十八条做出了明确规定："被授予专利权的单位未与发明人、设计人约定也未在其依法制定的规章制度中规定专利法第十六条规定的奖励的方式和数额的，应当自专利权公告之日起3个月内发给发明人或者设计人奖金。一项发明专利的奖金最低不少于3000元；一项实用新型专利或者外观设计专利的奖金最低不少于1000元。由于发明人或者设计人的建议被其所属单位采纳而完成的发明创造，被授予专利权的单位应当从优发给奖金。""被授予专利权的单位未与发明人、设计人约定也未在其依法制定的规章制度中规定专利法第十六条规定的报酬的方式和数额的，在专利权有效期限内，实施发明创造专利后，每年应当从实施该项发明或者实用新型专利的营业利润中提取不低于2%或者从实施该项外观设计专利的营业利润中提取不低于0.2%，作为报酬给予发明人或者设计人，或者参照上述比例，给予发明人或者设计人一次性报酬；被授予专利权的单位许可其他单位或者个人实施其专利的，应当从收取的使用费中提取不低于10%，作为报酬给予发明人或者设计人。"

（二）专利权的主体

1. 发明人或者设计人

发明人或者设计人，是指对发明创造的实质性特点做出创造性贡献的人。在完成发明创造过程中，只负责组织工作、提供物质条件方便或者从事其他辅助工作的人，不应当被认为是发明人或者设计人。只有直接参加发明创造活动，并对发明创造的实质性特点做出了创造性贡献的人才能被认定为发明人或设计人。判定创造性贡献时，应当分析发明创造或科技成果的实质性技术构成，并据此客观、公正地把提出实质性技术构成和技术方案的人确定为做出创造性贡献的人。

《专利法》保护的发明创造除发明外，还包括实用新型和外观设计，在习惯上将实用新型和外观设计的完成人称作设计人。《专利法》规定，发明人有权在专利文件中写明自己是发明人。

在《专利法》中，发明人（含设计人）被分为两类：一类是职务发明人；另一类是非职务发明人。对职务发明人完成的职务发明创造，申请专利的权利属于职务发明人所在的单位。所谓职务发明创造是指执行本单位的任务或者主要是利用本单位的物质条件所完成的发明创造。非职务发明创造，申请专利的权利属于发明人。可见，发明人不一定都能成为专利申请权人。在非职务发明中，发明人与专利申请权人是一致的；而在职务发明中，发明人与专利申请权人则是不一致的。

当一项发明创造由两人或两人以上共同完成时，这些完成发明创造的人即为共同发明人，他们所完成的发明创造称为共同发明。判断共同发明人的标准依然是这些人是否就发明创造的实质性特点做出了创造性贡献。

2. 专利申请权人

专利申请权人是指就发明创造有权向专利管理部门申请专利的人。根据《专利法》的规定，下列公民和法人都可以成为专利申请权人：

（1）非职务发明创造的发明人。《专利法》规定，发明人有权对其完成的非职务发明创造申请专利。

（2）职务发明创造的发明人所在单位。《专利法》规定，职务发明创造申请专利的权利属于该单位，申请被批准后，该单位为专利权人。但是，利用本单位的物质技术条件所完成的发明创造，单位与发明人或者设计人订有合同，对申请专利的权利和专利权的归属做出约定的，从其约定。

（3）合作完成发明创造的单位。两个以上单位合作完成的发明创造，除另有协议外，申请专利的权利属于共同完成发明创造的各方共有。但一方不同意申请专利的，另一方不得申请专利。一方转让其共有的专利申请权的，另一方或其他各方可以优先受让其共有的专利申请权。

（4）接受其他单位委托，完成发明创造的单位。接受其他单位委托的研究、设计任务所完成的发明创造，除另有协议外，申请专利的权利属于接受委托完成发明创造的单位。但受托方就其发明创造转让其专利申请权的，委托方可以优先受让专利申请权。

（5）专利申请权人的合法受让人。专利申请权人的合法受让人包括通过合同转让方式获得专利申请权的人及通过继承方式获得专利申请权的人。

（6）外国人。对外国人在中国申请专利的，按两类不同的情况区别对待。一类是在中国有经常居所或营业所的外国人、外国企业和外国其他组织。这类外国人按"无条件的国民待遇原则"，在《专利法》上享有与中国公民和法人同等的权利。另一类是在中国没有经常居所或者营业所的外国人、外国企业和外国其他组织。这类外国人按"有条件的国民待遇原则"，依照其所属国同中国签订的协议或者共同参加的国际条约，或者依照互惠原则办理。根据《专利法》第十九条的规定，在中国没有经常居所或者营业所的外国人、外国企业或者外国其他组织在中国申请专利和办理其他专利事务的，应当委托依法设立的专利代理机构办理。

3. 专利权人

专利权人是指对某项已被国务院专利行政部门授予专利权的发明创造，在法定期限内享有专有权的个人或单位。

根据专利权取得的方式不同，专利权人可分为原始专利权人和继受专利权人。所谓原始专利权人，是指通过行使专利申请权，向国务院专利行政部门提出申请，获得国务院专利行政部门批准而享有专利权的个人或者单位。所谓继受专利权人，是指未经由专利申请程序，而是通过转让、继承等方式从原始专利权人处获得专利权的个人或者单位。转让专利权，当事人必须订立书面合同，经国务院专利行政部门登记和公告后生效。继承专利权，也必须经国务院专利行政部门登记和公告。

（三）专利权的客体

专利法律关系的客体是指专利法律关系主体权利义务所共同指向的对象，即《专利法》所保护的对象。《专利法》保护的对象包括发明、实用新型和外观设计。

1. 授予发明、实用新型和外观设计专利权的条件

授予专利权的发明和实用新型，应当具有新颖性、创造性和实用性，即所谓的"三性"标准。

（1）新颖性。新颖性是指该发明或者实用新型不属于现有技术；也没有任何单位或者个人就同样的发明或者实用新型在申请日以前向国务院专利行政部门提出过申请，并记载在申请日以后公布的专利申请文件或者公告的专利文件中。

新颖性的时间标准是以申请日划分的，凡是在申请日以前公开的技术，即为现有技术，不具备新颖性；凡是在申请日以前未公开的技术，则具备新颖性。

《专利法》在规定新颖性概念的同时，也规定了一些不丧失新颖性的特例。《专利法》第二十四条规定，申请专利的发明创造在申请日以前6个月内，有下列情形之一的，不丧失新颖性：①在中国政府主办或者承认的国际展览会首次展出的；②在规定的学术会议或者技术会议上首次发表的；③他人未经申请人同意而泄露其内容的。《专利法》所称的学术会议或者技术会议，是指国务院有关主管部门或者全国性学术团体组织召开的学术会议或者技术会议。

外观设计的新颖性与发明专利和实用新型专利的新颖性规定是一致的。

（2）创造性。创造性是指同申请日以前已有的技术相比，该发明有突出的实质性特点和显著的进步，该实用新型有实质性特点和进步。

《专利法》对发明专利和实用新型专利的创造性要求是不同的。实用新型专利的创造性，只要求有"实质性特点和进步"，并不要求有"突出的实质性特点和显著的进步"。

至于外观设计，并不是技术性方案，而是一种关于美感的设计，因此，无法要求它具有创造性。所谓外观设计独创性，是指申请专利的外观设计在产品的形状、图案、色彩所引起的美感或视觉上，与申请日以前已有的外观设计相比不相同或不相近，具有明显的区别。

（3）实用性。实用性是指该发明或者实用新型能够制造或者使用，并且能够产生积极效果。

授予外观设计专利的条件是新颖性、独创性、美感性。

2. 不授予专利权的发明创造

《专利法》规定下列发明创造不授予专利权：①科学发现；②智力活动的规则和方法；③疾病的诊断和治疗方法；④动物和植物品种；⑤用原子核变换方法获得的物质；⑥对平面印刷品的图案、色彩或者二者的结合做出的主要起标识作用的设计。

但是，动物和植物品种的生产方法，可以依法授予专利权。

（四）专利权的申请

1. 专利申请的原则

（1）书面原则。书面原则是指一项发明创造要申请专利，必须按照《专利法》的规定，以书面形式提交专利机关。申请发明和实用新型专利的书面文件主要有请求书、说明书、摘要和权利要求书；申请外观设计专利的申请文件主要有请求书和外观设计的图片或照片。不仅是申请，以后整个审批程序中的所有手续，都必须以书面形式办理，而且提交的文件必须按照法律的规定和专利机关要求的格式书写。

（2）先申请原则。先申请原则又称为"申请在先原则"，是指两个或者两个以上的申请人分别就同一发明创造提出专利申请的，专利权授予最先申请的人。世界上大多数国家都采用先申请原则，我国也不例外。与先申请原则相对应的是"先发明原则"，世界上只有美国、加拿大等少数国家采用先发明原则。

（3）单一性原则。单一性原则也称一发明一专利的原则，是指一项专利申请只能限于一项发明创造。如果是两项或者两项以上的发明创造要取得专利权就应当分别提出专利申请，不能把它们放到一个申请案中办理申请手续。

2. 专利申请日的确定

专利申请日是提出专利申请的具体日期。申请日的确定在专利申请中具有重要意义：申请日是审查发明创造新颖性和创造性的时间界限；同样的发明创造如果有两个或两个以上的申请人分别提出，申请日便是确定专利权归属的客观标准。此外，申请日也是确定优先权的依据，专利权的有效期限也从申请日开始计算。

《专利法》第二十八条规定，国务院专利行政部门收到专利申请文件之日为申请日。如果申请文件是邮寄的，以寄出的邮戳日为申请日。有优先权的，以优先权日为申请日。

国务院专利行政部门收到发明或者实用新型专利申请的请求书、说明书（实用新型必须包括附图）和权利要求书，或者外观设计专利申请的请求书和外观设计的图片或照片后，应当明确申请日，给予申请号，并且通知申请人。

3. 专利申请的修改和撤回

（1）专利申请的修改。专利申请人可以对其申请进行修改。但是，对发明和实用新型专利申请文件的修改不得超出原说明书和权利要求书记载的范围，对外观设计专利申请文件的修改不得超出原图片或照片表示的范围。

国务院专利行政部门对专利申请文件中的发明创造名称、摘要或者请求书的明显错误可以予以修改，并通知申请人。

（2）专利申请的撤回。专利申请人可以在被授予专利权之前随时撤回其专利申请。撤回时，申请人应当向国务院专利行政部门提出申明，写明发明创造的名称、申请号和申请日。撤回专利申请的声明是在国务院专利行政部门做好公布专利申请文件的印刷准备工作后提出的，申请文件仍予以公布。

发明专利申请人自申请日起三年内，不向专利管理部门提出实质审查请求的，该发明专利申请即被视为撤回。

（五）专利申请的审批

1. 发明专利申请的审批

一项发明专利申请经过受理、初步审查、公布、实质审查等程序才可能被授予专利权。

（1）初步审查，又称形式审查。国务院专利行政部门在受理发明专利申请后，应对该申请在形式上是否符合《专利法》的规定进行审查。

（2）早期公布是指国务院专利行政部门收到发明专利申请后，经初步审查认为符合《专利法》要求的，自申请日起满18个月，即行公布。国务院专利行政部门可根据申请人的请求早日公布其申请。

（3）实质审查是对发明专利申请的实质审查，是指对申请专利的发明的新颖性、创造性、实用性等实质性条件进行的审查。

根据《专利法》第三十五条的规定，发明专利申请自申请日起三年内，国务院专利行政部门可以根据申请人随时提出的请求，对其申请进行实质审查；申请人无正当理由逾期不请求实质审查的，该申请即被视为撤回。国务院专利行政部门认为必要的时候，可以自行对发明专利申请进行实质审查。

发明专利申请经实质审查没有发现驳回理由的，国务院专利行政部门将做出授予发明专利权的决定，发给发明专利证书，并予以登记和公布。

2. 实用新型和外观设计专利申请的审批

实用新型和外观设计专利申请只有初步审查，没有实质审查。实用新型和外观设计专利申请经初步审查没有发现驳回理由的，国务院专利行政部门应当做出授予实用新型专利权或者外观设计专利权的决定，发给相应的专利证书，并予以登记和公告。

3. 专利申请驳回的复审

专利申请驳回的复审是指专利申请人对国务院专利行政部门驳回申请的决定不服，向专利复审委员会提出请求，要求重新进行审查的一种程序。设立复审程序的目的是给申请人申诉的机会，防止和纠正国务院专利行政部门在专利申请的审查中可能出现的失误。

根据《专利法》第四十一条的规定，对国务院专利行政部门驳回申请的决定不服的，可以自收到通知之日起三个月内，向专利复审委员会请求复审。专利复审委员会复审后，做出复审决定，并通知专利申请人。申请人对专利复审委员会的复审决定不服的，可以自收到通知之日起三个月内向人民法院起诉。

三、专利权的保护

保护专利权是《专利法》的核心。对专利权人来说，《专利法》对他人侵犯专利权的行为能否及时采取措施，加以有效制止，并获得合理赔偿，具有重大利害关系。怎样来保护自己的专利权？应从以下几个方面入手：

1. 专利权效力的维护

构成专利侵权的要件之一，是首先必须有一个有效的专利权存在。而要维持专利权在法定期内的效力，必须按时按规定数额缴足年费。自《专利法》施行以来，有些专利权人看到自己的专利一时未能实施，没有收益，便停止缴费。过后，发现他人在仿造其专利产品，经济效益可观，深感专利不该放弃，但已无法补救了。可见，停缴年费是一个重大决策，千万不可草率从事，以免因小失大。

2. 专利侵权行为的识别

要控告他人的侵权行为，首先要学会识别侵权行为。他人是否构成侵权行为，至少应具备下列条件：

(1) 以生产经营为目的。即以盈利为目的实施行为,才会构成侵权。为个人生产目的的制造使用行为,专为科学研究和实验利用专利的行为,均不构成侵权。

(2) 有法定的实施行为。下列行为属于法定实施行为:

1) 制造专利产品的行为。违法制造专利产品,不论制造者是故意,还是非故意,甚至是自己独立研究开发成功的,也不论是用什么方法制造,制造的数量是多少,均构成侵权。

2) 使用发明或者实用新型专利产品的行为。使用行为必须具有主观故意才能构成侵权。所谓主观故意,一是指使用者明知该产品是未经专利权人许可制造的侵权产品,而仍坚持购买使用。使用外观设计专利产品,在任何情况下均不构成侵权行为。

3) 许诺销售专利产品的行为。所谓"许诺销售专利产品的行为",是指明确表示愿意出售一种产品的行为,可以是面向个人的,也可以是面向公众的;可以是口头形式,也可以是书面形式;可以通过展示或者演示的方式,也可以采用电话、电传、广告或者其他途径。例如将专利产品陈列在商店中、列入拍卖清单或者为其做推销广告等行为,都明确表明了愿意销售该专利产品的愿望,都属于"许诺销售"的范围。这种行为未经专利人许可,也属于侵犯专利权的行为。

4) 销售专利产品的行为。未经专利权人许可,销售明知是他人违法制造的专利产品,也属于侵犯专利权的行为。

5) 使用专利方法及使用、许诺销售、销售、进口依该方法制造的产品的行为。使用专利方法是指采用权利要求书中记载的方法并实现其目的的行为。而且,使用、许诺销售、销售、进口依照该专利方法制造的产品,也可构成侵权。

6) 假冒专利的行为。根据《中华人民共和国专利法实施细则》第八十四条的规定,下列行为属于假冒专利的行为:

①在未被授予专利权的产品或者其包装上标注专利标识,专利权被宣告无效后或者终止后继续在产品或者其包装上标注专利标识,或者未经许可在产品或者产品包装上标注他人的专利号。

②销售第①项所述产品。

③在产品说明书等材料中将未被授予专利权的技术或者设计称为专利技术或者专利设计,将专利申请称为专利,或者未经许可使用他人的专利号,使公众将所涉及的技术或者设计误认为是专利技术或者专利设计。

④伪造或者变造专利证书、专利文件或者专利申请文件。

⑤其他使公众混淆,将未被授予专利权的技术或者设计误认为是专利技术或者专利设计的行为。

专利权终止前依法在专利产品、依照专利方法直接获得的产品或者其包装上标注专利标识,在专利权终止后许诺销售、销售该产品的,不属于假冒专利行为。

销售不知道是假冒专利的产品,并且能够证明该产品合法来源的,由管理专利工作的部门责令停止销售,但免除罚款的处罚。

3. 对专利侵权行为的监视与警告

(1) 对专利侵权行为的监视。专利权人要使自己的专利权得到保护,一方面对侵权行为要学会识别,另一方面还要及时发现。因为,无论是人民法院还是专利管理机关,对专利侵权行为,都是采取"不告不理"原则。

怎样才能发现他人的侵权行为？监视的方法，主要是巡视市场产品，特别是同行企业的竞争对手投放市场的产品；注意阅读、收听各种报刊和电视产品广告；收集各种新技术、新产品信息等。

（2）对他人侵权行为的警告。当专利权人发现他人的侵权行为之后，不必急于向人民法院起诉或请求专利管理机关调处，而宜"先礼后兵"。首先向对方写一封警告信，说明他侵犯自己专利权的情况，劝其停止侵权行为，或要求对方与自己谈判，签订实施许可合同，否则可采取法律措施。

4. 请求调处或起诉

《专利法》第六十条规定："未经专利权人许可，实施其专利，即侵犯其专利权，引起纠纷的，由当事人协商解决；不愿协商或者协商不成的，专利权人或者利害关系人可以向人民法院起诉，也可以请求管理专利工作的部门处理。"根据这一规定，当侵权人对警告置之不理时，专利权人可采取的法律措施有两种：一是请求省、直辖市、自治区人民政府设立的管理专利工作部门，即知识产权局进行调处；二是直接向有管辖权的人民法院起诉（专利纠纷第一审案件，由各省、直辖市、自治区人民政府所在地的中级人民法院和最高人民法院指定的中级人民法院管辖）。一般来说，对证据确凿的侵权案件，不打算申请财产诉讼保全的或只打算停止对方侵权行为，不指望过多经济赔偿的案件，可请求专利管理机关调处；对于案情复杂，需尽快采取诉讼保全，或赔偿金额要求较高的案件，最好直接向人民法院起诉，因为人民法院可以采取诉前停止侵犯专利权行为等强制手段。

第四节　专利技术开发策划

一、企业专利战略

1. 专利战略的定义及目标

所谓专利战略，是指运用专利及专利制度的特性和功能去寻求市场竞争有利地位的战略或谋划。专利战略的目标就是如何打开市场、占领市场、保持市场竞争优势。

2. 专利及专利制度的特性

专利分发明专利、实用新型专利和外观设计专利等。专利的特性有新颖性、创造性、实用性，专利制度的特性有时间性、地域性、专有性、国民待遇原则等。

3. 专利战略的层次

（1）国家级专利战略。该战略主要作用是为国家制定内外政策服务的。这个层次的专利战略是国家利用政策、法规在专利制度的规则允许下去引导民族工业占领、保持应有的国内外市场；或是国家利用政策、法规在专利制度的规则允许下去引导企业抵御其他国家和地区对我国专利市场及由此引起的产品市场的侵略，并引导我国企业去占领和保持我们应得的市场。

（2）行业级专利战略。该战略的基本作用是围绕着本行业的整体发展规划或行业的主导产品发展规划进行和体现的。它的涉外性较强，一般比较强调：与国外同行的差距；国外专利及专利技术对国内的技术发展和产品市场的制约和影响；打破国外专利制约和影响存在的困难和所需的政策支持；我国同行业应采取的近期发展规划和策略；我国同行业应采取的中长期发展规划和策略等。

（3）企业级专利战略。该战略基本上是围绕着企业的新产品开发、新技术研究应如何面对市场而进行的。它不但要涉外，同时也针对任何对本企业市场构成威胁的国内企业。

4. 专利战略制定的三个基本方法

专利战略制定的方法有专家问答法（德尔菲法）、市场跟踪法、数理统计法，通常采取混合运用的原则。不同的方法有不同的研究对象，专家问答法的研究对象是专家的答案，市场跟踪法研究的对象是跟踪对象的答案，数理统计法的研究对象是专利文献。

5. 数理统计法研究所能得到的参考数据

（1）夕阳工业。

（2）朝阳工业。

（3）市场前瞻性预测。

（4）剩余市场。

（5）竞争对手。

（6）最佳合作伙伴。

（7）产品转向。

（8）对手战略意图。

6. 制定专利战略的注意事项

（1）数理统计公式要准确。定性统计通常用线性公式；定量统计通常用正态分布曲线统计公式、显性技术优势分析法和生命周期分析法等。

（2）制定专利战略的类别时一定要注意"敌我"双方的力量对比。要注意"敌我"双方的力量对比，是指双方能够通过专利及专利制度的特点去占有市场的能力的对比，而不是指资本、资源和生产能力的对比（当然这些因素也很重要）。

（3）企业决策者是专利战略的最终决策人。

（4）在实施专利战略过程中不能轻易更改总体战略。

（5）专利战略制定具有时限性。

（6）没有专利的单位更需要专利战略。

7. 企业专利战略结构要素

企业专利战略由战略主体、客体、目标和方案等要素构成。

（1）主体。专利战略的主体是战略制定和实施者。从广义上说，专利战略的主体可以是国家、行业、地区和企业。企业专利战略的主体是企业，它与国家、行业、地区专利战略有紧密联系。

（2）客体。专利战略的客体是战略实施的对象。企业专利战略的对象是包括专利技术及专利管理在内的系统的专利工作。

（3）目标。专利战略的目标是打开市场、占领市场和取得市场竞争的优势。对具体的企业来说，专利战略则要明确目标市场是什么，以此为线索规划专利工作。

（4）方案。企业专利战略方案包含的内容主要有：

1）专利信息开发与利用规划。

2）专利技术开发策略与规划。

3）专利的申请策略。

4）专利技术引进策略。

5）专利技术的实施与运用策略。

6）专利许可证贸易策略。

8. 企业专利战略的作用

（1）了解技术发展动态和竞争态势。专利文献所公布的专利技术内容和权利，披露了大量国际技术发展动态及竞争态势，有利于了解技术动态和市场动态。

（2）指导专利工作。专利战略可以对专利技术的开发、引进及专利的申请、实施、许可等起指导作用，有利于企业专利工作与整体战略整合、协调，避免专利工作的盲目性。

（3）为竞争提供强有力的手段。专利战略作为企业整体战略的一个组成部分，可以利用专利独特的法律武器和有利条件为竞争提供特有的手段，从而使企业整体战略得以有效实施。

二、企业专利战略的制定程序

（1）任务的提出。专利战略研究任务的提出一般来自以下几方面：①企业决策机构提出运用新技术、新产品占领市场的设想，交由专利战略研究机构制定，运用专利战略的制定理论去制定规划及对策，进而交由具体相关机构去落实和实施，最后构成专利战略；②企业的专利事务管理部门，在日常的管理工作中发现了新问题，特别是发现了有可能严重影响本企业的产品市场的新专利技术时，主动对其进行专利战略研究，提出对策供企业决策者参考；③企业其他机构提出的需要解决的问题。

（2）战略研究机构的人员。机构最少应由下列四种素质的人员构成：①具有决策资格的企业领导，他的任务是协调各方关系，指挥工作的开展，提供决策方案；②专利事务专家，他的作用是检索、分析专利文献，提供专利战略研究所需的定性、定量数据，提供专利的权利要求范围对研究客体的影响；③工程技术专家，他的作用是从工艺、工装角度及小试、中试角度判断专利技术中所涉及的产品实施的可行性，判断专利技术的技术内涵同目前已有技术相比的先进程度，判断专利技术对本企业产品、技术开发的影响；④销售专家，他的作用是对专利产品的市场占有现状及前景走向做判断。

（3）确定研究路线、检索方法、研究目的和研究经费。

（4）以计算机检索为主，手检为辅，检索全世界的相关专利文献及非专利文献，特别是主要竞争对手的资料。

（5）选取对研究客体影响较大的相关文献。

（6）分析对研究客体影响较大的相关专利文献，主要是分析权利要求书的保护范围，进而选出数理统计所需的关键性技术。

（7）采用德尔菲法调研关键性技术所涉及的产品上市趋势。

（8）确定数理统计方法。对整个文献量、相关文献量、关键性技术文献量、主要竞争对手文献量和市场占有趋势上扬的专家文献量等，进行数理统计。结合本企业的相关数据，画出多条统计比较分析曲线。

（9）分析统计数据，研究客体过去、现在、未来的现状及市场竞争趋势。

（10）综合上述资料，研究对策，制定策略。

（11）撰写专利战略初步研究报告。专利战略研究报告的内容一般包括：与研究客体相关的各国的专利技术、非专利技术、产品市场占有率等的过去、现在、未来的发展状况和趋势；主要竞争对手的专利技术、产品占有状况及所处地位；本企业的专利技术、产品占有现状及所处地位（包括存在的问题）；本企业相关产品进入市场的法律、技术障碍；提出进入、挤入市场等可行的、能供决策者参考的上、中、下策略或对策；研究方法；相关专利文献权利要求保护范围分析表；相关专利文献汇总表；主要竞争对手专利文献汇总表及其权利要求分析表；关键性专利的剩余市场参考表（同族专利）；相关失效专利汇总表；相关专利文献统计表等。要指出的是，对统计数据的分析要贯穿整个报告。

（12）研讨、修改、确定整个专利战略研究报告。

（13）实施、调整、再实施，直至整个专利战略完成。

三、企业专利战略的开发策略

（一）专利信息的开发和利用

1. 专利信息资源

（1）专利信息形式。专利信息主要以专利文献和专利检索系统两种方式体现。

1）专利文献是以纸介质为载体的，目前在中国专利管理部门收藏有几千万件各国专利文献，并以每年100万件的速度增加。专利文献分两种形式收藏：一种是按流水号排列的，即按时间顺序排列，对社会公众开放；另一种是按国标专利分类表排列的，存放在专利审查员办公室，可委托检索服务处进行手工检索。

2）目前中国专利管理部门的专利检索系统有：

①世界专利检索系统（WPI）。该系统收集了28个国家和两个世界组织的专利。

②中国专利检索系统 CPRS 和 CIPIS，后者包括法律状态的信息。

（2）专利信息的内容。专利是集技术、法律、经济于一体的知识产权保护方式，因此，专利信息也包含了这三个方面的内容。

专利文献详细地叙述了专利技术的内容，提供了最新的技术动态。根据世界知识产权组织的统计，专利文献所记载的技术信息，约是整个技术信息的90%，专利文献提供的信息比一般技术刊物提供的信息早5~6年，而且资料翔实。据世界知识产权组织估算，利用专利文献可以缩短研究周期60%，节约研究资金40%。

专利文献记载了权利要求，表明了产权归属、权利范围、权利覆盖的区域（国家）及权利保护的时间，因而为企业避免侵权提供了依据。通过专利申请的国别、专利提出的权利要求和专利的技术内容，还可以了解到专利申请者的技术动向和市场动向，了解其欲占领的领域。

2. 专利信息调查

（1）专利信息调查的内容。专利信息调查（简称专利调查）的内容主要有：

1）技术动向调查。通过对相关领域以往的和新的国内外有关专利及种类（发明、实用新型、外观设计）的调查和分析，判断技术水平和技术动向，预测技术发展方向和市场需求，为开发新技术的决策提供依据。

2）专利性调查。通过对专利技术的新颖性、创造性和实用性调查，了解技术的先进性，为避免侵权和做出专利权无效宣告请求提供依据。

3）法律状况调查。了解某项技术是否属于专利技术及专利权所覆盖的范围、专利的有效期等，为技术开发和市场开发提供依据。

4）专利保护区域调查。了解专利在哪些国家得到批准和保护，为进出口贸易提供依据。

5）监视调查。对特定领域专利技术系列发展过程和特定竞争对手专利申请情况进行跟踪、监视，以了解技术发展动向，对竞争者进行分析，为制定技术战略和竞争策略提供依据。

（2）专利信息调查目的与内容之间的关系。在技术创新的各阶段，专利调查都发挥着重要作用。不过，不同阶段专利调查的目的、内容有所不同。表9-2列出了技术创新的不同阶段专利调查的目的和内容之间的关系。

表9-2 技术创新各阶段专利调查的目的和内容

技术创新阶段	专利调查目的	技术动向	新颖性	法律权利	保护区域	监视
制订研究计划阶段	为掌握有关领域技术动向进行的调查	√				
	为掌握有关领域其他公司技术水平进行的调查	√				
	为防止重复研究进行的调查	√				
	为发现和预测会成为障碍专利进行的调查	√		√	√	√
研究开发阶段	为掌握其他公司开发状况进行的调查	√				√
	为使本公司的技术实现权利化进行的调查		√			
	为掌握其他公司申请专利的审查过程和研究防止其他公司技术权利化进行的调查			√	√	√
	为发现易产生纠纷的专利及制定对策进行的调查			√	√	√
产品化阶段	与产品化有关的以及为制定应付易引起纠纷的专利策略的调查	√		√	√	√
	购买材料、零部件的调查	√		√	√	√
	为实现本公司技术权利化进行的调查		√			
	为掌握其他公司开发状况进行的调查	√				
销售阶段	为发现其他公司专利侵权和制定对策进行的调查	√		√	√	√
	为制定对付其他公司警告的策略进行的调查	√		√	√	

3. 专利信息平台建设

企业专利信息平台建设，特别是企业专题数据库的建设质量，会直接影响到企业专利战略分析、制定的客观性和准确性。随着企业专利管理工作的逐步深入，其他与专利管理工作有关的内容和功能也会逐步添加到这个平台上来。但是，企业专利信息专题数据库应该是这个平台的基本配置或核心内容。

经过二次加工的专题数据库的质量主要表现为：技术范围界定准确，国别范围涵盖主要工业发达国家，时限超过20年。

"技术范围界定准确"是指逻辑表达式要满足企业竞争战略、产品设计概念和具体技术方案的需求。不同企业在同一产品方面的市场竞争往往围绕相同或不同的细分市场展开，在产品决策时一般通过不同的产品概念满足特定的细分市场和消费群体，而产品设计概念的体现来自于具体的技术方案细节，由此产生的差别优势决定了企业在市场上的竞争优势。因此，同一行业的不同企业之间，其专题数据库的内容应该有所不同，所以设计检索表达式必须首先了解该企业所制定的竞争战略、技术理念和产品决策内容。这方面的工作一般要占到整个专题数据库制作70%以上的工作量。

例如，两个企业都生产冰箱，其中一个企业以"抑菌"表现其产品概念，那么该企业与另一企业冰箱专题数据库的差别至少表现在"抑菌"高分子材料方面。当然，并非所有与高分子材料相关的技术都要收集进来，这样垃圾信息会太多。实际上，很多与冰箱有关的专利并不全在冰箱、压缩机的专有IPC（国际专利分类）位置（F25D、F25B）上，如冰箱搁架、制冷剂、除臭剂、冰箱门和锁、冷饮装置等也有许多专利，如何保证查全率和查准率，是对专题数据库提供者专业水平的一个考验。由此看来，专题数据库应该针对某一具体企业设计制作，不但不能全行业通用，而且应该随着企业竞争策略的变化而随之变化。

所谓"国别范围涵盖主要工业发达国家"，国内一般是指"七国两组织"（"七国"即中国、美国、英国、法国、德国、日本、瑞士；"两组织"即世界知识产权组织与欧洲专利局）。如果企业出于国际竞争的需要，要求其他国家的专利信息，可以与服务机构讨论、协商。单纯求全、求多没有太大的意义，因为主要工业发达国家的技术发展趋势基本代表了世界工业技术发展的主要潮流。

所谓"时限超过20年"，主要考虑大多数国家的专利保护年限一般在20年左右。但电子化文献的年限参差不齐，如我国的国家知识产权局正式成立还不到20年，当然就不能一概而论了。

在此应该说明的是，一般检索、分析工作的顺序是：先通过文摘数据库进行统计、分析，把范围缩小，再对重点专利进行专利全文说明书详细阅读和研究。当然，随着专利文献的公开化和网络速度的提高，一般企业建立专利全文数据库没有太大的意义。而文摘专题数据库的价值在于，其内容已经由专利信息专业人员进行过了二次加工。

（二）专利技术的开发策略与规划

1. 技术和市场预测分析

（1）技术预测。通过专利调查，可以进行技术分析和预测。

1）技术发展阶段分析和预测。技术成长规律（成长曲线一般呈S形）表明，技术成长是非均匀的，技术突破常常伴随着大量专利申请，而当专利稀少时，常预示着技术的成熟和被替代。因此，分析某个领域专利的时间分布，可以帮助企业判断技术发展所处的阶段及技术成熟程度。

2）未来技术的发展方向预测。通过对专利的调查，分析全新技术的开发动向、技术突破动向和技术被替代动向，预测未来技术的发展方向。

3）相关领域技术预测。一项技术的发展往往会带动相关领域技术的发展，相应地，一项技术的发展又受到相关领域技术的支持、促进或制约。因此，通过相关领域专利调查分析，可以更好地预测本领域技术发展趋势，并对相关领域技术发展做出判断。

（2）市场预测。通过对专利的内容、权利要求和申请区域分析，可以进行以下预测：

1）新产品出现的可能性。

2）新产品的主要市场区域分布。

3）新产品对老产品的替代性影响。

4）新产品的本国需求潜力。

（3）竞争对手预测。通过对竞争对手专利的跟踪调查、分析，可以对竞争对手的以下方面做出预测，从而为本企业技术决策提供依据：

1）技术发展水平和现正开发的技术。

2）市场意图和动向。

3）技术和市场空隙。

4）技术战略和市场战略。

2. 技术开发的选择

（1）技术选择。通过对技术发展趋势、竞争对手情况和自身能力进行分析，选择企业拟开发的技术。在进行技术选择时，要对以下诸方面做出决策：

1）基本专利技术与外围专利技术。在对技术状况和发展态势及企业能力分析的基础上，确定企业是开发基本专利还是外围专利。一般说来，基本专利开发投入大、难度大、周期长，对竞争提供的手段强劲；外围专利开发难度小、投入少、周期短，对竞争提供的手段有限。企业要做出精心的分析和慎重的选择。

2）产品技术与工艺技术。根据专利信息调查的结果，分析产品技术发展阶段、工艺技术状况和企业自身优势，做出开发产品技术或工艺技术的选择。

3）竞争性技术与互补性技术。根据竞争对手分析和对手与自身的比较，确定与竞争者的关系，对开发竞争性技术以避开对方专利，还是开发互补性技术与对手进行技术交换、形成交叉许可局面做出选择。

4）专利技术与非专利技术。专利技术与非专利技术（专有技术）各有特点：前者公开，但受法律保护，后者不公开，也在一定程度上受法律保护；前者有一定保护期，后者不受时间限制。企业可在分析专利授权情况、竞争对手动向、自身优势的基础上，结合企业经营策略，对专利技术和专有技术开发做出选择。

（2）技术开发策略选择。企业需要制定技术开发策略，以获得竞争优势。主要技术开发策略有：

1）发展性技术开发策略。发展性技术开发是企业为自身发展而进行的技术开发，主要用于增强企业在原有市场的竞争力或为进入新市场创造条件。发展性技术开发是企业技术开发的主要目的。

2）掩护性技术开发策略。当企业企图掩盖自己的发展意图，防止竞争者窥视其战略部署时，可在开发发展性技术时，有意识地开发并非企业发展所需要的技术或次要技术，并申请专利，以扰乱竞争对手的视线，掩护企业开发的主攻方向，为突然性进攻提供保护。

3）扰乱性技术开发策略。当企业探测到竞争对手的意图后，为了打乱对手的部署，削弱对手的竞争力，有意识地开发对手的关键技术，并抢先申请专利，使对手处于不利地位。

3. 技术开发的规划

（1）时间规划。在很多情况下，多个企业专利技术开发是在竞争的条件下同时进行的，率先开发成功者获得专利保护，其他企业的开发成果将报废。因此，专利技术开发要在技术发展动向预测和竞争对手预测的基础上做好开发时间规划，既要避免损失和竞争失利，又要切实可行。

（2）开发领域和进入地域规划。企业要在经营战略的指导下，经过对技术、市场和竞争对手的分析和预测，对拟开发的技术领域进行规划，有步骤地在拟占领或要巩固的领域进行系统的技术开发。同时，要根据拟开拓的目标市场，分析该市场所在国的专利制度特征，有计划地针对市场需要和法律制度进行技术开发。

（三）专利的申请策略

1. 申请决策

专利的申请决策指的是对申请或不申请专利做出决策。

（1）申请。根据目的不同，有不同的相应申请策略：

1）以自用为目的的申请。申请专利是为了自行实施，在实施中取得优势地位，多数专利申请属于此列。

2）以转让技术为目的的申请。申请专利的目的不在于自行实施，而是为了通过专利保护手段保障技术转让时的权益。许多研究机构常采取这种做法。

3）以削弱竞争对手优势为目的的申请。申请专利主要不是为了自用，甚至自己并不打算实施，但若竞争对手申请了专利则会使其处于竞争的有利地位，此时申请专利就会抑制和削弱对手的优势。

4）以干扰竞争对手视线为目的的申请。有时，为了不让竞争对手窥探本企业的发展意图，故意在主攻方向之外申请专利，以造成错觉，掩护主攻方向免遭对手袭击。

（2）不申请。当企业出于以下考虑时，可以不申请专利：

1）避免公开暴露战略意图。如果申请了一项专利，就意味着向全世界公布了该项技术信息。有时这样做会使企业战略意图过分暴露，为此可不申请专利，而将开发的技术以专有技术的方式加以保密。

2）延长保密的时间。专利保护的时间是有限的，如果不申请专利，他人又难于破译其技术秘密，可不申请专利，以便该项技术可以长期保护而不受专利保护期的限制。

3）公开技术，使竞争对手专利无效。如果企业并不打算实施某项技术，申请专利又会耗费一定的财力，而当竞争对手申请了该项专利后则会使该企业处于竞争的有利地位，此时可公开这项技术，使对手拟申请的专利技术失去申请保护的可能。

2. 申请内容

专利申请内容策略是关于专利申请的技术内容选择的策略。

（1）全部申请与部分申请。有时为防止他人利用专利说明书公开的技术内容进行仿冒，仅对技术的基本轮廓申请权利保护，而将技术核心内容或影响产品质量的关键技术作为技术秘密保留起来不予申请。

（2）系列申请与单项申请。一项技术往往需要相关技术配套才能有效发挥作用。在申请专利时，要就单项技术申请专利还是包含配套技术的系列技术全部申请专利做出选择。选择时，考虑的因素主要有：①易于保密的程度，易于保密的技术可不申请专利；②重要程度，对竞争作用较为次要的技术可不申请专利。

（3）基本技术申请和外围技术申请。某一技术领域的基本技术或核心技术对企业该领域的发展和竞争地位起决定性作用，就该项技术取得专利权（一般属基本专利权），就等于占领了市场的制高点，掌握了主导权。因此，一般说来，对这类技术应当申请专利保护。外围技术是对基本技术的局部改进或为实施基本技术所需要的配套技术（往往是工艺技术）。外围技术可申请外围专利。取得外围专利权有利于与基本专利形成交叉许可的格局，使不掌握基本专利的企业也能取得部分主动权，因此，申请与不申请外围专利、申请哪些外围专利也是一项重要的决策。若企业既掌握基本技术，又掌握外围技术，则要对全部申请与部分申请做出选择。

（4）在用技术申请与储备性技术申请。企业常常不仅要为在用技术，即近期内将实施的技术申请专利，而且要为近期不拟采用，甚至将来是否采用也不明朗的技术，即储备性技术申请专利，以备将来拓展技术和市场领域、产品更新换代之用。企业需要对在用技术、储备性技术是否申请专利以及申请什么内容做出决策。

3. 申请时间

在专利的申请时间上，有及时申请、提前申请和延迟申请几种策略。

（1）及时申请。及时申请策略是在技术开发完成后即行申请专利的策略。及时申请是最常用的策略。

（2）提前申请。按照《专利法》的规定，只要具有专利"三性"就可以申请专利，并不要求所申请的技术完全成熟。这就存在一种可能：在技术并未开发完成但基本轮廓已具备时即申请专利。这样做可以起到抢先占领阵地的作用。在技术竞争激烈、时间至关重要的时候，应尽可能早地申请专利。

（3）延迟申请。延迟申请策略是在某项技术开发完成后并不及时申请专利而推迟到某一时间再行申请的策略。由于专利保护期有限，过早申请专利会使实施保护期缩短。因此，在可能的情况下，应尽可能推迟申请。在以下情况下可考虑延迟申请：

1）市场前景不明朗，且无他人申请。
2）所申请保护的技术不成熟或配套技术不具备。
3）技术本身局限，保护范围较窄，待更进一步开发后可扩大保护范围。
4）过早保护会妨碍技术交流，不利于进一步开发。

4. 申请地域

专利申请的地域策略是对专利申请的国别选择的策略。

（1）本国申请。拟申请保护的技术应当首先在本国申请专利，从而取得本国市场竞争优势，并为同时获得外国专利或再申请外国专利提供条件。

（2）外国申请。在国外申请专利的关键在国别选择。国别选择的基本出发点是目标市场。若某项专利所保护的产品拟打入某国市场，那么就应在该国申请专利；若不打算进入某国市场，就没有必要在那些国家申请专利，以节约专利申请和维持费用。

5. 专利网规划

专利网是指企业在某一领域或若干领域所形成的在一国或多国的专利保护系统。专利网规划就是要对保护网的构筑进行全面的策划。

（1）领域保护网。领域保护网可在深度和广度两方面构筑。在深度上，若能在某一领域从基本专利到围绕基本专利的外围专利形成保护网，就可以为企业在该领域的优势地位构成坚实的壁垒；在广度上，若能围绕基本专利的可能应用广泛地获得专利保护，则可以扩展保护范围，使保护网有更大的覆盖面。企业在进行领域保护网规划时，应分析和预测专利技术的可能应用范围，结合本企业的技术能力，有重点、有目的地进行专利技术开发和申请。

（2）区域保护网。区域保护网是专利保护在地理区域上的延伸系统。区域保护网应能覆盖以专利技术为条件的产品所到达和可能到达的国家。就是说，专利保护的区域应当和市场延伸的区域一致。企业在进行区域保护网规划时，应同时对拟开拓的市场进行预测和规划，做到"产品未到，专利先行"，为产品的市场进入开辟道路，提供保障。

（四）专利技术的引进策略

1. 专利技术引进的决策

在专利技术的引进之前，要对是否引进、引进什么进行选择和决策。要从技术必要性、可行性和经济合理性等方面进行分析，对是引进某项专利技术还是绕开专利自行开发技术做出选择，在有多种专利技术可供选择时，要进行比较，以求以较小的代价获得较好的技术和经济效果。

2. 专利技术引进注意的问题

专利技术引进中要特别注意对专利技术的法律状态进行审查，避免上当和遭受损失。对以下几种情况应进行重点审查：

（1）是否申请和授权。对技术出让方拟出让的自称专利技术要进行专利检索，审查其是否已申请专利，是否已授权，是否在我国申请，在哪些国家申请和获得授权。

（2）是否过期、失效。对已申请和授权的专利，要审查其是否过期，是否维护。对已过期和因未维护等原因而失效的专利，则不应支付使用费。

（3）专利权是否属于技术转让方。一般情况下，技术转让者就是专利权人，但是，也存在这种情况：技术转让者所转让技术的专利权不属于他，或者被转让的技术是多项技术的组合（"打包"的技术），其中有些技术专利权不属于转让者，后一种情况更有可能出现。因此，要弄清专利技术的来源，避免付了转让费而又侵犯了专利权人权益的情况发生。我国在技术引进中已多次发生这种情况，应引起警惕。

3. 专利技术的收买策略

专利技术的收买可根据不同的目的采取相应的策略。

（1）为获得垄断权而收买专利。这即将相关的专利全部买下来以达到独占市场或重新转让而获利的目的。在一定意义上，这是一种专利经营策略，经营者以较低的价格收购零散发明者的专利，然后进行组合（打包）或等待恰当的时机以高价售出，或者起诉侵权企业，获取高额赔偿。

（2）为变被动为主动而回输专利。这即企业引进他人专利后，在消化的基础上加以改进、创新，将创新后的技术申请专利再卖给或转让给原专利输出企业。这种策略可使企业从技术和市场上的被动地位转变为主动地位。

（五）专利技术的实施与利用策略

1. 专利技术的实施策略

（1）独立实施策略。这是一种企业独立实施自己的专利而不转让或不许可他人实施的策略。这样做有利于企业独占该技术领域和独占市场。对那些市场前景好的优秀专利技术可采用这种策略；在专利技术与专有技术配合良好，有利于保护成套技术形成独占垄断地位的情况下也可采用这种策略。

（2）使用实施策略。这是两个或数个企业或研究机构以合作、合资的方式实施专利的策略。采取这种策略可实现优势互补，缩短实施周期，形成规模优势。一些拥有专利技术的高等院校、科研机构因缺乏资金和经营能力而难以自己实施专利，而企业，尤其是中小企业虽然缺乏技术，但能提供资金、设备、场地，二者结合实施专利，可收到取长补短、相得益彰的效果。

2. 专利技术的利用策略

若企业在某一领域内经营而又不愿付或付不起专利使用费，则可在一定范围内巧妙地采用专利技术而避免侵权。

（1）采用无效或失效专利技术。若查实某专利技术在我国未申请或未获授权，则可在我国境内无偿使用。但产品若出口，则须查明该项专利在目标市场所在国是否获得授权。若某项专利已到期或专利权已终止（如未维护），则可无偿使用。

（2）等专利权失效后再利用。当专利使用费高昂时，特别是对有价值的基本专利，如果专利权快到期或即将终止，企业可先做好实施准备，待该专利失效后立即实施。

（3）取消专利权策略。寻找专利漏洞、缺陷或不符合专利授权条件的证据，运用《专利法》规定的撤销或无效宣告程序，完全取消或部分取消专利权。企业为避免被指控专利侵权时常采用这种策略。

（4）回避绕道策略。如果某项技术的他人专利权已不可动摇，则可避开专利保护的技术内容，寻找或开发与该专利不抵触的替代技术，绕过所保护的专利，以达到既保证本企业发展的技术需要，又避免专利侵权的目的。

（六）**专利许可证贸易策略**

当无法绕过他人专利，且其专利权不可动摇时，则应取得合法使用权后才能使用相应的专利技术，一般是通过谈判、进行合理付费后方可获得使用权。企业为了避免过多付费，必须对拟转让的专利技术进行详细了解，对实施的范围、期限进行合理规划。在可能的条件下，开发与被转让的专利技术相配套的技术并申请专利，造成交叉许可局面，以减少专利使用的付费。

专利实施的方式按照实施的主体划分，主要有两种：一是专利权人自己实施；二是许可他人实施。

按照《专利法》第十二条的规定，许可他人实施，专利权人应同被许可方订立实施许可合同，并可以向被许可方收取合理的费用。这种费用，国际上通常称为专利使用费。这种交易，就叫作专利许可证贸易。

1. 专利许可证贸易的种类

按照许可的范围和权限划分，专利许可证贸易一般可以分为以下五种：

（1）独占许可证。专利权人将制造、使用、销售、许诺销售、进口权全部转让给被许可方，不得再向任何第三方转让，而且自己也不得实施，各项权利完全为被许可方所独占。这种许可使用费最高。

（2）独家许可证。独家许可也称排他许可。它和独占许可的区别在于，专利权人保留自己实施的权利，但不得向任何第三方转让。

(3) 普通许可证。专利权人许可被许可方实施，同时保留自己实施和许可第三方实施的权利。

(4) 交叉许可证。交叉许可也称互惠许可、相互许可。它是指两个或两个以上专利权人在一定条件下互相授予各自的专利权给对方实施的许可。

(5) 分许可证。分许可也称再许可、从属许可。专利权人许可被许可方在一定条件下允许第三方实施，被许可方同第三方签订的许可合同，相对于原许可可以称作为分许可。应当注意的是，在原许可合同中，如果没有分许可条款，被许可方不得许可第三方实施。分许可的原则，通常是引进方无条件充分实施。

2. 专利许可合同的主要条款

所谓许可合同条款，就是指当事双方把各自的权利义务具体地落实到文字上的一种法律文书。

专利许可合同条款主要包括：前言；关键词的定义；合同标的；许可证种类；关于专利权的法律状态；价格计算与支付；请求改正与发展成果的分享；技术保密、技术资料的交付；技术服务；验收的标准与方式；关于"硬件"的供应；担保条款；不可抗力条款；违约金或损失赔偿额计算方法；争议的解决方法；纳税事宜；合同的生效日、有效期等条款。

签订一份合理和完善的专利许可合同，对于约束双方当事人认真执行合同、促进本专利技术的顺利实施是十分重要的环节。

3. 专利技术的许可

(1) 专利技术的许可决策。企业要对是否出让专利技术、何时出让、出让给谁及许可范围做出决策。在做决策时，要重点考虑以下因素：

1) 出让专利是否构成对自己的竞争威胁。若受让方在获得专利技术使用权后，市场将广泛扩展，会威胁本企业的地位和优势，则不能轻易出让。

2) 出让的技术是否是已实施和待实施的专利技术。如果企业尚未实施，将来也不打算实施专利技术，转让后，也不会给受让者造成巨大优势，以致威胁本企业竞争地位，则可以转让。

3) 专利的有效期。对于即将到期或剩余有效期限不长的专利技术，可实施转让，以收回部分开发费用。

4) 出让的收入。对于本企业已实施的专利和不实施的专利要分别对转让的经济性进行分析，尽可能部分或全部收回专利技术的开发成本。

(2) 专利技术的转让策略。专利技术的转让可根据不同的目的采取相应的策略。

1) 为获得直接收入而转让专利。在多数情况下，专利技术转让是为了获得转让收入。此时，转让收费总额、付费方式等就成为主要考虑因素。企业要寻找愿付转让费最高、付款条件最优厚的受让对象。

2) 为技术交换而转让专利。在有些情况下，企业出让专利技术的主要不是为了直接收入，而是为了与其他企业交换技术。当甲企业实施专利技术需要使用乙企业专利技术，而乙企业实施其专利技术又需要使用甲企业专利技术时，甲、乙企业可采用交叉许可方式，进行技术交换，其中一方只要向另一方支付使用费差额即可。

【案例】

苹果与深圳唯冠 iPad 商标案

在中国内地,苹果与深圳唯冠之间的 iPad 商标案历时两年,终于以和解而告终。2012年7月2日,广东省高级人民法院向媒体通报,经该院调解,iPad 商标纠纷已达成和解,苹果向深圳唯冠支付 6000 万美元,一揽子解决 iPad 商标纠纷,iPad 商标归苹果所有。深圳市中级人民法院向国家工商行政管理总局商标局送达了将涉案 iPad 商标过户给苹果公司的裁定书和协助执行通知书。这一和解金额与外界此前猜测的数亿美元相差较大,而随着案件的和解,新一代 iPad 在中国内地上市速度将加快,也意味着,苹果公司与唯冠公司 iPad 商标权属纠纷案圆满解决。

一、涉案背景

iPad 商标案涉及三个"唯冠":在香港上市的"唯冠国际"(简称"香港唯冠")、台湾的唯冠电子股份有限公司(简称"台湾唯冠")以及唯冠科技(深圳)有限公司(简称"深圳唯冠")。

深圳唯冠是香港唯冠在中国内地具有独立法人主体资格的子公司。早在2001年,深圳唯冠在国家工商行政管理总局商标局获得 iPad 文字商标和文字图形结合商标的商标专用权。2005年前后,美国苹果公司策划相关产品进入欧洲市场之时,得知 iPad 商标归台湾唯冠所有,曾以撤销闲置不用等理由向英国商标局提出申请,希望获得 iPad 商标,但败诉。2009年年底,台湾唯冠以 3.5 万英镑的对价向英国 IP 公司转让旗下的所有商标,包括 iPad 商标。2010年2月,英国 IP 公司以 10 英镑为对价,将从台湾唯冠获得的所有商标转让给苹果公司。9月17日,苹果公司 iPad 产品挺进中国内地市场,认为深圳唯冠拒不履行其转让涉案商标的义务,2010年6月将深圳唯冠告上法庭,但最终苹果败诉。胜诉方深圳唯冠一方面在多家法院起诉了 iPad 合作商,另一方面在40多家省市工商部门投诉 iPad 经销商。随着工商部门的查处行动,各地柜台上正在热销的 iPad 纷纷被下柜。

据媒体报道,深圳唯冠 2011 年曾向北京市西城工商分局投诉,北京西城工商分局欲向苹果公司开 2.4 亿元的罚单,但因为苹果提出异议,罚单被压了下来。而此前,苹果新 iPad 已先后通过了国内 3C 认证(强制性产品认证)及国内电信入网许可。尽管苹果公司已经上诉,又声明自己已经合法购买了 iPad 商标权,又声称得到了香港法院的支持,内地工商执法并不合适,这都不能掩盖苹果公司的惨痛失败。苹果公司的损失不单因产品销售下架、市场被对手占领,更重要的是企业形象被严重损害。

深圳唯冠公告显示,当时其流动负债净额达 28.7 亿元,38 亿元贷款逾期未偿还,对中国银行等八家银行的负债大约为 1.8 亿美元。可以说,深圳唯冠最大的财产估值主要集中在 iPad 商标的价值上,因而成为债权人获救的最后一根稻草。

二、iPad 商标案给我国企业的启示

(1)独立的法律地位承担独立的法律责任。根据我国《公司法》规定,经核准注册成立的公司独立经营,承担完全民事责任。虽然深圳唯冠与台湾唯冠存在一定的关联关系,但作为唯冠国际的子公司,两者均具有独立的法律地位,独立处理公司一切事务,独立承担其行为的法律后果。深圳唯冠的经营行为不受台湾唯冠的干涉,台湾唯冠的对外经营行为,对深圳唯冠不产生法律效果,台湾唯冠只能对拥有所有权的产权享有处分权。

尽管 IP 公司也是苹果公司的关联公司，其交易也应尽可能地使用公允价格，本案中苹果公司以区区 10 英镑的价格，收购 iPad 这个具有如此重大价值的商标，让人感觉苹果在收购 iPad 商标时有明显的投机成分，使苹果公司处于商业道德的洼地。如果苹果公司在审查合同时，兼顾合同业务的经济平衡，就不会给案件的败诉留下隐患。

（2）合同法的基本原则之一是，当事人不能通过合同对第三人创设权利义务。2009年年底，英国 IP 公司与台湾唯冠签署了商标转让协议，该协议的主体是英国 IP 公司与台湾唯冠，不论英国 IP 公司与台湾唯冠的协议内容如何，两者均不得对第三人深圳唯冠创设权利义务。协议中有关深圳唯冠的权利义务内容对深圳唯冠不具有法律效力。

（3）关注国际商法中的主权原则。主权原则是国际商法中的基本原则。知识产权保护具有地域性，商标作为知识产权的重要组成部分同样具有地域性。几经转手，苹果公司获得了原归属于台湾唯冠的商标权，包括在其他地区的 iPad 商标权，但这并不意味着苹果公司取得了 iPad 商标在中国内地的商标专有权。即使 iPad 商标在甲地区核准注册，但该商标未在乙地区核准注册，则 iPad 商标的商标所有人不能以该商标已在甲地区核准注册，而当然认为其获得了该商标在乙地区的商标权，也不能据此对抗他人在乙地区将该商标申请注册，要求乙地区对该商标予以保护也没有法律依据。

（4）商标采用先注册原则。我国的《商标法》与世界大多数国家一样，采用"注册先得"的规则。对这一规则不了解或不重视的一些企业，其标志或名号往往惨遭别人抢注，利益遭受重大损失。早在 2001 年，深圳唯冠已经获得 iPad 商标的注册商标专有权。而苹果公司 iPad 产品进入中国内地市场的时间远远晚于深圳唯冠获得 iPad 商标的时间。虽然 iPad 商标的知名度与苹果公司的杰出贡献不无关系，但这不能从法律角度改变 iPad 商标的归属。国家工商行政管理总局商标局网站显示，美国菲丝博克公司（Facebook, Inc.）已在中国内地申请注册了 THE Facebook、Facebook 以及可能的音译中文名称，脸谱、面书、飞书、博飞、思簿费、司布克、菲丝博克等 61 个不同商标，其中部分已获得通过。这些商标涵盖社区网络、照片、分享、软件、搜索引擎、电子杂志、游戏等七个类别，有趣的是，甚至男女服装类别也注册了，足见 Facebook 对商标保护的重视。业界人士称，这一举动几乎将与 Facebook 有关的所有潜在商标一网打尽，保证其今后进军中国内地市场时，把发生商标抢注的可能性降到最低。

iPad 商标案对我国企业的启发是深刻的。

首先，企业的经营之道应包括对商标的管理与营销，还应包括对商标求购者背景的深入了解。很多具有巨大潜在价值的商标交易，收购人都是通过幽灵公司来操作，以掩护真正的收购人，从而达到压价目的。iPad 商标被苹果廉价收购的教训，实在令人深思。

其次，一旦商标权被侵犯，应勇于应诉和起诉。这次苹果在深圳先发制人诉上法庭，欲强行拿下这个争议中的商标权，假如当事方没有奋起应诉，积极维权，也就不会有深圳中院的一审胜诉。总之，企业只有以战略眼光来看待商标专利、著作权等现代知识产权，才会有美好的前途和未来。

最后，企业要做好知识产权的保护工作，重视产品商标的使用权限及地域范围。在企业的战略管理中，商标注册和保护战略必不可少，一定要先抢先布局，特别是像苹果这么一家大的公司，不能忽视商标这一无形资产的保护。总之，我们要注重知识产权战略，抢先注册商标抢占商机，买卖和使用商标时要防范法律漏洞。

进入21世纪，随着国际贸易与分工的深入发展，原先依靠资源禀赋与比较优势进行产品生产已经无法在国际市场上立足，而且单纯地依靠劳动力成本等传统优势也无法为企业带来丰厚的利润。此时，科技的发展造就了一个新型的企业竞争力，即知识产权。它最大的特点就是独占性（企业的核心竞争力），即只有权利人才能享有，他人不经权利人许可不得行使其权利。也正是这种特点，使得知识产权成为当今社会各企业争夺的焦点。商标是品牌的内核，也是无形资产的重要构成要件，它能给企业在较长时间内带来超额利润，因此，被人们称为"永动的印钞机"。苹果被深圳唯冠"咬"了一口，为我国企业提高知识产权意识敲响了警钟。iPad商标案说明商标权这一类的无形资产具有非常强的以小制大的杠杆效应，这也提醒我国企业在开拓国际市场时，一定要注意这类"细节"问题，避免在某一个环节上被别人卡住脖子，或花大代价却为他人作嫁衣，或被迫付出高昂的代价。

创业训练

策划一个商标并进行商标注册申请，如果商标注册申请被驳回如何申诉？（提示：先在中国商标网上查找商标是否已有申请，熟悉申请流程和方法）

复习思考题

1. 什么是技术创新？技术创新与技术发明有什么异同？
2. 技术创新按技术来源分成哪几种战略模式？
3. 我国技术创新战略要针对自身特点考虑什么原则？可优先选择哪几种战略模式？
4. 狭义的知识产权包括哪些内容？专利权有什么特点？
5. 苹果iPad商标案给我国企业哪些启示？

参考文献

[1] 陈孝铭. 企业识别设计与制作[M]. 台北：久洋出版社，1992.
[2] 奥格威. 一个广告人的自白[M]. 林桦，译. 北京：中国友谊出版公司，1991.
[3] 江川郎. 企划技术手册[M]. 赖明珠，译. 台北：远流出版公司，1994.
[4] 高明，孙新生. 策划大师与经典策划[M]. 北京：企业管理出版社，1996.
[5] 张卫东. 网络营销[M]. 北京：电子工业出版社，2002.
[6] 朱培立，王光辉. 策划财富[M]. 广州：广东经济出版社，2004.
[7] 韦康博. 工业4.0时代的盈利模式[M]. 北京：电子工业出版社，2015.
[8] 胡世良. 互联网+红利时代：传统企业互联网转型实战[M]. 北京：人民邮电出版社，2015.